Kodek/Mayr • Zivilprozessrecht

W0076927

Zivilprozessrecht

von

Dr. Georg E. Kodek, LL.M.
Universitätsprofessor in Wien
Hofrat des Obersten Gerichtshofs

und

Dr. Peter G. Mayr
Universitätsprofessor in Innsbruck

2. Auflage

Wien 2013

facultas.wuv

Bearbeitet haben
Georg E. Kodek: V. Teil, VII. Teil, IX. – XVII. Teil (XIV. Teil mit *Mayr*)
Peter G. Mayr: I. – IV. Teil, VI. Teil, VIII. Teil, XIV. Teil (mit *Kodek*),
XVIII. – XX. Teil

Bibliografische Information Der Deutschen Nationalbibliothek

Die Deutsche Nationalbibliothek verzeichnet diese Publikation in der Deutschen
Nationalbibliografie; detaillierte bibliografische Daten sind im Internet über
http://dnb.d-nb.de abrufbar.

Alle Angaben in diesem Fachbuch erfolgen trotz sorgfältiger Bearbeitung ohne
Gewähr, eine Haftung der Autoren oder des Verlages ist ausgeschlossen.

Satz und Druck: Facultas Verlags- und Buchhandels AG
Printed in Austria
ISBN 978-3-7089-1049-9

Vorwort

Das Zivilverfahrensrecht und darin insb das Zivilprozessrecht nimmt in der Juristenausbildung nach wie vor eine zentrale Rolle ein. Zu Recht, hat es doch nicht nur für jene Bedeutung, die konkret den Richter- oder Anwaltsberuf anstreben, sondern es bildet quasi das Modellgesetz für das Verfahrensrecht an sich und bietet damit die wesentliche Grundlage für das Verständnis anderer Verfahrensordnungen. So gilt die Zivilprozessordnung bekanntlich subsidiär auch im Außerstreit-, Exekutions- und Insolvenzverfahren und auch im Verfahren vor dem Verfassungsgerichtshof.

Der Unterricht in diesem Rechtsbereich steht allerdings vor besonderen Herausforderungen. Weit entfernt von der einstigen geringschätzigen Bezeichnung als „Aktenführungskunst" präsentiert sich das Fach heute den Studierenden vielfach als sehr komplexes Theoriefach, dessen Verständnis noch dadurch erschwert wird, dass die Studierenden – anders als bei Sachverhalten des materiellen Rechts – in der Regel mit dem Prozessrecht noch nicht „in Berührung" gekommen sind. Trotz dieser schwierigen Ausgangslage war das Fach in den letzten Jahren besonders stark von Stundenkürzungen betroffen. Gängige Lehrbücher haben mit dieser Entwicklung vielfach nicht Schritt gehalten. Teilweise sind diese für Studierende schlicht zu umfangreich, teilweise eher skriptenartig knapp.

Aus diesem Grund haben sich die Verfasser im Jahr 2011 entschlossen, gemeinsam ein neues Lehrbuch für Studierende und Berufseinsteiger zu entwickeln. Dabei haben wir uns zum Ziel gesetzt, ein „bewältigbares" Studienbuch zu schreiben. Hier waren die durch die Lehrtätigkeit an mehreren Universitäten sowie in der Richter- und Rechtsanwaltsausbildung und zuletzt beim Aufbau des Wirtschaftsrechtsstudiums an der WU Wien gewonnenen didaktischen Erfahrungen hilfreich. Unser Ziel erforderte freilich extreme Selbstbeschränkung: Im Interesse einer klaren und vor allem überschaubaren Darstellung musste viel an Detailinformation weggelassen werden.

Die erfreuliche Aufnahme unseres Buches auf dem Markt führte dazu, dass die erste Auflage rasch vergriffen war. Die rege Aktivität des Gesetzgebers ließ einen bloßen Nachdruck nicht zu. Zahlreiche Änderungen, unter denen im Bereich des Unionsrechts die ab dem 10. 1. 2015 geltende Neufassung der EuGV-VO und im nationalen Recht das SchiedsRÄG 2013 sowie die Einführung der „Gesetzesbeschwerde" hervorzuheben sind, erforderten vielmehr eine grundlegende Neubearbeitung. Dadurch wurde es auch möglich, einige Anregungen aus dem Kreis unserer Leserinnen und Leser aufzugreifen. Manches wurde im Interesse leichterer Verständlichkeit auch etwas ausführlicher dargestellt. Die Beispiele wurden vermehrt; ebenso die Zahl der Querverweise, um namentlich Anfängern die Orientierung zu erleichtern und Zusammenhänge zu betonen.

Dadurch kam es freilich zu einer gewissen Vermehrung des Umfangs. Um dennoch den Gesamtumfang des Werks und – insb im Interesse der Studierenden – den Preis des Werkes halten zu können, mussten wir schweren Herzens auf den Abdruck von Mustern verzichten. Dieses vor allem für Studierende so wichtige „Anschauungsmaterial" sollte im Rahmen von Lehrveranstaltungen zur Verfügung gestellt werden. Überhaupt kann und soll das vorliegende Buch den Besuch einschlägiger Lehrveranstaltungen nicht ersetzen, sondern möchte Hilfestellung bei der Vorbereitung und Wiederholung des Stoffes bieten und beim Mitschreiben entlasten.

Das bewährte Grundkonzept der ersten Auflage wurde beibehalten: Unverzichtbares Grundwissen ist in normaler Schriftgröße dargestellt; Kleindruckpassagen enthalten ergänzende Informationen und Erläuterungen. Die Gliederung in Randzahlen und zahlreiche tabellarische Zusammenstellungen sollen die Übersichtlichkeit fördern. Das Vermittelte wird durch zahlreiche Beispiele verdeutlicht. Außerdem finden sich häufig Verweise auf das gleichfalls bei facultas.wuv erschienene Casebook Zivilverfahrensrecht. Weiterführende Literaturhinweise ermöglichen dem Interessierten eine vertiefende Befassung.

Abschließend gilt es, all jenen zu danken, die zur zeitgerechten Fertigstellung des Werks beigetragen haben. Unseren Mitarbeitern Herrn Univ.-Ass. Mag. *Peter Csoklich*, Herrn Univ.-Ass. Mag. *Andreas Frössel* und Frau Univ.-Ass. Mag. *Nadja Oswald* (Wien) sowie Herrn Univ.-Ass. Mag. *Matija Druml* und Stud.-Ass. Mag. *Alexander Lamplmayr* (Innsbruck) danken wir für wertvolle Anregungen, für die verlässliche Durchsicht des Manuskripts und die Erstellung des Stichwortverzeichnisses. Dank gilt auch allen Leserinnen und Lesern, die uns Anregungen für die Neuauflage gegeben haben. Schließlich schulden wir dem Verlag, und hier namentlich Herrn *Peter Wittmann* und Frau *Brigitte Wandl*, auch bei der zweiten Auflage Dank für die umsichtige und zügige Betreuung der Drucklegung.

Wien/Innsbruck, im August 2013   *Georg E. Kodek*
                                                         Peter G. Mayr

Inhaltsübersicht

Inhaltsverzeichnis

16

20

Abkürzungsverzeichnis

Die Abkürzungen richten sich grundsätzlich nach *Friedl/Loebenstein/Dax/Hopf*, Abkürzungs- und Zitierregeln der österreichischen Rechtssprache und europarechtlicher Rechtsquellen (AZR)[7] (2012).

ABGB	Allgemeines bürgerliches Gesetzbuch
ABl	Amtsblatt der Europäischen Union bzw (früher) der Europäischen Gemeinschaften
Abs	Absatz
AEUV	Vertrag über die Arbeitsweise der Europäischen Union idF des Vertrags von Lissabon (ABl C 2007/306, 1 bzw ABl C 2010/83, 1; BGBl III 2009/132)
aF	alte Fassung
AGO	Allgemeine Gerichtsordnung JGS 1781/13
AHG	Amtshaftungsgesetz BGBl 1949/20
AktG	Aktiengesetz 1965 BGBl 1965/98
AnfO	Anfechtungsordnung
AnwBl	Anwaltsblatt
Art	Artikel
ASG	Arbeits- und Sozialgericht
ASGG	Arbeits- und Sozialgerichtsgesetz BGBl 1985/104
AußStrG	Außerstreitgesetz BGBl I 2003/111
AVG	Allgemeines Verwaltungsverfahrensgesetz 1991 BGBl 1991/51
BBG 2009	Budgetbegleitgesetz 2009 BGBl I 2009/52
BBG 2011	Budgetbegleitgesetz 2011 BGBl I 2010/111
Bd	Band
BeitrZPR	Beiträge zum Zivilprozeßrecht
BG	a) Bundesgesetz
	b) Bezirksgericht
BGBl	Bundesgesetzblatt
BGHS	Bezirksgericht für Handelssachen
BlgNR	Beilage(-n) zu den stenographischen Protokollen des Nationalrates
BMJ	Bundesministerium für Justiz
BMWFJ	Bundesministerium für Wirtschaft, Familie und Jugend
Brüssel I-VO	siehe EuGVVO
Brüssel Ia-VO	siehe EuGVVO neu
Brüssel IIa-VO	siehe EuEheKindVO
BVG	Bundesverfassungsgesetz
B-VG	Bundes-Verfassungsgesetz BGBl 1930/1 (Wv)
CMR	Übereinkommen über den Beförderungsvertrag im internationalen Straßengüterverkehr BGBl 1961/138
dh	das heißt
DHG	Dienstnehmerhaftpflichtgesetz BGBl 1965/80
DRdA	Das Recht der Arbeit
dRpfleger	Der Rechtspfleger (Deutschland)
1. DVEheG	Erste Durchführungsverordnung zum Ehegesetz dRGBl 1938 I 302 (K GBlÖ 1938/302)
DSG 2000	Datenschutzgesetz 2000 BGBl I 1999/165
dZPO	deutsche Zivilprozessordnung

EFSlg	Ehe- und familienrechtliche Entscheidungen
EF-Z	Zeitschrift für Ehe- und Familienrecht
EGJN	Einführungsgesetz zur Jurisdiktionsnorm RBGl 1895/110
EGMR	Europäischer Gerichtshof für Menschenrechte
EGV	Vertrag zur Gründung der Europäischen Gemeinschaft
EGZPO	Einführungsgesetz zur Zivilprozessordnung RGBl 1895/112
EheG	Ehegesetz
EKHG	Eisenbahn- und Kraftfahrzeughaftpflichtgesetz BGBl 1959/48
EMRK	Europäische Menschenrechtskonvention BGBl 1958/210
EO	Exekutionsordnung RGBl 1896/79
ErläutRV	Erläuterungen zur Regierungsvorlage
ERV	Elektronischer Rechtsverkehr
ERV 2006	Verordnung der Bundesministerin für Justiz über den elektronischen Rechtsverkehr BGBl II 2005/481
EuBagatellVO	Verordnung (EG) Nr 861/2007 des Europäischen Parlaments und des Rates vom 11. 7. 2007 zur Einführung eines europäischen Verfahrens für geringfügige Forderungen, ABl L 2007/199, 1
EuBVO	Verordnung (EG) Nr 1206/2001 des Rates vom 28. 5. 2001 über die Zusammenarbeit zwischen den Gerichten der Mitgliedstaaten auf dem Gebiet der Beweisaufnahme in Zivil- oder Handelssachen, ABl L 2001/174, 1
EuEheKindVO	Verordnung (EG) Nr 2201/2003 des Rates vom 27. 11. 2003 über die Zuständigkeit und die Anerkennung und Vollsteckung von Entscheidungen in Ehesachen und in Verfahren betreffend die elterliche Verantwortung und zur Aufhebung der Verordnung (EG) Nr 1347/2000, ABl L 2003/338, 1
EuErbrechtsVO	Verordnung (EU) Nr 650/2012 des Europäischen Parlaments und des Rates vom 4. 7. 2012 über die Zuständigkeit, das anzuwendende Recht, die Anerkennung und Vollstreckung von Entscheidungen und die Annahme und Vollstreckung öffentlicher Urkunden in Erbsachen sowie zur Einführung eines Europäischen Nachlasszeugnisses, ABl L 2012/201, 107
EuGH	Europäischer Gerichtshof
EuGRZ	Europäische Grundrechte-Zeitschrift
EuGVÜ	Europäisches Übereinkommen vom 27. 9. 1968 über die gerichtliche Zuständigkeit und die Vollstreckung gerichtlicher Entscheidungen in Zivil- und Handelssachen, BGBl III 1998/167 und 209
EuGVVO	Verordnung (EG) Nr 44/2001 des Rates vom 22. 12. 2000 über die gerichtliche Zuständigkeit und die Anerkennung und Vollstreckung von Entscheidungen in Zivil- und Handelssachen, ABl L 2001/12, 1
EuGVVO neu	Verordnung (EU) Nr 1215/2012 des Europäischen Parlaments und des Rates vom 12. 12. 2012 über die Zuständigkeit und die Anerkennung und Vollstreckung von Entscheidungen in Zivil- und Handelssachen, ABl L 2012/351, 1
EuMahnVO	Verordnung (EG) Nr 1896/2006 des Europäischen Parlaments und des Rates vom 12. 12. 2006 zur Einführung eines Europäischen Mahnverfahrens, ABl L 2006/399, 1
EuMediatRL	Richtlinie 2008/52/EG des Europäischen Parlaments und des Rates vom 21. 5. 2008 über bestimmte Aspekte der Mediation in Zivil- und Handelssachen, ABl L 2008/136, 3

EuUnterhaltsVO	Verordnung (EG) 4/2009 des Rates vom 18. 12. 2008 über die Zuständigkeit, das anwendbare Recht, die Anerkennung und Vollstreckung von Entscheidungen und die Zusammenarbeit in Unterhaltssachen, ABl L 2009/7, 1
EuVTVO	Verordnung (EG) Nr 805/2004 des Europäischen Parlaments und des Rates vom 21. 4. 2004 zur Einführung eines europäischen Vollstreckungstitels für unbestrittene Forderungen, ABl L 2004/143, 15
EuZustVO	Verordnung (EG) Nr 1393/2007 des Europäischen Parlaments und des Rates vom 13. 11. 2007 über die Zustellung gerichtlicher und außergerichtlicher Schriftstücke in Zivil- oder Handelssachen in den Mitgliedstaaten („Zustellung von Schriftstücken") und zur Aufhebung der Verordnung (EG) Nr 1348/2000 des Rates, ABl L 2007/324, 79
eV	einstweilige Verfügung
EvBl	Evidenzblatt der Rechtsmittelentscheidungen in der Österreichischen Juristen-Zeitung
EZ	Einlagezahl
FamRZ	(deutsche) Zeitschrift über das gesamte Familienrecht
FS	Festschrift
GBG	Allgemeines Grundbuchsgesetz BGBl 1955/39
GebAG	Gebührenanspruchsgesetz BGBl 1975/136
GedS	Gedenkschrift
GEG	Gerichtliches Einbringungsgesetz BGBl 1962/288
gem	gemäß
Geo	Geschäftsordnung für die Gerichte I. und II. Instanz BGBl 1951/264
GGG	Gerichtsgebührengesetz BGBl 1984/501
GH	Gerichtshof
GmbHG	GmbH-Gesetz (Gesetz über Gesellschaften mit beschränkter Haftung) RGBl 1906/58
GOG	Gerichtsorganisationsgesetz RGBl 1896/217
GP	Gesetzgebungsperiode
GRC	Charta der Grundrechte der Europäischen Union, ABl C 2007/303, 1
hA	herrschende Ansicht
HESÜ	Haager Erwachsenenschutzübereinkommen
HG	Handelsgericht
hM	herrschende Meinung
Hrsg	Herausgeber
idF	in der Fassung
idgF	in der geltenden Fassung
idR	in der Regel
iFamZ	Interdisziplinäre Zeitschrift für Familienrecht
ImmZ	Österreichische Immobilienzeitschrift
insb	insbesondere, insbesonders
IO	Insolvenzordnung BGBl I 2010/29
IPRax	Praxis des Internationalen Privat- und Verfahrensrechts
IPRG	Bundesgesetz über das Internationale Privatrecht (IPR-Gesetz) BGBl 1978/304
iSd	im Sinne des/der

iSv	im Sinne von
iVm	in Verbindung mit
iW	im Wesentlichen
iwS	im weiteren Sinne
JAP	Juristische Ausbildung und Praxisvorbereitung
JBl	Juristische Blätter
JN	Jurisdiktionsnorm RGBl 1895/111
KB	Klagebeantwortung
KSchG	Konsumentenschutzgesetz BGBl 1979/140
KSÜ	(Haager) Kinderschutzübereinkommen BGBl III 2011/49
LG	Landesgericht
LGVÜ	Übereinkommen über die gerichtliche Zuständigkeit und die Vollstreckung gerichtlicher Entscheidungen in Zivil- und Handelssachen, geschlossen in Lugano am 16. 9. 1988, BGBl 1996/448
LGVÜ 2007	Übereinkommen über die gerichtliche Zuständigkeit und die Vollstreckung gerichtlicher Entscheidungen in Zivil- und Handelssachen, geschlossen in Lugano am 30. 10. 2007, ABl L 2007/339, 3
LGZ	Landesgericht für Zivilrechtssachen
lit	litera (Buchstabe)
LJZ	Liechtensteinische Juristen-Zeitung
MR	Medien und Recht (Zeitschrift)
MRG	Mietrechtsgesetz BGBl 1981/520
mwN	mit weiteren Nachweisen
nF	neue Fassung
NJW	(deutsche) Neue Juristische Wochenschrift
NZ	Österreichische Notariatszeitung
ÖA	Der Österreichische Amtsvormund (Zeitschrift)
OGH	Oberster Gerichtshof
OGHG	Bundesgesetz über den Obersten Gerichtshof BGBl 1968/328
ÖJT	Österreichischer Juristentag
ÖJZ	Österreichische Juristenzeitung
OLG	Oberlandesgericht
OrgHG	Organhaftpflichtgesetz BGBl 1967/181
ÖRpfl	Der Österreichische Rechtspfleger (Zeitschrift)
PatG	Patentgesetz 1970 BGBl 1970/259
RAO	Rechtsanwaltsordnung RGBl 1868/96
RATG	Rechtsanwaltstarifgesetz BGBl 1969/189
RdW	Recht der Wirtschaft (Zeitschrift)
RGBl	Reichsgesetzblatt
RIS-Justiz	Rechtsinformationssystem des Bundes (www.ris.bka.gv.at)
RIW	(deutsches) Recht der Internationalen Wirtschaft
RpflG	Rechtspflegergesetz BGBl 1985/560
RPG	Rechtspraktikantengesetz BGBl 1987/644
RS	Rechtssatzdokument im Rechtsinformationssystem des Bundes (www.ris.bka.gv.at)
Rsp	Rechtsprechung
RStDG	Richter- und Staatsanwaltschaftsdienstgesetz BGBl 1961/305
RV	Regierungsvorlage
Rz	Randzahl
RZ	Richterzeitung

SchiedsRÄG 2006	Schiedsrechts-Änderungsgesetz 2006 BGBl I 2006/7
SchiedsRÄG 2013	Schiedsrechts-Änderungsgesetz 2013 BGBl I 2013/118
SJZ	Schweizerische Juristen-Zeitung
sog	sogenannte (-r/-s)
2. StabG 2012	2. Stabilitätsgesetz 2012 BGBl I 2012/35
StGB	Strafgesetzbuch BGBl 1974/60
StPO	Strafprozessordnung BGBl 1975/631
stRsp	ständige Rechtsprechung
SZ	Entscheidung des österreichischen Obersten Gerichtshofes in Zivil- (und Justizverwaltungs-)sachen
TEG	Todeserklärungsgesetz BGBl 1951/23
ua	und andere, unter anderem
UGB	Unternehmensgesetzbuch BGBl 2005/120
uU	unter Umständen
UVG	Unterhaltsvorschussgesetz BGBl 1985/451
UWG	Bundesgesetz gegen den unlauteren Wettbewerb BGBl 1984/448
uzw	und zwar
VersVG	Versicherungsvertragsgesetz BGBl 1959/2
VfGG	Verfassungsgerichtshofgesetz BGBl 1953/85
VfGH	Verfassungsgerichtshof
VfSlg	Sammlung der Erkenntnisse und wichtigsten Beschlüsse des Verfassungsgerichtshofes
VO	Verordnung
VR	Die Versicherungsrundschau (Zeitschrift)
VRInfo	Informationen zum Verbraucherrecht
VStG	Verwaltungsstrafgesetz BGBl 1991/52 (wv)
VU	Versäumungsurteil
WGN 1997	Erweiterte Wertgrenzen-Novelle 1997 BGBl I 1997/140
wobl	Wohnrechtliche Blätter
wv	wiederverlautbart
Zak	Zivilrecht aktuell
ZfRV	Zeitschrift für Europarecht, Internationales Privatrecht und Rechtsvergleichung
ZIK	Zeitschrift für Insolvenzrecht und Kreditschutz
ZivMediatG	Zivilrechts-Mediations-Gesetz BGBl I 2003/29
ZivRÄG 2004	Zivilrechts-Änderungsgesetz 2004 BGBl I 2004/91
ZÖR	Zeitschrift für öffentliches Recht
ZPEMRK	Zusatzprotokoll zur Konvention zum Schutz der Menschenrechte und Grundfreiheiten
ZPO	Zivilprozessordnung RGBl 1895/113
ZustG	Zustellgesetz BGBl 1982/200
ZVglRWiss	Zeitschrift für Vergleichende Rechtswissenschaft
ZVN 1983	Zivilverfahrens-Novelle 1983 BGBl 1983/135
ZVN 2002	Zivilverfahrens-Novelle 2002 BGBl I 2002/76
ZVN 2004	Zivilverfahrens-Novelle 2004 BGBl I 2004/128
ZVN 2009	Zivilverfahrens-Novelle 2009 BGBl I 2009/30
ZVR	Zeitschrift für Verkehrsrecht
ZZP	Zeitschrift für Zivilprozeß
ZZPInt	Zeitschrift für Zivilprozeß International

Verzeichnis abgekürzt zitierter Literatur

Ballon, Einführung in das österreichische Zivilprozessrecht – Streitiges Verfahren[12] (2009) – *Ballon*

Buchegger (/*Holzhammer*) (Hrsg), Beiträge zum Zivilprozessrecht I (1992), II (1986), III (1989), IV (1991), V (1995), VI (2002) – *Autor* in BeitrZPR

Deixler-Hübner/Klicka, Zivilverfahren[7] (2011) – *Deixler-Hübner/Klicka*

Fasching, Lehrbuch des österreichischen Zivilprozessrechts[2] (1990) – *Fasching*, Lehrbuch

Fasching/Konecny, Kommentar zu den Zivilprozeßgesetzen[2] Bd I (2000), II/1 (2002), II/2 (2003), III (2004), IV/1 (2005), IV/2 (2007), V/1 (2008), V/2 (2010), ErgBd (2008) – *Autor* in *Fasching/Konecny*, Kommentar

Fucik/Konecny/Lovrek/Oberhammer (Hrsg), Jahrbuch Zivilverfahrensrecht 2009 (2009), 2010 (2010), 2011 (2011) – Jahrbuch Zivilverfahrensrecht

Graf-Schimek/Koller (Hrsg), Casebook Zivilverfahrensrecht[2] (2012) – *Casebook* ZVerfR

Klauser/Kodek, Jurisdiktionsnorm und Zivilprozessordnung samt Einführungsgesetzen sowie den Vorschriften des Europäischen Zivilprozessrechts. Mit erläuternden Anmerkungen, Verweisungen, Literaturhinweisen und einer Übersicht der maßgeblichen Rechtsprechung[17] (2012) – *Klauser/Kodek*

Kletečka/Schauer (Hrsg), ABGB-ON 1.01 (2010) – *Autor* in ABGB-ON

Koziol/Bydlinski/Bollenberger (Hrsg), Kurzkommentar zum ABGB[3] (2010) – *Autor* in KBB

Mayr, Europäisches Zivilprozessrecht (2011) – *Mayr*, EuZPR

Mayr/Fucik, Verfahren außer Streitsachen (2013) – *Mayr/Fucik*

Rechberger (Hrsg), Kommentar zur ZPO[3] (2006) – *Autor* in *Rechberger*, Kommentar

Rechberger/Simotta, Grundriss des österreichischen Zivilprozessrechts – Erkenntnisverfahren[8] (2010) – *Rechberger/Simotta*

Rummel (Hrsg), Kommentar zum ABGB[3] I (2000) II (2002 ff) – *Autor* in *Rummel*

Schwimann (Hrsg), Praxiskommentar zum ABGB[3] VII Bände (2004 ff) – *Autor* in *Schwimann*

Schwimann/Kodek (Hrsg), Praxiskommentar zum ABGB[4] bisher III Bände (2011 ff) – *Autor* in *Schwimann/Kodek*

Erster Teil:
Einführung, Grundlagen und Grundsätze

I. Einführung

A. Begriff und Einteilung

1. Zivilverfahrensrecht

Das zivilgerichtliche Verfahrensrecht regelt das Verfahren vor den staatlichen Gerichten (und – in Grundzügen – vor den Schiedsgerichten; dazu Rz 1261 ff) **zur Feststellung, Gestaltung und Durchsetzung zivilrechtlicher Ansprüche.** 1

Was im Einzelnen unter diese zivilrechtlichen (bürgerlichrechtlichen, privatrechtlichen) Ansprüche fällt, muss durch Auslegung ermittelt werden (siehe unten Rz 50 und Rz 104).

Zivilverfahrensrecht ist der **Oberbegriff** für mehrere verschiedene zivilgerichtliche Verfahrensarten. Es ist zu unterscheiden zwischen folgenden **Teilgebieten**:

2. Zivilprozessrecht (im engeren Sinn)

Der Zivilprozess ist das in der Zivilprozessordnung (ZPO) geregelte Verfahren vor einem staatlichen Gericht, das der Feststellung (und ev der Gestaltung) von bürgerlichrechtlichen Ansprüchen dient (**streitiges Erkenntnisverfahren**). Er wird durch Klage eingeleitet und (im Regelfall) mit Urteil (unter Umständen aber auch etwa durch Beschluss, Vergleich oder Klagsrücknahme) beendet. **In diesem Buch wird nur das Zivilprozessrecht** (im engeren Sinn) **behandelt.** 2

Teilweise wird der Ausdruck „Zivilprozessrecht" auch in einem weiteren Sinn verwendet, nämlich als Synonym zum Begriff „Zivilverfahrensrecht". Dies ist jedoch terminologisch unsauber und sollte auseinander gehalten werden.

Neben dem Zivilprozess (streitiges Verfahren) gibt es noch ein zweites (zivilgerichtliches) Erkenntnisverfahren, nämlich das

3. Verfahren außer Streitsachen

Es dient ebenfalls der Feststellung und Gestaltung von Privatrechten. In dieser Verfahrensart werden jedoch all jene Angelegenheiten behandelt, die zwar bürgerliche Rechtssachen sind (und daher auf den Rechtsweg gehören), aber 3 keine „Streitsachen" (also Zivilprozess-Sachen). Eine Abgrenzung zwischen „Streitsachen" und **„außerstreitigen Angelegenheiten"** ist allerdings schwierig, weil der Gesetzgeber in den letzten Jahrzehnten eine ganze Reihe von Rechtssachen in das Außerstreitverfahren verwiesen hat, die durchaus „streitigen Charakter" haben (siehe auch Rz 131). Es ist daher heute kein eindeutiger institutioneller Verfahrenszweck des außerstreitigen Verfahrens (mehr) erkennbar: Im Kern geht es jedoch häufig um die Gestaltung von Rechtsbeziehungen mit dauerhaftem Charakter, die zwischen Personen bestehen, die weiter miteinander leben müssen. Diese zukunftsweisende, gewissermaßen „friedensrichterliche" Fürsorgekomponente stellt ein typisches Charakteristikum des Außerstreitverfahrens dar (ist aber freilich nicht durchwegs anzutreffen). Näheres zur Abgrenzung siehe unten Rz 131 ff.

„Streitig" und „außerstreitig" darf also nicht so verstanden werden, dass in dem einen Verfahren etwa (nur) gestritten wird, während das andere Verfahren ohne Streit abgeführt wird. Das zeigt schon das Beispiel der Obsorge- oder Unterhaltsstreitigkeiten, die – obwohl häufig überaus „streitig" – im Außerstreitverfahren zu erledigen sind.

Hauptrechtsquelle bildet das (neue) **Außerstreitgesetz** (AußStrG; BGBl I 2003/111), das durch zahlreiche spezielle Verfahrensbestimmungen in einer Vielzahl von Sondergesetzen ergänzt wird (zB Grundbuchs- und Firmenbuchgesetz, Mietrechtsgesetz, Unterbringungsgesetz, Kraftloserklärungsgesetz, Todeserklärungsgesetz etc).

Studienliteratur: *Klicka/Oberhammer/Domej*, Außerstreitverfahren⁴ (Manz Verlag 2006); *Mayr/Fucik*, Verfahren außer Streitsachen (facultas.wuv 2013); *Neumayr*, Außerstreitverfahren⁴ (Orac-Rechtsskriptum 2012).

4. Einstweilige Verfügungen

4   Auch beim Verfahren zur Erlassung einer **einstweiligen Verfügung** handelt es sich eigentlich um ein **Erkenntnisverfahren**, allerdings um ein bloß summarisches und (weitgehend) vorläufiges Verfahren (sog **Provisorialverfahren**). Die dafür einschlägigen Bestimmungen sind jedoch in die Exekutionsordnung (§§ 378 ff EO) eingeordnet und werden daher auch in der unten (Rz 5) angeführten vollstreckungsrechtlichen Literatur näher behandelt. Aus diesem Grund wird in diesem Buch von einer Darstellung dieses (wichtigen) Rechtsbereichs abgesehen.

Spezialliteratur: *König*, Einstweilige Verfügungen im Zivilverfahren⁴ (Manz Verlag 2012).

5. Exekutionsrecht (Zwangsvollstreckungsrecht)

5   Es regelt die Anwendung von **staatlicher Zwangsgewalt** zur Durchsetzung von Ansprüchen, deren Existenz in einem (streitigen oder außerstreitigen Er-

kenntnis-)Verfahren festgestellt worden ist, oder auch von anderen vollstreckbaren Ansprüchen (Exekutionstiteln), nach den Grundsätzen der **Spezialität** und **Priorität** (Einzelvollstreckung).

Bei weitem nicht jedem Erkenntnisverfahren folgt ein Vollstreckungsverfahren nach: Der rechtskräftig Verurteilte leistet meist „freiwillig"; Feststellungs- und Rechtsgestaltungsurteile bedürfen keiner Vollstreckung (vgl dazu Rz 522, 870, 946). Umgekehrt setzt auch nicht jedes Vollstreckungsverfahren ein (zivilgerichtliches) Erkenntnisverfahren voraus: Siehe zB den vollstreckbaren Notariatsakt oder verwaltungsbehördliche Exekutionstitel.

Hauptrechtsquelle ist die **Exekutionsordnung** (EO; RGBl 1896/79). Darin werden auch die Sicherung von Ansprüchen (Exekution zur Sicherstellung, §§ 370 ff) und der provisorische (vorläufige) Rechtsschutz (§§ 378 ff; dazu oben Rz 4) geregelt.

Studienliteratur: *Neumayr/Nunner-Krautgasser*, Exekutionsrecht³ (Manz Verlag 2011); *Rechberger/Oberhammer*, Exekutionsrecht⁵ (facultas.wuv 2009); *M. Roth/Holzhammer*, Exekutions- und Insolvenzrecht⁹ (Manz Verlag 2012); *Seiser*, Exekutionsrecht⁷ (Orac-Rechtsskriptum 2010).

6. Insolvenzrecht

Das Insolvenzverfahren hat die Sicherung und Befriedigung der Ansprüche der Gläubiger eines zahlungsunfähigen oder überschuldeten Schuldners nach den Grundsätzen der **Generalität** und **Perzentualität** zum Gegenstand. Dazu kommt das Ziel der Erhaltung von (gewissen) insolventen Unternehmen (Sanierungszweck) bzw der Entschuldung von natürlichen Personen („Privatkonkurs"), und auch die Insolvenzprophylaxe gewinnt an Bedeutung. 6

Auch im Insolvenzverfahren können (zivilrechtliche) Ansprüche (ohne eigenes Erkenntnisverfahren) festgestellt werden, indem angemeldete Forderungen vom Insolvenzverwalter nicht bestritten werden. Falls sie auch vom Schuldner nicht ausdrücklich bestritten werden, bilden sie einen Exekutionstitel (§ 61 IO; § 1 Z 7 EO). Während der Dauer eines Insolvenzverfahrens herrscht eine Prozess- und Exekutionssperre (§§ 6, 10 IO).

Hauptrechtsquelle bildet(e) die Konkursordnung (KO; RGBl 1914/337), die im Zuge der umfassenden Reform durch das IRÄG 2010 (BGBl I 2010/29) seit 1. 7. 2010 in **Insolvenzordnung** (IO) umbenannt worden ist. Die frühere Ausgleichsordnung (AO; RGBl 1914/33, wv BGBl II 1934/221) ist gleichzeitig aufgehoben worden.

Studienliteratur: *Buchegger*, Insolvenzrecht (Springer Verlag 2010); *Fink*, Insolvenzrecht⁷ (Orac-Rechtsskriptum 2010); *Konecny* (Hrsg), Insolvenzrechtsänderungsgesetz 2010 (LexisNexis 2010); *M. Roth/Holzhammer*, Exekutions- und Insolvenzrecht⁹ (Manz Verlag 2012).

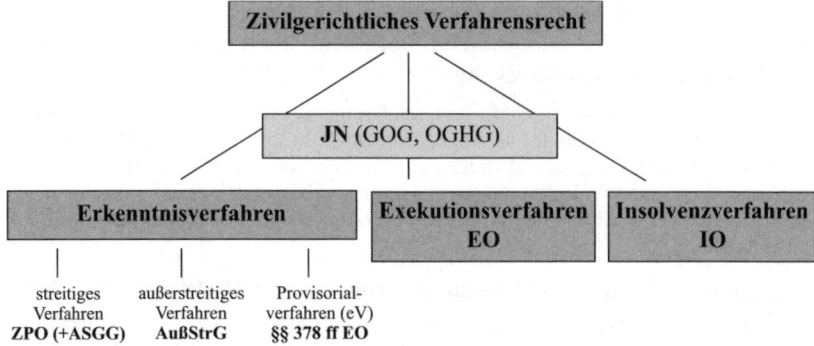

7. Internationales Zivilprozessrecht

7 Unter Internationalem Zivilprozessrecht versteht man all jene Normen, die zivilprozessuale Tatbestände mit **internationalem Bezug** betreffen (vgl *Mayr*, EuZPR Rz I/1 ff).

Wenn nicht nur das Zivilprozessrecht im engeren Sinn (oben Rz 2), sondern auch andere (soeben erwähnte) zivilgerichtliche Verfahrensarten (zB Zwangsvollstreckungs- oder Insolvenzrecht) erfasst werden sollen, so spricht man vom Internationalen Zivilverfahrensrecht.

Beim Internationalen Zivilprozessrecht handelt es sich zum Teil um **nationales Recht** (autonomes internationales Zivilprozessrecht; zB § 27a JN, § 291a ZPO), zum Teil um **Völkerrecht** (zB Haager Prozessübereinkommen; siehe unten Rz 25) und zu einem immer wichtiger und umfangreicher werdenden Teil um **Europarecht** (siehe unten Rz 24). Letzteres Rechtsgebiet wird als **Europäisches Zivilprozessrecht** bezeichnet.

Die **hauptsächlichen Regelungsbereiche** des Internationalen Zivilverfahrensrechts sind die inländische Gerichtsbarkeit und die internationale Zuständigkeit, die internationale Rechtshilfe (Beweisaufnahme und Zustellung), die internationale Streitanhängigkeit und die Anerkennung und Vollstreckung ausländischer Entscheidungen. Soweit diese Rechtsgebiete in den Rahmen dieses Buches fallen, werden sie an den entsprechenden Stellen mitbehandelt (siehe etwa Rz 112 ff oder Rz 179 ff).

Studienliteratur siehe unten Rz 26 sowie *Fucik*, Europäisches und internationales Zivilverfahrensrecht. Ein Wegweiser, RZ 2011, 28 und *Mayr*, Grundlagen des Internationalen Zivilverfahrensrechts aus liechtensteinischer Sicht, in FS Delle Karth (2013) 645.

B. Aufgaben und Zweck

Literatur: *Baur*, Zeit- und Geistesströmungen im Prozeß, JBl 1970, 445; *Böhm*, Bewegliches System und Prozesszweck, in *F. Bydlinski ua* (Hrsg), Das Bewegliche System im geltenden und künftigen Recht (1986) 211; *Hagen*, Die soziale Funktion des Prozesses, ZZP 1971, 385; *Kuderna*, Soziale Funktion und soziale Elemente des Zivilprozesses, DRdA 1986, 182; *Schoibl*, Der Prozess als soziale Institution, in Rechtstheorie, Beiheft 6 (1984) 287; *Stürner*, Prozesszweck und Verfassung, in FS Baumgärtel (1990) 545; *Wassermann*, Der soziale Zivilprozeß (1978).

Die **Privatrechtsordnung** regelt die Beziehungen zwischen (grundsätz-   8 lich) gleichrangigen Rechtssubjekten (*„cives inter se"*). Aus ihr ergeben sich Rechte und Pflichten für die Rechtsunterworfenen. Wird die (Privat-)Rechtsordnung nicht freiwillig eingehalten, so gibt das materielle Recht selbst idR keine Antwort auf die Frage, wie der Berechtigte zu seinem Recht kommt: Grundsätzlich könnte er entweder selbst sein Recht durchsetzen oder die Hilfe eines Dritten in Anspruch nehmen.

Bei der **Selbsthilfe** setzt sich regelmäßig das Recht des Stärkeren durch. Die herbeigeführte Lösung muss daher nicht unbedingt der materiellen Rechtslage entsprechen: Der Selbsthilfe Ausübende setzt das durch, was er an Rechten zu haben glaubt, mit den Mitteln, die er für notwendig erachtet, ohne dass der Bestand dieser Rechte von dritter Seite geprüft worden wäre. Daher ist die Selbsthilfe unerwünscht und grundsätzlich verboten (§ 19 ABGB): Der Staat beansprucht für sich ein Gewaltmonopol. Um die Zivilrechtsnormen nicht sanktionslos zu lassen, muss der Staat die Aufgabe der Selbsthilfe übernehmen **(Staatshilfe).**

Darüber hinaus bedarf es zum Teil auch eines hoheitlichen Aktes, um privatrechtliche Rechtsverhältnisse zu begründen, abzuändern oder aufzuheben; zum Teil ist auch nur der Bestand eines Rechtsverhältnisses strittig und soll daher autoritativ festgestellt werden.

Der Zivilprozess ist als **Erkenntnisverfahren** (idR) eine notwendige Vor-   9 stufe zur staatlichen Rechtsdurchsetzung im Exekutionsverfahren. Der Staat darf seine Gewalt grundsätzlich nicht schon allein aufgrund von Behauptungen des Rechtsschutzwerbers einsetzen; er würde sich sonst uU zum Handlanger des Unrechts machen. Vielmehr müssen vorerst in einem gesetzlich geordneten Verfahren die von den Parteien aufgestellten Behauptungen und Gegenbehauptungen geprüft, bewiesen und rechtlich gewürdigt werden. Auf diese Weise werden mit den Mitteln der ZPO strittige Privatrechtsverhältnisse geprüft und festgestellt (**institutioneller Verfahrenszweck**). Das Resultat des Prozesses, die gerichtliche Entscheidung, bildet einen Exekutionstitel (§ 1 Z 1 EO), der dazu legitimiert, staatliche Hilfe zur Rechtsdurchsetzung in Anspruch zu nehmen.

Damit das „Recht des Stärkeren" nicht durch das „Recht des Klügeren" bzw „des Reicheren" ersetzt wird, sorgen Anleitungs- und Belehrungspflichten, Verfahrenshilfe sowie Anwaltszwang im Prozess für (eine möglichst weitgehende) **Chancengleichheit** zwischen den Parteien.

10   Da es nicht in der Willkür der staatlichen Organe liegen darf, ob, wann und wem Rechtsschutz gewährt wird, räumt der im Verfassungsrang stehende Art 6 Abs 1 EMRK dem Einzelnen ein subjektives öffentliches Recht gegen den Staat ein, den **Justizgewährungsanspruch** (*„Jedermann hat Anspruch darauf, dass seine Sache ... "*; siehe unten Rz 49).

Somit ergibt sich die Klagemöglichkeit (Anspruch auf staatlichen Rechtsschutz) aus dem öffentlichen Recht; auf sie kann nur gemeinsam mit dem zugrunde liegenden privatrechtlichen Anspruch verzichtet werden (Unzulässigkeit eines umfassenden Rechtsschutzverzichtsvertrags bzw *pactum de non petendo*); auch eine Abtretung der Prozessführungsbefugnis ohne gleichzeitige Übertragung des materiellen Rechts ist unzulässig (siehe Rz 297).

11   Der Zivilprozess soll ein **rasches**, **einfaches** und **billiges** (iSv kostengünstiges) Verfahren sein. Bei der privatrechtlichen Konfliktsituation handelt es sich nach *Franz Klein*, dem Schöpfer der öZPO (siehe Rz 28), nicht um ein allein die Beteiligten betreffendes Problem, sondern um ein die Allgemeinheit berührendes **soziales Übel**, das die Parteien Zeit, Geld und Nerven kostet, aufgrund der Bindung von Ressourcen der Wirtschaft schadet und überhaupt das Klima in der Rechtsgemeinschaft belastet. Somit dient die Beendigung des Konflikts durch den Zivilprozess zum einen dem **Interesse des Einzelnen** an der Durchsetzung seiner Rechte, zum anderen dem **Gemeinschaftsinteresse** an Rechtsfrieden, Rechtssicherheit und der Bewährung der Rechtsordnung. Es entsteht Klarheit darüber, was Recht ist und dass dieses nicht nur auf dem Papier steht, sondern auch durchgesetzt wird.

Die Möglichkeit des staatlichen Rechtsschutzes wirkt somit einerseits **repressiv** (durch die Rechtsdurchsetzung im Einzelfall), andererseits **präventiv** (als Ansporn zur freiwilligen Einhaltung der Rechtsordnung, weil der Schuldner weiß, dass der Gläubiger sein Recht auch zwangsweise durchsetzen könnte). Je besser der Zivilprozess (und das Exekutionsverfahren) in der Praxis funktioniert, desto besser können diese Zwecke erfüllt werden.

12   Zunehmend soll der Zivilprozess aber (nicht nur zur Entscheidung, sondern) auch zur **Lösung** privater Konflikte beitragen, da Rechtsstreitigkeiten in bestimmten Bereichen häufig Resultat zwischenmenschlicher Spannungen sind. Wird die wahre Konfliktursache nicht beseitigt, folgt schon bald ein weiterer Rechtsstreit. Daher soll der Zivilprozess auch Gelegenheit zu Dialog und rationalem Diskurs bieten. So forciert der Gesetzgeber etwa in der vorbereitenden Tagsatzung (wieder stärker) die mündliche Verhandlung zwischen den Parteien (selbst), und dort ist auch ein Vergleichsversuch vorgesehen (§ 258 Abs 1 Z 4 ZPO; Rz 741). Darüber hinaus kann das Gericht in der gesamten mündlichen Verhandlung eine gütliche Beilegung des Rechtsstreits versuchen

(§ 204 Abs 1 ZPO; Rz 612). Da das Gericht aber oftmals nicht das geeignete Forum für die Lösung dieser Konflikte ist, räumt das Gesetz auch ausdrücklich die Möglichkeit ein, die Parteien auf andere, besser geeignete Einrichtungen hinzuweisen.

Überhaupt hat in den letzten Jahrzehnten aus den verschiedensten Gründen die Suche nach bzw die Beachtung von **Alternativen** zur Streiterledigung im herkömmlichen „klassischen" Zivilprozess eine verstärkte Bedeutung gewonnen.

C. Alternativen zum (klassischen) Zivilprozess

Literatur: *Bajons*, Außergerichtliche Güteverfahren als Mittel der Prozessvermeidung und Konfliktlösung, ÖJZ 1984, 368; *dieselbe*, Mediation: Der Weg von einem österreichischen Pilotprojekt bis zur EU-Mediations-Richtlinie, in FS Leipold (2009) 499; *Ballon*, Die Entlastung der Zivilgerichte in Österreich, in FS Rechberger (2005) 23; *Frauenberger-Pfeiler*, Zur „Vollstreckbarmachung" von Mediationsvereinbarungen, in: Jahrbuch Zivilverfahrensrecht 2010, 237; *Frauenberger-Pfeiler/Risak*, Der prätorische Mediationsvergleich, ÖJZ 2012/87, 798; *Fucik*, EU-MediatG und ZivMediatG – ein Überblick, ÖJZ 2011, 941; *Hagen/Lenz*, Wirtschaftsmediation (2008); *Hayungs*, ADR-Richtlinie und ODR-Verordnung, Zeitschrift für Konfliktmanagement 2013, 86; *Hopf*, Das Zivilrechts-Mediations-Gesetz, ÖJZ 2004/3, 41; *Huber-Mumelter/Mumelter*, Schlichten statt Richten, ZfRV 2009/24, 165; *Katzenmeier*, Zivilprozess und außergerichtliche Streitbeilegung, ZZP 2002, 51; *Kloiber*, Die Mediations-Richtlinie und ihre Umsetzung in Österreich, ZfRV 2011, 119; *Mayr*, Rechtsschutzalternativen in der österreichischen Rechtsentwicklung (1995); *derselbe* (Hrsg), Öffentliche Einrichtungen zur außergerichtlichen Vermittlung von Streitigkeiten (1999); *derselbe*, Die Mediationsgesetze von Österreich und Liechtenstein, LJZ 2008, 90; *derselbe*, Neuigkeiten bei der außergerichtlichen Streitbeilegung in Österreich, in FS Barta (2009) 245; *derselbe*, Die Europäische Mediationsrichtlinie und Österreich, in *König/Mayr* (Hrsg), Europäisches Zivilverfahrensrecht in Österreich II (2009) 137; *derselbe*, Aktuelle Entwicklungen und Probleme bei den Rechtsschutzalternativen, in FS Simotta (2012) 375; *Mayr/Schmidt*, Gesetzlich geregelte Alternativen innerhalb und außerhalb des Zivilprozesses in Österreich, ZVglRWiss 1987, 227; *Mayr/Weber*, Europäische Initiativen zur Förderung der alternativen Streitbeilegung, ZfRV 2007, 163; *Perner/Völkl*, Conciliation, Mediation, ADR, ÖJZ 2003/28, 495; *Rechberger* (Hrsg), Der Notar und die konsensuale Streitbeilegung (2002); *derselbe*, Schlichtungsverfahren in Japan und Österreich, in FS Ishikawa (2001) 409; *Scheuer*, Regelungen zur Mediation in Österreich nach Umsetzung der Mediations-Richtlinie, in: Jahrbuch Zivilverfahrensrecht 2011, 197; *dieselbe*, Vollstreckbarer Mediationsvergleich und neue Regelungen für grenzüberschreitende Mediationsverfahren, Zak 2011, 147; *dieselbe*, Zum Stand der Mediation in Österreich, Zeitschrift für Konfliktmanagement 2012, 21.

Grundsätzlich ist davon auszugehen, dass der (staatliche) Zivilprozess nur **ultima ratio** (also das letzte Mittel) sein soll, um einen Konflikt auszutragen. Einer gütlichen Einigung der Parteien ist häufig – aber durchaus nicht immer – der Vorzug zu geben; das Gericht soll regelmäßig nur im „Notfall" über eine Privatrechtsstreitigkeit mittels Hoheitsakt entscheiden. 13

Möglichkeiten, einen staatlichen Zivilprozess durch ein anderes Konflikt-lösungsmodell zu vermeiden, gibt es viele. Diese Rechtsschutzalternativen werden in den letzten Jahren (auch) vom österreichischen (und vom europäischen) Gesetzgeber nicht zuletzt aus Gründen der Gerichtsentlastung vermehrt gefördert. Solange sie den Rechtsschutz suchenden Parteien (nur) als freiwillige (zusätzliche) Alternativen zur Wahl gestellt werden und sie den Zugang zu den ordentlichen Gerichten nicht (unverhältnismäßig) erschweren oder den Rechtsweg gar (endgültig) ausschließen, ist dagegen nichts einzuwenden. Es obliegt dann eben den (informierten) Parteien zu entscheiden, welche der verschiedenen Rechtsschutzmöglichkeiten für ihren Konflikt die geeignetste Austragungsform darstellt. Bedenklich wäre es jedoch, wollte man den Parteien andere Rechtsschutzformen (faktisch oder rechtlich) aufzwingen.

Die verschiedenen Möglichkeiten der außergerichtlichen (alternativen) Streitbeilegung werden häufig unter dem englischen Oberbegriff „**Alternative Dispute Resolution**" oder abgekürzt „**ADR**" zusammengefasst.

14   Eine klassische Alternative zum staatlichen Zivilprozess ist das Schiedsverfahren: Die Parteien können vereinbaren, dass das Erkenntnisverfahren nicht vor einem ordentlichen (staatlichen) Gericht, sondern vor einem privaten **Schiedsgericht** stattfinden soll (§§ 577 ff ZPO; siehe dazu Rz 1261 ff). Darin liegt zwar eine weitgehende Verdrängung, aber doch kein vollständiger Verzicht auf staatlichen Rechtsschutz, da der Schiedsspruch auf Antrag einer Partei (Aufhebungsklage gem § 611 ZPO) von einem staatlichen Gericht auf bestimmte, besonders schwerwiegende Mängel hin überprüft und bei deren Vorliegen beseitigt wird.

Das Schiedsverfahren darf nicht mit einem Schlichtungsverfahren verwechselt werden. Ersteres dient nämlich in erster Linie der (privaten) Strei*tentscheidung* und – ungeachtet der Möglichkeit, auch im Schiedsverfahren einen (Schieds-)Vergleich abzuschließen oder mediative Elemente einfließen zu lassen – nicht einer einvernehmlichen Streitbeilegung.

15   In manchen Fällen (insb im sozialgerichtlichen Verfahren; siehe Rz 1250 f) hat der Gesetzgeber (zur Entlastung der Gerichte) eine **sukzessive Kompetenz** eingerichtet. Das bedeutet, dass zunächst eine Verwaltungsbehörde mit dem strittigen (zivilrechtlichen) Anspruch zu befassen ist und erst dann – nach fruchtlosem Ablauf einer bestimmten Frist oder nach der Entscheidung der Verwaltungsbehörde – der Rechtsweg beschritten, also das zuständige Gericht angerufen werden darf. Mit der Klagseinbringung tritt die Entscheidung der Verwaltungsbehörde freilich ex lege außer Kraft; das Gericht entscheidet somit in der Sache neu. Dadurch wird vermieden, dass ein Gericht eine verwaltungsbehördliche Entscheidung überprüft, und so die Trennung von Justiz und Verwaltung (Art 94 B-VG) gewahrt (siehe Rz 47).

Obwohl diese Einrichtungen im Bereich des Wohnrechts als „Schlichtungsstellen" der Gemeinde bezeichnet werden, haben auch sie doch, „wenn der Versuch einer gütlichen Beilegung des Streites erfolglos geblieben ist", den Rechtsstreit (mit Bescheid) zu entscheiden (siehe §§ 39 f MRG).

Eine Besonderheit des österreichischen Rechts stellt es dar, dass sich die Streitteile nicht nur während eines anhängigen Zivilprozesses vergleichen können (Prozessvergleich nach §§ 204 f ZPO), sondern dass auch schon vor Einleitung eines Zivilprozesses die Ladung des Gegners vor das Bezirksgericht zum Zwecke eines Vergleichsversuchs möglich ist (sog „**prätorischer Vergleichsversuch**" nach § 433 ZPO). Ein dabei erzielter Vergleich stellt einen (vorprozessualen) gerichtlichen Vergleich dar, der einen Exekutionstitel bildet (§ 1 Z 5 EO). Näheres siehe bei Rz 609 ff. 16

Die Streitparteien können auch vor gewählten Vertrauenspersonen ihrer Wohnsitzgemeinde einen exekutierbaren Vergleich (§ 1 Z 15 EO) abschließen. Diese (historisch interessante) Einrichtung der **Gemeindevermittlungsämter** (RGBl 1869/150 idF 1907/59 und ausführende Landesgesetze) stellt jedoch heute praktisch totes Recht dar.

Außerdem besteht ein unüberblickbarer Wildwuchs von Schlichtungseinrichtungen, die ohne gesetzliche Grundlage auf freiwilliger Basis von gewissen Organisationen (insb Berufskammern) zur Erledigung von (imageschädigenden) Streitigkeiten ohne Befassung der staatlichen Gerichte geschaffen werden. Zunehmend werden aber auch vom **Gesetzgeber** außergerichtliche **Schlichtungs-** bzw **Vermittlungsverfahren** eingerichtet. Ziel dieser Schlichtungseinrichtungen ist nicht die Entscheidung, sondern die gütliche Beilegung von Rechts- (und anderen) Streitigkeiten. Die Inanspruchnahme der Schlichtungsstellen ist teils obligatorisch (dh der Gerichtsweg steht der Partei erst subsidiär offen), teils fakultativ (dh die Partei hat von Anfang an die Wahl, ob sie sich zuerst an die Schlichtungsstelle oder sofort an das Gericht wendet). Ein genereller Ausschluss des Zugangs zu den Gerichten durch Schlichtungsstellen (wie auch immer diese bezeichnet werden) wäre freilich unzulässig und (im Bereich der *civil rights* – siehe Rz 50) auch verfassungs- (EMRK-) widrig. Schlichtungsverfahren können somit maximal den Zeitpunkt, ab dem gerichtliche Hilfe begehrt werden kann, hinausschieben. 17

Eine **obligatorische** Streitschlichtung ist außer im Wohnrecht (siehe oben Rz 15) und im Nachbarrecht (siehe unten Rz 21) zB im **Vereinsrecht** vorgesehen: Vereine müssen in ihren Statuten für Streitigkeiten aus dem Vereinsverhältnis eine Schlichtungseinrichtung vorsehen. Der ordentliche Rechtsweg ist bis zum Abschluss des vereinsinternen Schlichtungsverfahrens, maximal aber sechs Monate ab Anrufung der Schlichtungsstelle, unzulässig (§ 8 Vereinsgesetz 2002). Eine Verpflichtung zur Durchführung eines Schlichtungsverfahrens für Streitigkeiten unter den Mitgliedern besteht ferner in manchen **Berufsordnungen**, etwa § 16 Ziviltechnikerkammergesetz 1993, § 94 Ärztegesetz 1998, § 54 Zahnärztekammergesetz, § 87 Wirtschaftstreuhandberufsgesetz.

Eine **fakultative** Schlichtungsmöglichkeit sehen etwa vor: § 122 Telekommunikationsgesetz 2003, § 26 Energie-Control-Gesetz, § 53 Postmarktgesetz oder § 78a Eisenbahngesetz.

18   Eine in letzter Zeit sehr populär gewordene Methode, die auf eine Unterstützung der Parteien bei der Lösung ihrer Konflikte abzielt, ist die **Mediation**. Sie hat in Österreich durch das **Zivilrechts-Mediations-Gesetz** eine gesetzliche (Rahmen-)Regelung erfahren (BGBl I 2003/29).

Inhalt dieses Gesetzes sind insb die Voraussetzungen und das Verfahren für die Eintragung von Personen in die Liste der eingetragenen Mediatoren sowie die Rechte und Pflichten dieser Mediatoren.

§ 1 ZivMediatG **definiert** die Mediation als eine auf der Freiwilligkeit der Parteien beruhende Tätigkeit, bei der ein fachlich ausgebildeter, neutraler Vermittler (der Mediator) mit anerkannten Methoden die Kommunikation zwischen den Parteien systematisch mit dem Ziel fördert, eine von den Parteien selbst verantwortete Lösung ihres Konfliktes zu ermöglichen.

Der Unterschied zwischen Schlichtung und Mediation liegt somit insb in der Intensität der „Einmischung" des neutralen Dritten: Schlichtungsorgane spielen eine aktivere Rolle bei der Lösungsfindung, während bei der Mediation die Parteien selbst die Konfliktlösung erarbeiten sollen.

19   Bedeutsam ist ferner, dass während eines Mediationsverfahrens (durch einen eingetragenen Mediator) die **Verjährung** sowie sonstige Fristen zur Geltendmachung der von der Mediation betroffenen Rechte und Ansprüche **gehemmt** werden (§ 22 ZivMediatG). Eingetragene Mediatoren sind zur **Verschwiegenheit** und **Vertraulichkeit** verpflichtet (§ 18 ZivMediatG) und dürfen in einem Zivilprozess nicht als Zeugen über dasjenige, was ihnen im Rahmen der Mediation anvertraut oder sonst bekannt wurde, vernommen werden (§ 320 Z 4 ZPO; siehe Rz 827).

Eine (weitere) Aufwertung der Mediation bedeutet es, dass seit dem 1. 5. 2011 über den Inhalt der in einem Mediationsverfahren über eine Zivilsache erzielten schriftlichen Vereinbarung vor jedem Bezirksgericht ein gerichtlicher – und damit vollstreckbarer (Rz 609 ff) – (prätorischer; siehe oben Rz 16) **Vergleich** geschlossen werden kann (§ 433a ZPO).

20   Im Bereich des **europäischen Rechts** ist 2008 die sog **Mediationsrichtlinie** (ABl L 2008/136, 3) erlassen worden, die bis zum 21. 5. 2011 in den Mitgliedstaaten umzusetzen war. Österreich hat dafür ein eigenes **EU-Mediations-Gesetz** geschaffen (BGBl I 2011/21), das (nur) für grenzüberschreitende Streitigkeiten in Zivil- und Handelssachen gilt.

Neu sind die **Richtlinie** vom 21. 5. 2013 **über alternative Streitbeilegung in Verbraucherangelegenheiten** (ABl L 2013/165, 63), der die Mitgliedstaaten bis zum 9. 7. 2015 nachzukommen haben, und die **Verordnung** vom 21. 5. 2013 **über Online-Streitbeilegung in Verbraucherangelegenheiten** (ABl L 2013/165, 1), die iW ab dem 9. 1. 2016 anzuwenden sein wird. Diese aktuellen Rechtsakte werden in Hinkunft für einen weiteren Aufschwung der alternativen Streitbeilegung sorgen.

36

Seit dem **ZivRÄG 2004** (BGBl I 2004/91, Art III) ist im Bereich des **Nach-** 21
barrechts (für Streitigkeiten nach § 364 Abs 3 ABGB betreffend den Entzug
von Licht oder Luft durch fremde Bäume oder Pflanzen) zwingend ein vorprozessualer Streitbeilegungsversuch vorgeschrieben. Dieser kann in einem prätorischen Vergleichversuch, einem Schlichtungsverfahren vor einer anerkannten
Schlichtungsstelle oder einer Mediation durch einen eingetragenen Mediator
bestehen. Erst nach dem Scheitern einer gütlichen Streitbeilegung oder nach
dem (fruchtlosen) Ablauf einer Frist von drei Monaten (ab Beginn des Beile-
gungsversuchs) ist eine Klage bei Gericht zulässig.

II. Rechtsquellen

Literatur: *BMJ/Lewisch/Rechberger* (Hrsg), 100 Jahre ZPO. Ökonomische Analy-
se des Zivilprozesses (1998); *König/Mayr* (Hrsg), Europäisches Zivilverfahrensrecht in
Österreich (2007); Bd II (2009); Bd III (2012); *Mayr* (Hrsg), 100 Jahre österreichische
Zivilprozeßgesetze (1998).

Von seiner Rechtsnatur her wird das Zivilprozessrecht (obwohl es der 22
Durchsetzung des Zivilrechts dient) zum **öffentlichen Recht** gezählt, da es
nicht die Beziehungen zwischen gleichgestellten Personen regelt, sondern zwischen dem Gericht und den Parteien.

Die zentrale Rechtsquelle bildet das Gesetz vom 1. 8. 1895, RGBl 113, über
das gerichtliche Verfahren in bürgerlichen Rechtsstreitigkeiten (**Zivilprozess-**
ordnung – ZPO). Sie steht seit dem 1. 1. 1898 in Österreich in Geltung, ist
jedoch bereits vielfach, in letzter Zeit insb durch die Zivilverfahrens-Novelle
(ZVN) 2009 (BGBl I 2009/30) und die Budgetbegleitgesetze 2009 und 2011
(BGBl I 2009/52 und BGBl I 2010/111), abgeändert worden (siehe unten
Rz 27 ff). Eine weitere größere Zivilprozess-Novelle (betreffend die sog „Sam-
mel-" oder „Gruppenklagen") ist schon seit längerer Zeit geplant (siehe Rz 31
und 335).

Die ZPO wird ergänzt durch das BG vom 7. 3. 1985, BGBl 1985/104, über
die Arbeits- und Sozialgerichtsbarkeit (**Arbeits- und Sozialgerichtsgesetz –**
ASGG). Die Besonderheiten dieses Verfahrens werden im XIX. Teil dieses
Buches (Rz 1215 ff) näher behandelt.

Regelungen über die Ausübung der Gerichtsbarkeit und die Zuständigkeit
der ordentlichen Gerichte in bürgerlichen Rechtssachen enthält die **Jurisdikti-**
onsnorm (JN; RGBl 1895/111).

Zur Jurisdiktionsnorm und zur Zivilprozessordnung gibt es spezielle **Einführungs-** 23
gesetze (EGJN und EGZPO), die (heute weitgehend überholte) Übergangsbestimmun-
gen und in den Hauptgesetzen übersehene Regelungen enthalten (RGBl 1895/110 und
1895/112).

Vorschriften über die Besetzung, innere Einrichtung und Geschäftsordnung der Gerichte enthält das **Gerichtsorganisationsgesetz** (GOG; RGBl 1896/217). Ergänzend dazu regelt eine (vielfach novellierte) Verordnung aus dem Jahr 1951 (BGBl 1951/264) die **Geschäftsordnung** für die Gerichte I. und II. Instanz (Geo). Die Organisation des Obersten Gerichtshofs hat im **OGH-Gesetz** (OGHG; BGBl 1968/328) eine eigenständige Regelung gefunden.

Das **Bundes-Verfassungsgesetz** (B-VG; BGBl 1930/1) enthält einige grundlegende Bestimmungen über die Gerichtsbarkeit (Art 82 ff), die auch für das Zivilprozessrecht Bedeutung haben (siehe unten Rz 33 ff).

24 Wie bereits erwähnt (oben Rz 7), gewinnt das **europäische Recht** auch im Bereich des Zivilprozessrechts immer mehr an Bedeutung. Zu nennen sind hier in erster Linie folgende Rechtsakte:

- VO (EG) Nr 44/2001 vom 22. 12. 2000 über die gerichtliche Zuständigkeit und die Anerkennung und Vollstreckung von Entscheidungen in Zivil- und Handelssachen (ABl L 2001/12, 1; **EuGVVO** oder **Brüssel I-VO**); reformiert durch die VO (EU) Nr 1215/2012 vom 12. 12. 2012 (ABl L 2012/351, 1; **EuGVVO neu** oder **Brüssel Ia-VO**), anzuwenden ab dem 10. 1. 2015.

  Sie hat das – noch auf staatsvertraglicher Basis beruhende – Brüsseler Übereinkommen (EuGVÜ) abgelöst (siehe Rz 57).

- VO (EG) Nr 2201/2003 vom 27. 11. 2003 über die Zuständigkeit und die Anerkennung und Vollstreckung von Entscheidungen in Ehesachen und in Verfahren betreffend die elterliche Verantwortung (ABl L 2003/338, 1; **EuEheKindVO**, EuFamVO oder **Brüssel IIa-VO**).

  Sie wird Brüssel IIa-VO genannt, weil sie am 1. 3. 2005 die frühere Brüssel II-VO (ABl L 2000/160, 19) abgelöst hat.

- VO (EG) Nr 1896/2006 vom 12. 12. 2006 zur Einführung eines Europäischen Mahnverfahrens (ABl L 2006/399, 1; **EuMahnVO**; dazu näher Rz 702 ff).

- VO (EG) Nr 861/2007 vom 11. 7. 2007 zur Einführung eines europäischen Verfahrens für geringfügige Forderungen (ABl L 2007/199, 1; **EuBagatell-VO**; dazu näher Rz 986 ff).

  Die beiden zuletzt genannten Rechtsakte stellen insofern eine neue Generation von Rechtsquellen dar, als sie erstmals auch (unmittelbar) das Verfahren selbst regeln.

- Zu erwähnen sind weiters die europäische ZustellVO (EuZustVO; ABl L 2000/160, 37; neue Fassung ABl L 2007/324, 79), die europäische BeweisaufnahmeVO (EuBVO; ABl L 2001/174, 1), die europäische VollstreckungstitelVO (EuVTVO; ABl L 2004/143, 15), die europäische UnterhaltsVO (ABl L 2009/7, 1) und die europäische ErbrechtsVO (ABl L 2012/201, 107).

Als **Verordnungen** der EU (gem Art 249 EGV bzw jetzt Art 288 AEUV idF Vertrag von Lissabon) gelten diese Rechtsquellen **unmittelbar** in jedem Mitgliedstaat und **verdrängen** entgegenstehendes nationales Recht.

38

Die europäische **Prozesskostenhilferichtlinie** (ABl L 2003/26, 41) musste hingegen in das nationale Recht umgesetzt werden. Dies geschah in Österreich im Rahmen der Zivilverfahrens-Novelle 2004. Siehe auch die bereits oben (Rz 20) erwähnte **Mediationsrichtlinie.**

Schließlich spielt auch das **Völkerrecht** im Zivilprozessrecht eine gewisse Rolle. ZB beruht die Ausnahme (Immunität) von der inländischen Gerichtsbarkeit auf Völkergewohnheits- oder Völkervertragsrecht (siehe Rz 114 ff). Im Bereich der internationalen Rechtshilfe spielen bi- und multilaterale Verträge eine große Rolle (siehe Rz 272). Ebenso wird die internationale Zuständigkeit noch öfters (direkt oder indirekt) durch bi- oder multilaterale Verträge geregelt (zB durch das Übereinkommen von Lugano). 25

III. Literatur

Gesetzesausgaben 26

Fucik/Klauser/Kloiber, Österreichisches und Europäisches Zivilprozessrecht (Manz Verlag) 11. Auflage 2011

Klauser/Kodek, Jurisdiktionsnorm und Zivilprozessordnung samt Einführungsgesetzen und Nebengesetzen sowie den Vorschriften des Europäischen Zivilprozessrechts (Manz Verlag) 17. Auflage 2012

Kodex Zivilgerichtliches Verfahren (Verlag Lexis Nexis ARD Orac) 35. Auflage, Stand 1. 2. 2013

Mayr, Zivilprozessordnung mit Jurisdiktionsnorm (Verlag Österreich) 2009

Mayr/Broll, Zivilverfahrensrecht (Verlag Österreich) 7. Auflage 2008

Holzhammer, Paragraph Zivilprozessrecht (Manz Verlag) 7. Auflage 2012

(Aktuelle) Studienbücher

Ballon, Einführung in das österreichische Zivilprozessrecht. Streitiges Verfahren (Leykam Verlag) 12. Auflage 2009

Deixler-Hübner/Klicka, Zivilverfahren. Erkenntnisverfahren und Grundzüge des Exekutions- und Insolvenzrechts (Verlag LexisNexis ARD Orac) 7. Auflage 2011

Neumayr, Zivilprozessrecht Erkenntnisverfahren, 3 Bände (Orac-Rechtsskriptum) 6. Auflage 2012

Rechberger/Simotta, Grundriss des österreichischen Zivilprozessrechts. Erkenntnisverfahren (Manz Verlag) 8. Auflage 2010

M. Roth/Holzhammer/Holly, Zivilprozessrecht (Manz Verlag) 1. Auflage 2012

Kommentare

Fasching/Konecny (Hrsg), Kommentar zu den Zivilprozessgesetzen (Manz Verlag) 2. Auflage, Bd I (2000), Bd II/1 (2002), Bd II/2 (2003), Bd III (2004), Bd IV/1 (2005), Bd IV/2 (2007), Bd V/1 (2008), Bd V/2 (2010), ErgBd Zustellrecht (2008)

Rechberger (Hrsg), Kommentar zur ZPO (Springer Verlag) 3. Auflage 2006

Systematische Darstellungen (zum Teil überholt)

Fasching, Lehrbuch des österreichischen Zivilprozessrechts (Manz Verlag) 2. Auflage 1990

Holzhammer, Österreichisches Zivilprozessrecht (Springer Verlag) 2. Auflage 1976

Klein/Engel, Der Zivilprozess Österreichs (1927)

Pollak, System des Österreichischen Zivilprozessrechtes mit Einschluss des Exekutionsrechtes (2. Auflage 1932)

Sperl, Lehrbuch der Bürgerlichen Rechtspflege (1930)

Praktische Rechtsanwendung

Buchegger/Roth, Zivilprozessrecht. Sammlung kommentierter Fälle (Springer Verlag) 3. Auflage 2011

Deixler-Hübner/Roth, Der Zivilprozess in der Praxis (Verlag LexisNexis ARD Orac) 4. Auflage 2006

Graf-Schimek/Koller (Hrsg), Casebook Zivilverfahrensrecht (facultas.wuv Verlag) 2. Auflage 2012

Heinke, Schriftsätze im Zivilprozess (Manz Verlag) 7. Auflage 2011

Strauss, Zivilverfahren in Beispielen aus der Praxis (Verlag Österreich) 2009

Ziehensack, Schriftsätze für Rechtsanwälte. Streitiges Verfahren (Verlag LexisNexis ARD Orac) Loseblattausgabe, Stand 2012

Europäisches (und Internationales) Zivilprozessrecht

Brenn, Europäischer Zivilprozess. Leitfaden für das grenzüberschreitende Verfahren in Österreich (Manz Verlag) 2005

Burgstaller/Neumayr/Geroldinger/Schmaranzer (Hrsg), Internationales Zivilverfahrensrecht (Verlag LexisNexis ARD Orac) Loseblattausgabe, Stand 15. Lfg 2012

Czernich/Tiefenthaler/Kodek, Europäisches Gerichtsstands- und Vollstreckungsrecht (Verlag LexisNexis ARD Orac) 3. Auflage 2009

Hess, Europäisches Zivilprozessrecht (C.F. Müller Verlag Heidelberg) 2010

König/Mayr (Hrsg), Europäisches Zivilverfahrensrecht in Österreich. Bilanz nach 10 Jahren (Manz Verlag) 2007

König/Mayr (Hrsg), Europäisches Zivilverfahrensrecht in Österreich II. 10 Jahre nach dem Vertrag von Amsterdam (Manz Verlag) 2009

König/Mayr (Hrsg), Europäisches Zivilverfahrensrecht in Österreich III. 10 Jahre Brüssel I-Verordnung (Manz Verlag) 2012

Junker, Internationales Zivilprozessrecht (Beck Verlag) 2012

Mayr, Europäisches Zivilprozessrecht (facultas.wuv Verlag) 2011

Schack, Internationales Zivilverfahrensrecht (Beck Verlag) 5. Auflage 2010

Walter/Domej, Internationales Zivilprozessrecht der Schweiz (Haupt Verlag) 5. Auflage 2012

IV. Grundlagen

A. Historische Grundlagen

Literatur: *BMJ* (Hrsg), Franz Klein Symposion (2005); *BMJ/Lewisch/Rechberger* (Hrsg), 100 Jahre ZPO. Ökonomische Analyse des Zivilprozesses (1998); *Böhm*, Die österreichischen Justizgesetze von 1895/96, in *Hofmeister* (Hrsg), Kodifikation als Mittel der Politik (1986) 59; *Hofmeister* (Hrsg), Forschungsband Franz Klein (1988); *Kodek*, Das Zivilverfahrensrecht im 21. Jahrhundert – alte und neue Herausforderungen, ÖJZ 2008/97, 919; *Jelinek*, Einflüsse des österreichischen Zivilprozessrechts auf andere Rechtsordnungen, in *Habscheid* (Hrsg), Das deutsche Zivilprozeßrecht und seine Ausstrahlung auf andere Rechtsordnungen (1991) 41; *Matscher*, Die Entwicklung des zivilprozessualen Rechts, in *Schambeck* (Hrsg), Parlamentarismus und öffentliches Recht in Österreich (1993) 475; *Mayr* (Hrsg), 100 Jahre österreichische Zivilprozeßgesetze (1998); *derselbe*, Die Studien- und Praxiszeit Franz Kleins, in FS Sprung (2001) 259; *Rechberger*, Ein Rückblick auf das Prozessrecht des 20. Jahrhunderts, in *Gottwald* (Hrsg), Aktuelle Entwicklungen des europäischen und internationalen Zivilverfahrensrechts (2002) 1; *Rechberger* (Hrsg), Die Entwicklung des Zivilprozessrechts in Mittel- und Südosteuropa seit 1918 (2011); *Schoibl*, Die Entwicklung des österreichischen Zivilverfahrensrechts (1987); *Schöniger-Hekele*, Die österreichische Zivilprozeßreform 1895 (2000); *Sprung*, Die Grundlagen des österreichischen Zivilprozeßrechts, ZZP 90 (1977) 380; *derselbe*, Zielsetzungen für eine Zivilprozeßreform, JBl 1981, 337.

1. Bis zur ZPO 1895

Die **Allgemeine Gerichtsordnung** (AGO) von **1781** war die erste einheitliche Prozessordnung für die österreichischen Länder. Sie gilt als die letzte und technisch ausgefeilteste Kodifikation des gemeinen Prozesses (so *Fasching*). Da auslegungsbedürftige Bestimmungen der Hofstelle vorgelegt werden muss-

27

ten (§ 437 AGO), die mittels Hofdekreten die gewünschte Interpretation fest-legte, wurde die Rechtslage immer unübersichtlicher. **1796** trat daher die sog **Westgalizische Gerichtsordnung** (WGO) – eine überarbeitete, der AGO aber im Wesentlichen noch entsprechende Prozessordnung – in Kraft. Die WGO galt nur in bestimmten Gebieten der Monarchie (etwa in Westgalizien, Istrien, Salzburg, Tirol oder Vorarlberg).

Die Gerichtsbehörden und deren Zuständigkeiten wurden in der Civil-Jurisdictions-norm (CJN) von 1852 geregelt.

Die nach den Grundsätzen der **Schriftlichkeit, Heimlichkeit, Mittelbar-keit** und **gebundenen Beweiswürdigung** aufgebaute AGO (und WGO), die den Parteien weitgehend die Herrschaft über das Verfahren ließ und den Rich-ter zu einem Hampelmann machte, der nur dann in das Verfahren eingreifen konnte, wenn die Parteien an den Schnüren zogen (so *Sprung*), bewirkte lange dauernde Verfahren und war schon bald nicht mehr in der Lage, den Anforde-rungen der Praxis zu genügen.

Dennoch kamen mehrere **Reformversuche** nicht über das Entwurfstadium hinaus. Lediglich für besondere Verfahrensarten wurden zwischen 1819 und 1873 Verfahrensgesetze geschaffen, die teilweise den modernen Grundsätzen der Mündlichkeit, Öffentlichkeit, Unmittelbarkeit und freien Beweiswürdi-gung folgten (zB das Eheverfahren 1819, das summarische Verfahren 1845, Besitzstörungsverfahren 1849, Mandatsverfahren 1855/59, Bestandverfahren 1858, Mahnverfahren 1873). Am Ende dieser Entwicklung stand das **Bagatell-verfahren** von 1873, mit dem (in einem Teilbereich) erstmals die Grundsätze der Unmittelbarkeit und freien Beweiswürdigung umgesetzt wurden.

2. Die Entstehung der ZPO 1895

28 Dass es schließlich doch zu einer Reform der veralteten (allgemeinen) Ge-richtsordnungen kam, ist ein wesentliches Verdienst von *Franz Klein*. Die-ser stellte in der berühmt gewordenen Artikelserie „**Pro Futuro**" (in den JBl 1890/91) Betrachtungen über Probleme der Zivilprozessreform in Österreich an und entwarf das Modell einer nach modernen Grundsätzen aufgebauten, „sozialen" Zivilprozessordnung. Daraufhin wurde *Klein* in das Justizministe-rium berufen und mit der Ausarbeitung von Entwürfen für neue Zivilprozess-gesetze beauftragt. Bereits 1893 konnten die von *Klein* erarbeiteten Entwürfe als Regierungsvorlagen im Reichsrat eingebracht werden. Der Qualität dieser Entwürfe und dem politischen Geschick einiger verständiger Parlamentarier war es zu verdanken, dass diese Vorlagen nicht das Schicksal ihrer Vorgänger teilten und unerledigt zu den Akten (und in die Archive) wanderten, sondern 1895/96 (nach einem vereinfachten parlamentarischen Verfahren und einigen inhaltlichen Änderungen) tatsächlich beschlossen werden konnten. Die aus mehreren Gesetzen (insb JN, ZPO und EO) bestehende große Zivilprozessre-

form trat schließlich am **1. 1. 1898** in Kraft. Sie gilt – freilich mit zahlreichen Novellierungen – noch heute.

Vorbilder für die ZPO waren das österreichische Bagatellverfahren 1873 sowie die deutsche Zivilprozessordnung (dZPO) von 1877. Von den mit diesen Rechtsquellen gemachten Erfahrungen konnte die ZPO bereits profitieren. Zwar wurden die deutschen Regelungen zum Teil nahezu wortgleich übernommen, jedoch folgte die ZPO nicht dem liberalen Grundkonzept der dZPO, das die Parteiinteressen in den Vordergrund stellt (verkörpert durch eine extreme Ausformung des Dispositions- und Verhandlungsgrundsatzes). Vielmehr liegt ihr eine **publizistische Auffassung** zugrunde. Sie verkörpert einen sozialen Zivilprozess, der die Rechtsdurchsetzung als Gemeinschaftsinteresse betrachtet. Zu diesem Zweck bemüht sich ein aktiver Richter (etwa mittels der Instrumente der Prozessleitungsbefugnis) einerseits um die Richtigkeit und Nachvollziehbarkeit der Entscheidung, andererseits um die ökonomische Verfahrensbeendigung, um das „soziale Übel" Rechtsstreit möglichst einfach, rasch und billig zu beseitigen.

Im Gegensatz zur AGO (und WGO) folgt die ZPO den Grundsätzen der **Mündlichkeit, Öffentlichkeit, Unmittelbarkeit, freien Beweiswürdigung** und **Verfahrenskonzentration**. Siehe unten im VI. Kapitel Rz 65 ff.

3. Die Weiterentwicklung bis heute

Literatur: *Deixler-Hübner*, Fortschritte und Rückschritte durch die Zivilverfahrensnovelle 2002, in FS Beys (2003) 209; *Frauenberger*, Die ZVN 2002 – Neuerungen im Zivilprozessrecht, ÖJZ 2002, 873; *Fucik*, Rechtsentwicklung 2010/11, in: Jahrbuch Zivilverfahrensrecht 2011 9; *derselbe*, Neues im Zivilprozessrecht 2012, ÖJZ 2012/50, 485; *Kodek*, Budgetbegleitgesetz 2011 – die justiziellen Bestimmungen im Überblick, Zak 2011/8, 4; *Mair*, Neuerungen im Zivilverfahrensrecht durch das 2. GeSchG und die ZVN 2009, JAP 2009/2010/7, 42; *Mayr*, Zivilverfahrensrechtliche Neuerungen des Budgetbegleitgesetzes 2009, ecolex 2009, 562; *Nowotny*, Gedanken zur Legistik am Beispiel der Zivilverfahrensbestimmungen des Budgetbegleitgesetzes 2011, ecolex 2011, 622; *Peer/Scheuer*, Neuerungen im Bereich des Zivilverfahrensrechts durch das Budgetbegleitgesetz 2011, ÖJZ 2011, 101; *Rechberger*, Zur Entwicklung des Zivilverfahrensrechts in Österreich in den letzten 50 Jahren, in *Sailer* (Hrsg), Beschleunigung des Verfahrens und Schutz der Grundrechte (2010) 54; *Reisenhofer*, Neuerungen im Zivilverfahrensrecht durch das BudgetbegleitG 2009, JAP 2009/2010/13, 107; *Roth/Hauser*, Die Zivilverfahrens-Novelle 2009, ecolex 2009, 556; *Schoibl*, Die Zivilverfahrens-Novelle 2002 – ein Überblick über die wichtigsten Neuerungen, JAP 2003/2004, 12; *Sima*, Die Zivilverfahrens-Novelle 2004, JAP 2004/2005, 179.

JN und ZPO wurden seit ihrem Inkrafttreten **vielfach novelliert**, erstmals mit der 1. Gerichtsentlastungsnovelle 1914, zuletzt (tiefgreifender) durch das Schiedsrechts-Änderungsgesetz (SchiedsRÄG) 2006, die Zivilverfahrens-Novelle 2009 und die Budgetbegleitgesetze 2009 und 2011. Waren Gesetzesänderungen anfangs noch selten, so nahm die **Novellierungstätigkeit** ab den 70er-Jahren des 20. Jahrhunderts deutlich zu: So gab es etwa 2009 nicht weniger als sechs Novellierungen der ZPO! 29

Der **Verbesserung des Zugangs zum Recht** sollten beispielsweise die Einführung des Widerspruchs gegen Versäumungsurteile (KSchG 1979), die Erleichterung der Wiedereinsetzung in den vorigen Stand und die Erweiterung der Verbesserungs- 30 möglichkeiten für (auch inhaltlich) mangelhafte Schriftsätze (ZVN 1983) sowie die Einführung und Ausdehnung der Zweiseitigkeit des Rekursverfahrens (ZVN 1983 und 2009) dienen.

Die **Verfahrensvereinfachung und -beschleunigung** bezweckten ua die ZVN 1983 durch die Einführung des (damals nur) von den Bezirksgerichten obligatorisch durchzuführenden Mahnverfahrens, die Erweiterte Wertgrenzen-Novelle 1989 durch die Einführung eines Fristsetzungsantrages und generell die ZVN 2002. In Letzterer wurden insb das Mahnverfahren auf das Gerichtshofverfahren ausgedehnt, die Anlassfälle für Versäumungsurteile neu geregelt und die Widerspruchsmöglichkeit gegen Versäumungsurteile eingeschränkt, die „erste Tagsatzung" abgeschafft und durch eine vorbereitende Tagsatzung ersetzt, anstelle des Beweisbeschlusses die Festlegung eines Prozessprogramms vorgesehen, die Erörterungspflicht des Richters sowie die Prozessförderungspflicht der Parteien betont und die Präklusion von grob fahrlässig verspätetem Vorbringen normiert.

Änderungen des **Rechtsmittelverfahrens** erfolgten insbesondere durch die ZVN 1983, 1986 und 2002 sowie durch die Erweiterten Wertgrenzen-Novellen 1989 und 1997. Durch sie wurden Rechtsmittelbeschränkungen verschärft, ein Grundsatzrevisionsmodell und Begründungserleichterungen für den OGH eingeführt sowie das (neue) Revisionsmodell auch auf das arbeits- und sozialgerichtliche Verfahren ausgedehnt.

Erwähnenswert sind in der neueren Entwicklung des Zivilprozessrechts darüber hinaus insb die schrittweise **Zurückdrängung der Senate** im Gerichtshofverfahren, die Übertragung der Zuständigkeit für **Arbeits- und Sozialrechtssachen** auf die ordentlichen Gerichte (ASGG 1985), die mehrfache Erweiterung der Zuständigkeit der **Bezirksgerichte**, die Ausdehnung der **Anwaltspflicht** auf das bezirksgerichtliche Verfahren, die Gesamtreform des **schiedsgerichtlichen Verfahrens** (SchiedsRÄG 2006 und SchiedsRÄG 2013) und die Einführung einer **Gesetzesbeschwerde** (siehe unten Rz 36 und 1146 ff).

31 Sehr bedauerlich ist es, dass mit den **Budgetbegleitgesetzen 2009** und **2011** aus Gründen der Gerichtsentlastung und der Kostenersparnis für den Staatshaushalt einige wesentliche (und rechtsstaatlich sehr bedenkliche) **Einschränkungen des Rechtsschutzes** der Parteien beschlossen worden sind. Dazu zählen – um nur einige Beispiele hervorzuheben – die teilweise exorbitante Erhöhung von Gerichtsgebühren und Wertgrenzen, die Abschaffung der Eigenhandzustellung von Klagen, Zahlungsbefehlen etc, die Beseitigung der Verfahrenshilfe für juristische Personen sowie die Kostenersatzregelung des § 54 Abs 1a ZPO, die eindeutig und ausschließlich auf Kosten der Parteien geht. Die beiden zuletzt erwähnten Änderungen gingen so weit, dass sie in der Zwischenzeit sogar vom VfGH als verfassungswidrig beseitigt worden sind.

Eine weitere Novelle, mit der eine **Gruppenklage** (Sammelklage) in die ZPO eingeführt werden soll (siehe Rz 335), ist schon seit längerer Zeit geplant, konnte aber auch in der abgelaufenen 24. GP nicht beschlossen werden.

32 In jüngster Zeit macht sich auch vermehrt der Einfluss des **Europäischen Zivilprozessrechts** auf das nationale Recht bemerkbar: So wurden etwa in der Erweiterten Wertgrenzen-Novelle 1997 eine umfassende Neuregelung der international-verfahrensrechtlichen Vorschriften vorgenommen, mit einer Novelle 2003 (BGBl I 2003/114) die grenzüberschreitende Beweisaufnahme neu geregelt, mit der ZVN 2004 die europäische Prozesskostenhilferichtlinie im österreichischen Recht umgesetzt, mit der ZVN 2009 Anpassungen des österreichischen Rechts an die EuMahnVO und an die EuBagatellVO vorgenommen und zuletzt mit dem Eu-MediatG (siehe oben Rz 20) die EuMediationsRL in Österreich umgesetzt.

44

B. Verfassungsrechtliche Grundlagen

Literatur: *Adamovich/Funk/Holzinger*, Österreichisches Staatsrecht II (1998) 243 ff, III (2003) 81 ff; *Ballon*, Der Einfluss der Verfassung auf das Zivilprozessrecht, ZZP 96 (1983) 409; *Berka*, Die Grundrechte (1999) Rz 772 ff; *BMJ* (Hrsg), Justiz und Menschenrechte (2008); *DACH* (Hrsg), Das faire Verfahren nach Art. 6 EMRK (2005); *Fasching*, Verfassungskonforme Gerichtsorganisation, 10. ÖJT 1988, I/3; *Feldner*, Die Bindung des Zivilgerichts an seine im Aufhebungs- und Zurückverweisungsbeschluss geäußerte Rechtsansicht, ÖJZ 2002, 221; *Gerlach/Somek*, Zur Prüfungsbefugnis der Zivilgerichte gem Art 89 B-VG, ÖJZ 2002, 441; *Grabenwarter/Pabel*, Europäische Menschenrechtskonvention[5] (2012) § 24; *Kodek*, Die Wahrung von Grundrechten durch die Gerichtsbarkeit, ÖJZ 2008/25, 216; *Kucsko-Stadlmayer*, Die Beziehungen zwischen dem Verfassungsgerichtshof und den anderen Gerichten, einschließlich der europäischen Rechtsprechungsorgane, EuGRZ 2004, 16; *Lienbacher*, Der Öffentlichkeitsgrundsatz des Zivil- und Strafverfahrens im österreichischen Verfassungsrecht, ÖJZ 1990, 425; *Marx*, Verfahrensgarantien in Zivil- und Strafsachen, in *Heißl* (Hrsg), Handbuch Menschenrechte (2009) 459; *Matscher*, Die Verfahrensgarantien der EMRK in Zivilrechtssachen, ZÖR 1980, 1; *derselbe*, Der Gerichtsbegriff der EMRK, in FS Baumgärtel (1990) 363; *derselbe*, Der Einfluss der EMRK auf den Zivilprozess, in FS Henckel (1995) 593; *derselbe*, Zur Weiterentwicklung des Grundrechtsschutzes im System der EMRK, in FS Leipold (2009) 1145; *Mayer*, Funktion und Grenzen der Gerichtsbarkeit im Rechtsstaat, 11. ÖJT 1991, I/1; *derselbe*, Das österreichische Bundes-Verfassungsrecht[4] (2007); *Morscher/Christ*, Grundrecht auf öffentliche Verhandlung gem Art 6 EMRK, EuGRZ 2010, 272; *Novak*, Zivilprozess und Gewaltentrennung, in FS Jelinek (2002) 199; *Öhlinger/Eberhard*, Verfassungsrecht[9] (2012) Rz 579 ff; *Pernthaler*, Rechtsweg als Menschenrecht – Zur neueren Auslegung des Art 6 MRK als Rechtsweggarantie für „civil rights", in FS Klecatsky (1990) 221; *Walter*, Die Gerichtsbarkeit, in *Schambeck* (Hrsg), Das österreichische Bundesverfassungsgesetz und seine Entwicklung (1980) 443; *Walter/Mayer/Kucsko-Stadlmayer*, Grundriss des österreichischen Bundesverfassungsrechts[10] (2007) Rz 757 ff.

1. Bindung (nur) an die Gesetze

Nach Art 18 Abs 1 B-VG darf die gesamte staatliche Verwaltung nur aufgrund der Gesetze ausgeübt werden (**Legalitätsgrundsatz**). Wenn auch die Gerichtsbarkeit hier nicht ausdrücklich erwähnt wird, besteht doch kein Zweifel, dass diese **Bindung an die Gesetze** auch für die Rechtsprechung gilt. 33

Eine **Präjudizienbindung**, also eine Bindung an gerichtliche Entscheidungen, die in anderen Verfahren ergangen sind (wie sie für Länder mit einem *Case-Law*-System typisch ist), besteht hingegen in Österreich **nicht** (vgl § 12 ABGB, wonach „Urteile nie die Kraft eines Gesetzes" haben). Dennoch orientieren sich in der Praxis die Untergerichte stark an der Judikatur der höheren Gerichte und insb des OGH, dessen Leitfunktion durch die Reformen der letzten Jahre verstärkt worden ist.

Eine **Bindung** besteht nur ausnahmsweise: Siehe Rz 145. Zu den verstärkten Senaten des OGH siehe Rz 171.

34   Aus Art 18 B-VG lässt sich auch das verfassungsrechtliche Gebot an den Gesetzgeber ableiten, inhaltlich ausreichend bestimmte Regelungen zu schaffen, die „auf Grund der Gesetze" vollzogen werden können (**Bestimmtheitsgebot**).

Insofern gab es in Bezug auf das alte AußStrG von 1854, dessen Allgemeiner Teil lediglich 18 Paragraphen umfasst hat, Bedenken.

35   Eine Prüfung der Gesetzmäßigkeit einer Verordnung bzw der Verfassungsmäßigkeit eines Gesetzes steht den ordentlichen Gerichten nicht zu (Art 89 Abs 1 B-VG). Dies ist Aufgabe des **Verfassungsgerichtshofs** (VfGH). Hat ein Gericht in Bezug auf eine im Verfahren anzuwendende Norm Bedenken hinsichtlich ihrer Gesetz- oder Verfassungsmäßigkeit, so kann es jedoch deren Überprüfung beim VfGH beantragen. Antragsberechtigt sind bei (möglicherweise) gesetzwidrigen Verordnungen alle Gerichte, bei verfassungswidrigen Gesetzen nur die Rechtsmittelgerichte und der OGH (Art 89 Abs 2, Art 140 B-VG). Den Parteien selbst steht kein Antragsrecht zu; sie können eine entsprechende Antragstellung lediglich beim Gericht anregen.

36   Mit **1. 1. 2015** wird sich diese Rechtslage durch eine (einstimmig beschlossene) **Novelle zum B-VG** (BGBl I 2003/114) insofern **ändern** als **alle ordentlichen Gerichte** berechtigt (bzw verpflichtet) sein werden, beim VfGH die Aufhebung der (möglicherweise) gesetzwidrigen Verordnung bzw des (möglicherweise) verfassungswidrigen Gesetzes zu beantragen (Art 89 Abs 2, Art 139 Abs 1, Art 140 Abs 1 B-VG idF BGBl I 2013/114). Darüber hinaus wird den **Verfahrensparteien** die Einbringung einer „**Gesetzesbeschwerde**" offen stehen. Dies bedeutet, dass in Hinkunft eine Person, die als Partei einer von einem ordentlichen Gericht in erster Instanz entschiedenen Rechtssache wegen Anwendung einer gesetzwidrigen Verordnung bzw eines verfassungswidrigen Gesetzes in ihren Rechten verletzt zu sein behauptet, aus Anlass eines gegen diese Entscheidung erhobenen Rechtsmittels beim VfGH die Prüfung der Gesetzwidrigkeit der Verordnung bzw der Verfassungswidrigkeit des Gesetzes beantragen kann (Art 139 Abs 1 Z 4 und Art 140 Abs 1 Z 1 lit d B-VG idF BGBl I 2013/114).

Viele wichtige **Details** dieser grundsätzlichen Neuerung sind allerdings noch **offen**: Diese sollen zeitgerecht bis zum 1. 1. 2015 durch ein (einfaches) besonderes Bundesgesetz geregelt werden, für das der Nationalrat in einer Entschließung einige (allerdings unverbindliche) Vorgaben gemacht hat. Siehe näher unten Rz 1146 ff.

37   Sieht sich eine Partei durch ein österreichisches Gericht in ihren durch die **EMRK** und deren Zusatzprotokolle garantierten Rechten (zB Art 6 EMRK; dazu unten Rz 49 ff) verletzt, so kann sie nach Ausschöpfung des innerstaatlichen Rechtsweges binnen sechs Monaten ab Zustellung der Endentscheidung

direkt beim EGMR (**Europäischer Gerichtshof für Menschenrechte**) eine **Individualbeschwerde** (Art 34 EMRK) gegen Österreich einbringen. Aussichtslose Rechtsbehelfe muss die Partei aber nicht ergreifen. Auch ein anderer Konventionsstaat könnte die angebliche EMRK-Verletzung zum Gegenstand einer Beschwerde (**Staatenbeschwerde**, Art 33 EMRK) an den EGMR machen.

Der **EGMR**, eine durch die EMRK (Art 19) eingerichtete Institution des Europarates mit Sitz in Straßburg, ist nicht mit dem **EuGH** (Organ der EU [Art 251 AEUV], Sitz in Luxemburg) zu verwechseln. Zum **Vorabentscheidungsverfahren** durch den EuGH (Art 267 AEUV) siehe unten Rz 59.

Ist die Individualbeschwerde zulässig, versucht der EGMR eine **gütliche Einigung** herbeizuführen. Misslingt eine Einigung, kommt es zu einem Verfahren mit öffentlicher mündlicher Verhandlung und Beweisaufnahmen. Über eine zulässige Individualbeschwerde entscheidet der EGMR mit Urteil. Wird im **Urteil** eine Konventionsverletzung festgestellt, so ist der verurteilte Staat verpflichtet, die Verletzung zu beenden und volle Wiedergutmachung zu leisten. Der EGMR kann dem Beschwerdeführer im Urteil Verfahrenskostenersatz und eine angemessene Entschädigung zusprechen.

2. Regelungs- und Vollzugskompetenz

Gem Art 10 Abs 1 Z 6 B-VG sind **Bundessache** in Gesetzgebung und Voll-   38 ziehung ua das „Zivilrechtswesen" sowie die „Justizpflege" und „Angelegenheiten der Notare, der Rechtsanwälte und verwandter Berufe". Außerdem geht nach Art 82 Abs 1 B-VG nF „die ordentliche Gerichtsbarkeit" vom Bund aus. Das bedeutet, dass der Bund der alleinige „Träger" der Gerichtsbarkeit ist und die gesamte Einrichtung und Verwaltung der Gerichte in die Zuständigkeit des Bundes fällt. Organisatorisch sind die Gerichte somit immer **Bundesbehörden**, selbst wenn sie ausnahmsweise für die Vollziehung von Landesgesetzen zuständig (Art 97 Abs 2, Art 15 Abs 9 B-VG) und dann funktionell als Landesorgane tätig sind.

Nach Art 82 Abs 2 B-VG werden die Urteile im Namen der Republik verkündet und ausgefertigt.

Art 83 Abs 1 B-VG nF ordnet zusätzlich an, dass die „**Organisation und**   39 **Zuständigkeit**" der ordentlichen Gerichte durch Bundesgesetz festgestellt wird, was bedeutet, dass die einschlägigen Regelungen (ausschließlich) in Form eines (einfachen Bundes-)Gesetzes (und nicht etwa in Verordnungsform) getroffen werden müssen.

Nach Art 8 Abs 5 lit d Übergangsgesetz 1920 (idF BGBl 1925/368) sind allerdings die Sprengel der Bezirksgerichte durch übereinstimmende VO der Bundesregierung und der betroffenen Landesregierung festzulegen. Daher gibt es eine Reihe von einschlägigen Bezirksgerichte-Verordnungen (siehe Rz 139). Diese Ausnahme gilt freilich nicht für Wien (§ 8 Abs 8 ÜG 1920), weshalb die Einrichtung der Bezirksgerichte in der Bundeshauptstadt durch ein eigenes Bundesgesetz (Bezirksgerichts-Organisationsgesetz für Wien, BGBl 1985/203 idgF) geregelt wird.

3. Recht auf den gesetzlichen Richter

40 Das in Art 83 Abs 2 B-VG normierte Recht auf ein Verfahren vor dem „gesetzlichen Richter" war ursprünglich eine Reaktion auf die frühere „Kabinettsjustiz". Heute versteht man darunter allgemein das Recht auf den Schutz und die Wahrung der gesetzlich begründeten Behördenzuständigkeit. Dieses Grundrecht wird im Zivilverfahren insb durch die Bestimmungen über die Zulässigkeit des Rechtswegs (siehe Rz 102 ff) und die (sachliche und örtliche) Zuständigkeit der Gerichte (siehe Rz 176 ff) sowie über die Besetzung (siehe Rz 165 ff) und die (feste) Geschäftsverteilung (siehe Rz 174 f) des zuständigen Gerichts gesichert.

41 Auch durch das in Art 87 Abs 3 B-VG verankerte **Prinzip der festen Geschäftsverteilung** soll jede Einflussnahme der Verwaltung (Politik) auf die Zuteilung der bei einem Gericht einlangenden Rechtssachen an die einzelnen Entscheidungsorgane dieses Gerichts verhindert werden. Der Geschäftskreis eines jeden Richters (Rechtspflegers) wird daher jeweils (für ein Jahr) im Voraus nach objektiv bestimmbaren Kriterien (Namen, Fachgebiet, Rotationsprinzip) unter Bedachtnahme auf eine möglichst gleichmäßige Belastung festgelegt. Dem (nach der Geschäftsverteilung) zuständigen Richter (oder Rechtspfleger) darf dann die Sache nur in ganz bestimmten Ausnahmefällen durch die Entscheidung eines Richtergremiums abgenommen werden. Siehe auch unten Rz 174 f.

4. Die richterlichen Garantien

42 Die **Richter** sind kraft der ausdrücklichen Anordnung des Art 87 Abs 1 B-VG „in Ausübung ihres richterlichen Amtes **unabhängig**". Das bedeutet, dass der Richter an keinerlei Weisungen gebunden ist, sondern ausschließlich die Rechtsvorschriften anzuwenden hat (sachliche Unabhängigkeit).

In Ausübung seines richterlichen Amtes befindet sich ein Richter bei der Besorgung der „gerichtlichen Geschäfte", also insb bei der Rechtsprechungstätigkeit, aber auch bei einer Justizverwaltungstätigkeit, sofern sie kraft Gesetzes durch Senate oder Kommissionen (zB durch den Personalsenat) ausgeübt wird (Art 87 Abs 2 B-VG).

Zur Sicherung der Unabhängigkeit der Richter wird in Art 88 Abs 2 B-VG deren (grundsätzliche) **Unabsetzbarkeit** und **Unversetzbarkeit** garantiert (persönliche Unabhängigkeit).

Art 86 B-VG regelt die wesentlichen Grundsätze der Richterernennung. Art 88a B-VG bildet die verfassungsrechtliche Grundlage für die (nicht bei einem bestimmten Gericht ernannten) „**Sprengelrichter**" nach § 65a RStDG.

Durch die Ausnahmeregelung des Art 87a BV-G kann durch Bundesgesetz 43 die Besorgung einzelner, genau zu bezeichnender Arten von Geschäften der Gerichtsbarkeit in erster Instanz besonders ausgebildeten nichtrichterlichen Bundesbediensteten, den **Rechtspflegern**, übertragen werden. Diese Personen genießen eine eingeschränkte Unabhängigkeit: Sie sind nur an die Weisungen des nach der Geschäftsverteilung zuständigen Richters gebunden (siehe auch Rz 149).

Von dieser Möglichkeit hat der einfache Gesetzgeber im Rechtspflegergesetz (BGBl 1985/560 idgF) reichlich Gebrauch gemacht: In den §§ 16 ff RpflG wird der Wirkungskreis der Rechtspfleger insb im Bereich des Außerstreit- und des Exekutionsverfahrens sehr weit gezogen.

5. Mündlichkeit und Öffentlichkeit des Verfahrens

Art 90 Abs 1 B-VG verlangt, dass die Verhandlungen in Zivil- (und Straf-) 44 sachen vor dem erkennenden Gericht **mündlich** und **öffentlich** sein müssen. Davon kann das einfache Gesetz Ausnahmen vorsehen, das Prinzip der Mündlichkeit und (Volks-)Öffentlichkeit als solches darf jedoch nicht abgeändert werden.

Demgemäß darf in der Entscheidung nur berücksichtigt werden, was in der Verhandlung mündlich vorgebracht worden ist (siehe §§ 176 f, 182a, 414 Abs 1 ZPO). Tatsächlich wird die Mündlichkeit in der Praxis jedoch immer mehr durch das Vorbringen in Schriftsätzen zurückgedrängt (siehe Rz 81 f). Auch die Volksöffentlichkeit ist als Grundprinzip selbstverständlich sehr wichtig und unverzichtbar, spielt aber im Zivilverfahren keine große praktische Rolle (siehe Rz 77 ff).

6. Volksmitwirkung an der Rechtsprechung

Nach Art 91 Abs 1 B-VG hat „das Volk" an der Rechtsprechung „mitzu- 45 wirken". Das B-VG sieht also vor, dass die Ausübung der Gerichtsbarkeit nicht nur durch Berufsrichter zu erfolgen hat, sondern dass auch Vertreter des „Volkes" als **Laienrichter** an der Rechtsprechung zu beteiligen sind. Über das Ausmaß und die Art dieser „Mitwirkung" in Zivilsachen schweigt sich die Verfassung jedoch aus, sodass im Einzelnen vieles unklar und umstritten ist. Positivrechtlich ist (derzeit) jedenfalls eine Beteiligung von Laienrichtern (nur) im Bereich der Handelsgerichtsbarkeit und der Arbeits- und Sozialgerichtsbarkeit vorgesehen (siehe Rz 148).

Darüber hinaus ist das Oberlandesgericht Wien als **Kartellgericht** (für das ganze Bundesgebiet) mit einem Richter als Vorsitzendem, einem weiteren Richter und zwei fachkundigen Laienrichtern besetzt (bei Stimmengleichheit entscheidet die Stimme des Vorsitzenden, § 63 KartG 2005). Der OGH als Kartellobergericht entscheidet (als einfacher Senat) mit einem Richter als Vorsitzendem, zwei weiteren Richtern und zwei fachkundigen Laienrichtern (siehe dazu näher §§ 58 ff KartG 2005).

7. Garantie des Obersten Gerichtshofs

46   Aus der (lapidaren) Anordnung des Art 92 Abs 1 B-VG, nämlich dass „oberste Instanz in Zivil- und Strafrechtssachen" der Oberste Gerichtshof ist, wird eine **Bestandsgarantie** des OGH als einziges **Höchstgericht** in Zivil- und Strafsachen abgeleitet. Diese Verfassungsbestimmung verlangt aber nicht, dass der Instanzenzug stets bis zum OGH gehen muss. Beschränkungen des Rechtsmittelzuges sind also grundsätzlich zulässig, dürfen aber nicht so weit gehen, dass die Bedeutung des OGH als letzte Instanz ausgehöhlt würde.

Art 92 Abs 2 B-VG enthält Unvereinbarkeitsbestimmungen für die Richter des OGH. Die Organisation des OGH ist durch ein eigenes Bundesgesetz geregelt (**OGHG**; BGBl 1968/328 idgF).

8. Trennung von Justiz und Verwaltung

47   **Art 94 B-VG** normiert das Prinzip der **Gewaltentrennung**. Das bedeutet ua:

▶ Jede Behörde muss entweder eine Gerichts- *oder* eine Verwaltungsbehörde sein; sie kann daher **nicht** zugleich Gericht *und* Verwaltungsbehörde (also zB wie früher ein „gemischtes Bezirksamt") sein.

Ebenso können Verwaltungsbeamte nicht zugleich Richter sein. Eine Ausnahme besteht für die monokratische Justizverwaltung (siehe Art 87 Abs 2 B-VG, oben Rz 42).

▶ **Weisungen** von Organen der Verwaltung an Organe der Gerichtsbarkeit sind unzulässig.

▶ Ein **Instanzenzug** von einer Verwaltungsbehörde an ein Gericht (und umgekehrt) ist (bzw war bislang) **ausgeschlossen**.

Das Modell der **sukzessiven Kompetenz** wird vom VfGH jedoch für zulässig erachtet (siehe schon Rz 15). Es bedeutet, dass nach der Entscheidung einer Verwaltungsbehörde das Gericht angerufen werden kann, wenn mit der Anrufung des Gerichts der Bescheid der Verwaltungsbehörde ex lege außer Kraft tritt. Beispiele (im streitigen Verfahren) sind die Bescheidklage und die Säumnisklage nach § 67 ASGG (dazu Rz 1250).

48   Der (im Zuge der Verwaltungsgerichtsbarkeitsreform) mit 1. 1. 2014 neu an Art 94 B-VG angefügte **Abs 2** sieht nunmehr jedoch vor, dass durch Bundes- oder Landesgesetz in einzelnen Angelegenheiten anstelle der Erhebung einer Beschwerde beim Verwaltungsgericht ein (echter) **Instanzenzug** von der

50

Verwaltungsbehörde an die ordentlichen Gerichte vorgesehen werden kann. Solche Fälle normiert aktuell das Verwaltungsgerichtsbarkeits-Anpassungsgesetz – Justiz (VAJu, BGBl I 2013/190) insb etwa für gewisse Entscheidungen der Rechtsanwalts- und Notariatskammern, bei denen ein Rechtszug zu den ordentlichen Gerichten (OLG; OGH) eingerichtet wird.

9. „Faires Verfahren" vor einem unabhängigen Gericht in Zivilrechtssachen

Durch das BVG BGBl 1964/59 wurde die **EMRK** in Österreich in den Ver-   49
fassungsrang gehoben. Deren **Art 6 Abs 1** ist auch für das Zivilverfahren von **zentraler Bedeutung.** Danach hat jedermann Anspruch darauf, „dass seine Sache in billiger Weise öffentlich und innerhalb einer angemessenen Frist gehört wird, und zwar von einem unabhängigen und unparteiischen, auf Gesetz beruhenden Gericht, das über zivilrechtliche Ansprüche und Verpflichtungen … zu entscheiden hat". Aus dieser Formulierung wird in vielerlei Hinsicht eine Garantie von verfahrensrechtlichen Mindeststandards herausgelesen, die über die Garantien des B-VG teilweise hinausgehen. Art 6 Abs 1 EMRK verlangt ua:

▶ **Zivilrechtliche Ansprüche** und Verpflichtungen gehören vor Gerichte bzw   50
vor Behörden mit **Tribunal-Qualität.**

Der Begriff der „zivilrechtlichen Ansprüche und Verpflichtungen" („*civil rights and obligations*" bzw „*ses droits et obligations de caractère civil*") wird in der Judikatur des EGMR sehr weit ausgelegt und muss sich nicht mit dem Begriff des Zivilrechts bzw des bürgerlichen Rechts in Österreich decken.

Auch der Gerichtsbegriff der EMRK ist nicht unbedingt mit jenem des B-VG gleichzusetzen. Entscheidend für die Tribunal-Qualität sind die judizielle Funktion (Entscheidung einer Angelegenheit aufgrund von Rechtsvorschriften nach Durchführung eines förmlichen Verfahrens), die Unabhängigkeit und die Unparteilichkeit sowie eine ständige Einrichtung.

Nach der Judikatur des VfGH ist im Kernbereich des Zivilrechts eine volle Kognitionsbefugnis der Gerichte sowohl im Tatsachen- als auch im Rechtsfragenbereich geboten. Die EMRK verlangt aber nicht mehrere Gerichtsinstanzen, sondern es genügt, wenn eine Gerichtsinstanz entscheidet; vorgelagerte Verwaltungs- (oder Schlichtungs-) verfahren sind zulässig, sofern sie den Zugang zum Gericht nicht wesentlich einschränken.

▶ Das Verfahren muss **fair** sein („in billiger Weise"). Das bedeutet ua, dass   51
die Parteien Anspruch auf ein effektives Verfahren und auf **rechtliches Gehör** haben. Die (grundsätzliche) Öffentlichkeit der Verhandlung wird auch vom B-VG verlangt.

▶ Eine **angemessene Verfahrensdauer** muss sichergestellt sein. Dies wird   52
vom EGMR nach den Umständen des Einzelfalls beurteilt. Als Beurteilungs-

kriterien werden herangezogen die Schwierigkeit (Komplexität) des Falles, das Verhalten des Beschwerdeführers und der Behörde im Verfahren sowie die Bedeutung der Angelegenheit für die Partei.

In diesem Zusammenhang ist in Österreich (siehe sonst zur Prozessbeschleunigung oben Rz 30) der **Fristsetzungsantrag** nach § 91 GOG zu nennen: Ist das Gericht mit der Vornahme einer Verfahrenshandlung säumig, so kann eine Partei (bei diesem Gericht) einen Antrag an den übergeordneten Gerichtshof stellen, er möge dem Gericht für die Vornahme dieser Handlung eine angemessene Frist setzen. Werden die ausstehenden Verfahrenshandlungen dann binnen vier Wochen (vom betroffenen Gericht) nachgeholt, so gilt der Antrag als zurückgezogen, wenn er nicht ausdrücklich aufrechterhalten wird. Die Entscheidung über den Fristsetzungsantrag trifft ein Senat aus drei Berufsrichtern. Er kann dem Antrag stattgeben und dem säumigen Gericht eine Frist setzen (deren Nichteinhaltung allerdings sanktionslos bleibt) oder – wenn keine Säumnis vorliegt – den Antrag abweisen. Dieser Beschluss ist unanfechtbar.

53   Die Beachtung der Grundrechte (insb des Art 6 EMRK) obliegt (auf nationaler Ebene) den (Zivil-)Gerichten. Auf internationaler Ebene wacht der Europäische Gerichtshof für Menschenrechte (**EGMR**) über die Einhaltung der EMRK. Dazu oben Rz 37.

54   Zu beachten ist auch **Art 47** der **Charta der Grundrechte der Europäischen Union (GRC)**, der weitgehend Art 6 Abs 1 (und Art 13) EMRK nachempfunden wurde. So hat nach dessen Abs 2 jede Person ein Recht darauf, „dass ihre Sache von einem unabhängigen, unparteiischen und zuvor durch Gesetz errichteten Gericht in einem fairen Verfahren, öffentlich und innerhalb angemessener Frist verhandelt wird". Ausdrücklich wird zusätzlich festgehalten, dass sich jede Person „beraten, verteidigen und vertreten" lassen kann und in Abs 3 Verfahrenshilfe („Prozesskostenhilfe") zur wirksamen Gewährleistung des Zugangs zu den Gerichten für minder bemittelte Personen vorgesehen (siehe Rz 468 ff).

C. Europarechtliche Grundlagen

Literatur: *Heß*, Die „Europäisierung" des internationalen Zivilprozessrechts durch den Amsterdamer Vertrag – Chancen und Gefahren, NJW 2000, 23; *Kengyel/Rechberger* (Hrsg), Europäisches Zivilverfahrensrecht. Bestandsaufnahme und Zukunftsperspektiven nach der EU-Erweiterung (2007); *König/Mayr* (Hrsg), Europäisches Zivilverfahrensrecht in Österreich. Bilanz nach 10 Jahren (2007); *dieselben*, Europäisches Zivilverfahrensrecht in Österreich II. 10 Jahre nach dem Vertrag von Amsterdam (2009); *dieselben*, Europäisches Zivilverfahrensrecht in Österreich III. 10 Jahre Brüssel I-Verordnung (2012); *Mansel/Thorn/Wagner*, Europäisches Kollisionsrecht 2012: Voranschreiten des Kodifikationsprozesses – Flickenteppich des Einheitsrechts, IPRax 2013, 1; *Mayr*, Der Einfluss des Europäischen Zivilverfahrensrechts auf das österreichische Zivilverfahrensrecht, in *Kengyel/Harsági* (Hrsg), Der Einfluss des Europäischen Zivilverfahrensrechts auf die nationalen Rechtsordnungen (2009) 47; *derselbe*,

52

Neuigkeiten im Europäischen Zivilprozessrecht, Zak 2011/773, 407; *derselbe*, Europäisches Zivilprozessrecht (2011) Rz I/9 ff; *Garber/Neumayr*, Europäisches Zivilverfahrensrecht (Brüssel I/IIa ua), in: Jahrbuch Europarecht 2013, 211; *Rechberger/Frodl*, Die Entwicklung des Europäischen Zivilprozessrechts, in FS 50 Jahre ZfRV (2013) 155; *Schack*, Die Entwicklung des europäischen internationalen Zivilverfahrensrechts – aktuelle Bestandsaufnahme und Kritik, in FS Leipold (2009) 317; *R. Wagner*, Aktuelle Entwicklungen in der justiziellen Zusammenarbeit in Zivilsachen, NJW 2013, 1653; *derselbe*, Die politischen Leitlinien zur justiziellen Zusammenarbeit in Zivilsachen im Stockholmer Programm, IPRax 2010, 97.

Mit dem (am 1. 5. 1999 in Kraft getretenen) **Vertrag von Amsterdam** wurde die justizielle Zusammenarbeit in Zivilsachen „**vergemeinschaftet**", also zu einer Kompetenz der Europäischen Gemeinschaft gemacht. Daher sah Art 61 lit c des EGV vor, dass der Rat „zum schrittweisen Aufbau eines Raumes der Freiheit, der Sicherheit und des Rechts" eine Reihe von Maßnahmen im Bereich der **justiziellen Zusammenarbeit in Zivilsachen** mit grenzüberschreitenden Bezügen erlassen kann. Diese Maßnahmen wurden in Art 65 EGV im Einzelnen aufgezählt. **55**

Diese Regelungen wurden ohne grundlegende Änderungen in den **Art 81** des Vertrags über die Arbeitsweise der Europäischen Union (**AEUV**) idF des Vertrags von Lissabon (ABl C 2007/306, 1 bzw ABl C 2010/83, 1; BGBl III 2009/132) übernommen, der am 1. 12. 2009 in Kraft getreten ist. Demnach entwickelt die EU eine justizielle Zusammenarbeit in Zivilsachen **mit grenzüberschreitenden Bezügen**, die auf dem Grundsatz der gegenseitigen Anerkennung gerichtlicher und außergerichtlicher Entscheidungen beruht. Diese Zusammenarbeit kann die Erlassung von Maßnahmen zur Angleichung der Rechtsvorschriften der Mitgliedstaaten umfassen. Zu diesem Zweck können vom Europäischen Parlament und vom Rat im ordentlichen Gesetzgebungsverfahren, „insbesondere wenn dies für das reibungslose Funktionieren des Binnenmarktes erforderlich ist", gewisse, in Art 81 Abs 2 AEUV detailliert aufgezählte Maßnahmen erlassen werden. **56**

Durch diese **Maßnahmen** soll ua Folgendes sichergestellt werden:
- die gegenseitige Anerkennung und die Vollstreckung gerichtlicher und außergerichtlicher Entscheidungen zwischen den Mitgliedstaaten (siehe insb die Brüssel I-VO, die Brüssel IIa-VO und die EuVTVO);
- die grenzüberschreitende Zustellung gerichtlicher und außergerichtlicher Schriftstücke (siehe die EuZustVO);
- die Zusammenarbeit bei der Erhebung von Beweismitteln (siehe die EuBVO);
- ein effektiver Zugang zum Recht;
- die Beseitigung von Hindernissen für die reibungslose Abwicklung von Zivilverfahren, erforderlichenfalls durch Förderung der Vereinbarkeit der in den Mitgliedstaaten geltenden zivilrechtlichen Verfahrensvorschriften;
- die Entwicklung von alternativen Methoden für die Beilegung von Streitigkeiten.

Die zahlreichen **Rechtsquellen**, die vom „europäischen Gesetzgeber" – gestützt auf die genannte Kompetenzgrundlage – bisher im Bereich des Zivilprozessrechts erlassen worden sind, sind bereits oben (Rz 24) angeführt worden. **57**

Ein Ende dieser Rechtssetzungsflut ist noch nicht in Sicht; sie wird wohl erst dann enden, wenn eines Tages eine „echte", umfassende europäische Zivilprozessordnung vorliegen wird.

Das frühere (historisch sehr bedeutsame) **Brüsseler Übereinkommen** bzw EuGVÜ (in Österreich BGBl III 1998/209) ging auf den alten Art 220 EGV (später Art 293 EGV) zurück und bildete somit noch kein „echtes" Europarecht, sondern beruhte auf völkerrechtlicher Basis.

58 Das **Übereinkommen von Lugano** bzw LGVÜ (aus dem Jahr 1988) stellt ein völkerrechtliches Parallelübereinkommen zum (soeben erwähnten) früheren Brüsseler Übereinkommen dar. Es ist für jene (europäischen) Staaten wichtig, die der EU (noch) nicht beitreten können oder wollen, aber dennoch am einheitlichen europäischen Rechtsraum teilhaben wollen (Schweiz, Norwegen, Island; ev Kandidatenländer). Dieses alte Übereinkommen (in Österreich BGBl 1996/448) konnte 2007 durch ein neues Übereinkommen von Lugano ersetzt werden (ABl L 2007/339, 3 = ABl L 2009/147, 5), das eine Anpassung an die Rechtslage nach der EuGVVO mit sich bringt. Dieses neue **LGVÜ 2007** ist in der Zwischenzeit zwischen den EU-Mitgliedstaaten und Norwegen, der Schweiz und Island (nicht aber gegenüber Liechtenstein) anzuwenden.

59 Für die Auslegung von Rechtsakten im Bereich der justiziellen Zusammenarbeit in Zivilsachen galt bis zum 1. 12. 2009 Art 68 EGV, welcher die allgemeine Regelung des Art 234 EGV über das **Vorabentscheidungsverfahren** durch den EuGH modifizierte. Durch den Vertrag von Lissabon ist diese einschränkende Bestimmung jedoch beseitigt worden, sodass nunmehr die allgemeine Regelung über das Vorabentscheidungsverfahren nach Art 267 AEUV (ex Art 234 EGV) gilt.

Danach kann ein einzelstaatliches Gericht eine Frage der Gültigkeit oder Auslegung einschlägiger Rechtsakte dem EuGH zur Vorabentscheidung vorlegen, wenn es die Lösung dieser Frage in einem schwebenden Verfahren zum Erlass seines Urteils für erforderlich hält. Letztinstanzliche Gerichte sind zur Vorlage an den EuGH verpflichtet. Eine Vorlage ist nicht erforderlich, wenn sich das Gericht einer vom EuGH bereits vorgegebenen Auslegung anschließt oder es die anzuwendende Vorschrift für eindeutig hält. Dies darf aber nur angenommen werden, wenn die richtige Antwort derart offenkundig ist, dass für einen vernünftigen Zweifel kein Raum bleibt („*acte clair*").

Zu beachten ist, dass der EuGH im Rahmen eines Vorabentscheidungsverfahrens nicht den konkreten Rechtsstreit, sondern nur die abstrakte Auslegungsfrage im Lichte des Ausgangsfalles entscheidet.

Näheres zur Auslegung des europäischen Zivilprozessrechts siehe bei *Mayr*, EuZPR Rz I/22 ff.

60 Für das österreichische Verfahren ordnet § **90a GOG** an, dass das Gericht im Falle eines Vorabentscheidungsantrags bis zum Einlangen der Vorabentscheidung nur solche Handlungen vornehmen oder Entscheidungen und Verfügungen treffen darf, die durch die Vorabentscheidung nicht beeinflusst werden können oder die die Frage nicht abschließend regeln und keinen Aufschub gestatten (siehe auch Rz 941 f).

54

V. Überblick über den Ablauf eines Zivilprozesses in erster Instanz

Literatur: *Frauenberger-Pfeiler*, Skip Intro! Schnelleinstieg in das streitige Zivilverfahren, JAP 2012/2013/19, 174.

Die ZPO behandelt (immer noch) den **Gerichtshofprozess vor dem Senat** 61 als Normalfall (§§ 226 ff ZPO) und sieht für das bezirksgerichtliche Verfahren nur einige (wenige) Ausnahmebestimmungen vor (§§ 431 ff ZPO). Tatsächlich bildet heute (nach zahlreichen Zuständigkeitsverschiebungen) allerdings der **Einzelrichterprozess vor dem Bezirksgericht** den weit überwiegenden Regelfall (siehe den Überblick über den Geschäftsanfall in Rz 137). Sowohl beim GH als auch beim BG muss unterschieden werden, ob der Zivilprozess mit einem **Mahnverfahren** eingeleitet wird (§§ 244 ff und § 448 ZPO) oder nicht.

Das **Wechselmandatsverfahren** (siehe Rz 1187 ff) hat keine große praktische Bedeutung.

Im **Gerichtshofverfahren** müssen die Parteien regelmäßig durch Rechtsan- 62 wälte vertreten sein. Das Verfahren beginnt mit der Einbringung einer (schriftlichen) Klage. Sie wird vorerst (*in limine litis*) vom Gericht auf das Vorliegen der formellen Erfordernisse (der Prozessvoraussetzungen) geprüft. Liegen diese nicht vor (und kann dieser Mangel auch durch ein Verbesserungsverfahren nicht beseitigt werden), so wird die Klage sofort (*a limine*) mit Beschluss zurückgewiesen. Andernfalls wird die Klage vom Gericht dem Beklagten zugestellt und ihm gleichzeitig der Auftrag erteilt, binnen vier Wochen eine Klagebeantwortung einzubringen. Wird die Klage nicht rechtzeitig beantwortet, ergeht auf Antrag des Klägers ein Versäumungsurteil. Wird hingegen die Klagebeantwortung rechtzeitig erstattet, so kommt es zur mündlichen Streitverhandlung. Diese beginnt mit der vorbereitenden Tagsatzung, die insb dem Vorbringen der Parteien, der Erörterung des Streitsache sowie der Besprechung und Festlegung des weiteren Prozessverlaufs dient. In der fortgesetzten mündlichen Streitverhandlung werden dann vor allem die Beweise aufgenommen. Nach der Beendigung des Beweisverfahrens erklärt das Gericht den Schluss der mündlichen Streitverhandlung und verkündet entweder sofort (mündlich) das Urteil oder behält sich (zumeist) die schriftliche Urteilsausfertigung vor. Wird das erstinstanzliche Urteil von den Parteien angefochten, kommt es zum Rechtsmittelverfahren vor dem Gericht zweiter Instanz. Gegen dessen Entscheidung ist unter Umständen noch ein Rechtsmittel an die dritte Instanz (den OGH) zulässig.

Im **bezirksgerichtlichen Verfahren** herrscht bis zu einem Streitwert von 63 € 5.000 keine Anwaltspflicht, dafür hat das Gericht die unvertretene Partei anzuleiten und zu unterstützen (sog Manuduktionspflicht). Sonst unterscheidet sich das Bezirksgerichtsverfahren vom Gerichtshofverfahren iW nur dadurch,

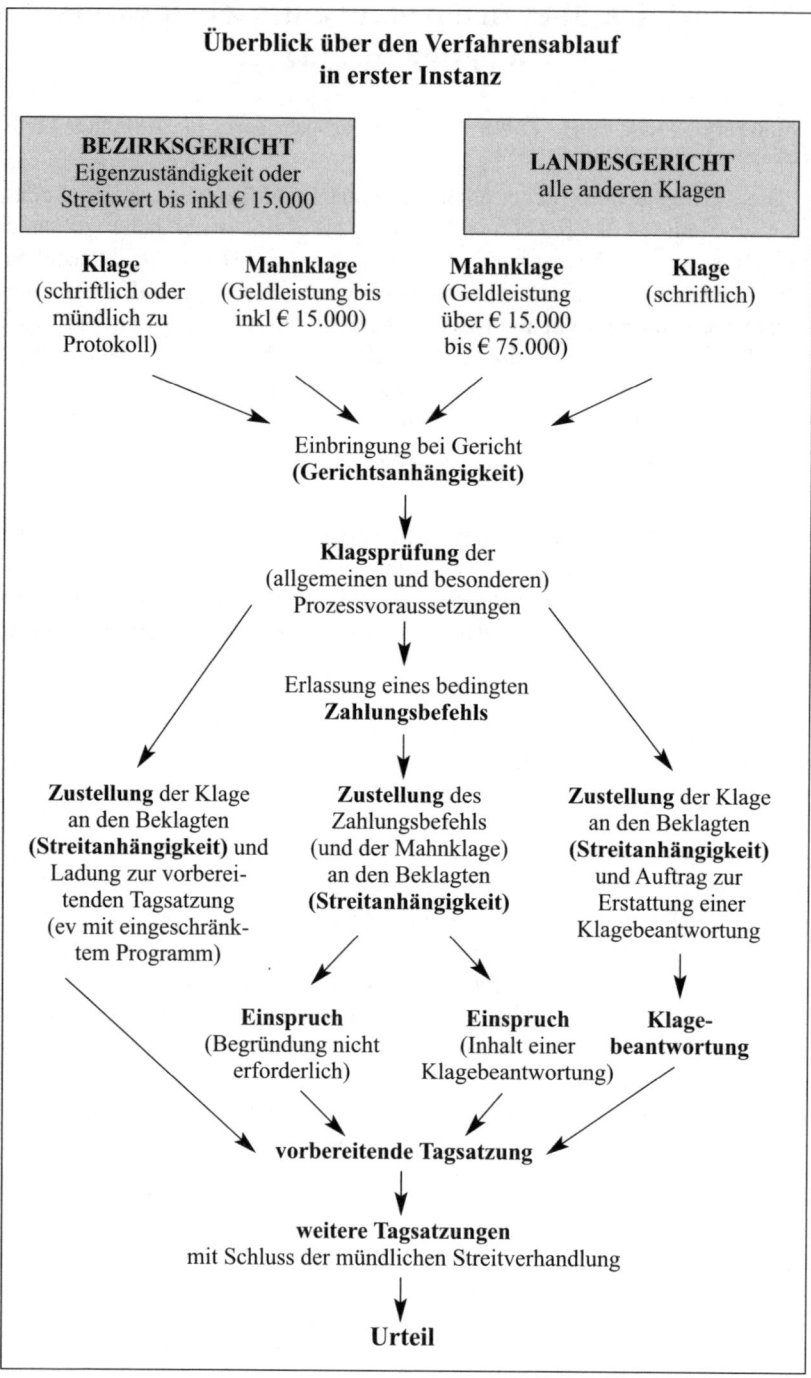

**Überblick über den Verfahrensablauf
in erster Instanz**

BEZIRKSGERICHT
Eigenzuständigkeit oder
Streitwert bis inkl € 15.000

LANDESGERICHT
alle anderen Klagen

Klage
(schriftlich oder
mündlich zu
Protokoll)

Mahnklage
(Geldleistung bis
inkl € 15.000)

Mahnklage
(Geldleistung
über € 15.000
bis € 75.000)

Klage
(schriftlich)

Einbringung bei Gericht
(Gerichtsanhängigkeit)

Klagsprüfung der
(allgemeinen und besonderen)
Prozessvoraussetzungen

Erlassung eines bedingten
Zahlungsbefehls

Zustellung der Klage
an den Beklagten
(Streitanhängigkeit) und
Ladung zur vorberei-
tenden Tagsatzung
(ev mit eingeschränk-
tem Programm)

Zustellung des
Zahlungsbefehls
(und der Mahnklage)
an den Beklagten
(Streitanhängigkeit)

Zustellung der Klage
an den Beklagten
(Streitanhängigkeit)
und Auftrag zur
Erstattung einer
Klagebeantwortung

Einspruch
(Begründung nicht
erforderlich)

Einspruch
(Inhalt einer
Klagebeantwortung)

**Klage-
beantwortung**

vorbereitende Tagsatzung

weitere Tagsatzungen
mit Schluss der mündlichen Streitverhandlung

Urteil

dass im bezirksgerichtlichen Verfahren keine Klagebeantwortung vorgesehen ist, sondern sofort die mündliche Streitverhandlung anberaumt wird.

Bei Klagen, mit denen ausschließlich die Zahlung eines € 75.000 nicht übersteigenden Geldbetrags begehrt wird, kommt es (obligatorisch) zur Durchführung eines (automationsunterstützt durchgeführten) **Mahnverfahrens**. Die (Mahn-)Klage muss in einer besonderen (schematisierten) Form je nach sachlicher Zuständigkeit beim Bezirksgericht oder beim Gerichtshof eingebracht werden. Das Gericht prüft vorerst das Vorliegen der (allgemeinen und besonderen) Voraussetzungen und erlässt dann, ohne den Beklagten zu hören, einen „bedingten Zahlungsbefehl", der dem Beklagten zugestellt wird. Dieser wird rechtskräftig und vollstreckbar, wenn der Beklagte nicht binnen vier Wochen einen Einspruch einbringt. Dieser Einspruch muss (nur) im Gerichtshofverfahren begründet sein (also den Inhalt einer Klagebeantwortung aufweisen), im bezirksgerichtlichen Verfahren genügt ein „leerer" Einspruch. Wird rechtzeitig Einspruch erhoben, dann tritt der Zahlungsbefehl außer Kraft und das „normale" Verfahren (vor dem Bezirksgericht oder dem Gerichtshof) beginnt: Das Gericht hat eine vorbereitende Tagsatzung sowie die fortgesetzte mündliche Streitverhandlung durchzuführen und nach deren Schluss ein Urteil zu fällen. Dazu näher Rz 686 ff.

64

VI. Grundsätze des österreichischen Zivilprozessrechts

Literatur: *F. Adamovich*, Ausschluss der Öffentlichkeit im zivilgerichtlichen Verfahren durch Parteiantrag? RZ 2004, 165; *Althammer*, Mindeststandards im Zivilprozess, ZZP 126 (2013) 3; *Arnold*, Zum Grundsatz der Öffentlichkeit im Zivilverfahren, in FS Simotta (2012) 11; *Ballon*, Gedanken über die sachliche Unmittelbarkeit im Zivilprozess, in FS Machacek und Matscher (2008) 717; *derselbe*, Das Zurückweisungsrecht des Gerichts bei nachträglichem Parteivorbringen, in FS Beys (2003) 75; *derselbe*, Zur Verfahrensdauer im Zivilprozeß, in FS Sprung (2001) 1; *derselbe*, Die Öffentlichkeit im österreichischen Zivilverfahrensrecht und der österreichische Vorbehalt zu Art. 6 EMRK, in FS Schütze (1999) 75; *derselbe*, Die Novellierung des Zivilprozeßrechts – Verbesserter Zugang zum Recht? in FS Kralik (1986) 37; *Baumgärtel*, Ausprägung der prozessualen Grundprinzipien der Waffengleichheit und der fairen Prozessführung im zivilprozessualen Beweisrecht, in FS Matscher (1993) 29; *Beys*, Verfahrensvoraussetzungen, die unter dem Lichte von Art 6 Abs 1 EMRK als unzumutbar erscheinen, in FS Rechberger (2005) 55; *Böhm*, Möglichkeiten und Grenzen einer Beschleunigung des zivilgerichtlichen Verfahrens aus verfassungsrechtlicher Sicht, in FS Machacek und Matscher (2008) 731; *derselbe*, Bewegliches System und Prozeßzwecke, in *F. Bydlinski/Krejci/Schilcher/Steininger* (Hrsg), Das bewegliche System im geltenden und künftigen Recht (1986) 211; *derselbe*, Die österreichischen Justizgesetze von 1895/96, in *Hofmeister* (Hrsg), Kodifikation als Mittel der Politik (1986) 59; *derselbe*, Der Streit um die Verhandlungsmaxime. Zum Einfluß der Verfahrenstheorie des 19. Jahrhunderts auf das gegenwärtige Prozeßverständnis, Ius Commune VII (1978) 136; *Fasching*, Der mühsame Weg zur Prozeßbeschleunigung, in FS Beys (2003) 305;

derselbe, 100 Jahre österreichische Zivilprozeßgesetze, in *Mayr* (Hrsg), 100 Jahre österreichische Zivilprozeßgesetze (1998) 17; *derselbe*, Rechtliches Gehör und Rationalisierung des zivilgerichtlichen Verfahrens in Österreich, in FS Nakamura (1996) 117; *derselbe*, Rechtsbehelfe zur Verfahrensbeschleunigung, in FS Henckel (1995) 161; *derselbe*, Die Bedeutung des Gleichheitssatzes für das zivilgerichtliche Verfahren, in Richterwoche 1992 (1993) 339 = FG Fasching (1993) 3; *derselbe*, Die Bedachtnahme auf Treu und Glauben im österreichischen Zivilprozess, ÖJZ 1992, 366 = FG Fasching (1993) 45; *derselbe*, Zur Auslegung der Zivilverfahrensgesetze, JBl 1990, 749 = FG Fasching (1993) 25; *derselbe*, Die Weiterentwicklung des österreichischen Zivilprozeßrechts im Lichte der Ideen Franz Kleins, in Forschungsband Franz Klein (1988) 97 = FG Fasching (1993) 91; *derselbe*, Prozeßprinzipien und Reform des Zivilprozesses, in *Haller/Berchtold/Fasching/Barazon/Bertel/Schneider* (Hrsg), Verfahrensgrundsätze – Verfahrensreform im österreichischen Recht (1980) 53 = FG Fasching (1993) 126; *Fucik*, Mittelbare Beweisaufnahme im Zivilverfahren, ÖJZ 2010/9, 53; *derselbe*, Die Rolle des Richters in der ZPO, in *BMJ/Lewisch/Rechberger* (Hrsg), 100 Jahre ZPO (1998) 191; *derselbe*, Möglichkeiten und Grenzen der Verfahrensbeschleunigung in Zivilrechtssachen, RZ 1993, 218; *Gottwald*, Die österreichische Zivilprozeßordnung aus deutscher Sicht, in *Mayr* (Hrsg), 100 Jahre österreichische Zivilprozeßgesetze (1998) 179; *Greger*, Kooperation als Prozessmaxime, in *Gottwald* (Hrsg), Dogmatische Grundfragen des Zivilprozesses im geeinten Europa (2000) 77; *Haft*, Mündlich, schriftlich, digital, in FS Simotta (2012) 197; *Hofer-Zeni*, Der Grundsatz der Mündlichkeit im österreichischen Zivilprozess (1996); *Jelinek*, Prozessbeschleunigung, AnwBl 2004, 602; *Kern*, Der Unmittelbarkeitsgrundsatz im Zivilprozess, ZZP 125 (2012) 53; *Kerschner*, Art 6 MRK und Zivilrecht, JBl 1998, 489; *Kodek*, Das Zivilverfahrensrecht im 21. Jahrhundert – alte und neue Herausforderungen, ÖJZ 2008/97, 919; *derselbe*, Die Wahrung von Grundrechten durch die Gerichtsbarkeit, ÖJZ 2008/25, 216; *derselbe*, Zur Zweiseitigkeit des Rekursverfahrens, ÖJZ 2004, 534, 589; *Kossak*, Fristsetzungsantrag gemäß § 91 GOG im Spannungsfeld zwischen Gesetzgebung, Justizverwaltung und Rechtsprechung, RZ 1992, 80 und 106; *W. Kralik*, Die Verwirklichung der Ideen Franz Kleins in der Zivilprozessordnung von 1895, in *Hofmeister* (Hrsg), Forschungsband Franz Klein (1988) 89; *Laurer*, Der Grundsatz des fair trial (Art 6 MRK) in den von der Zivilprozessordnung beherrschten Verfahrenssystemen, in FS Adamovich (1992) 314; *Leipold*, Verfahrensbeschleunigung und Prozessmaximen, in FS Fasching (1988) 329; *Lienbacher*, Der Öffentlichkeitsgrundsatz des Zivil- und Strafverfahrens im österreichischen Verfassungsrecht, ÖJZ 1990, 425; *Matscher*, Der Begriff des fairen Verfahrens nach Art. 6 EMRK, in FS Beys (2003) 989; *derselbe*, Mängel der Sachverhaltsfeststellung, insbesondere der Beweiswürdigung und Verletzung von Verfahrensgarantien im Lichte der EMRK, in FS Gaul (1997) 435; *derselbe*, Zum Problem der überlangen Verfahrensdauer in Zivilrechtssachen; Art 6 Abs 1 EMRK und das österreichische Zivilgerichtliche Verfahren, in FS Fasching (1988) 351; *derselbe*, Die Verfahrensgarantien der EMRK in Zivilrechtssachen, ZÖR 1980, 1; *Mayr*, Neue Rechtstatsachen aus der Zivilgerichtsbarkeit, AnwBl 2009, 54; *Musger*, Verfahrensrechtliche Bindungswirkung und Art 6 EMRK, JBl 1991, 420; *Oberhammer*, Prozessbeschleunigung als rechtspolitisches Gestaltungsanliegen, in *BMJ* (Hrsg), Franz Klein Symposion (2005) 55; *derselbe*, Richterliche Rechtsgestaltung und rechtliches Gehör (1994); *derselbe*, Richtermacht, Wahrheitspflicht und Parteienvertretung, in *Kralik/Rechberger* (Hrsg), Konfliktvermeidung und Konfliktregelung (1993) 31; *Parker/Lewisch*, Materielle Wahrheitsfindung im Zivilprozess, in *BMJ/Lewisch/Rechberger* (Hrsg), 100 Jahre ZPO (1998) 203; *Peukert*, Die Garantie des „fair trial" in der Straßburger Rechtsprechung, EuGRZ 1980, 247; *Pimmer*, Zur Befugnis des Richters zur Zurückweisung verspäteten Vorbringens und Beweisanbietens nach § 179 Abs 1 Satz 2 ZPO, JBl 1983, 129; *Rechberger*, Zur

58

Entwicklung des Zivilverfahrensrechts in Österreich in den letzten 50 Jahren, in *Sailer* (Hrsg), Beschleunigung des Verfahrens und Schutz der Grundrechte (2010) 54; *derselbe*, Ein Rückblick auf das Prozessrecht des 20. Jahrhunderts, in *Gottwald* (Hrsg), Aktuelle Entwicklungen des europäischen und internationalen Zivilverfahrensrechts (2002) 1; *derselbe*, Rechtspolitische Ziele und Gestaltungsanliegen der österreichischen Zivilprozessordnung, in *BMJ/Lewisch/Rechberger* (Hrsg), 100 Jahre ZPO (1998) 53; *derselbe*, Die österreichische Zivilprozeßordnung an der Jahrtausendwende, in *Mayr* (Hrsg), 100 Jahre österreichische Zivilprozeßgesetze (1998) 55; *derselbe*, Die Methode im Zivilprozess – ein Stiefkind? in FS Mayer (2011) 595; *Rechberger/Oberhammer*, Das Recht auf Mitwirkung im österreichischen Zivilverfahren im Lichte von Art 6 EMRK, ZZP 1993, 347; *Salficky*, Die Prozessförderungspflicht – offene Fragen, AnwBl 2007, 119; *Schinkels*, Prinzipien, Regeln oder Modelle: Eine Analyse des Kanons der Zivilprozessualen „Maximen", Rechtstheorie 37. Bd (2006) 407; *Schoibl*, Der Fristsetzungsantrag im österreichischen Zivilverfahrensrecht, ZZP 2005, 205; *derselbe*, Die überlange Dauer von Zivilverfahren im Lichte des Artikel 6 Abs 1 EMRK, RZ 1993, 58 und 82; *derselbe*, Der Fristsetzungsantrag nach § 91 GOG – eine Maßnahme zur Beschleunigung des Gerichtsverfahrens? JBl 1991, 14; *Simotta*, Überlegungen zur Öffentlichkeit im Zivilprozess, in FS Matscher (1993) 450; *Sprung*, Die Grundlagen der österreichischen Zivilprozeßordnung, ZZP 90 (1977) 380.

A. Allgemeines

Prozessgrundsätze sind jene **Leitlinien**, an denen sich die Prozessordnung 65 bei der Verfahrensgestaltung orientiert. Verfahrensordnungen folgen selten ausschließlich einzelnen Prinzipien, sondern verwirklichen regelmäßig Kompromisse zwischen einander entgegengesetzten, verschiedene Ziele verfolgenden Grundsätzen. Bedeutsam sind die Prozessgrundsätze nicht nur als abstrakte Konzepte, an denen sich der Gesetzgeber orientieren kann, sondern auch für die konkrete Auslegung des Prozessrechts. Da es sich bei ihnen um die **Grundideen der Verfahrensausgestaltung** handelt, sind sie häufig – aber nicht immer – verfassungsrechtlich garantiert (siehe Rz 33 ff) und ihre Verletzung ist mit Nichtigkeit sanktioniert.

Es kann zwischen **zwei Gruppen** von Prozessgrundsätzen unterschieden 66 werden: Zwischen jenen, die die **Aufgabenverteilung** zwischen Gericht und Parteien betreffen, nämlich:
- Dispositionsgrundsatz,
- Amtsbetrieb und
- Kooperationsgrundsatz;

und jenen, die eine Gestaltung des Verfahrens als „**fair trial**" gewährleisten sollen. Zu dieser Gruppe gehören insb:
- Öffentlichkeit,
- Mündlichkeit,
- Unmittelbarkeit,
- beiderseitiges rechtliches Gehör und
- Verfahrenskonzentration.

67 Beide Gruppen dienen der Feststellung des „wahren" Sachverhalts und der darauf basierenden „richtigen" Entscheidung des Rechtsstreits. In Summe ergibt sich folgendes Bild: Der österreichische Zivilprozess ist grundsätzlich ein **mündliches**, **unmittelbares**, **öffentliches** und **konzentriertes** Verfahren, in dem beiden Parteien **rechtliches Gehör** gewährt wird und das vom **Dispositionsgrundsatz**, **Amtsbetrieb** und **Kooperationsgrundsatz** beherrscht wird.

Im Einzelnen sind folgende Grundsätze zu unterscheiden, die – im jeweils passenden Zusammenhang – auch noch weiter hinten in diesem Buch näher dargestellt werden:

B. Die Hauptgrundsätze

1. Dispositionsgrundsatz – Offizialmaxime

68 Inhalt des im Zivilprozess ausnahmslos geltenden **Dispositionsgrundsatzes** (Antrags- oder Verfügungsgrundsatzes) ist, dass die Parteien über die Einleitung, den Gegenstand und (zum Teil) das Ende des Verfahrens bestimmen können. Das bedeutet im Einzelnen:

- Das Verfahren wird über **Klage** eingeleitet und die Entscheidung nur über Antrag (Rechtmittel, Rechtsmittelklagen) überprüft.

  Im Ehenichtigkeitsverfahren räumt das Gesetz (§ 28 EheG) aufgrund der zumindest teilweise dominierenden öffentlichen Interessen dem Staatsanwalt eine Klagebefugnis ein (siehe Rz 303, 996) und bleibt dadurch dem Antragsprinzip treu.

- Die Parteien bestimmen, worüber prozessiert wird; die Gerichte sind an die Anträge der Parteien gebunden (§ 405 ZPO).

- Die Parteien können über den Streitgegenstand disponieren (einen Vergleich schließen, den Anspruch anerkennen oder darauf verzichten).

- Die Parteien können Einfluss auf das Ende des Prozesses nehmen, etwa durch Abschluss eines Vergleiches, durch Klagszurücknahme oder Vereinbarung „ewigen Ruhens".

- Mit der Neuregelung des § 54 Abs 1a ZPO (siehe Rz 461) sollte nach den Gesetzesmaterialien „die Dispositionsmaxime auf den Kostenersatzanspruch erweitert werden". Kritisch dazu *Mayr*, AnwBl 2010, 138.

69 Die **Offizialmaxime** sieht im Gegensatz dazu eine amtswegige Verfahrenseinleitung sowie eine amtswegige Bestimmung des Streitgegenstandes vor. Sie ist in manchen Außerstreitsachen, etwa dem Verlassenschaftsverfahren, vorgesehen (siehe *Mayr/Fucik* Rz 116).

70 Verstößt das Gericht gegen den Dispositionsgrundsatz, indem es sich nicht an die von den Parteien in den Begehren gesteckten Grenzen hält, also beispielsweise im Rechtsmittelverfahren unbekämpft gebliebene Entscheidungsteile überprüft, hat dies die Nichtigkeit der Entscheidung zur Folge (siehe Rz 1026).

60

2. Amtsbetrieb – Parteibetrieb

Wurde der Prozess durch den Kläger eingeleitet, so obliegt es dem Gericht, den Prozess fortzuführen (**Amtsbetrieb**). Das Gericht sorgt für die Zustellung von Schriftsätzen (ausgenommen Zustellung durch rechtsanwaltlich vertretene Parteien nach § 112 ZPO), die Ladung von Zeugen, die Anberaumung von Tagsatzungen etc. Da es grundsätzlich Aufgabe des Gerichts ist, den Prozess in Gang zu halten, sind die Möglichkeiten der Parteien, den Prozess zu verzögern, eingeschränkt. Dies entspricht auch der Idee eines einfachen, raschen und billigen Verfahrens (siehe Rz 11). Bei der raschen Durchführung des Verfahrens haben die Parteien das Gericht zu unterstützen (**Prozessförderungspflicht** gem § 178 Abs 2 ZPO; siehe Rz 754).   71

Die Parteien können allerdings dennoch Einfluss auf den Fortlauf des Verfahrens nehmen: etwa durch Vereinbarung bzw beiderseitiges Nichterscheinen ein Ruhen des Verfahrens herbeiführen oder auch durch eine Verfügung über den Streitgegenstand eine vorzeitige Beendigung des Verfahrens bewirken.

Wenn das Inganghalten des Verfahrens hingegen den Parteien obliegen würde, müsste man von einem (in Österreich freilich nicht verwirklichten) **Parteibetrieb** sprechen.   72

3. Kooperationsgrundsatz (Verhandlungs-/ Untersuchungsgrundsatz)

Dieser Grundsatz betrifft die **Stoffsammlung**, dh die Ermittlung der Entscheidungsgrundlagen (Tatsachen und Beweismittel): Obliegt sie dem Gericht, herrscht der Untersuchungsgrundsatz; obliegt sie den Parteien, gilt der Verhandlungsgrundsatz. Im ersten Fall (**Untersuchungsgrundsatz** oder **Inquisitionsmaxime**) hat das Gericht von Amts wegen die materielle Wahrheit zu erforschen. Das Vorbringen der Parteien stellt lediglich eine Anregung dar, an Außerstreitstellungen ist es nicht gebunden. Der **Verhandlungsgrundsatz** (**Beibringungsgrundsatz** oder **Parteienmaxime**) bewirkt hingegen eine strenge Bindung des Gerichts an das Vorbringen, die Beweisanbote und die Außerstreitstellungen der Parteien.   73

Im österreichischen Zivilprozess tragen sowohl die Parteien als auch das Gericht die Entscheidungsgrundlagen zusammen; dieses Mischsystem (Arbeitsgemeinschaft Zivilprozess) wird in der Lehre als **Kooperationsmaxime**, **Sammelmaxime** oder **abgeschwächter Untersuchungsgrundsatz** bezeichnet. Die Initiative liegt freilich (insb in der Praxis) bei den Parteien: Sie tragen die Behauptungs- und Beweislast und unterliegen dabei einer Wahrheits- und Vollständigkeitspflicht (§ 178 Abs 1 ZPO). Darüber hinaus kann das Gericht aber den wahren Sachverhalt durch geeignete Fragen oder „in anderer Wei-   74 se" (diskretionäre Gewalt des Richters, § 182 Abs 1 ZPO) sowie durch die amtswegige Aufnahme aller Beweise (also unabhängig von entsprechenden Beweisanträgen der Parteien) ermitteln (vgl §§ 183, 371 Abs 1 ZPO).

Es bestehen lediglich zwei Einschränkungen: Der Urkunden- und Zeugenbeweis ist ausgeschlossen, wenn sich beide Parteien dagegen aussprechen, und die Vorlage einer Urkunde kann nur dann aufgetragen werden, wenn sich eine der Parteien auf sie berufen hat (§ 182 Abs 1 Z 2 und Abs 2 ZPO).

Somit geht die ZPO zwar vom Verhandlungsgrundsatz aus, die materiellen Prozessleitungsbefugnisse des Richters führen aber zu einem abgeschwächten Untersuchungsgrundsatz (siehe *Rechberger/Simotta* Rz 403 f).

75 An **Geständnisse** (**Außerstreitstellungen**) ist das Gericht nach der Rsp zwar grundsätzlich gebunden, es hat sie als wahr anzunehmen und der Entscheidung ungeprüft zugrunde zu legen. Keine Bindung bestehe allerdings, wenn das Gegenteil allgemein bekannt oder dem Gericht im Zuge seiner amtlichen Tätigkeit bekannt geworden ist, die zugestandenen Tatsachen allgemein anerkannten Erfahrungssätzen widersprechen oder das Gericht die maßgeblichen Tatsachen schon von Amts wegen prüfen muss (siehe Rz 789 f). Die hL verneint hingegen generell die Bindungswirkung einer Außerstreitstellung.

Überschießende Beweisergebnisse, also sich im Zuge einer Beweisaufnahme ergebende Tatsachen, die von den Parteien nicht behauptet wurden, können der Entscheidung nach hL zugrunde gelegt werden, da das Gericht den Sachverhalt umfassend zu ermitteln und die Ergebnisse der gesamten Verhandlung zu würdigen hat (vgl § 272 ZPO); anders allerdings die Rsp (siehe Rz 799).

Ein **Erkundungsbeweis**, dh ein aktives Forschen des Richters nach von den Parteien nicht behaupteten Tatsachen durch Aufnahme nicht angebotener Beweise, wird hingegen von der Rsp für unzulässig erachtet (siehe Rz 783).

76 Ein **verstärkter Untersuchungsgrundsatz** gilt dort, wo das öffentliche Interesse an der Wahrheitsfindung überwiegt: So etwa im Verfahren über die Nichtigerklärung bzw das (Nicht-)Bestehen einer Ehe (§ 460 Z 4 ZPO) und in den meisten Sozialrechtssachen (vgl § 87 Abs 1 ASGG) sowie im Außerstreitverfahren (§ 16 AußStrG).

Auch für die Ermittlung der Prozessvoraussetzungen gilt (grundsätzlich) der Untersuchungsgrundsatz (siehe Rz 491).

4. Öffentlichkeit

77 Es gilt grundsätzlich **Volksöffentlichkeit** (§§ 171 ff ZPO), dh, jedermann (vgl § 171 Abs 2 und 3 ZPO) kann mündliche Verhandlungen vor dem erkennenden Gericht besuchen und darüber berichten (siehe schon Rz 44). Dadurch soll das Vertrauen in die Gerichtsbarkeit gefördert und Schutz vor Willkür geboten werden.

Die Volksöffentlichkeit kann aber aus bestimmten Gründen von Amts wegen oder auf Parteiantrag **ausgeschlossen** werden. Ausschließungsgründe finden

62

sich etwa in § 172 ZPO (Schutz der Sittlichkeit und der öffentlichen Ordnung; Schutz vor einem Missbrauch der Öffentlichkeit zur Störung der Verhandlung oder Erschwerung der Sachverhaltsfeststellung; Schutz des Familienlebens), § 26 UWG (Schutz des Geschäfts- oder Betriebsgeheimnisses) und § 13 Abs 2 AHG (Schutz des Amtsgeheimnisses). Keine (Volks-)Öffentlichkeit ist im Eheverfahren vorgesehen (§ 460 Z 3 ZPO).

Parteiöffentlichkeit bedeutet, dass die Parteien von Gerichtshandlungen und Prozesshandlungen des Gegners offiziell in Kenntnis gesetzt werden, selbst an Tagsatzungen teilnehmen und in Prozessakten Einsicht nehmen dürfen. Sie besteht auch dann, wenn die Volksöffentlichkeit ausgeschlossen wurde, sowie in Rechtshilfeverfahren und im Eheverfahren.   78

In der durch das 2. Gewaltschutzgesetz (BGBl I 2009/40) eingeführten „abgesonderten Vernehmung" (§ 289a ZPO) und der „Vernehmung minderjähriger Personen" (§ 289b ZPO) sowie bei der durch die ZVN 2009 vom GOG (§ 91a) in die ZPO übernommenen und durch das BBG 2011 novellierten Bestimmung über die „Verwendung technischer Einrichtungen zur Wort- und Bildübertragung bei der Beweisaufnahme" (§ 277 ZPO) wird die Teilnahmemöglichkeit der Parteien durch ihr „indirektes" Fragerecht gewahrt.

Jedenfalls **geheim** sind aber Beratungen und Abstimmungen samt den entsprechenden Protokollen sowie Entscheidungsentwürfe und Schriftstücke, die Disziplinarverfügungen beinhalten (§ 219 Abs 1 ZPO).   79

Siehe auch die Geheimhaltungsmöglichkeit des Wohnortes einer Partei gem § 75a ZPO.

Wird die Volksöffentlichkeit zu Unrecht ausgeschlossen, liegt ein Nichtigkeitsgrund (§ 477 Abs 1 Z 7 ZPO) vor. Ein Verstoß gegen die Parteiöffentlichkeit ist regelmäßig auch eine Verletzung des rechtlichen Gehörs und somit ein Nichtigkeitsgrund (§ 477 Abs 1 Z 4 ZPO).   80

Fernseh- und Hörfunkaufnahmen und -übertragungen sowie Film- und Fotoaufnahmen (nicht aber Tonaufnahmen) öffentlicher Verhandlungen sind verboten (§ 22 MedienG). Außerdem ist die Veröffentlichung des Inhalts einer unter Ausschluss der Öffentlichkeit durchgeführten Verhandlung strafrechtlich sanktioniert (§ 301 Abs 1 StGB).

5. Mündlichkeit

In der Entscheidung darf nur berücksichtigt werden, was in der Verhandlung **mündlich** vorgebracht wurde (§§ 176 f, 414 Abs 1 ZPO). Der strittige Sachverhalt lässt sich im Rahmen einer mündlichen Verhandlung leichter klären als aufgrund schriftlicher Angaben (vgl Rz 745 und 750).   81

Schriftlichkeit des Verfahrens würde bedeuten, dass allein nach Lage der Akten entschieden wird.

Wegen der Notwendigkeit der Vorbereitung von Tagsatzungen sowie der dauerhaften Sicherung ihrer Ergebnisse, aber auch in besonderen Verfahrens-   82 arten sowie bei Säumnis sieht die ZPO weitgehende **Ausnahmen** vom Grundsatz der Mündlichkeit vor, die vom Novellengesetzgeber stetig erweitert worden sind (zuletzt § 480 Abs 1 ZPO idF BBG 2009).

ZB: Klage, Klagebeantwortung, Rechtsmittel, schriftliche Ausfertigung des Urteils, nicht zwingende mündliche Berufungsverhandlung, (fast) immer schriftliches Revisionsverfahren und Rekursverfahren; schriftliches Mahn-, Wechselmandats- und Bestandverfahren; Versäumungsurteil ohne vorausgegangene Streitverhandlung.

83   Die Verletzung dieses Verfahrensgrundsatzes kann einen wesentlichen Verfahrensmangel (§ 496 Abs 1 Z 2 ZPO) zur Folge haben. Wird zugleich das rechtliche Gehör verletzt, liegt Nichtigkeit vor (§ 477 Abs 1 Z 4 ZPO). Der spezielle Nichtigkeitsgrund des § 477 Abs 1 Z 8 ZPO hat keine praktische Bedeutung.

6. Unmittelbarkeit

84   Unmittelbarkeit bedeutet, dass Entscheidungsgrundlage nur ist, was sich vor dem erkennenden Gericht selbst abgespielt hat.

Die **zentrale Bedeutung** des Unmittelbarkeitsgrundsatzes liegt in der Förderung der Wahrheitsfindung durch den unmittelbaren prozessualen Kontakt zwischen Richter, Parteien und Beweismittel. In dem Umstand, dass der Richter die Beweise selbst in eigener Wahrnehmung aufnimmt, liegt auch die innere Rechtfertigung für das System der freien Beweiswürdigung (unten Rz 95).

Der Unmittelbarkeitsgrundsatz zeigt sich in **drei Erscheinungsformen**: in der sachlichen, persönlichen und zeitlichen Unmittelbarkeit.

85   **Sachliche** Unmittelbarkeit bedeutet, dass Beweise in der Verhandlung unmittelbar vor dem erkennenden Gericht aufzunehmen sind (§ 276 Abs 1 ZPO). Die Einhaltung dieses Prinzips ist natürlich mitunter aufwändig und kostenintensiv und steht damit in einem Spannungsverhältnis zum Konzentrationsprinzip und der Prozessökonomie. Diese Grundsätze und vor allem das Bestreben nach Arbeitsersparnis scheinen in letzter Zeit dem Unmittelbarkeitsgrundsatz den Rang abgelaufen zu haben. Vgl auch Rz 804.

Klassisch (und sachlich gerechtfertigt) ist etwa die mittelbare Beweisaufnahme im Zuge eines Beweissicherungsverfahrens (§§ 384 ff ZPO). Dazu ist jedoch insb durch die Einführung des **§ 281a ZPO**, wonach Beweise, die in einem anderen gerichtlichen Verfahren aufgenommen worden sind, als Beweismittel verwendet werden können und von einer neuerlichen Beweisaufnahme Abstand genommen werden kann, eine deutliche Abschwächung des Unmittelbarkeitsgrundsatzes gekommen (siehe Rz 803), die durch die Einführung des § 488 Abs 4 ZPO im Rechtsmittelverfahren noch verstärkt worden ist. Bei der klassischen Rechtshilfe mit ihrer mittelbaren Beweisaufnahme durch einen ersuchten (oder beauftragten) Richter (§§ 282 ff ZPO) kann es hingegen durch die von § 277 ZPO idF BBG 2011 vorgesehene Nutzung moderner technischer Möglichkeiten zu einer Verbesserung des unmittelbaren Eindrucks des (beweiswürdigenden) Richters kommen.

64

Wird die sachliche Unmittelbarkeit verletzt, so liegt ein wesentlicher Verfahrensmangel (§ 496 Abs 1 Z 2 ZPO) vor. Wird gleichzeitig das rechtliche Gehör beeinträchtigt, ist das Urteil nichtig (§ 477 Abs 1 Z 4 ZPO). Geht das Berufungsgericht ohne Beweisergänzung über den vom Erstgericht festgestellten Sachverhalt hinaus, liegt eine erhebliche Rechtsfrage des Verfahrensrechts vor (siehe Rz 1092).

Persönliche Unmittelbarkeit: Der verhandelnde und der erkennende (= die Entscheidung fällende) Richter müssen identisch sein. Kommt es während des Verfahrens zu einem Richterwechsel, ist die Verhandlung – wenn auch unter Anwendung des § 281a ZPO – „von neuem durchzuführen" (§ 412 ZPO). 86

Bei einem Verstoß gegen die persönliche Unmittelbarkeit ist das Urteil nichtig (§ 477 Abs 1 Z 2 ZPO).

Zeitliche Unmittelbarkeit: Ziel dieses Grundsatzes ist die Kontinuität der Stoffsammlung sowie die zeitnahe Verwertung des gesammelten Prozessstoffes. So muss der Vorsitzende in einer späteren Tagsatzung die bisherigen Verhandlungsergebnisse vorführen und daran die Verhandlung anknüpfen (§ 138 ZPO) sowie das Urteil sogleich nach Schluss der mündlichen Verhandlung mündlich verkünden und binnen vier Wochen zur Ausfertigung geben oder binnen vier Wochen ab Schluss der mündlichen Verhandlung fällen und zur Ausfertigung geben (§ 414 Abs 3, § 415 ZPO). 87

7. Beiderseitiges rechtliches Gehör

Inhalt dieses Grundsatzes ist es, dass jeder, der durch eine gerichtliche Entscheidung in seinen Rechten betroffen wird, das Recht hat, in dem zu dieser Entscheidung führenden Verfahren **gehört** zu werden (vgl § 15 AußStrG). Es handelt sich hierbei um ein **prozessuales Grundrecht** (Art 6 EMRK). 88

Beide Parteien müssen die Gelegenheit haben, sich in angemessener Weise im Prozess zu Rechts- und Tatfragen (schriftlich oder mündlich) zu äußern. Die Entscheidung darf sich nur auf Tatsachen stützen, zu denen die Parteien im vorangegangenen Verfahren **Stellung nehmen** konnten. Hat eine Partei zwar die Möglichkeit, gehört zu werden, nützt sie diese aber nicht aus (zB indem sie keine Klagebeantwortung einbringt), so geht das Recht verloren. 89

Zur richterlichen Pflicht der Gehörgewährung zählen auch die **ordnungsgemäße Zustellung** des verfahrenseinleitenden Schriftsatzes, die Ladung zur mündlichen Verhandlung, die Anhörung der Parteivorträge (§ 177 Abs 1 ZPO) und die Erörterung des Sach- und Rechtsvorbringens mit den Parteien (§ 258 Abs 1 Z 3 ZPO). Durch die generelle Statuierung der Zweiseitigkeit der Rechtsmittel (seit der ZVN 2009 auch des Rekurses; siehe § 521a ZPO nF) ist nunmehr das rechtliche Gehör auch im Rechtsmittelverfahren durchgehend gewährleistet.

Im Mahn- sowie in den Auftragsverfahren entscheidet das Gericht zwar zunächst, ohne dem Beklagten rechtliches Gehör gewährt zu haben. Dies ist aber unproblematisch, da es ihm nachträglich (nach rechtzeitigem Einspruch bzw Einwendungen) in vollem Umfang zusteht.

90 Ein weiterer Aspekt des rechtlichen Gehörs besteht darin, dass der Richter **Überraschungsentscheidungen** vermeiden soll. Will das Gericht den Sachverhalt abweichend von den erkennbaren rechtlichen Anschauungen der Parteien beurteilen, so muss es die Parteien darauf hinweisen, dass für seine Rechtsansicht erhebliche Tatsachen nicht vorgebracht wurden (§ 182a ZPO). Damit soll gewährleistet werden, dass die Parteien das erforderliche Tatsachenmaterial in den Prozess einführen können (siehe Rz 591).

91 Ein Verstoß gegen das rechtliche Gehör wird mit Nichtigkeit sanktioniert (§ 477 Abs 1 Z 4 und 5 ZPO). War die Partei infolge der Gehörverletzung gar nicht oder nicht durch den erforderlichen gesetzlichen Vertreter vertreten, so ist auch eine Nichtigkeitsklage möglich (§ 529 Abs 1 Z 2 ZPO).

8. Verfahrenskonzentration

92 Ziel der **Prozessökonomie** ist – im Sinne der Prozessidee *Franz Kleins* – ein möglichst **einfaches, rasches und billiges Verfahren**. Um eine Verzögerung des Verfahrens durch immer neue Tatsachenbehauptungen und Beweisanbote zu vermeiden und eine rasche Entscheidung zu ermöglichen, sieht die ZPO neben dem Amtsbetrieb verschiedene Instrumente vor, die zu einer Konzentration des Verfahrens führen sollen, auch wenn dadurch die Freiheit des Vorbringens eingeschränkt wird.

Dazu gehören beispielsweise die Prozessförderungspflicht der Parteien (§ 178 Abs 2 ZPO, siehe dazu Rz 754), die materielle Prozessleitung des Richters (§ 182 ZPO, siehe Rz 588 f), die Zurückweisung verspäteten Vorbringens (§ 179 Satz 2 ZPO) oder verspäteter Tatsachenbehauptungen oder Beweisanträge (§ 180 Abs 2, § 275 Abs 2 ZPO), die Befristung von Beweisaufnahmen (§ 279 ZPO, siehe Rz 797), Kostenstrafen bzw Kostenseparation (§§ 44, 48 ZPO, siehe Rz 456 und 752) und das Neuerungsverbot im Rechtsmittelverfahren (§ 482 ZPO, siehe Rz 1031).

93 Die dadurch ebenfalls bezweckte **Angemessenheit der Verfahrensdauer** ist ein Grundrecht (Art 6 Abs 1 EMRK, Art 47 Abs 2 GRC), dessen Einhaltung von den Parteien mithilfe eines Fristsetzungsantrags nach § 91 GOG geltend gemacht werden kann (siehe Rz 52). Unter Umständen ist auch eine Aufsichtsbeschwerde (nach § 78 GOG) möglich.

C. Weitere Grundsätze

94 Neben den soeben erwähnten Hauptprinzipien werden in der Lehre noch verschiedene andere Grundsätze genannt, die für das österreichische Zivilprozessrecht prägend sind und nachfolgend kurz vorgestellt werden.

66

Nach den jüngsten Novellierungen des Prozessrechts durch die beiden Budgetbegleitgesetze 2009 und 2011 könnte man zB auf die Idee kommen, dass nicht so sehr die Gewährleistung des Zugangs zum Recht (bzw zu den Gerichten), sondern die Entlastung der Gerichte und des Staatshaushaltes eine vordringliche Aufgabe des Prozessrechts ist. Man kann nur hoffen, dass diese „Entlastungsmaxime" in Zukunft wieder in den Hintergrund treten wird.

1. Freie Beweiswürdigung

Das Gericht hat nach freier Überzeugung zu entscheiden, ob es aufgrund der durchgeführten Beweisaufnahme eine Tatsachenbehauptung für erwiesen annimmt oder nicht (§ 272 ZPO). Es ist also nicht an feste Beweisregeln gebunden, darf aber selbstverständlich auch nicht willkürlich, sondern muss (für die Parteien und die Rechtsmittelinstanz mittels der Entscheidungsbegründung) nachvollziehbar entscheiden (siehe Rz 761 ff). 95

Eingeschränkt oder durchbrochen wird das Prinzip der freien Beweiswürdigung jedoch bei Außerstreitstellungen, öffentlichen Urkunden, dem „unwidersprochenen" Verhandlungsprotokoll, dem Versäumungsurteil oder der Klagsprüfung gem § 41 Abs 2 JN. Eine Entscheidung nach freier Überzeugung (ohne Durchführung eines Beweisverfahrens) ist in § 273 ZPO vorgesehen (siehe dazu Rz 792 f). 96

Die (freie) Beweiswürdigung des Erstgerichts kann mit Berufung angefochten werden, sofern der Streitwert über € 2.700 liegt (§ 501 Abs 1 ZPO), immer aber in den in § 502 Abs 4 und 5 ZPO genannten Streitsachen (§ 501 Abs 2 ZPO).

Die Beschränkung der Rechtsmittelgründe bei Bagatellberufungen sowie die Möglichkeit einer Entscheidung nach freier Überzeugung (insb nach § 273 Abs 2 ZPO) dienen im österreichischen Verfahrensrecht gewissermaßen als Ersatz für das durch die ZVN 1983 aufgehobene (besondere) Bagatellverfahren.

2. Freiheit des Vorbringens

Da die mündliche Streitverhandlung als Einheit verstanden wird, können die Parteien grundsätzlich bis zum Schluss der mündlichen Verhandlung **neues Vorbringen** (Tatsachen, Beweismittel, Anträge) **erstatten** (§ 179 Satz 1 ZPO). Dieses Prinzip wird aber aus prozessökonomischen Überlegungen – etwa durch die Prozessförderungspflicht der Parteien (§ 178 Abs 2 ZPO) und die Zurückweisungsbefugnis hinsichtlich verspäteten Vorbringens oder Beweisanboten durch das Gericht (§ 179 Satz 2, § 180 Abs 2, § 275 Abs 2 ZPO) – eingeschränkt (siehe bereits oben Rz 92). 97

Im Gegensatz dazu sieht die **Eventualmaxime** vor, dass alle Tatsachenbehauptungen und Beweisanbote – bei sonstiger Präklusion – bis zu einem bestimmten Zeitpunkt in den Prozess eingeführt werden müssen. Konsequenz der Eventualmaxime ist allerdings unter Umständen ein Aufblähen des Pro- 98 zessstoffes und ein unübersichtliches und schwerfälliges Verfahren, falls die Parteien vorsichtshalber alles denkmögliche Vorbringen sogleich erstatten.

Heute findet sich die Eventualmaxime daher nur noch bei der Wiedereinsetzung in den vorigen Stand (§ 149 Abs 1 ZPO), für (zulässiges) neues Vorbringen im Rechtsmittelschriftsatz, im Bestandverfahren (alle Kündigungsgründe auf einmal; § 33 MRG), sowie bei der Oppositions- und Impugnationsklage (§ 35 Abs 3 und § 36 Abs 2 letzter Satz EO).

3. Vorrang der Sachentscheidung

99   Der Grundsatz des Vorrangs der Sachentscheidung bedeutet, dass prozessuale Formvorschriften so ausgelegt werden müssen, dass sie die urteilsmäßige **Sacherledigung** fördern (und nicht hindern). Seinen Ausdruck findet dieser Grundsatz zB in §§ 40a, 104 Abs 3 JN, §§ 84, 182, 230a, 235 Abs 3 und Abs 5, § 260 Abs 4 ZPO.

4. Gleichheit der Parteien

100   Im Zivilprozess begehrt eine Partei Rechtsschutz gegen eine andere Partei (**Zweiparteiensystem**). Beiden Parteien stehen dabei unter denselben Voraussetzungen die **gleichen prozessualen Rechte** zu („**Waffengleichheit**" der Parteien im Prozess). Bei diesen handelt es sich etwa um das Recht auf Gehör, Verfahrenshilfe, Akteneinsicht, Rechtsmittel etc.

In Hinblick auf diesen Grundsatz ist etwa (auch) für nicht befristete Klagen (und nicht nur für die Klagebeantwortung) eine Verbesserung zulässig und vom Gericht anzuordnen (siehe Rz 374 und 682).

Darüber hinaus besteht **Gleichheit vor dem Gesetz** (Art 7 B-VG, Art 2 StGG 1867), weshalb gleiche Rechtsfälle auch in verschiedenen Prozessen gleich zu behandeln und zu entscheiden sind, was wiederum eine einheitliche Rechtsprechungslinie zu bestimmten Fragen erfordert.

5. Hilfeorientiertheit und Förderung einer einvernehmlichen Lösung

101   Neuerdings werden auch die **Hilfeorientiertheit** des Verfahrens und die Förderung einer **einvernehmlichen Konfliktlösung** durch die Parteien vermehrt als eigene Verfahrensgrundsätze angeführt. Für ersteren können insb die Sanierungsregelung hinsichtlich einer fehlenden Prozessfähigkeit (§ 6 Abs 2 ZPO), die Verbesserung von Form- und Inhaltsmängeln (§§ 84 f ZPO) und die richterliche Anleitungspflicht (§§ 182, 182a, 432 ZPO, § 39 Abs 2 Z 1 ASGG) als Beispiele angeführt werden, für letzteren der im Eheverfahren vorgesehene Versöhnungsversuch samt weiteren Versöhnungsbemühungen (§ 460

Z 7 ZPO) und die verschiedenen Regelungen über den gerichtlichen Vergleich (§§ 204, 433, 258 Abs 1 Z 4 ZPO) mit der Verweisungsmöglichkeit auf geeignete Einrichtungen zur außergerichtlichen Konfliktlösung (insb Mediation). Siehe dazu eingehend Rz 13 ff.

Mehr als im streitigen Verfahren sind die genannten Grundsätze im Außerstreitverfahren besonders ausgeprägt: Siehe etwa *Mayr/Fucik* Rz 123 ff und 127.

Zweiter Teil:
Die Abgrenzung der Zivilgerichtsbarkeit

I. Die Zulässigkeit des Rechtswegs

Literatur: *Ballon*, Die Zulässigkeit des Rechtswegs (1980); *Giefing*, Der Begriff des Kompetenzkonflikts, JBl 2003, 221; *Mayr* (Hrsg), Öffentliche Einrichtungen zur außergerichtlichen Vermittlung von Streitigkeiten (1999); *derselbe*, Neuigkeiten bei der außergerichtlichen Streitbeilegung in Österreich, in FS Barta (2009) 245; *derselbe*, Aktuelle Entwicklungen und Probleme bei den Rechtsschutzalternativen, in FS Simotta (2012) 375; *Novak*, Zivilprozess und Gewaltentrennung, in FS Jelinek (2002) 199.

A. Die Zulässigkeit des Rechtswegs (im engeren Sinn)

1. Die Abgrenzung von der Verwaltung

102   Das (streitige) Zivilverfahren ist nicht das einzige Verfahren, das zur Gewährung von Rechtsschutz durch staatliche Behörden eingerichtet ist. Es muss daher von den anderen Verfahren, die staatlich vorgesehen und geregelt sind (zB im AVG und im VwGVG oder in der StPO), abgegrenzt werden.

Gehört die Sache vor die (ordentlichen) Gerichte (siehe § 1 JN und Rz 138 f), so spricht man von der **Zulässigkeit des** (ordentlichen) **Rechtswegs** (= Gerichtswegs). Ist die Sache hingegen von den Verwaltungsbehörden (Verwaltungsgerichten) zu behandeln, so ist der Rechtsweg unzulässig.

103   Die Abgrenzung zwischen (ordentlicher) **Gerichtsbarkeit** und **Verwaltung** richtet sich in erster Linie nach der positivrechtlichen Zuweisung durch den Gesetzgeber (in der Vollzugsklausel).

Durch Art 6 EMRK sind ihm jedoch insofern verfassungsrechtliche Grenzen gesetzt, als über zivilrechtliche Ansprüche und Verpflichtungen ein unabhängiges und unparteiisches Gericht („Tribunal") entscheiden muss. Siehe Rz 50.

104   Gibt es keine (eindeutige) gesetzliche Zuweisung, so ist für die Abgrenzung die Einteilung der Materien in **öffentliches Recht** und in **Privatrecht** maßgeblich: Nach § 1 JN wird nämlich die Gerichtsbarkeit in bürgerlichen Rechtssachen durch die ordentlichen Gerichte ausgeübt. Das bedeutet, dass Privatrechtssachen vor die Gerichte, öffentlich-rechtliche Sachen vor die Verwaltungsbehörden gehören.

Zur Abgrenzung des öffentlichen Rechts vom Privatrecht hat die Lehre eine Reihe von Theorien entwickelt, von denen heute die **Subjektstheorie** in Kombination mit der **Subjektionstheorie** herrschend ist. Danach ist entscheidend, ob sich die Parteien gleichberechtigt gegenüberstehen (Privatrecht) oder an

70

einem rechtlichen Vorgang ein mit Hoheitsgewalt ausgestattetes Rechtssubjekt in Ausübung dieser Hoheitsgewalt beteiligt ist (öffentliches Recht). Im Zweifel ist eine bürgerliche Rechtssache anzunehmen, die (wegen des besseren Rechtsschutzes) von den (ordentlichen) Gerichten zu entscheiden ist.

Rechtsbereiche, in denen die Grenzziehung zwischen den Aufgabenbereichen der Gerichte und der Verwaltungsbehörden Schwierigkeiten bereitet, sind – wie eine Vielzahl von Entscheidungen belegen (siehe dazu *Klauser/Kodek* § 1 JN E 88c bis 316) – ua Baurecht, Dienstrecht, Jagd- und Fischereirecht, Wasserrecht, Finanzwesen sowie Sozialhilfe- und Sozialversicherungsrecht.

Beispiele: Für Ansprüche auf Herausgabe von zu Unrecht bezogener Familienbeihilfe ist der Rechtsweg nicht zulässig (RIS-Justiz RS0045722); ein allein auf die Bauordnung (also öffentliches Recht) gestützter Anspruch auf Einhaltung des Mindestabstands zwischen Bauwerk und Grundgrenze kann nicht im Gerichtsweg durchgesetzt werden (4 Ob 529/67 EvBl 1968/10, 21); ein Jagdpächter kann von den benachbarten Jagdpächtern nicht im Gerichtsweg die Einhaltung von Schießquoten und somit das Unterlassen von „Überschießen" verlangen (2 Ob 24/06b Zak 2007/207, 118); die Entscheidung über den Anschluss an die Trinkwasserleitung obliegt der Gemeinde (1 Ob 89/07f Zak 2008/23, 18); die gerichtliche Feststellung der Mitgliedschaft zu einer anerkannten Kirche oder Religionsgemeinschaft scheitert an der Unzulässigkeit des Rechtswegs (7 Ob 109/08t EvBl-LS 2009/22, 140); für das Begehren gegen den Bund auf Zahlung von Kosten für Sondierungsmaßnahmen betreffend Fliegerbombenblindgänger sind hingegen die ordentlichen Gerichte zuständig (VfGH Slg 19668; OGH 7 Ob 133/12b JBl 2013, 35).

Für die Entscheidung der Frage nach der Zulässigkeit des Rechtswegs sind in erster Linie der Wortlaut des Klagebegehrens und die Behauptungen des Klägers maßgebend. Was der Beklagte einwendet, ist grundsätzlich ohne Einfluss. Ob der behauptete Anspruch berechtigt ist, ist ebenfalls unerheblich: Darüber wird erst in der Sachentscheidung abgesprochen. **105**

2. Rechtsfolgen

Die Zulässigkeit des Rechtswegs ist eine **allgemeine Prozessvoraussetzung** (bzw Sachentscheidungsvoraussetzung – siehe Rz 478), die in jedem Stadium des Verfahrens (von der Klagseinbringung bis zum rechtskräftigen Abschluss) von Amts wegen oder auf Antrag (Einrede der beklagten Partei) wahrzunehmen ist und deren Mangel zur Aufhebung eines (allenfalls bereits durchgeführten) Verfahrens (als nichtig) und zur Zurückweisung der Klage führt (§ 42 Abs 1 JN; § 230 Abs 3, § 477 Abs 1 Z 6 ZPO). **106**

Ist eine Entscheidung eines Gerichts ergangen, obwohl für die Sache der Rechtsweg nicht zulässig ist, so kann dieses Verfahren ausnahmsweise auch noch nach Eintritt der Rechtskraft aufgrund eines Antrags der zuständigen obersten Verwaltungsbehörde (idR ressortzuständiges Bundesministerium) für nichtig erklärt werden (§ 42 Abs 2 JN), es sei denn, dass über die Zulässigkeit des Rechtswegs bereits bindend entschieden worden ist (§ 42 Abs 3 JN).

Außerdem wird der Grundsatz der *perpetuatio fori* (Rz 275) bei einem nachträglichen Eintritt der Unzulässigkeit des Rechtswegs durchbrochen (§ 29 Satz 2 JN).

107 Streitigkeiten zwischen Gerichten und Verwaltungsbehörden über ihre (ausschließliche) Zuständigkeit in derselben Sache (**Kompetenzkonflikt**) entscheidet der VfGH (Art 138 Abs 1 lit a B-VG).

Im Falle eines positiven (oder bejahenden) Kompetenzkonflikts (sowohl ein Gericht als auch eine Verwaltungsbehörde nehmen die Entscheidungskompetenz in Anspruch) ist primär die oberste Verwaltungsbehörde antragsberechtigt. Bei einem negativen (verneinenden) Kompetenzkonflikt haben (nur) die Parteien ein (unbefristetes) Antragsrecht. Siehe näher §§ 42 ff VfGG.

Zuständigkeitskonflikte zwischen ordentlichen Gerichten (untereinander) entscheidet das den beteiligten Gerichten zunächst übergeordnete gemeinsame höhere Gericht (§ 47 JN).

Davon zu unterscheiden ist ein Bindungskonflikt, der dann entsteht, wenn eine Behörde (Gericht) eine Bindung an eine rechtskräftige Entscheidung einer Vorfrage durch eine andere Behörde (Gericht) ablehnt. Dazu § 190 ZPO und Rz 940.

B. Die Zulässigkeit des ordentlichen Rechtswegs

108 Dabei handelt es sich um die Frage, ob für eine bestimmte Rechtssache die ordentlichen Gerichte (siehe Rz 139) oder **außerordentliche** (bzw **Sonder-**) Gerichte zuständig sind. Sie ist damit zu beantworten, dass gem § 1 JN alle bürgerlichen Rechtssachen vor die ordentlichen Gerichte gehören, soweit sie nicht ausdrücklich anderen Behörden zugewiesen werden. In der Praxis kommt dieser Abgrenzungsfrage nur geringe Bedeutung zu, weil Sondergerichte im Bereich des Zivilrechts eine sehr untergeordnete Rolle spielen.

Man unterscheidet Sondergerichte des Privatrechts und Sondergerichte des öffentlichen Rechts. Als privatrechtliche Sondergerichte werden institutionelle Schiedsgerichte mit Zwangszuständigkeit betrachtet. Derartige Zwangsschiedsgerichte sind allerdings nur höchst selten eingerichtet und meist totes Recht (siehe § 27 Abs 4 BörseG oder § 12 JournalistenG).

Sondergerichte des öffentlichen Rechts sind der Verfassungsgerichtshof und der Verwaltungsgerichtshof, die in seltenen Ausnahmefällen auch über privatrechtliche Ansprüche entscheiden. Siehe Art 137 B-VG und 7 Ob 110/08i SZ 2008/163 = EvBl-LS 2009/62, 380 (382: *Neumayr*).

109 (Private Gelegenheits-)**Schiedsgerichte** und (insb) institutionelle Schiedsgerichte mit Unterwerfungszuständigkeit haben in der Praxis hingegen (va im internationalen Wirtschaftsverkehr) eine große Bedeutung (siehe Rz 1267). Ob sie zu den Sondergerichten oder zu den ordentlichen Gerichten gezählt werden sollen, wird in der Lehre nicht einheitlich beantwortet. Am sinnvollsten ist es wohl, sie als eigenständige Kategorie von Gerichten zu betrachten.

Das **Verhältnis** zwischen (ordentlichen) Gerichten und Schiedsgerichten ist jedenfalls nicht wie eine Zulässigkeit des Rechtswegs zu behandeln (nach § 582 Abs 1 ZPO sind ja nur solche Ansprüche schiedsfähig, über die von den ordentlichen Gerichten zu entscheiden ist) und deckt sich auch nicht vollständig mit dem normalen Zuständigkeitsverhältnis, das zwischen den ordentlichen Gerichten besteht. Näheres dazu unten Rz 1276 f.

Als eine Frage der Zulässigkeit des Rechtswegs (im weiteren Sinn) ist es jedoch zu betrachten, wenn im Gesetz vor dem Beschreiten des Rechtswegs ausdrücklich die Befassung einer **Schlichtungseinrichtung** vorgeschrieben wird (siehe Rz 17). Dies ist etwa nach Art III ZivRÄG 2004, § 8 Vereinsgesetz oder § 87 WirtschaftstreuhandberufsG der Fall. Eine vorschnell eingebrachte Klage ist hier daher wegen (temporärer) Unzulässigkeit des Rechtswegs (von Amts wegen) zurückzuweisen (siehe 4 Ob 146/07k SZ 2007/140 = EvBl 2008/13, 71 = JBl 2008, 51; 7 Ob 52/08k AnwBl 2008, 366 [*Mayr*] und RIS-Justiz RS0122426; vgl jedoch jüngst 4 Ob 203/12z EvBl 2013/106, 738 [krit *Mayr*] = Zak 2013/141, 81). 110

Es ist einsichtig, dass Vereinbarungen der Parteien über die Zulässigkeit des (ordentlichen) Rechtswegs unzulässig sind. Nach hM ist auch ein (gänzlicher) Ausschluss des Rechtswegs (im Voraus) durch eine **Parteienvereinbarung** (*pactum de non petendo*) unzulässig und unwirksam (vgl 9 ObA 181/88 SZ 61/197 = EvBl 1989/60, 215). 111

Zu prüfen ist allerdings, ob nicht in solchen Fällen ein materiellrechtlicher Verzicht (oder ein materiellrechtlicher Vergleich) vorliegt, der dann bei einem entsprechenden Vorbringen (zwar nicht zu einer Klagszurückweisung mit Beschluss, aber) zu einer Klagsabweisung mit Urteil führt.

II. Die inländische Gerichtsbarkeit

Literatur: *Fassbender,* Neue deutsche Rechtsprechung zu Fragen der Staaten- und der diplomatischen Immunität, IPRax 2006, 129; *Geimer,* Internationales Zivilprozessrecht[6] (2009) Rz 371 ff; *Hafner,* Das Übereinkommen der Vereinten Nationen über die Immunität der Staaten und ihres Vermögens von der Gerichtsbarkeit, ZÖR 2006, 381; *Hess,* Staatenimmunität und ius cogens im geltenden Völkerrecht: Der Internationale Gerichtshof zeigt die Grenzen auf, IPRax 2012, 201; *Junker,* Internationales Zivilprozessrecht (2012) §§ 3 und 4 (37 ff und 44 ff); *Linke/Hau,* Internationales Zivilprozessrecht[5] (2011) Rz 72 ff; *Leipold,* Immunität versus Rechtsschutzgarantie, in FS Lüke (1997) 353; *Matscher,* Die Neuregelung der inländischen Gerichtsbarkeit durch die WGN 1997, JBl 1998, 488; *derselbe,* Völkerrechtliche Immunitäten und EMRK, in FS Geimer (2002) 669; *Mayr,* Die Reform des internationalen Zivilprozessrechts in Österreich, JBl 2001, 144; *Nagel/Gottwald,* Internationales Zivilprozessrecht[7] (2013) § 2 (35 ff); *Novak/Reinisch,* Privilegien und Immunitäten internationaler Organisationen in der Rechtsprechung österreichischer Gerichte, ÖJZ 2013/51, 492; *Reinisch,* Das Recht auf Zugang zu Gericht und völkerrechtliche Immunitäten in Österreich, in

FS Mayer (2011) 631; *Schack,* Internationales Zivilverfahrensrecht[5] (2010) Rz 154 ff; *Schmalenbach,* Immunität von Staatsoberhäuptern und anderen Staatsorganen, ZÖR 2006, 397; *Spitzer,* Inländische Gerichtsbarkeit und Immunität, ÖJZ 2008/92, 871; *M. Stürner,* Staatenimmunität und Brüssel I-Verordnung, IPRax 2008, 197; *Walter/Domej,* Internationales Zivilprozessrecht der Schweiz[5] (2012) § 2 (63 ff); *Weller,* Vollstreckungszugriff im Wiener Belvedere: Völkergewohnheitsrechtliche Immunität für ausländische staatliche Kunstleihgaben, in FS Simotta (2012) 691.

A. Begriff

112 Der österreichische Gesetzgeber verwendet im Gesetz (leider) nur den Ausdruck „inländische Gerichtsbarkeit" und unterscheidet (begrifflich) nicht zwischen der **„inländischen Gerichtsbarkeit"** im engeren oder eigentlichen Sinn und der **internationalen Zuständigkeit**. Tatsächlich handelt es sich aber um zwei eigenständige Verfahrensvoraussetzungen mit unterschiedlichen Rechtsfolgen: Die Frage, ob Gerichtsbarkeit überhaupt ausgeübt werden darf, ist davon zu trennen, welcher von zwei (oder mehreren) betroffenen Staaten zur Ausübung der (inländischen) Gerichtsbarkeit berufen, also international zuständig ist (siehe unten Rz 179 ff).

Beispiel: Ein ausländischer Beklagter wendet in einem vor einem österreichischen Gericht anhängig gemachten Zivilprozess das Fehlen der „inländischen Gerichtsbarkeit" ein, weil er diplomatischen Status genieße und er außerdem vor den Gerichten seines Heimatstaates geklagt werden müsse. Das österreichische Gericht hat somit einerseits zu prüfen, ob – wegen der behaupteten Immunität – überhaupt (in Österreich) Gerichtsbarkeit ausgeübt werden darf, und andererseits – wenn ja –, ob dafür auch tatsächlich die österreichischen (und nicht ausländische) Gerichte international zuständig sind.

113 Unter (inländischer) Gerichtsbarkeit versteht man die aus der Souveränität bzw Gebietshoheit fließende Befugnis eines jeden Staates, Recht zu sprechen (*facultas iurisdictionis*). (Österreichische) Inländische Gerichtsbarkeit bedeutet daher die Befugnis der österreichischen Gerichte zur Ausübung der Gerichtsbarkeit. Diese Justizhoheit ist in räumlicher Hinsicht auf das (österreichische) Staatsgebiet beschränkt (**Territorialitätsprinzip**): Kein Staat darf auf dem Gebiet eines anderen Staates Hoheitsakte – dazu gehören auch Akte der Gerichtsbarkeit – setzen (er muss daher den anderen Staat um Gewährung von internationaler Rechtshilfe ersuchen; siehe Rz 272). Innerhalb seines Hoheitsgebiets besitzt der Staat hingegen die volle Gerichtsbarkeit: Ihr sind grundsätzlich alle Personen und Sachen unterworfen, die sich im Inland aufhalten bzw befinden. Ausnahmen von dieser umfassenden Jurisdiktionsbefugnis bestehen jedoch in Form von völkerrechtlichen **Immunitäten**.

Davon zu unterscheiden ist die **berufliche (parlamentarische) Immunität**, die (innerstaatlich) den Mitgliedern des National- und Bundesrates sowie der Landtage durch das B-VG (Art 57 Abs 1, Art 58, 96 Abs 1) eingeräumt wird. Auch sie verhindert freilich eine Geltendmachung von Ansprüchen vor den ordentlichen Gerichten. Siehe Rz 481.

B. Ausnahmen (Immunitäten)

Die Ausnahmen von der inländischen Gerichtsbarkeit durch Immunitäten 114
ergeben sich aus dem **Völkerrecht**, und zwar zum Teil aus den „allgemein
anerkannten Regeln des Völkerrechts" (Art 9 B-VG; Völkergewohnheitsrecht)
und zum Teil aus dem Völkervertragsrecht.

Auf Einzelheiten der komplizierten und in vielen Bereichen nicht endgültig geklärten
Rechtslage kann hier naturgemäß nicht näher eingegangen werden. Es muss vielmehr
auf die einschlägige völkerrechtliche **Literatur** verwiesen werden, zB (in Österreich):
Fischer/Köck, Völkerrecht[6] (2004) Rz 421 ff, 750 ff, 800 ff, 840 ff und *Neuhold/*
Hummer/Schreuer (Hrsg), Österreichisches Handbuch des Völkerrechts[4] I (2004)
Rz 864 ff, 935 ff, 1758 ff oder (in Deutschland) *Herdegen*, Völkerrecht[12] (2013) § 10
Rz 21 f, § 37 Rz 1 ff, § 38 Rz 1 ff; *Kau* in *Graf Vitzthum/Proelß* (Hrsg), Völkerrecht[6]
(2013) 3. Abschnitt Rz 44 ff, 59 ff, 89 ff; *von Arnauld*, Völkerrecht (2012) Rz 319 ff,
561 ff.

Es ist zu **unterscheiden** zwischen:

1. Immunität von Staaten

Als Ausdruck der souveränen Gleichheit der Staaten untereinander (und 115
der daraus folgenden Maxime *par in parem non habet imperium*) ist man
ursprünglich von einer absoluten Immunität fremder Staaten von der inländischen Gerichtsbarkeit ausgegangen. Nunmehr wird jedoch herrschend der
Grundsatz der **relativen** (beschränkten) **Immunität** vertreten: Danach sind
ausländische Staaten nur in Ausübung ihrer hoheitlichen Funktionen (*acta iure*
imperii) der inländischen Gerichtsbarkeit entzogen. In Rechtsstreitigkeiten aus
Privatrechtsverhältnissen (*acta iure gestionis*) unterliegen sie hingegen der
inländischen Gerichtsbarkeit (vgl etwa 2 Ob 156/03k JBl 2004, 390 [*Margit*
Karollus] und RIS-Justiz RS0045581).

Völkervertraglich bestehen das Europäische Übereinkommen über Staatenimmu- 116
nität (BGBl 1976/432), das jedoch nur von wenigen Staaten ratifiziert worden ist, und
das **Übereinkommen der Vereinten Nationen** über die Immunität der Staaten und
ihres Vermögens von der Gerichtsbarkeit aus dem Jahre 2004, das jedoch mangels einer ausreichenden Anzahl von Ratifikationen (formell) noch nicht in Kraft getreten ist,
jedoch einen wichtigen Maßstab darstellt.

Das **Europäische Zivilprozessrecht** enthält keine Regelungen über die Immunität
(„inländische Gerichtsbarkeit"), sondern (nur) über die internationale Zuständigkeit
(siehe schon 4 Ob 97/01w SZ 74/86 und nunmehr EuGH Rs C-292/05, *Lechouritou*
/ Deutschland, EuGRZ 2007, 192 = IPRax 2008, 250 [225: *Geimer*] = Zak 2007/172,
99 [*Mayr*]).

Die Staatenimmunität erstreckt sich auch auf diejenigen staatlichen Organe, 117
die in offizieller Eigenschaft von einem anderen Staat auf dessen Territorium
zugelassen werden, sowie auf Truppenkörper oder Staatsflugzeuge etc.

2. Immunität von Internationalen Organisationen

118   Diese ist geregelt in besonderen multilateralen Abkommen über Vorrechte und Befreiungen bestimmter Organisationen (zB der Vereinten Nationen [BGBl 1957/126] oder des Europarates [BGBl 1957/127]), ferner in speziellen Amtssitzübereinkommen zwischen der Internationalen Organisation und dem Staat des Amtssitzes (zB zwischen Österreich und der UNIDO [BGBl III 1998/100] oder der IAEO [BGBl 1958/82 idgF]) oder schließlich im nationalen Recht (in Österreich zB das BG über die Einräumung von Privilegien und Immunitäten an Internationale Organisationen, BGBl 1977/677 idgF).

119   Im Unterschied zu Staaten gilt für Internationale Organisationen der Grundsatz der **absoluten Immunität**, dh die Immunität erstreckt sich auf alle Handlungen der Organisationen (10 Ob 53/04y SZ 2004/176; 6 Ob 150/05k SZ 2005/175). Allerdings ist der Handlungsspielraum der Internationalen Organisationen aufgrund des funktionellen Charakters ihrer Rechtspersönlichkeit von vornherein auf Tätigkeiten beschränkt, die auf die Erfüllung ihrer Aufgaben gerichtet sind bzw mit dem Organisationszweck in enger Verbindung stehen. Insofern genießen Internationale Organisationen also Immunität in dem Umfang, der erforderlich ist, um ihre satzungsmäßigen Ziele zu erreichen.

Vgl dazu näher *Novak/Reinisch*, ÖJZ 2013/51, 492 ff.

3. Immunität von Personen

120   Ausländische Staatsoberhäupter sind während ihrer Amtszeit von der Gerichtsbarkeit des Gerichtsstaates auch für ihre privaten Handlungen ausgenommen. Im Gegensatz zu Amtshandlungen endet die Immunität für Privatakte aber mit dem Ende der Stellung als Staatsoberhaupt (vgl 7 Ob 316/00x JBl 2001, 790 [*Matscher*]).

Regierungsmitglieder und sonstige Staatsorgane genießen (nur) funktionale Immunität.

121   Für **diplomatisches Personal** gilt das Wiener Übereinkommen über diplomatische Beziehungen (BGBl 1966/66), das iW geltendes Völkergewohnheitsrecht kodifiziert hat und daher auch gegenüber Nichtvertragsstaaten anzuwenden ist. Danach genießen Diplomaten (und die im gemeinsamen Haushalt lebenden Familienangehörigen) im Empfangsstaat absolute Immunität (auch für private Handlungen). Jedoch bestehen einige Ausnahmen (zB für dingliche Klagen), und es kann auch der Entsendestaat (nicht – wie Art IX Abs 2 EGJN vorsieht – die immune Person selbst) auf die Immunität verzichten (vgl 2 Ob 166/98w ZfRV 2000/90, 233).

Die Immunität des **konsularischen Personals** regelt das Wiener Übereinkommen über konsularische Beziehungen (BGBl 1969/318). Konsuln sind nur

76

in Bezug auf die von ihnen in Wahrnehmung konsularischer Aufgaben gesetzten Handlungen nicht der Zivilgerichtsbarkeit unterworfen, sie genießen also nur eine **funktionelle Immunität** (vgl 4 Ob 2135/96s SZ 69/177).

Beamte Internationaler Organisationen genießen idR funktionelle, also eine auf ihre dienstliche Tätigkeit beschränkte Immunität (vgl 6 Ob 150/05k SZ 2005/175), die freilich nicht nur im Sitzstaat der Organisation, sondern (im Gegensatz zu jener der Diplomaten) auch im Heimatstaat dieser Personen gilt. | 122

4. Immunität von Sachen

Die Räumlichkeiten einer diplomatischen Mission und die Privatwohnungen der Diplomaten sind unverletzlich. Sie, ihre Einrichtung und die sonstigen darin befindlichen Gegenstände sind von jeder Durchsuchung, Beschlagnahme, Pfändung oder Vollstreckung ausgenommen. Ebenso unverletzlich sind die Gebäude, Räumlichkeiten, Archive und Schriftstücke von Internationalen Organisationen. | 123

C. Rechtsfolgen

Ob für die anhängig gemachte Rechtssache die inländische Gerichtsbarkeit besteht, hat das angerufene Gericht in jeder Lage des Verfahrens von Amts wegen oder aufgrund einer Einrede der beklagten Partei zu prüfen. Bei Zweifeln ist gem Art IX Abs 3 EGJN eine diesbezügliche **Erklärung des BMJ** einzuholen, die freilich (wegen des Grundsatzes der Gewaltentrennung – siehe oben Rz 47) für das Gericht nicht bindend ist. | 124

Es handelt sich um eine **absolute Prozessvoraussetzung** (Sachentscheidungsvoraussetzung; siehe Rz 487 ff): Liegt die inländische Gerichtsbarkeit nicht vor, so ist die Klage (in jeder Lage des Verfahrens) zurückzuweisen. | 125

Dennoch empfiehlt es sich, dass – bei einer anfänglichen Immunität (schon) im Zeitpunkt der Gerichtsanhängigkeit – die Klage nicht *a limine litis* zurückgewiesen wird, sondern zugestellt wird. Erst wenn sicher feststeht, dass die Rechtssache der inländischen Gerichtsbarkeit nicht unterliegt (und kein Verzicht des Beklagten erfolgt), ist die Klage zurückzuweisen. Bei einer nachträglich eintretenden Immunität gilt zwar eine Ausnahme vom Grundsatz der *perpetuatio iurisdictionis* (§ 29 Satz 2 JN), dennoch sollte aus Gründen des Klägerschutzes nicht das Verfahren für nichtig erklärt und die Klage zurückgewiesen werden, sondern das Verfahren unterbrochen werden, bis die Immunität wieder wegfällt. Siehe näher *Spitzer*, ÖJZ 2008/92, 878 ff.

Eine Nichtigerklärung des durchgeführten Verfahrens und eine Zurückweisung der Klage können sogar noch nach rechtskräftigem Abschluss eines Verfahrens auf Antrag des Außenministeriums durch den OGH erfolgen (§ 42 Abs 2 JN; Beispielsfall: 9 Nc 18/03a).

126   Eine Heilung des Mangels durch rügelose Einlassung der Parteien ist nicht möglich, jedoch kann auf die Immunität (von dem dafür zuständigen Organ, insb dem Regierungschef [so 2 Ob 258/05p SZ 2007/94]) **verzichtet** werden.

Siehe *Casebook* ZVerfR 16, Fall 1.

III. Die Abgrenzung von anderen gerichtlichen Verfahren

A. Die Abgrenzung vom Strafverfahren

Literatur: *Bertel/Venier,* Strafprozessrecht[6] (2013) Rz 156 ff; *Seiler,* Strafprozessrecht[12] (2012) Rz 266 ff.

127   Innerhalb der (ordentlichen) Gerichtsbarkeit bereitet die Abgrenzung zwischen Zivil- und Strafverfahren kaum Schwierigkeiten, weil die beiden Verfahren unterschiedliche Aufgaben und Ziele haben.

In der Öffentlichkeit wird allerdings häufig die Strafgerichtsbarkeit mit der Zivilgerichtsbarkeit verwechselt oder gleichgesetzt und auch Begriffe aus der – in den Massenmedien weit stärker präsenten – Strafgerichtsbarkeit auf die Zivilgerichtsbarkeit übertragen (zB „Beschuldigter", „Angeklagter", „Verteidiger" etc). Rechtstatsächlich spielen freilich die Zivilverfahren – glücklicherweise – eine weit größere Rolle als die Strafverfahren: Siehe unten in Rz 137.

Während der Zivilgerichtsbarkeit die Ordnung privatrechtlicher Rechtsverhältnisse obliegt, widmet sich die Strafgerichtsbarkeit der Aufklärung und Aburteilung von **Straftaten**, also von Taten, die (insb) nach dem Strafgesetzbuch strafbar sind.

Neben dem gerichtlichen Strafverfahren nach den Regeln der **StPO** gibt es auch ein Strafverfahren vor Verwaltungsbehörden, das im **VStG** bzw im AVG geregelt ist.

128   Ein und dieselbe Handlung (zB Körperverletzung, Sachbeschädigung) kann freilich sowohl zivil- als auch strafrechtliche Folgen nach sich ziehen, jedoch bleiben auch in solchen Fällen Zivil- und Strafverfahren grundsätzlich voneinander unabhängig und getrennt. Aus prozessökonomischen Erwägungen ist aber in den §§ 67 ff StPO vorgesehen, dass sich Opfer von Straftaten als „**Privatbeteiligte**" am Strafverfahren beteiligen können, um Ersatz für den erlittenen Schaden oder die erlittene Beeinträchtigung zu erhalten, und dass dann Straf- und Zivilverfahren in einem Verfahren vereinigt werden (sog **Adhäsionsverfahren**).

Den Privatbeteiligten kommen im Strafprozess über die allgemeinen Opferrechte hinaus besondere Rechte zu, zB kann ihnen Verfahrenshilfe gewährt werden, sie genießen Akteneinsicht, können Beweisanträge stellen und Be-

78

schwerde gegen die Einstellung des Verfahrens erheben (§ 67 Abs 6 und 7, § 68 StPO).

Wenn das Strafgericht den Angeklagten **verurteilt** und es den geltend ge-machten zivilrechtlichen Anspruch des Privatbeteiligten (zumindest teilweise) für berechtigt hält, so kann (bzw soll) es den Angeklagten auch zivilrechtlich verurteilen, zB zur Zahlung einer bestimmten Schadenersatzsumme (und den Vertretungskosten). 129

Das Urteil des Strafgerichts bildet dann – ebenso wie ein vom Strafgericht protokollierter Vergleich über die privatrechtlichen Ansprüche (siehe § 69 Abs 2 StPO) – einen **Exekutionstitel** nach § 1 Z 8 (bzw Z 5) EO.

Wenn das Gericht allerdings den Angeklagten **freispricht**, ihn zwar ver-urteilt, aber den privatrechtlichen Anspruch für nicht berechtigt hält, oder für die Entscheidung über die Ansprüche des Privatbeteiligten Erhebungen anstel-len müsste, die das Strafverfahren erheblich verzögern würden, so hat es den Privatbeteiligten auf den **Zivilrechtsweg zu verweisen** (§ 366 StPO). Dann muss der Privatbeteiligte seine Ansprüche (und die Kosten seiner Vertretung im Strafverfahren) in einem Zivilverfahren (mit Klage) geltend machen. Dies gilt auch, wenn der Privatbeteiligte mit dem zuerkannten Entschädigungsbe-trag nicht zufrieden ist (§ 372 StPO). 130

Zur Unterbrechung eines Zivilprozesses wegen des Verdachts einer strafbaren Handlung siehe § 191 ZPO. Zur Bindungswirkung einer strafgerichtlichen Verurteilung für das Zivilgericht siehe Rz 937.

B. Die Abgrenzung zwischen den verschiedenen zivilgerichtlichen Verfahrensarten

Literatur: *Mayr,* Die Zulässigkeit des streitigen beziehungsweise außerstreitigen Verfahrens, in FS Rechberger (2005) 363; *Simotta,* Das Vergreifen in der Verfahrensart und seine Folgen, in FS Fasching (1988) 463.

1. Die Abgrenzung zwischen Streit- und Außerstreitverfahren

Wie bereits oben (Rz 2 f) dargestellt, gibt es **zwei zivilgerichtliche Er-kenntnisverfahren**, nämlich das Verfahren in Streitsachen (Zivilprozess oder streitiges Verfahren nach der ZPO) und das Verfahren außer Streitsachen (Au-ßerstreitverfahren nach dem AußStrG). Voraussetzung für beide Verfahren ist, dass der Rechtsweg zulässig und die inländische Gerichtsbarkeit gegeben ist. Man sollte daher besser von einer **Zulässigkeit des** streitigen bzw außerstrei-tigen **Verfahrens** (und nicht von einer Zulässigkeit des streitigen bzw außer-streitigen *Rechtswegs*) sprechen (siehe auch *Mayr/Fucik* Rz 30). 131

132   Eine Abgrenzung jener Materien, die im außerstreitigen Verfahren zu behandeln sind, von den „Streitsachen" der ZPO ist auf inhaltlicher Ebene kaum möglich, weil über den ursprünglichen Anwendungsbereich des Außerstreitverfahrens (nämlich Rechtsfürsorgeverfahren und Verlassenschaftsabhandlung) hinaus im Lauf der Jahrzehnte eine Vielzahl von durchaus sehr unterschiedlichen, ihrer Natur nach „streitigen" Rechtssachen (die sog „streitigen Außerstreitsachen") in das außerstreitige Verfahren verwiesen worden sind (dazu näher *Mayr/Fucik* Rz 36 ff). Es muss daher eine **formale Abgrenzung** genügen: Gem § 1 Abs 2 AußStrG ist das Außerstreitverfahren (nur) in denjenigen bürgerlichen Rechtssachen anzuwenden, für die dies **im Gesetz angeordnet** ist. Es besteht daher eigentlich eine Generalklausel zugunsten des streitigen Verfahrens. Die Rsp neigt jedoch dazu, auch solche Rechtssachen im Außerstreitverfahren zu behandeln, die zwar nicht ausdrücklich, aber doch „unzweifelhaft schlüssig" nach den Grundsätzen des Außerstreitverfahrens zu behandeln sind.

Paradebeispiel ist der Anspruch auf Bestellung einer Ausstattung (früher: Heiratsgut), der nach stRsp auch ohne (eindeutige) gesetzliche Anordnung im Außerstreitverfahren behandelt wird.

Wichtige **Außerstreitmaterien** sind etwa (näheres bei *Mayr/Fucik* Rz 41 ff): Abstammungsstreitigkeiten und Unterhaltsstreitigkeiten zwischen in gerader Linie verwandten Personen, gewisse Eheangelegenheiten, Unterbringungsverfahren und Sachwalterschaftsangelegenheiten, Verlassenschaftsabhandlungen, Grundbuch- und Firmenbuchsachen, Miteigentumsstreitigkeiten und wohnrechtliche Angelegenheiten, Verfahren nach dem AktienG und dem GmbHG etc.

Bei Zweifelsfragen über die Anwendung des streitigen oder des außerstreitigen Verfahrens ist nach **§ 40a JN** vorzugehen (dazu unten Rz 134 f).

2. Die Abgrenzung zwischen Erkenntnis- und Vollstreckungsverfahren

133   Die Abgrenzung zwischen (streitigen oder außerstreitigen) Erkenntnisverfahren und Vollstreckungsverfahren (Einzelvollstreckung im Exekutionsverfahren oder Gesamtvollstreckung im Rahmen eines Insolvenzverfahrens) bereitet im Normalfall wegen der unterschiedlichen – bereits oben (Rz 5 und 6) dargestellten – Verfahrenszwecke kaum Probleme.

Es kann allerdings die Frage entstehen, ob gewisse im Vollstreckungsverfahren entstehende Rechtsfragen noch im Rahmen dieses Verfahrens selbst gelöst werden können oder ein streitiges Erkenntnisverfahren erfordern (siehe etwa Oppositions- und Impugnationsgesuch im Verhältnis zu den Klagen nach §§ 35 und 36 EO).

3. Verfahrensrechtliche Behandlung

134   Die Behandlung der Rechtssache in der richtigen (zivilgerichtlichen) Verfahrensart bildet eine Voraussetzung für die Zulässigkeit der Sachentscheidung

80

(Verfahrensvoraussetzung – siehe Rz 478). Die Beurteilung dieser Voraussetzung richtet sich nicht nach der Bezeichnung durch die Partei (es ist also nicht maßgebend, ob die Verfahrenseinleitung als „Klage" oder als „Antrag" im Außerstreit- oder Vollstreckungsverfahren bezeichnet worden ist), sondern nach dem **Inhalt des Begehrens** und **des Vorbringens der Partei**. Eine Disposition (Vereinbarung) der Parteien über das anzuwendende Verfahren ist nicht möglich. Ist zweifelhaft, welches Verfahren anzuwenden ist – entweder weil das Gericht selbst Zweifel hegt oder dies von der anderen Partei eingewendet wird –, so hat das Gericht darüber mit einem besonderen **Beschluss zu entscheiden** (§ 40a JN).

Ein solcher Beschluss ist in jeder Lage des Verfahrens (also auch noch im Rechtsmittelverfahren) zu fassen. Nach Eintritt der Rechtskraft kann die Verfahrensdurchführung in der unrichtigen Verfahrensart allerdings – anders als bei einer Unzulässigkeit des Rechtswegs oder bei Fehlen der inländischen Gerichtsbarkeit – nicht mehr aufgegriffen werden.

Dieser Beschluss ist nach den Regeln der von der verfahrenseinleitenden Partei gewählten Verfahrensart selbständig **anfechtbar**. Stellt sich dabei heraus, dass die vom Einschreiter gewählte Verfahrensart nicht die richtige ist, so ist das bisher durchgeführte Verfahren für nichtig zu erklären, der Rechtsschutzantrag (Klage oder Antrag) aber idR nicht zurückzuweisen, sondern umzudeuten und – ev nach Durchführung eines Verbesserungsverfahrens – in der (rechtskräftig) festgestellten, richtigen Verfahrensart zu behandeln, also ein Zivilprozess oder ein Außerstreitverfahren durchzuführen.

Die Prüfung der Verfahrensvoraussetzungen richtet sich dann nach den Regeln der festgestellten Verfahrensart. Ist daher das angerufene Gericht für die Behandlung der Rechtssache in der anderen, richtigen Verfahrensart (sachlich oder örtlich) unzuständig, so ist eine Klage **zurückzuweisen** (mit der Möglichkeit, einen Überweisungsantrag zu stellen; siehe Rz 289), ein außerstreitiger Antrag hingegen nach § 44 JN von Amts wegen an das zuständige Gericht zu **überweisen** (5 Ob 330/98k wobl 2000/43, 94 [zust *Oberhammer*]). Wenn das angerufene Gericht hingegen für beide Verfahrensarten (sachlich und örtlich) zuständig ist, so wird doch idR nach der festen Geschäftsverteilung (siehe Rz 174 f) eine andere Gerichtsabteilung (Streit- oder Außerstreitabteilung) zuständig sein. Die Sache ist daher an diesen – nach der Geschäftsverteilung zuständigen – Richter bzw Rechtspfleger (desselben Gerichts) abzutreten (siehe auch *Mayr/Fucik* Rz 34).

Beispiel: Bringt ein erfolgloser Jus-Student aus Kufstein gegen seinen Vater eine Klage auf Unterhalt beim LG Innsbruck ein, ist diese „Klage" nach einem § 40a JN-Beschluss des angerufenen Gerichts als außerstreitiger Unterhaltsantrag zu behandeln und gem § 44 Abs 1 JN an das zuständige BG Kufstein zu überweisen. Ein außerstreitiger Unterhaltsantrag eines Ehegatten gegen den anderen Ehegatten müsste hingegen nach einem Beschluss gem § 40a JN als Unterhaltsklage behandelt werden. Ist für die Klage das angerufene Gericht nicht zuständig, so ist sie gem § 43 JN zurückzuweisen.

Siehe auch *Casebook* ZVerfR 36, Fall 10.

135

136

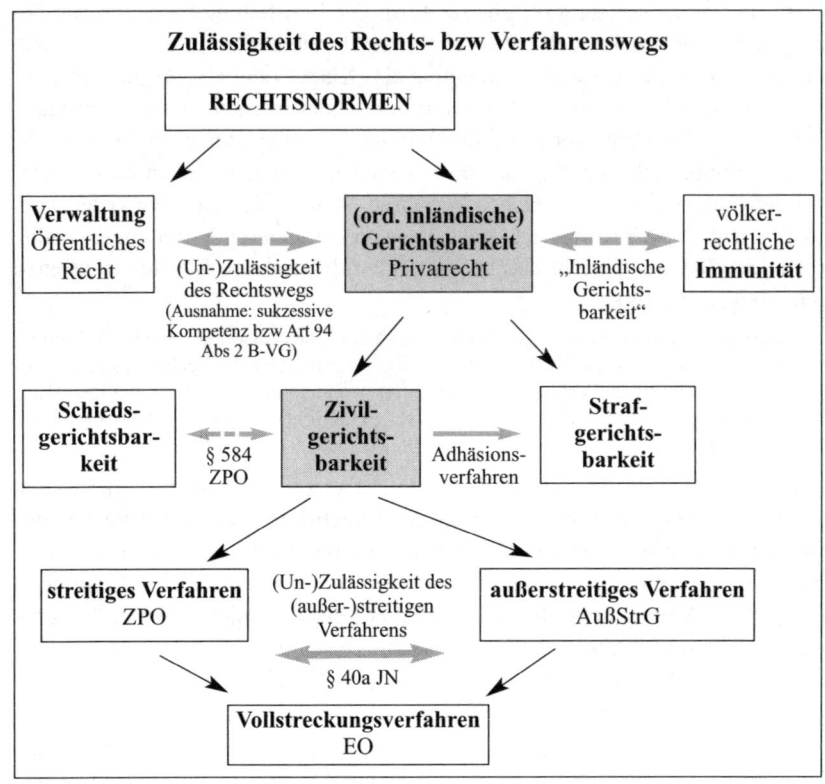

IV. Der Geschäftsanfall bei den ordentlichen Gerichten

Literatur: *Mayr,* Rechtstatsachen aus der Zivilgerichtsbarkeit, in *Barta/Ganner/Lichtmannegger* (Hrsg), Rechtstatsachenforschung – Heute (2008) 86; *derselbe*, Neue Rechtstatsachen aus der Zivilgerichtsbarkeit, AnwBl 2009, 54.

137   Eine Übersicht über den Geschäftsanfall bei den ordentlichen Gerichten in Österreich im Jahr 2012 zeigt folgendes Bild (siehe www.justiz.gv.at > Justiz > Daten und Fakten > Tätgkeit der Gerichte [abgefragt am 31. 7. 2013]):

Auffallend ist, dass die Zahl der Geschäftsfälle insgesamt als auch die Zahl der Zivilsachen bei den ordentlichen Gerichten kontinuierlich zurückgeht: Im Jahr 2000 gab es etwa noch 4.192.568 Geschäftsfälle insgesamt und 3.674.707 Zivilsachen, im Jahr 2007 dann 3.640.001 Geschäftsfälle und 3.151.463 Zivilsachen.

Geschäftsanfall bei den österreichischen Gerichten im Jahr 2012

	Bezirks-gerichte	Gerichts-höfe I. Instanz	Ober-landes-gerichte	Oberster Gerichts-hof	SUMME
(streitige) Zivilsachen	499.956	85.372			**585.328**
Außerstreitsachen	338.189	20.394			**358.583**
Grund-/Firmenbuch	689.005	15.632			**704.637**
Exekutionssachen	1.018.450				**1.018.450**
Insolvenzsachen	12.199	13.954			**26.153**
Grundbuchauszüge	177.291				**177.291**
Rechtsmittel in Zivilsachen		20.847	9.098	2.441	**32.386**
Zwischensumme Zivilsachen	**2.735.090**	**156.199**	**9.098**	**2.441**	**2.902.828**
Strafsachen	34.345	51.008			**85.353**
Rechtsmittel in Strafsachen		4.246	7.764	786	**12.796**
Zwischensumme Zivil- und Strafsachen	**2.769.435**	**211.453**	**16.862**	**3.227**	**3.000.977**
Justizverwaltungssachen	165.699	129.229	59.168	5.437	**359.533**
GESAMT	**2.935.134**	**340.682**	**76.030**	**8.664**	**3.360.510**

Dritter Teil:
Die Organisation und Besetzung der (ordentlichen Zivil-)Gerichte

I. Die ordentlichen Gerichte

Literatur: *BMJ* (Hrsg), Gesamtreform der Justiz (1969); *Brunner* (Hrsg), Europäische Handelsgerichtsbarkeit (2009); *Fasching*, Verfassungskonforme Gerichtsorganisation, Gutachten für den 10. ÖJT Wien 1988, Bd I/3 (1988) 36 ff; *Fellner*, Vom gemischten Bezirksamt zum Regionalgericht: Meilensteine der Gerichtsorganisation auf dem Weg vom 19. ins 21. Jahrhundert, in *BMJ* (Hrsg), Franz Klein Symposion (2005) 37; *derselbe*, Entwicklung der Organisation der Gerichtsbarkeit seit dem „Klecatsky-Plan" des Jahres 1969, in FS Klecatsky zum 90. Geburtstag (2010) 185; *derselbe*, Erinnerungen, Anmerkungen und Anregungen zu Fragen der Gerichtsorganisation, in FS Benn-Ibler (2011) 61; *Felzmann/Danzl/Hopf*, Oberster Gerichtshof^2 (2009); *Fucik*, Bezirksgerichtssprengel neu, ÖJZ 2012/117, 1033; *Geroldinger*, Da waren's nur noch drei? Von Rechtsbereinigung und dem möglichen Ende des OLG Linz, Zak 2008/297, 170; *Klecatsky*, Über die Notwendigkeit und das Ziel einer umfassenden Reform der österreichischen Gerichtsorganisation, in FS Schima (1969) 17; *Lebitsch*, Verfassungsrechtliche Aspekte der Organisation der Bezirksgerichte, RZ 1994, 258; *Maleczky* (Hrsg), Kodex Gerichtsorganisation^{15} (2013); *Mayr*, Jurisdiktionsnorm und Gerichtsorganisationsgesetz nach 100 Jahren, in *Mayr* (Hrsg), 100 Jahre österreichische Zivilprozeßgesetze (1998) 33; *derselbe*, Gedanken zur Reform der österreichischen Gerichtsorganisation, in FS Jelinek (2002) 173; *derselbe*, Pro futuro – Betrachtungen über die Reform der österreichischen Zuständigkeitsordnung, JBl 2011, 492; *derselbe*, Die Reform der österreichischen Gerichtsorganisation – Eine unendliche Geschichte, JRP 2011, 263; *derselbe*, Strukturreform der Justiz auf österreichisch, juridikum 2012, 124; *O. Oberhammer*, Zum Weiterbestand des Bezirksgerichtes für Handelssachen Wien, RZ 1996, 272; *Rassi*, Three steps to justice? RZ 2005, 182; *Trauner*, Sprengel und Sitz der Bezirksgerichte – eine Rechtsfrage, JBl 2003, 554; *Walzel von Wiesentreu*, Der Bundesstaat und die ordentliche Zivil- und Strafgerichtsbarkeit – rechtshistorische, verfassungsdogmatische und rechtspolitische Aspekte, in *Schambeck* (Hrsg), Bundesstaat und Bundesrat in Österreich (1997) 104.

A. Gerichtsorganisation

138   Den **ordentlichen Gerichten** kommt – im Gegensatz zu den **Sondergerichten** (siehe Rz 108) – die volle Gerichtsgewalt zu. Sie besitzen also nicht nur Erkenntnisgewalt, sondern auch Vollstreckungs- und Ordnungsgewalt.

Die in Österreich bestehende Organisation der ordentlichen Gerichte geht noch weitestgehend auf das 19. Jahrhundert zurück. Die dafür einschlägigen Rechtsgrundlagen sind auf viele – sehr unterschiedliche und teilweise veraltete – Rechtsquellen aufgesplittert.

84

Eine grundlegende **Reform** der österreichischen Gerichtsorganisation in Richtung einheitliches Eingangsgericht (für einen adäquat großen Gerichtssprengel), einheitliches Rechtsmittelgericht (zumindest in jedem Bundesland) und ein Höchstgericht (in Wien) wird zwar seit vielen Jahren diskutiert, eine Verwirklichung ist jedoch weiterhin nicht in Sicht (krit etwa *Mayr*, JRP 2011, 263 ff).

In Österreich sind folgende **ordentliche Gerichte** eingerichtet (siehe § 1 JN):　139

▶ (derzeit) 128 **Bezirksgerichte** (BG – Ihre Anzahl wird bis 1. 7. 2014 weiter reduziert werden). Die Organisation der Bezirksgerichte in Wien wird durch das Bezirksgerichts-Organisationsgesetz für Wien (BGBl 1985/203 idF BGBl I 2012/81) geregelt (für Graz siehe BGBl I 2004/60 idF BGBl I 2005/66). Außerhalb von Wien werden (gem § 8 Abs 5 lit d des Übergangsgesetzes vom 1. 10. 1920, BGBl 1925/368) „Änderungen in den Sprengeln der Bezirksgerichte durch Verordnung der Bundesregierung mit Zustimmung der Landesregierung verfügt" (zur Auslegung dieser Vorschrift siehe VfSlg 5977). Es bestehen daher eine Reihe von „Bezirksgerichte-Verordnungen".

Zum Beispiel für Tirol (BGBl II 2002/240), für Niederösterreich (BGBl II 2012/204), für Oberösterreich (BGBl II 2012/205) oder für die Steiermark (BGBl II 2012/243).

Bei Bezirksgerichten mit zumindest fünf oder mehr systemisierten vollen Richterplanstellen und an solchen Standorten, an denen Landes- und Bezirksgericht im selben Gebäude untergebracht sind, kann die Justizministerin „zur Behandlung insbesondere von einfachen und rasch zu erledigenden Ansuchen und Auskünften" ein „**Justiz-Servicecenter**" einrichten (§ 47b GOG idF BGBl 2013/119; siehe auch Rz 424).

▶ 1 **Bezirksgericht für Handelssachen** (BGHS) (nur) in Wien für die Bezirke I bis XXIII (§ 3 BGOrgG Wien). Außerhalb der Bundeshauptstadt (vgl § 2 Abs 2 JN) werden unternehmensrechtliche Streitigkeiten (siehe § 52 JN und Rz 142) von den Bezirksgerichten „in Handelssachen" erledigt (siehe § 446 ZPO).

▶ 16 (allgemeine) **Landesgerichte** (LG). Sie sind eingerichtet in den jeweiligen　140 Landeshauptstädten (ausgenommen in Vorarlberg: Dort ist das Landesgericht in Feldkirch beheimatet) sowie in (den früheren Kreishauptstädten) Krems, Korneuburg, Leoben, Ried, Steyr, Wels und Wiener Neustadt.

Dazu kommt in Wien und Graz jeweils ein eigenes Landesgericht für Strafsachen. Es muss daher dort zwischen dem Landesgericht „in Strafsachen" und jenem „in Zivilrechtssachen" unterschieden werden.

▶ 1 **Handelsgericht** (HG) in Wien. Außerhalb der Bundeshauptstadt werden die unternehmensrechtlichen Streitigkeiten (siehe § 51 JN und Rz 143) von den Landesgerichten „als Handelsgerichte" erledigt (siehe § 259 Abs 3 und § 417 Abs 1 Z 1 ZPO).

Für Verfahren in unternehmensrechtlichen Streitigkeiten bestehen allerdings – im Gegensatz zu solchen in Arbeits- und Sozialrechtssachen (nach dem ASGG) – keine besonderen Bestimmungen, sodass die Frage nach der Sinnhaftigkeit einer eigenen Organisation für die Handelsgerichtsbarkeit auftaucht.

▶ 1 **Arbeits- und Sozialgericht** (ASG) in Wien (§ 2 Abs 2 und 3 ASGG). Außerhalb der Bundeshauptstadt werden arbeits- und sozialgerichtliche Streitigkeiten vom (örtlich zuständigen) Landesgericht „als Arbeits- und Sozialgericht" erledigt (siehe § 36 ASGG und Rz 1071).

Die Landesgerichte, das Handelsgericht und das Arbeits- und Sozialgericht werden auch als Gerichtshöfe I. Instanz bezeichnet (insgesamt 20). Sie können funktional allerdings auch in 2. Instanz tätig werden (siehe unten Rz 143).

141 ▶ 4 **Oberlandesgerichte** (OLG). Sie bestehen in Wien (für Wien, Niederösterreich und das Burgenland), in Graz (für die Steiermark und Kärnten), in Linz (für Oberösterreich und Salzburg) und in Innsbruck (für Tirol und Vorarlberg).

Die Oberlandesgerichte werden auch als Gerichtshöfe II. Instanz bezeichnet.

142 ▶ 1 **Oberster Gerichtshof** (OGH) in Wien. Er ist gem Art 92 Abs 1 B-VG die oberste Instanz in Zivil- (und Straf-)rechtssachen (siehe oben Rz 43). Die Organisation und Besetzung wird in einem eigenen Gesetz – dem OGHG – geregelt.

Die **Kartellgerichtsbarkeit** wird im Rahmen der ordentlichen Gerichtsbarkeit (im Außerstreitverfahren) für das gesamte Bundesgebiet vom OLG Wien (als Kartellgericht) und vom OGH (als Kartellobergericht) ausgeübt (§ 58 KartG 2005).

143 An der Spitze eines Gerichtshofes steht der **Präsident** (mit einem oder mehreren Vizepräsidenten), an der Spitze eines Bezirksgerichts der **Gerichtsvorsteher**. Sie sind die Träger der Justizverwaltung und als solche weisungsgebunden (siehe unten Rz 42).

Jedes Gericht besteht aus zumindest einem Richter und einer zugeordneten **Geschäftsstelle**. Bei Gerichten mit zwei oder mehr systemisierten Richterplanstellen (Gerichtsabteilungen) wird die Geschäftsstelle in Geschäftsabteilungen gegliedert (siehe unten Rz 155).

Die Zahl der Kleinstgerichte mit nur einem Richter (sog „einspännige" Bezirksgerichte) und der kleinen Bezirksgerichte mit weniger als drei ernannten Richtern ist in den letzten Jahren durch die vom Justizministerium hartnäckig betriebenen Bezirksgerichts-Regulierungen stark zurückgegangen. Dennoch bestehen immer noch deutlich mehr Bezirksgerichte als Bezirksverwaltungsbehörden.

B. Instanzenzug

144 Wenn (nach den Bestimmungen über die sachliche Zuständigkeit, siehe Rz 216 ff) ein Bezirksgericht erste Instanz ist, geht der Instanzenzug über das (örtlich zuständige) Landesgericht zum Obersten Gerichtshof.

Der Instanzenzug vom Bezirksgericht für Handelssachen in Wien geht über das Handelsgericht Wien zum Obersten Gerichtshof.

Ist ein Landesgericht in erster Instanz zuständig, entscheidet in zweiter Instanz das übergeordnete Oberlandesgericht und in dritter Instanz der Oberste Gerichtshof.

Wenn in erster Instanz das Handelsgericht Wien oder das Arbeits- und Sozialgericht Wien zuständig ist, ist zweite Instanz das Oberlandesgericht Wien (ev „in Arbeits- und Sozialrechtssachen"; siehe § 36 ASGG) und dritte Instanz der Oberste Gerichtshof.

Übersicht über Instanzenzug und Gerichtsbesetzung

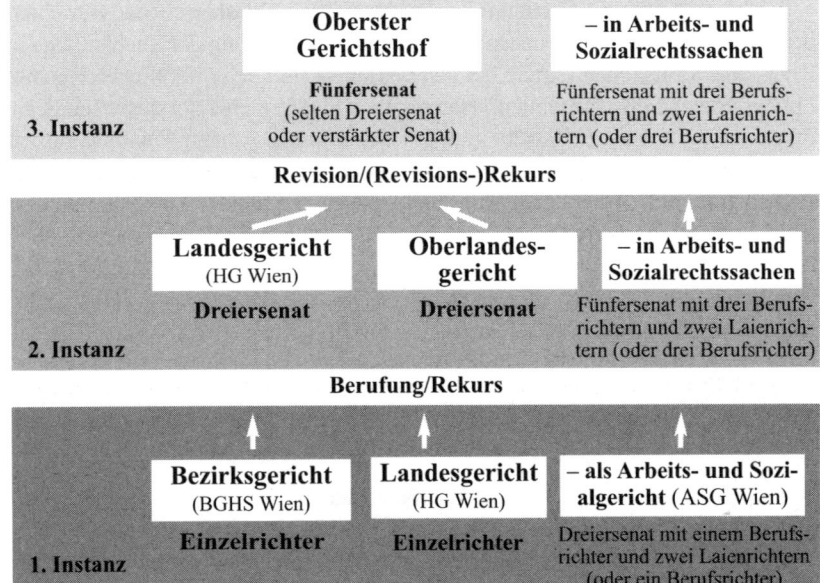

II. Gerichtspersonen

Literatur: *Heidinger/Zöchling-Jud* (Hrsg), Jahrbuch Anwaltsrecht (2011 ff); *Kodek*, Reform der Laienbeteiligung in der Zivilgerichtsbarkeit? in *Österreichische Juristenkommission* (Hrsg), Reform der Laienbeteiligung in Justiz und Verwaltung? (2010) 33; *Mayr*, Die österreichische Juristenausbildung² (1998); *derselbe*, Stellung und Aufgaben des Rechtspflegers in Österreich, dRpfleger 1991, 397; *derselbe*, Die österreichische Juristenausbildung: Fakten und Überlegungen, in *Barta/Ganner/Lichtmannegger* (Hrsg), Rechtstatsachen – Heute (2009) 45; *derselbe*, Das Ende des Gerichtsjahres, JAP 2010/2011, 171; *derselbe*, Die praktische Juristenausbildung im Zeitalter des ABGB, in *Barta/Lehne/Niedermayr/Schennach* (Hrsg), Kontinuität im Wandel (2012) 113; *Michalek*, Das Berufsbild und die Ausbildung des Justizjuristen, ÖJZ 1998, 1; *Österreichische Juristenkommission* (Hrsg), Juristenausbildung. Welche Juristen braucht die Gesellschaft? (2007); *Rath/Lenhard/Milowiz/Pecher*, Handbuch für Rechtspraktikanten (2001); *Schmitzberger*, Das neue Gerichts"jahr" – Zur finanziellen Situation von Rechtspraktikanten, RZ 2012, 214; *Schoibl*, Aspekte der Laiengerichtsbarkeit im österreichischen zivilgerichtlichen Verfahren, ZÖR 1987, 333; *Schunack/Sprinzel*, Das Gerichtsjahr, eine Bestandsaufnahme nach zehn Jahren Rechtspraktikantengesetz, JAP 1998/99, 13 und 66; *Trebuch/Eilenberger*, Gratisarbeit im Gerichts„jahr"? RZ 2011, 3; *Weiss*, Vom kaiserlichen Rath zum Kommerzialrat, RZ 2010, 113; *Zellenberg,* Der Richter im Gefüge der Gewaltenteilung, in FS Machacek und Matscher (2008) 493.

A. Richter

145   **Richter** sind die zur Ausübung der Rechtspflegefunktionen bei den Gerichten bestellten unabhängigen Staatsorgane, denen die Ausübung der Rechtspflege in Zivil- und Strafsachen (sowie bei den Gerichtshöfen des öffentlichen Rechts) obliegt. Sie genießen unter den Staatsorganen insofern eine Sonderstellung, als ihnen Art 87 B-VG „in Ausübung ihres richterlichen Amtes" Unabhängigkeit zuerkennt. Diese äußert sich einerseits in der **Weisungsungebundenheit** der Richter (sachliche Unabhängigkeit) und andererseits in ihrer **Unabsetzbarkeit** und **Unversetzbarkeit** (persönliche Unabhängigkeit). Siehe dazu schon oben Rz 42.

Eine **Ausnahme** von der Weisungsfreiheit des Richters besteht nur in Justizverwaltungssachen (soweit sie nicht in Senaten oder Kommissionen erledigt werden), für den beauftragten Richter (Rz 165) und für das untergeordnete Gericht im Falle der Aufhebung der Entscheidung und der Zurückverweisung der Rechtssache zur neuerlichen Verhandlung durch das Rechtsmittelgericht (§ 499 Abs 2, § 511 Abs 1 ZPO).

1. Berufsrichter

146   Berufsrichter sind **ausgebildete Juristen**, die in einem ständigen Dienstverhältnis zum Staat stehen.

Die maßgebliche berufsrechtliche Rechtsquelle bildet das Richter- und Staatsanwaltschaftsdienstgesetz (**RStDG**), BGBl 1961/305 idgF.

(Berufs-)Richter werden durch den Bundespräsidenten oder den Justizminister aufgrund eines Bewerbungsgesuchs nach Einholung von Besetzungsvorschlägen der Personalsenate (Art 86 B-VG) auf einen festen Dienstposten (ausgenommen die „Sprengelrichter") ernannt.

147   **Voraussetzungen** für die Ernennung sind ua die erfolgreiche Absolvierung eines Universitätsstudiums des österreichischen Rechts, die bestandene Richteramtsprüfung und eine insgesamt vierjährige Rechtspraxis, wovon zumindest ein Jahr im richterlichen Vorbereitungsdienst (als Richteramtsanwärter) zurückgelegt werden muss (§ 26 RStDG).

Gegenwärtig (Stand 1. 1. 2013) sind in Österreich 1.630 richterliche Planstellen systemisiert. Dazu kommen noch 68 Richterplanstellen beim OGH (einschließlich Evidenzbüro).

2. Laienrichter

Laienrichter benötigen keine juristische Ausbildung, sondern üben ein unbesoldetes Ehrenamt (nebenberuflich) aus. Die Laienbeteiligung spielt in der österreichischen Zivilgerichtsbarkeit nur eine sehr untergeordnete Rolle. Es ist zu unterscheiden zwischen:　148

▶ **fachmännischen Laienrichtern**, die gem § 7 Abs 2 und § 8 Abs 2 JN in den Kausalsenaten der Gerichtshöfe (I. und II. Instanz) in Handelssachen (§ 51 JN) tätig sind. Sie müssen aufgrund ihres Berufes über eine genaue Kenntnis des Handels und der dafür geltenden Gesetze und Gewohnheiten verfügen, werden vom BMJ im Einvernehmen mit dem BMWFJ für die Dauer von fünf Jahren ernannt und führen den Titel „**Kommerzialrat**".

▶ **fachkundigen Laienrichtern**, die in der Arbeits- und Sozialgerichtsbarkeit (grundsätzlich in allen Instanzen) tätig sind. Näheres siehe §§ 10 ff ASGG sowie unten Rz 1226 ff.

B. Rechtspfleger

Rechtspfleger sind besonders ausgebildete nichtrichterliche Bundesbedienstete, denen durch Bundesgesetz bestimmte (einfachere) Geschäfte der Gerichtsbarkeit erster Instanz übertragen werden können. Rechtsgrundlage bilden Art 87a B-VG (dazu Rz 43) und das – zwischenzeitlich vielfach novellierte – **Rechtspflegergesetz** (BGBl 1985/560). Seit 2011 tragen sie (neben ihrem Amtstitel) die Funktionsbezeichnung „**Diplomrechtspfleger**".　149

Rechtspfleger genießen eine **eingeschränkte Unabhängigkeit**: Sie sind bei der Besorgung der in ihren Wirkungskreis fallenden Geschäfte nur an die Weisungen des nach der Geschäftsverteilung zuständigen Richters gebunden; dieser kann sich auch die Erledigung von Rechtssachen vorbehalten oder sie an sich ziehen (§§ 8 f RpflG). Entscheidungen (Beschlüsse) eines Rechtspflegers sind wie jene eines Richters anfechtbar (§ 11 RpflG).　150

Durch das Budgetbegleitgesetz 2011 wird (mit 1. 5. 2011) die bisher bestandene Befugnis des Richters, aufsteigenden Rechtsmitteln gegen Rechtspflegerentscheidungen selbst stattzugeben, beseitigt.

Im Bereich des Zivilprozessrechts hat der Rechtspfleger keine große Bedeutung: Ihm obliegt hier im Wesentlichen nur die Durchführung des (österreichischen) **Mahnverfahrens**, einschließlich der Zurückweisung der Klage, bis die Anordnung einer Tagsatzung erforderlich wird (§ 16 Abs 1 Z 1 lit a RpflG). Im Bereich des Außerstreit- und des Exekutionsverfahrens haben die Rechtspfleger hingegen einen sehr **großen Wirkungskreis** (siehe §§ 17 ff RpflG) und spielen daher auch eine sehr wichtige Rolle.　151

Rein quantitativ gesehen erledigen derzeit in Österreich ca 630 Rechtspfleger rund 85 % des gerichtlichen Geschäftsanfalls (siehe *Mayr*, AnwBl 2009, 60); darunter fallen allerdings auch viele unschwierige Routineangelegenheiten.

Überschreitet ein Rechtspfleger seinen Wirkungskreis, so ist seine Entscheidung nach hM wegen nicht gehöriger Besetzung des Gerichtes (§ 477 Abs 1 Z 2 ZPO) mit Nichtigkeit behaftet (siehe unten Rz 172).

C. Rechtspraktikanten und Rechtshörer

152   Als **Rechtspraktikanten** werden Personen bezeichnet, welche eine Praxis bei Gericht absolvieren. Diese **Gerichtspraxis** soll nach § 1 Abs 1 Rechtspraktikantengesetz (**RPG**) Personen, die die rechtswissenschaftliche Berufsvorbildung abgeschlossen haben, die Möglichkeit geben, ihre Berufsvorbildung durch eine Tätigkeit in der Gerichtsbarkeit fortzusetzen und dabei ihre Rechtskenntnisse zu erproben und zu vertiefen. Es ist daher regelmäßig zu **empfehlen**, dass Absolventen des (mehr theoretisch-wissenschaftlichen) Universitätsstudiums ihre juristische Ausbildung durch eine Praxis bei Gericht (und ev bei einer Verwaltungsbehörde) vervollständigen.

153   Die **Ausbildung** ist so zu gestalten, dass der Rechtspraktikant durch Mithilfe bei der Bearbeitung der bei Gericht vorkommenden Angelegenheiten der Rechtspflege einen möglichst umfassenden Einblick in die richterliche Tätigkeit sowie in die Aufgaben der Geschäftsstelle erhält und die sonstigen gerichtlichen Einrichtungen kennenlernt. Er ist daher in erster Linie zur Ausarbeitung von Entscheidungsentwürfen und zu anderer konzeptiver Vorarbeit heranzuziehen, kann aber ausnahmsweise auch als Schriftführer herangezogen werden (vgl § 6 RPG).

Anträge auf Zulassung zur Gerichtspraxis sind an den Präsidenten des jeweils zuständigen Oberlandesgerichtes zu richten. Ein Anspruch auf Zulassung zur Gerichtspraxis besteht (nur) in dem Ausmaß, in dem die Gerichtspraxis gesetzlich als Berufs-, Ernennungs- oder Eintragungserfordernis vorgesehen ist (§ 2 Abs 1 RPG). Dieser Zeitraum ist durch das Budgetbegleitgesetz 2011 – entgegen allen Warnungen und Protesten – (durch entsprechende Änderungen der RAO, der NO und des RStDG) von neun auf **fünf Monate verkürzt** worden (beachte allerdings die Übergangsbestimmung des § 28a RPG). Gleichzeitig ist auch der „Ausbildungsbeitrag“, den die Rechtspraktikanten für ihre Tätigkeit erhalten, von € 1.274,20 auf € 1.035 gekürzt worden (§ 17 RPG nF). Auch die jüngste Novelle zum RPG (BGBl I 2013/119) hat diesen Rückschritt leider nicht beseitigt.

Alle weiteren Einzelheiten über die Gerichtspraxis enthält das **Rechtspraktikantengesetz**, dessen Lektüre daher vor dem Antritt der Gerichtspraxis dringend empfohlen wird.

154   Eine Möglichkeit, bereits während des Universitätsstudiums einen Einblick in die Praxis bei Gericht zu erhalten, bietet die Einrichtung des **Rechtshörers** aufgrund des Rechtshörererlasses vom 29. 12. 2010. Diese Tätigkeit ist zwar

freiwillig und unentgeltlich, aber für das bessere Verständnis insb des Verfahrensrechts durchaus empfehlenswert.

D. Geschäftsstelle

Bei jedem Gericht besteht eine **Geschäftsstelle** (in § 16 JN noch „Gerichtskanzlei" genannt), die in **Geschäftsabteilungen** gegliedert ist. Sie erledigt die nichtrichterlichen Geschäfte. Ihr obliegt etwa die Übernahme der an das Gericht gelangenden Akten, die Ausfertigung der gerichtlichen Entscheidungen und sonstigen Erledigungen, die Bewirkung der Zustellungen und Ladungen, die Führung und Verwahrung der Akten etc. Näheres enthalten die §§ 49 ff GOG und die §§ 2 sowie 29 ff Geo. 155

An der Spitze steht der Vorsteher der Geschäftsstelle, dem die Leiter der Geschäftsabteilungen und die übrigen in der Geschäftsstelle tätigen Personen unterstellt sind (ausgenommen die Rechtspfleger für den Bereich ihrer rechtsprechenden Tätigkeit).

III. Unparteilichkeit der gerichtlichen Organe

Literatur: *Ballon,* Entlastung der Gerichte durch Auslegung von Verfahrensvorschriften am Beispiel des Ablehnungsrechts – eine Bestandaufnahme, in FS Simotta (2012) 73; *Böhmdorfer,* Entspricht die österreichische Rechtsprechung zur richterlichen Befangenheit im Zivilprozess jener des Europäischen Gerichtshofes für Menschenrechte? – Ein Vergleich, in FS Machacek und Matscher (2008) 61; *Fucik,* Die Ausgeschlossenheit nach dem FamRÄG 2009 und dem EPG, ÖJZ 2010/88, 839; *Jelinek,* Befangenheit des Sachverständigen im Zivilprozess, in *Rant* (Hrsg), Sachverständige in Österreich (2012) 319; *Kainz,* Die Ablehnung von (Schieds-)Richtern, ecolex 2011, 693; *König/Broll,* Zum Rechtsmittelverfahren in Ablehnungssachen, JBl 1990, 366; *dieselben,* Richteramt und Gemeinderatsmandat, RZ 1991, 186; *Kossak,* Richterablehnung als Rechtsmissbrauch, JBl 2009, 2; *Ziehensack,* Die Ablehnung von Richtern, Zak 2006/426, 243; *derselbe,* Die Ablehnung von Sachverständigen und Ablehnungsverfahren, Zak 2006/489, 285.

A. Allgemeines

Die Unabhängigkeit des Richters gegenüber der (Justiz-)Verwaltung wird durch die oben (Rz 42) erwähnten Bestimmungen des B-VG garantiert. Dass das befasste gerichtliche Organ aber auch im konkreten Fall von den Parteien unabhängig ist und unparteiisch und objektiv entscheidet, soll durch die Bestimmungen der JN (§§ 19 ff) über die „Ablehnung von Richtern und anderen gerichtlichen Organen" gewährleistet werden. 156

Durch diese Bestimmungen wird ua auch das Recht auf ein faires Verfahren iSd Art 6 EMRK (und Art 47 GRC) verwirklicht. Sie sind gerade dann von erhöhter Bedeutung, wenn – wie in Österreich – in erster Instanz (weitestgehend) Einzelgerichtsbarkeit herrscht und somit eine eventuell ausgleichende Wirkung anderer Senatsmitglieder nicht in Betracht kommt.

157   Die **Ablehnungsvorschriften der JN** kommen in allen zivilgerichtlichen Verfahrensarten zur Anwendung. Sie gelten außerdem nicht nur für Berufs- und (fachmännische oder fachkundige) Laienrichter, sondern auch für Rechtspfleger. Bei Letzteren (siehe sonst unten Rz 163) entscheidet der Vorsteher des BG (bzw der Präsident des GH) endgültig (§ 7 RpflG). Darüber hinaus sind diese Bestimmungen weitgehend analog auf andere bei Gericht tätige Personen (zB Bedienstete der Geschäftsstelle, Richteramtsanwärter und Rechtspraktikanten) anzuwenden (siehe § 26 JN). Auch Sachverständige können aus denselben Gründen wie Richter abgelehnt werden (§ 355 ZPO und unten Rz 838).

B. Ausschließungs- und Befangenheitsgründe

158   Zu unterscheiden ist zwischen Gründen, die den Richter von der Ausübung des Richteramtes ausschließen, und den Befangenheitsgründen.

Die **Ausschließungsgründe** werden in **§ 20 JN** (und in § 537 ZPO für die Nichtigkeits- und Wiederaufnahmsklage) **taxativ** aufgezählt. Danach ist ein Richter ausgeschlossen,

• wenn er selbst Partei (oder Mitberechtigter, Mitverpflichteter, Regresspflichtiger) ist;

• wenn er mit der Partei (oder deren Vertreter) verheiratet oder „verpartnert", nahe verwandt oder verschwägert ist (gilt nunmehr auch für Lebensgefährten und wenn das einschlägige Naheverhältnis aktuell nicht mehr besteht);

• in Sachen seiner Wahl- oder Pflegeeltern, Wahl- oder Pflegekinder und Pflegebefohlenen;

• wenn er in dieser Sache Bevollmächtigter einer Partei ist oder war;

• wenn er an der angefochtenen (oder mit Rechtsmittelklage bekämpften) Entscheidung (in unterer Instanz) mitgewirkt hat.

159   Die **Befangenheitsgründe** werden hingegen im Gesetz (notwendigerweise) nicht ausdrücklich aufgezählt, sondern mit einer **Generalklausel** umschrieben: Nach **§ 19 Z 2 JN** ist eine Befangenheit des Richters dann gegeben, wenn „ein zureichender Grund vorliegt, seine Unbefangenheit in Zweifel zu ziehen". Bei dieser Prüfung ist im Interesse des Ansehens der Justiz ein **strenger Maßstab** anzulegen: Bereits der äußere Anschein einer Voreingenommenheit ist ausreichend. Andererseits sollen die Ablehnungsvorschriften aber auch nicht dazu missbraucht werden können, um einen nicht „genehmen" (weil strengen oder genauen) Richter zu umgehen. Fühlt sich der Richter selbst befangen, so ist seiner Befangenheitsanzeige (Selbstmeldung) bzw seiner Stellungnahme zum Ablehnungsantrag einer Partei (unten Rz 160) im Regelfall (außer bei Verdacht eines Missbrauchs) Rechnung zu tragen.

92

Taugliche Ablehnungsgründe sind etwa: Freundschaft oder Feindschaft des Richters zu einer Prozesspartei, unsachliche oder diskriminierende Äußerungen des Richters gegenüber den Parteien oder Parteienvertretern, vorschnelle Aussagen über den Prozessausgang, Ausübung eines besonderen Vergleichsdrucks etc. Unrichtige Rechtsansichten des Richters oder Verfahrensfehler allein stellen hingegen keine tauglichen Ablehnungsgründe dar, weil das Ablehnungsverfahren nicht dazu dient, richterliche Entscheidungen auf ihre Richtigkeit zu prüfen – dafür ist das Rechtsmittelverfahren vorgesehen. Wenn der Fehler hingegen auf einer unsachlichen Einstellung des Richters oder auf Willkür beruht, ist (auch) eine Ablehnung angebracht.

Keine Befangenheit liegt hingegen zB nach der jüngeren Judikatur vor, wenn die Entscheidung außergewöhnlich rasch (noch am gleichen Tag) gefällt worden ist (8 Ob 83/07z Zak 2007/620, 357), wenn der Richter gegen den Parteienvertreter (oder umgekehrt der Parteienvertreter gegen den Richter) – allenfalls unbegründete – Straf- oder Disziplinaranzeigen eingebracht hat (6 Ob 290/06z Zak 2007/315, 177), wenn gegen den Richter eine Amtshaftungsklage erhoben worden ist (6 Ob 213/05z Zak 2006/96, 57) oder wenn der (mit-)entscheidende Richter seine Rechtsmeinung bereits in Form einer wissenschaftlichen Abhandlung in einer Fachzeitschrift veröffentlicht hat (6 Ob 90/05m ecolex 2005/278, 615; 6 Ob 106/05i RdW 2005/706, 618).

Wesentlicher **Unterschied** zwischen den Ausschließungs- und den Befangenheitsgründen ist, dass die Ersteren **absolut** wirken. Das bedeutet einerseits, dass das Gesetz bei den Ausschließungsgründen unwiderlegbar vermutet, dass durch sie die Objektivität des Richters jedenfalls (zumindest nach außen hin) beeinträchtigt wird, während taugliche Befangenheitsgründe zu berechtigten Zweifeln an der Objektivität des Richters bei der Verfahrensführung und Entscheidungsfällung führen müssen. **160**

Andererseits können Ausschließungsgründe **nicht heilen**: Sie sind in jeder Lage des Verfahrens von Amts wegen oder auf Antrag (Ablehnungsantrag) wahrzunehmen und bilden im Rechtsmittelverfahren einen Nichtigkeitsgrund (§ 477 Abs 1 Z 1 ZPO). Selbst nach Eintritt der Rechtskraft kann noch eine Nichtigkeitsklage erhoben werden (§ 529 Abs 1 Z 1, Abs 2 und Abs 3 ZPO). Befangenheitsgründe müssen hingegen **sofort nach Kenntnisnahme** geltend gemacht werden: Lässt sich eine Partei trotz Kenntnis des Ablehnungsgrundes auf die Verhandlung ein oder stellt sie Anträge, kann sie keinen (erfolgreichen) Ablehnungsantrag mehr stellen (§ 21 Abs 2 JN). Außerdem ist eine Geltendmachung von Befangenheitsgründen nach Eintritt der Rechtskraft ausgeschlossen.

Streng genommen handelt es sich bei der Befangenheit und der Ausgeschlossenheit nicht um (negative) Sachentscheidungsvoraussetzungen, weil sie nicht nur eine Sachentscheidung, sondern jedes Verfahren unzulässig machen (so *Rechberger/Simotta* Rz 505 gegen *Ballon* Rz 91 und 92). Somit sind sie aber eigentlich „echte" (negative) Prozessvoraussetzungen (siehe Rz 479).

C. Ablehnungsverfahren

Nach § 22 GOG sind Richter (und andere Gerichtspersonen) verpflichtet, (mögliche) Ausschließungs- und Befangenheitsgründe dem zuständigen Leiter **161** des Gerichts anzuzeigen (**Selbstmeldung**). Sofern dies nicht geschieht, können die Parteien, und zwar unabhängig davon, ob sie vermeintlich begünstigt oder benachteiligt werden (§ 21 Abs 1 JN), einen **Ablehnungsantrag** stellen. Er ist bei jenem Gericht (schriftlich oder mündlich) einzubringen, dem der betreffende Richter angehört, und hat die Ablehnungsgründe genau anzuführen.

Pauschale Ablehnungen eines ganzen Gerichts werden von der Rsp nicht akzeptiert, vielmehr müssen die Ablehnungsgründe hinsichtlich eines jeden einzelnen Richters genau angeführt werden.

162   Im Normalfall ist das Verfahren bis zur rechtskräftigen Erledigung des gestellten Ablehnungsantrags zu **unterbrechen**.

Der abgelehnte Richter kann jedoch weiter verhandeln, wenn eine Verschleppungsabsicht der ablehnenden Partei offensichtlich ist. Außerdem hat er solche Verfahrenshandlungen vorzunehmen, die „keinen Aufschub gestatten". Eine Endentscheidung darf er jedoch vor der rechtskräftigen Erledigung des Ablehnungsantrags nicht fällen (§ 25 JN).

163   **Zuständig** für die Entscheidung über die Ablehnung eines oder mehrerer Bezirksrichter ist der Gerichtsvorsteher. Wird dieser selbst abgelehnt, entscheidet ein Senat des übergeordneten Gerichtshofs. Wird ein Richter eines Gerichtshofs abgelehnt, so entscheidet ein (nach der Geschäftsverteilung zuständiger) Senat dieses Gerichtshofs (§ 23 JN).

Die Entscheidung erfolgt ohne mündliche Verhandlung, jedoch hat sich der abgelehnte Richter zu den geltend gemachten Ablehnungsgründen zu **äußern**. Im Falle der Bestreitung sind die behaupteten Ablehnungsgründe von der ablehnenden Partei „glaubhaft" (siehe § 274 ZPO) zu machen (§ 22 JN).

Wie oben ausgeführt, muss eine Ablehnung wegen Befangenheit **sofort** nach Kenntnisnahme des Ablehnungsgrundes erfolgen. Erfährt eine Partei einen Ablehnungsgrund erst nach der Fällung der Entscheidung, so kann sie – sofern noch nicht Rechtskraft eingetreten ist – immer noch einen Ablehnungsantrag (beim funktionell zuständigen Organ) stellen. Wird diesem stattgegeben, so liegt der Nichtigkeitsgrund des § 477 Abs 1 Z 1, 2. Fall ZPO vor, der zu einer amtswegigen Wahrnehmung im – zwischenzeitlich unterbrochenen – Rechtsmittelverfahren führt.

164   Der Ablehnung stattgebende Entscheidungen können nicht **angefochten** werden; gegen verneinende Entscheidungen ist ein Rekurs zulässig (§ 24 Abs 2 JN). Ein weiterer Rechtszug an den OGH wird von der stRsp allerdings (jedenfalls) ausgeschlossen (RIS-Justiz RS0098751, RS0074402).

Ein erfolgreicher Ablehnungsantrag führt zur **Nichtigerklärung des Verfahrens** und zu einer Neudurchführung des Verfahrens vor dem nach der Geschäftsverteilung zuständigen (unbefangenen) Ersatzrichter.

Sind alle Richter des zuständigen Gerichts ausgeschlossen oder befangen, so kommt es zu einer amtswegigen Delegation eines anderen Gerichts (§ 30 JN; siehe Rz 265).

Siehe *Casebook* ZVerfR 31 ff, Fälle 8 und 9.

94

Ausschließungsgründe	Befangenheitsgründe
Taxative Aufzählung im Gesetz (§ 20 JN)	**Generalklausel** (§ 19 Z 2 JN)
Wahrnehmung infolge einer **Selbstmeldung** des Richters oder aufgrund eines **Ablehnungsantrags** der Parteien	Wahrnehmung infolge einer **Selbstmeldung** des Richters oder aufgrund eines (sofortigen) **Ablehnungsantrags** der Parteien
Entscheidung durch zuständiges Organ (§ 23 JN)	**Entscheidung** durch zuständiges Organ (§ 23 JN)
Absolute Wirkung • Mangel an Objektivität wird unwiderlegbar vermutet • nicht heilbar, sondern in jeder Lage des Verfahrens von Amts wegen wahrzunehmen	**Relative Wirkung** • Prüfung, ob es dem Richter tatsächlich an der notwendigen Unbefangenheit mangelt • Heilung bei nicht rechtzeitiger Rüge der Befangenheit
Nichtigkeitsgrund (§ 477 Abs 1 Z 1 ZPO)	**Nichtigkeitsgrund** nur dann, wenn ein erfolgreich abgelehnter Richter (dennoch) an der Entscheidung mitgewirkt hat (§ 477 Abs 1 Z 1 ZPO)
Nichtigkeitsklagegrund (§ 529 Abs 1 Z 1 ZPO) eventuell Wiederaufnahmsklagegrund nach § 530 Abs 1 Z 4 ZPO	**kein Nichtigkeitsklagegrund** eventuell Wiederaufnahmsklagegrund nach § 530 Abs 1 Z 4 ZPO

IV. Gerichtsbesetzung

Literatur: *Danzl,* „Erhebliche Rechtsfrage" und „Rechtsfrage von grundsätzlicher Bedeutung", in FS Griss (2011) 95; *Feldner,* Verstärkte Senate beim Obersten Gerichtshof (2001).

A. Allgemeines

Die Gerichtsbarkeit kann entweder durch Einzelrichter oder durch Senate ausgeübt werden (siehe §§ 5 ff JN).   165

Der **Einzelrichter** ist immer ein Berufsrichter und in der Regel ein selbständiger Einzelrichter, dem die gesamte Gerichtsgewalt zukommt.

Ein unselbständiger Einzelrichter ist hingegen der **kommissarische Richter**. Als „beauftragter Richter" ist er Mitglied des erkennenden Senats, als „ersuchter Richter" Richter eines anderen (Bezirks-)Gerichts, der auf Ersuchen des erkennenden Gerichts Rechtshilfe leistet. Siehe dazu Rz 269.

Senate können nur mit Berufsrichtern oder mit Berufs- und Laienrichtern besetzt sein. Sie werden von einem Vorsitzenden geleitet. Sofern die Aufgabenverteilung zwischen Senat und Vorsitzendem nicht gesetzlich geregelt ist   166 (vgl § 37 GOG), verteilt der Vorsitzende die Geschäfte auf die Senatsmitglieder. Handelt der Vorsitzende allein, obwohl der gesamte Senat tätig sein müsste, so liegt ein relativer Nichtigkeitsgrund nach § 477 Abs 1 Z 2 ZPO vor (siehe unten Rz 172).

Die ZPO von 1895 sah die Senatsgerichtsbarkeit noch als Regelfall vor. Durch zahlreiche Novellierungen insb der JN ist jedoch heute – abgesehen von der Arbeits- und Sozialgerichtsbarkeit (siehe aber auch dort § 11a ASGG) – das Verfahren vor dem Einzelrichter in erster Instanz der weit überwiegende Regelfall. Dennoch geht der Gesetzeswortlaut der ZPO immer noch vom Senatsprozess (beim Gerichtshof) aus.

167 Über die **Beratung und Abstimmung** im Senat enthalten die §§ 9 bis 14 JN (und § 13 ASGG) nähere Bestimmungen. Daraus hervorzuheben ist, dass alle Senatsmitglieder an der Abstimmung teilnehmen müssen, alle Stimmen gleiches Gewicht haben und dass der Vorsitzende seine Stimme als Letzter abgibt.

B. Erste Instanz

168 Bei den **Bezirksgerichten** wird die Gerichtsbarkeit ausschließlich durch **Einzelrichter** ausgeübt (§ 5 JN).

169 Die **Landesgerichte** und das Handelsgericht Wien sind heute – entgegen der ursprünglichen Konzeption der ZPO – ebenfalls regelmäßig mit **Einzelrichtern** besetzt (§ 7a JN). Nur dann, wenn der Streitwert € 100.000 übersteigt und in der Klage oder in der Klagebeantwortung (und nur dort) ein Antrag auf Senatsbesetzung gestellt wird, verhandelt und entscheidet ein Zivilsenat (aus drei Berufsrichtern) bzw (in Handelssachen) ein Kausalsenat (aus zwei Berufsrichtern und einem fachmännischen Laienrichter).

Dies ist in der Praxis nur **äußerst selten** der Fall. Zur Illustration: 2007 fanden in Österreich nur 25 (!) Zivilprozesse (außerhalb der Arbeits- und Sozialgerichtsbarkeit) vor einem Senat statt (siehe *Mayr*, AnwBl 2009, 59). Es ist daher berechtigt, Überlegungen darüber anzustellen, ob in Zukunft die Senatsgerichtsbarkeit in erster Instanz noch (auf dem Papier) aufrechterhalten werden soll.
Die Senate des **Arbeits- und Sozialgerichts** Wien bzw eines Landesgerichts, das als Arbeits- und Sozialgericht tätig wird, sind aus einem vorsitzenden (Berufs-)Richter und zwei fachkundigen Laienrichtern (einem aus dem Kreis der Arbeitgeber und einem aus dem Kreis der Arbeitnehmer) zusammengesetzt (§ 11 Abs 1 ASGG). Näheres siehe bei Rz 1226 f.

C. Rechtsmittelinstanz

170 Werden die Landesgerichte (oder das Handelsgericht Wien) als Rechtsmittelinstanz tätig, so entscheiden sie – ebenso wie die Oberlandesgerichte – immer in **Senatsbesetzung**.

Eine (kleine) **Ausnahme** wurde durch das BBG 2011 eingeführt: Der Einzelrichter entscheidet auch über Rechtsmittel gegen Entscheidungen über die Gebühren der Sachverständigen und Dolmetscher (§ 8a JN).

Der **Zivilsenat** besteht aus drei Berufsrichtern, der **Kausalsenat** (in Handelssachen), der allerdings nur bei der Erledigung von Berufungen nach den §§ 480 bis 500 ZPO zum Einsatz kommt, aus zwei Berufsrichtern und einem fachmännischen Laienrichter (§§ 7, 8 JN).

In Arbeits- und Sozialrechtssachen entscheiden die Oberlandesgerichte in Senaten aus drei (Berufs-)Richtern und zwei fachkundigen Laienrichtern (§ 11 Abs 1 ASGG). Näheres siehe bei Rz 1227.

D. Oberster Gerichtshof

Im Normalfall entscheidet der OGH in einem einfachen Senat, der sich aus fünf (Berufs-)Richtern (Hofräten) zusammensetzt, von denen einer (der Senatspräsident) den Vorsitz führt (§ 6 OGHG). Dies gilt auch in Handelssachen (keine Laienbeteiligung!). In Arbeits- und Sozialrechtssachen ist der einfache Senat des OGH jedoch (ebenso wie beim OLG) mit drei Berufsrichtern und zwei fachkundigen Laienrichtern besetzt (§ 11 ASGG). 171

In gewissen (einfacheren) Sachen (insb bei Delegationen oder Ordinationen; siehe Rz 264 ff und 213 ff) kann der OGH in einem **Dreiersenat** (nur Berufsrichter) entscheiden (§ 7 OGHG).

Wenn die Entscheidung einer **Rechtsfrage von grundsätzlicher Bedeutung** ein Abgehen von der ständigen Rechtsprechung des OGH oder von der in dieser Rechtsfrage zuletzt ergangenen Entscheidung eines verstärkten Senats bedeuten würde oder wenn eine zu lösende Rechtsfrage von grundsätzlicher Bedeutung in der Rechtsprechung des OGH nicht einheitlich beantwortet worden ist, kann ein einfacher Senat des OGH beschließen, sich mit sechs weiteren Mitgliedern zu verstärken (**verstärkter Senat** nach § 8 OGHG).

In Arbeits- und Sozialrechtssachen besteht ein verstärkter Senat des OGH aus sieben Hofräten und vier fachkundigen Laienrichtern (§ 11 Abs 2 ASGG).

E. Sanktion

Grundsätzlich bildet es nach § 477 Abs 1 Z 2 ZPO einen Nichtigkeitsgrund, wenn das erkennende Gericht nicht vorschriftsmäßig besetzt war. Einerseits liegt gem § 477 Abs 3 ZPO dieser Nichtigkeitsgrund jedoch nicht vor, wenn anstelle des Einzelrichters ein Senat entschieden hat (also eine Überbesetzung vorliegt). Andererseits kann nach § 260 Abs 4 ZPO ein Verstoß gegen die §§ 7 bis 8 JN (und ein Verstoß gegen die Geschäftsverteilung – siehe unten Rz 175) schon dann nicht mehr geltend gemacht werden, wenn sich beide 172

Parteien rügelos in die mündliche Streitverhandlung eingelassen haben.

Eine Belehrungspflicht zugunsten der unvertretenen Parteien ist hier (anders als nach § 104 Abs 3 JN) nicht vorgesehen.

Es liegt somit ein (bloß) **relativer Nichtigkeitsgrund** vor, der kaum praktische Bedeutung hat.

173 Die Heilungsmöglichkeit nach § 260 Abs 4 ZPO gilt analog auch im Berufungsverfahren. Die unrichtige Besetzung des Berufungssenats begründet daher immer dann die Nichtigkeit der Berufungsentscheidung, wenn keine mündliche Berufungsverhandlung stattgefunden hat, weil die Parteien dann keine Gelegenheit hatten, den Mangel zu rügen. Die Nichtigkeit muss jedoch in der Revision geltend gemacht werden (wird also nicht von Amts wegen wahrgenommen).

Nicht geklärt ist allerdings, wann überhaupt ein heilbarer Besetzungsfehler im Sinne des Gesetzes vorliegt. Zum Teil wird die Ansicht vertreten, dass dies dann nicht der Fall ist, wenn der tätig gewordene Spruchkörper im Gesetz gar nicht vorgesehen ist (zB ein Berufsrichter und ein Laienrichter), während andere jede zahlenmäßig falsche Besetzung für heilbar halten. Auch die Abgrenzung zu einer gar nicht wirksamen (und daher auch nicht anfechtungsbedürftigen) „**Nichtentscheidung**" ist heikel. Wenn die Entscheidung von einer Person gefällt wurde, der keine Richtereigenschaft zukommt (zB von einem Rechtspraktikanten oder einem Richteramtsanwärter), handelt es sich wohl unstrittig um eine Nichtentscheidung. Wenn die Entscheidung (zB ein Urteil) jedoch von einem Rechtspfleger gefällt worden ist, der seinen Wirkungsbereich überschritten hat, nimmt die hM eine grundsätzlich wirksame, aber vernichtbare Entscheidung an (siehe oben Rz 151). Was gilt aber, wenn an einer Entscheidung ein Laienrichter beteiligt war, der gar nicht richtig bestellt worden ist oder dessen Bestellungsdauer bereits abgelaufen ist? Vgl auch Rz 950.

Siehe *Casebook* ZVerfR 27 ff, Fälle 5 bis 7.

V. Feste Geschäftsverteilung

Literatur: *Piska*, Das Prinzip der festen Geschäftsverteilung in der ordentlichen Gerichtsbarkeit (1995); *Schimanko*, Die Geltendmachung von Verstößen gegen die Geschäftsverteilung und ihrer Mängel nach Streiteinlassung, ÖJZ 2003, 361.

A. Begriff

174 Zur Verhinderung jeder Einflussnahme der Verwaltung (Politik) auf die Zuteilung der bei einem Gericht einlangenden Rechtssachen an die einzelnen Entscheidungsorgane dieses Gerichts (Einzelrichter, Senat oder Rechtspfleger) und damit auch zur Wahrung des Rechts auf den gesetzlichen Richter (Art 83 Abs 2 B-VG; siehe oben Rz 40 f) sieht Art 87 Abs 3 B-VG vor, dass die Rechtssachen im Voraus auf die Richter eines Gerichts zu verteilen sind. Diese **feste Geschäftsverteilung** nach allgemeinen Kriterien, wie zB dem Anfangsbuchstaben des Familiennamens der beklagten Partei, nach bestimmten Sachmaterien, nach geographischen Kriterien (zB Adresse des Bestandobjekts

98

in Bestandsachen) oder dem Rotationsprinzip (sog „Radl"), wird von den Personalsenaten der Gerichtshöfe jeweils für ein Geschäftsverteilungsjahr (das sich nunmehr nach der GOG-Novelle BGBl I 2013/119 mit dem Kalenderjahr deckt) beschlossen. Eine Rechtssache, die einem Richter nach der Geschäftsverteilung zufällt, darf ihm nur unter ganz bestimmten Voraussetzungen abgenommen werden. Sie hat dann ein anderer (ebenfalls in der Geschäftsverteilung vorgesehener) Richter (als Vertreter) zu übernehmen (Näheres siehe §§ 26 ff, 32 ff, 45 ff GOG).

B. Sanktion

Ein **Verstoß** gegen die Geschäftsverteilung wird von der hM (wie ein Besetzungsfehler) als Nichtigkeitsgrund nach § 477 Abs 1 Z 2 ZPO behandelt, der freilich nach der ausdrücklichen Bestimmung des § 260 Abs 4 ZPO nicht mehr geltend gemacht werden kann, wenn sich beide Parteien rügelos in die mündliche Streitverhandlung eingelassen haben (**relativer Nichtigkeitsgrund**). Siehe bereits oben Rz 172.

175

Vierter Teil:
Die Zuständigkeit der Gerichte

I. Allgemeines und Einteilung

176 **Zuständigkeit** bedeutet die Zugehörigkeit einer Rechtssache zum Geschäftskreis eines bestimmten Gerichts. Sie setzt voraus, dass die Rechtssache (im international zuständigen Gerichtsstaat) überhaupt von den (ordentlichen) Gerichten behandelt werden darf, dass also Zulässigkeit des (ordentlichen) Rechtswegs (Rz 102 ff) und (inländische) Gerichtsbarkeit (Rz 112 ff) gegeben sind. Bei der Bestimmung der Zuständigkeit geht es darum, aus der Vielzahl von Gerichten jenes herauszufinden, das für die Behandlung einer konkreten Rechtssache berufen ist.

177 Folgende **Arten der Zuständigkeit** sind zu unterscheiden:
▶ Die **internationale Zuständigkeit** verteilt die Behandlung von Rechtssachen mit Auslandsbezug auf die Gerichte der berührten Staaten (geregelt zB in § 27a, § 76 Abs 2 und 3, §§ 106 f, § 110, § 113b JN; ferner in der Brüssel I[a]-VO [und dem Übereinkommen von Lugano] sowie in der Brüssel IIa-VO ua). Es geht somit um die Bestimmung des **Gerichtsstaates**.
▶ Die **sachliche Zuständigkeit** verteilt die Rechtssachen auf die verschiedenen **Gerichtstypen** der ersten Instanz und zwischen „allgemeinen" Zivilgerichten und Kausalgerichten (§§ 49 bis 53 JN und § 104a JN).
▶ Die **örtliche Zuständigkeit** (§§ 65 ff und §§ 105 ff JN) verteilt die Rechtssachen unter den (örtlich verschiedenen, inländischen) Gerichten desselben Gerichtstyps (Bestimmung des **Gerichtsstands**).
▶ Bei der **individuellen Zuständigkeit** wird von vornherein ein ganz bestimmtes Gericht für sachlich und örtlich zuständig erklärt (zB § 76a, § 77 Abs 2, §§ 79 und 94 JN; § 252 Abs 2 ZPO), sodass sich die Frage der sachlichen und örtlichen Zuständigkeit erübrigt.
▶ Die **funktionelle Zuständigkeit** verteilt die verschiedenen Rechtspflegefunktionen in einer Rechtssache auf verschiedene Rechtspflegeorgane (also zB auf das LG als Erstgericht oder als Rechtsmittelgericht; auf das erkennende Gericht oder das Rechtshilfegericht; auf den Richter oder den Rechtspfleger).

178 Nach dem **Rechtsgrund**, auf dem die Zuständigkeit beruht, kann folgende Einteilung getroffen werden:
▶ **Gesetzliche** Zuständigkeiten ergeben sich **direkt** aus dem Gesetz (oder aus einer europäischen/völkerrechtlichen Rechtsquelle). Dies stellt den Normalfall dar (§§ 49 bis 103 und §§ 104a bis 122 JN; Art 5 ff EuGVVO bzw Art 7 ff EuGVVO neu).
▶ Eine **vereinbarte** Zuständigkeit beruht auf einer – gesetzlich zugelassenen – Vereinbarung der Parteien bzw auf der Unterlassung einer Zuständigkeitsrüge

(§ 104 Abs 1 bzw § 43 Abs 1 und § 104 Abs 3 JN; Art 23 f EuGVVO bzw Art 25 f EuGVVO neu).
▶ Eine **gerichtlich** bestimmte Zuständigkeit ergibt sich aus einer Gerichtsentscheidung (§ 28, §§ 30 ff, § 111 JN).

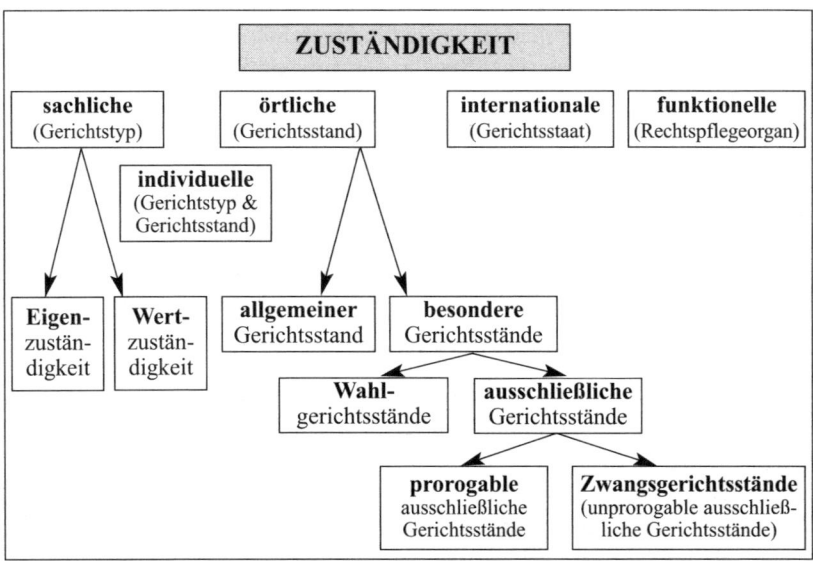

II. Die internationale Zuständigkeit

Literatur: *Burgstaller/Neumayr*, Beobachtungen zu Grenzfragen der internationalen Zuständigkeit, in FS Schlosser (2005) 119; *Fucik*, Europäisches und internationales Zivilverfahrensrecht. Ein Wegweiser, RZ 2011, 28; *Heiss*, Die Form internationaler Gerichtsstandsvereinbarungen, ZfRV 2000, 202; *Heiss/Mayr*, Neuerungen im österreichischen internationalen Verfahrens- und Vertragsrecht, IPRax 1999, 305; *Matscher*, Die Neuregelung der inländischen Gerichtsbarkeit durch die WGN 1997, JBl 1998, 488; *Mayr*, Die Reform des internationalen Zivilprozessrechts in Österreich, JBl 2001, 144; *derselbe*, Österreichisches Zivilprozessrecht unter europäischem Einfluss, in: Jahrbuch Zivilverfahrensrecht 2011, 151; *Mosser*, Rechtsprechung zum internationalen Zivilverfahrensrecht 2010/11, ÖJZ 2012/119, 1045; *Oberhammer*, Internationale Gerichtsstandsvereinbarungen: Konkurrierende oder ausschließliche Zuständigkeit? JBl 1997, 434; *Simotta*, Die Neuregelung der internationalen Zuständigkeit durch die Wertgrenzen-Novelle 1997, in FS Schütze (1999) 831.

A. Allgemeines

Bereits im Kapitel über die inländische Gerichtsbarkeit (Rz 112 ff) ist darauf hingewiesen worden, dass der österreichische Gesetzgeber (aus histori-   179 schen Gründen) den Ausdruck „internationale Zuständigkeit" (leider) nicht verwendet, sondern generell nur von „inländischer Gerichtsbarkeit" spricht. Dennoch muss klar zwischen diesen beiden Verfahrensvoraussetzungen unterschieden werden.

Bei der „**inländischen Gerichtsbarkeit**" geht es darum, ob Gerichtsbarkeit – wegen des möglichen Vorliegens einer völkerrechtlichen Immunität – ausgeübt werden darf oder nicht. Die Regeln der **internationalen Zuständigkeit** bestimmen hingegen in Fällen mit Auslandsberührung, welcher der betroffenen Staaten die Gerichtsbarkeit auszuüben hat.

Beispiel: Eine österreichische Staatsbürgerin mit gewöhnlichem Aufenthalt in Österreich brachte 1999 bei einem österreichischen Bezirksgericht eine Klage ua gegen den regierenden Fürsten von Liechtenstein ein, mit der sie die Feststellung begehrte, dass der vorverstorbene Fürst von Liechtenstein ihr leiblicher Vater sei. Die internationale Zuständigkeit der österreichischen Gerichte war aufgrund der einschlägigen Vorschriften (damals § 76c JN) zwar gegeben, aufgrund der völkerrechtlichen Immunität fehlte es jedoch – wie letztlich der OGH (7 Ob 316/00x SZ 74/20 = JBl 2001, 790) feststellte – an der inländischen Gerichtsbarkeit (siehe auch Rz 120).

180   Die Bestimmungen über die internationale Zuständigkeit dienen also der Abgrenzung und der Verteilung der Rechtsprechungstätigkeit zwischen mehreren betroffenen Staaten.

Beispiele: Ein türkischer Hersteller fordert von einem österreichischen Teppichhändler den Kaufpreis für gelieferte Teppiche. Ein österreichischer Konsument möchte einen französischen Weinhändler auf Lieferung eines mängelfreien Jahrgangsweines klagen. Der deutsche Eigentümer eines Ferienappartements in Kitzbühel streitet mit einem russischen Gast über die Höhe der Miete. Eine österreichische Juristin hat in Brüssel einen italienischen Kollegen geheiratet, möchte sich aber jetzt nach der Rückkehr in ihre alte Heimat von ihm scheiden lassen.
In allen diesen Fällen mit Auslandsbezug stellt sich die Frage, welcher der betroffenen Staaten für die Ausübung der Gerichtsbarkeit zuständig ist. Wenn sich die Gerichte mehrerer Staaten für zuständig erklären, drohen Probleme bei der Anerkennung und/oder Vollstreckung der erzielten Entscheidungen im jeweils anderen Staat. Erachten sich hingegen die Gerichte aller betroffenen Staaten für unzuständig, droht für die Parteien überhaupt ein Rechtsschutzverlust.

Die internationale Zuständigkeit regelt (nur), ob **die österreichischen Gerichte** (in ihrer Gesamtheit) für die Entscheidung der Rechtssache zuständig sind, die Vorschriften über die sachliche und örtliche Zuständigkeit legen dann fest, welches Gericht innerhalb Österreichs konkret zuständig ist.

181   Innerhalb der völkerrechtlichen Grenzen der (inländischen) Gerichtsbarkeit steht es jedem Staat grundsätzlich frei, die Grenzen der Entscheidungsbefugnis seiner Gerichte in seinem **eigenen Recht autonom** festzulegen.

Diese Abgrenzung ist freilich im internationalen Kontext nicht einfach zu treffen. Es ist nämlich weder sinnvoll, wenn sich ein Staat für alle Rechtsstreitigkeiten der Welt für zuständig erklärt: Die inländischen Gerichte würden mit Rechtsstreiten überlastet, zu denen kein oder nur ein sehr geringer Nahebezug gegeben ist, und die erzielten Entscheidungen überdies im Ausland nicht anerkannt. Noch ist es sinnvoll, wenn die

102

Entscheidungsbefugnis der eigenen Gerichte allzu restriktiv gezogen wird: Der Rechtsschutz der eigenen Bevölkerung würde leiden.

Die rein nationale Grenzziehung der Zuständigkeit durch die einzelnen Staaten selbst kann freilich einerseits zu Überschneidungen und Doppelgleisigkeiten der nationalen Rechtsprechungen sowie andererseits zu Rechtsschutzdefiziten führen. Am besten wäre es daher, die internationale Zuständigkeit der einzelnen Staaten durch „übernationale" Rechtsakte aufeinander abzustimmen und zu koordinieren. Dies kann entweder durch (bi- oder multilaterale) **völkerrechtliche Verträge** oder (neuerdings) durch **Rechtsakte der Europäischen Union** erfolgen. Soweit solche Rechtsakte bestehen, gehen sie dem nationalen Recht **vor** und verdrängen es (vgl etwa die Klarstellungen in § 27a Abs 2 JN, § 109a JN nF, § 9 Abs 3 ASGG, §§ 100 und 116 AußStrG, § 86 Abs 1 EO).

Eine Abstimmung zwischen konkurrierenden völkerrechtlichen und europarechtlichen Rechtsquellen erfolgt jeweils in diesen Rechtsquellen selbst. Vgl etwa Art 67 ff EuGVVO oder Art 59 ff EuEheKindVO.

B. Völkerrecht

Literatur: *Bajons/Mayr/Zeiler* (Hrsg), Die Übereinkommen von Brüssel und Lugano (1997); *Czernich/Tiefenthaler*, Neue Aspekte im internationalen Verfahrensrecht durch den Beitritt Österreichs zum EuGVÜ, JBl 1998, 745; *Dellafior/Götz Staehelin*, Überblick über die wichtigsten Änderungen des Lugano-Übereinkommens, SJZ 2008, 105; *Lechner/Mayr*, Das Übereinkommen von Lugano (1996); *Mayr*, EuGVÜ und LGVÜ (2001); *Mayr/Lechner*, Das Zuständigkeits- und Vollstreckungsübereinkommen von Lugano, LJZ 1997, 17; *Nademleinsky/Neumayr*, Internationales Familienrecht (2007); *Neumayr*, EuGVÜ – LGVÜ. Österreich und die europäischen Zuständigkeits- und Vollstreckungsübereinkommen (1999); *Schütz*, Zwischenstaatliche Vereinbarungen, die für Familienrichter bedeutsam sein könnten, RZ 2005, 234; *Wagner/Janzen*, Das Lugano-Übereinkommen vom 30. 10. 2007, IPRax 2010, 298.

Völkerrechtliche Regelungen der internationalen Zuständigkeit bestehen insb im Bereich des **Transportrechts** (siehe insb das Übereinkommen vom 19. 5. 1956 über den Beförderungsvertrag im internationalen Straßengüterverkehr [CMR], BGBl 1961/138) und im Bereich des **Familienrechts** (siehe etwa das Haager Kinderschutzübereinkommen [KSÜ], BGBl III 2011/49, das Haager Erwachsenenschutzübereinkommen [HESÜ], BGBl III 2013/■, oder das Haager Unterhaltsübereinkommen [HUÜ]). 182

Auch das sog **Übereinkommen von Lugano** (LGVÜ oder auch LugÜ) über die gerichtliche Zuständigkeit und die Vollstreckung gerichtlicher Entscheidungen in Zivil- und Handelssachen stellt einen völkerrechtlichen Vertrag dar, der 1988 (in Lugano) unterzeichnet und nachfolgend von allen (damaligen) EG- und EFTA-Mitgliedstaaten ratifiziert worden ist (dazu näher *Mayr*, EuZPR Rz I/145 ff). Inhaltlich handelt(e) es sich um ein **Parallelübereinkom-** 183

men zu dem – ebenfalls noch auf völkerrechtlicher Basis zwischen den EG-Staaten abgeschlossenen – **Brüsseler Übereinkommen** (EuGVÜ von 1968), durch das die Anwendung der Regelungen des EuGVÜ (weitestgehend unverändert) auch auf Vertragsstaaten außerhalb der EG (nämlich die Schweiz, Norwegen und Island) ausgedehnt worden ist.

Die Ratifikation des LGVÜ durch Österreich (BGBl 1996/448) zum 1. 9. 1996 hatte für uns eine **große Bedeutung**, weil sie eine Öffnung des österreichischen Rechtsraums für das europäische Zuständigkeitsrecht bedeutete und das „Europäische Zivilprozessrecht" damit auch in Österreich seinen Siegeszug antreten konnte.

184   Am 30. 10. 2007 ist in der Folge ein **neues Übereinkommen von Lugano** (LGVÜ 2007) unterzeichnet worden (ABl L 2007/339, 3), das wieder eine inhaltliche Parallelität zur „europäischen" Rechtslage hergestellt hat. Im Bereich der EU war nämlich zwischenzeitlich das Brüsseler Übereinkommen mit 1. 3. 2002 durch eine EU-Verordnung (sog Brüssel I-VO oder EuGVVO) abgelöst worden (dazu Rz 24 und unten Rz 186 ff). Das (neue) **LGVÜ 2007** ist am 1. 1. 2010 in den EU-Mitgliedstaaten gegenüber **Norwegen**, am 1. 1. 2011 gegenüber der **Schweiz** und am 1. 5. 2011 gegenüber **Island** in Kraft getreten, sodass das alte Übereinkommen verdrängt worden ist (siehe bereits oben Rz 57) Die Weiterentwicklung des europäischen Zuständigkeitsrechts durch die Brüssel Ia-VO (siehe unten Rz 186) wird allerdings in absehbarer Zeit wieder eine Revision des Luganer Übereinkommens erforderlich machen.

Da das Übereinkommen von Lugano weitgehend mit der europäischen Rechtslage übereinstimmt und außerdem nur einen eingeschränkten geographischen Anwendungsbereich hat (für Österreich insb im Verhältnis zur Schweiz), wird das LGVÜ nachfolgend nicht mehr speziell hervorgehoben.

C. Europäisches Recht

Literatur: Siehe bereits oben Rz 26 und vor Rz 55.

1. Allgemeines

185   Auf der Grundlage des Art 61 lit c iVm Art 65 EGV bzw (nunmehr seit dem 1. 12. 2009) des Art 81 AEUV hat der europäische Gesetzgeber eine Reihe von Rechtsakten im Bereich der justiziellen Zusammenarbeit in Zivilsachen erlassen, die – soweit es sich um europäische Verordnungen handelt – in den Mitgliedstaaten (mit Ausnahme von Dänemark) unmittelbar (ohne nationale Umsetzung) anzuwenden sind (siehe bereits Rz 24 und 55 ff). Insb die **EuGVVO** (oder Brüssel I-VO; siehe unten Rz 187 ff) und die **EuEheKindVO** (oder Brüssel IIa-VO; siehe unten Rz 204 f), aber auch die **EuUnterhaltsVO** (siehe unten Rz 206 f) und die **EuErbrechtsVO** (siehe unten Rz 208 f), regeln (ua) die internationale (und zum Teil auch die örtliche) Zuständigkeit in den Mitgliedstaaten.

Die (internationale) Zuständigkeit für die Durchführung eines europäischen Mahnverfahrens (siehe Rz 702 ff) und eines europäischen Bagatellverfahrens (siehe Rz 986 ff) richtet sich (grundsätzlich) nach den Regeln der EuGVVO.

Die genannten Rechtsquellen sind (als Verordnungen der EG/EU) bereits im Erkenntnisverfahren **unmittelbar anzuwenden** und **verdrängen** innerhalb ihres Anwendungsbereichs entgegenstehendes nationales Recht (in Österreich also insb die Regelungen der JN). Es ist daher sehr wichtig zu unterscheiden, in welchen Fällen „europäisches Recht" (einschließlich des LGVÜ) und wann (noch) nationales österreichisches Recht zur Anwendung kommt (siehe das Prüfungsschema auf Seite 108).   186

Das **europäische Zivilprozessrecht** hat sich innerhalb kürzester Zeit zu einem großen und wichtigen Rechtsbereich entwickelt, der im Rahmen dieses Studienbuches keineswegs umfassend, sondern nur in seinen wesentlichsten Einwirkungen auf das österreichische Recht dargestellt werden kann. Es muss daher insb auf das (spezielle) Studienbuch über das europäische Zivilprozessrecht von *Mayr* (facultas.wuv 2011) und auf die oben sowie in Rz 26 angeführte Spezialliteratur verwiesen werden.

2. Die Brüssel I(a)-VO (EuGVVO)

Literatur siehe bei *Mayr*, EuZPR Rz II/4 ff sowie zwischenzeitlich etwa *Anzenberger*, Zur Wirksamkeit fremdsprachiger Gerichtsstandsvereinbarungen nach § 104 JN und Art 23 EuGVVO, in *Clavora/Garber* (Hrsg), Sprache und Zivilverfahrensrecht (2013) 71; *Garber*, Die Stellung des Verbrauchers im Europäischen Zivilprozessrecht. Ein Vergleich zwischen EuGVVO, EuVTVO, EuMahnVO und EuBagatellVO, ÖJZ 2011/22, 197; *derselbe*, Die internationale Zuständigkeit für Klagen aufgrund einer Persönlichkeitsrechtsverletzung im Internet, ÖJZ 2012/13, 108; *Garber/Neumayr*, Der Verbraucher im europäischen Zivilverfahrensrecht – aktuelle Entwicklungen und Entscheidungen, in: Jahrbuch Zivilverfahrensrecht 2011, 125; *Geimer*, Bemerkungen zur Brüssel I-Reform, in FS Simotta (2012) 163; *Harb*, Zum Schutz des Verbrauchers nach Art 15-17 EuGVVO, in *Clavora/Garber* (Hrsg), Die Rechtsstellung von wirtschaftlich, sozial und gesellschaftlich Benachteiligten im Zivilverfahren (2012) 47; *Hauser*, Brüssel I-VO reloaded. Torpedoschutz für Schiedsverfahren? ecolex 2013, 526; *Mayr*, Ausgewählte Zuständigkeitsfragen der (neuen) Brüssel I-Verordnung, in *König/Mayr* (Hrsg), Europäisches Zivilverfahrensrecht in Österreich III (2012) 31; *Nemeth*, Kollisionsrechtlicher Verbraucherschutz. Wann stellt ein Auftritt im Internet ein Ausrichten iSd Art 15 Abs 1 lit c Brüssel I-VO dar? ZfRV 2012/15, 122; *dieselbe*, Internationaler Verbrauchergerichtsstand bei Webauftritt: Unternehmen, seid gewarnt! Zak 2013/45, 31; *Oberhammer*, Schwerpunkt: Reform der Brüssel I-Verordnung (EuGVVO), in: Jahrbuch Zivilverfahrensrecht 2010, 65; *Pohl*, Die Neufassung der EuGVVO – im Spannungsfeld zwischen Vertrauen und Kontrolle, IPRax 2013, 109; *Schnichels,* Die Entwicklung des europäischen Zivilprozessrechts im Bereich der EuGVVO im Jahr 2011, EuZW 2012, 812; *A. Simotta*, Die Revision der EuGVVO – Ein Überblick, in FS Simotta (2012) 527; *dieselbe*, Die Rechtsstellung des Konsumenten bei Gewinnzusagen nach Art 15 ff EuGVVO, in *Clavora/Garber* (Hrsg), Die Rechtsstellung von wirtschaftlich, sozial und gesellschaftlich Benachteiligten im Zivilverfahren (2012) 77; *Slonina*, Erfolgsgerichtstand nach Art 5 Nr 3 EuGVVO bei Persönlichkeitsrechtsverletzungen im Internet (auch) am Mittelpunkt der Interessen des Opfers, ÖJZ 2012/8,

61; *Sujecki*, Die Entwicklung des europäischen Privat- und Zivilprozessrechts im Jahr 2012, EuZW 2013, 408; *Tscherner*, Der Gerichtsstand des entsandten Arbeitnehmers am vorübergehenden Arbeitsort, in *Clavora/Garber* (Hrsg), Die Rechtsstellung von wirtschaftlich, sozial und gesellschaftlich Benachteiligten im Zivilverfahren (2012) 157; *von Hein*, Die Neufassung der Europäischen Gerichtsstands- und Vollstreckungsverordnung (EuGVVO), RIW 2013, 97; *Wittwer*, EuGH-Rechtsprechung zur EuGVVO aus den Jahren 2009 und 2010, ZEuP 2011, 636.

a. Rechtsquelle

187   Die VO (EG) Nr 44/2001 vom 22. 12. 2000 über die gerichtliche Zuständigkeit und die Anerkennung und Vollstreckung von Entscheidungen in Zivil- und Handelssachen (ABl L 2001/12, 1; EuGVVO oder Brüssel I-VO) ist kürzlich – nach langen Vorarbeiten – durch die VO (EU) Nr 1215/2012 vom 12. 12. 2012 (ABl L 2012/351, 1) reformiert worden (siehe bereits oben Rz 24). Da diese Neufassung (EuGVVO neu oder Brüssel Ia-VO) iW jedoch erst ab dem 10. 1. 2015 anzuwenden sein wird (siehe Art 81 EuGVVO neu), werden im Folgenden – soweit relevante Unterschiede bestehen – beide Fassungen dargestellt.

b. Anwendungsbereich

188   Der **sachliche Anwendungsbereich** der EuGVVO umfasst gem Art 1 Abs 1 „Zivil- und Handelssachen" ohne Rücksicht auf die „Art der Gerichtsbarkeit". Welche Verfahrensart nach innerstaatlichem Recht zur Anwendung kommt – etwa ein „klassischer" Zivilprozess oder ein außerstreitiges oder ein arbeitsgerichtliches Verfahren etc –, ist somit irrelevant.

Was unter **„Zivil- und Handelssachen"** – im Unterschied zu den in Abs 1 erwähnten „verwaltungsrechtlichen Angelegenheiten" – zu verstehen ist, muss (verordnungs-)autonom, also ohne Rückgriff auf das nationale Begriffsverständnis, ermittelt werden. Entscheidendes Abgrenzungskriterium ist nach der Rsp des EuGH, ob der Rechtsstreit im Zusammenhang mit der Ausübung hoheitlicher Befugnisse steht oder nicht.

Im Abs 2 des Art 1 EuGVVO werden einige Rechtsgebiete ausdrücklich vom Anwendungsbereich **ausgeschlossen**. Es handelt sich insb um Personenstandsrecht, eheliches (partnerschaftsrechtliches) Güterrecht und Erbrecht, Insolvenzsachen, um „die soziale Sicherheit" und um die Schiedsgerichtsbarkeit.

Der Ausschluss der Schiedsgerichtsbarkeit war bei der Reform der EuGVVO heftig diskutiert worden, letztlich blieb es jedoch iW bei der bisherigen Rechtslage. Siehe etwa jüngst *Hauser*, ecolex 2013, 526.

189   Die Brüssel I-VO gilt in **allen Mitgliedstaaten** der Europäischen Union mit Ausnahme von Dänemark. Sie ist auf alle Klagen (und öffentliche Urkunden) anzuwenden, die nach dem jeweiligen Inkrafttretenszeitpunkt im betreffenden Mitgliedstaat erhoben (oder aufgenommen) worden sind.

106

Die EuGVVO ist am **1. 3. 2002** in allen damaligen Mitgliedstaaten der EG (also auch in Österreich) mit Ausnahme von Dänemark in Kraft getreten (Art 76 EuGVVO) und hat gleichzeitig das Brüsseler Übereinkommen (und zahlreiche bilaterale Abkommen) abgelöst (Art 68 und 69 EuGVVO).

Seit dem 1. 5. 2004 gilt die EuGVVO (als sekundäres Gemeinschaftsrecht) in den zehn damals neu beigetretenen Mitgliedstaaten der EU, seit dem 1. 1. 2007 steht sie auch im Verhältnis zu Bulgarien und Rumänien und seit dem 1. 7. 2013 im Verhältnis zum neuen Mitgliedstaat Kroatien in Kraft.

Die **Brüssel Ia-VO** ist bereits formell in Kraft getreten, sie gilt iW aber erst ab dem **10. 1. 2015** (Art 81 EuGVVO neu).

Gegenüber **Dänemark** gilt (zwar nicht die EuGVVO, aber) seit dem 1. 7. 2007 ein (völkerrechtliches) Abkommen zwischen der EG und dem Königreich Dänemark (ABl L 2005/299, 62), mit dem der räumliche Anwendungsbereich der EuGVVO auf Dänemark ausgedehnt worden ist. Diese Ausdehnung wird auch für die neue Brüssel Ia-VO gelten (siehe ABl L 2013/79, 4).

Nach hM ist die EuGVVO (und das LGVÜ) nur dann anzuwenden, wenn der Fall aus der Sicht des einzelnen Mitgliedstaates (oder Vertragsstaates) eine **Auslandsbeziehung** aufweist. Reine Binnensachverhalte (ohne jeglichen Auslandsbezug) werden von der EuGVVO nicht erfasst. Die Art des notwendigen Auslandsbezugs wird allerdings nicht einheitlich bestimmt, sondern muss im konkreten Fall der **jeweiligen Zuständigkeitsnorm** entnommen werden. So ist der ausschließliche (Zwangs-)Gerichtsstand des Art 22 EuGVVO (bzw Art 24 EuGVVO neu) bei einem Anknüpfungspunkt in einem Mitgliedstaat unabhängig vom Wohnsitz der Parteien anzuwenden. Für die Anwendung des Art 23 EuGVVO über die Gerichtsstandsvereinbarung wird bisher vorausgesetzt, dass eine der Parteien ihren (Wohn-)Sitz in einem Mitgliedstaat hat und ein Gericht (oder die Gerichte) eines anderen Mitgliedstaates als zuständig vereinbart worden ist (sind). In der Neufassung der EuGVVO spielt der Wohnsitz der Parteien keine Rolle mehr (siehe Art 25 EuGVVO neu). Für die Anwendung der Wahlgerichtsstände nach Art 5 und 6 EuGVVO (bzw Art 7 und 8 EuGVVO neu) ist es erforderlich, dass eine Person mit (Wohn-) Sitz in einem Mitgliedstaat in einem anderen Mitgliedstaat geklagt werden soll. 190

Beispiele: Die (internationale) Zuständigkeit für eine Bestandstreitigkeit über eine in Wien gelegene Wohnung richtet sich auch dann nach Art 22 Abs 1 EuGVVO (Art 24 Abs 1 EuGVVO neu), wenn der Kläger aus Japan und der Beklagte aus China kommt.

Die Zulässigkeit einer Gerichtsstandsvereinbarung einer türkischen Partei mit einer russischen Partei auf ein österreichisches Gericht ist derzeit nach österreichischem Recht (§ 104 JN) zu beurteilen, jene eines Türken mit einem Griechen auf ein österreichisches Gericht hingegen nach Art 23 EuGVVO. In Hinkunft wird freilich auch die erstgenannte Gerichtsstandsvereinbarung von zwei Drittstaatlern auf ein österreichisches Gericht nach europäischem Recht zu beurteilen sein (Art 25 EuGVVO neu).

Eine in Deutschland wohnhafte Person kann bei einem Unfall in Österreich aufgrund des Deliktsgerichtsstands des Art 5 Nr 3 EuGVVO geklagt werden, wird hingegen ein Amerikaner aus einem Unfall geklagt, beurteilt das österreichische Gericht seine Zuständigkeit nach österreichischem Recht (§ 92a JN).

Siehe auch *Casebook* ZVerfR 19, Fall 2.

Prüfungsschema der Anwendbarkeit der EuGVVO 2001

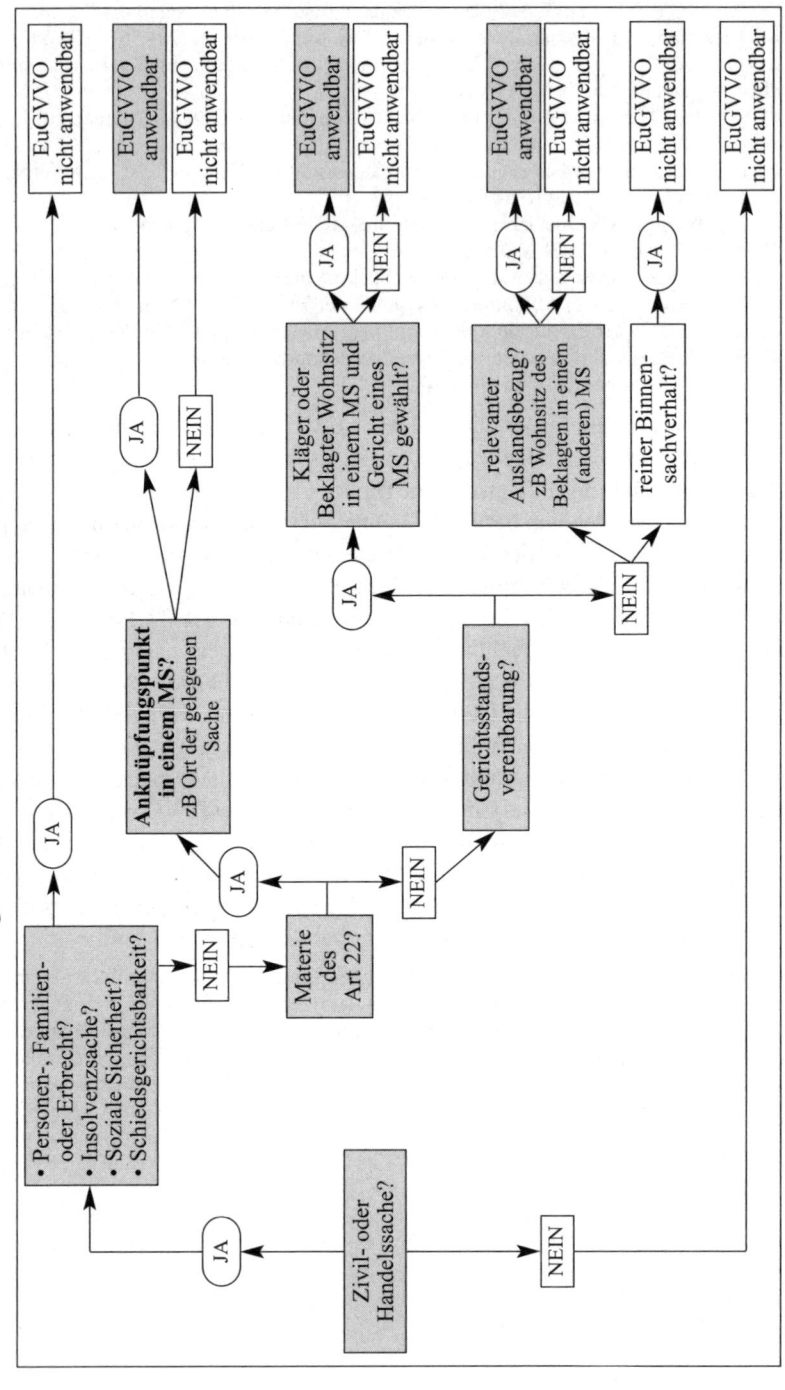

c. Zuständigkeitsregelung

Die **Grundregel** findet sich in Art 2 Abs 1 EuGVVO (bzw Art 4 Abs 1 EuGVVO neu). Danach sind Personen, die ihren Wohnsitz im Hoheitsgebiet eines Mitgliedstaates haben, vor den Gerichten dieses Mitgliedstaates zu klagen (*actor sequitur forum rei*). Die Zuständigkeit richtet sich also grundsätzlich nach dem Beklagtenwohnsitz(staat). 191

Es wird hier nur die internationale Zuständigkeit des Wohnsitzstaates des Beklagten angeordnet. Die sachliche und örtliche Zuständigkeit richtet sich nach dem nationalen Recht.

Maßgeblich ist (nur) der **Wohnsitz** (nicht auch der gewöhnliche Aufenthalt); die Staatsbürgerschaft spielt keine Rolle. Für die Bestimmung des Wohnsitzes im Gerichtsstaat wendet das Gericht sein eigenes Recht an (Art 59 Abs 1 EuGVVO bzw Art 62 Abs 1 EuGVVO neu), in Österreich also § 66 Abs 1 JN (siehe Rz 232). Bei Gesellschaften und juristischen Personen gilt der (nach Art 60 EuGVVO bzw Art 63 EuGVVO neu zu bestimmende) **Sitz** als Wohnsitz.

Außerhalb seines Wohnsitzmitgliedstaates kann ein Beklagter nur dann geklagt werden, wenn **besondere Zuständigkeitsregelungen** der Brüssel I(a)-VO dies ausdrücklich vorsehen (Art 3 Abs 1 EuGVVO bzw Art 5 Abs 1 EuGVVO neu). Eine Person, die keinen Wohnsitz in einem Mitgliedstaat hat, kann hingegen (grundsätzlich) nach den nationalen (und mitunter auch exorbitanten – siehe Rz 251 f) Zuständigkeitsregeln geklagt werden (Art 4 EuGVVO bzw Art 6 EuGVVO neu). 192

Beispiel: Ein Algerier mit Wohnsitz in Frankreich kann vor den österreichischen Gerichten nur nach den Bestimmungen der EuGVVO geklagt werden. Wohnt der Algerier hingegen in Algier, so richtet sich die (internationale) Zuständigkeit der österreichischen Gerichte (grundsätzlich) nach österreichischem Recht, er kann daher zB aufgrund des Gerichtsstands des Vermögens (§ 99 JN) in Österreich geklagt werden.

Die **besonderen Zuständigkeiten** der Art 5 ff EuGVVO (Art 7 ff EuGVVO neu) sind nach ihrem Gewicht und ihrer **Wertigkeit** folgendermaßen einzuteilen: 193

Die **ausschließlichen Zuständigkeiten** des Art 22 EuGVVO (Art 24 EuGVVO neu) genießen absoluten Vorrang vor allen anderen Zuständigkeiten. Sie können weder durch eine Gerichtsstandsvereinbarung geändert noch durch eine rügelose Einlassung begründet werden. Nach österreichischer Terminologie handelt es sich daher um „Zwangsgerichtsstände" (siehe Rz 229).

Danach sind etwa für dingliche Klagen und für Bestandstreitigkeiten die Gerichte jenes Mitgliedstaates ausschließlich zuständig, in dem die unbewegliche Sache liegt; für gesellschaftsrechtliche Streitigkeiten die Gerichte des Sitzstaates der Gesellschaft oder für exekutionsrechtliche Klagen der Mitgliedstaat, in dem die Zwangsvollstreckung durchgeführt wird.

In allen anderen Fällen kann die Unzuständigkeit des angerufenen Gerichts durch eine **rügelose Einlassung** der beklagten Partei geheilt (Art 24 EuGVVO bzw Art 26 Abs 1 EuGVVO neu) und auf diese Weise die Zuständigkeit des 194 angerufenen Gerichts begründet werden (siehe Rz 282). Der neu eingefügte Art 26 Abs 2 EuGVVO neu sieht in Zukunft allerdings eine vorherige Belehrungspflicht des beklagten Versicherungsnehmers, Verbrauchers oder Arbeitnehmers über die Möglichkeit einer Unzuständigkeitseinrede vor.

195   Ferner sind nach Art 23 EuGVVO (Art 25 EuGVVO neu) **Vereinbarungen** der Parteien über die Zuständigkeit zulässig. Es müssen jedoch gewisse Form- und Bestimmtheitserfordernisse eingehalten werden. Gerichtsstandsvereinbarungen sind außerdem unwirksam, wenn sie den Schutzbestimmungen in Versicherungs- und Verbrauchersachen oder in arbeitsrechtlichen Streitigkeiten zuwiderlaufen oder – wie soeben erwähnt – gegen ausschließliche Zuständigkeiten verstoßen (Art 23 Abs 5 EuGVVO bzw Art 25 Abs 4 EuGVVO neu).

196   Für **Versicherungssachen, Verbrauchersachen** und für Streitigkeiten aus individuellen **Arbeitsverträgen** bestehen besondere **Schutzvorschriften** zugunsten der typischerweise schwächeren Partei (siehe Art 8 ff, 15 ff und 18 ff EuGVVO bzw Art 10 ff, 17 ff und 20 ff EuGVVO neu): Der Versicherungsnehmer, Versicherte oder Begünstigte sowie der Verbraucher und der Arbeitnehmer dürfen nur vor den Gerichten ihres Wohnsitzmitgliedstaates geklagt werden. Diese Personen können hingegen ihrerseits eine Klage gegen den Versicherer oder den Vertragspartner des Verbrauchers oder den Arbeitgeber auch vor dem Gericht des Ortes einbringen, an dem der Kläger seinen Wohnsitz hat bzw an dem der Arbeitnehmer gewöhnlich seine Arbeit verrichtet oder zuletzt verrichtet hat. Abweichende Gerichtsstandsvereinbarungen sind nur eingeschränkt zulässig, insb dann, wenn die Streitigkeit bereits entstanden ist.

Beispiel: Ein österreichischer Verbraucher hat aufgrund einer Werbung in einer österreichischen Tageszeitung bei einem deutschen Reisebüro eine Pauschalreise gebucht. Wenn die vereinbarten Leistungen nicht erbracht wurden, kann er eine Klage auf Preisminderung in Österreich bei seinem Wohnsitzgericht einbringen.

Die **Brüssel Ia-VO** erweitert hier den räumlich-persönlichen Anwendungsbereich auf Klagen des Verbrauchers bzw Arbeitnehmers gegen einen Unternehmer bzw Arbeitgeber aus einem Drittstaat, der in Hinkunft (auch) am Wohnsitz des EU-Verbrauchers (Art 18 Abs 1 EuGVVO neu) bzw am gewöhnlichen Arbeitsort oder am Ort der einstellenden Niederlassung in einem Mitgliedstaat (Art 21 Abs 2 EuGVVO neu) geklagt werden kann.

197   Schließlich stellt die Brüssel I(a)-VO in den Art 5 und 6 (bzw 7 und 8) dem Kläger noch eine Reihe von **Wahlgerichtsständen** zur Auswahl, mit denen er die allgemeine Zuständigkeit des Wohnsitzstaates des Beklagten vermeiden kann. Bei diesen Gerichtsständen wird nicht nur die internationale Zuständigkeit, sondern gleichzeitig **auch die örtliche Zuständigkeit** festgelegt. Hervorzuheben sind insb:

198   • Der **Gerichtsstand des Erfüllungsortes** für Vertragsklagen (Art 5 Nr 1 EuGVVO bzw Art 7 Nr 1 EuGVVO neu) ist der praktisch bedeutsamste, aber leider auch komplizierteste und mit zahllosen Streitfragen belastete

110

Wahlgerichtsstand. Hier kann nur die Grundregel kurz vorgestellt werden, welche lautet:

Bilden ein **Vertrag** oder Ansprüche aus einem Vertrag den Gegenstand des Verfahrens, so kann die Klage auch vor dem Gericht des Erfüllungsortes erhoben werden. Für die **Bestimmung des Erfüllungsortes** ist in erster Linie die Vereinbarung der Parteien maßgeblich. Besteht keine Vereinbarung, so ist zu unterscheiden:

- Beim **Verkauf beweglicher Sachen** ist Erfüllungsort der Ort in einem Mitgliedstaat, an dem sie nach dem Vertrag geliefert worden sind oder hätten geliefert werden müssen. Ebenso ist bei der **Erbringung von Dienstleistungen** jener Ort in einem Mitgliedstaat Erfüllungsort, an dem sie nach dem Vertrag erbracht worden sind oder hätten erbracht werden sollen (Art 5 Nr 1 lit b EuGVVO bzw Art 7 Nr 1 lit b EuGVVO neu).

- Bei allen **anderen Arten von Verträgen** oder wenn der Erfüllungsort bei einem Kaufvertrag über eine bewegliche Sache oder bei einem Dienstleistungsvertrag nicht in einem Mitgliedstaat liegt, wird der Erfüllungsort nach der *lex causae* bestimmt, dh nach dem materiellen Recht, das nach dem Internationalen Privatrecht des mit dem Rechtsstreit befassten Gerichts für die streitige Verpflichtung maßgebend ist (Art 5 Nr 1 lit a und lit c EuGVVO bzw Art 7 Nr 1 lit a und lit c EuGVVO neu).

Vgl *Casebook* ZVerfR 22, Fall 3.

- Der **Gerichtsstand für Unterhaltssachen** (Art 5 Nr 2 EuGVVO) ist durch die Eu-   199 UnterhaltsVO verdrängt worden (siehe unten Rz 206 f). In der Brüssel Ia-VO ist er daher nicht mehr vorgesehen.

- Der **Gerichtsstand für Deliktsklagen** (Art 5 Nr 3 EuGVVO bzw Art 7   200 Nr 2 EuGVVO neu) kann vom Kläger gewählt werden, wenn eine unerlaubte (oder gleichgestellte) Handlung oder Ansprüche aus solchen Handlungen den Gegenstand des Verfahrens bilden. Maßgeblich ist der Ort, „an dem das schädigende Ereignis eingetreten ist oder einzutreten droht". Diese Formulierung wird vom EuGH im Sinne der **Ubiquitätstheorie** so ausgelegt, dass sowohl der Ort, an dem der unmittelbare Schaden eingetreten ist, als auch der Ort, an dem die schädigende Handlung vorgenommen worden ist, zuständigkeitsbegründend wirken.

- Der **Gerichtsstand der Niederlassung** (Art 5 Nr 5 EuGVVO bzw Art 7   201 Nr 5 EuGVVO neu) ermöglicht für Streitigkeiten aus dem Betrieb einer Zweigniederlassung, einer Agentur oder einer sonstigen Niederlassung eine Klagsführung bei dem (sachlich zuständigen) Gericht des Ortes, an dem sich diese befindet.

- Der **Gerichtsstand der Streitgenossenschaft** (Art 6 Nr 1 EuGVVO bzw   202 Art 8 Nr 1 EuGVVO neu) wird verwirklicht, wenn mehrere Personen zusammen geklagt werden und zwischen den Klagen eine so enge Beziehung gegeben ist, dass eine gemeinsame Verhandlung und Entscheidung geboten erscheint, um zu vermeiden, dass in getrennten Verfahren widersprechende Entscheidungen ergehen können. Unter diesen Voraussetzungen können alle Personen bei dem Gericht des Ortes geklagt werden, an dem eine von ihnen ihren Wohnsitz hat.

203 • Eine **Widerklage**, die auf denselben Vertrag oder Sachverhalt wie die Klage selbst gestützt wird, kann nach Art 6 Nr 3 EuGVVO (bzw Art 8 Nr 3 EuGVVO neu) vor dem Gericht erhoben werden, bei dem die Klage selbst anhängig ist.

Generell hervorzuheben und zu beachten ist, dass sich die Voraussetzungen für die europäischen Gerichtsstände **nicht** mit jenen der (mitunter) gleichnamigen österreichischen Gerichtsstände **decken** (siehe die Gegenüberstellung auf den Seiten 132 ff) und daher im Einzelfall immer unterschieden werden muss, ob europäisches oder österreichisches Recht zur Anwendung kommt.

3. Die Brüssel IIa-VO

Literatur siehe bei *Mayr*, EuZPR vor Rz I/69 und vor Rz II/185 sowie zwischenzeitlich etwa *Fucik*, Kindesentführungsfälle nach HKÜ und Brüssel IIa-VO, EF-Z 2011/28, 37; *Garber*, Sind eingetragene Partnerschaften vom Anwendungsbereich der VO Brüssel IIa erfasst? iFamZ 2012, 204; *Heindler*, Vorrang des Haager KSÜ vor der Brüssel IIa-VO, ÖJZ 2013/53, 527.

a. Anwendungsbereich

204 Die Brüssel IIa-VO (oder auch EuEheKindVO – siehe Rz 24) ist – unabhängig von der Verfahrensart – anzuwenden auf Zivilsachen mit folgenden Gegenständen (Art 1 Abs 1 EuEheKindVO):

• **Ehescheidung**, Ehetrennung ohne Auflösung des Ehebandes und Ungültigerklärung einer Ehe (sonstige Partnerschaften sind nach hM nicht erfasst);

• Zuweisung, Ausübung, Übertragung sowie vollständige oder teilweise Entziehung der **elterlichen Verantwortung**.

Dazu zählen etwa Obsorge- und Besuchs- (Kontakt-)rechtsverfahren oder Verfahren zur Unterbringung eines Kindes in einem Heim oder bei einer Pflegefamilie, die nach österreichischem Recht im Außerstreitverfahren zu erledigen sind. Die Brüssel IIa-VO gilt aber zB nicht für Abstammungsverfahren, für Unterhaltsstreitigkeiten oder für Adoptionsentscheidungen (Art 1 Abs 3 EuEheKindVO).

b. Zuständigkeitsregelung

205 Für Verfahren in **Ehesachen** räumt Art 3 EuEheKindVO dem Kläger (bzw Antragsteller in einem außerstreitigen Verfahren) eine (alternative) **Wahlmöglichkeit** (ohne Rangordnung) zwischen mehreren Mitgliedstaaten ein. Zuständig sind die (jeweils nach nationalem Recht sachlich und örtlich zuständigen) Gerichte im

112

- Staat des gemeinsamen gewöhnlichen Aufenthaltes der Ehegatten;
- Staat des letzten gemeinsamen Aufenthalts beider Ehegatten, wenn einer von ihnen den Aufenthalt in diesem Staat beibehalten hat;
- Staat des gewöhnlichen Aufenthaltes des Beklagten (bzw Antragsgegners);
- Staat des gewöhnlichen Aufenthaltes eines der Gatten im Fall eines gemeinsamen Antrags;
- Staat des gewöhnlichen Aufenthaltes des Klägers (bzw Antragstellers), wenn er sich dort seit mindestens einem Jahr unmittelbar vor der Klagseinbringung (bzw Antragstellung) aufgehalten hat;
- Staat des gewöhnlichen Aufenthaltes des Klägers (bzw Antragstellers), wenn er sich dort seit mindestens einem halben Jahr unmittelbar vor der Klagseinbringung (bzw Antragstellung) aufgehalten hat und Staatsangehöriger dieses Staates ist;
- Staat, dessen Staatsbürgerschaft beide Ehegatten besitzen.

Für (die im Außerstreitverfahren zu treffenden) Entscheidungen über die **elterliche Verantwortung** liegt die Zuständigkeit bei den Gerichten des Mitgliedstaates, in dem das Kind zum Zeitpunkt der Antragstellung seinen gewöhnlichen Aufenthalt hat (Art 8 EuEheKindVO). Siehe *Mayr/Fucik* Rz 55, 392, 418 f, 471.

4. Die EuUnterhaltsVO

Literatur siehe bei *Mayr*, EuZPR vor Rz I/86 und vor Rz II/199 sowie zwischenzeitlich etwa *Junker*, Das Internationale Zivilverfahrensrecht der Europäischen Unterhaltsverordnung, in FS Simotta (2012) 263; *Reuß*, Unterhaltsregress revisited – Die internationale gerichtliche Zuständigkeit für Unterhaltsregressklagen nach der EuUntVO, in FS Simotta (2012) 483; *M. Weber*, Der sachliche Anwendungsbereich der EU-Unterhaltsverordnung, ÖJZ 2011/99, 947; *derselbe*, Die Zuständigkeitstatbestände des Art 3 EU-Unterhaltsverordnung, EF-Z 2012/3, 13; *derselbe*, Der europäische Unterhaltsstreit, EF-Z 2012/56, 88.

a. Anwendungsbereich

Die Verordnung (EG) Nr 4/2009 über die Zuständigkeit, das anwendbare Recht, die Anerkennung und Vollstreckung von Entscheidungen und die Zusammenarbeit in Unterhaltssachen (**EuUnterhaltsVO**; ABl L 2009/7, 1) ist seit dem 18. 6. 2011 anzuwenden. Ihr sachlicher Anwendungsbereich erstreckt sich auf (gesetzliche) **Unterhaltspflichten**, die auf einem Familien-, Verwandtschafts- oder eherechtlichen Verhältnis oder auf Schwägerschaft beruhen, wobei die anzuwendende Verfahrensart (streitiges oder außerstreitiges Verfahren) unerheblich ist (siehe auch *Mayr/Fucik* Rz 56, 475, 484, 494 f). 206

b. Zuständigkeitsregelung

207 Nach Art 3 EuUnterhaltsVO stehen dem Kläger (Antragsteller) folgende Gerichtsstände zur **Wahl**:

- das (sachlich zuständige) Gericht des Ortes, an dem der Beklagte (Antragsgegner) seinen gewöhnlichen Aufenthalt hat;
- das (sachlich zuständige) Gericht des Ortes, an dem der Kläger (Antragsteller) seinen gewöhnlichen Aufenthalt hat;
- das für Statussachen zuständige Gericht für mit Abstammungs- oder Eheauflösungssachen verbundene Unterhaltssachen;
- das für Angelegenheiten der elterlichen Verantwortung zuständige Gericht für mit Obsorge- und Besuchsrechtsangelegenheiten verbundene Unterhaltssachen.

5. Die EuErbrechtsVO

Literatur: *Bajons*, Internationale Zuständigkeit und anwendbares Recht in Erbsachen, in *Schauer/Scheuba* (Hrsg), Europäische Erbrechtsverordnung (2012) 29; *Dutta*, Das neue internationale Erbrecht der Europäischen Union, FamRZ 2013, 4; *Frodl*, Einheit durch Aufgabe nationaler Rechtstradition? – EU-Erbrechtsverordnung kundgemacht, ÖJZ 2012/108, 950; *Nademleinsky*, Das internationale Erbrecht Österreichs – kurz und mit Beispielen, EF-Z 2012/35, 61; *Rechberger*, Das Europäische Nachlasszeugnis und seine Wirkungen, ÖJZ 2012/3, 14; *Rudolf*, Die Erbrechtsverordnung der Europäischen Union, NZ 2013, 225; *Schauer*, Die neue Erbrechts-VO der Europäischen Union – eine Annäherung, JEV 2012, 78; *derselbe*, Europäisches Nachlasszeugnis, EF-Z 2012, 245; *Simon/Buschbaum,* Die neue EU-Erbrechtsverordnung, NJW 2012, 2393; *Steiner*, EU-Verordnung in Erbsachen sowie zur Einführung eines europäischen Nachlasszeugnisses, NZ 2012, 104.

a. Anwendungsbereich

208 Die Verordnung (EU) Nr 650/2012 über die Zuständigkeit, das anzuwendende Recht, die Anerkennung und Vollstreckung von Entscheidungen und die Annahme und Vollstreckung öffentlicher Urkunden in Erbsachen sowie zur Einführung eines Europäischen Nachlasszeugnisses (**EuErbrechtsVO**; ABl L 2012/201, 107) ist formal bereits in Kraft, sie ist iW jedoch erst ab dem **17. 8. 2015** anzuwenden (siehe Art 84). Ihr sachlicher Anwendungsbereich erfasst grundsätzlich alle zivilrechtlichen Aspekte der Rechtsnachfolge von Todes wegen (siehe Art 1).

b. Zuständigkeitsregelung

209 Die Vorschriften über die internationale Zuständigkeit der EuErbrechtsVO gelten sowohl für die Verlassenschaftsabhandlung und das sonstige außerstreitige Verlassenschaftsverfahren als auch für streitige Verlassenschaftssachen,

114

wie Erbschafts-, Pflichtteils- und Vermächtnisklagen. Nach Art 4 EuErbrechts-VO sind für Entscheidungen in Erbsachen für den gesamten Nachlass die Gerichte des Mitgliedstaates zuständig, in dessen Hoheitsgebiet der Erblasser im Zeitpunkt seines Todes seinen **gewöhnlichen Aufenthalt** hatte (siehe *Mayr/Fucik* Rz 57, 600 ff).

D. Österreichisches Recht

1. Allgemeines

Wie bereits mehrfach betont, kommen die autonomen österreichischen Regeln nur dann (subsidiär) zur Anwendung, wenn nicht europäisches Recht oder Völkerrecht eingreift.   210

Ausdrückliche österreichische **Bestimmungen** über die internationale Zuständigkeit („inländische Gerichtsbarkeit") bestehen im Bereich des Ehe- und Familienrechts ($ 76 Abs 2 und 3, $ 108 Abs 3, $$ 110, 113b, $ 114a Abs 4 JN) sowie für die Verlassenschaftsabhandlung ($$ 106 f JN), wobei diese Rechtssachen allerdings großteils im Außerstreitverfahren (siehe Rz 131) zu erledigen sind.

Beispiel: Für die streitige Ehescheidung sind die österreichischen Gerichte (sofern nicht die Brüssel IIa-VO zur Anwendung kommt) gem $ 76 Abs 2 JN international zuständig, wenn einer der Ehegatten österreichischer Staatsbürger ist oder der Beklagte seinen gewöhnlichen Aufenthalt im Inland hat oder der Kläger seinen gewöhnlichen Aufenthalt im Inland hat und entweder beide Ehegatten ihren letzten gemeinsamen gewöhnlichen Aufenthalt im Inland gehabt haben oder der Kläger staatenlos ist oder zur Zeit der Eheschließung österreichischer Staatsbürger gewesen ist.

Für alle sonstigen (insb vermögensrechtlichen) Rechtsstreitigkeiten sind die   211 österreichischen Gerichte gem **$ 27a Abs 1 JN** dann international zuständig, wenn ein örtlich zuständiges Gericht (also ein **Gerichtsstand**) in Österreich gegeben ist. Die Vorschriften über die örtliche Zuständigkeit (Gerichtsstände) haben daher eine doppelte Funktion: Einerseits regeln sie die örtliche Zuständigkeit (innerhalb von Österreich), andererseits bewirken sie die internationale Zuständigkeit der österreichischen Gerichte (**Doppelfunktionalität der Gerichtsstände**).

Die internationale Zuständigkeit Österreichs ist zwar (bei Streitigkeiten mit Auslandsbezug) eine logische Voraussetzung für die örtliche Zuständigkeit eines österreichischen Gerichts, paradoxerweise liegt Erstere jedoch nur dann vor (Ausnahme: Ordination; siehe unten Rz 213 ff), wenn auch Letztere (in Österreich) gegeben ist.

Mit der Neuregelung des $ 27a JN hat der Gesetzgeber in der WGN 1997 die bis dahin herrschende **Indikationentheorie beseitigt**. Nach dieser Theorie indizierte ein Gerichtsstand im Inland nur die internationale Zuständigkeit, zu deren tatsächlicher Verwirklichung musste aber noch eine hinreichende Nahebeziehung zum Inland hinzutreten. Jetzt bewirkt eine örtliche Zuständigkeit in Österreich auch die internationale

Zuständigkeit, **ohne** dass eine **zusätzliche Voraussetzung** (Nahebeziehung) hinzutreten müsste.

212 Die internationale Zuständigkeit der österreichischen Gerichte (oder eines konkreten österreichischen Gerichts) kann auch durch eine **Vereinbarung der Parteien** (oder durch eine rügelose Einlassung; siehe Rz 278 f) begründet werden. Auch hier ist nur die Erfüllung der in § 104 JN für eine Gerichtsstandsvereinbarung verlangten Voraussetzungen (siehe Rz 254 ff) – darüber hinaus aber **keine zusätzliche Voraussetzung** (iSd aufgegebenen Indikationentheorie) – notwendig (§ 104 Abs 1 JN).

In Rechtssachen nach § 81 JN (Streitigkeiten um unbewegliches Gut), § 83 JN (Bestandstreitigkeiten), §§ 83b und 92b JN (Streitigkeiten aus einem Verbands- oder Gesellschaftsverhältnis) ist jedoch eine Vereinbarung der internationalen Zuständigkeit (oder eine rügelose Einlassung) ausgeschlossen (§ 104 Abs 4 JN). Es liegt hier also eine **unprorogable internationale (Un-)Zuständigkeit** vor.

2. Ordination

213 Wenn in Österreich kein örtlich zuständiges Gericht ermittelt werden kann, so besteht – wie bereits oben betont – grundsätzlich auch keine internationale Zuständigkeit der österreichischen Gerichte. In Ausnahmefällen kann der OGH jedoch dennoch (auf Antrag einer Partei) ein (sachlich zuständiges) österreichisches Gericht für einen konkreten Rechtsstreit für zuständig erklären.

Eine solche **Ordinationsentscheidung** hat der OGH einerseits dann zu treffen, wenn Österreich aufgrund eines völkerrechtlichen Vertrags (siehe oben Rz 182 ff) zur Ausübung der Gerichtsbarkeit verpflichtet ist, ein entsprechender Gerichtsstand aber nicht vorgesehen ist, oder wenn von den Parteien nur die Zuständigkeit Österreichs, nicht aber ein örtlich zuständiges Gericht vereinbart worden ist (§ 28 Abs 1 Z 1 und 3 JN).

Diese Fälle sind meist unproblematisch: Hier wird die internationale Zuständigkeit schon durch den völkerrechtlichen Vertrag oder durch die Vereinbarung der Parteien bewirkt, sodass es nur darum geht, ein passendes, örtlich zuständiges Gericht in Österreich zu bestimmen.

Um einen häufigen Ordinationsanlassfall im Anwendungsbereich der CMR (siehe oben Rz 182) zu beseitigen, hat der Novellengesetzgeber in § 101 JN einen diesbezüglichen Wahlgerichtsstand eingefügt.

214 Andererseits hat der OGH ein österreichisches Gericht für zuständig zu bestimmen, wenn der Kläger österreichischer Staatsbürger ist oder seinen Wohnsitz, gewöhnlichen Aufenthalt oder Sitz im Inland hat und im konkreten Fall die **Rechtsverfolgung** im Ausland **nicht möglich** oder **unzumutbar** wäre (§ 28 Abs 1 Z 2 JN). Dies wird etwa angenommen, wenn eine dringend notwendige Entscheidung im Ausland nicht rechtzeitig erreicht werden kann, wenn eine Prozessführung im Ausland die Partei der Gefahr einer politischen

116

Verfolgung aussetzen würde oder wenn die ausländische Prozessführung äußerst kostspielig wäre.

In diesen Fällen wird also die internationale Zuständigkeit Österreichs tatsächlich erweitert, um dem Kläger – der ja im Ausland nicht oder nur sehr erschwert klagen kann – überhaupt Rechtsschutz zu gewähren. Ein Antrag auf Ordination macht freilich dann keinen Sinn – sondern verursacht nur zusätzliche (uneinbringliche) Kosten –, wenn keine Aussicht besteht, dass eine aufgrund einer positiven Ordinationsentscheidung im Inland erzielte Entscheidung (mangels eines der Vollstreckung unterworfenen Vermögens) im Inland oder im Ausland (wo Vermögen vorhanden wäre) vollstreckt werden kann. Auch eine allzu großzügige Ordinationspraxis erscheint daher nicht sinnvoll.

Judikaturbeispiele: Abgelehnt hat der OGH etwa eine Ordination bei einer Klagsführung in den USA (8 Nc 25/06b), in Russland (6 Ob 190/05t EvBl 2006/102, 545), in Taiwan (9 Nd 509/00) oder auf der Insel Jersey (6 Nc 20/08f). Einem Ordinationsantrag stattgegeben hat er hingegen bei einer notwendigen Rechtsverfolgung in Usbekistan (6 Nd 512/01) und bei einer beabsichtigten Schadenersatzklage einer inländischen Verbraucherin gegen ein Internetcasino mit Sitz auf Curacao (10 Nc 19/05h EvBl 2006/5, 29). Auch bei einer Rechtsverfolgung in Japan wurde teilweise wegen der hohen Prozesskosten ohne Aussicht auf Gewährung von Verfahrenshilfe ordiniert (2 Nc 13/04s und 2 Nc 11/04x; anders aber 2 Nc 8/04f); ebenso (insb) wegen der Kostspieligkeit in China (7 Nc 4/13t Zak 2013/229, 122).

Gegenüber Mitgliedstaaten der EuGVVO (bzw Vertragsstaaten des LGVÜ) kommt eine Ordination (grundsätzlich) **nicht** in Betracht (etwa 8 Nc 15/07h im Verhältnis zu Tschechien).   215

Abgesehen davon, dass die Rechtsverfolgung dort nicht unmöglich oder unzumutbar ist, kommen die Regelungen der JN überhaupt nicht zur Anwendung, sondern werden durch das „europäische Recht" verdrängt, und dieses kennt derzeit keine der (österreichischen) Ordination vergleichbare Regelung.

Übersicht über das Bestehen der internationalen Zuständigkeit

durch **völkerrechtliche** (Spezial-)**Übereinkommen** angeordnet	
Österreichisches Recht	**Europäisches Recht**
ausdrückliche Regelung der internationalen Zuständigkeit („inländischen Gerichtsbarkeit") (zB § 76 Abs 2 JN) oder **Gerichtsstand** in Österreich (§ 27a JN)	**wenn** in der anzuwendenden Rechtsquelle (insb EuGVVO/LGVÜ oder EuEheKindVO) **vorgesehen**
Parteienvereinbarung bzw **rügelose Einlassung** nach § 104 Abs 1 bzw 3 JN – *ausgeschlossen* bei internationalen Zwangszuständigkeiten insb nach § 104 Abs 4 JN (§§ 81, 83, 83b, 92b JN)	**Parteienvereinbarung** bzw **rügelose Einlassung** nach Art 23 bzw Art 24 EuGVVO – *ausgeschlossen* bei ausschließlichen Zuständigkeiten nach Art 22 EuGVVO
Ordination durch den OGH (§ 28 Abs 1 Z 2 JN)	**keine** Ordination vorgesehen

III. Die sachliche Zuständigkeit

Literatur: *Brunner* (Hrsg), Europäische Handelsgerichtsbarkeit (2009); *Ebner/Pablik,* Klagen der Handelsgerichtsbarkeit, ÖJZ 2004, 269; *Fellner,* Die Bedeutung des Einheitswerts im Zivilverfahren, ÖJZ 2013/35, 349; *Frauenberger-Pfeiler*, „Sammelklagen" und sachliche Zuständigkeit, JAP 2009/2010/26, 236; *Haberl,* Neue Aspekte der Handelsgerichtsbarkeit nach dem Entwurf eines Unternehmensgesetzbuches, RZ 2004, 269; *Simotta,* Was sind Streitigkeiten aus dem Eheverhältnis? – Eine Judikaturanalyse, BeitrZPR IV (1991) 191.

A. Allgemeines

216   Durch die Bestimmungen über die sachliche Zuständigkeit werden die Rechtssachen vorerst entweder der **allgemeinen Zivilgerichtsbarkeit** oder der **Kausalgerichtsbarkeit** (Handelsgerichtsbarkeit und Arbeits- und Sozialgerichtsbarkeit) zugewiesen.

Zur **Handelsgerichtsbarkeit** gehören die in § 51 JN aufgezählten Streitigkeiten. Es handelt sich dabei insb um Streitigkeiten aus unternehmensbezogenen Geschäften, wenn die Klage gegen einen im Firmenbuch eingetragenen Unternehmer gerichtet ist und das Geschäft auf Seiten des Beklagten ein unternehmensbezogenes Geschäft ist, ferner um Streitigkeiten zwischen einer Handelsgesellschaft und ihren Mitgliedern oder zwischen ihren Mitgliedern untereinander, weiters um Wechsel- oder Scheckstreitigkeiten oder um Streitigkeiten nach dem Produkthaftungsgesetz.

Siehe auch *Casebook* ZVerfR 40, Fall 12, und 41, Fall 14.

Den Gegenstand der **Arbeits- und der Sozialrechtssachen** definieren §§ 50 und 65 ASGG. Siehe Rz 1217 ff.

217   Innerhalb der allgemeinen und innerhalb der Handelsgerichtsbarkeit verteilen dann die Vorschriften über die sachliche Zuständigkeit die Rechtsstreitigkeiten auf die zwei verschiedenen Gerichtstypen **Bezirksgericht** oder **Landesgericht.** Das Verteilungskriterium ist entweder die Beschaffenheit der Streitsache (**Eigenzuständigkeit**) oder ihr Wert (**Wertzuständigkeit**). Die Eigenzuständigkeit geht der Wertzuständigkeit vor.

In **Arbeits- und Sozialrechtssachen** sind ausschließlich die Landesgerichte bzw das ASG Wien zuständig (§ 3 ASGG).

Im **Außerstreitverfahren** sind idR (nur) die Bezirksgerichte sachlich zuständig (§ 104a JN; Ausnahme etwa § 120 JN; siehe näher *Mayr/Fucik* Rz 66 ff).

218   Im Bereich der sachlichen Zuständigkeit hat in den letzten Jahrzehnten eine deutliche **Verschiebung** der Zuständigkeit von den Gerichtshöfen **zu den Bezirksgerichten** stattgefunden. Dies hat zu der Situation geführt, dass zuletzt (noch vor der weiteren Zuständigkeitsverschiebung durch das 2. StabG 2012 – unten Rz 223) rund 94 % der Zivilprozesse (ohne ASGG-Sachen) vor den Be-

zirksgerichten und nur rund 6 % vor den Gerichtshöfen stattgefunden haben. Dennoch regelt die geltende ZPO (immer noch) den Gerichtshofprozess (vor einem Senat! – siehe Rz 169) als Normal-Verfahren und das bezirksgerichtliche Verfahren als Besonderheit. Die Rechtstatsachen sehen jedoch ganz anders aus (siehe oben Rz 134 und *Mayr*, AnwBl 2009, 58).

Das **europäische Zivilprozessrecht** enthält (grundsätzlich) keine Bestimmungen über die sachliche Zuständigkeit, sondern überlässt deren Regelung dem nationalen Recht.

B. Eigenzuständigkeit

In **§ 49 Abs 2 JN** werden jene Streitigkeiten aufgezählt, die kraft Eigenzuständigkeit (ohne Rücksicht auf den Wert des Streitgegenstandes) vor die (allgemeinen) **Bezirksgerichte** gehören. Daraus hervorzuheben sind insb die   219

- ehe- und familienrechtlichen Streitigkeiten (Z 1, 2, 2a bis 2d);
- Besitzstörungsstreitigkeiten (Z 4) und
- Bestandstreitigkeiten über unbewegliches Gut (Z 5).

Eine Eigenzuständigkeit der Bezirksgerichte in Handelssachen besteht – abgesehen von Binnenschifffahrtssachen – nicht (siehe § 52 JN). Jedoch ist das **BGHS Wien** nunmehr für die Durchführung des europäischen Mahnverfahrens (Rz 702 ff) ausschließlich zuständig (§ 252 Abs 2 ZPO).

Eigenzuständigkeiten der (allgemeinen) Gerichtshöfe (**Landesgerichte**) bestehen (in allgemeinen Zivilsachen) nur noch **selten** und sind meist in Sondergesetzen vorgesehen.   220

Eine (wenig bedeutsame) Ausnahme besteht nach § 79 JN für Klagen von oder gegen Richter, die (andernfalls) vor dem BG erhoben werden müssten, bei dem diese tätig sind. Siehe sonst etwa § 9 Abs 1 AHG für Amtshaftungsklagen (siehe Rz 1211) oder in § 32 Abs 4 DSG 2000 für Klagen nach dem Datenschutzgesetz.

In **Handelssachen** besteht eine Eigenzuständigkeit der Landesgerichte „als Handelsgerichte" bzw des HG Wien für die in § 51 Abs 2 JN aufgezählten Streitigkeiten, insb für Streitigkeiten wegen unlauteren Wettbewerbs, nach dem Urheberrechtsgesetz, über den Schutz von Erfindungen, Marken, Mustern etc sowie für Verbandsklagen nach dem KSchG.   221

Darüber hinaus besteht eine Eigenzuständigkeit der Handelsgerichte oder eine individuelle Eigenzuständigkeit des HG Wien nach einigen Sondervorschriften (siehe zB § 42 Abs 2 GmbHG und § 197 Abs 1 AktG oder § 162 Abs 1 PatG). Durch den neuen § 53 JN (idF BGBl I 2013/126) wird die Zuständigkeit für Streitigkeiten über die Verletzung von gewerblichen Schutzrechten beim HG Wien konzentriert. Siehe auch die besondere Eigenzuständigkeit der GH (LG, HG oder ASG) nach § 617 Abs 8 und 9 bzw § 618 ZPO nF (siehe Rz 1292 f).

C. Wertzuständigkeit

222 Sofern keine Eigenzuständigkeit vorliegt, richtet sich die sachliche Zuständigkeit (subsidiär) nach dem **Wert des Streitgegenstandes**.

Maßgeblich ist gem § 54 Abs 1 JN der Zeitpunkt der Einbringung der Klage bei Gericht (Gerichtshängigkeit). Danach tritt *perpetuatio fori* ein (Rz 275). Siehe auch den Fall der Klagserweiterung nach § 235 Abs 2 ZPO.

223 Bei einem Streitwert bis (einschließlich) € **15.000** sind (seit dem 1. 1. 2013) die Bezirksgerichte zuständig; übersteigt der Streitwert € 15.000, fällt die Streitsache in die Zuständigkeit der Gerichtshöfe (§ 49 Abs 1, § 50 JN). Der Grenzwert wird am dem 1. 1. 2015 (noch weiter) auf € 20.000 und ab dem 1. 1. 2016 auf € 25.000 erhöht. Der tiefere Sinn dieser vom 2. StabG 2012 verfügten Maßnahme liegt im Dunkeln; sie führt jedenfalls zu einer (dem Grundkonzept der ZPO 1895 eigentlich widersprechenden) weiteren deutlichen Aufwertung der Bezirksgerichte unter gleichzeitiger Aushöhlung der Gerichtshöfe (LG und OLG).

Diese Abgrenzung gilt auch für den Bereich der Handelsgerichtsbarkeit: Bei den in § 51 Abs 1 JN aufgezählten Streitigkeiten muss unterschieden werden, ob der Streitwert € 15.000 (bzw in Hinkunft € 20.000 bzw € 25.000) übersteigt (dann Gerichtshofzuständigkeit) oder nicht (dann Bezirksgerichtszuständigkeit). Für die in § 51 Abs 2 JN angeführten Streitigkeiten gilt hingegen Eigenzuständigkeit der Landesgerichte „als Handelsgerichte" (bzw des HG Wien).

D. Exkurs: Der Streitwert

224 Der Wert des Streitgegenstands ist außer für die (Wert-)Zuständigkeit noch in anderen Bereichen von entscheidender Bedeutung, nämlich für
- die Gerichtsbesetzung (§ 7a JN; Rz 168);
- die Anwaltspflicht (§§ 27, 29 ZPO; Rz 358 ff);
- die Zulässigkeit des Mahnverfahrens (§ 244 Abs 1 ZPO; Rz 686);
- die Beschränkung der Berufungsgründe (§ 501 Abs 1 ZPO; Rz 1064);
- die Zulässigkeit des Rekurses (§ 517 ZPO; Rz 1121), der Revision (§ 502 Abs 2, 3 und 4 ZPO; Rz 1089 ff) und des Revisionsrekurses (§ 528 Abs 2 Z 1 und 1a ZPO; Rz 1132);
- die Prozesskosten (Gerichtsgebühren [siehe § 14 GGG] und Rechtsanwaltskosten [siehe § 4 RATG]; Rz 443 ff).

225 Wird ein **Geldbetrag** eingeklagt, so bildet (klarerweise) die eingeklagte Geldsumme den Streitwert, wobei nur die Hauptforderung maßgebend ist und alle Nebenforderungen (Zinsen, Kosten etc) unberücksichtigt bleiben (§ 54 Abs 2 JN).

Werden **mehrere Ansprüche** in einer Klage geltend gemacht, so sind sie gem § 55 Abs 1 JN zusammenzurechnen, wenn

- sie in einem tatsächlichen oder rechtlichen Zusammenhang stehen (zB mehrere Ansprüche aus demselben Unfall; mehrere Mietzinsansprüche aus einem Mietvertrag);
- sie von einer oder gegen eine materielle Streitgenossenschaft (siehe § 11 Z 1 ZPO; Rz 225) erhoben werden. Im Falle einer Solidarberechtigung oder -verpflichtung gilt freilich nur der einfache Betrag.

Siehe auch *Casebook* ZVerfR 38, Fall 11.

Wird nur ein **Teilbetrag** einer Gesamtforderung eingeklagt, so richtet sich der Streitwert nach dem Gesamtbetrag der aushaftenden Forderung (§ 55 Abs 3 JN). Siehe dazu zuletzt 2 Ob 144/12h ZVR 2013/60, 129 (*Kathrein*).

Zur Ermittlung des Streitwerts bei **wiederkehrenden Nutzungen** und 226 Leistungen enthält § 58 JN bestimmte Berechnungsregeln.

So gilt als Streitwert bei immerwährender Dauer das Zwanzigfache der Jahresleistung, bei unbestimmter Dauer (zB auf Lebenszeit) das Zehnfache der Jahresleistung, bei bestimmter Dauer der ausstehende Geldbetrag, jedoch nicht mehr als das Zwanzigfache der Jahresleistung, bei Unterhaltsansprüchen und bei Renten wegen Tötung oder Verletzung die dreifache Jahresleistung.

Als Wert einer grundsteuerpflichtigen unbeweglichen Sache ist das Dreifache des **Einheitswerts** anzunehmen (§ 60 Abs 2 JN), was zu einem vergleichsweise äußerst niedrigem Streitwert führt. Den Verweis auf § 60 Abs 2 JN bei der Bewertung des Entscheidungsgegenstands durch das Rechtsmittelgericht nach § 500 Abs 3 ZPO hat der VfGH jedoch als verfassungswidrig beseitigt (siehe BGBl I 2013/26).

Bei Klagen, die nicht auf eine Geldleistung gerichtet sind, also insb bei 227 Feststellungs-, Duldungs- oder Unterlassungsklagen, hat der Kläger sein Interesse zu bewerten (§ 56 Abs 2, § 59 JN). An diese **Bewertung durch den Kläger** ist das Gericht grundsätzlich **gebunden**.

Eine – heute kaum mehr praktisch relevante – Ausnahme besteht nach § 60 Abs 1 JN im Falle einer übermäßig hohen Bewertung, um die (Wert-)Zuständigkeit des Gerichtshofs oder eine Senatsbesetzung zu erreichen. In einem solchen Fall kann das angerufene Gericht von Amts wegen den Streitwert überprüfen und dann gegebenenfalls die Streitsache an das Bezirksgericht oder den Einzelrichter abtreten (§ 60 Abs 3 JN).

Außerdem kann die Gegenpartei (spätestens) bei der vorbereitenden Tagsatzung die Bewertung des Streitgegenstandes gem **§ 7 RATG** bemängeln. Können sich die Parteien dann nicht auf einen Streitwert einigen, so hat das Gericht den Streitwert festzusetzen. Dieser gilt jedoch nur für die Berechnung der Anwaltskosten.

Unterlässt der Kläger eine (notwendige) Bewertung, so gilt nach § 56 228 Abs 2 letzter Satz JN ein **Zweifelsstreitwert** von € 5.000.

IV. Die örtliche Zuständigkeit

Literatur: *Ballon*, Die Rechtsprechung in Zuständigkeitsfragen, in FS Fasching (1988) 55; *Fasching*, Abgrenzungs- und Anwendungsprobleme beim Gerichtsstand des Erfüllungsortes nach österreichischem Recht, in FS Nagel (1987) 26; *Fucik*, Die Zuständigkeit nach der Zivilverfahrens-Novelle 1983, RZ 1985, 206, 234, 258; *Loewe*, Die Empfehlungen des Europarates zur Vereinheitlichung der Rechtsbegriffe „Wohnsitz" und „Aufenthalt", ÖJZ 1974, 144; *Oberhammer*, Vermögensbelegenheit und Funktion des Vermögensgerichtsstands – Überlegungen aus Anlass einer Forum-Shopping-Tour, in FS Schlosser (2005) 651; *Schoibl*, Die Niederlassung im österreichischen Zivilprozessrecht, in *Schumacher/Gruber* (Hrsg), Rechtsfragen der Zweigniederlassung (1993) 301; *Schumacher*, Der Gerichtsstand des Wechselzahlungsortes, RdW 1988, 416; *Simotta*, Der Verbraucher als Streitgenosse – § 14 Abs 1 KSchG versus § 93 Abs 1 JN, in FS Sprung (2001) 359; *Spitzer*, § 99 JN als „Botschaftsgerichtsstand"? Zak 2009/159, 103.

A. Allgemeines

229 Im Gesetz wird zwischen dem **allgemeinen Gerichtsstand** (§§ 65 bis 75 JN) und **besonderen Gerichtsständen** (§§ 76 bis 104 JN) unterschieden, wobei Ersterer immer dann (subsidiär) zur Anwendung kommt, wenn kein besonderer Gerichtsstand eingreift. Die besonderen Gerichtsstände sind entweder **Wahlgerichtsstände** (§§ 86a bis 104 JN), die dem Kläger wahlweise einen zusätzlichen Gerichtsstand (neben dem allgemeinen Gerichtsstand) eröffnen, oder **ausschließliche Gerichtsstände** (§§ 76 bis 84 JN), die den allgemeinen Gerichtsstand und allfällige Wahlgerichtsstände verdrängen. Eine abweichende Parteienvereinbarung bleibt allerdings möglich. Ist auch eine abweichende Gerichtsstandsvereinbarung ausgeschlossen, so spricht man (in der österreichischen Terminologie) von **Zwangsgerichtsständen** (§§ 83a, 83b JN; § 14 KSchG; § 9 ASGG).

Es kann ferner unterschieden werden zwischen **persönlichen Gerichtsständen**, die an den Parteien des Prozesses – und zwar entweder an der beklagten (Passivgerichtsstand) oder der klagenden Partei (Aktivgerichtsstand) – anknüpfen, und **sachlichen Gerichtsständen**, die durch die Beziehungen der Streitsache zum Gerichtssprengel begründet werden.

230 Das **europäische Zivilprozessrecht** regelt zwar grundsätzlich (nur) die internationale Zuständigkeit, sodass für die Bestimmung des örtlich zuständigen Gerichts auf das nationale Recht zurückgegriffen werden muss. Häufig wird jedoch die örtliche Zuständigkeit (der Gerichtsstand) gleich mitgeregelt (siehe insb Art 5 und 6 EuGVVO bzw Art 7 und 8 EuGVVO neu), sodass hier auch die nationalen Regeln über die örtliche Zuständigkeit verdrängt werden (siehe oben Rz 117).

B. Allgemeiner Gerichtsstand

Sofern kein besonderer Gerichtsstand besteht, ist die Klage bei jenem (sachlich zuständigen) Gericht einzubringen, in dessen Sprengel der **Beklagte** seinen allgemeinen Gerichtsstand hat (*actor sequitur forum rei*; § 65 JN). 231

In § 64 Abs 1 Z 4 und § 65 Abs 1 ZPO wird dem Kläger ausnahmsweise die Möglichkeit eingeräumt, seine Klage gemeinsam mit einem Antrag auf Verfahrenshilfe beim BG seines Aufenthaltes einzubringen. Das ändert aber nichts an der Zuständigkeit für das Verfahren.

Der **allgemeine Gerichtsstand** einer natürlichen Person wird gleichermaßen durch ihren Wohnsitz und durch ihren gewöhnlichen Aufenthalt bestimmt. Der allgemeine Gerichtsstand einer **minderjährigen Person** bestimmt sich gem § 71 JN nach dem allgemeinen Gerichtsstand ihrer/-s gesetzlichen Vertreter(s).

Im Regelfall sind beide Elternteile gesetzliche Vertreter des minderjährigen Kindes. Haben sie keinen gemeinsamen allgemeinen Gerichtsstand, so ist maßgeblich, wessen Haushalt das minderjährige Kind angehört (§ 71 Satz 2 JN).

Zur Begründung eines **Wohnsitzes** ist einerseits das körperliche Moment des tatsächlichen Aufenthaltes an einem bestimmten Ort (objektives Moment) notwendig und andererseits das (subjektive) Willensmoment der erweislichen, nach außen erkennbaren **Absicht**, dort einen bleibenden Aufenthalt zu nehmen (§ 66 Abs 1 JN). 232

Die erforderliche Absicht zum dauernden Aufenthalt setzt die freie Verfügungsfähigkeit der Person über ihren Aufenthalt voraus. Diese Fähigkeit fehlt etwa Strafgefangenen oder kranken Personen in Krankenanstalten sowie behinderten Personen, denen ein Sachwalter zur Besorgung aller Angelegenheiten bestellt worden ist, oder Minderjährigen (§ 71 JN).

Der **Aufenthalt** einer Person bestimmt sich hingegen ausschließlich nach **tatsächlichen Umständen**. Er wird nur durch die körperliche Anwesenheit, nicht durch ein Willenselement, bestimmt, hängt also weder von der Erlaubtheit noch von der Freiwilligkeit des Aufenthaltes ab. Ob ein **gewöhnlicher Aufenthalt** vorliegt, hängt in erster Linie von seiner **Dauer** (nach der Judikatur etwa sechs Monate) und **Beständigkeit** sowie von anderen Umständen persönlicher und beruflicher Art ab, die dauerhafte Beziehungen zwischen einer Person und ihrem Aufenthaltsort anzeigen (§ 66 Abs 2 JN). Maßgeblich ist, ob der Ort zum **Mittelpunkt des Lebens**, der wirtschaftlichen Existenz und der sozialen Beziehungen gemacht wird. 233

Der (vom Wohnort verschiedene) Arbeits- oder Beschäftigungsort bildet somit regelmäßig einen gewöhnlichen Aufenthalt. Auch die stationäre Aufnahme in einem Pensionisten- oder Pflegeheim begründet regelmäßig einen gewöhnlichen Aufenthalt, und zwar auch dann, wenn die betreffende Person ihre bisherige Wohnung (noch) nicht aufgegeben hat. Kein gewöhnlicher Aufenthalt liegt vor, wenn sich jemand an einem Ort bloß vorübergehend, zB zur Durchreise, zu Urlaubszwecken oder für einen kürzeren, klar abgrenzbaren Zeitabschnitt, aufhält.

Die **polizeiliche Meldung** ist weder für den Wohnsitz noch für den gewöhnlichen Aufenthalt ausschlaggebend, sie stellt nur ein Indiz für die tatsächlichen Verhältnisse dar.

234 Eine Person kann auch **mehrere Wohnsitze** oder Aufenthaltsorte haben. Der Kläger kann dann zwischen mehreren allgemeinen Gerichtsständen wählen (§ 66 Abs 3 JN).

Beispiel: Ein Vorarlberger Student, der in Innsbruck studiert, wird zwar seinen gewöhnlichen Aufenthalt in Innsbruck haben, er kann jedoch seinen Wohnsitz in Feldkirch beibehalten. Er hat dann zwei allgemeine Gerichtsstände.
Siehe auch *Casebook* ZVerfR 40, Fall 13.

235 Für Personen, die weder im Inland noch im Ausland (somit nirgends) einen Wohnsitz oder gewöhnlichen Aufenthalt haben, besteht ein (subsidiärer) allgemeiner Gerichtsstand am Ort des **jeweiligen Aufenthaltes** im Inland (§ 67 JN).

236 Der allgemeine Gerichtsstand **juristischer Personen** und Gesellschaften richtet sich nach deren **Sitz.** Als Sitz gilt im Zweifel der Ort, an dem die Verwaltung geführt wird (§ 75 Abs 1 JN).

Der allgemeine Gerichtsstand der **Republik Österreich** und der Bundesländer richtet sich nach dem Sitz der zur Vertretung berufenen Organe (§ 74 Abs 1 und § 75 Abs 2 JN).

Die Republik Österreich und bestimmte andere Rechtsträger werden durch die **Finanzprokuratur** vertreten, die im I. Wiener Gemeindebezirk ihren Sitz hat (siehe insb § 3 Finanzprokuraturgesetz BGBl I 2008/110). Allgemeiner Gerichtsstand wäre somit immer Wien. Zur Erleichterung der Rechtsverfolgung wird aber in § 86a JN Klägern aus den Bundesländern ein (abgeschwächter) Aktivgerichtsstand eingeräumt.

237 Im **europäischen Recht** gilt die (bereits oben Rz 191 erwähnte) Grundregel, dass – sofern keine besonderen Zuständigkeiten nach den Art 5 ff EuGVVO (bzw Art 7 EuGVVO neu) eingreifen – Personen, die ihren Wohnsitz bzw (für juristische Personen) ihren Sitz in einem Mitgliedstaat haben, ohne Rücksicht auf ihre Staatsbürgerschaft vor den Gerichten dieses Staates geklagt werden müssen (Art 2 Abs 1 EuGVVO bzw Art 4 Abs 2 EuGVVO neu). Die örtliche (und sachliche) Zuständigkeit richtet sich in diesem Fall nach dem nationalen Recht des betreffenden Mitgliedstaates.

C. Besondere Gerichtsstände

1. Ausschließliche Gerichtsstände

238 Die **ausschließlichen Gerichtsstände** der §§ 76 ff JN verdrängen den allgemeinen Gerichtsstand und schließen auch die Anrufung eines Wahlgerichtsstands aus. Eine abweichende Gerichtsstandsvereinbarung durch die Parteien bleibt jedoch – im Gegensatz zu den „ausschließlichen Gerichtsständen" nach

124

Art 22 EuGVVO (bzw Art 24 EuGVVO neu; siehe oben Rz 193) – möglich. Ist auch eine abweichende Gerichtsstandsvereinbarung ausgeschlossen, so spricht man (in Österreich) von Zwangsgerichtsständen.

Eine ausschließliche Zuständigkeit besteht insb für Streitigkeiten aus dem **Eheverhältnis** oder der eingetragenen Partnerschaft (§ 76 JN) bei dem (Bezirks-)Gericht, in dessen Sprengel die Ehegatten (Partner) ihren gemeinsamen gewöhnlichen Aufenthalt haben oder zuletzt gehabt haben. Hat dort keine der Parteien mehr ihren gewöhnlichen Aufenthalt, so ist das (Bezirks-)Gericht ausschließlich zuständig, in dessen Sprengel die beklagte Partei oder – falls ein solcher im Inland fehlt – die klagende Partei ihren gewöhnlichen Aufenthalt hat. Hilfsweise ist – sofern die internationale Zuständigkeit Österreichs gegeben ist (§ 76 Abs 2 und 3 JN; siehe Rz 210) – das BG Innere Stadt Wien zuständig. 239

Ferner gilt eine ausschließliche Zuständigkeit etwa für dingliche Streitigkeiten um **unbewegliches Gut** (§ 81 JN) und für **Bestandstreitigkeiten** (§ 83 JN) bei dem Gericht, in dessen Sprengel die (unbewegliche) Sache liegt.

Für **Streitigkeiten aus Verbandsverhältnissen** sieht § 83b JN einen **Zwangsgerichtsstand** beim sachlich zuständigen Gerichtshof (Handelsgericht) am Sitz des Verbandes vor. 240

Solche Streitigkeiten sind insb Anfechtungsklagen von Haupt- oder Generalversammlungsbeschlüssen sowie Rechtsstreite zwischen Kapitalgesellschaften oder Genossenschaften und ihren Aktionären, Gesellschaftern oder Genossenschaftern, sofern es sich um Ansprüche handelt, die allen oder einer bestimmten Gruppe dieser Personen gemeinsam sind, es sich also nicht um eine individuelle Streitigkeit zwischen der Gesellschaft und einem einzelnen Mitglied handelt.

Außerdem sind in einer Reihe von Vorschriften außerhalb der JN für bestimmte Streitigkeiten Zwangszuständigkeiten vorgesehen (zB im arbeits- und sozialgerichtlichen Verfahren [siehe Rz 1241 und 1249], für Klagen im gewerblichen Rechtsschutz oder nach § 178g VersVG etc).

Im Bereich des Außerstreit-, Exekutions- und Insolvenzverfahrens bestehen grundsätzlich nur Zwangsgerichtsstände.

Eine in der Praxis wichtige Zwangszuständigkeit sieht **§ 14 Abs 1 KSchG** für Klagen eines **Unternehmers gegen** einen **Verbraucher** vor. 241

Unternehmer iSd § 1 Abs 1 KSchG ist jede Person, für die das betreffende Geschäft zum Betrieb ihres Unternehmens gehört; **Verbraucher** ist jeder, für den dies nicht zutrifft. Ein Unternehmen ist jede auf Dauer angelegte Organisation selbständiger wirtschaftlicher Tätigkeit, mag sie auch nicht auf Gewinn gerichtet sein (§ 1 Abs 2 KSchG).

Grundgedanke der Regelung ist, dass die typischerweise schwächere Partei vor den Nachteilen eines für sie örtlich ungünstig gelegenen Gerichtsstandes dadurch geschützt werden soll, dass sie nur vor einem Gericht geklagt werden darf, zu dem sie eine örtliche Nahebeziehung hat. Ein (inländischer)

Verbraucher kann daher (zulässigerweise) nur bei jenem Gericht geklagt werden, in dessen Sprengel sein Wohnsitz, gewöhnlicher Aufenthalt oder Ort der Beschäftigung liegt. Diese Einschränkung gilt jedoch nur für Klagen, die auf § 88 JN (Erfüllungsort), §§ 89 und 93 Abs 2 JN (Wechselzahlungsort) oder eine Gerichtsstandsvereinbarung (§ 104 Abs 1 JN) gestützt werden; andere Gerichtsstände bleiben unberührt.

Außerdem gilt die Einschränkung der Gerichtsstände nicht mehr, wenn die Streitigkeit bereits konkret entstanden ist. Im Anschluss an das europäische Vorbild (Rz 196) hält der österreichische Gesetzgeber den Verbraucher in diesem (fortgeschrittenen) Stadium des Konflikts nicht mehr für schutzwürdig.

Beispiel: Ein Vorarlberger Student, der in Feldkirch seinen Wohnsitz beibehalten hat, aber in Linz studiert, kann von einem Wiener Unternehmer gestützt auf eine Gerichtsstandsvereinbarung in Linz (oder Feldkirch) geklagt werden. Die Vereinbarung der Zuständigkeit eines Wiener Gerichts wäre hingegen unzulässig, außer sie wurde getroffen, nachdem der Streit schon konkret entstanden war. Handelt es sich allerdings um eine Bestandstreitigkeit hinsichtlich einer in Wien gelegenen Wohnung, so sind die Wiener Gerichte (ausschließlich) zuständig (§ 83 JN).

242   Für den umgekehrten Fall einer Klage eines **Verbrauchers gegen** einen **Unternehmer** sieht § 14 Abs 3 KSchG lediglich vor, dass gesetzlich vorgesehene Gerichtsstände nicht ausgeschlossen werden dürfen (Derogationsverbot).

Im europäischen Recht wird dem Verbraucher hingegen unter gewissen Voraussetzungen ein Aktivgerichtsstand bei seinem Wohnsitzgericht eingeräumt (siehe Art 16 EuGVVO bzw Art 18 EuGVVO neu).

243   Wird ein Gericht angerufen, das nicht der Regelung des § 14 Abs 1 KSchG entspricht, so ist dieses **unprorogabel unzuständig**. Die Unzuständigkeit kann jedoch – wie jede andere unprorogable Unzuständigkeit auch (siehe Rz 278) – durch rügelose Einlassung der (vertretenen oder belehrten) Partei heilen (§ 14 Abs 2 KSchG).

Die Zulässigkeit einer Gerichtsstandsvereinbarung richtet sich nach hM nach den Verhältnissen zur Zeit ihres Abschlusses (1 Ob 673/90 SZ 63/188).

244   Im **europäischen Recht** werden – wie bereits mehrfach erwähnt – in Art 22 EuGVVO (bzw Art 24 EuGVVO neu) für bestimmte Materien „ausschließliche (internationale) Zuständigkeiten" vorgesehen, die dadurch gekennzeichnet sind, dass es keine abweichenden Gerichtsstandsvereinbarungen oder eine Heilung durch rügelose Einlassung gibt (siehe näher *Mayr*, EuZPR Rz II/124 ff). Das österreichische Pendant dazu sind die internationalen Zwangsgerichtsstände nach § 104 Abs 4 JN.

Für Streitigkeiten in Versicherungssachen, in Verbrauchersachen und aus individuellen Arbeitsverträgen wird die Zulässigkeit von Vereinbarungen über die Zuständigkeit zum Schutz der typischerweise schwächeren Partei eingeschränkt (Art 13, 17 und 21 EuGVVO bzw Art 15, 19 und 23 EuGVVO neu; siehe bereits Rz 196).

126

2. Wahlgerichtsstände

Die JN sieht in den §§ 86a ff eine ganze Reihe von (teilweise unnötigen) Wahlgerichtsständen vor, von denen hier nur die wichtigsten (etwas) näher dargestellt werden. 245

Beispielsweise kennt die JN noch einen „Gerichtstand des früheren Wohnsitzes" (§ 97 JN) oder einen „Gerichtstand der Schiffer und der Schiffsmannschaft" (§ 98 JN).

a. Gerichtsstand der Niederlassung

Gem § 87 JN kann eine Person, die außerhalb ihres Wohnsitzes oder gewöhnlichen Aufenthaltes eine (Haupt-)Niederlassung oder eine Betriebsstätte (Abs 1), eine Zweigniederlassung (Abs 2) oder ein bewirtschaftetes Gut (Abs 3) besitzt, wegen Ansprüchen, die sich auf ihre geschäftliche oder berufliche Tätigkeit, auf die Zweigniederlassung oder auf die Bewirtschaftung des Gutes beziehen, bei dem Gericht geklagt werden, in dessen Sprengel sich die Hauptniederlassung, die Betriebsstätte, die Zweigniederlassung oder das Gut befindet. 246

Siehe auch *Casebook* ZVerfR 40, Fall 12.

Im Anwendungsbereich des europäischen Rechts gilt Art 5 Nr 5 EuGVVO bzw Art 7 Nr 5 EuGVVO neu (siehe oben Rz 201).

b. Gerichtsstand des Erfüllungsortes bzw der Faktura

Haben die Parteien für die Erfüllung eines Vertrages einen **Erfüllungsort vereinbart**, so kann die Klage auf Feststellung des Bestehens oder Nichtbestehens des Vertrags, auf seine Erfüllung oder Aufhebung sowie auf Schadenersatz wegen Nicht- oder nicht gehöriger Erfüllung beim Gericht dieses Ortes erhoben werden (§ 88 Abs 1 JN). Das Vorliegen dieser Vereinbarung muss in der Klage behauptet und im Bestreitungsfall urkundlich nachgewiesen werden. Gegenüber Verbrauchern kann dieser Gerichtsstand nur mit den Einschränkungen des § 14 Abs 1 KSchG begründet werden (siehe Rz 241). 247

Unter Unternehmern kann der Gerichtsstand des Erfüllungsortes auch durch die unbeanstandete Annahme der Faktura begründet werden, die eine sog **Fakturaklausel** (zB „Zahlbar und klagbar in Wien") enthält (§ 88 Abs 2 JN). 248

Im europäischen Recht besteht ein sehr bedeutsamer (und komplizierter) Gerichtsstand des Erfüllungsortes (Art 5 Nr 1 EuGVVO bzw Art 7 Nr 1 EuGVVO neu; siehe oben Rz 198).

c. Gerichtsstand der Schadenszufügung

249 Zur Geltendmachung von deliktischen oder vertraglichen Schadenersatzansprüchen, sofern sie auf der Tötung oder Verletzung von Personen, einer Freiheitsberaubung oder der Beschädigung einer körperlichen Sache beruhen, besteht nach § 92a JN ein Wahlgerichtsstand (nur) bei jenem Gericht, in dessen Sprengel das den Schaden verursachende Verhalten gesetzt worden ist (Handlungsort: 2 Ob 157/04h ecolex 2004/406, 860 [*Mayr*]).

Beispiel: Durch eine falsch eingestellte Schibindung erleidet ein Wiener Schiläufer im Schigebiet von Kitzbühel eine Knieverletzung. Der Wahlgerichtsstand nach § 92a JN ist dort begründet, wo die Bindung unsachgemäß eingestellt worden ist (Sportgeschäft oder Schiverleiher).

Im europäischen Recht normiert Art 5 Nr 3 EuGVVO (bzw Art 7 Nr 2 EuGVVO neu) einen Wahlgerichtsstand für unerlaubte Handlungen sowohl am Handlungs- als auch am Erfolgsort (Ubiquitätstheorie; siehe oben Rz 200).

d. Gerichtsstand der Streitgenossenschaft

250 Mehrere Beklagte, die eine einheitliche Streitpartei (§ 14 ZPO) oder eine materielle Streitgenossenschaft (§ 11 Z 1 ZPO) bilden (siehe Rz 324), können nach § 93 Abs 1 JN gemeinsam beim allgemeinen Gerichtsstand eines Streitgenossen (bzw des Hauptverpflichteten) geklagt werden, sofern kein gemeinsamer besonderer Gerichtsstand besteht und außerdem dieses Gericht nicht unprorogabel unzuständig ist (also Prorogabilität besteht).

Beispiel: Ein Wiener Unternehmer hat einen Kaufvertrag mit drei Geschäftspartnern abgeschlossen, von denen einer seinen allgemeinen Gerichtsstand in Wien, einer in Salzburg und einer in Innsbruck hat. Er hat nun die Wahl, bei welchem dieser Orte er seine Vertragspartner zusammen klagen will.

Auch im europäischen Recht können nach Art 6 Nr 1 EuGVVO (bzw Art 8 Nr 1 EuGVVO neu) unter bestimmten Voraussetzungen mehrere Personen zusammen bei einem Gericht geklagt werden (siehe oben Rz 202).

e. Gerichtsstand des Vermögens

251 Eine Person, die im Inland keinen allgemeinen Gerichtsstand hat (und gegen die auch kein ausschließlicher Gerichtsstand besteht), kann wegen vermögensrechtlicher Ansprüche bei dem Gericht (im Inland) geklagt werden, in dessen Sprengel sich (wirtschaftlich verwertbares) **Vermögen** dieser Person oder der mit der Klage in Anspruch genommene Gegenstand selbst befindet (§ 99 Abs 1 JN). Eine sonstige Nahebeziehung der Streitsache zu Österreich muss (seit der Beseitigung der Indikationentheorie – siehe oben Rz 211) nicht (mehr) bestehen. Damit dieser Gerichtsstand im internationalen Rechtsverkehr als nicht allzu exorbitant betrachtet (und geächtet) wird, darf der Wert des im Inland befindlichen Vermögens jedoch nicht „unverhältnismäßig geringer" sein als der Wert des Streitgegenstandes. Die hM nimmt das Erreichen dieser

notwendigen **Wertrelation** ab einem Vermögenswert von ca 20 % des Streitwertes an (4 Ob 128/03g SZ 2003/77).

Beispiel: Ein Serbe hat bei einer Grazer Bank ein Bankkonto, auf dem sich regelmäßig Beträge über € 100.000 befinden. Ein Wiener Kläger kann daher seine Klage über € 300.000 aus einem geplatzten Geschäft bei dem sachlich zuständigen Gericht in Graz einbringen.

Zu beachten ist, dass der Gerichtsstand des Vermögens gegen Personen, die einen Wohnsitz im Hoheitsgebiet eines Mitgliedstaates haben, **nicht** zur Anwendung kommt (Art 3 EuGVVO bzw Art 5 EuGVVO neu): Er wird ausdrücklich in der Liste der unerwünschten (exorbitanten) Gerichtsstände des Anhangs I zur EuGVVO erwähnt (siehe auch Art 76 Abs 1 lit a EuGVVO neu und Anhang I des LGVÜ 2007). Er hat daher nur bei der Rechtsverfolgung gegenüber Personen mit Wohnsitz in Drittstaaten eine – nicht unwichtige – Bedeutung. 252

f. Europäisches Recht

In Art 5 und 6 EuGVVO (bzw Art 7 und 8 EuGVVO neu) werden Voraussetzungen aufgestellt, unter denen Personen, die ihren Wohnsitz im Hoheitsgebiet eines Mitgliedstaates haben, nach Wahl des Klägers (auch) in einem anderen Mitgliedstaat geklagt werden können. Bei diesen Wahlzuständigkeiten wird nicht nur die internationale, sondern gleichzeitig auch die örtliche Zuständigkeit mitgeregelt („vor dem Gericht des Ortes"). Sie verdrängen die österreichischen Regeln über die örtliche Zuständigkeit. 253

Diese Wahlgerichtsstände sind bereits oben in Rz 197 ff kurz vorgestellt worden. Nähere Einzelheiten siehe insb bei *Mayr*, EuZPR Rz II/10 ff.

3. Die Vereinbarung der Zuständigkeit

a. Österreichisches Recht

Nach **§ 104 Abs 1 JN** können sich die Parteien durch eine ausdrückliche (also nicht bloß schlüssige) Vereinbarung der internationalen Zuständigkeit österreichischer Gerichte und/oder einem oder mehreren Gerichten namentlich angeführter Orte unterwerfen (*prorogatio fori* oder **Prorogation**). 254

Beispiele: Eine Vereinbarung der Zuständigkeit der österreichischen Gerichte ist ebenso zulässig wie die Vereinbarung der Zuständigkeit der für Innsbruck und Salzburg sachlich zuständigen Gerichte. Im ersten Fall ist die örtliche Zuständigkeit durch eine Ordination zu bestimmen (Rz 213), im zweiten Fall hat der Kläger die Wahl zwischen Innsbruck und Salzburg. Nicht zulässig wäre es aber, dem Kläger durch eine Vereinbarung überhaupt eine freie Zuständigkeitswahl (zwischen namentlich unbestimmten Orten) einzuräumen.

Die Vereinbarung muss sich entweder auf einen bestimmten Rechtsstreit oder auf die aus einem bestimmten Rechtsverhältnis entspringenden Rechtsstreitigkeiten beziehen (**Bestimmtheitserfordernis** nach § 104 Abs 2 JN). 255

Beispiel: Eine Vereinbarung, in der die Zuständigkeit für alle zwischen den Parteien jemals entstehenden Rechtsstreitigkeiten ausschließlich dem für den I. Wiener Gemeindebezirk sachlich zuständigen Gericht zugewiesen wird, ist unzulässig.

256 Ein Formzwang für die Vereinbarung ist zwar nicht vorgesehen, sie muss allerdings im Bestreitungsfall dem Gericht **urkundlich nachgewiesen** werden; andere Beweismittel scheiden somit zum Nachweis einer Gerichtsstandsvereinbarung aus.

257 Nach österreichischem Recht bildet eine Gerichtsstandsvereinbarung im Zweifel nur einen zusätzlichen **Wahlgerichtsstand** für den Kläger (2 Ob 180/07w ÖJZ-LS 2008/11, 121; RIS-Justiz RS0046791).

Siehe auch *Casebook* ZVerfR 42, Fall 15.

258 Vereinbarungen über die **internationale** und über die **örtliche Zuständigkeit** (Gerichtsstandsvereinbarungen) sind grundsätzlich zulässig, ausgenommen es liegt ein internationaler (siehe § 104 Abs 4 JN; oben Rz 212) oder ein nationaler (örtlicher) Zwangsgerichtsstand (insb nach § 14 KSchG; oben Rz 241 f) vor.

Auch negative Gerichtsstandsvereinbarungen (**Derogationen**) sind grundsätzlich (Ausnahme etwa § 14 Abs 3 KSchG; oben Rz 241) möglich. Allerdings dürfen nicht überhaupt alle Gerichte für unzuständig erklärt werden (siehe Rz 111).

Die **inländische Gerichtsbarkeit** kann hingegen durch Parteienvereinbarung nicht begründet werden. Es ist aber ev ein Verzicht auf die Immunität möglich. Siehe Rz 124.

259 Die **sachliche Zuständigkeit** kann durch Parteienvereinbarung grundsätzlich nicht geändert werden. Eine Ausnahme besteht insoweit, als bei Wertzuständigkeit von einem Gerichtshof zum Bezirksgericht prorogiert werden kann.

Beispiel: Die Zuständigkeit für eine Schadenersatzklage über € 27.000 kann durch eine Zuständigkeitsvereinbarung der Parteien vom zuständigen LG Innsbruck zum BG Lienz verlagert werden. Umgekehrt darf eine Kaufpreisklage über € 12.000 durch eine Parteienvereinbarung nicht vom BG Donaustadt zum LGZ Wien gebracht werden. Die Eigenzuständigkeit (insb der Bezirksgerichte) ist überhaupt einer Parteienvereinbarung entzogen.

Zwischen allgemeiner und Handelsgerichtsbarkeit kann (theoretisch) prorogiert werden. In Arbeits- und Sozialrechtssachen darf hingegen die sachliche Zuständigkeit nicht verändert werden (§ 9 Abs 1 ASGG, siehe Rz 1221).

Theoretisch ist daher für eine Ehescheidung die Vereinbarung des Bezirksgerichts für Handelssachen Wien zulässig. Statt des ASG Wien kann hingegen nicht die Zuständigkeit des LGZ Wien oder des HG Wien vereinbart werden.

260 Könnte ein unzuständiges Gericht durch eine Parteienvereinbarung zuständig gemacht werden, so spricht man von einer **prorogablen Unzuständigkeit**. Ist eine Zuständigkeitsverschiebung ausgeschlossen, liegt eine **unprorogable Unzuständigkeit** vor. Dies hat bisweilen Einfluss auf die Wahrnehmbarkeit der Unzuständigkeit (siehe Rz 273 ff).

261 Die **funktionelle Zuständigkeit** der Gerichte kann durch eine Vereinbarung der Parteien **nicht** geändert werden.

Eine Parteienvereinbarung, dass der Rechtsmittelzug von der ersten Instanz direkt zum OGH gehen soll (sog „Sprungrevision"), ist daher unzulässig.

Die **Zulässigkeit des Rechtswegs** und die Zulässigkeit des anzuwendenden Verfahrens unterliegen **nicht** der Parteiendisposition.

Es ist daher nicht zulässig, dass eine Streitsache durch Parteienvereinbarung in das Außerstreitverfahren oder umgekehrt eine außerstreitige Angelegenheit in das streitige Verfahren verlagert wird (*Mayr/Fucik* Rz 40).

Im **Außerstreitverfahren** gibt es grundsätzlich keine Zuständigkeitsvereinbarungen (Ausnahme § 114a Abs 1 JN für außerstreitige Ehe- und Partnerschaftsangelegenheiten; siehe *Mayr/Fucik* Rz 71).

Die Zuständigkeit eines **Schiedsgerichts** kann hingegen (grundsätzlich) durch eine Parteienvereinbarung (Schiedsvereinbarung nach §§ 581 ff ZPO) begründet werden (siehe Rz 1269 f).

b. Europäisches Recht

Nach Art 23 EuGVVO (bzw Art 25 EuGVVO neu) können die Parteien für eine bereits entstandene oder für eine künftig aus einem bestimmten Rechtsverhältnis entstehende Rechtsstreitigkeit eine Vereinbarung über die internationale und/oder die örtliche Zuständigkeit treffen (siehe näher *Mayr*, EuZPR Rz II/147 ff). Voraussetzung für die Anwendbarkeit dieser Norm (und nicht des § 104 JN) ist es, dass mindestens eine der Parteien ihren Wohnsitz im Hoheitsgebiet eines Mitgliedstaates hat und ein Gericht oder die Gerichte eines Mitgliedstaates als zuständig vereinbart werden. In der neuen Fassung der EuGVVO wird deren Regelung der Gerichtsstandsvereinbarung unabhängig vom Wohnsitz der Parteien anzuwenden sein (siehe auch schon oben Rz 190).

Beispiele: Eine Zuständigkeitsvereinbarung eines Österreichers mit einem Deutschen auf österreichische (oder deutsche) Gerichte unterliegt Art 23 EuGVVO; ebenso eine solche zwischen zwei Deutschen auf ein österreichisches Gericht (anders 1 Ob 240/02d JBl 2004, 187 [abl *Klicka*]; vgl jetzt 10 Ob 40/07s Zak 2007/592, 340; dazu auch *Casebook* ZVerfR 23, Fall 4). Auch eine Zuständigkeitsvereinbarung zwischen einem Deutschen und einem Türken auf ein österreichisches Gericht und eine Gerichtsstandsvereinbarung eines Österreichers mit einem Türken auf ein österreichisches Gericht sind nach europäischem Recht zu beurteilen (anders noch 3 Ob 380/97x SZ 71/29). Die Zulässigkeit einer Gerichtsstandsvereinbarung zwischen einer Liechtensteiner und einer russischen Gesellschaft auf das Landesgericht Feldkirch beurteilt das angerufene österreichische Gericht hingegen – derzeit noch – nach § 104 JN, in Zukunft nach Art 25 EuGVVO neu.

Hinsichtlich der **Formerfordernisse** stellt Art 23 EuGVVO vier Formalternativen zur Wahl; zB reicht auch eine Form aus, welche den zwischen den Parteien entstandenen Gepflogenheiten entspricht. Sofern die Parteien nichts anderes vereinbaren, wird das vereinbarte Gericht **ausschließlich zuständig**.

Unzulässig sind Gerichtsstandsvereinbarungen, wenn sie den Schutzvorschriften zugunsten der Versicherungsnehmer, Verbraucher und Arbeitnehmer (Art 13, 17 und 21 EuGVVO) zuwiderlaufen oder wenn sie gegen die ausschließlichen Zuständigkeiten des Art 22 EuGVVO verstoßen.

262

263

Übersicht über die örtliche Zuständigkeit nach österreichischem und europäischem Recht

Österreich	Europa
Allgemeiner Gerichtsstand	
Wohnsitz oder **gewöhnlicher Aufenthalt** (§ 66 JN) bzw **Sitz** (§ 75 JN: im Zweifel Ort der Verwaltung) der beklagten Partei	**keine** Regelung der örtlichen Zuständigkeit: nur (internationale) Zuständigkeit des **Wohnsitzstaates** (Art 59 EuGVVO) bzw des **Sitzstaates** (Art 60 EuGVVO) der beklagten Partei vorgesehen (Art 2 EuGVVO)
Ausschließliche Gerichtsstände	
„**ausschließliche**" (**örtliche**) **Zuständigkeiten** nach §§ 76 ff JN (abweichende Gerichtsstandsvereinbarung nur bei „Zwangszuständigkeiten" ausgeschlossen)	**keine** entsprechenden Regelungen für die örtliche Zuständigkeit (Art 22 EuGVVO regelt nur die internationale Zuständigkeit)
Vereinbarungen über die örtliche Zuständigkeit	
§ 104 Abs 1 und 2 JN: • ausgeschlossen bei Zwangszuständigkeiten (§§ 83a, 83b JN; § 14 KSchG; ASGG) • urkundlicher Nachweis im Bestreitungsfall erforderlich • im Zweifel Wahlgerichtsstand	Art 23 EuGVVO: • eingeschränkt bei Streitigkeiten mit Verbrauchern, Versicherungs- und Arbeitnehmern (Art 13, 17, 21, 23 Abs 5 EuGVVO) • erleichterte Formerfordernisse • im Zweifel ausschließlicher Gerichtsstand
Zuständigkeit durch rügelose Einlassung	
Zuständigkeitsbegründung durch rügelose Einlassung unter den Voraussetzungen des § 104 Abs 3 JN und §§ 240, 441 ZPO	Zuständigkeitsbegründung durch „Einlassung auf das Verfahren" nach Art 24 EuGVVO
Wahlgerichtsstände	
Gerichtsstand des Erfüllungsorts	
§ 88 Abs 1 JN: • nur für **bestimmte Ansprüche** aus einem Vertrag • (ausdrückliche) **Vereinbarung notwendig** mit urkundlichem Nachweis im Bestreitungsfall	Art 5 Nr 1 EuGVVO: • für **alle Ansprüche** aus einem Vertrag • **Vereinbarung** (ohne urkundlichen Nachweis) möglich, aber **nicht notwendig** • **Unterscheidung** zwischen → Kaufverträgen für bewegliche Sachen bzw Dienstleistungsverträgen: tatsächlicher (bzw hypothetischer) Liefer- bzw Dienstleistungsort für alle Ansprüche aus dem Vertrag

	→ sonstigen Verträgen: Erfüllungsort ist für jeden Anspruch aus dem Vertrag nach dem anwendbaren Sachrecht (der *lex causae*) zu bestimmen
Gerichtsstand für Unterhaltsstreitigkeiten	
§ 114 JN: Pflegschaftsgericht bzw Gericht des allgemeinen Gerichtsstands des (volljährigen) Unterhaltsberechtigten (Aktivgerichtsstand)	Art 3 EuUnterhaltsVO: Gericht des Ortes, an dem die beklagte Partei oder die berechtigte Person ihren gewöhnlichen Aufenthalt hat Art 5 Nr 2 LGVÜ: Wohnsitz oder gewöhnlicher Aufenthalt des Unterhaltsberechtigten (Aktivgerichtsstand)
Gerichtsstand für Deliktsklagen	
§ 92a JN: • nur für **bestimmte Schadenersatzansprüche** • zuständigkeitsbegründend ist (nur) der **Handlungsort**	Art 5 Nr 3 EuGVVO: • für **alle Ansprüche** aus unerlaubten Handlungen • zuständigkeitsbegründend sind sowohl der **Handlungs-** als auch der **Erfolgsort** (Ubiquitätstheorie)
Gerichtsstand der Niederlassung	
§ 87 JN: für Streitigkeiten, die sich auf die „geschäftliche oder berufliche Tätigkeit beziehen" (Abs 1), sich „auf diese Niederlassungen beziehen" (Abs 2) oder die sich „auf die Bewirtschaftung des Gutes" beziehen (Abs 3)	Art 5 Nr 5 EuGVVO: für Streitigkeiten aus dem Betrieb einer Zweigniederlassung, Agentur oder sonstigen Niederlassung (Betriebsbezogenheit der Klage)
Gerichtsstand der Streitgenossenschaft	
§ 93 JN: • (nur) für die einheitliche Streitpartei und für materielle Streitgenossen • kein „gemeinschaftlicher besonderer" Gerichtsstand • Prorogabilität muss gegeben sein	Art 6 Nr 1 EuGVVO: wenn zwischen den Klagen eine **so enge Beziehung** gegeben ist, dass eine gemeinsame Verhandlung und Entscheidung geboten erscheint, um zu verhindern, dass in getrennten Verfahren widersprechende Entscheidungen ergehen können
Gerichtsstand der Widerklage	
§ 96 JN: • **Konnexität, Kompensabilität** oder **Präjudizialität** muss vorliegen • Prorogabilität muss gegeben sein • mündliche Verhandlung erster Instanz über die Hauptklage darf noch nicht geschlossen sein	Art 6 Nr 4 EuGVVO: Widerklage muss sich auf **denselben Vertrag oder Sachverhalt** stützen wie die Hauptklage

Sonderregelungen für Verbrauchersachen	
§ 14 KSchG: • für **alle Rechtsstreite** zwischen einem Unternehmer (§ 1 KSchG) und einem (inländischen) Konsumenten	Art 15 ff EuGVVO: • (nur) für **bestimmte Rechtsstreite** zwischen einem Verbraucher (außerhalb seiner beruflichen oder gewerblichen Tätigkeit) und seinem Vertragspartner
• für Klagen des Unternehmers gegen den Konsumenten: **Einschränkung gewisser Gerichtsstände** (insb des Erfüllungsortes und der Vereinbarung) auf den allgemeinen Gerichtsstand des Konsumenten	• für Klagen des Vertragspartners gegen den Verbraucher: nur im **Wohnsitzstaat des Verbrauchers** zulässig (Regelung [nur] der internationalen Zuständigkeit)
• für Klagen des Konsumenten gegen den Unternehmer: **Derogationsverbot** der gesetzlichen Gerichtsstände	• für Klagen des Verbrauchers gegen den Vertragspartner: Gericht des Ortes, an dem der Verbraucher seinen Wohnsitz hat (**Aktivgerichtsstand**)

D. Delegation

Literatur: *Mayr,* Die Delegation im zivilgerichtlichen Verfahren, JBl 1983, 293.

1. Definition

264   Unter Delegation (oder Delegierung) versteht man die Übertragung einer Rechtssache von dem an sich zuständigen Gericht an ein anderes Gericht durch gerichtliche Entscheidung (*forum iudiciale*). Sie erfolgt entweder durch die Entscheidung eines übergeordneten Gerichts (Delegation im engeren Sinn: §§ 30, 31 JN) oder durch das angerufene Gericht selbst (direkte Zuständigkeitsübertragung: § 31a JN; § 111 JN für außerstreitige Pflegschaftsverfahren).

2. Delegation im engeren Sinn

a. Notwendige Delegation

265   Eine Zuständigkeitsübertragung an ein Gericht des gleichen Gerichtstyps durch das übergeordnete Gericht muss dann erfolgen, wenn vom Untergericht angezeigt wird, dass es wegen Ausgeschlossenheit oder Befangenheit aller Richter nicht in der Lage ist, die Gerichtsbarkeit auszuüben (§ 30 JN).

Beispiel: Alle Richter des Bezirksgerichts Kufstein sind rechtskräftig abgelehnt worden. Das LG Innsbruck wird eine Delegation an ein benachbartes Gericht (etwa das Bezirksgericht Kitzbühel) aussprechen. Vgl auch den Delegationsfall nach § 9 Abs 4 AHG.

b. Zweckmäßige Delegation

Auf Antrag einer Partei kann auch **aus Gründen der Zweckmäßigkeit** 266 (etwa aufgrund des Wohn- oder Aufenthaltsortes der Parteien und der zu vernehmenden Zeugen oder der Lage des Augenscheinsortes) die Rechtssache an ein anderes Gericht gleicher Gattung übertragen werden (§ 31 JN). Diese Zuständigkeitsübertragung darf jedoch nur den Ausnahmefall darstellen und soll nicht dazu dienen, die gesetzliche Zuständigkeitsordnung zu durchbrechen. Für solche Delegierungen sind daher auch nur die Oberlandesgerichte bzw – bei einer Überschreitung des OLG-Sprengels – der OGH zuständig.

Beispiel: Für eine Bestandstreitigkeit betreffend eine Wohnung in Linz ist das BG Linz (ausschließlich) zuständig (§ 83 JN). Wenn jedoch beide Streitparteien und auch die drei beantragten Zeugen in Innsbruck wohnen, so kann der OGH auf Antrag einer der Parteien das BG Innsbruck für zuständig erklären (delegieren).

3. Direkte Zuständigkeitsübertragung

Nach § 31a Abs 1 JN können die Parteien bis **spätestens zu Beginn der** 267 **mündlichen Streitverhandlung** erster Instanz (also spätestens zu Beginn der vorbereitenden Tagsatzung) übereinstimmend beantragen, dass die Streitsache vom angerufenen (zuständigen) Gericht an ein Gericht gleicher Gattung (oder von einem wertzuständigen Gerichtshof an ein Bezirksgericht) übertragen wird. Sind die gesetzlichen Voraussetzungen erfüllt, so sind die Gerichte an einen solchen Antrag bzw an die Übertragung der Zuständigkeit gebunden.

Im Grunde handelt es sich hier um eine zeitliche Verlängerung der Möglichkeit einer Gerichtsstandsvereinbarung (**nachträgliche Konsensprorogation**).

Wenn aus demselben schädigenden Ereignis (zB Massenkarambolage) bei 268 verschiedenen Gerichten gleichartige Schadenersatzprozesse anhängig sind, kann auf Antrag oder von Amts wegen die Zuständigkeit an dasjenige Gericht übertragen werden, bei dem als Erstem eine Klage eingebracht worden ist. Diese Regelung des § 31a Abs 2 JN ermöglicht daher aus prozessökonomischen Gründen eine (nachträgliche) **Zuständigkeitskonzentration**.

E. Rechtshilfe

269   Unter Rechtshilfe versteht man die Vornahme einzelner Amtshandlungen eines gerichtlichen Verfahrens durch ein anderes Gericht als das Hauptsachegericht, weil die Amtshandlung für dieses Gericht unzulässig oder untunlich ist oder die Übertragung an das andere Gericht zweckmäßig erscheint. Sie ist deshalb notwendig, weil die Amtstätigkeit der Gerichte grundsätzlich auf ihren Sprengel begrenzt ist (vgl §§ 32 f JN). Da die Rechtshilfe jedoch eine **Durchbrechung des Unmittelbarkeitsgrundsatzes** bedeutet (siehe Rz 84 ff), ist sie nur dann zulässig, wenn sie entweder ausdrücklich vorgesehen ist oder wenn Gründe der Zweckmäßigkeit und der Verfahrensökonomie eindeutig für die Vornahme der Amtshandlung im Rechtshilfeweg sprechen.

270   Rechtshilfe wird aufgrund eines (Rechtshilfe-)**Ersuchens** eines Gerichts (**ersuchendes Gericht**) vom Rechtshilfegericht (**ersuchtes Gericht**) geleistet. Rechtshilfegerichte sind grundsätzlich die **Bezirksgerichte**, örtlich zuständig ist dasjenige Bezirksgericht, in dessen Sprengel die Amtshandlung vorgenommen werden soll.

271   Die **inländischen Gerichte** sind verpflichtet, sich gegenseitig Rechtshilfe zu leisten (§ 37 JN). Eine Ablehnung der Rechtshilfe darf nur im Falle der Unzuständigkeit des ersuchten Gerichts oder der Gesetzwidrigkeit der Rechtshilfe erfolgen; eine Prüfung der Zweckmäßigkeit der Rechtshilfe steht dem ersuchten Gericht nicht zu.

Streitigkeiten zwischen ersuchendem und ersuchtem Gericht über die Ausübung der Rechtshilfe entscheidet der beiden Gerichten zunächst übergeordnete Gerichtshof.

272   Auch **ausländischen Gerichten** ist grundsätzlich Rechtshilfe zu leisten. Sofern nicht vorrangig Europarecht (nämlich die **EuBVO**; siehe Rz 806 ff) oder bi- oder multilaterale völkerrechtliche Verträge (insb das Haager Prozessübereinkommen 1954, BGBl 1957/91) zur Anwendung kommen, gelten die nationalen Regelungen der §§ 38 bis 40 JN.

Die Rechtshilfe ist grundsätzlich nach den einschlägigen inländischen Vorschriften durchzuführen, jedoch kann auf ein ausdrückliches Ersuchen hin auch ausnahmsweise ausländisches Verfahrensrecht angewendet werden, wenn dies nicht im Widerspruch zu österreichischem Recht steht (§ 39 Abs 2 JN). Unter gewissen, in § 39a JN detailliert geregelten Voraussetzungen ist sogar (auch außerhalb des Anwendungsbereichs der EuBVO) eine unmittelbare Beweisaufnahme ausländischer Gerichte in Österreich möglich.

V. Die prozessuale Behandlung der Unzuständigkeit

Literatur: *Annerl*, Die Unzuständigkeitseinrede im Widerspruch gegen ein Versäumungsurteil, ÖJZ 2009/91, 839; *Bruchbacher/Denk*, Zur Heilung der Internationalen Unzuständigkeit im Europäischen Mahnverfahren, Zak 2012/758, 408; *Burgstaller/Neumayr*, Die grenzüberschreitende Überweisung in der Europäischen Union, RZ 2003, 242;

136

Geimer, Unterwerfung des Beklagten als Basis internationaler Zuständigkeit, in FS Rechberger (2005) 155; *Kodek,* Überweisung von Klagen im europäischen Justizraum? RZ 2005, 217; *derselbe,* Rechtsschutz im Europäischen Mahnverfahren – Zum Zusammenspiel von gerichtlichen Prüfpflichten und Handlungslasten des Schuldners, in FS Stürner (2013) 1263; *Mayr,* Die Wahrnehmung der Unzuständigkeit nach der ZVN 2002, ÖJZ 2004/22, 361; *derselbe,* Die rügelose Einlassung im europäischen (und österreichischen) Mahnverfahren, Zak 2012/334, 167; *McGuire,* Forum Shopping und Verweisung, ZfRV 2005/15, 83; *dieselbe,* Verjährungsunterbrechung durch Auslandsklage nach § 1497 ABGB, Zak 2008/261, 148; *Nademleinsky/ Neumayr,* Forum conveniens und gerichtliche Zusammenarbeit nach Art 15 EheVO, iFamZ 2007, 320; *Nunner-Krautgasser,* Entscheidung über die internationale Zuständigkeit und Anrufbarkeit des OGH, Zak 2008/8, 10; *Schoibl,* Die Prüfung der internationalen Zuständigkeit und der Zulässigkeit des Verfahrens nach dem Brüsseler und dem Luganer Übereinkommen, in FS Schütze (1999) 777; *Simotta,* Der Überweisungsantrag nach § 230a ZPO, JBl 1988, 359 und 423; *dieselbe,* Wann darf von einem österreichischen Gericht die Klage a limine wegen internationaler Unzuständigkeit zurückgewiesen werden? in FS Beys II (2003) 1515.

A. Zuständigkeitsprüfung nach österreichischem Recht

1. Allgemeines

Die Zuständigkeit des angerufenen Gerichts ist eine **Prozessvoraussetzung** (oder besser: Sachentscheidungsvoraussetzung; siehe Rz 478), die von Amts wegen oder aufgrund einer Einrede der beklagten Partei geprüft wird. Aus prozessökonomischen Gründen **heilt** eine Unzuständigkeit jedoch regelmäßig in einem relativ frühen Verfahrensstadium und kann dann nicht mehr aufgegriffen werden. $\qquad$ 273

Ein Nichtigkeitsgrund nach § 477 Abs 1 Z 3 ZPO liegt daher nur noch in den seltenen Ausnahmefällen vor, in denen die Unzuständigkeit nicht bereits in erster Instanz geheilt worden ist.

Die genauen **Zeitpunkte**, in denen eine Heilung der Unzuständigkeit eintritt, sind in JN und ZPO leider sehr unübersichtlich und (teilweise auch) unklar geregelt. Bisweilen muss zwischen zwei Arten der Unzuständigkeit unterschieden werden, nämlich zwischen einer prorogablen und einer unprorogablen Unzuständigkeit. Eine **prorogable Unzuständigkeit** liegt – wie bereits oben (Rz 260) erwähnt – vor, wenn die Unzuständigkeit durch eine Vereinbarung der Parteien (Prorogation) beseitigt werden könnte. Eine **unprorogable Unzuständigkeit** ist hingegen dann gegeben, wenn das angerufene Gericht auch durch eine Vereinbarung der Parteien nicht zuständig gemacht werden könnte (also eine Zwangszuständigkeit vorliegt). $\qquad$ 274

Beispiele: Wenn der behauptete Gerichtsstand des Erfüllungsortes nicht gegeben ist, liegt eine prorogable Unzuständigkeit vor. Wird ein Konsument gestützt auf eine (unzulässige) Gerichtsstandsvereinbarung außerhalb seines allgemeinen Gerichtsstands geklagt, ist das angerufene Gericht unprorogabel unzuständig.

Zusätzlich erschwert wird das Verständnis dadurch, dass die **internationale Zuständigkeit** – die im Gesetz unglücklicherweise als „inländische Gerichtsbarkeit" bezeichnet wird – zwar meistens prorogabel (also durch Vereinbarung der Parteien begründbar) ist, aber verfahrensrechtlich wie eine unprorogable (sachliche oder örtliche) Unzuständigkeit behandelt wird. Eine unprorogable internationale Unzuständigkeit heilt überhaupt erst mit der Rechtskraft der Entscheidung (siehe auch Rz 212).

275 Das Vorliegen der Zuständigkeit wird grundsätzlich nach dem **Zeitpunkt** der **Einbringung der Klage** bei Gericht (Gerichtshängigkeit) beurteilt.

Wird die Zuständigkeit allerdings erst aufgrund einer Unzuständigkeitseinrede geprüft, so ist der Schluss der abgesonderten Verhandlung über diese Einrede oder sonst der Verhandlungsschluss in der Hauptsache maßgeblich.

Ist zu diesem Zeitpunkt die Zuständigkeit gegeben, so bleibt sie gem § 29 Satz 1 JN aufrecht, auch wenn sich die maßgeblichen Umstände im Laufe des Verfahrens ändern (**perpetuatio fori**). Dies gilt auch für den Wegfall der Voraussetzungen für die internationale Zuständigkeit, nicht jedoch für den Entfall der inländischen Gerichtsbarkeit (durch Eintritt eines Immunitätsfalls) oder für den Wegfall der Zulässigkeit des Rechtswegs.

Beispiel: Eine an ihrem allgemeinen Gerichtsstand in Österreich beklagte Person wandert während eines Zivilprozesses nach Australien aus. Die Zuständigkeit des österreichischen Gerichtes wird perpetuiert. Wird eine in Österreich rechtmäßig beklagte Partei hingegen im Lauf eines Zivilprozesses zum Botschafter eines ausländischen Staates ernannt (und wird vom Entsendestaat nicht auf die Immunität verzichtet), so fällt die inländische Gerichtsbarkeit nachträglich weg, und das Verfahren müsste (zumindest) unterbrochen werden (oder sogar die Klage zurückgewiesen werden). Siehe näher Rz 124.

2. Amtswegige Prüfung

276 Das angerufene Gericht hat seine Zuständigkeit nach dem Einlangen der Klage bei Gericht, also im Stadium der Gerichtsanhängigkeit (siehe Rz 671), noch bevor es die Klage dem Beklagten zustellt (und dadurch Streitanhängigkeit eintritt – siehe Rz 712 ff), aufgrund der Angaben in der Klage (außer diese sind amtsbekannt unrichtig) zu prüfen (§ 41 JN). Der Kläger muss daher – sofern er die Klage nicht ohnehin beim allgemeinen Gerichtsstand des Beklagten eingebracht hat – entsprechende zuständigkeitsbegründende Behauptungen aufstellen, also einen Kompetenzsachverhalt in die Klage aufnehmen (siehe Rz 528).

277 Diese amtswegige Prüfungsbefugnis „**in limine litis**" steht dem Gericht allerdings nur so lange zu, bis es die **erste amtliche Verfügung** über die Klage getroffen hat, also (insb) nur

138

- bis zur Anberaumung der mündlichen Streitverhandlung (im bezirksgerichtlichen Verfahren);
- bis zum Auftrag zur Erstattung der Klagebeantwortung (im Gerichtshofverfahren) oder
- bis zur Erlassung eines Zahlungsbefehls oder eines (Wechselzahlungs-) Auftrags (im bezirksgerichtlichen oder Gerichtshofverfahren).

Danach kann von Amts wegen nur noch eine unprorogable Unzuständigkeit – sofern sie noch nicht geheilt ist – wahrgenommen werden (§ 43 Abs 1 JN).

Eine unprorogable internationale Unzuständigkeit muss allerdings jederzeit (bis zum Eintritt der Rechtskraft) von Amts wegen oder auf Antrag wahrgenommen werden.

3. Einrede des Beklagten

Sofern die Unzuständigkeit nicht bereits (*in limine litis*) von Amts wegen wahrgenommen wurde, ist es Sache der beklagten Partei, eine allfällige Unzuständigkeit einzuwenden. Die Erhebung dieser **Unzuständigkeitseinrede** ist jedoch (aus prozessökonomischen Gründen) nicht unbeschränkt möglich, sondern befristet. Die Grundregel ist, dass eine prorogable Unzuständigkeit bei sonstiger Heilung bei der ersten Gelegenheit eingewendet werden muss. Ein unprorogabel unzuständiges Gericht wird hingegen dann zuständig, wenn der qualifiziert (durch einen Rechtsanwalt oder Notar) vertretene Beklagte schriftlich oder mündlich zur Sache vorbringt, ohne eine Unzuständigkeitseinrede zu erheben (§ 104 Abs 3 JN).   **278**

Dies ist typischerweise (und unbestritten) dann der Fall, wenn im Gerichtshofverfahren der (notwendigerweise) durch einen Rechtsanwalt vertretene Beklagte eine Klagebeantwortung oder einen Einspruch gegen einen Zahlungsbefehl einbringt oder der qualifiziert vertretene Beklagte im bezirksgerichtlichen Verfahren (in der vorbereitenden Tagsatzung) mündlich zur Sache vorbringt. Eine Heilung der Unzuständigkeit wird aber auch dann eintreten, wenn der qualifiziert vertretene Beklagte im bezirksgerichtlichen Verfahren schriftlich, also in einem mit Sachvorbringen versehenen Einspruch oder in einem vorbereitenden Schriftsatz, zur Sache vorbringt. Dies ist allerdings strittig. Strittig ist ebenfalls, ob im Widerspruch gegen ein Versäumungsurteil (siehe Rz 657 ff) noch eine Unzuständigkeitseinrede erhoben werden kann (siehe etwa *Mayr*, ÖJZ 2004, 366 f und 369 oder *Kodek* in *Fasching/Konecny*, Kommentar III § 442a ZPO Rz 7).

Ist der Beklagte **nicht qualifiziert vertreten**, so kann eine unprorogable Unzuständigkeit erst dann heilen, wenn der Richter den Beklagten über die Möglichkeit einer Unzuständigkeitseinrede und deren Wirkung belehrt und diese **Belehrung** im Verhandlungsprotokoll beurkundet hat und der Beklagte sich dennoch in die Verhandlung zur Hauptsache eingelassen hat. Diese Konstellation ist nur im bezirksgerichtlichen Verfahren ohne Anwaltspflicht möglich.   **279**

Beispiel: Ein unvertretener Beklagter hat gegen einen Zahlungsbefehl einen ausführlich begründeten Einspruch erhoben oder nach der Zustellung der Klage einen vorbereitenden Schriftsatz mit Sachvorbringen eingebracht. Eine allfällige (unprorogable) Unzuständigkeit wird dadurch nicht geheilt, sondern erst, wenn der vom Richter einschlägig belehrte Beklagte nach Protokollierung der Belehrung dennoch ohne Einrede vor dem an sich unzuständigen Gericht weiter verhandelt.

VON AMTS WEGEN	
Gerichtshof	**Bezirksgericht**
• bis zum Auftrag zur Erstattung einer Klagebeantwortung • bis zur Erlassung eines Zahlungsbefehls oder eines Wechselzahlungsauftrags • *Später:* (nur) eine unprorogable Unzuständigkeit bei der Prüfung der Voraussetzungen für die Erlassung eines Versäumungsurteils	• bis zur Anberaumung der mündlichen Streitverhandlung • bis zur Erlassung eines Zahlungsbefehls oder eines Auftrags im Wechselmandatsverfahren oder im Bestandverfahren • *Später:* nur eine unprorogable Unzuständigkeit, solange noch keine Heilung durch rügelose Einlassung des Beklagten eingetreten ist

AUF EINREDE DES BEKLAGTEN		
Gerichtshof	**Bezirksgericht**	
immer vertreten	**qualifiziert vertreten**	**unvertreten**
• in der Klagebeantwortung • im Einspruch gegen einen Zahlungsbefehl • in den Einwendungen gegen einen Wechselzahlungsauftrag	• in einem Schriftsatz, in dem vor der mündlichen Streitverhandlung zur Sache vorgebracht wird • in einem Einspruch gegen einen Zahlungsbefehl, wenn darin zur Sache vorgebracht wird • in den Einwendungen gegen einen Wechselzahlungsauftrag oder einen Auftrag im Bestandverfahren, wenn darin zur Sache vorgebracht wird • in allen anderen Fällen: am Beginn der mündlichen Streitverhandlung, bevor sich der Beklagte in die Verhandlung über die Hauptsache einlässt	• bei einer prorogablen Unzuständigkeit: am Beginn der mündlichen Streitverhandlung, bevor sich der Beklagte in die Verhandlung zur Hauptsache einlässt • bei einer unprorogablen Unzuständigkeit: mündliches oder schriftliches Vorbringen zur Sache nach einer einschlägigen, protokollierten Belehrung durch den Richter

140

B. Zuständigkeitsprüfung nach europäischem Recht

Im Anwendungsbereich der **Brüssel I(a)-VO** besteht eine amtswegige Prüfungspflicht *in limine litis* nur hinsichtlich der in Art 22 EuGVVO (Art 24 EuGVVO neu) vorgesehenen ausschließlichen Zuständigkeiten (Art 25 EuGVVO bzw Art 27 EuGVVO neu). In allen anderen Fällen darf das (möglicherweise) unzuständige Gericht die Klage **nicht *a limine* zurückweisen**, sondern es muss sie dem Beklagten zustellen und ihm damit die Möglichkeit geben, sich auf das Verfahren einzulassen. 280

Lässt sich der Beklagte aus einem anderen Mitgliedstaat **nicht** auf das Verfahren **ein** (ist er also säumig), so hat das Gericht (erst jetzt) von Amts wegen die Zuständigkeit zu prüfen (Art 26 EuGVVO bzw Art 28 EuGVVO neu). Bejaht es seine Zuständigkeit, so hat es einem allenfalls gestellten Antrag auf Fällung eines Versäumungsurteils stattzugeben und ein Versäumungsurteil zu fällen. Im gegenteiligen Fall hat es seine Unzuständigkeit auszusprechen und die Klage zurückzuweisen. 281

Lässt sich der Beklagte hingegen auf das Verfahren **ein**, so wird das angerufene Gericht – außer in den Fällen einer ausschließlichen Zuständigkeit nach Art 22 EuGVVO bzw Art 24 EuGVVO neu – zuständig, wenn der Beklagte nicht rechtzeitig eine **Unzuständigkeitsrüge** erhebt (Art 24 EuGVVO bzw Art 26 Abs 1 EuGVVO neu). In Versicherungs-, Verbraucher- und Arbeitsrechtstreitigkeiten muss allerdings in Hinkunft eine vorherige Belehrung erfolgen (Art 26 Abs 2 EuGVVO neu; siehe bereits oben Rz 194). 282

Der Zeitpunkt, zu dem sich der Beklagte (rügelos) auf das Verfahren eingelassen hat, ist nicht nach dem nationalen Recht, sondern (verordnungs-)autonom zu bestimmen (siehe 1 Ob 73/06a EvBl 2006/137, 724).

Kommt die **EuMahnVO** zur Anwendung, so hat das angerufene Gericht den Antrag auf Erlassung eines europäischen Zahlungsbefehls von Amts wegen (auch) hinsichtlich der Einhaltung der Zuständigkeitsregelung des Art 6 EuMahnVO zu prüfen (Art 8 EuMahnVO) und gegebenenfalls den Antrag (*a limine litis*) zurückzuweisen (Art 11 Abs 1 lit a EuMahnVO). 283

Auch im Anwendungsbereich der **Brüssel IIa-VO** hat das angerufene Gericht seine (internationale) Zuständigkeit von Amts wegen zu prüfen und sich gegebenenfalls in jeder Lage des Verfahrens (auch *a limine litis*) für unzuständig zu erklären (Art 17 EuEheKindVO). 284

C. Die Folgen der Unzuständigkeit

1. Entscheidung über die Zuständigkeit

Wenn sich das angerufene Gericht für unzuständig hält, so **weist** es die Klage (*a limine litis*) von Amts wegen **mit Beschluss zurück** (§ 43 Abs 1 Satz 285

1 JN). Dieser Zurückweisungsbeschluss ist immer (auch bei einem Streitwert von unter € 2.700; siehe § 517 Abs 1 Z 1 ZPO) mit einem (einseitigen) Rekurs **anfechtbar** (siehe Rz 1121).

286   Wird die Zuständigkeitsentscheidung **nach** dem Eintritt der **Streitanhängigkeit** getroffen, so ist zu **differenzieren**, ob sie die örtliche oder die sachliche Zuständigkeit betrifft: Entscheidungen über die örtliche Zuständigkeit sind – sofern sie nicht in die Entscheidung über die Hauptsache aufgenommen wurden (§ 261 Abs 1 ZPO) – immer anfechtbar; Entscheidungen über die sachliche Zuständigkeit nur dann, wenn die Zuständigkeit verneint wird und das Gericht, das eigentlich sachlich zuständig wäre, seinen Sitz nicht in derselben Gemeinde hat (§ 45 JN).

Beispiele: Wenn das HG Wien aufgrund einer Unzuständigkeitseinrede die Klage wegen sachlicher Unzuständigkeit zurückweist, ist dieser Beschluss unanfechtbar, weil alle anderen sachlich in Frage kommenden Gerichte (auch) ihren Sitz in Wien haben.
Bejaht des BG Hallein seine sachliche Zuständigkeit (nach Streiteinlassung), so ist diese Entscheidung unanfechtbar (vgl 1 Ob 249/11s EvBl-LS 2012/112, 688).

Rechtskräftige Entscheidungen über die sachliche Zuständigkeit **binden** (sofern sie nicht *in limine litis* ohne Beteiligung des Beklagten getroffen worden sind) gem § 46 Abs 1 JN alle anderen Gerichte.

2. Überweisung an das zuständige Gericht

287   Eine **amtswegige Überweisung** der Rechtssache an das zuständige Gericht ordnet § 44 Abs 1 JN nur für das Außerstreit-, Exekutions- und Insolvenzverfahren an. Im streitigen Verfahren (Ausnahme im arbeits- und sozialgerichtlichen Verfahren: siehe Rz 1223) ist eine solche Überweisung **nicht** vorgesehen.

288   Allerdings räumt **§ 261 Abs 6 ZPO** dem Kläger das Recht ein, für den Fall einer Unzuständigkeitsentscheidung durch das angerufene Gericht einen **Eventualantrag** zu stellen, dass es die Klage an ein namhaft zu machendes, nicht offenbar unzuständiges Gericht überweisen möge. Stellt der Kläger allerdings einen solchen Überweisungsantrag, so verliert er das Recht, die dann allenfalls (und in der Praxis regelmäßig) erfolgende Unzuständigkeitsentscheidung anzufechten.

Im Falle eines europäischen Mahnverfahrens ist außerdem vorgesehen (§ 252 Abs 3 ZPO), dass das Gericht (BGHS Wien) nach dem Einlangen eines fristgerechten Einspruchs gegen den europäischen Zahlungsbefehl den Antragsteller aufzufordern hat, einen Überweisungsantrag an das (für das ordentliche Verfahren) zuständige Gericht zu stellen (siehe Rz 702).

289   Hat das Gericht seine Unzuständigkeit ausgesprochen, ohne dass der Kläger einen Überweisungsantrag nach § 261 Abs 6 ZPO stellen konnte (also insb bei einer *a limine*-Zurückweisung der Klage), so sieht **§ 230a ZPO** vor, dass

der Kläger noch 14 Tage nach der Zustellung des Zurückweisungsbeschlusses einen **Überweisungsantrag** an ein anderes Gericht stellen kann. Wurde dieser Antrag rechtzeitig gestellt und ist das namhaft gemachte (andere) Gericht nicht offenbar unzuständig, so hat das Gericht seinen Unzuständigkeitsbeschluss aufzuheben und die Klage zu überweisen. Das Gericht, an das die Streitsache überwiesen worden ist, kann sich nicht für unzuständig erklären (1 Ob 143/03s MietSlg 55.672), eine (rechtzeitige) Unzuständigkeitseinrede des Beklagten bleibt freilich möglich.

In Lehre und Rsp ist anerkannt, dass eine **Häufung** eines Rechtsmittels gegen den Zurückweisungsbeschluss mit einem (Eventual-)Antrag auf Überweisung nach § 230a ZPO möglich ist (1 Ob 607/84 JBl 1985, 371; RIS-Justiz RS0039108), der Kläger kann also für den Fall der Erfolglosigkeit seines Rekurses einen Überweisungsantrag stellen.

Wichtig ist, dass in beiden erwähnten Fällen einer Überweisung die Gerichts- (bzw Streit-)anhängigkeit nicht aufgehoben wird, was bedeutet, dass der **Lauf der Verjährungsfrist unterbrochen** bleibt. Siehe auch Rz 676.

Eine **grenzüberschreitende Überweisung** an ein ausländisches Gericht 290 (bei einer internationalen Unzuständigkeit) kann das österreichische Recht nicht anordnen. Aber auch das europäische Recht sieht – abgesehen vom Spezialfall des Art 15 EuEheKindVO – eine Überweisung von Rechtssachen innerhalb der Mitgliedstaaten (noch) **nicht** vor.

Die Gefahr der Verjährung, die durch diese fehlende internationale Überweisungsmöglichkeit besteht, hat der OGH dadurch beschränkt, dass die Verjährungsunterbrechung dann aufrecht bleibt, wenn die zurückgewiesene Klage unverzüglich im international zuständigen Staat (neuerlich) eingebracht wird und das ursprünglich angerufene Gericht nicht offenbar unzuständig war (10 Ob 113/07a SZ 2008/30 und 7 Ob 23/12a ecolex 2012/322, 786 [*Kogler*]; dazu auch *Ertl*, ecolex 2012, 1049).

3. Kompetenzkonflikte

Ein **positiver Kompetenzkonflikt** zwischen Gerichten kann nur in den 291 (höchst seltenen) Fällen entstehen, dass dieselbe Rechtssache gleichzeitig bei verschiedenen Gerichten streitanhängig wird (also die Klagen zeitgleich zugestellt werden) und sich alle Gerichte für zuständig halten. Andernfalls wäre nämlich jene Klage, die dem Beklagten später zugestellt wurde, (schon) wegen (der negativen Prozessvoraussetzung der) Streitanhängigkeit (siehe Rz 717) zurückzuweisen (§ 233 Abs 1 ZPO).

Ein **negativer Zuständigkeitskonflikt** entsteht dann, wenn zwei (oder mehrere) Gerichte hintereinander ihre (sachliche oder örtliche) Zuständigkeit in derselben Rechtssache **rechtskräftig** in der Art verneinen, dass die Zuständigkeit eines weiteren Gerichts nicht in Betracht kommt.

Die **Entscheidung** des Kompetenzkonflikts erfolgt (auf Antrag einer Partei oder aufgrund einer Anzeige eines beteiligten Gerichts) durch den zunächst gemeinsam übergeordneten Gerichtshof mit einem (unanfechtbaren) Beschluss. Bei diesem Beschluss ist nach stRsp (RIS-Justiz RS0046391) auf eine allfällige Bindungswirkung einer Zuständigkeitsentscheidung (selbst wenn sie unrichtig gewesen sein sollte) Bedacht zu nehmen.

Fünfter Teil:
Die Parteien

Literatur: *Ballon,* Zur Parteifähigkeit von politischen Personenvereinigungen, JBl 1990, 2; *Burgstaller/Neumayr,* Parteiberichtigung, Parteiänderung und Verjährung, in FS Rechberger (2005) 75; *Frauenberger,* Gewillkürter Parteiwechsel – Änderung der Judikatur! JAP 1992/93, 120; *Geroldinger,* Zur prozessualen Stellung und zum Kostenersatz der Quasi-Partei, Zak 2008/500, 292; *Haselberger*, Der materielle Parteibegriff im gerichtlichen Außerstreitverfahren und im Verwaltungsverfahren oder die Verwandtschaft zwischen Gericht und Tribunal, RZ 2009, 58; *Oberhammer,* Richterliche Rechtsgestaltung und rechtliches Gehör (1994); *derselbe*, Die Offene Handelsgesellschaft im Zivilprozeß (1998); *Rechberger,* Mangel der Parteiexistenz, Mangel der Parteifähigkeit und mangelhafte Parteibezeichnung, in FS Fasching (1988) 385; *derselbe,* Parteilehre, Streitgegenstand und der österreichische Oberste Gerichtshof, in FS Henckel (1995) 679; *Schneider,* Die Berichtigung der Parteibezeichnung und der formelle Parteibegriff, JBl 2006, 555; *Ziehensack,* Die Berichtigung der Parteibezeichnung, ÖJZ 1996, 721.

I. Allgemeines

Der streitige Zivilprozess ist durch das Zweiparteiensystem gekennzeichnet. Die Parteien heißen **Kläger** und **Beklagter**, wobei auf jeder Seite mehrere Personen stehen können (**Streitgenossenschaft**).   292

Demgegenüber ist für das Außerstreitverfahren charakteristisch, dass dort auch Einparteienverfahren ohne „Gegner" (zB im Firmenbuchverfahren) und Mehrparteienverfahren mit mehr als zwei Parteien (zB Streitigkeiten unter Miteigentümern, wohnrechtliche Außerstreitverfahren) möglich sind.

Partei im Zivilprozess ist, wer im eigenen Namen Klage erhebt bzw derjenige, gegen den die Klage erhoben wird. Damit liegt dem Zivilprozess ein **formeller Parteibegriff** zugrunde. Ob der geltend gemachte Anspruch auch wirklich dem Kläger bzw gegen den Beklagten zusteht, ist dabei ohne Bedeutung. Die **Sachlegitimation** bestimmt lediglich den Ausgang des Zivilprozesses, nicht aber, wer daran teilnehmen darf. Stellt sich der geltend gemachte Anspruch als nicht begründet heraus, wird die Klage mit Urteil als unbegründet abgewiesen.   293

Vor allem im Außerstreitverfahren, aber auch in einigen anderen Verfahrensarten wie dem Exekutions- und Insolvenzverfahren ist Partei auch derjenige, der von einer Entscheidung in seinen Rechten oder Rechtsverhältnissen unmittelbar betroffen sein kann. Diesfalls spricht man vom **materiellen Parteibegriff** (vgl § 2 Abs 1 Z 3 AußStrG).

Schon in der Klage und in jedem weiteren Schriftsatz sind die **Parteien zu bezeichnen** (§ 75 ZPO iVm § 226 Abs 3 ZPO). Dabei sind Vor- und Zuname, Beschäftigung, Wohnort und Parteistellung anzuführen.   294

Die Klage ist bedingungsfeindlich; daher ist es auch nicht möglich, die Klage eventualiter gegen eine weitere Person zu richten (vgl 1 Ob 93/07v Zak 2008/199, 114).

295 Neben der ausdrücklichen Parteibezeichnung ist aber auch der **gesamte Inhalt der Klage** heranzuziehen. Ergibt sich daraus **eindeutig**, dass **eine andere Partei gemeint** ist, kann in jeder Lage des Verfahrens (sogar noch nach Verfahrensabschluss) auf Antrag oder von Amts wegen die **Parteienbezeichnung berichtigt** werden (§ 235 Abs 5 ZPO). Die Berichtigung führt immer nur zu einer Richtigstellung der Bezeichnung, darf aber nicht dazu führen, dass ein anderes Rechtssubjekt als neue Partei an die Stelle des bisherigen tritt.

Beispiel: A klagt B auf Zahlung des Kaufpreises aus einem Gebrauchtwagenkauf. Für B ist aber seinerzeit C aufgetreten, der in Wahrheit keine Vollmacht hatte. Wenn sich dies im Prozess herausstellt, kann die Parteienbezeichnung nicht auf C berichtigt werden. A muss C vielmehr in einem separaten Prozess in Anspruch nehmen.

Wird die Klage einer Person zugestellt, die nach dem Klagsinhalt eindeutig nicht gemeint sein kann, wird diese Person nicht Partei und muss sich am weiteren Verfahren auch nicht beteiligen. Im Zweifelsfall muss sich die Person, der die Klage zugestellt wurde, aber am Verfahren beteiligen und gegebenenfalls ihre mangelnde Passivlegitimation (dh, dass gegen sie kein Anspruch zusteht) einwenden. Auf diese Weise kann sie eine Abweisung der Klage erreichen. In der Lehre wird teilweise auch vorgeschlagen, dass das Gericht den in Wahrheit nicht gemeinten Beklagten mit Beschluss aus dem Rechtsstreit entlassen kann („**Identitätsstreit**").

II. Prozessstandschaft

Literatur: *Holzhammer/Roth*, Die Prozeßstandschaft, in FS Sprung (2001) 165; *Jelinek,* Die Verbandsklage, in *Krejci* (Hrsg), Handbuch zum Konsumentenschutzgesetz (1981) 785 ff; *Podbelsek*, Überblick über die neue Behördenkooperation gemäß dem VBKG, ÖJZ 2007/66, 765.

296 Eine Prozessstandschaft liegt vor, wenn jemand **in eigenem Namen über ein fremdes Recht prozessiert**. Der Prozessstandschafter ist selbst Prozesspartei, nicht bloßer Vertreter. Charakteristisch für die Prozessstandschaft ist die Abspaltung der Prozessführungsbefugnis von der Sachlegitimation.

297 Eine **gewillkürte Prozessstandschaft** ist nach ganz hA ausgeschlossen. Die aus dem öffentlichen Recht resultierende Klagebefugnis kann demnach nicht ohne den zugrunde liegenden materiell-rechtlichen Anspruch abgetreten werden. Zulässig ist aber die Abtretung eines Anspruchs, auch wenn diese nur zum Zweck von dessen Geltendmachung (**„Inkassozession"**) erfolgt.

In Ausnahmefällen sieht das Gesetz selbst aber eine **(gesetzliche) Prozessstandschaft** vor.

So können nach § 84 Abs 5 AktG unter bestimmten Voraussetzungen Ersatzansprüche der Gesellschaft gegen die Vorstandsmitglieder durch die Gläubiger der Gesellschaft geltend gemacht werden. Ein weiteres Beispiel ist die in § 189 IO vorgesehene

146

Geltendmachung von Anfechtungsansprüchen durch die Insolvenzgläubiger im Privatkonkurs.

Die **Verbandsklagen** (vgl insb § 14 UWG, §§ 28 bis 30 KSchG) sind demgegenüber kein Fall der Prozessstandschaft. Hier hat das materielle Recht vielmehr einem Verband (kollektivvertragsfähige Körperschaft, Verein für Konsumenteninformation ua) im öffentlichen Interesse einen eigenen Unterlassungsanspruch eingeräumt. Nach § 14 UWG können die Verbände unlauteres Verhalten von Unternehmern bekämpfen, nach §§ 28 ff KSchG unzulässige AGB und seit 2013 auch andere unzulässige Praktiken. 298

Außerdem können sich die genannten Verbände Ansprüche abtreten lassen und diese dann im eigenen Namen geltend machen („**Testverfahren**", „**Verbands-Musterklage**"). Weil der Verband in diesem Fall einen *eigenen* Anspruch geltend macht, handelt es sich um keine Prozessstandschaft. In derartigen Verfahren kommen streitwertabhängige Rechtsmittelbeschränkungen nicht zum Tragen (§ 501 Abs 2, § 502 Abs 5 Z 3 ZPO; dazu Rz 1066). Dadurch kann ein Verband einen Individualanspruch auch dann bis zum OGH herantragen, wenn der Streitwert von € 5.000 nicht überschritten wird. Der rechtspolitische Grund dafür liegt darin, dass der Verband einen Individualanspruch nur dann geltend machen wird, wenn daran ein öffentliches Interesse besteht, insb, weil der Ausgang des Falles für viele andere Personen von Bedeutung ist. 299

III. Vermögensverwalter

Mit Eröffnung des Insolvenzverfahrens verliert der Schuldner, sofern ein Insolvenzverwalter bestellt wird, die Prozessführungsbefugnis, also das Recht, im eigenen Namen über eine bestimmte Rechtsposition zu prozessieren. In einem Prozess für und gegen die Insolvenzmasse tritt vielmehr der **Insolvenzverwalter** auf. 300

Vielfach wird angenommen, der Insolvenzverwalter sei „Partei kraft Amtes" (**Amtstheorie**). Demnach prozessiert der Insolvenzverwalter im behördlichen Auftrag als Organ der Staatsgewalt über fremdes Recht. Dagegen spricht allerdings, dass der Insolvenzverwalter kein gerichtliches Organ iSd § 1 AHG ist. Nach aA ist der Insolvenzverwalter Organ der Insolvenzmasse, die als juristische Person zu verstehen sei (**Organtheorie**). Mit dieser Auffassung verwandt ist die sog **Vertretertheorie**. Nach dieser Auffassung ist der Insolvenzverwalter gesetzlicher Vertreter des Schuldners in Bezug auf die Insolvenzmasse, wobei die Insolvenzmasse nicht als juristische Person, aber als rechts- und parteifähiges Gebilde behandelt wird.

Vergleichbare Probleme bestehen hinsichtlich der Stellung des **Zwangsverwalters** einer Liegenschaft. Nach der Rsp ist der Zwangsverwalter gesetzlicher Vertreter des Verpflichteten und die Zwangsverwaltungsmasse ein Sondervermögen des Verpflichteten ohne eigene Rechtspersönlichkeit (3 Ob 261/05m JBl 2006, 376). 301

Nach aA ist die Zwangsverwaltungsmasse rechtsfähig; der Zwangsverwalter ist dann ihr Organ (Organtheorie).

302 Der **Überweisungsgläubiger** bei der Drittschuldnerklage wird vielfach als gesetzlicher Vertreter der überwiesenen Forderung als Sondervermögen, aber auch als gesetzlicher Vertreter des Verpflichteten betrachtet. Nach einer im Vordringen begriffenen Auffassung macht allerdings der betreibende Gläubiger die ihm durch die Überweisung übertragene materiell-rechtliche Einziehungsbefugnis im eigenen Namen geltend (*Oberhammer* in *Angst* [Hrsg], Kommentar zur Exekutionsordnung^2 [2008] § 308 Rz 3).

IV. Der Staatsanwalt

303 Mitunter kommt dem Staatsanwalt auch im Zivilverfahren Parteistellung zu. Hierzu gehören die Ehenichtigkeitsklage (§ 28 EheG), das Verfahren auf Anerkennung ausländischer Entscheidungen über den Bestand einer Ehe (§ 98 Abs 1 AußStrG) und das Todeserklärungsverfahren (§§ 20 ff TEG).

Im Gegensatz zu ausländischen Rechtsordnungen kommt dem Staatsanwalt jedoch sonst keine Funktion im Zivilprozess zu. Insb hat dieser nicht die Möglichkeit, Rechtsmittel gegen zivilrechtliche Entscheidungen zu erheben. Es gibt daher im Zivilverfahren auch kein der Nichtigkeitsbeschwerde zur Wahrung des Gesetzes (§ 23 StPO) vergleichbares Rechtsinstitut.

V. Die Parteifähigkeit

Literatur: *Ballon,* Zur Parteifähigkeit von politischen Personenvereinigungen, JBl 1990, 2; *Dellinger,* Personenhandelsgesellschaft, Gläubigerschutz und Vollbeendigung während eines Passivprozesses, JBl 1991, 629; *Fink,* Vollbeendigung von Kapitalgesellschaften im Zivilprozeß, in FS Sprung (2001) 143; *Holzhammer,* Die Parteifähigkeit der Gesellschaft bürgerlichen Rechts, in FS Strasser (1993) 127; *Mahr,* Die Vollbeendigung einer Personenhandelsgesellschaft während eines gegen sie anhängigen Rechtsstreites (Passivprozeß), GesRZ 1995, 170; *Oberhammer,* Die OHG im Zivilprozeß (1998); *derselbe,* Amtslöschung einer GmbH im anhängigen Passivprozeß, JBl 1999, 268.

304 Parteifähigkeit bedeutet die Fähigkeit, im Prozess **selbständiger Träger von (prozessualen) Rechten** und **Pflichten** im eigenen Namen zu sein. Die Parteifähigkeit ergibt sich grundsätzlich aus dem **materiellen Recht** und ist Ausfluss der Rechtsfähigkeit.

305 Alle **physischen und juristischen Personen** sind daher in Österreich parteifähig. Darüber hinaus sind auch andere **Personenmehrheiten** und **Sondervermögen** parteifähig, sofern die Rechtsordnung ihnen diese Fähigkeit ausdrücklich eingeräumt hat. Wichtigster Anwendungsfall sind **Personenge-**

sellschaften, also OG und KG (vgl § 105 UGB), die **Wohnungseigentümer-gemeinschaft** (§ 18 Abs 1 WEG 2002) und die **Insolvenzmasse.**

Die mangelnde Parteifähigkeit wird nach der Rsp wie die mangelnde Pro- 306
zessfähigkeit behandelt. Die Parteifähigkeit ist **Prozessvoraussetzung**; ihr
Fehlen bildet einen Nichtigkeitsgrund. Die von einer nicht parteifähigen Person oder gegen eine nicht parteifähige Person erhobene Klage ist daher – sofern eine Heilung nicht möglich ist – zurückzuweisen. Im Zwischenstreit über
die Parteifähigkeit kommt dem Gebilde, um dessen Parteifähigkeit es geht,
Parteifähigkeit zu.

VI. Die Prozessfähigkeit

Literatur: *Böhm,* Die Rechtsschutzformen im Spannungsfeld von lex fori und lex
causae, in FS Fasching (1988) 107; *Dullinger,* Zur Prozeßfähigkeit minderjähriger und
geistig behinderter Personen, RZ 1989, 6; *Gitschthaler,* Die Verständigungspflicht des
§ 6a ZPO idF des SachwG und ihre Auswirkungen, JBl 1991, 291; *derselbe,* Prozess-
und Verfahrensfähigkeit minderjähriger und besachwalteter Personen, RZ 2003, 175;
derselbe, Handlungsfähigkeit minderjähriger und besachwalteter Personen – Eine
Darstellung aus materiellrechtlicher Sicht, ÖJZ 2004, 81, 121; *Oda,* Überlegungen zur
Prozessfähigkeit von Ausländern, in FS Konzen (2006) 603; *Rassi,* Der prozessuale
Abwesenheitskurator, RZ 1996, 215; *Schrammel/Schur,* Partei- und Verfahrensfähigkeit
im Besuchsrechtsverfahren, EF-Z 2007/99, 164; *Simotta,* Die Prozeßfähigkeit in
Ehesachen und sonstigen Streitigkeiten aus dem Eheverhältnis, ÖJZ 1989, 321.

Prozessfähigkeit bedeutet die Fähigkeit, alle **Prozesshandlungen selbst** 307
oder durch einen selbst gewählten Vertreter **wirksam vornehmen** bzw ent-
gegennehmen zu können. Damit ist die Prozessfähigkeit das prozessuale Gegenstück zur Handlungsfähigkeit; sie wird auch als **prozessuale Handlungsfähigkeit** bezeichnet.

Prozessunfähige können nicht selbst wirksame Prozesshandlungen setzen, 308
sondern benötigen dazu einen **gesetzlichen Vertreter.** Die Prozessfähigkeit
ist **Prozessvoraussetzung**; ihr Fehlen bildet einen Nichtigkeitsgrund (§ 477
Abs 1 Z 5 ZPO). Mangelnde Prozessfähigkeit kann auch noch nach Rechtskraft
mit **Nichtigkeitsklage** nach § 529 Abs 1 Z 2 ZPO geltend gemacht werden.

Nach § 1 ZPO ist prozessfähig, wer nach bürgerlichem Recht verpflich- 309
tungsfähig ist. Die Prozessfähigkeit von Ausländern bestimmt sich nach dem
Recht ihres Heimatstaates. Ist der nach seinem Heimatrecht prozessunfähige
Ausländer jedoch nach österreichischem Recht prozessfähig, ist er gleichwohl
als prozessfähig zu behandeln (§ 3 ZPO).

Prozessfähig sind daher alle voll **geschäftsfähigen Personen,** alle mündi- 310
gen Minderjährigen im Rahmen ihrer zivilrechtlichen Geschäftsfähigkeit (§ 2
ZPO), aber auch psychisch Kranke und geistig Behinderte, für die ein Sach-

walter bestellt wurde, in jenen Angelegenheiten, die nicht in den Wirkungskreis des Sachwalters fallen (vgl § 280 Abs 1 ABGB). In den zuletzt genannten Fällen spricht man auch von beschränkter Prozessfähigkeit.

Demgegenüber sind Kinder unter 7 Jahren und unmündige Minderjährige (§§ 21, 170 ABGB), mündige Minderjährige außerhalb ihrer zivilrechtlichen Geschäftsfähigkeit sowie geistig Behinderte und psychisch Kranke, für die ein Sachwalter bestellt wurde, sofern der Streitgegenstand in den Wirkungskreis des Sachwalters fällt, prozessunfähig. Gleiches gilt für Geisteskranke, für die kein Sachwalter bestellt wurde, wenn sie den Gebrauch der Vernunft nicht haben.

311 Prozessunfähig sind vor allem alle **juristischen Personen,** weil diese nicht durch einen selbst gewählten Vertreter, sondern nur durch ihre Organe handeln können. Gleiches gilt sinngemäß für die Personengesellschaften (OG und KG), die nur durch ihre vertretungsbefugten Gesellschafter handeln können, die Insolvenzmasse und den ruhenden Nachlass. Letzterer wird durch einen Nachlasskurator oder den noch nicht eingeantworteten Erben vertreten.

312 Zum Schutz **pflegebefohlener Parteien** muss das Gericht, wenn sich bei einer Partei Anzeichen ergeben, dass sie infolge einer psychischen Krankheit oder geistigen Behinderung nicht imstande ist, alle oder einzelne ihrer Angelegenheiten ohne Gefahr eines Nachteils für sich selbst zu besorgen, das zuständige Pflegschaftsgericht verständigen (§ 6a ZPO). Dieses hat dann dem Prozessgericht mitzuteilen, ob ein (einstweiliger) Sachwalter bestellt wird oder nicht. Das Prozessgericht ist an die Entscheidung des Pflegschaftsgerichtes gebunden.

313 Wie im bürgerlichen Recht gibt es auch im Prozessrecht die **nachträgliche Genehmigung** der Prozessführung durch den gesetzlichen Vertreter. Diese führt zur Heilung des Nichtigkeitsgrundes der mangelnden Prozessfähigkeit.

314 Teilweise fordert das Gesetz zum Schutz des Vertretenen eine **ausdrückliche Ermächtigung** des gesetzlichen Vertreters zur Prozessführung. So benötigt der die Vertretung ausübende Elternteil für eine Klagsführung die Genehmigung des Pflegschaftsgerichts (vgl § 167 Abs 3 ABGB). Gleiches gilt sinngemäß für Kuratoren und Sachwalter (§ 275 Abs 3 iVm § 214 Abs 2 und § 167 Abs 3 ABGB).

Siehe auch *Casebook* ZVerfR 52, Fall 25.

Der die Vertretung ausübende Elternteil, Kuratoren, Zwangsverwalter etc benötigen auch für alle verfahrensrechtlichen Verfügungen, die den Verfahrensgegenstand selbst betreffen (Anerkenntnis, Verzicht, Vergleich, Klagsrücknahme), eine gerichtliche Genehmigung.

315 Der **Mangel der gesetzlichen Vertretungsmacht** ist genauso zu behandeln wie der Mangel der Prozessfähigkeit. Auch hier kommt ein Heilungsversuch (Auftrag zur Vorlage einer gerichtlichen Genehmigung für die Prozessführung) in Betracht.

150

VII. Die Prozessführungsbefugnis (Prozesslegitimation)

Die Prozessführungsbefugnis ist das Recht, **im eigenen Namen** über eine   316
bestimmte Rechtsposition zu prozessieren. Die Prozessführungsbefugnis ist
normalerweise Ausfluss der (materiellen) Sachlegitimation, also der Frage,
wem ein Anspruch zusteht. Typischerweise fallen Sachlegitimation und Pro-
zesslegitimation zusammen; der Anspruchsinhaber kann also seinen Anspruch
selbst geltend machen.

Ausnahmsweise kennt das österreichische Recht jedoch ein Auseinanderfal-   317
len von Prozessführungsbefugnis und Sachlegitimation:
- Mit Eröffnung eines **Insolvenzverfahrens** verliert der Schuldner, sofern
  ihm nicht die Eigenverwaltung belassen wird, die Prozessführungsbefugnis
  bezüglich aller die Masse betreffenden Prozesse.
- Gleiches gilt im **Exekutionsverfahren** bei der **Zwangsverwaltung** für alle
  die Zwangsverwaltungsmasse betreffenden Prozesse (§§ 99, 109 Abs 1 EO)
  sowie
- bei **Pfändung und Überweisung** der Forderung an den betreibenden
  Gläubiger im Drittschuldnerprozess.
- Auch bei der **Prozessstandschaft** kommt es zu einem Auseinanderfallen
  von Prozessführungsbefugnis und Sachlegitimation. Dazu Rz 296 ff.

VIII. Die Postulationsfähigkeit

Postulationsfähigkeit bezeichnet die Fähigkeit, **in eigener Person wirk-**   318
same Prozesshandlungen vornehmen zu können. Postulationsunfähig sind
Personen, die nicht zu einer verständlichen Äußerung in der Lage sind und
auch nicht durch einen Bevollmächtigten oder gesetzlichen Vertreter vertreten
sind. Ein weiterer – praktisch wesentlich wichtigerer – Fall der Postulations-
unfähigkeit ist, dass **Anwaltspflicht** herrscht und die Partei ohne Rechtsanwalt
erscheint.

Das Fehlen der Postulationsfähigkeit bewirkt, dass vom Postulationsunfähi-   319
gen vorgenommene Prozesshandlungen unbeachtlich sind. Den Postulations-
unfähigen treffen daher idR **Säumnisfolgen**.

Siehe auch *Casebook* ZVerfR 55, Fälle 27, 28.

Auch hier ist aber teilweise ein **Heilungsversuch** vorzunehmen. So ist eine   320
Tagsatzung zu erstrecken, wenn eine Partei **zur Äußerung unfähig** ist (vgl
§ 185 Abs 1 ZPO). Wird eine Klage oder Klagebeantwortung ohne Nachweis
der Bestellung eines Rechtsanwalts eingebracht, ist ein entsprechender **Ver-**

besserungsauftrag zu erteilen (§ 37 Abs 2 ZPO). Hingegen greifen **Säumnisfolgen** ein, wenn die Partei im Anwaltsprozess ohne Rechtsanwalt erscheint.

IX. Die Streitgenossenschaft

Literatur: *Deixler-Hübner,* Die Nebenintervention im Zivilprozess (1993); *Holzhammer,* Parteienhäufung und einheitliche Streitpartei (1966); *R. Kralik,* Streitgenossen als einheitliche Streitpartei, ÖJZ 1963, 113; *Oberhammer,* Die OHG im Zivilprozeß (1998); *derselbe,* Feststellungsklagen über die Existenz von Mitmietrechten – Einige Überlegungen aus Anlass von 6 Ob 299/01s, wobl 2003, 129; *Perner*, Miteigentümer im Zivilprozess, ÖJZ 2010, 5; *derselbe,* Notwendige Streitgenossenschaft bei „Gefahr unlösbarer Verwicklungen"? Zak 2010, 27; *derselbe,* Die notwendige Streitgenossenschaft an der Schnittstelle von Zivil- und Prozessrecht, RdW 2010, 77; *Rechberger,* Verbandsklagen, Musterprozesse und „Sammelklagen". Möglichkeiten kollektiven Rechtsschutzes im österreichischen Zivilprozess, in FS Welser (2004) 781; *M. Roth,* Neuerungen der Zivilverfahrensnovelle 1983 im Bereich der Klagenhäufung, BeitrZPR II (1986) 209; *Simotta,* Der Verbraucher als Streitgenosse – § 14 Abs 1 KSchG versus § 93 Abs 1 JN, in FS Sprung (2001) 359; *Tunkel,* Massenverfahren. Institute der ZPO, Musterverfahren und Sammelklage, JAP 2006/2007/7, 46.

321   Eine Streitgenossenschaft (**subjektive Klagenhäufung**) liegt vor, wenn in einem Rechtsstreit mehrere Personen in derselben Parteirolle auftreten. Je nachdem, ob dies auf der Klägerseite oder der Beklagtenseite der Fall ist, spricht man von aktiver oder passiver Streitgenossenschaft.

A. Einfache Streitgenossenschaft

1. Voraussetzungen

322   Wenn über jeden einzelnen der subjektiv gehäuften Ansprüche ein eigenes Urteil ergehen könnte, liegt eine einfache Streitgenossenschaft vor. Muss demgegenüber das Urteil für alle Streitgenossen notwendig gleich lauten, liegt eine einheitliche Streitpartei vor (§ 14 ZPO).

323   Die einfache Streitgenossenschaft ist wieder in **materielle** (auch: eigentliche, echte) Streitgenossenschaft (§ 11 Z 1 ZPO) und **formelle** (auch: uneigentliche, unechte) **Streitgenossenschaft** (§ 11 Z 2 ZPO) zu unterteilen.

324   **Materielle Streitgenossenschaft** liegt vor, wenn die Streitgenossen
- in Ansehung des Streitgegenstandes in **Rechtsgemeinschaft** stehen. Beispiele sind etwa mehrere Miterben, Miteigentümer oder die Gesellschafter einer OG oder KG.
- Weiters, wenn die Streitgenossen **aus demselben tatsächlichen Grund berechtigt** oder verpflichtet sind. Dies ist etwa bei mehreren gemeinschaftlichen Schädigern iSd § 1302 Satz 1 ABGB oder nach der Lehre bei mehreren

Geschädigten aus demselben Unfall der Fall. Die Rsp nimmt im letzteren Fall jedoch vielfach nur formelle Streitgenossenschaft an.

- Schließlich, wenn die Streitgenossen **solidarisch berechtigt** oder verpflichtet sind. Beispiele sind etwa Solidarschuldner und Solidargläubiger (§§ 891 ff ABGB).

Siehe auch *Casebook* ZVerfR 60, Fall 32.

Eine **formelle Streitgenossenschaft** liegt vor, wenn **gleichartige, auf einem im Wesentlichen gleichartigen tatsächlichen Grund beruhende Ansprüche** oder Verpflichtungen den Gegenstand des Rechtsstreits bilden und das Gericht für alle Ansprüche aller Streitgenossen zuständig ist.   325

Nach der Rsp zählen hierzu mehrere Geschädigte aus demselben Unfall. Weitere Beispiele sind die Klage mehrerer Dienstnehmer gegen den Dienstgeber auf Zahlung ausständiger Bezüge oder mehrere Pflichtteilsberechtigte.

Die **Unterschiede** zwischen materieller und formeller Streitgenossenschaft lassen sich wie folgt zusammenfassen: 326

formelle Streitgenossenschaft	materielle Streitgenossenschaft
setzt einen gemeinsamen Gerichtsstand voraus (§ 11 Z 2 ZPO)	schafft einen gemeinsamen Gerichtsstand (§ 93 Abs 1 JN)
Streitwerte sind nicht zusammenzurechnen (§ 55 JN)	Streitwerte sind zusammenzurechnen, sofern kein Fall solidarischer Berechtigung oder Verpflichtung vorliegt (§ 55 JN)
Streitgenossen sind bezüglich der Ansprüche ihrer Mitgenossen als Zeugen zu vernehmen	Streitgenossen sind bezüglich der Ansprüche ihrer Mitgenossen als Parteien zu vernehmen

2. Wirkungen

Bei der einfachen Streitgenossenschaft bleiben die einzelnen Rechtsstreite voneinander völlig unabhängig. Das Verfahren soll aber gemeinsam geführt werden. Daher wirken **Prozessbetreibungshandlungen** (zB Vertagungsanträge) auch für die anderen Streitgenossen (§ 15 Abs 1 ZPO). Hingegen kann jeder Streitgenosse unabhängig von den anderen über seine Sache **disponieren**, also anerkennen, verzichten oder sich vergleichen. Auch wirken Rechtsbehelfe nie für oder gegen die anderen Streitgenossen.   327

Siehe auch *Casebook* ZVerfR 57, Fall 30.

Das **Urteil** lautet für und gegen alle Streitgenossen **nicht notwendig gleich**; das Gericht kann vielmehr so entscheiden, als wären die Rechtsstreite getrennt voneinander geführt worden.   328

B. Einheitliche Streitpartei

1. Voraussetzungen

329   Anderes gilt bei der einheitlichen Streitpartei. Für diese ist ja Voraussetzung, dass das Urteil über den geltend gemachten Anspruch für oder gegen alle Streitgenossen notwendig gleich lauten muss (§ 14 ZPO).

330   Im Einzelnen kann zwischen **anspruchsgebundener** und **wirkungsgebundener Streitgenossenschaft** unterschieden werden. Die anspruchsgebundene Streitgenossenschaft ist dadurch gekennzeichnet, dass der geltend gemachte Anspruch nur durch oder gegen alle Streitgenossen gemeinsam durchgesetzt werden kann, insb bei Unteilbarkeit des Streitgegenstandes oder Vorliegen eines gemeinschaftlichen Rechtsverhältnisses, das nur einheitlich festgestellt werden kann.

Beispiele: Herausgabeklage einer Sache durch die Miteigentümer; Ehenichtigkeitsklage des Staatsanwalts gegen beide Ehegatten; mehrere Miteigentümer als Bestandgeber bei Streitigkeiten über das Bestehen eines Bestandvertrages; Gesellschafter bei Streitigkeiten über Beteiligungsverhältnisse an einer Personengesellschaft.

Siehe auch *Casebook* ZVerfR 59, Fall 31.

Beachte: § 14 ZPO behandelt lediglich den Fall, dass die tatsächlich im Prozess auftretenden Personen als einheitliche Streitparteien zu behandeln sind. Ob mehrere Personen sich an einem Verfahren beteiligen müssen (notwendige Streitgenossenschaft), ergibt sich nicht aus der ZPO, sondern aus dem materiellen Recht.

Beispiele sind etwa die Klage des Wohnungseigentumsbewerbers auf Einverleibung des Eigentumsrechts gegen die Liegenschaftseigentümer (5 Ob 2309/96m EvBl 1997/66) oder die Kündigung mehrerer Mitmieter (§ 828 ABGB, §§ 560 ff ZPO).
Siehe auch *Casebook* ZVerfR 60, Fall 32.

331   Eine **wirkungsgebundene Streitgenossenschaft** liegt vor, wenn das Gesetz eine ausdrückliche Rechtskrafterstreckung vorsieht (zB bei Klagen auf Nichtigerklärung eines Gesellschafterbeschlusses gem § 42 Abs 6 GmbHG) oder bei rechtsgestaltenden Urteilen.

Beispiel: Stattgebende Urteile über Klagen auf Nichtigerklärung eines Gesellschafterbeschlusses bzw Hauptversammlungsbeschlusses wirken gem § 42 Abs 6 GmbHG bzw § 198 Abs 1 AktG für und gegen alle Gesellschafter bzw Aktionäre.

2. Wirkungen

332   Anders als bei den einfachen Streitgenossen handelt es sich bei der einheitlichen Streitpartei um einen **einheitlichen Prozess**. Bleiben die anderen Streitgenossen untätig, so kann schon ein Streitgenosse Säumnisfolgen abwenden (§ 14 Satz 2 ZPO). Ein Streitgenosse kann aber nicht allein zulasten

der anderen Streitgenossen einen Vergleich abschließen oder ein Anerkenntnis oder einen Verzicht abgeben. Liegen einander **widersprechende Sachdispositionen** der Streitgenossen vor, ist die dem ursprünglichen Prozessstandpunkt günstigste Prozesshandlung maßgeblich (Günstigkeitsprinzip).

Rechtsmittel und andere Rechtsbehelfe können von einem Streitgenossen mit Wirkung für die ganze einheitliche Streitpartei erhoben werden. 333

C. Gesetzliche Streitgenossenschaft

Teilweise lässt das Gesetz zu, dass mehrere Personen unabhängig von den Voraussetzungen des § 11 ZPO gemeinsam klagen oder geklagt werden. 334

Beispiele sind Hauptschuldner und Bürge (§ 12 ZPO) sowie Kläger und Beklagter des Vorprozesses bei der Hauptinterventionsklage (§ 16 ZPO). In diesen Fällen liegt idR materielle Streitgenossenschaft vor.

D. Das Modell einer künftigen Gruppenklage

Literatur: *Klauser,* Von der „Sammelklage nach österreichischem Recht" zur echten Gruppenklage, ecolex 2005, 744; *Kathrein,* Gedanken zum kollektiven Rechtsschutz, AnwBl 2009, 164; *Kodek,* Möglichkeiten zur gesetzlichen Regelung von Massenverfahren, in *Gabriel/Pirker-Hörmann* (Hrsg), Massenverfahren – Reformbedarf für die ZPO? (2005) 365; *derselbe,* Möglichkeiten zur gesetzlichen Regelung von Massenverfahren im Zivilprozess, ecolex 2005, 751; *derselbe,* Die Gruppenklage nach der ZVN 2007, RdW 2007/729, 711; *Kolba,* Gemeinsam statt einsam – Von der Sammelklage zur Gruppenklage, ecolex 2009, 664; *Madaus,* Die Kontrolle unternehmerischen Handelns durch eine europäische class-action – eine unmögliche Quadratur des Kreises?, in *Aichberger-Beig/Aspöck/Leupold/Oelkers/Perner/Ramharter* (Hrsg), Vertrauen und Kontrolle im Zivilrecht, Jahrbuch Junger Zivilrechtswissenschaftler 2010 (2011) 103; *Rechberger,* Prozessrechtliche Aspekte von Kumul- und Großschäden, VR 2003, 15; *derselbe,* Verbandsklagen, Musterprozesse und „Sammelklagen", in FS Welser (2004) 781; *derselbe,* Zur Einführung eines „Gruppenverfahrens" in Österreich, in FS Machacek und Matscher (2008) 861; *derselbe,* Reform des Mehrparteienverfahrens der ZPO: Die geplante „Gruppenklage", in *Welser* (Hrsg), Reformen im österreichischen und im türkischen Recht. Vorträge der österreichisch-türkischen Juristenwoche (2010) 57; *Saupe,* EU-Kollektivklagen bei Verletzung des Wettbewerbsrechts, AnwBl 2008, 268.

Die bisherigen Vorschriften über die Streitgenossenschaft sind nicht geeignet, **Massenschäden** (zB Anlegerschäden, Flugzeugkatastrophen) zu bewältigen. Ein Ministerialentwurf (ZVN 2007) sah daher die Einführung eines **Gruppenverfahrens** vor. Demnach sollten mindestens drei Gruppenkläger gleich gerichtete Ansprüche (mindestens 50), denen dieselben Tat- oder Rechtsfragen zugrunde liegen, in einem Verfahren geltend machen können. Dabei hätte das Gericht zunächst zu entscheiden, ob die Voraussetzungen für ein Gruppenverfahren vorliegen. Anschließend erfolgt eine „Sammlung" weiterer Kläger, die 335 dem Verfahren innerhalb von sechs Monaten beitreten können. Die Rechte und Pflichten der Kläger werden durch einen Gruppenklagevertreter wahrgenommen. Über die den Ansprüchen gemeinsamen Tat- und Rechtsfragen soll mit Urteil entschieden werden. Noch offen bleibende Einzelfragen sind dann in Einzelverfahren zu klären. Vgl dazu das Regierungsprogramm für die (abgelaufene) 24. GP (2008) 122 (B.11.).

Zur **Sammelklage österreichischer Prägung** vgl Rz 540.

X. Parteiwechsel und Parteibeitritt

Literatur: *Burgstaller/Neumayr,* Parteiberichtigung, Parteiänderung und Verjährung, in FS Rechberger (2005) 75; *Dellinger,* Personenhandelsgesellschaft, Gläubigerschutz und Vollbeendigung während eines Passivprozesses, JBl 1991, 629; *Fink,* Vollbeendigung von Kapitalgesellschaften im Zivilprozeß, in FS Sprung (2001) 143; *Frauenberger,* Gewillkürter Parteiwechsel – Änderung der Judikatur! JAP 1992/93, 120; *Mahr,* Rechtsprobleme bei Vollbeendigung einer Personenhandelsgesellschaft während eines Rechtsstreites, GesRZ 1990, 148; *derselbe,* Die Vollbeendigung einer Personenhandelsgesellschaft während eines gegen sie anhängigen Rechtsstreites (Passivprozeß), GesRZ 1995, 170; *Nitsche,* Die prozessrechtliche Wirkung des Erlöschens einer Personengesellschaft durch Einbringung in eine GmbH, JBl 2003, 735; *Oberhammer,* Die OHG im Zivilprozeß (1998); *derselbe,* Amtslöschung einer GmbH im anhängigen Passivprozeß, JBl 1999, 268; *Rechberger/Oberhammer,* Gesamtrechtsnachfolge während des Zivilprozesses, ecolex 1993, 513; *Rechberger,* Mangel der Parteiexistenz, Mangel der Parteifähigkeit und mangelhafte Parteibezeichnung, in FS Fasching (1988) 385; *derselbe,* Parteilehre, Streitgegenstand und der österreichische Oberste Gerichtshof, in FS Henckel (1995) 679; *Schneider,* Die Berichtigung der Parteibezeichnung und der formelle Parteibegriff, JBl 2006, 555.

336 Unter Parteiwechsel versteht man den **Eintritt einer neuen Partei** anstelle der ausscheidenden. Ein Parteiwechsel ist nur möglich, wenn ihn das Gesetz ausdrücklich zulässt. Dies ist etwa der Fall bei der Gesamtrechtsnachfolge (Verschmelzung von Gesellschaften; § 142 UGB; Erbfolge), aber auch in einigen Fällen der Einzelrechtsnachfolge. So tritt bei Insolvenzeröffnung der Insolvenzverwalter in vermögensrechtlichen Streitigkeiten an die Stelle des Schuldners.

337 Gibt es – wie im Fall der **Vollbeendigung einer GmbH** – keine Gesamtrechtsnachfolge, so kommt dem Kläger ein Wahlrecht zu: Er kann die Fortsetzung des Verfahrens wählen oder erklären, den Prozess nicht fortsetzen zu wollen. Diesfalls wird die Klage wegen Fehlens einer Gegenpartei zurückgewiesen und das Verfahren für nichtig erklärt. Äußert sich der Kläger nicht innerhalb angemessener Frist ab Bekanntwerden der Auflösung oder Löschung der GmbH, wird angenommen, dass er das Verfahren fortsetzen will (8 ObA 2344/96f SZ 71/175; 8 Ob 197/02g ecolex 2003/109, 247; RIS-Justiz RS0110979). Ist die gelöschte GmbH in der Klägerrolle, schließt der geltend gemachte Anspruch als Aktivum die Vollbeendigung aus.

Siehe auch *Casebook* ZVerfR 50, Fall 23.

Die **Vollbeendigung einer Personengesellschaft** während des anhängigen Zivilprozesses bereitet besondere Schwierigkeiten. Hier wird teilweise darauf abgestellt, dass das Vorhandensein von Aktiva (der geltend gemachte Anspruch oder der Prozesskostenersatzanspruch) oder das Vorhandensein von Passiva die Vollbeendigung hindere. Teilweise wird auch eine Fortbestehensfiktion in Analogie zu § 234 ZPO angenommen. Der OGH hat einmal dem Kläger die Wahl eingeräumt, ob er das Verfahren gegen eine gelöschte Kommanditgesellschaft fortsetzen oder die Vermutung der Vermögenslosigkeit gegen sich gelten lassen will (8 ObA 72/07g GesRZ 2008, 222 [*Geroldinger*]).

Nach *Oberhammer* (OHG 189 ff) ist das Problem durch Parteiwechsel und Klagsänderung zu lösen: An die Stelle der Gesellschaft treten die Gesellschafter; der ursprüngliche Leistungsprozess ist als Feststellungsprozess darüber fortzuführen, dass die Gesellschaft geschuldet hat. Der Kläger könnte auch eine Klageänderung auf Verurteilung der Gesellschafter auf Leistung beantragen. Auf diese Weise könnte der bisherige Prozessaufwand im Verfahren gegen die Gesellschaft nutzbar gemacht werden.

Ein **gewillkürter Parteiwechsel** ist nur ausnahmsweise zulässig. So sieht § 19 Abs 2 ZPO einen Parteieintritt des Nebenintervenienten und § 23 Abs 1 ZPO einen Parteieintritt des Auktors vor. Der OGH hat aber darüber hinaus einmal einen einverständlichen Parteiwechsel mit Zustimmung aller Prozessbeteiligten zugelassen (8 Ob 650/91 JAP 1992/93, 120 [abl *Frauenberger*]). 338

Zur **Berichtigung der Parteienbezeichnung** vgl Rz 295.

XI. Die Nebenintervention

Literatur: *Deixler-Hübner,* Die Nebenintervention im Zivilprozess (1993); *dieselbe,* Der Nebenintervenient – ein prozessuales Chamäleon? Zak 2009, 46; *Frauenberger-Pfeiler,* Seitenwechsel des Nebenintervenienten/Beitritt nur durch Zustellung eines Schriftsatzes, JBl 2010, 459; *Jelinek,* Bemerkungen zur Streitverkündung und zur einfachen Nebenintervention in der privaten Schiedsgerichtsbarkeit, in FS Schwarz (1991) 511; *Klicka,* Bindungswirkung bei einfacher Nebenintervention und Streitverkündung? RZ 1990, 2; *derselbe,* Wirkungen der Streitverkündigung und Nebenintervention, ecolex 1995, 397; *Rechberger,* Rechtssicherheit, Entscheidungsharmonie und Bindung an Vorfrageentscheidungen. Überlegungen zu den objektiven Grenzen der Rechtskraft im österreichischen Zivilprozessrecht, in FS Nakamura (1996) 477; *Reischauer,* Streitverkündung und Bindungswirkung, ÖJZ 1979, 57; *Seebacher,* Die Prozessführungsbefugnis des Versicherers bei Streitverkündung und die Kosten der Nebenintervention, VR 2006, H 11, 23; *Thiele,* Die Nebenintervention im Provisorialverfahren, ÖJZ 2006, 837.

A. Allgemeines

Nebenintervenient ist jeder Dritte, der – ohne selbst Partei zu sein – sich an einem zwischen anderen Personen anhängigen Rechtsstreit zur Unterstützung 339 einer Partei („Hauptpartei") beteiligt, an deren Obsiegen er ein rechtliches Interesse hat.

Die Nebenintervention ist ab **Gerichtsanhängigkeit** (nach aA ab Streitanhängigkeit) bis zur Rechtskraft des Urteils möglich (§ 17 Abs 1, § 18 Abs 1 ZPO). Mit Zustimmung beider Prozessparteien kann der Nebenintervenient auch anstelle der Hauptpartei, der er beigetreten ist, in den Rechtsstreit als Partei eintreten (§ 19 Abs 2 ZPO).

340   In den meisten Fällen geht es bei der Nebenintervention darum, den Ausgang eines Verfahrens zu beeinflussen, dessen unmittelbare Urteilswirkungen zwar nur die Hauptpartei betreffen, das aber auch die eigene rechtliche Situation des Nebenintervenienten beeinflussen kann. In diesem Fall spricht man von „**einfacher**" **Nebenintervention**.

Beispiel: Der Hersteller tritt einem Gewährleistungsprozess auf Seiten des Händlers bei, um Regressansprüche zu vermeiden.

341   Eine sog **streitgenössische Nebenintervention** liegt demgegenüber vor, wenn das Urteil kraft Beschaffenheit des streitigen Rechtsverhältnisses oder kraft gesetzlicher Vorschrift unmittelbar auch für das Rechtsverhältnis des Nebenintervenienten zum Gegner der Hauptpartei wirksam ist (§ 20 ZPO).

Beispiele: Die übrigen Gesellschafter bei verschiedenen gesellschaftsrechtlichen Klagen (§ 42 GmbHG, §§ 197, 201, 216 AktG).

342   Der Beitritt als Nebenintervenient erfolgt durch **Schriftsatz** (§ 18 Abs 1 ZPO). Das Gericht führt zunächst nur eine formelle Prüfung durch und stellt dann den Beitrittsschriftsatz beiden Parteien zu. Fehlen schon die formellen Voraussetzungen für den Beitritt, wird die Nebenintervention mit Beschluss zurückgewiesen. Wenn eine der Parteien einen Antrag auf Zurückweisung der Nebenintervention stellt, wird das rechtliche Interesse auch materiell geprüft. Bei fehlendem rechtlichen Interesse wird die Nebenintervention zurückgewiesen. Dieser Beschluss ist gesondert anfechtbar.

Siehe auch *Casebook* ZVerfR 61, Fall 33.

B. Die prozessuale Stellung des Nebenintervenienten

343   Der **einfache Nebenintervenient** ist bloßer **Streithelfer** der Hauptpartei. Er muss den Rechtsstreit in der Lage annehmen, in dem er sich bei seinem Eintritt befindet (§ 19 Abs 1 ZPO). Der Nebenintervenient kann zwar die Hauptpartei unterstützen, indem er Vorbringen erstattet, Anträge stellt und Rechtsmittel erhebt; er kann aber keine eigenen Sachdispositionen vornehmen. Die Hauptpartei kann auch Prozesshandlungen des Nebenintervenienten zurückziehen.

Siehe auch *Casebook* ZVerfR 62, Fall 34.

Der einfache Nebenintervenient hat zwar im Fall des Obsiegens Anspruch auf Kostenersatz, wird aber mangels einer entsprechenden Bestimmung im Fall seines Unterliegens selbst nicht kostenersatzpflichtig.

Dem **streitgenössischen Nebenintervenienten** kommt demgegenüber die 344
Stellung eines Streitgenossen zu (§ 20 ZPO). Dies ist dahingehend zu verstehen,
dass der streitgenössische Nebenintervenient mit seinem Beitritt die Stellung
eines Teilgenossen einer einheitlichen Streitpartei erhält, also gleichberechtigt
mit der Hauptpartei wird.

Im Fall seines Unterliegens ist der streitgenössische Nebenintervenient kostenersatzpflichtig (strittig).

Nach der Rsp ist auch der **Untermieter** in Kündigungs- oder Räumungsverfahren
gegen den Hauptmieter streitgenössischer Nebenintervenient; inhaltlich behandelt die
Rsp den Untermieter aber wie einen einfachen Nebenintervenienten.

XII. Die Streitverkündigung

Literatur: Siehe oben im XI. Kapitel vor Rz 339.

Streitverkündigung ist die formelle **Benachrichtigung eines Dritten** von 345
einem bevorstehenden oder bereits anhängigen Rechtsstreit durch eine der
Parteien dieses Verfahrens (§ 21 Abs 1 ZPO). Dadurch soll der Dritte zur
Hilfeleistung im Prozess bzw zum Beitritt als Nebenintervenient aufgefordert
werden. Um dem Dritten die Wahrung seiner Interessen zu ermöglichen, sieht
das Gesetz teilweise eine Pflicht zur Streitverkündung vor.

Siehe auch *Casebook* ZVerfR 63, Fall 35.

Beispiele: Nach § 3 Abs 1, § 4 Abs 1 DHG ist der Dienstnehmer von einem
Schadenersatzprozess gegen den Dienstgeber zu verständigen und umgekehrt; nach
§ 2 Abs 2 MRG ist der Hauptmieter verpflichtet, dem Untermieter im Falle eines
Kündigungs- oder Räumungsverfahrens den Streit zu verkünden; nach § 10 AHG hat
der beklagte Rechtsträger dem anderen Rechtsträger und den Organen, die er für haftbar
ansieht, den Streit zu verkünden.

Im **Außerstreitverfahren** ist keine Streitverkündigung oder Nebenintervention
vorgesehen (6 Ob 236/06h SZ 2006/164).

Die Streitverkündigung erfolgt durch **Schriftsatz,** der dem Dritten durch 346
das Gericht zugestellt wird.

Die Streitverkündigung hat zur Folge, dass das im Prozess zwischen den 347
Hauptparteien ergehende Urteil auch gegenüber dem Dritten **Bindungswir-**
kung entfaltet (1 Ob 2123/96d JBl 1997, 368). Nach der Rsp erstrecken sich
die Wirkungen eines materiell rechtskräftigen Urteils auf den einfachen Nebenintervenienten und denjenigen, der sich trotz Streitverkündung nicht am
Verfahren beteiligt hat, insoweit, als diese Personen in einem Folgeprozess
keine Einreden erheben dürfen, die mit den notwendigen Elementen der Entscheidung des Vorprozesses im Widerspruch stehen.

Siehe dazu *Casebook* ZVerfR 64, Fall 36.

Beispiel: A klagt B aus dem Titel der Gewährleistung, weil die von B gelieferten Waren mangelhaft waren. B verkündet daraufhin seinem Lieferanten C den Streit. Wenn das Gericht zu dem Ergebnis gelangt, dass Mängel vorliegen und daher B den ersten Prozess verliert, kann C in einem Folgeprozess zwischen B und C nicht mehr geltend machen, dass die von ihm gelieferten Waren doch in Ordnung waren. Daher liegt es im Interesse des C, sich bereits im ersten Prozess zwischen A und B auf Seiten des B als Nebenintervenient zu beteiligen.

XIII. Die Auktorsbenennung

Literatur: *Spitzer*, Das Verhältnis Eigentümer – Untermieter. Alte Strukturfragen zum abgeleiteten Recht zum Besitz, ÖJZ 2010, 10.

348 Bei der Auktorsbenennung (§§ 22 bis 25 ZPO) handelt es sich um eine besondere Form der Streitverkündigung, die aber nicht nur auf Unterstützung, sondern auf Übernahme des Prozesses gerichtet ist: Wenn jemand als Besitzer einer Sache oder eines dinglichen Rechts geklagt wird, er jedoch nur im Namen eines Dritten besitzt, kann er diesen Dritten (Auktor) sogleich nach Zustellung der Klage auffordern, sich über sein Verhältnis zum Streitgegenstand oder Klagsanspruch binnen vier Wochen mit Schriftsatz zu erklären. Der Auktor kann mit Zustimmung des Beklagten in den Prozess eintreten. Die Auktorsbenennung ist in der Praxis extrem selten.

XIV. Die Hauptintervention

349 Eine Hauptintervention liegt vor, wenn ein Dritter die Sache oder das Recht, worüber zwischen anderen Personen ein Rechtsstreit anhängig ist, ganz oder teilweise für sich in Anspruch nimmt und die Parteien dieses Rechtsstreites gemeinsam klagt (§ 16 ZPO).

Beispiel: Der Kläger begehrt vom Beklagten die Herausgabe eines Bildes. C erfährt von diesem Prozess aus der Zeitung und klagt daraufhin beide Parteien des Vorprozesses mit der Behauptung, selbst Eigentümer dieses Bildes zu sein.

XV. Die Veräußerung der streitverfangenen Sache

Literatur: *Ballon*, Probleme bei der Veräußerung der streitverfangenen Sache durch den Beklagten, BeitrZPR IV (1991) 1; *Fink*, Vollbeendigung von Kapitalgesellschaften im Zivilprozeß, in FS Sprung (2001) 143; *Holzhammer/Roth*, Die Prozeßstandschaft, in FS Sprung (2001) 165; *Klicka*, Zivilprozessuale Fragen bei Unternehmensveräußerung, ecolex 1990, 205; *derselbe*, Die Veräußerung der streitverfangenen Sache – ein Plädoyer für die Irrelevanztheorie, in FS Welser (2004) 509; *Oberhammer*, Amtslöschung einer GmbH im anhängigen Passivprozeß, JBl 1999, 268; *Rechberger/Oberhammer*, Gesamtrechtsnachfolge während des Zivilprozesses, ecolex 1993, 519; *dieselben*, § 234

ZPO – Einfach kompliziert? ecolex 1994, 456; *Rechberger,* Parteilehre, Streitgegenstand und der österreichische Oberste Gerichtshof, in FS Henckel (1995) 679.

Die Veräußerung einer streitverfangenen Sache oder Forderung hat auf den 350 Prozess keinen Einfluss; der Erwerber ist nicht berechtigt, ohne Zustimmung des Gegners in den Prozess einzutreten (§ 234 ZPO). Damit schützt die ZPO das ursprüngliche Prozessverhältnis und will Doppelprozesse vermeiden. Frühere Rechtsordnungen hatten stattdessen sogar ein Verbot der Veräußerung der streitverfangenen Sache vorgesehen.

§ 234 ZPO gilt für jede Art der **Einzelrechtsnachfolge**, nicht jedoch – man- 351 gels Rechtsnachfolge – für den originären Rechtserwerb (zB § 367, § 371, § 456 ABGB). Im Einzelnen ist allerdings vieles strittig: Nach der Rsp gilt die sog **Irrelevanztheorie**. Demnach ist die Veräußerung der streitverfangenen Sache sowohl für die Parteistellung als auch für die materiell-rechtliche Beurteilung des zugrunde liegenden Anspruchs irrelevant. Im Prozess ist demnach so vorzugehen, als wäre keine Veräußerung erfolgt. Das Urteil ergeht daher für oder gegen den ursprünglich legitimierten Rechtsvorgänger; die Rechtskraft des Urteils erstreckt sich aber auch auf den Rechtsnachfolger. Für die Exekutionsführung gegen den Rechtsnachfolger ist allerdings der Nachweis der Rechtsnachfolge durch öffentliche oder öffentlich beglaubigte Urkunden (§ 9 EO) oder durch eine Titelergänzungsklage (§ 10 EO) notwendig. Alternativ dazu kann sich der Kläger auch an den Beklagten halten; dieser muss ihm die Sache auf seine Kosten zurückverschaffen oder Schadenersatz leisten (§ 378 ABGB).

Die Lehre vertritt demgegenüber vielfach die sog **Relevanztheorie** in 352 verschiedenen Ausprägungen. Nach der **strengen Relevanztheorie** ist bei Veräußerung auf Kläger- und Beklagtenseite das Klagebegehren jeweils auf Leistung an den Rechtsnachfolger bzw Verurteilung des Rechtsnachfolgers umzustellen. Nach anderer Ansicht hat eine derartige Umstellung des Klagebegehrens nur bei Rechtsübergang auf Klägerseite zu erfolgen. Die Umstellung des Klagebegehrens erübrigt den Nachweis der Rechtsnachfolge nach §§ 9, 10 EO in einem späteren Exekutionsverfahren.

Siehe dazu *Casebook* ZVerfR 64, Fall 37.

XVI. Die Bevollmächtigung

Literatur: *Illedits/Reich-Rohrwig,* Die Vertretungsbefugnis der Immobilienverwalter vor Gerichten und Verwaltungsbehörden im Licht der jüngsten Rechtsprechung des Obersten Gerichtshofes, ImmZ 1995, 75; *Kellner/Barth,* Ausgewählte Rechtsfragen zur Vertretungsbefugnis nächster Angehöriger nach dem SWRÄG 2006, JBl 2007, 690; *Oberhammer,* Erlauben §§ 30 Abs 2 ZPO, 8 Abs 1 RAO und 5 Abs 4a NO eine konkludente Berufung auf die erteilte Vollmacht? RdW 1994, 271; *Pichler,* Rechtsschutzversicherung und (un-)freie Anwaltswahl – Kann die freie Anwaltswahl des

Versicherungsnehmers von der Rechtsschutzversicherung beschränkt werden? AnwBl 2008, 199; *Reich-Rohrwig,* Prozeßvollmacht bei juristischen Personen, AnwBl 1984, 361; *Schumacher,* Die „Berufung auf die erteilte Vollmacht", in FS Binder (2010) 183; *Welser,* Vertretung ohne Vollmacht (1970).

A. Einführung

353   Parteien können Prozesshandlungen entweder persönlich oder durch Bevollmächtigte vornehmen (§ 26 Abs 1 ZPO). Als Bevollmächtigte kommen **physische Personen** sowie **Rechtsanwalts-Partnerschaften**, einschließlich Rechtsanwalts-KG, deren einziger Komplementär eine GmbH ist (GmbH & Co KG), und **Rechtsanwalts-GmbH** in Betracht.

Notare dürfen in Zivilprozessen vor den Bezirksgerichten vertreten, wenn am Amtssitz des Notars nicht wenigstens zwei Rechtsanwälte ihren Kanzleisitz haben (§ 5 Abs 2 NO).

Personen, die dem Gericht als **Winkelschreiber** bekannt sind, dürfen nicht als Bevollmächtigte zugelassen werden (§ 29 Abs 3 ZPO). Winkelschreiberei ist die gewerbsmäßige unbefugte Verfassung von Eingaben, Parteienvertretung oder Erteilung von Rechtsauskünften (vgl § 1 Winkelschreiber-VO iZm Art IV Z 5 EGZPO).

354   Der **Bevollmächtigungsvertrag** bestimmt das Innenverhältnis zwischen Auftraggeber und Bevollmächtigten. Dieses richtet sich ausschließlich nach allgemeinem Zivilrecht. Das Prozessrecht regelt nur die **Prozessvollmacht** im Außenverhältnis. Bei der Prozessvollmacht handelt es sich um eine Formalvollmacht, die zu folgenden Prozesshandlungen ermächtigt (§ 31 Abs 1 ZPO):
*   Anbringung und Empfangnahme der Klage sowie alle den Rechtsstreit betreffenden Prozesshandlungen;
*   Anerkenntnis- und Verzichtserklärungen, Vergleich und Klagsrücknahme;
*   Exekutionsführung zugunsten des betreibenden Gläubigers;
*   Empfangnahme der vom Prozessgegner zu erstattenden Prozesskosten.

Bei einem **Widerspruch** zwischen den Erklärungen des Prozessvertreters und der Partei selbst (Naturalpartei) geht, wenn keine Anwaltspflicht besteht, die Erklärung der Partei vor, bei Anwaltspflicht hingegen die Erklärung des Anwalts.

355   Die Vollmacht ist **urkundlich nachzuweisen**. Bei Rechtsanwälten und Notaren genügt allerdings die Berufung auf die erteilte Vollmacht (§ 30 Abs 2 ZPO; vgl auch § 8 Abs 1 RAO und § 5 Abs 4a NO). Das Gericht kann jedoch die Vorlage einer Urkunde verlangen, wenn es diesbezüglich Bedenken hat.

Schreitet eine Person ein, ohne die erfolgte Bevollmächtigung nachweisen zu können, kann sie für die Vornahme einzelner dringlicher Prozesshandlungen vom Gericht gegen nachträgliche Beibringung der Vollmacht **vorläufig zugelassen** werden (§ 38 ZPO).

356   Der Mangel der Bevollmächtigung bildet einen **Nichtigkeitsgrund** (§ 477 Abs 1 Z 5 ZPO) und kann auch noch nach Rechtskraft mit Nichtigkeitsklage nach § 529 Abs 1 Z 2 ZPO geltend gemacht werden.

Die Prozessvollmacht erlischt durch **Widerruf**. Dieser Widerruf wird 357
gegenüber dem Gegner allerdings erst dann wirksam, wenn er ihm mittels
Schriftsatz angezeigt wird. Bei Anwaltspflicht muss zudem die Bestellung eines anderen Anwalts angezeigt werden (§ 36 Abs 1 ZPO).
Siehe auch *Casebook* ZVerfR 56, Fall 29.

Außerdem erlischt die Vollmacht durch **Kündigung** seitens des Bevollmächtigten, durch Tod, Verlust der Geschäftsfähigkeit des Bevollmächtigten
oder Eröffnung des Insolvenzverfahrens über das Vermögen des Prozessbevollmächtigten. Bei Anwaltspflicht führt dies zur Unterbrechung des Verfahrens (§ 160 Abs 1 und 2 ZPO).

B. Die Anwaltspflicht

Zum Schutz der Parteien vor Rechtsnachteilen und zur Vereinfachung ei- 358
ner zielgerichteten Verfahrensführung sieht die ZPO teilweise Anwaltspflicht
vor. Bei der sog absoluten Anwaltspflicht muss sich die Partei (sofern sie
nicht persönlich von der Anwaltspflicht befreit ist) durch einen Rechtsanwalt
vertreten lassen. Bei relativer Anwaltspflicht kann die Partei zwar selbst handeln; will sie sich aber vertreten lassen, ist dies nur durch einen Anwalt möglich.

Absolute Anwaltspflicht besteht 359
• im erstinstanzlichen Verfahren vor den **Gerichtshöfen** 1. Instanz (§ 27
  Abs 1 ZPO);
• im bezirksgerichtlichen Verfahren für in die Wertzuständigkeit fallende
  Streitsachen, deren Streitwert **€ 5.000 übersteigt** (§ 27 Abs 1 ZPO), sowie
• im **Rechtsmittelverfahren**.

Im Einzelnen bestehen jedoch zahlreiche sachliche oder persönliche
Ausnahmen. So besteht keine Anwaltspflicht für den **Vergleichsabschluss**
vor einem Bezirksgericht, unabhängig vom Streitwert (§ 27 Abs 3 ZPO),
ebenso wenig für den **Einspruch** und die Zurücknahme des Einspruchs im
bezirksgerichtlichen Mahnverfahren (§ 448 Z 1 ZPO) und im **Schiedsverfahren**
(§ 594 Abs 3 ZPO). Auch sind Rechtsanwälte und Notare sowie zur Ausübung
des Richteramts befähigte Personen von der Anwaltspflicht persönlich befreit
(§ 28 ZPO).
Siehe auch *Casebook* ZVerfR 55, Fall 26.

Relative Anwaltspflicht besteht 360
• im bezirksgerichtlichen Verfahren für vermögensrechtliche Streitigkeiten,
  die in die Eigenzuständigkeit des Bezirksgerichtes fallen, wenn der
  Streitwert € 5.000 übersteigt (§ 29 Abs 1 iVm § 27 Abs 2 ZPO);
• in Ehesachen;

- für Prozesshandlungen vor dem ersuchten oder beauftragten Richter (näher § 29 Abs 1 iVm § 27 Abs 2 ZPO).

C. Die beruflichen Parteienvertreter

Literatur: *Barth,* Der Rechtsanwalt als Sachwalter. Ein Überblick über die Rechtslage unter Berücksichtigung des KindRÄG 2001 und des neuen AußStrG, ÖJZ 2005, 53; *Csoklich/Scheuba* (Hrsg), Standesrecht der Rechtsanwälte (2010); *Eilmansberger,* Die Niederlassungsrichtlinie für Rechtsanwälte und ihre Umsetzung in Österreich, AnwBl 2000, 318; *Ertl,* Abtretung von Honorarforderungen und anwaltliche Schweigepflicht, in FS Welser (2004) 159; *Feil/Wennig,* Anwaltsrecht[7] (2012); *Foglar-Deinhardstein,* Anwaltshaftung bei Prozessführung, Zak 2010, 63; *Frieders,* Der Stand der anwaltlichen Freizügigkeit nach Inkrafttreten des EWR-Vertrages, AnwBl 1993, 297; *derselbe,* Der Vertretungsvorrang des Rechtsanwalts auf dem Prüfstand des Europäischen Gerichtshofs, AnwBl 1997, 310; *Garber/Nunner-Krautgasser,* Grenzüberschreitende anwaltliche Tätigkeit im Europäischen Binnenmarkt – Teil I: Dienstleistungsfreiheit, Zak 2012, 207; *dieselben,* Grenzüberschreitende anwaltliche Tätigkeit im Europäischen Binnenmarkt – Teil II: Niederlassungsfreiheit, Zak 2012, 243; *F. Graf,* Anwaltshaftung (1991); *Hellwig,* Unterschiede der nationalen Berufsrechte. Notwendigkeit von Kollisionsnormen und Harmonisierung, AnwBl 2002, 190; *Keinert,* Das zivilrechtliche Verbot der quota litis nach § 879/2 Z 2 ABGB, BeitrZPR I (1982) 91; *Knöbl,* Prozessfinanzierung: Quo vadis quota litis? ecolex 2005, 436; *Krainer,* Ende der quota litis? ecolex 2007, 592; *Krejci,* Gilt das Quota-litis-Verbot auch für Prozessfinanzierungsverträge? ÖJZ 2011/37, 341; *Kremser,* Finanzprokuratur – „Anwalt und Berater der Republik!" ÖJZ 1999, 441; *Mayr,* Die österreichische Juristenausbildung[2] (1998); *Neschwara,* Geschichte des österreichischen Notariats (1996); *Parzmayr/Schobel,* Prozessfinanzierung: Zulässiges Erfolgshonorar oder verbotene quota litis?, ÖJZ 2011/57, 533; *Rinsche/Fahrendorf,* Die Haftung des Rechtsanwalts (2005); *Thiele,* Die Zeitschriftenlektüre des Rechtsanwalts als haftungsrechtliches Problem, ÖJZ 1998, 735; *derselbe,* Anwaltskosten[3] (2011); *Thiery,* Die Pauschalhonorarvereinbarung, AnwBl 2006, 431; *Schumacher,* Rechtsanwalt und Anwaltspflicht im Zivilprozess, AnwBl 2009, 429; *derselbe,* Die „Berufung auf die erteilte Vollmacht", in FS Binder (2010) 183; *E. Völkl/W. Völkl,* Die Haftung der rechtsberatenden Berufe im Spiegel der Rechtsprechung 2005–2007, ÖJZ 2008/42, 383; *I. Weber/Christian,* Berufsrechts-Änderungsgesetz 2008, AnwBl 2008, 52; *Wilhelm,* Quota litis quo vadis? ecolex 2007, 489.

1. Der Rechtsanwalt

361 Rechtsanwälte dürfen vor allen österreichischen Gerichten und Behörden vertreten (§ 8 Abs 1 RAO). Der Rechtsanwalt unterliegt einer strengen Verschwiegenheitspflicht (§ 9 Abs 2 RAO, § 321 Abs 1 Z 4 ZPO) und im Fall einer Verletzung seiner Berufspflichten einer Standesgerichtsbarkeit. Diese wird von den Disziplinarräten und in letzter Instanz von der obersten Berufungs- und Disziplinarkommission (OBDK) ausgeübt. Ab 1.1.2014 werden die Aufgaben der OBDK vom OGH übernommen. Dafür werden beim OGH eigene Senate eingerichtet, in denen auch Anwaltsrichter mitwirken.

Ausländische Rechtsanwälte aus der EU, dem EWR bzw der Schweiz können in Österreich im Rahmen der Dienstleistungsfreiheit tätig sein, benötigen im Anwaltsprozess aber das Einvernehmen eines in Österreich eingetragenen Rechtsanwalts. Dieses Einvernehmen ist bei der ersten Verfahrenshandlung gegenüber dem Gericht schriftlich nachzuweisen (§ 5 Abs 2 EIRAG).

Das **Honorar** des Rechtsanwalts kann frei vereinbart werden. Der Rechtsanwalt darf allerdings weder die streitverfangene Sache an sich lösen noch sich einen prozentuellen Anteil vom ersiegten Betrag versprechen lassen (Verbot der *quota litis*, § 879 Abs 2 Z 2 ABGB, § 16 Abs 1 RAO; siehe dazu gleich näher unten). Das **Rechtsanwaltstarifgesetz** (RATG) regelt den Kostenersatz durch den Gegner. Allerdings kann mangels einer Vereinbarung über das Honorar auch im Verhältnis zwischen dem Rechtsanwalt und seiner eigenen Partei auf das RATG zurückgegriffen werden (§ 16 Abs 1 RAO, § 2 RATG). Im Innenverhältnis (also im Verhältnis zu ihrem eigenen Mandanten) rechnen Rechtsanwälte vielfach nach den Autonomen Honorarkriterien (AHK) der Rechtsanwaltskammer, teilweise aber auch nach Stundensätzen ab.

362

Nicht zulässig ist nach § 879 Abs 2 Z 2 ABGB ein **Erfolgshonorar** in Form einer prozentuellen Beteiligung am Prozesserfolg (sogenanntes „*pactum de quota litis*"). Dies soll eine Übervorteilung des Mandanten sowie eine Verquickung der wirtschaftlichen Interessen des Anwalts mit denjenigen des Mandanten verhindern. Andere Formen von Erfolgshonorar sind demgegenüber zulässig. Weil § 879 Abs 2 Z 2 ABGB auf den „Rechtsfreund" abstellt, fallen gewerbliche Prozessfinanzierer nicht unter dieses Verbot. Siehe auch Rz 446.

2. Der Notar

Der Notar ist Inhaber einer staatlichen Amtsstelle. Als Gerichtskommissär ist er Beauftragter des Gerichts in hoheitlicher Funktion und erfüllt insb im Verlassenschaftsverfahren eine wichtige hoheitliche Aufgabe (siehe näher *Mayr/Fucik* Rz 85 ff).

363

Außerdem ist der Notar **Urkundsperson** öffentlichen Glaubens und kann öffentliche Urkunden, also besonders beweiskräftige Urkunden, errichten. Dazu kommt die Beratung von Parteien in allen Bereichen, insb im Gesellschafts- und Immobilienrecht.

Eine **Parteienvertretung** durch Notare ist nur in eingeschränktem Umfang zulässig. In Zivilprozessen dürfen Notare vor den Bezirksgerichten (auch bei Anwaltspflicht) vertreten, wenn am Amtssitz des Notars nicht wenigstens zwei Rechtsanwälte ihren Kanzleisitz haben (§ 5 Abs 2 NO). Im Außerstreitverfahren unterliegt das Einschreiten von Notaren keinen Einschränkungen.

364

Die Entlohnung des Notars für die Errichtung von Urkunden richtet sich nach dem Notariatstarif (NTG), als Gerichtskommissär nach dem Gerichtskommissionstarif (GKTG). Als Parteienvertreter wird der Notar wie ein Rechtsanwalt entlohnt (§ 1 Abs 2 RATG).

365

3. Die Finanzprokuratur

366   Die im Prokuraturgesetz (BGBl I 2008/110) geregelte Finanzprokuratur ist Vertreter und Rechtsberater der Republik Österreich und verschiedener anderer Rechtsträger. Insoweit ist sie gewissermaßen „Anwalt der Republik". Soweit gesetzlich vorgesehen kann sie darüber hinaus auch zur Vertretung verschiedener anderer Gesellschaften wie etwa der Bundesimmobiliengesellschaft mbH betraut werden.

D. Prozessbegleitung

367   Wurde einem Opfer im Strafverfahren **psychosoziale Prozessbegleitung** gewährt, so gilt diese auf sein Verlangen auch für einen zwischen ihm und dem Beschuldigten des Strafverfahrens geführten Zivilprozess, wenn der Gegenstand des Zivilprozesses in sachlichem Zusammenhang mit dem Gegenstand des Strafverfahrens steht und soweit dies zur Wahrung der prozessualen Rechte des Opfers unter größtmöglicher Bedachtnahme auf seine persönliche Betroffenheit erforderlich ist. Der psychosoziale Prozessbegleiter hat im Verfahren die Stellung einer **Vertrauensperson.** Er darf das Opfer auf dessen Wunsch zu allen Verhandlungen und Vernehmungen begleiten (§ 73b ZPO).

Die psychosoziale Prozessbegleitung ist von der Parteirolle (Kläger oder Beklagter) unabhängig; sie kann auch Zeugen gewährt werden.

Die psychosoziale Prozessbegleitung wird bis zu einem Höchstbetrag von € 800 gewährt; genießt das Opfer Verfahrenshilfe, so beträgt der Höchstbetrag € 1.200. Das Gericht hat nach rechtskräftiger Entscheidung über die Streitsache den Gegner zum Ersatz der für die psychosoziale Prozessbegleitung aufgewendeten Beträge gegenüber dem Bund zu verpflichten, soweit dem Gegner die Kosten des Rechtsstreits auferlegt worden sind oder er sie in einem Vergleich übernommen hat.

Sechster Teil:
Bauelemente des Verfahrens

I. Schriftsätze

Literatur: *Fellner,* IT-Netzwerk Justiz, in FS Weissmann (2003) 207; *derselbe,* Neueste Entwicklungen und Perspektiven des IT-Einsatzes in Zivilverfahren, in Jahrbuch Zivilverfahrensrecht 2009 (2009) 49; *Gerhartl,* Elektronischer Rechtsverkehr, AnwBl 2012, 13; *Heinke,* Schriftsätze im Zivilprozess[7] (2011); *Kodek,* Der Zivilprozess und neue Formen der Informationstechnik, ZZP 2002, 445; *Konecny,* Zur Erweiterung der Verbesserungsvorschriften durch die Zivilverfahrens-Novelle 1983, JBl 1984, 13; *derselbe,* Schriftsatzrecht und Kommunikationsmittel. Oder: Von Feder-, Blei- und Tintenstift zum elektronischen Rechtsverkehr, in FS Sprung (2001) 217; *derselbe,* Neue Technik und alte Verfahrensprobleme, in FS Beys (2003) 773; *Mayr,* Zur Verbesserbarkeit des Fehlens von Beilagen, in BeitrZPR II (1986) 151; *Obermaier,* Von den Schriftsätzen der Advokaten, RZ 2006, 267; *Rechberger* (Hrsg), Die elektronische Revolution im Rechtsverkehr (2006); *Schmidt,* Elektronischer Rechtsverkehr und Urkundenarchive, Zak 2006, 163; *Stadler,* Der Zivilprozess und neue Formen der Informationstechnik, ZZP 2002, 413; *Starl/Meisslitzer,* eJustiz – Verfahrensautomation und Elektronischer Rechtsverkehr, in *Jahnel/Mader/Staudegger* (Hrsg), IT-Recht[3] (2012) 367; *Thiele,* Form- und Fristwahrung durch elektronische Übermittlung einer Textdatei? MR 1999, 140; *Ziehensack,* Vorbereitende Schriftsätze, Zak 2006/42, 27; *derselbe,* Schriftsätze für Rechtsanwälte (Loseblattausgabe Stand 2012).

A. Begriff und Inhalt

Schriftsätze sind **schriftliche Erklärungen** der Parteien (und der Nebenintervenienten) an das Gericht. Sie werden außerhalb der mündlichen Verhandlung dem Gericht übergeben und müssen regelmäßig (ausgenommen im elektronischen Rechtsverkehr: § 89c GOG) in so vielen gleich lautenden Ausfertigungen (**Gleichschriften**) überreicht werden, dass jedem Gegner eine Ausfertigung zugestellt sowie eine für den Gerichtsakt zurückbehalten werden kann.   368

§ 112 ZPO sieht jedoch vor, dass im Falle einer rechtsanwaltlichen Vertretung beider Prozessparteien ein Rechtsanwalt, der einen Schriftsatz einbringt, die für den Gegner bestimmte Gleichschrift direkt an dessen Rechtsanwalt zu übersenden hat. Siehe Rz 388.

Außerdem ist den Schriftsätzen die erforderliche Anzahl von **Halbschriften** (Rubriken) beizulegen (§ 80 Abs 1 ZPO).

Es handelt sich dabei um Schriftstücke, die nur die allgemeinen, die Rechtssache bezeichnenden (Formal-)Angaben (die erste Seite des Schriftsatzes) enthalten und bloß der Verständigung des Einschreiters und sonstiger Prozessbeteiligter dienen (§ 80 Abs 2 ZPO; § 58 Abs 6 Geo).

Gekürzte Ausfertigungen sind Rubriken, die außerdem noch den Antrag (das Begehren) enthalten und vom Gericht mit einer Bewilligungsstampiglie versehen werden.

369   Die Schriftsätze müssen grundsätzlich in **deutscher Sprache** verfasst sein. Andernfalls ist der betreffenden Partei eine Verbesserung durch Übersetzung in die Gerichtssprache aufzutragen.

Ausnahmen bestehen bei bestimmten Bezirksgerichten in Kärnten und im Burgenland zum Schutz sprachlicher Minderheiten (siehe die einschlägigen Verordnungen BGBl 1977/307, 1990/231 und II 2000/229).

370   Zum **notwendigen** (allgemeinen) **Inhalt** eines jeden Schriftsatzes gehören nach § 75 ZPO:
- die Bezeichnung des **Gerichts**;
- die Bezeichnung der **Parteien** mit Vor- und Zuname, Beschäftigung, Wohnort und Parteistellung (klagende Partei oder beklagte Partei);

Nach dem (durch das 2. Gewaltschutzgesetz neu eingefügten) § 75a ZPO kann von der Angabe des **Wohnortes** einer Partei abgesehen werden, wenn sie ein schutzwürdiges Geheimhaltungsinteresse darlegt und einen Zustellungsbevollmächtigten namhaft macht. Dies kann insb für Opfer von Verbrechen von Bedeutung sein.

- die Angabe der für die Parteien handelnden **Vertreter** (Rechtsanwalt, gesetzlicher Vertreter ua) mit Vor- und Zuname, Beruf und Adresse;
- die Bezeichnung des **Streitgegenstandes**;
- die Bezeichnung der **Beilagen** (Zahl, Ur- oder Abschrift);
- die **Unterschrift** der Partei selbst, ihres gesetzlichen Vertreters oder Bevollmächtigten.

Außerdem hat nach § 76 ZPO jeder Schriftsatz eine gedrängte Darstellung der „tatsächlichen Verhältnisse" zur Begründung des Antrags sowie die allenfalls notwendigen Beweismittel zu enthalten.

B. Arten von Schriftsätzen

371   Es können folgende Arten von Schriftsätzen unterschieden werden:
- **Vorbereitende Schriftsätze** dienen der Vorbereitung der mündlichen Streitverhandlung. Sie haben neben dem allgemeinen Inhalt eines Schriftsatzes die Anträge zu enthalten, die die Partei in der mündlichen Verhandlung stellen will, und eine Angabe der Tatsachen und Beweismittel, auf die sich die Partei zur Begründung ihrer Anträge bzw zur Bekämpfung der gegnerischen Anträge in der Verhandlung berufen will (§ 78 Abs 1 ZPO).

Seit der ZVN 1983 dürfen vorbereitende Schriftsätze auch Rechtsausführungen enthalten. Schriftsätze, die nur Rechtsausführungen enthalten, sind jedoch weiterhin unzulässig (§ 84 Abs 3 ZPO).

- **Bestimmende Schriftsätze** enthalten Sachanträge (zB ein Rekurs; weil keine mündliche Rekursverhandlung stattfindet, handelt es sich nicht auch um einen vorbereitenden Schriftsatz) oder sie gestalten die Rechtslage unmittelbar (zB die Klagszurücknahme).

168

- **Gemischte Schriftsätze** enthalten Sachanträge und dienen gleichzeitig der Vorbereitung der Verhandlung (zB die Klage und die Klagebeantwortung).
- **Einfache Schriftsätze** enthalten bloß Mitteilungen an das Gericht (zB Adressenbekanntgabe oder Urkundenvorlage).

C. Verbesserung von mangelhaften Schriftsätzen

Die ZVN 1983 hat eine erhebliche **Ausweitung der Verbesserungsmöglichkeiten** im Zivilprozessrecht gebracht. Zusammen mit anderen Erleichterungen und Abschwächungen von Formzwängen kann dies als ein Ausdruck des Prozessgrundsatzes des **Vorrangs der Sacherledigung** angesehen werden (siehe Rz 99). Der moderne Prozess als soziales Rechtsschutzgewährungsinstrument muss primär auf das Ziel der Sacherledigung ausgerichtet sein und darf diese daher nur dann verweigern, wenn Verstöße gegen Form- und Inhaltsvorschriften nicht behebbar sind oder trotz Belehrung und Verbesserungsauftrag nicht behoben werden und sie gleichzeitig eine Sacherledigung verhindern. Dies bedeutet freilich nicht, dass der Zivilprozess nunmehr weitgehend formlos geworden wäre, vielmehr wollen ja gerade die Verbesserungsbestimmungen die Einhaltung der Formvorschriften sicherstellen. Allerdings ist die Verantwortung dafür teilweise von den Parteien zum Gericht verschoben worden: Das Gericht trifft nunmehr durch die Pflicht zur amtswegigen Durchführung eines Verbesserungsverfahrens eine Mitverantwortung für die Einhaltung der Formvorschriften (vgl *Fasching*, Lehrbuch Rz 510). 372

Nach § 84 Abs 1 ZPO hat das Gericht die „Beseitigung von **Formgebrechen**, welche die ordnungsmäßige geschäftliche Behandlung eines überreichten Schriftsatzes zu hindern geeignet sind, von Amts wegen anzuordnen". 373

Beispiele für Formgebrechen sind etwa die mangelhafte Bezeichnung der Parteien, das Fehlen der Unterschrift oder die Abfassung des Schriftsatzes in einer fremden Sprache.

Ein Verbesserungsverfahren ist auch dann einzuleiten, wenn „in dem Schriftsatz Erklärungen oder sonstiges Vorbringen fehlen, die für die mit dem Schriftsatz vorgenommene Prozesshandlung vorgeschrieben sind", also wenn der **notwendige Inhalt** fehlt. Nach dem Wortlaut des § 84 Abs 3 ZPO ist diese Verbesserung von inhaltlichen Mängeln zwar nur für befristete Schriftsätze vorgesehen, nach hM gilt dies jedoch auch für die (idR unbefristete) **Klage**. Diese Ansicht ist vom Gesetzgeber bei der Neufassung des § 230 Abs 2 ZPO (durch die ZVN 2002) bestätigt worden. 374

Beispiele: Unschlüssiges (unbestimmtes, unvollständiges oder widersprüchliches) Vorbringen in einer Klage oder Klagebeantwortung; das Fehlen von Rechtsmittelgründen oder eines Rechtsmittelantrags.

Enthält ein Schriftsatz **beleidigende Äußerungen** gegenüber dem Gericht, dem Gegner, Zeugen etc, so kann das Gericht eine Ordnungsstrafe verhängen (§ 86 ZPO). Darüber hinaus „ist" der Schriftsatz gemäß dem neu eingeführten § 86a Abs 1 ZPO nach einem erfolglosen Verbesserungsversuch als nicht zur ordnungsgemäßen geschäftlichen Behandlung geeignet zurückzuweisen. Jeder weitere Schriftsatz dieser Partei, der einen solchen Mangel aufweist (nämlich 375 eine Beleidigung), kann dann vom Gericht ohne Verbesserungsversuch und ohne beschlussmäßige Erledigung einfach zu den Akten genommen werden.

Die Gefahren, die mit dieser durch das BBG 2011 zur Gerichtsentlastung eingeführten Bestimmung verbunden sind, sind offensichtlich.

376 Leidet der Schriftsatz zwar an Mängeln, verhindern diese aber eine ordnungsgemäße Weiterbehandlung nicht (etwa eine schlechte Lesbarkeit oder ungewöhnliche äußere Form), so ist dies nicht zum Anlass für ein eigenes (verfahrensverzögerndes) Verbesserungsverfahren zu nehmen. Sie sind vielmehr – soweit überhaupt notwendig – auf möglichst einfachem (und unbürokratischem) Weg zu beheben.

§ 84 Abs 2 ZPO führt das Fehlen von Gleich- und Halbschriften zwar ausdrücklich als verbesserungsbedürftigen Formmangel an, tatsächlich bietet sich jedoch (heute) die amtswegige Herstellung von Kopien auf Kosten des Einschreiters als schnellere und bessere Lösung an.

Eine **unrichtige Bezeichnung** eines Rechtsmittels, Rechtsbehelfs oder von Gründen ist überhaupt unbeachtlich, wenn das Begehren klar erkennbar ist (§ 84 Abs 2 ZPO).

Beispiel: Die Bezeichnung eines Kostenrekurses als Berufung oder eines Rechtsmittels in der Hauptsache als „Nichtigkeitsbeschwerde" schadet nicht. Vgl auch § 40a JN (Rz 134 f).

377 Liegen verbesserungsfähige und -bedürftige Mängel vor, ist das Gericht (grundsätzlich) **verpflichtet**, ein Verbesserungsverfahren durchzuführen. Unzulässig ist ein Verbesserungsverfahren aber etwa dann, wenn der (mangelhafte) Schriftsatz ohnehin als unzulässig zurückzuweisen wäre oder wenn der Fehler offensichtlich absichtlich und in **Missbrauchsabsicht** (zur Verfahrensverzögerung) – insb von einem berufsmäßigen Parteienvertreter – gemacht worden ist (RIS-Justiz RS0036478). Außerdem ist ein Schriftsatz ohne Verbesserungsversuch (sofort) zurückzuweisen, wenn er „aus verworrenen, unklaren, sinn- oder zwecklosen Ausführungen" besteht und das Begehren nicht erkennen lässt (§ 86a Abs 2 ZPO).

Die Gefährlichkeit dieser (ebenfalls erst kürzlich durch das BBG 2011 eingeführten) Bestimmung liegt auf der Hand.

Abgesehen von diesen Ausnahmefällen stellt das Unterlassen eines (gebotenen) Verbesserungsversuchs einen **Verfahrensmangel** dar, der mit einem Rechtsmittel (gegen den Zurückweisungsbeschluss oder die abweisende Sachentscheidung) geltend gemacht werden kann.

378 Beim gerichtlichen Verbesserungsversuch ist möglichst (prozess-)ökonomisch und formfrei vorzugehen. So ist den Parteien etwa bei der mündlichen Verhandlung Gelegenheit zur Verbesserung zu bieten oder ein mangelhafter Schriftsatz mit einem schriftlichen Verbesserungsauftrag zurückzustellen. War für die Eingabe eine Frist einzuhalten, so ist auch für den Verbesserungsauftrag eine (unerstreckbare) **Frist** zu setzen. Erfolgt die Verbesserung fristgerecht, so gilt die (ur-

170

sprüngliche) Eingabe als rechtzeitig eingebracht. Wird dem Verbesserungsauftrag nicht oder nicht ausreichend entsprochen, so ist der Schriftsatz zurückzuweisen.

Verbesserungsaufträge sind nicht (abgesondert) anfechtbar.

D. Anbringen zu Protokoll

In bestimmten Fällen können Parteien, die nicht durch einen Rechtsanwalt vertreten sind, ihre Anträge und sonstiges Vorbringen außerhalb einer Tagsatzung auch mündlich zu gerichtlichem Protokoll erklären (siehe § 79 ZPO; § 56 GOG; § 34 Geo und Rz 971). 379

Die Möglichkeit, unter bestimmten Voraussetzungen eine Berufung oder einen Rekurs zu gerichtlichem Protokoll zu erklären, wurde durch das BBG 2011 beseitigt.

E. Eingaben per Telefax und E-Mail

Die in § 89 Abs 3 GOG und § 60 Geo vorgesehenen telegrafischen Eingaben sind nicht mehr relevant, da diese Übermittlungsart technisch überholt ist und nicht mehr zur Verfügung steht. Die dazu entwickelten Grundsätze können jedoch auf die – gesetzlich nicht geregelten – Eingaben per Telefax übertragen werden. Solche werden von der hM als zulässig angesehen. Sie gelten als fristgerecht eingebracht, wenn das Telefax am letzten Tag der Frist (auch noch außerhalb der Amtsstunden) vom Gericht empfangen wird. Erforderlich ist jedoch (wegen des Fehlens einer Original-Unterschrift) die Nachreichung des Original-Schriftsatzes oder eines eigenhändig unterfertigten Bestätigungsschriftsatzes durch die Partei. Allenfalls ist ein befristeter Verbesserungsauftrag zu erteilen. Das Risiko von Einbringungsfehlern, technischen Gebrechen und der Belegung (bzw der Ausschaltung) des Empfangsgerätes zum Übersendungszeitpunkt trägt der Einschreiter (siehe dazu etwa 7 Ob 94/04f SZ 2004/84 oder RIS-Justiz RS0123334). 380

Schriftsätze, die per „**electronic mail**" (**E-Mail**) dem Gericht übermittelt werden, können nicht mit einer im elektronischen Rechtsverkehr übermittelten Eingabe (siehe sogleich unten) gleichgestellt werden. Auf sie sind vielmehr die für die Telefax-Eingabe geltenden Grundsätze anzuwenden. Vgl 10 Ob 28/11g EvBl 2011/137, 961 = jusIT 2011/64, 134 (*Thiele*); dazu auch *Gitschthaler*, EF-Z 2011/104, 174. 381

F. Elektronische Eingaben

Der elektronische Rechtsverkehr (ERV) ermöglicht die elektronische Datenübermittlung von elektronischen Eingaben, Beilagen sowie von gerichtlichen 382

Erledigungen zwischen den Gerichten (bzw Staatsanwaltschaften) und den Parteien (bzw deren Vertretern). Er hat in der Praxis eine **sehr große Bedeutung**.

Im Jahr 2011 wurden über ihn 11,2 Millionen Sendungen abgewickelt. Davon waren 3,5 Millionen elektronische Eingaben (mehr als 95 % der Mahnklagen und mehr als 70 % der Exekutionsanträge) sowie 6,2 Millionen elektronische Sendungen über den Rückverkehr von den Gerichten an die Parteien. Diese Zahlen stammen aus der Informationsbroschüre „IT-Anwendungen in der Österreichischen Justiz" (Stand 2012), die von der Homepage des BMJ unter „E-Government" heruntergeladen werden kann.

Der ERV spart Zeit und Geld nicht nur bei der Zustellung, sondern auch dadurch, dass die elektronisch übermittelten Daten von den Gerichten bzw Parteien direkt übernommen und weiterverarbeitet werden können.

Die **Rechtsgrundlagen** für den ERV bilden die (häufig novellierten) §§ 89a ff GOG sowie die ERV 2006 (idF BGBl II 2012/503).

383 Die Teilnahme am ERV steht **jedermann** als Alternative zur klassischen „Papiernutzung" offen, es ist lediglich eine Registrierung bei einer der Übermittlungsstellen erforderlich. **Rechtsanwälte und Notare** sind schon seit längerer Zeit nach Maßgabe der technischen Möglichkeiten zur Teilnahme am elektronischen Rechtsverkehr **verpflichtet**, ebenso Banken und Versicherungen. Zahlreiche weitere Einrichtungen folgen in Kürze nach (siehe § 89c Abs 5 idF BGBl I 2013/119). Ein Verstoß gegen diese Einbringungspflicht im ERV wird als Formmangel behandelt, der zu einem **Verbesserungsverfahren** führt (§ 89c Abs 6 GOG).

Die zur Verfügung stehenden Übermittlungsstellen (derzeit sieben) sowie die jeweiligen technischen Anforderungen können im Internet abgerufen werden (www.edikte. justiz.gv.at/edikte/km/kmhlp05.nsf/all/erv; Stand 31. 7. 2013).

Eine **elektronische Eingabe** ist grundsätzlich für alle Eingaben und Beilagen möglich. Für sie gelten die Bestimmungen über den Inhalt schriftlicher Eingaben, sie bedürfen jedoch keiner Unterschrift und keiner Gleichschriften und Rubriken.

384 Die **Übermittlung der elektronischen Daten** von der Partei an das Gericht bzw vom Gericht an die Partei verläuft in mehreren Schritten:
- Partei >>> Übermittlungsstelle >>> Bundesrechenzentrum >>> Gericht
- Gericht >>> Bundesrechenzentrum >>> Übermittlungsstelle >>> Partei.

Elektronische Eingaben der **Partei an das Gericht** sind dann **eingebracht,** wenn sie zur Gänze beim Bundesrechenzentrum einlangen. Ist eine Eingabe über eine Übermittlungsstelle vorgesehen und sind die Daten in der Folge tatsächlich zur Gänze beim Bundesrechenzentrum eingelangt, so gelten sie (schon) mit dem Zeitpunkt als bei Gericht eingebracht, an dem die Übermittlungsstelle dem Einbringer rückgemeldet hat, dass sie die Daten zur Weiterleitung übernommen hat (§ 89d Abs 1 GOG).

Als **Zustellzeitpunkt** elektronisch übermittelter **gerichtlicher Erledigungen** (sog „Rückverkehr" gem § 89a Abs 2 GOG) gilt jeweils der auf das Einlangen in den elektronischen Verfügungsbereich des Empfängers folgende

Werktag, wobei Samstage nicht als Werktage gelten (§ 89d Abs 2 GOG idF BGBl I 2012/26; siehe dazu 1 Ob 26/13z Zak 2013/408, 223). Das bewirkt im Vergleich zur physischen Zustellung eine uU nicht unwesentliche Fristverlängerung. Siehe *Frauenberger-Pfeiler/Schmon*, JAP 2012/2013, 26.

II. Zustellungen

Literatur: *Büchler*, Die Reform des österreichischen Zustellungsrechts, in FS Simotta (2012) 85; *Feil,* Zustellwesen[5] (2006); *Frauenberger-Pfeiler*, Neuerungen im Zustellrecht, ecolex 2009, 569; *dieselbe*, Zustellart, Zustellzeitpunkt und anwendbares Recht, JAP 2011/2012/11, 106; *Frauenberger-Pfeiler/Raschauer/Sander/Wessely* (Hrsg), Österreichisches Zustellrecht[2] (2011); *Frauenberger-Pfeiler/Schmon*, Physische Zustellung, elektronische Zustellung und verhandlungsfreie Zeit: Einfluss auf den Lauf der Rechtsmittelfristen, JAP 2012/2013, 26; *Hartlieb,* Das Zustellrecht nach dem Zustellrechtsänderungsgesetz 2007, JAP 2007/2008/19, 210; *Larcher*, Zustellrecht (2010); *Nimmerrichter*, Die Zustellung von Klagen seit dem BudgetbegleitG 2009, Zak 2010/595, 347; *Popp,* Die neue „Zustellung" zwischen Rechtsanwälten im Zivilprozess, RdW 2000/501, 523; *Reisenhofer*, Zur Zustellung fremdsprachiger Schriftstücke im Zivilverfahren, in *Clavora/Garber* (Hrsg), Sprache und Zivilverfahrensrecht (2013) 105; *Stumvoll* in *Fasching/Konecny*, Kommentar ErgBd (2008).

A. Gesetzliche Grundlagen

Müssen Gerichte (oder Verwaltungsbehörden) im Rahmen der Vollziehung von Gesetzen (also infolge hoheitlicher Tätigkeit) Dokumente übermitteln, haben diese Zustellungen nach den Vorschriften des **Zustellgesetzes** (ZustG; zuletzt geändert durch BGBl I 2008/5, BGBl I 2010/111 und BGBl I 2013/33) zu erfolgen. Für Zustellungen im Rahmen eines Zivilprozesses enthält allerdings die **ZPO** (in ihren §§ 87 ff) und das **GOG** (in den §§ 89a ff hinsichtlich des elektronischen Rechtsverkehrs; siehe bereits oben Rz 382 ff) einige ergänzende Spezialvorschriften, die der allgemeinen Regelung vorgehen (§ 87 Abs 1 ZPO).   385

Die Zustellung von gerichtlichen und außergerichtlichen Schriftstücken in Zivil- oder Handelssachen in den **Mitgliedstaaten der Europäischen Union** regelt die **Europäische Zustellverordnung** (ABl L 2007/324, 79), die seit dem 13. 11. 2008 eine frühere diesbezügliche EU-Verordnung (ABl L 2000/160, 37) abgelöst hat (vgl § 111 Abs 3 ZPO).   386

Nähere Einzelheiten und weiterführende Literaturhinweise zur EuZustVO siehe bei *Mayr,* EuZPR Rz VII/1 ff sowie etwa *Peer*, Die Europäische Zustellungsverordnung. Ein Überblick für Anwender, ÖJZ 2012/2, 5.

Zu sonstigen Auslandszustellungen siehe insb §§ 106 Abs 2 und 121 ZPO, § 11 ZustG und den Erlass des BMJ vom 7. 5. 2004 über die internationale Rechtshilfe und andere Rechtsbeziehungen mit dem Ausland in Zivilsachen (RHE Ziv 2004), JABl 2004/13.

B. Definitionen und Begriffe des Zustellrechts

387   Unter **Zustellung** versteht man die Übergabe eines Schriftstücks an einen Empfänger, damit dieser davon Kenntnis erhält. An den Zeitpunkt der (gesetzmäßigen) Zustellung knüpfen sich eine Reihe wesentlicher Rechtswirkungen, zB die Wirksamkeit von gerichtlichen Entscheidungen gegenüber den Parteien (§ 416 Abs 1 ZPO; siehe Rz 910) oder die Auslösung eines Fristenlaufs (siehe Rz 414).

Zugestellt werden alle Entscheidungen des Gerichts und alle Anträge und Erklärungen der Parteien, die sich (auch) an den Prozessgegner richten.

388   Zustellungen erfolgen **von Amts wegen** (§ 87 Abs 1 ZPO) und im Normalfall durch einen Zustelldienst (derzeit noch durch die **Post**, ev durch einen anderen Universaldienstbetreiber). Ausnahmsweise können sie aber auch von Gerichts- oder Gemeindebediensteten durchgeführt werden (§ 88 ZPO).

Da der Zusteller hinsichtlich der Wahrung der Gesetzmäßigkeit der Zustellung als Organ der Behörde (des Gerichts) handelt (§ 4 ZustG), entstehen bei rechtswidrigem und schuldhaftem Fehlverhalten **Amtshaftungsansprüche**.

Sind beide Parteien durch **Rechtsanwälte** vertreten, so muss die für den Gegner bestimmte Gleichschrift eines Schriftsatzes **direkt** an den gegnerischen Rechtsanwalt **übermittelt** werden (§ 112 ZPO). Dies gilt aber nicht für Schriftsätze, (die dem Empfänger zu eigenen Handen zuzustellen sind oder) durch deren Zustellung eine Notfrist in Gang gesetzt wird (zB die Frist für die Einbringung einer Rechtsmittelbeantwortung).

389   In der **Zustellverfügung** (§ 5 ZustG) gibt das Gericht an, in wessen Verfügungsgewalt das zuzustellende Dokument gelangen soll (Empfänger), die Zustelladresse sowie, auf welche Art die Zustellung vorgenommen werden soll.

Empfänger ist die vom Gericht in der Zustellverfügung namentlich als solche bezeichnete Person, also in erster Linie die Partei bzw, falls sie prozessunfähig ist, ihr gesetzlicher Vertreter, oder, wenn sie für einen Rechtsstreit Prozessvollmacht erteilt hat, der Prozessbevollmächtigte oder auch ein sonstiger von der Partei genannter Zustellungsbevollmächtigter.

Hat eine Partei für einen Rechtsstreit Prozessvollmacht erteilt, so kann grundsätzlich nur noch **an den Prozessbevollmächtigten** wirksam zugestellt werden. Dies gilt nunmehr sogar für die Ladung der Partei zu ihrer Einvernahme (§ 93 Abs 1 ZPO idF BBG 2009).

390   Ein **Zustellbevollmächtigter** ist eine Person, die gegenüber der Behörde zur Empfangnahme von Dokumenten bevollmächtigt worden ist (§ 9 Abs 1 ZustG). Sie muss über eine Abgabestelle im Inland verfügen (§ 97 Abs 5 ZPO). Haben mehrere Personen keinen gemeinsamen Vertreter oder Zustellungsbevollmächtigten, so kann ihnen das Gericht auf Antrag oder von Amts wegen die Bestellung eines Zustellungsbevollmächtigten auftragen (§ 97 ZPO) und nötigenfalls selbst bestellen.

174

Ebenso kann das Gericht Parteien oder Bevollmächtigten, die über keine Abgabestelle im Inland verfügen, auftragen, innerhalb einer bestimmten, mindestens vierzehntägigen Frist einen **inländischen Zustellungsbevollmächtigten** namhaft zu machen. Tun sie das nicht, so werden die weiteren Zustellungen durch Übersendung des Schriftstücks ohne Zustellnachweis vorgenommen. Das Schriftstück gilt dann 14 Tage nach Aufgabe zur Post als zugestellt (§ 98 ZPO und § 10 ZustG idF BGBl I 2013/33); siehe 1 Ob 105/11i EvBl 2011/155, 1085 (*Frauenberger/Pfeiler*) = JAP 2011/2012/11, 106 (*Frauenberger-Pfeiler*).

Ob diese Form einer fiktiven Inlandszustellung europarechtskonform ist, erscheint im Lichte der aktuellen Judikatur des EuGH allerdings fraglich. Siehe zuletzt EuGH 19. 12. 2012, C-325/11, *Alder*, ecolex 2013/254, 632 (*Bajons*).

Zustelladresse kann entweder eine Abgabestelle (für die physische Zustellung) oder eine elektronische Zustelladresse (für Zustellungen mittels ERV) sein (siehe § 2 Z 3, 4 und 5 ZustG). Als Abgabestelle (das ist der Ort, an dem die Zustellung vorgenommen werden darf) kommen etwa Wohnung, Sitz, Arbeitsplatz, Kanzlei etc in Betracht. Eine elektronische Zustelladresse muss der Behörde (Gericht) vom Empfänger bekanntgegeben werden. 391

C. Arten der Zustellung

1. Physische Zustellung

a. Allgemeines

Eine physische Zustellung kann sowohl mit als auch ohne Zustellnachweis erfolgen. Bei einer **Zustellung ohne Zustellnachweis** (§ 26 ZustG) wird das Dokument an der Abgabestelle in die entsprechende Abgabeeinrichtung (insb Briefkasten bzw -fach) eingelegt oder sonst zurückgelassen. Sie gilt mit dem dritten Werktag nach der Übergabe an das Zustellorgan als bewirkt, außer wenn sich ergibt, dass der Empfänger infolge Abwesenheit von der Abgabestelle nicht rechtzeitig Kenntnis vom Zustellvorgang erlangen konnte. In diesem Fall wird die Zustellung mit dem Tag nach der Rückkehr an die Abgabestelle wirksam. 392

Demgegenüber ist bei einer **Zustellung mit Zustellnachweis** (siehe zu den verschiedenen Zustellvarianten Rz 395 ff) die Zustellung zu beurkunden und sind auch gewisse andere Daten (etwa das Verhältnis des Ersatzempfängers zum Empfänger oder die Verweigerung der Annahme) auf dem Zustellnachweis (Zustellschein, Rückschein) zu vermerken. Der Zustellnachweis muss vom (Ersatz-)Empfänger und vom Zustellorgan unterfertigt werden und ist an das Gericht zurückzusenden. Beim Rückschein handelt es sich um eine **öffentliche Urkunde** (siehe Rz 815). 393

Die Beurkundung kann auch elektronisch erfolgen und dem Gericht in dieser Form übersandt werden. Ansonsten kann der Rückschein dem Gericht entweder in Papierform oder in elektronischer Form (eingescannt) übermittelt werden.

394 Konnte das Dokument weder wirksam zugestellt noch nachgesandt werden oder wird ein hinterlegtes Dokument nicht abgeholt, so ist es zusammen mit einem **Fehlbericht** an das Gericht **zurückzustellen** (§ 19 ZustG).

b. Zustellung zu eigenen Handen

395 Ordnet das Gericht in der Zustellverfügung eine Zustellung zu eigenen Handen (**RSa; Rückschein blau**) an, so darf das Dokument **nur dem Empfänger** zugestellt werden. Eine Ersatzzustellung ist unzulässig (§ 21 ZustG). Ist der Zustellversuch nicht erfolgreich, ist das Schriftstück zu **hinterlegen** (siehe dazu Rz 398).

Für juristische Personen bestimmte Dokumente sind einem zur Empfangnahme befugten Vertreter zuzustellen. Bei Zustellungen in Kanzleien von zur berufsmäßigen Parteienvertretung befugten Personen (insb Rechtsanwälte) darf an jeden dort anwesenden Angestellten des Parteienvertreters zugestellt werden. Siehe näher §§ 13 ff ZustG.

Zu eigenen Handen zuzustellen waren **früher** insb Schriftstücke, mit denen der Empfänger erstmals von einem gegen ihn anhängigen Rechtsstreit in Kenntnis gesetzt wird, also etwa Klagen, Zahlungsbefehle und Aufträge im (Wechsel-)Mandats- und Bestandverfahren. Dadurch sollte die Wahrung des rechtlichen Gehörs im größtmöglichen Ausmaß sichergestellt werden. Aus Kostenersparnisgründen wurde diese Zustellart jedoch durch die BBG 2009 und 2011 weitestgehend **beseitigt** (und durch die Ersatzzustellung ersetzt; siehe unten Rz 396). Im Bereich des Zivilverfahrensrechts wird daher nur noch der Beschluss über die Bestellung eines Sachwalters zu eigenen Handen zugestellt (§ 124 Abs 1 AußStrG).

c. Zustellung mit Zustellnachweis und Ersatzzustellung

396 Bei einer **RSb-Zustellung** (**Rückschein weiß**) ist das Dokument grundsätzlich dem Empfänger an der Abgabestelle zuzustellen (§§ 13 ff ZustG). Kann ihm das Dokument nicht persönlich übergeben werden und ist an der Abgabestelle ein **Ersatzempfänger** anwesend, so darf die Zustellung an diesen erfolgen, wenn der Zusteller Grund zur Annahme hat, dass sich der Empfänger bzw der befugte Vertreter einer juristischen Person regelmäßig an der Abgabestelle aufhält (§ 16 ZustG).

Ersatzempfänger kann jede zur Annahme bereite erwachsene Person sein, die an derselben Abgabestelle wie der Empfänger wohnt oder dessen Arbeitnehmer oder Arbeitgeber ist. Lebt der Ersatzempfänger im selben Haushalt, so gilt die Nichtannahme als Verweigerung der Zustellung (zu den Folgen siehe Rz 401).
Das Gericht (§ 16 Abs 4 ZustG) aber auch der Empfänger (§ 16 Abs 3 ZustG) kann die Ersatzzustellung an bestimmte Personen ausschließen. Ist der Ersatzempfänger der Prozessgegner des Empfängers, ist eine Ersatzzustellung an ihn unzulässig (§ 103 ZPO).

397 Eine Ersatzzustellung trotz länger dauernder **Ortsabwesenheit** des Empfängers ist grundsätzlich **unwirksam**. Sie heilt jedoch (ohne zeitliche Begrenzung) mit dem der Rückkehr an die Abgabestelle nachfolgenden Tag (§ 16 Abs 5 ZustG).

176

Kann das Dokument weder dem Empfänger noch einem Ersatzempfänger übergeben werden, hat es das Zustellorgan zu **hinterlegen** (siehe Rz 398).

Seit dem BBG 2009 ist eine Zustellung von **Klagen** (sowie von Zahlungsbefehlen, Wechselzahlungsaufträgen und gerichtlichen Aufkündigungen) an einen Ersatzzusteller zulässig (§ 106 Abs 1 ZPO).

Beispiel: Die Zustellung eines Zahlungsbefehls an eine „pfuschende" Reinigungsfrau während eines (kurzfristigen) Betriebsurlaubs der Belegschaft hat der OGH jüngst für zulässig erklärt (2 Ob 118/10g JBl 2011, 115 = JAP 2011/2012/2, 22 [*Gerhartl*]).

d. Zustellung durch Hinterlegung

Hat der Zusteller zwar Grund zur Annahme, dass sich der Empfänger eines RSa- oder RSb-Dokuments **regelmäßig an der Abgabestelle aufhält**, kann es ihm aber nicht zugestellt werden, so hat er es bei seiner zuständigen Geschäftsstelle (insb Postamt) zu **hinterlegen** (§ 17 Abs 1 ZustG). Den Empfänger hat er durch das Zurücklassen einer **schriftlichen Verständigung** davon zu informieren, dass für ihn während einer bestimmten Frist ein Dokument zur Abholung bereit liegt. In der Hinterlegungsanzeige sind Ort und Wirkungen der Hinterlegung sowie Beginn und Dauer der Abholfrist (mindestens zwei Wochen) anzugeben (§ 17 Abs 2 ZustG). 398

Hinterlegte Dokumente **gelten** mit dem ersten Tag der Abholfrist **als zugestellt (fiktive Zustellung)**. Dies gilt aber **nicht**, wenn der Empfänger wegen **Abwesenheit** von der Abgabestelle vom Zustellvorgang nicht so rechtzeitig Kenntnis erlangen konnte, dass er das Dokument noch am ersten Abholungstag beheben konnte (und ihm somit die gesamte Abholfrist zur Verfügung gestanden wäre). Kehrt der Empfänger hingegen erst nach diesem Zeitpunkt – aber noch vor dem Ablauf der Abholfrist – zur Abgabestelle zurück, so wird die an sich wirkungslose Zustellung mit dem auf die Rückkehr folgenden Tag wirksam und die Fristen beginnen zu laufen (§ 17 Abs 3 ZustG). Eine erst nach Ablauf der Abholfrist erfolgte Rückkehr hat immer die Unwirksamkeit der Hinterlegung zur Folge. 399

Hält sich der Empfänger hingegen nicht regelmäßig an der Abgabestelle auf, so ist das Dokument unter Umständen (§ 18 ZustG) an eine andere inländische Abgabestelle **nachzusenden**.

Eine **Hinterlegung ohne Zustellversuch** (§ 23 ZustG) kann vom Gericht nur in bestimmten Fällen angeordnet werden. Das Dokument ist dann sofort bei der zuständigen Geschäftsstelle des Zustelldienstes, beim Gemeindeamt oder beim Gericht selbst zur Abholung bereitzuhalten. Sofern dies zweckmäßig ist, ist der Empfänger durch eine schriftliche Verständigung oder durch eine mündliche Mitteilung an Personen, von denen anzunehmen ist, dass sie mit dem Empfänger Kontakt aufnehmen können, davon zu unterrichten. Das Dokument gilt mit dem ersten Tag der Hinterlegung als zugestellt. 400

Ein Anlassfall für eine Hinterlegung ohne Zustellversuch ist gegeben, wenn eine Partei während eines ihr bekannten anhängigen Verfahrens ohne Mitteilung an das Gericht ihre Abgabestelle ändert und eine andere Abgabestelle nicht ohne Schwierigkeiten festgestellt werden kann (§ 8 ZustG).

e. Verweigerung der Annahme

401   Die Verweigerung der Annahme durch den Empfänger oder einen im gemeinsamen Haushalt lebenden Ersatzempfänger ohne Vorliegen eines gesetzlichen Grundes (sowie das Verwehren des Zugangs zur Abgabestelle oder das Verleugnen bzw Verleugnenlassen der Anwesenheit) haben zur Folge, dass der Zusteller das zuzustellende Dokument an der Abgabestelle zurückzulassen oder ohne schriftliche Verständigung zu hinterlegen hat. Die Dokumente gelten damit **als zugestellt** (§ 20 ZustG).

f. Sonstige Zustellungen

402   Ist dem Gericht keine Abgabestelle des Empfängers bekannt oder soll die Zustellung an mehrere dem Gericht unbekannte Personen erfolgen, so können Dokumente durch öffentliche Bekanntmachung zugestellt werden (§ 25 ZustG, § 115 ZPO). Sie erfolgt durch die Aufnahme einer entsprechenden Mitteilung in die Ediktsdatei (**Ediktalzustellung**). Damit gilt die Zustellung als vollzogen.

Auf Antrag der klagenden Partei kann die Zustellung einer Klage durch Aufnahme einer Mitteilung in die Ediktsdatei erfolgen, wenn die Zustellung an eine im Firmenbuch eingetragene juristische Person an der im Firmenbuch angegebenen Geschäftsanschrift nicht bewirkt werden kann. Die Zustellung gilt 14 Tage nach der Aufnahme der Mitteilung in die Ediktsdatei als bewirkt (§ 92 ZPO idF BBG 2011).

403   Zusätzlich kann einer Person unbekannten Aufenthalts auf Antrag oder von Amts wegen ein **Kurator** bestellt werden, wenn sie zur Wahrung ihrer Rechte eine Prozesshandlung vornehmen müsste, insb wenn das zuzustellende Dokument eine Ladung enthält (§ 116 ZPO). Die Kuratorenbestellung ist in der Ediktsdatei zu veröffentlichen (§ 117 ZPO). Die Zustellung gilt mit der Veröffentlichung und der Übergabe des Dokuments an den Kurator als vollzogen (§ 118 ZPO). In der Folge hat der Kurator die Partei auf deren Gefahr und Kosten zu vertreten.

Versandbereite Dokumente können dem Empfänger beim Gericht **unmittelbar ausgefolgt** werden (§ 24 ZustG).

Eine Zustellung am **Ort des Antreffens** des Empfängers ist (unabhängig vom Bestehen einer Abgabestelle) dann möglich, wenn er zur Annahme bereit ist oder über keine Abgabestelle im Inland verfügt (§ 24a ZustG).

2. Elektronische Zustellung

404   Elektronische Zustellungen durch das Gericht, sei es von Schriftsätzen des Gegners, die nicht direkt zwischen den Rechtsanwälten ausgetauscht werden, sei es von gerichtlichen Erledigungen, erfolgen nicht nach den Bestimmungen des 3. Abschnitts des ZustG, sondern nach **§§ 89a ff GOG** und der **ERV 2006** (§ 28 Abs 2 ZustG), also im Rahmen des elektronischen Rechtsverkehrs (siehe Rz 382 ff).

Übersicht über die Zustellarten

	RSa	RSb	Hinterlegung ohne Zustellversuch	Unmittelbare Ausfolgung	Zustellung am Ort des Antreffens	Zustellung durch öffentliche Bekanntmachung	Zustellung an den Kurator	Zustellung ohne Zustellnachweis	elektronische Zustellung
Gesetzliche Grundlagen	§ 21 und §§ 13–15 sowie § 17 ZustG	§§ 13–17 ZustG	§ 23 ZustG	§ 24 ZustG	§ 24a ZustG	§ 25 ZustG, § 115 ZPO	§§ 116 ff ZPO	§ 26 ZustG	§ 28 Abs 2 ZustG verweist auf §§ 89a ff GOG
Zustellvorgang	Zustellung **nur** an den **Empfänger**	Zustellung an den **Empfänger oder** an einen **Ersatzempfänger**	**Bereithalten** des Dokuments und (sofern zweckmäßig) Benachrichtigung des Empfängers	**versandbereite Dokumente** können dem Empfänger direkt bei der Behörde ausgefolgt werden	**Übergabe** des Dokuments an den Empfänger	Veröffentlichung in der **Ediktsdatei**	Veröffentlichung in der **Ediktsdatei** und Übergabe des Dokuments an den Kurator	Einlegen in die Abgabeeinrichtung der **Zurücklassen** an der Abgabestelle	**Elektronische Übersendung** des Dokuments (Gericht > Bundesrechenzentrum > Übermittlungsstelle > Empfänger)
Beurkundung des Zustellvorgangs	Zustellnachweis – **Rückschein blau**	Zustellnachweis – **Rückschein weiß**	Zustellnachweis	Zustellnachweis	Zustellnachweis	Zustellnachweis	Zustellnachweis	–	ja, Protokolle
kein Erfolg des Zustellversuchs	**Hinterlegung**; danach Zurückstellung	**Hinterlegung**; danach Zurückstellung							
Zustellzeitpunkt	**Übergabe** an den Empfänger bzw erster Tag der **Abholfrist**	**Übergabe** an den Empfänger oder Ersatzempfänger bzw erster Tag der **Abholfrist**	erster Tag der **Hinterlegung**	**Übergabe**	**Übergabe**	Aufnahme in die **Ediktsdatei**	**Veröffentlichung und Übergabe** an den Kurator	**dritter Werktag** nach Übergabe an das Zustellorgan	**Werktag** nach dem Einlangen in den **elektronischen Verfügungsbereich des Empfängers**
außer	Empfänger hielt sich nicht regelmäßig an der Abgabestelle auf	Empfänger hielt sich nicht regelmäßig an der Abgabestelle auf						Empfänger hielt sich nicht regelmäßig an der Abgabestelle auf	
Heilung (jedenfalls, wenn das Dokument dem Empfänger tatsächlich zukommt)	am Tag, der auf die **Rückkehr innerhalb der Abholfrist** folgt, an dem das Dokument abgeholt werden konnte	**bei Ersatzzustellung:** am Tag, der auf die **Rückkehr** an die Abgabestelle folgt **bei Hinterlegung:** am Tag, der auf die **Rückkehr innerhalb der Abholfrist** folgt, an dem das Dokument abgeholt werden konnte						am Tag, der auf die **Rückkehr** an die Abgabestelle folgt	

D. Zustellmängel

405 Voraussetzung für eine wirksame Zustellung ist die Einhaltung der Zustellvorschriften. Eine **nicht ordnungsgemäße Zustellung** entfaltet grundsätzlich **keine Rechtswirkungen**, ein in der Folge durchgeführtes Verfahren und eine gefällte Entscheidung sind nichtig (§ 477 Abs 1 Z 4 ZPO), Fristen werden nicht ausgelöst.

Sowohl die **Zustellverfügung** (etwa die Bezeichnung des Empfängers oder die vom Gericht gewählte Zustellart) als auch der **Zustellvorgang** selbst können fehlerhaft sein. Eine Zustellung ist mangelhaft, wenn sich der Empfänger nicht regelmäßig an der Abgabestelle aufgehalten hat (er also etwa infolge einer Reise oder eines Krankenhausaufenthalts ortsabwesend war), wenn ein RSb-Dokument dem 17-jährigen Sohn des Empfängers übergeben wurde, wenn das RSa-Dokument der Ehefrau des Empfängers ausgehändigt wurde etc.

406 Abgesehen von speziellen Heilungsbestimmungen bei der Zustellung ohne Zustellnachweis (siehe Rz 392), bei der Vornahme einer Ersatzzustellung trotz Ortsabwesenheit (siehe Rz 397) sowie bei der Hinterlegung nach einem erfolglosen Zustellversuch (siehe Rz 399), sieht eine **allgemeine Heilungsregel** (§ 7 ZustG) vor, dass die Zustellung als bewirkt gilt, wenn das Dokument dem in der Zustellverfügung genannten Empfänger tatsächlich zukommt. Zu diesem Zeitpunkt treten die Rechtswirkungen der Zustellung ein.

Wurde beispielsweise das Urteil fälschlicherweise nicht dem bevollmächtigten Rechtsanwalt, sondern der Partei selbst zugestellt, so beginnen die Rechtsmittelfristen erst mit dem Tag zu laufen, der auf den Tag folgt, an dem der Rechtsanwalt das Urteil tatsächlich erhalten hat.

III. Fristen

Literatur: *Hinger*, Vorsicht am 15. Juli! – Zur Neufassung des § 222 ZPO durch das Budgetbegleitgesetz 2011, ÖJZ 2011/44, 427; *Kerzendorfer,* Zum Unterschied zwischen Verjährungsfristen und Präklusivfristen, in BeitrZPR III (1989) 203; *Kolmasch*, Fristenhemmung im Winter, Zak 2012/759, 413; *derselbe*, Fristenhemmung im Sommer, Zak 2013/425, 234; *Liebhart/Herzog,* Das Fristenhandbuch (2007); *dieselben*, Fristsäumnis (2013); *Mayr,* Die Fristenvereinheitlichung im Zivilverfahren, AnwBl 1984, 189; *Mayerhöfer*, Ist die Frist zur Klagebeantwortung nach § 230 Abs 1 ZPO erstreckbar? RZ 2009, 31; *Schellmann*, Hemmung des Fristenablaufs an Samstagen und am Karfreitag, ecolex 2012, 219; *Schumacher,* Rechtsmittelfristen bei Zustellung der Entscheidung in der verhandlungsfreien Zeit, AnwBl 2006, 583.

A. Arten der Fristen

1. Prozessuale und materiellrechtliche Fristen

Prozessuale Fristen sind Zeiträume, bis zu deren Ablauf eine Partei (oder ein sonstiger Prozessbeteiligter) eine bestimmte Prozesshandlung vornehmen kann oder muss. Wird diese Handlungsfrist nicht genützt, ist die Partei von der betreffenden Prozesshandlung ausgeschlossen, sie kann die versäumte Prozesshandlung also nicht mehr vornehmen (Präklusionsprinzip). 407

Beispiele: Klagebeantwortungsfrist, Rechtsmittelfristen, Fristen zur Anrufung des Gerichts bei einer sukzessiven Kompetenz (etwa § 67 ASGG oder § 40 MRG).

Materielle Fristen sind Zeiträume, in oder vor denen eine bestimmte Handlung gesetzt oder ein bestimmtes Ereignis eingetreten sein muss, woran das Gesetz bestimmte materielle Rechtsfolgen knüpft. 408

Derartige Fristen sind zB die Verjährungsfrist, die Frist für die gerichtliche Aufkündigung oder die Vergleichswiderrufsfrist. Nach überwiegender, aber nicht unbestrittener Auffassung ist auch die Frist für die Einbringung einer Besitzstörungsklage eine materiellrechtliche Frist (vgl Rz 977).

Die wichtigsten **Unterschiede** zwischen diesen beiden Arten von Fristen sind: 409
- Bei den prozessualen Fristen werden die Tage des **Postlaufs** nicht in die Frist eingerechnet (§ 89 GOG). Das bedeutet, dass es zB für die Einhaltung einer Rechtsmittelfrist ausreichend ist, wenn das Rechtsmittel am letzten Tag der Frist zur Post gegeben wird (Datum des Poststempels), unabhängig davon, wann es dann tatsächlich bei Gericht einlangt.
  Nach hRsp (RIS-Justiz RS0041584) gilt dies allerdings nur dann, wenn das Schriftstück **richtig adressiert** ist. Bei einer unrichtigen Adressierung wird das Schriftstück zwar an das zuständige Gericht weitergeleitet, die Übersendungszeit wird jedoch in diesem Fall in die Frist eingerechnet (was dann meist eine Verspätung zur Folge hat).

  Bei einer materiellrechtlichen Frist muss das betreffende Schriftstück hingegen am letzten Tag der Frist bei Gericht eingelangt sein (Datum des Eingangsstempels).
- Die Nichteinhaltung prozessualer Fristen ist **von Amts wegen** wahrzunehmen, während materiellrechtliche Fristen häufig nur aufgrund einer entsprechenden Einwendung beachtet werden (zB die Verjährung).
- Bei materiellrechtlichen Fristen ist (im Gegensatz zu den prozessualen Fristen – siehe Rz 413) eine **Wiedereinsetzung in den vorigen Stand** ausgeschlossen (vgl § 1450 ABGB).
- Generell sind die Vorschriften der ZPO über die Fristen (§§ 123 bis 129) auf materiellrechtliche Fristen nicht anzuwenden.

2. Gesetzliche und richterliche Fristen

410 Gesetzliche Fristen werden unmittelbar durch das Gesetz festgesetzt (zB Rechtsmittelfristen), die Dauer der richterlichen Fristen kann hingegen nach den Erfordernissen des Einzelfalls vom Richter bestimmt werden (zB Verbesserungsfristen).

Bei den sog instruktionellen Fristen schreibt das Gesetz dem Richter einen gewissen Zeitrahmen oder ein ungefähres Fristausmaß vor (zB § 257 Abs 1 ZPO).

3. Absolute und relative Fristen

411 Absolute Fristen werden durch den Zeitpunkt, zu dem sie enden (zB ein Kalendertag), bestimmt. Bei relativen Fristen werden Beginn und Dauer (zB vier Wochen ab Zustellung) angegeben.

4. Erstreckbare und unerstreckbare Fristen

412 Erstreckbare Fristen können vom Richter verlängert werden (siehe unten Rz 415). Schließt das Gesetz eine Verlängerung einer Frist ausdrücklich aus, so spricht man von Notfristen (= unerstreckbare gesetzliche Fristen, zB die Einspruchs-, Widerspruchs- und Rechtsmittelfristen).

5. Restituierbare und nicht restituierbare Fristen

413 Im streitigen Verfahren sind – von unbedeutenden Ausnahmen abgesehen (§ 534 Abs 3 und § 556 ZPO) – alle Fristen wiederherstellbar (restituierbar), dh, dass im Falle ihrer Versäumung eine Wiedereinsetzung in den vorigen Stand (siehe Rz 645 ff) zulässig ist.

Präklusiv- oder Fallfristen, gegen deren Versäumung eine Wiedereinsetzung in den vorigen Stand ausgeschlossen ist, gelten hingegen im Exekutions- und Insolvenzverfahren.

B. Der Fristenlauf

414 Die Fristen werden nach Tagen, Wochen, Monaten oder Jahren berechnet. Der Lauf einer Frist wird durch die wirksame Zustellung der die Frist anordnenden Entscheidung, sonst durch deren Verkündung ausgelöst (§ 124 ZPO). Der Fristlauf beginnt an dem Tag, der dem auslösenden Ereignis folgt, also mit dem **nächsten Tag**.

Beginn und Lauf von Fristen werden durch werkfreie Tage nicht behindert; fällt das Ende einer Frist jedoch auf einen solchen Tag (nämlich Samstag, Sonntag, Feiertag,

Karfreitag), so ist der nächste Tag, der nicht einer der genannten Tage ist, als letzter Tag der Frist anzusehen (§ 126 Abs 2 ZPO idF BGBl I 2012/30).

Beispiele: Ein Versäumungsurteil wurde am Mittwoch, den 5. 6. 2013, zugestellt; die vierzehntägige Widerspruchsfrist endete am Mittwoch, den 19. 6. 2013, die vierwöchige Berufungsfrist am Mittwoch, den 3. 7. 2013, jeweils um 24.00 Uhr. Wurde ein Zahlungsbefehl am Montag, den 4. 3. 2013, zugestellt, so endete die vierwöchige Einspruchsfrist am Dienstag, den 2. 4. 2013, weil Montag, der 1. 4. 2013, Ostermontag (gesetzlicher Feiertag) war.

C. Fristerstreckung und Fristverkürzung

Sofern es sich nicht um eine Notfrist handelt, kann eine Fristverlängerung auf Antrag einer Partei vom Gericht bewilligt werden, wenn die von der Frist betroffene Partei aus „unabwendbaren oder doch sehr erheblichen Gründen an der rechtzeitigen Vornahme der befristeten Prozesshandlung gehindert ist" und insb ohne die Fristverlängerung „einen nicht wieder gutzumachenden Schaden erleiden würde" (§ 128 Abs 2 ZPO). Eine Fristverlängerung durch Parteienvereinbarung ist unzulässig (§ 128 Abs 1 ZPO). 415

Eine **Fristverkürzung** ist hingegen durch eine (urkundlich nachzuweisende) Vereinbarung der Parteien (immer) möglich (siehe § 129 ZPO); sie kommt allerdings praktisch kaum vor.

D. Fristenhemmung

Zwischen dem **15. Juli** und dem **17. August** sowie dem **24. Dezember** und dem **6. Jänner** werden (nur) die Notfristen im Berufungs- und Revisionsverfahren sowie im Rekurs- und im Revisionsrekursverfahren gehemmt (§ 222 Abs 1 ZPO). Das bedeutet, dass dann, wenn der Anfang dieses Zeitraums in den Lauf einer Rechtsmittelfrist fällt, die Rechtsmittelfrist um die gesamte Dauer des Zeitraums verlängert wird. Wenn hingegen der Beginn einer Rechtsmittelfrist in den genannten Zeitraum fällt (weil eine Entscheidung im genannten Zeitraum zugestellt wird), so wird die Rechtsmittelfrist um den noch übrigen Teil des Zeitraums verlängert, dh sie beginnt am ersten Tag nach dem Ende des Zeitraums zu laufen, also am 18. August bzw am 7. Jänner (auch wenn dieser erste Tag ein Samstag oder Sonntag ist), sodass eine vierwöchige Rechtsmittelfrist (im Normalfall) am 14. September bzw am 3. Februar endet (so die stRsp, zB 2 Ob 57/08h EvBl 2008/128, 643 und RIS-Justiz RS0036496 gegen *Schumacher*, AnwBl 2006, 583). 416

Durch die (unüberlegte) Verwendung der Präposition „zwischen" durch den Novellengesetzgeber wird der Fristlauf im Vergleich zur früheren Rechtslage nicht geändert: Auch der Anfangs- und Endtermin ist umfasst (so etwa 7 Ob 1/12s Zak 2012/154, 79 und RIS-Justiz RS0127140).

417 Die Fristhemmung gilt jedoch **nicht** für Notfristen im Berufungs- und Revisionsverfahren gegen Versäumungs- und Anerkenntnisurteile und für Rechtsmittelverfahren in bestimmten, in § 222 Abs 2 ZPO taxativ aufgezählten Streitigkeiten.

Solche, früher als „**Ferialsachen**" bezeichnete Angelegenheiten sind insb Wechselstreitigkeiten, Besitzstörungssachen und exekutionsrechtliche Klagen. Auch im Wiedereinsetzungsverfahren, im Beweissicherungsverfahren, im Ablehnungsverfahren und im eV-Verfahren gibt es **keine Fristenhemmung**.

Durch die Regelung über die Fristenhemmung des § 222 ZPO nF wurden die früheren – zT recht komplizierten – Bestimmungen über die „verhandlungsfreie Zeit" (noch früher „Gerichtsferien") abgelöst. Für Tagsatzungen, die in den genannten Zeitraum fallen, gibt es erweiterte Erstreckungsmöglichkeiten, wenn sich die Partei oder ihr Vertreter zu dieser Zeit auf Urlaub befindet (§ 222 Abs 3 ZPO; siehe Rz 422).

Schon bisher war im arbeits- und sozialgerichtlichen Verfahren sowie im Außerstreit-, Exekutions- und Insolvenzverfahren keine „verhandlungsfreie Zeit" vorgesehen.

IV. Tagsatzungen

Literatur: *Ertl*, Amtstag 2010 – Eine persönliche Betrachtung, RZ 2011, 13; *Gitschthaler*, Der Amtstag – Gesetz und Praxis, RZ 1984, 168; *Lackner*, Ein Plädoyer für den Amtstag, RZ 2010, 257; *Mayr*, Amtstag – die Rechtsgrundlagen einer österreichischen Institution, RZ 2010, 197; *Reckenzaun*, Gerichtsjahr: Erster Einsatz – Amtstag, JAP 1990/91, 130; *Täubel-Weinreich*, Über die unvereinbare Liebe zum Amtstag, RZ 2011, 89.

A. Begriff und Arten der Tagsatzung

418 Unter Tagsatzungen versteht man vom Gericht angeordnete Zusammenkünfte von Gericht und Parteien (und ev dritten Personen: Zeugen, Sachverständigen) zur Vornahme von Prozesshandlungen.

Bei **Sitzungen** werden hingegen nur die Mitglieder eines (Richter-)Senats tätig.

Es ist zu unterscheiden zwischen der (wichtigen) **Tagsatzung zur mündlichen Streitverhandlung**, in der über das Klagebegehren des Klägers und den Gegenantrag des Beklagten, also in der Sache selbst, mündlich verhandelt wird, und einer Tagsatzung, die der Behandlung rein prozessualer Fragen dient (zB abgesonderte Verhandlung über eine Prozesseinrede) oder eine Beweisaufnahme durch einen ersuchten Richter im Rahmen der Rechtshilfe zum Inhalt hat.

B. Anberaumung und Abhaltung von Tagsatzungen

419 Die Anberaumung von Tagsatzungen, dh die Festsetzung von Ort und Zeit der Tagsatzung (aber auch ihre Absetzung, Erstreckung und Verlegung),

erfolgt (in der Praxis entgegen § 130 Abs 1 ZPO) ausschließlich durch das Gericht (Gerichts- oder Amtsbetrieb; siehe Rz 71).

Die Tagsatzungen finden normalerweise im **Gerichtsgebäude** statt (§ 132 ZPO), ausnahmsweise auch „an Ort und Stelle" (Augenscheinstagsatzungen am Unfallort) oder in der Wohnung von gebrechlichen Zeugen (§ 328 Abs 2 ZPO).

An Samstagen, Sonntagen und gesetzlichen Feiertagen dürfen keine Tagsatzungen abgehalten werden (§ 221 ZPO).

Die Verständigung der Parteien von der anberaumten Tagsatzung samt Auf- 420 forderung zum Erscheinen erfolgt durch die **Ladung** (§ 131 ZPO). Dabei hat das Gericht darauf zu achten, dass den Parteien bzw ihren Vertretern genügend Zeit zur Vorbereitung verbleibt, nämlich mindestens drei Wochen für die vorbereitende Tagsatzung (§ 257 Abs 1 ZPO) und „ungefähr vierzehn Tage" für eine etwaige Berufungsverhandlung (§ 480 Abs 1 ZPO).

Die Tagsatzung beginnt mit dem **Aufruf zur Sache** durch den Richter. Darauf 421 folgt die Feststellung der Anwesenheit der Parteien und des Gegenstands der Tagsatzung.

Eine Tagsatzung ist **versäumt**, wenn (gem § 133 ZPO)
• die Partei (oder ihr Prozessvertreter) bei Aufruf der Sache nicht erscheint;
• sie zwar erschienen ist, aber trotz richterlicher Aufforderung nicht verhandelt;
• sie sich vor dem Schluss der Tagsatzung wieder entfernt oder
• sie im Anwaltsprozess (trotz Belehrung) ohne Rechtsanwalt erscheint.

C. Erstreckung von Tagsatzungen

Anberaumte Tagsatzungen können (auf Antrag oder von Amts wegen) abge- 422 setzt, dh noch vor ihrer Durchführung ohne Festsetzung eines neuen Termins widerrufen (bzw „abberaumt") werden, sie können (vor ihrer Durchführung) auf einen anderen Termin verlegt werden oder schließlich in der Verhandlung erstreckt, dh unter Anberaumung eines neuen Termins oder auf unbestimmte Zeit vertagt werden. Die dafür erforderlichen Gründe werden in § 134 ZPO zwar taxativ aufgezählt, jedoch enthält die Z 4 eine weit gehende Generalklausel („wenn die Verhandlung [...] auch ohne Dazwischenkunft der vorerwähnten Hindernisse nicht zum Abschlusse gebracht werden kann").

Ein Erstreckungsgrund ist gegeben, wenn sich ein Parteienvertreter oder die unvertretene Partei in der Zeit zwischen dem 15. Juli und dem 17. August sowie dem 24. Dezember und dem 6. Jänner auf **Urlaub** befindet (§ 222 Abs 3 ZPO). Diese Regelung soll als Ersatz für die frühere „verhandlungsfreie Zeit" dienen (siehe oben Rz 416 f).

D. Amts- und Gerichtstage

423 An bestimmten, im Voraus festgesetzten Tagen (jeweils der Dienstagvormittag) kann die Bevölkerung bei den Bezirksgerichten (unentgeltlich) allgemeine Rechtsauskünfte und Rechtsbelehrungen erhalten und mündlich Klagen, Anträge und sonstige Erklärungen zu Protokoll erklären. Für diese Tage hat sich (entgegen § 439 ZPO) die Bezeichnung „**Amtstag**" eingebürgert (vgl § 54 Geo).

Als **Gerichtstage** wurden hingegen jene (Verhandlungs-)Tage bezeichnet, an denen dem zuständigen Gericht ein anderes Gerichtsgebäude als Verhandlungsort diente (siehe § 29 GOG aF und § 35 ASGG aF). Diese Gerichtstage sind jedoch 2012 den budgetären Sparmaßnahmen zum Opfer gefallen (siehe auch Rz 973, 1222).

424 Durch die GOG-Novelle BGBl I 2013/119 werden (mit 1. 9. 2013) bei bestimmten (größeren) Bezirksgerichten eigene „**Justiz-Servicecenter**" eingerichtet. Sie sollen nach der Formulierung des neuen § 47b Abs 1 GOG „zur Behandlung insbesondere von einfachen und rasch zu erledigenden Ansuchen und Auskünften" dienen. Diese Einrichtungen werden somit (auch) eine gewisse Vorfilterfunktion für den Amtstag erfüllen.

V. Stillstand des Verfahrens

Literatur: *Dolinar,* Ruhen des Verfahrens und Rechtsschutzbedürfnis (1974); *Heinke,* Der Tod im Zivilprozess (2007); *Klicka,* „Ewiges" Ruhen des Verfahrens, Zulässigkeit des Rekurses, JAP 1990/91, 106; *Kralik,* Das ewige Ruhen des Verfahrens, in BeitrZPR IV (1991) 31; *Schumacher,* Ewiges Ruhen des Verfahrens, JBl 1988, 641.

A. Allgemeines

425 An sich gebietet der Grundsatz der Verfahrenskonzentration (bzw der -beschleunigung) eine Durchführung des Zivilprozesses ohne jede Unterbrechung. Es können jedoch Umstände eintreten, die eine (sofortige) Fortführung des Verfahrens unmöglich machen (zB der Tod einer unvertretenen Partei) oder doch unzweckmäßig erscheinen lassen (zB außergerichtliche Vergleichsverhandlungen), sodass ein – (zumindest) vorübergehender – Verfahrensstillstand eintreten soll.

Das Gesetz kennt **zwei Arten** des Verfahrensstillstands, nämlich die Unterbrechung und das Ruhen des Verfahrens. In beiden Fällen bleiben die bisher vorgenommenen Prozesshandlungen aufrecht.

Die verhandlungsfreie Zeit, in der es bisher ebenfalls einen (teilweisen) Stillstand der Gerichtstätigkeit gegeben hat (§§ 222 ff ZPO aF), ist durch das BBG 2011 beseitigt und durch eine Regelung über eine Fristenhemmung ersetzt worden (siehe oben Rz 416 f).

186

B. Unterbrechung des Verfahrens

1. Arten und Gründe

Es ist zu unterscheiden zwischen der Unterbrechung im engeren Sinn und der Aussetzung des Verfahrens.   426

a. Die **Unterbrechung** ieS tritt **ex lege** ein, ohne dass es dafür eines (konstitutiven) richterlichen Beschlusses bedürfte. Im Gesetz sind dafür folgende Gründe vorgesehen:
- **Tod** oder Eintritt der **Prozessunfähigkeit** der unvertretenen Partei bzw des Rechtsanwalts im Anwaltsprozess (§§ 155, 158, 160 ZPO);
- Eröffnung des **Insolvenzverfahrens** über das Vermögen einer Partei in allen vermögensrechtlichen Prozessen (§ 159 ZPO; § 7 IO);
- Stillstand der Rechtspflege aufgrund von Kriegs- oder Elementarereignissen (§ 161 ZPO);
- Antrag einer Verwaltungsbehörde auf Entscheidung über einen Kompetenzkonflikt beim VfGH (§ 42 Abs 5 VfGG).

b. Für die **Aussetzung** eines Verfahrens bedarf es hingegen eines richterlichen **Beschlusses**. Diese kann dem Richter vom Gesetz entweder zwingend   427
aufgetragen oder seinem Ermessen überlassen werden.

Ein Unterbrechungsbeschluss ist von den Parteien anfechtbar; die Verweigerung einer begehrten Unterbrechung ist hingegen (grundsätzlich) nicht bekämpfbar.

Folgende **Konstellationen** sind zu erwähnen:
- Wenn bei einem Gericht oder einer Verwaltungsbehörde ein Verfahren über eine **präjudizielle Vorfrage** anhängig ist, kann das Gericht den Prozess unterbrechen (§ 190 ZPO; siehe Rz 933);
- wenn sich der Verdacht einer **strafbaren Handlung** ergibt, kann das Gericht die Einleitung eines Strafverfahrens veranlassen und den Prozess unterbrechen (§ 191 ZPO; siehe Rz 937);
- bei einem **Wiedereinsetzungsantrag** und bei einer **Wiederaufnahmsklage** kann das Gericht das Verfahren unterbrechen (§§ 152, 545 ZPO);
- wenn das Gericht einen Antrag auf Prüfung der Verfassungsmäßigkeit eines Gesetzes bzw der Gesetzmäßigkeit einer Verordnung beim VfGH stellt oder ein Vorabentscheidungsersuchen an den EuGH richtet (§ 90a GOG), ist das Verfahren zu unterbrechen;
- wenn während eines streitigen Eheverfahrens von den Parteien ein Antrag auf einvernehmliche Scheidung gestellt wird, ist der Prozess zu unterbrechen (§ 460 Z 10 ZPO).

2. Wirkungen

428 Die Unterbrechung eines Prozesses bewirkt einen **vollständigen Stillstand** des Verfahrens. Das bedeutet (siehe § 163 ZPO):
- Der **Fristenlauf erlischt** und beginnt nach der Fortsetzung des Verfahrens von neuem;
- **Parteihandlungen** sind bedeutungslos (ausgenommen ein Antrag auf Fortsetzung des Verfahrens);
- **Gerichtshandlungen** sind unzulässig (ausgenommen die Entscheidung über die Fortsetzung des Verfahrens).

Das Gericht kann jedoch ein Urteil erlassen (und wirksam zustellen), wenn der Verfahrensstillstand erst nach Verhandlungsschluss eingetreten ist. Die Rechtsmittelfrist beginnt in diesem Fall aber erst mit der Fortsetzung des Verfahrens zu laufen.

Die Aufnahme (**Fortsetzung**) des Verfahrens erfolgt auf Antrag einer Partei oder von Amts wegen (nach Wegfall des Unterbrechungsgrundes) mittels Gerichtsbeschluss.

C. Ruhen des Verfahrens

1. Arten

429 „Ruhen des Verfahrens" bedeutet einen mindestens **dreimonatigen Verfahrensstillstand**, der entweder aufgrund einer Vereinbarung der Parteien oder infolge Säumnis beider Parteien eintritt.

Ruhen des Verfahrens ist eine Spezialität des streitigen Verfahrens, die dem Exekutions- und Insolvenzverfahren, aber auch dem Sozialrechts- und Provisorialverfahren fremd ist. Für das Außerstreitverfahren gilt nunmehr die Spezialregelung des § 28 AußStrG.

430 **a. Ruhen aufgrund einer Parteienvereinbarung** tritt erst mit der Ruhensanzeige beider Parteien an das Gericht ein (§ 168 ZPO). Darüber fasst das Gericht keinen Beschluss, sondern es hält diesen Umstand nur im Akt fest (Stempel: „Verfahren ruht").

Eine Ruhensvereinbarung kann auf bestimmte oder unbestimmte (aber jedenfalls drei Monate überschreitende) Zeit geschlossen werden und ist auch noch im Rechtsmittelverfahren möglich. Ein Ruhen des Verfahrens vereinbaren die Parteien insb dann, wenn (ohne Zeitdruck) eine außergerichtliche Streitbeilegung versucht werden soll.

431 **b. Ruhen infolge Säumnis** tritt dann ein, wenn beide Parteien eine mündliche Verhandlung versäumen (§ 170 ZPO). Dies kann absichtlich – weil sich die Parteien darauf verständigt haben – oder unabsichtlich erfolgen (im letzteren Fall wäre ev eine Wiedereinsetzung in den vorigen Stand möglich).

Ausgenommen sind jene Fälle, in denen das Gesetz anordnet, dass das Gericht ohne Rücksicht auf das Erscheinen der Parteien zu verhandeln hat, etwa bei der Beweisaufnahmetagsatzung vor dem ersuchten Richter (§ 289 Abs 2 ZPO) oder in Sozialrechtssachen (§ 75 Abs 1 ASGG).

Ruhen tritt auch dann ein, wenn der Gegner der säumigen Partei weder einen Antrag auf Erlassung eines Versäumungsurteils stellt noch neues Vorbringen erstattet (§ 398 Abs 2 ZPO; siehe Rz 661).

2. Wirkungen

Es treten grundsätzlich dieselben Wirkungen wie bei der **Unterbrechung** des Verfahrens ein, jedoch gelten folgende **Besonderheiten**:   432
- Das Verfahren steht **mindestens drei Monate** still;
- Dispositionshandlungen der Parteien, die den Prozess zur Gänze beenden (zB Klagszurücknahme unter Anspruchsverzicht), bleiben möglich;
- der Lauf der Notfristen hört nicht auf.

Für die Verjährungsfrist ist zu beachten, dass diese (gem § 1497 ABGB) nur dann unterbrochen bleibt, wenn die bei Gericht erhobene Klage auch „**gehörig fortgesetzt**" wird. Bei einem lange dauernden bzw wiederholten Ruhen des Verfahrens droht somit die Gefahr, dass eine Verjährung des Anspruchs eintritt, obwohl das Verfahren noch anhängig ist (siehe dazu die reichhaltige Judikatur, die etwa in RIS-Justiz RS0034710 und RS0034805 dokumentiert wird).

3. Fortsetzung des Verfahrens

Das Verfahren ruht für die von den Parteien vereinbarte Dauer, jedoch mindestens drei Monate. Nach Ablauf dieser Ruhensfrist kann es (nur) **auf Antrag** einer der Parteien wieder aufgenommen werden. Ein vorzeitiger Fortsetzungsantrag ist gem § 169 ZPO als unzulässig zurückzuweisen.   433

4. Ewiges Ruhen

Ein „ewiges Ruhen" des Verfahrens ist im Gesetz zwar nicht vorgesehen, kommt jedoch in der Praxis vor und wird richterrechtlich zugelassen. Die Folgen einer solchen Parteienvereinbarung sind umstritten. Die hM (etwa *Rechberger/Simotta* Rz 493) weist ihr keine anderen prozessualen Wirkungen zu als dem „einfachen" Ruhen: Es bleibt also die Streitanhängigkeit aufrecht (sodass einer neuerlichen Einklagung das Prozesshindernis der Streitanhängigkeit entgegenstünde) und es kann nach einer Ruhensdauer von drei Monaten ein Fortsetzungsantrag gestellt werden. Allerdings muss der materiellrechtliche Inhalt der Parteienvereinbarung geprüft werden: In der Regel wird in der Vereinbarung „ewigen Ruhens" ein **materiell-rechtlicher Verzicht** des Klägers (oder ein materiellrechtlicher Vergleich der Parteien) liegen, der dann im fortgesetzten Verfahren auf eine entsprechende Parteieneinrede hin zur Abweisung der Klage führt (vgl etwa 3 Ob 121/07a JBl 2008, 55 und RIS-Justiz RS0036976).   434

Nach anderer Meinung ist ein Fortsetzungsantrag (und eine neuerliche Klage) wegen fehlenden Rechtsschutzinteresses zurückzuweisen.

VI. Prozessakten und Protokolle

Literatur: *Ehrlich/Graf*, Akteneinsicht nach der ZPO, Zak 2008/565, 326; *Fucik/ Peer*, Die Protokollberichtigung, ÖJZ 2009/75, 697; *Mayr*, Der Tonbandvergleich mit Dritten, RZ 2000, 210; *Peer*, Die Akteneinsicht, ÖJZ 2008/96, 915; *Simotta*, Einige Probleme des Datenschutzes im Zivilverfahrensrecht, ÖJZ 1993, 793, 838; *dieselbe*, Datenschutz und Zivilverfahrensrecht in Österreich, ZZP 1993, 469; *Weiss/Knyrim*, Datenschutz in der Justiz, ecolex 2006, 74.

A. Der Prozessakt

1. Begriff

435   Der Prozessakt besteht aus den bei Gericht aufbewahrten schriftlichen Aufzeichnungen über einen Rechtsstreit. Er umfasst die Urschriften der Eingaben der Parteien und der anderen Prozessbeteiligten (Schriftsätze und Protokollaranbringen), die gerichtlichen Protokolle und ev die Beweisaufnahmeprotokolle eines ersuchten Richters, Aktenvermerke und amtlichen Schriftverkehr des Gerichts, die Urschriften der gerichtlichen Verfügungen und Entscheidungen sowie Beilagen (zB Vollmachts- und andere Urkunden). Er bildet als Ganzes eine öffentliche Urkunde.

Auch die Parteien sammeln in der Regel die Aufzeichnungen über ihren Rechtsstreit. Diese Zusammenstellung wird bei den Rechtsanwälten als „Handakt" bezeichnet.

Nähere Vorschriften über die Aktenführung enthalten die Geschäftsordnung für die Gerichte I. und II. Instanz (**Geo**, BGBl 1951/264 idgF) und die Geschäftsordnung des OGH.

2. Akteneinsicht

436   Die Parteien können jederzeit in den Prozessakt **Einsicht** nehmen und Kopien oder Ausdrucke davon herstellen lassen. Davon ausgenommen (also geheim) sind jedoch Entscheidungsentwürfe und Beratungsprotokolle (§ 219 Abs 1 ZPO).

Dritten Personen kann unter den Voraussetzungen des § 219 Abs 2 und 4 ZPO (zB für wissenschaftliche Arbeiten oder im öffentlichen Interesse liegende Untersuchungen) Akteneinsicht gewährt werden.

437   Die Anordnung von geradezu prohibitiv hohen **Gerichtsgebühren** (nämlich von € 1,10 bzw 60 Cent pro Seite) für die Anfertigung von Aktenkopien wurde vom VfGH

190

als verfassungswidrig aufgehoben und in der Folge vom Gesetzgeber im 2. StabG 2012 saniert (TP 15 Anm 6 GGG nF): Für unbeglaubigte Aktenabschriften oder -ablichtungen und sonstige Kopien sowie Ausdrucke ist nunmehr eine Gebühr von 60 Cent für jede Seite zu entrichten. Eine Gebühr von 30 Cent/Seite ist fällig, wenn die Kopie von der Partei unter Inanspruchnahme gerichtlicher Infrastruktur selbst angefertigt wird. Die Anfertigung von Ablichtungen ohne Inanspruchnahme der gerichtlichen Infrastruktur durch die Partei selbst ist nicht (mehr) gebührenpflichtig.

B. Gerichtliche Protokolle

1. Allgemeines

Protokolle sind Beurkundungen des Gerichts über seine Amtshandlungen 438 oder von dem Gericht gegenüber abgegebenen Erklärungen von Parteien und anderen Prozessbeteiligten. Sie müssen von einer Gerichtsperson aufgenommen und von dieser unterfertigt sein und sind öffentliche Urkunden (§ 292 ZPO). Es ist zu unterscheiden zwischen

- dem **Verhandlungsprotokoll** (§§ 207 bis 217 ZPO; dazu sogleich unten);
- dem **protokollarischen Anbringen** der Parteien vor Gericht (§ 79 ZPO; siehe Rz 971); und
- **Protokollen außerhalb der mündlichen Verhandlung** (insb Protokolle über Beweisaufnahmen im Rechtshilfeweg oder Beratungsprotokolle).

2. Das Verhandlungsprotokoll

a. Begriff und Inhalt

Im Verhandlungsprotokoll wird der **Gang und Inhalt** einer jeden **münd-** 439 **lichen Verhandlung** vom Gericht beurkundet (§§ 207 ff ZPO). Neben bestimmten Formalangaben (anwesende Personen, Beginn und Ende etc) sind in das Protokoll aufzunehmen: Das Sachverhaltsvorbringen und das Beweisanbot der Parteien in gedrängter Form – allenfalls unter Verweisung auf den Inhalt vorbereitender Schriftsätze (sog **Flickprotokoll**), die Anträge und Prozesserklärungen der Parteien, der wesentliche Inhalt der Erörterung des Sach- und Rechtsvorbringens sowie des Prozessprogramms, die bei der Verhandlung gefällten und verkündeten Entscheidungen, weiters verschiedene Belehrungen des Richters (zB über die Möglichkeit einer Unzuständigkeitseinrede nach § 104 Abs 3 JN), die Rüge von Verfahrensmängeln durch die Parteien (§ 196 Abs 3 ZPO) und die Beweisaufnahme.

Das Protokoll ist vom Richter (und einem allenfalls beigezogenen Schriftführer) zu unterfertigen. Üblicherweise unterschreiben auch die Parteien und ihre Vertreter. Dies bildet jedoch kein Gültigkeitserfordernis.

b. Arten

440 Der Normalfall ist heute, dass der Richter – unter Verzicht auf die Beiziehung eines Schriftführers – das Protokoll in Form eines **Tonbandprotokolls** (mittels „Schallträger") führt (§ 212a ZPO), das nach der Verhandlung (von Schreibkräften) in Vollschrift übertragen wird. Gewisse Angaben sind jedoch jedenfalls in Vollschrift in das Verhandlungsprotokoll aufzunehmen (in der Praxis besteht dafür ein „Hausformular").

Das von einem Schriftführer (ev Rechtspraktikanten) geführte Kurzschriftprotokoll (§ 209 Abs 5, § 212 Abs 4 bis 6 ZPO) kommt im heutigen Gerichtsalltag nur noch selten vor, es bildet jedoch das (einigermaßen antiquierte) Regelungsvorbild für die Schallträger-Protokollierung nach § 212a ZPO.

Die Intensität und Vorgangsweise bei der Protokollierung bleibt dem Richter überlassen: Üblicherweise wird (in Zivilsachen) kein Simultan- oder Begleitprotokoll geführt, sondern abschnittsweise protokolliert (**Abschnitts-** oder **Resümeeprotokoll**). Das bedeutet, dass der Richter jeweils nach einem Verfahrensabschnitt (zB der Aussage eines Zeugen) die wesentlichen Ergebnisse der Verhandlung zusammenfasst und protokolliert (diktiert). Zum stenographischen Protokoll vgl §§ 280, 291 ZPO.

c. Widerspruch gegen das Protokoll und Beweiskraft

441 Ist eine Partei der Ansicht, dass die vom Richter diktierte Darstellung des Verhandlungsverlaufs bzw -inhalts nicht zutreffend ist, so hat sie ihn – ev nach einer Wiedergabe der Aufnahme (oder einer Verlesung des Kurzschriftprotokolls) – darauf aufmerksam zu machen. Nimmt der Richter keine Richtigstellung vor, so kann die Partei **Widerspruch** gegen die Protokollierung erheben (§ 212 Abs 1 ZPO). Dieser Widerspruch verhindert die volle Beweiskraft des Protokolls (§ 215 Abs 1 ZPO). Die Partei kann daher im Rechtsmittelverfahren die Unrichtigkeit des Protokolls geltend machen (§ 498 Abs 2 ZPO).

Die Frist für den Widerspruch gegen Übertragungsfehler bei Tonband- und Kurzschriftprotokollen beträgt drei Tage ab der Zustellung der Protokollausfertigung.

442 Das unwidersprochen gebliebene Verhandlungsprotokoll liefert hingegen als öffentliche Urkunde „**vollen Beweis**" über den Inhalt und den Verlauf der Verhandlung (§ 215 Abs 1 ZPO). Der Beweis der Unrichtigkeit des protokollierten Vorgangs bleibt zwar nach § 292 Abs 2 ZPO zulässig, jedoch ist dafür (nach der neueren Rsp) die (fristgerechte) Erhebung eines Protokollwiderspruchs erforderlich (1 Ob 181/03d SZ 2004/74 ua).

Siebenter Teil:
Die Kosten des Verfahrens

I. Prozesskosten

Literatur: *Barfuß,* Verfahrens- und Kostenersatzfragen vorprozessualer Gutachten, in *Aicher/Funk* (Hrsg), Der Sachverständige im Wirtschaftsleben (1990) 81; *M. Bydlinski,* Klagseinschränkung auf Kosten oder auf Feststellung? RZ 1989, 131, 157; *derselbe,* Kostenersatz im Zivilprozeß (1992); *derselbe,* Anspruch auf Ersatz „vorprozessualer" Kosten, JBl 1998, 69, 143; *derselbe,* Zur Reichweite der Rechtsmittelschranke im „Kostenpunkt", in FS Sprung (2001) 25; *derselbe,* Prozesskostenrecht (2001); *derselbe,* Kostenersatzanspruch des Nebenintervenienten, ecolex 2001, 266; *derselbe,* Neues vom OGH zum Kostenersatz, Zak 2005, 43; *Christandl,* Ersatz vorprozessualer Anwaltskosten, RZ 2004, 262; *Deixler-Hübner,* Zum Schicksal außerprozessualer Aufwendungen, in FS Jelinek (2002) 47; *dieselbe,* Außerprozessuale Aufwendungen – Anspruchsgrundlagen, Anspruchshöhe, ÖJZ 2002, 372; *Delle-Karth,* Die Abänderung der erstinstanzlichen Kostenentscheidung durch das Berufungsgericht gemäß § 50 Abs 1 ZPO und das Verbot der reformatio in peius, RZ 1997, 185; *Fischer,* Zur Verzinsungspflicht strafgerichtlich zuerkannter Kosten, ÖJZ 2007, 184; *Geroldinger,* Zur prozessualen Stellung und zum Kostenersatz der Quasipartei, Zak 2008, 292; *Höllwerth,* Einwendungen gegen die Kosten – § 54 Abs 1a ZPO – Die Dispositionsmaxime im Kostenersatzrecht, ÖJZ 2009, 743; *Hofmann,* Vorprozessuale Kosten aus dem Titel „Vereinbarung" oder „Schadenersatz" – Rechtsweg nicht zulässig! RZ 1997, 52; *Grill,* Zum Kostenzuspruch gem § 43 Abs 1 Satz 3 ZPO, AnwBl 1992, 446; *Huter,* Die Geltendmachung von „Inkassospesen" nach dem Zinsrechtsänderungsgesetz, AnwBl 2003, 646; *Illedits,* Vorprozessuale Mahn- und Inkassospesen, RdW 1997, 182; *Klicka,* Zum Kostenzuspruch nach § 43 (2) ZPO, ÖJZ 1990, 721; *Knoll,* § 47 ZPO Kostenentscheidung nach Vergleichsabschluß auf Grund einer Parteienvereinbarung? RZ 1991, 214; *Kodek,* Die Steuerungsfunktion des Kostenersatzrechts am Beispiel Österreichs und der USA, ZZP 2014 (in Vorbereitung); *Kolmasch,* Übersicht: Steht für erfolgreiche Einwendungen gegen die Kostennote des Gegners Prozesskostenersatz zu? Zak 2010, 152; *Korn,* Kopierkosten und Einheitssatz (Ein Beitrag zur mancherorts behaupteten „Anwaltsfeindlichkeit" der Gerichte in Kostenfragen), RZ 2006, 242; *Mahrer,* Zum Kostenersatz bei Mietzins- und Räumungsklagen, AnwBl 2003, 593; *Margreiter,* Ihr Ein(heits)satz bitte! – Rien ne va plus? AnwBl 2012, 282; *Oberhammer,* Einstellung der Räumungsexekution infolge eines Wiedereinsetzungsantrages des Verpflichteten und § 75 EO, wobl 1993, 129; *derselbe,* Apropos „Zugang zum Recht": Bewertung des Klagebegehrens, Prozeßkosten und Rechtsschutzversicherung, in *BMJ/Lewisch/Rechberger* (Hrsg), 100 Jahre ZPO (1998) 163; *derselbe,* Sammelklage, quota litis und Prozessfinanzierung, ecolex 2011, 279; *Obermaier,* Kostenhandbuch² (2010); *derselbe,* Zur Ersatzfähigkeit der „Berufung im Kostenpunkt", AnwBl 2006, 314; *derselbe,* Die Verzinsung von Kostentiteln, AnwBl 2007, 403; *derselbe,* Zur Nichthonorierung von Kosteneinwendungen und Kostenrekursen, Zak 2010, 150; *derselbe,* Kostenentscheidungen in Verfahrenshilfesachen, ÖJZ 2012/10; *Perner,* Ersatz der Kosten eines Vorprozesses beim Solidarschuldnerregress, RdW 2008, 49; *Rassi,* Die Kosten des Abwesenheitskurators im Zivilprozeß, RZ 1997, 234; *derselbe,* „Ungeprüft" verfassungswidrig!, ecolex 2012, 313; *Rechberger,* Die Kostenfolgen einer Exekutionseinstellung wegen Bewilligung der Wiedereinsetzung in den vorigen Stand, BeitrZPR IV (1991) 51; *Schwaighofer,* Kostenverzeichnis und Kostenentscheidung im Zivilprozeß, AnwBl

1991, 436; *Thiele*, (Un-)geprüft – Rasche Beseitigung einer Verfassungswidrigkeit in § 54 Abs 1a ZPO idF des BudgetbegleitG 2011, RZ 2011, 80; *derselbe*, Einwendungen gegen die Kostennote: Nach dem Spiel ist vor dem Spiel. Zu VfGH G 84/11, Zak 2012, 9; *Wagner*, Rechtsprobleme der Fremdfinanzierung von Prozessen, JBl 2001, 416; *Zeder*, Die „Klagseinschränkung auf Kosten", RZ 1989, 55.

A. Einführung

443   Prozesskosten sind alle durch die **Prozessführung verursachten, zur zweckentsprechenden Rechtsverfolgung** oder Rechtsverteidigung **notwendigen Kosten** (§ 41 Abs 1 ZPO). Dazu gehören auch sogenannte vorprozessuale Kosten. Darunter werden Kosten verstanden, die durch die Vorbereitung des Prozesses entstanden sind.

     Beispiele für vorprozessuale Kosten sind die Sicherung von Beweismaterial oder außergerichtliche Vergleichsverhandlungen. Nicht umfasst sind demgegenüber die Kosten für die Einschaltung eines Inkassobüros. Diese sind aber gem § 1333 Abs 2 ABGB nach schadenersatzrechtlichen Grundsätzen zu ersetzen.

444   Die ZPO sieht – wie alle kontinentaleuropäischen Rechtsordnungen, aber anders als etwa das Prozessrecht der USA – grundsätzlich einen **Kostenersatz** vor. Die unterliegende Partei hat der obsiegenden Partei die Prozesskosten zu ersetzen. Ein Ersatzanspruch besteht freilich nur für „notwendige" Kosten. Auf diese Weise kommt dem Kostenersatzrecht auch eine gewisse **Steuerungsfunktion** zu.

445   Zur Vermeidung des Prozesskostenrisikos wird vielfach im Vorhinein eine **Rechtsschutzversicherung** abgeschlossen. Diese übernimmt – je nach vertraglicher Ausgestaltung – für bestimmte Arten von Streitigkeiten die eigenen Kosten im Fall eines Rechtsstreits sowie im Fall des Prozessverlusts auch die Kosten des Gegners.

446   In den letzten Jahren ist zudem die gewerbliche **Prozessfinanzierung** im Vordringen begriffen. Dabei übernimmt der Prozessfinanzierer gegen ein Erfolgshonorar von ca 30% die Kosten des Klägers und, falls dieser den Prozess verliert, auch die Kosten des Beklagten. Nach hA verstößt dies nicht gegen das Verbot des *pactum de quota litis* (§ 879 Abs 2 Z 2 ABGB, dazu Rz 362), weil der Prozessfinanzierer nicht „Rechtsfreund" ist. Dadurch wird es möglich, auch riskantere Prozesse ohne eigenes finanzielles Risiko zu führen. Die Prozessfinanzierung steht nur bei höheren Streitwerten zur Verfügung. Ein Anwendungsfall ist die „Sammelklage österreichischer Prägung" (dazu Rz 540 ff).

B. Der Umfang der Prozesskosten

447   Zu den Prozesskosten gehören die Kosten des **Gerichts,** die Kosten der **Parteienvertreter** und die Kosten der **Parteien.**

194

1. Gerichtskosten

Die Gerichtskosten sind näher im Gerichtsgebührengesetz (GGG) geregelt. Im Zivilprozess ist für das gesamte Verfahren einer Instanz eine sog **Pauschalgebühr** zu entrichten. Diese beträgt bei höheren Streitwerten 1,2 % des Streitwerts und ist damit im internationalen Vergleich sehr hoch. Bei niedrigeren Streitwerten ist die Pauschalgebühr relativ betrachtet noch höher. So beträgt die Pauschalgebühr bei einem Streitwert von € 10.000 € 673, bei € 100.000 € 2.645, bei einem Streitwert von € 1 Mio ergibt sich bereits eine Pauschalgebühr von € 14.525. Vgl auch die Beispiele unten Rz 450.

448

Für das **Berufungs**- und **Revisionsverfahren** fallen weitere Pauschalgebühren an, ebenso für das Rekursverfahren, wenn sich der Rekurs gegen einen Endbeschluss, eine einstweilige Verfügung oder gegen einen Aufhebungsbeschluss der 2. Instanz richtet.

Die Gerichtsgebühren sind pro Instanz und Verfahren nur einmal zu entrichten. Dies gilt auch dann, wenn die Rechtssache infolge Aufhebung einer Entscheidung an die Vorinstanz(en) zurückverwiesen wird und die in dieser Rechtssache später gefällte Entscheidung erneut angefochten wird.

Zu den Gerichtskosten im weiteren Sinn gehören außerdem Zeugengebühren und die Kosten für **Sachverständige** und **Dolmetscher**. Diese Kosten sind im GebAG geregelt.

Im arbeits- und sozialgerichtlichen Verfahren werden „Amtsdolmetscher" herangezogen; diese werden vom Staat entlohnt. Ihr Einsatz wird durch eine zusätzliche Pauschalgebühr abgegolten.

2. Kosten der Parteienvertreter

Die Kosten der Parteienvertreter (Rechtsanwälte bzw allenfalls Notare) richten sich zunächst nach der getroffenen Vereinbarung. Rechtsanwälte rechnen vielfach aufgrund der Autonomen Honorarkriterien (AHK) ab; vor allem im internationalen Bereich ist auch eine Abrechnung nach Stundensätzen üblich. Der Gegner muss im Fall des Prozessverlustes aber nur die Kosten nach dem RATG bzw NTG ersetzen.

449

Das **RATG** enthält verschiedene Tarifstufen je nach Art der Prozesshandlung (zB Klagen je nach Umfang und Schwierigkeit TP 2 oder TP 3A, Berufung TP 3B, Revision TP 3C). Innerhalb dieser Tarifstufen richtet sich der Tarif nach dem Streitwert. Nach dem RATG werden die Kosten für Schriftsätze und die Verhandlungsteilnahme ersetzt; die Hintergrundarbeit (Besprechung und Informationsaufnahme mit der Partei, Korrrespondenz etc), wird durch einen pauschalen Zuschlag (sogenannter „Einheitssatz", je nach Streitwert 50 % oder 60% des Tarifs) mit abgegolten (vgl § 23 RATG).

Das Abstellen auf den Streitwert als typisiertes Maß für die Schwierigkeit eines Falles ist traditionelles Charakteristikum des österreichischen Rechts.

450 **Beispiele**:
Die Höhe der Kosten soll im Folgenden durch einige Beispiele veranschaulicht werden. Fahrtkosten, Kopierkosten etc werden dabei aus Gründen der Vereinfachung nicht berücksichtigt.

Bei einem **Streitwert von € 1.000** betragen die Anwaltskosten für eine Klage und eine einstündige Verhandlung € 471,50 (inkl USt); dazu kommen € 97 Gerichtsgebühren. Die Anwaltskosten für ein Berufungsverfahren betrügen € 434,11 (inkl USt) und € 130 Gerichtsgebühren. Die Anwaltskosten für ein (wegen des Streitwerts allerdings kaum in Betracht kommendes) Revisionsverfahren würden € 297,40 (inkl USt), die Gerichtsgebühren € 194 betragen.

Bei einem **Streitwert von € 10.000** betragen die Anwaltskosten für eine Klage, einen vorbereitenden Schriftsatz und zwei jeweils zweistündige Verhandlungen € 2.660 (inkl USt); dazu kommen € 673 Gerichtsgebühren. Die Anwaltskosten für ein Berufungsverfahren betrügen € 1.082,88 (inkl USt); dazu kommen € 1.036 Gerichtsgebühren. Die Anwaltskosten für ein Revisionsverfahren betrügen € 742,27 (inkl USt), die Gerichtsgebühren € 1.296.

Bei einem Verfahren mit einem **Streitwert von € 100.000** betragen die Anwaltskosten für eine Klage, einen vorbereitenden Schriftsatz und zwei jeweils zweistündige Verhandlungen € 6.158,10 (inkl USt); dazu kommen € 2.645 Gerichtsgebühren. Die Anwaltskosten für ein Berufungsverfahren betrügen € 2.960,70 (inkl USt); dazu kommen € 3.891 Gerichtsgebühren. Die Anwaltskosten für ein Revisionsverfahren betrügen € 2.131,38 (inkl USt), die Gerichtsgebühren € 5.188.

3. Kosten der Parteien

451 Die Parteien selbst haben im Fall ihres Obsiegens nur Anspruch auf Ersatz des Verdienstentgangs und der Reisekosten (§ 42 Abs 1 ZPO).

C. Kostentragung

1. Erfolgshaftung

452 Jede Partei hat die durch ihre Prozesshandlungen verursachten Kosten zunächst selbst zu tragen (§ 40 Abs 1 Satz 1 ZPO). Im Fall des **Obsiegens** steht der Partei jedoch gegen den unterlegenen Gegner ein Anspruch auf **Kostenersatz** zu. Dabei handelt es sich um eine reine Erfolgshaftung; Verschulden spielt im Rahmen des Prozesskostenersatzes nach § 41 Abs 1 ZPO keine Rolle. Nach verbreiteter Auffassung handelt es sich dabei um einen **öffentlich-rechtlichen Anspruch;** eine neuere Auffassung qualifiziert den Anspruch auf Kostenersatz als privatrechtlichen Anspruch.

453 Die vollständig unterliegende Partei hat ihrem Gegner alle Prozesskosten zu ersetzen (§ 41 Abs 1 ZPO). Wenn jede Partei teils obsiegt und teils unterliegt,

so sind die Kosten gegeneinander aufzuheben (sodass keine Partei ihre Kosten ersetzt erhält) oder verhältnismäßig zu teilen (§ 43 Abs 1 ZPO).

Hat der Kläger etwa zu zwei Dritteln obsiegt, dann steht ihm ein Ersatz von einem Drittel seiner Kosten zu. Dies beruht auf der Überlegung, dass der Aufwand auf beiden Seiten etwa gleich hoch ist und der Gegner ja seinerseits zu einem Drittel obsiegt hat und daher Anspruch auf (teilweisen) Kostenersatz hätte. Aus Vereinfachungsgründen spricht die Rechtsprechung daher in diesem Fall dem Kläger von vornherein nur ein Drittel seiner Kosten zu, und zwar unabhängig davon, in welcher Höhe überhaupt Kosten beim Beklagten aufgelaufen sind.

Für die **Gerichtsgebühren** sowie **Sachverständigen- und Zeugengebüh-**   454
ren sieht § 43 Abs 1 ZPO jedoch vor, dass jede Partei Anspruch auf Ersatz der Prozesskosten im Ausmaß ihres tatsächlichen Obsiegens hat.

Im obigen Beispiel hat der Kläger daher zwar nur Anspruch auf Ersatz von einem Drittel seiner Rechtsanwaltskosten, aber von zwei Dritteln der – von ihm allein getragenen – Pauschalgebühr. Hätte jede Partei auch Sachverständigengebühren zu tragen gehabt, würde der Kläger Anspruch auf Ersatz von zwei Dritteln der von ihm getragenen Sachverständigenkosten, der Beklagte Anspruch auf ein Drittel der von ihm getragenen Sachverständigenkosten haben.

In Fällen, in denen die Entscheidung von richterlichem **Ermessen** oder ei-   455
nem Sachverständigengutachten abhängt (zB Schmerzengeld), kann das Gericht einer Partei den Ersatz der gesamten Kosten auferlegen, obwohl sie nur zum Teil obsiegt hat (§ 43 Abs 2 ZPO). Dieser Grundsatz gilt nach der Rsp allerdings dann nicht, wenn eine Partei evident zu viel eingeklagt hat („Überklagung").

2. Ausnahmen von der Erfolgshaftung

Die strikte Erfolgshaftung des § 41 ZPO ist jedoch in der ZPO teilweise   456
durchbrochen. Wenn eine Partei tatsächliche Behauptungen oder **Beweismittel schuldhaft verspätet** vorgebracht hat und dadurch die Erledigung des Rechtsstreites verzögert worden ist, kann die obsiegende Partei auf Antrag oder von Amts wegen ganz oder teilweise mit den Prozesskosten belastet werden (§ 44 ZPO). Diese sog **Kostenstrafe** ist in der Praxis relativ selten.

Größere Bedeutung kommt der **Kostenseparation** (§ 48 ZPO, § 142 ZPO) zu. Dabei können einer Partei auf Antrag oder von Amts wegen ohne Rücksicht auf den Prozessausgang die Kosten eines Verfahrensabschnitts auferlegt werden, wenn sie ihrem Gegner durch ihr Verhalten im Prozess schuldhaft oder aufgrund eines ihr widerfahrenen Zufalls mehr Kosten verursacht.

Beispiel: Der Kläger ist beim Termin für seine Parteienvernehmung erkrankt; aus diesem Grund muss die Tagsatzung erstreckt werden. Eine Partei stellt während der Tagsatzung einen weiteren Beweisantrag, sodass ein zusätzlicher Termin erforderlich ist.

457   Hat eine Partei **Wiedereinsetzung** beantragt, so ist ihr der Ersatz aller Kosten, die dadurch entstanden sind, aufzuerlegen (§ 154 ZPO). Dazu gehören nicht nur die Kosten des Verfahrens über den Wiedereinsetzungsantrag und die Kosten des infolge Bewilligung der Wiedereinsetzung unwirksam gewordenen Verfahrens, sondern auch die Kosten eines Exekutionsverfahrens, dem aufgrund der Wiedereinsetzung im Titelverfahren die Grundlage entzogen wurde.

458   Wird das Verfahren wegen **Nichtigkeit** aufgehoben, so sind die Kosten gegenseitig aufzuheben, sofern nicht eine Partei ein Verschulden trifft (§ 51 Abs 3 ZPO).

459   Wenn der Beklagte durch sein Verhalten **keine Veranlassung zur Klage** gegeben hat und den in der Klage erhobenen Anspruch sofort bei erster Gelegenheit anerkannt hat, hat der siegreiche Kläger ihm dennoch alle Kosten zu ersetzen (§ 45 ZPO). Diese Bestimmung wird von der Rsp auch dann angewendet, wenn der Anspruch erst während des Prozesses fällig wird. Diesfalls muss der Beklagte, will er in den Genuss des § 45 ZPO kommen, sofort nach Fälligkeit den Anspruch anerkennen und nach der Rsp auch die Leistung erbringen.

Hauptanwendungsfall ist die Exszindierungsklage nach § 37 EO. Wird bei einer Fahrnispfändung zB der Fernseher eines unbeteiligten Dritten gepfändet, so kann dieser zunächst die betreibende Partei auffordern, die Exekution hinsichtlich des Fernsehers einzustellen. Erst wenn die betreibende Partei dies verweigert, muss der Dritte klagen. Beschreitet er sofort den Klageweg, riskiert er, dass die betreibende Partei den Exszindierungsanspruch sofort anerkennt, sodass nach § 45 ZPO der Dritte – trotz Obsiegens im Prozess – die Kosten des Verfahrens zu tragen hat. Vgl auch Rz 1210.

460   Weitere Fälle:

Die Kosten eines **Gebärdensprachendolmetsch** trägt stets der Bund (§ 73a ZPO). Die Kosten einer **psychosozialen Prozessbegleitung** (dazu Rz 367) trägt der Bund bis zu einem Höchstbetrag von € 800, genießt das Opfer Verfahrenshilfe, erhöht sich dieser Betrag auf € 1.200.

D. Die Kostenentscheidung

461   Der Anspruch auf Kostenersatz wird nicht durch einen ausdrücklichen Antrag, sondern durch **Vorlage eines Kostenverzeichnisses** geltend gemacht (§ 52 Abs 3 ZPO). Dieses muss grundsätzlich vor dem Schluss der mündlichen Verhandlung vorgelegt werden; später entstandene Kosten können innerhalb von vier Wochen nachträglich verzeichnet werden (vgl § 54 Abs 2 ZPO).

Eine Gleichschrift des Kostenverzeichnisses ist dem Gegner auszufolgen. Dieser kann dazu binnen einer Notfrist von 14 Tagen **Stellung nehmen** (§ 54 Abs 1a ZPO). Soweit der Gegner keine begründeten Einwendungen erhebt, hat das Gericht die verzeichneten Kosten seiner Entscheidung zugrunde zu legen. Das in § 54 Abs 1a ZPO früher enthaltene Wort „ungeprüft" hat der VfGH als verfassungswidrig aufgehoben (VfSlg 19.526).

Jede eine Streitsache für die Instanz vollständig erledigende Entscheidung 462
hat eine **Kostenentscheidung** zu enthalten (§ 52 Abs 1 ZPO). In komplexen
Fällen kann die Kostenentscheidung bis zum rechtskräftigen Abschluss des
Verfahrens vorbehalten werden (§ 52 Abs 1 und 2 ZPO).

Auch die in ein Urteil aufgenommene Entscheidung über die Prozesskosten 463
ist ihrem Wesen nach ein Beschluss und kann – wenn sie isoliert bekämpft
wird – nur mit **Rekurs** angefochten werden (Kostenrekurs, § 55 ZPO). Ein
Revisionsrekurs ist in Kostenfragen regelmäßig ausgeschlossen (§ 528 Abs 2
Z 3 ZPO). Wird die Entscheidung auch in der Hauptsache bekämpft, so bildet die Bekämpfung der Kostenentscheidung einen Teil der Berufung (Bekämpfung im Kostenpunkt).

Ein Kostenrekurs ist unzulässig, wenn der Betrag, dessen Zuerkennung oder
Aberkennung begehrt wird, € 50 nicht übersteigt (§ 517 Abs 3 ZPO).

Manchmal ist die Weiterführung eines Prozesses nicht mehr erforderlich, weil der
Beklagte während des Prozesses ohnedies freiwillig leistet. In diesem Fall kann der
Kläger seine Klage auf Kostenersatz einschränken. Das Gericht hat dann als Vorfrage
zu prüfen, ob der ursprünglich eingeklagte Anspruch berechtigt war. In der Praxis
wird – obwohl es sich um eine reine Kostenentscheidung handelt – mit Urteil (sog
Kostenurteil) entschieden, das aber lediglich mit Kostenrekurs anfechtbar ist.

Wird der zugesprochene Kostenbetrag nicht vor Eintritt der Vollstreckbar- 464
keit der Kostenentscheidung bezahlt, besteht ein Anspruch auf Zahlung von
Verzugszinsen von 4 % p.a. (§ 54a ZPO). Dies bedarf keines Ausspruchs in
der Kostenentscheidung.

E. Aktorische Kaution

Ausländische Kläger haben dem Beklagten auf dessen Verlangen für die 465
Prozesskosten Sicherheit zu leisten, wenn nicht durch Staatsverträge etwas
anderes bestimmt ist (sog „aktorische Kaution", § 57 Abs 1 ZPO).

Auch in bestimmten anderen Fällen kann das Gericht eine Sicherheitsleistung auferlegen (vgl §§ 38, 56, 407, 458 ZPO).

Der Antrag auf aktorische Kaution muss gestellt werden, bevor der Beklagte zur
Sache vorbringt oder mündlich verhandelt. Erlegt der Kläger die auferlegte aktorische
Kaution nicht rechtzeitig, ist die Klage auf Antrag des Beklagten mit Beschluss für
zurückgenommen zu erklären (§ 60 Abs 3 ZPO – gesetzlich fingierte Klagsrücknahme).

Eine Verpflichtung zur Sicherheitsleistung besteht unter anderem dann
nicht, wenn der Kläger seinen gewöhnlichen Aufenthalt in Österreich hat oder
die österreichische Prozesskostenentscheidung im Aufenthaltsstaat des Klägers vollstreckt werden kann. Das unionsrechtliche **Diskriminierungsverbot**
(Art 18 AEUV) verbietet es zudem, eine Prozesskostensicherheit von einem
Staatsangehörigen eines anderen Mitgliedstaates der EU zu verlangen.

Die Entscheidung über die aktorische Kaution ist mit **Rekurs** anfechtbar 466
(§ 517 Z 2 ZPO). Ob der Revisionsrekurs zulässig ist, ist strittig.

F. Kostenvorschuss

467 Zur Deckung des mit der Durchführung eines **Sachverständigen- oder Zeugenbeweises** verbundenen Aufwandes hat das Gericht dem Beweisführer einen Kostenvorschuss aufzuerlegen (§§ 332, 365 ZPO). Wird dieser nicht fristgerecht erlegt, ist das Verfahren auf Antrag ohne diesen Beweis fortzusetzen.

Die Auferlegung eines Kostenvorschusses ist im bezirksgerichtlichen Verfahren nur anfechtbar, wenn der Kostenvorschuss € 2.000 übersteigt, im Gerichtshofverfahren nur, wenn dieser € 4.000 übersteigt (§ 332 Abs 2 ZPO; § 440 Abs 6 ZPO). Der Revisionsrekurs ist auf jeden Fall unzulässig (§ 528 Abs 2 Z 3 ZPO).

II. Verfahrenshilfe

Literatur: *Anzenberger*, Einschränkung der Verfahrenshilfe auf natürliche Personen verfassungswidrig. Aus Anlass von VfGH G 26/10 = Zak 2011/754, 398, Zak 2011/808, 427; *Breuß*, Ersatz der Barauslagen bei Verfahrenshilfe, AnwBl 2006, 247; *Clavora*, Zur Rechtsnatur des tarifmäßigen Entlohnungsanspruchs des Verfahrenshelfers nach § 71 ZPO, ÖJZ 2010, 378; *Fucik*, Bewilligung der Verfahrenshilfe, ÖJZ 2012/20, 197; *derselbe*, Verfahrenshilfe bei grenzüberschreitendem Bezug, ÖJZ 2012/30, 293; *derselbe*, Erlöschen und Entziehung der Verfahrenshilfe; Nachzahlung, ÖJZ 2012/86, 793; *Geroldinger/Kogler*, Verfahrenshilfe: Nachzahlung gem § 71 ZPO auf Antrag? ÖJZ 2008, 341; *Gruber*, Verfahrenshilfe und Klagefrist nach § 12 Abs 3 VersVG, JBl 1991, 564; *Kininger*, Zehn Jahre Verfahrenshilfe im Licht der Judikatur, BeitrZPR II (1986) 95; *König/Broll*, Verfahrenshilfe (Prozeßkostenhilfe) für Masseverwalter (Insolvenzverwalter) in Österreich, in FS Henckel (1995) 455; *König*, Chancengleichheit im und vor dem Gerichtssaal, AnwBl 1978, 55; *Längle*, Erfasst die Verfahrenshilfe auch Drittschuldnerkosten? Zak 2007, 328; *Lercher*, Rechtstatsächliches aus dem Bereich der Verfahrenshilfe unter besonderer Berücksichtigung des „kostenlosen" Beigebens eines Rechtsvertreters, AnwBl 2012, 190; *Obenaus/Kühtreiber*, Gemeinschaftliche Aspekte der Verfahrenshilfe. Die Umsetzung der Prozesskostenrichtlinie RL 2002/8/EG in Österreich, Zak 2007, 323; *Reisenhofer*, Richterliche Anleitungspflicht und Verfahrenshilfe, in Clavora/Garber (Hrsg), Die Rechtsstellung von wirtschaftlich, sozial und gesellschaftlich Benachteiligten im Zivilverfahren (2012) 329; *Schoibl*, Gemeinsame Mindestvorschriften für die Europäische Prozesskostenhilfe in Zivilsachen, JBl 2006, 142, 233; *Slonina*, Anschaffung des Anspruchs auf Verfahrenshilfe für juristische Personen verfassungswidrig. Anmerkungen zu VfGH G 26/10 ua, ZIK 2011/291, 202; *Stabentheiner*, Kindesunterhalt und Verfahrenshilfe, EF-Z 2006/4; *Thienel*, Der Verfahrenshilfeanwalt – ein Menschenrecht auch im Zivilrecht, in FS Machacek und Matscher (2008) 931; *Weber*, Das Rekursrecht des Revisors in Verfahrenshilfesachen (§ 72 ZPO), RZ 2005, 262.

A. Voraussetzungen

468 Der Zugang zum Gerichtsverfahren muss nach Art 6 EMRK unabhängig von den Vermögensverhältnissen der Parteien gewährleistet sein. Das Insti-

200

tut der Verfahrenshilfe (§§ 63 bis 73 ZPO) will auch mittellosen Parteien die gerichtliche Geltendmachung von Ansprüchen oder die Rechtsverteidigung ermöglichen.

Voraussetzung für die Bewilligung von Verfahrenshilfe ist, dass die Partei außerstande ist, die Kosten der Führung des Verfahrens **ohne Beeinträchtigung des notwendigen Unterhalts** zu bestreiten. 469

Einer **juristischen Person** oder einem sonstigen parteifähigen Gebilde ist die Verfahrenshilfe zu bewilligen, wenn die zur Führung des Verfahrens erforderlichen Mittel weder von ihr (ihm) noch von den an der Führung des Verfahrens **wirtschaftlich Beteiligten** (zB Gesellschafter einer Gesellschaft, Mitglieder eines Vereins) aufgebracht werden können; das Gleiche gilt für ein behördlich bestelltes Organ (zB Insolvenzverwalter) oder einen gesetzlichen Vertreter, die für eine Vermögensmasse auftreten, wenn die zur Führung des Verfahrens erforderlichen Mittel weder aus der Vermögensmasse noch von den an der Führung des Verfahrens wirtschaftlich Beteiligten aufgebracht werden können (§ 63 Abs 1 ZPO).

Durch das Abstellen auf die „wirtschaftlich Beteiligten" soll verhindert werden, dass diese durch Zwischenschaltung einer Gesellschaft oder anderen juristischen Personen auf Kosten der Allgemeinheit prozessieren können.

Weitere Voraussetzung ist stets, dass die beabsichtigte Rechtsverfolgung oder Rechtsverteidigung **nicht offenbar mutwillig** oder **aussichtslos** erscheint (§ 63 Abs 1 und 2 ZPO).

Wird durch unrichtige oder unvollständige Angaben im Vermögensbekenntnis die Verfahrenshilfe erschlichen, kann das Gericht eine **Mutwillensstrafe** verhängen. Außerdem ist Strafanzeige zu erstatten (§ 69 ZPO). 470

B. Umfang

Die vorgesehenen Begünstigungen umfassen die Befreiung von der aktorischen Kaution, die Befreiung von Sachverständigen- und Dolmetschgebühren, die Befreiung von der Pauschalgebühr und die Beigebung eines Rechtsanwalts. Diese Begünstigungen können zur Gänze oder zum Teil gewährt werden (**Vollverfahrenshilfe** bzw **Teilverfahrenshilfe**). 471

Beachte: Die Verfahrenshilfe befreit immer nur von den eigenen Kosten; unterliegt die Verfahrenshilfe genießende Partei, so ist sie ihrem Gegner gegenüber voll kostenersatzpflichtig.

Die Verfahrenshilfe wird immer nur für ein bestimmtes Verfahren gewährt und umfasst auch ein in der Folge eingeleitetes Exekutionsverfahren (§ 64 Abs 1 ZPO).

Eine Partei, der in einem anderen Mitgliedstaat der Europäischen Union für einen bestimmten Rechtsstreit Verfahrenshilfe gewährt worden ist, hat für das Verfahren zur Anerkennung und Vollstreckung der in diesem Rechtsstreit ergangenen Entscheidung Anspruch auf Verfahrenshilfe (§ 64a ZPO). Damit wird die Prozesskostenhilfe-RL umgesetzt.

472 Ein **Rechtsanwalt** ist bei absoluter Anwaltspflicht beizugeben sowie dann, wenn dies ausnahmsweise sonst nach Lage des Falles erforderlich erscheint. Der Verfahrenshelfer benötigt zwar keine Prozessvollmacht, braucht aber für ein Anerkenntnis, einen Verzicht oder einen Vergleich die Zustimmung der Partei (§ 64 Abs 1 Z 3, § 67 ZPO). Das Prozessgericht entscheidet über die Bewilligung der Verfahrenshilfe; die Person des Verfahrenshelfers bestimmt ein Ausschuss der Rechtsanwaltskammer. Dabei ist nach Möglichkeit den Wünschen der Partei Rechnung zu tragen.

Siehe dazu *Casebook* ZVerfR 66, Fall 38.

C. Antrag

473 Die Verfahrenshilfe ist beim Prozessgericht 1. Instanz schriftlich oder zu Protokoll zu beantragen. Dies gilt auch dann, wenn der Antrag erst während eines Rechtsmittelverfahrens gestellt wird. Befindet sich das Prozessgericht außerhalb des Bezirksgerichtssprengels, in dem der Antragsteller seinen Aufenthalt hat, kann er den Antrag auch beim Bezirksgericht seines Aufenthalts zu Protokoll erklären.

474 Dem Antrag ist ein genaues **Vermögensbekenntnis** beizulegen. Zu beachten ist, dass das amtliche Formular ZPForm 1, das im Internet (www.justiz. gv.at) oder bei den Gerichten erhältlich ist, zwingend verwendet werden muss (§ 66 Abs 1 ZPO). Das Gericht entscheidet aufgrund des Vermögensbekenntnisses und nach allfälligen weiteren Erhebungen mit **Beschluss**. Gegen diesen Beschluss können der Gegner, aber auch der sog Revisor (ein mit der Prüfung der Sachverständigen- und Gerichtsgebühren betrauter Gerichtsbeamter) Rekurs erheben (§ 72 Abs 2 ZPO), sofern der Streitwert € 2.700 übersteigt (§ 517 ZPO). Der Revisionsrekurs ist jedenfalls unzulässig (§ 528 Abs 2 Z 4 ZPO). Der Rekurs ist zweiseitig (§ 72 Abs 2a ZPO).

Siehe dazu *Casebook* ZVerfR 67, Fall 39.

Ein Verfahrenshilfeantrag, mit dem auch die Beigebung eines Rechtsanwalts begehrt wird, **unterbricht** die **Fristen** zur Einbringung der Klagebeantwortung, des Einspruchs gegen einen Zahlungsbefehl oder des Widerspruchs gegen ein Versäumungsurteil sowie zur Erhebung eines Rechtsmittels (§ 73 Abs 2, § 464 Abs 3, § 505 Abs 2 ZPO). Diese Fristen beginnen mit Zustellung des Bescheides über die Bestellung des Rechtsanwalts bzw dem Eintritt der Rechtskraft des abweisenden Beschlusses neu zu laufen.

Siehe dazu *Casebook* ZVerfR 66, Fall 38.

D. Erlöschen und Entziehung

475 Die Verfahrenshilfe **erlischt** mit dem Tod der Partei. Außerdem ist das Erlöschen mit Beschluss auszusprechen, wenn sich die Vermögensverhältnisse der Partei entsprechend gebessert haben oder die weitere Rechtsverfolgung oder

Rechtsverteidigung als offenbar mutwillig oder aussichtslos erscheint (§ 68 Abs 1 ZPO). Das Erlöschen tritt immer ex nunc ein; die gewährten Begünstigungen bleiben bis zum Erlöschen aufrecht.

476

Hingegen wirkt die **Entziehung** der Verfahrenshilfe ex tunc. Diesfalls sind alle Beträge, von deren Tragung die Partei einstweilen befreit gewesen ist, nachzuzahlen. Die Entziehung wird ausgesprochen, wenn sich herausstellt, dass die seinerzeit angenommenen Voraussetzungen nicht vorlagen (§ 68 Abs 2 ZPO).

Das Erlöschen und die Entziehung der Verfahrenshilfe erfolgen durch Gerichtsbeschluss von Amts wegen oder auf Antrag (auch des bestellten Rechtsanwalts). Darin können solche (neuen) Umstände geltend gemacht werden, deren Vorbringen im Rekurs wegen des geltenden Neuerungsverbots ausgeschlossen ist.

Sobald und soweit die Partei ohne Beeinträchtigung des notwendigen Unterhalts imstande ist, jene Beträge, von deren Berichtigung sie einstweilen befreit worden ist, **nachzuzahlen**, ist ihr dies mit vollstreckbarem Beschluss aufzutragen. Eine derartige Nachzahlungspflicht darf allerdings nach Ablauf von drei Jahren nach Abschluss des Verfahrens nicht mehr auferlegt werden (§ 71 Abs 1 ZPO).

477

Achter Teil:
Die Prozessvoraussetzungen

Literatur: *Ballon,* Die Klagbarkeit von Ansprüchen, JBl 1978, 10; *Böhm,* Die Lehre vom Rechtsschutzbedürfnis, JBl 1974, 1; *Dolinar,* Ruhen des Verfahrens und Rechtsschutzbedürfnis (1974); *Fasching,* Rechtsschutzverzichtsverträge im österreichischen Prozessrecht, ÖJZ 1975, 431; *Schumann,* „Kein Bedürfnis für das Rechtsschutzbedürfnis" – Zur Fragwürdigkeit des Rechtsschutzbedürfnisses als allgemeiner Prozessvoraussetzung, in FS Fasching (1988) 439; *Strauss,* Die richtige Behandlung von Prozesshindernissen, ÖJZ 2011/73, 701.

I. Begriff und Abgrenzung

478   Damit das angerufene Gericht überhaupt eine Entscheidung über den geltend gemachten Anspruch fällen darf, müssen bestimmte (prozessuale) Erfordernisse erfüllt sein – das Verfahren **muss zulässig sein.** Prozessvoraussetzungen sind also verfahrensrechtliche Voraussetzungen für die Zulässigkeit der Sachverhandlung und Sachentscheidung. Entgegen der üblichen Terminologie stellen sie (oder jedenfalls die meisten von ihnen – siehe sogleich Rz 479) aber eigentlich nicht Voraussetzungen für den Prozess dar – auch über das Vorliegen der Prozessvoraussetzungen wird ja gerichtlich prozessiert –, sondern nur für die Verhandlung bzw für die Entscheidung in der Sache selbst. Treffender wäre daher (entgegen der eingebürgerten Terminologie) der Ausdruck „**Sachverhandlungs-** oder **Sachentscheidungsvoraussetzungen".**

479   Nicht zu den Prozessvoraussetzungen gezählt werden von einem Teil der Lehre (insb *Rechberger/Simotta* Rz 505) das Unterbleiben der Mitwirkung eines ausgeschlossenen oder mit Erfolg abgelehnten Richters, die ordnungsgemäße Gerichtsbesetzung und die Einhaltung der Geschäftsverteilung, da solche Fehler nicht bloß die Sachentscheidung, sondern überhaupt jegliches Verfahren unzulässig machen. Tatsächlich handelt es sich dann aber (sogar) um **Prozessvoraussetzungen im engeren** (bzw eigentlichen) **Sinn** (siehe *Ballon* in *Fasching/Konecny* I § 25 JN Rz 5 und oben Rz 160). Auch dass überhaupt eine Klage mit dem notwendigen Klagsinhalt vorliegt, muss zu den Prozessvoraussetzungen gezählt werden.

     Gewisse andere Umstände werden nicht als (negative) Prozessvoraussetzungen betrachtet, weil sie nicht zur Klagszurückweisung, sondern dazu führen, dass die Klage als zurückgenommen gilt (siehe § 460 Z 5 und Z 10 ZPO im Eheverfahren).

     Zur Notwendigkeit einer besonderen **Prozessführungsbefugnis** (Prozesslegitimation) siehe Rz 316 f und *Rechberger/Simotta* Rz 304.

480   Bei der Frage, ob die **Klagbarkeit eines Anspruchs** zu den Prozessvoraussetzungen zu zählen ist, muss unterschieden werden: Wird die Unklagbarkeit im materiellen Recht angeordnet – wie zB bei Spiel- und Wettschulden (§§ 1174, 1271 f, 1432 ABGB) –, so ist über die Klage sachlich zu entscheiden: Liegt also eine solche Unklagbarkeit vor, ist die Klage mit Urteil abzuweisen.

Auch eine (prozessual unwirksame) Vereinbarung der Unklagbarkeit (*pactum de non petendo*; siehe Rz 10 und 111) könnte als materiell-rechtlicher Verzicht auf den Anspruch gedeutet werden und dann zur Klagsabweisung führen.

Wird dagegen durch das Gesetz die Geltendmachung eines Anspruchs vor den (ordentlichen) Gerichten (vorübergehend) ausdrücklich ausgeschlossen, so liegt dem Wesen nach eine (temporäre) Unzulässigkeit des Rechtswegs vor, die zur Zurückweisung der Klage mit Beschluss führt.

Eine Wahrnehmung dieses Mangels auch noch nach Eintritt der Rechtskraft (wie bei der „echten" Unzulässigkeit des Rechtswegs) wäre jedoch nicht angemessen.

Beispiele: Streitigkeiten aus dem Vereinsverhältnis müssen vorerst – bei sonstiger Unzulässigkeit des Rechtswegs (zB 7 Ob 52/08k AnwBl 2008, 366 [*Mayr*] sowie RIS-Justiz RS0124983 und RS0122426) – der vereinsinternen Schlichtungseinrichtung vorgelegt werden (§ 8 VereinsG 2002; siehe Rz 71). Ebenso ist bei nachbarrechtlichen Streitigkeiten im Zusammenhang mit dem Entzug von Licht oder Luft – bevor der Rechtsweg offensteht – ein (außergerichtlicher) Schlichtungsversuch zu unternehmen (Art III ZivRÄG 2004; siehe Rz 21). Ferner ist etwa bei Streitigkeiten zwischen Wirtschaftstreuhändern das Beschreiten des Rechtswegs vor der Beendigung eines entsprechenden Schlichtungsverfahrens vor dem Schlichtungsausschuss der Berufskammer unzulässig (§ 87 WTBG). Noch weitergehend jüngst 4 Ob 203/12z EvBl 2013/106, 738 (krit *Mayr*).

Die berufliche (parlamentarische) **Immunität von Abgeordneten** zu gesetzgebenden Körperschaften (Nationalrat, Bundesrat, Landtage; Art 57, 58, 96 B-VG; siehe bereits Rz 113) schließt nach hM jede zivilrechtliche Verantwortung des Abgeordneten (für Schadenersatz-, Widerrufs- oder Unterlassungsansprüche) aus, ist aber auf Äußerungen im Rahmen der parlamentarischen Tätigkeit im Vertretungskörper und seinen Ausschüssen beschränkt (und erfasst etwa nicht auch Äußerungen im Rahmen einer Pressekonferenz; siehe 6 Ob 79/00m SZ 73/60). Dieser Ausschluss der Verantwortlichkeit wird von der überwiegenden Lehre als eine Unzulässigkeit des Rechtswegs (im weiteren Sinn) qualifiziert. Eine Klage wäre daher zurückzuweisen. 481

Anders als bei einer völkerrechtlichen Immunität (Fehlen der inländischen Gerichtsbarkeit; siehe Rz 124) wird dieser Mangel jedoch mit der Rechtskraft der Entscheidung geheilt.

Ob das **Rechtsschutzbedürfnis** – darunter wird ein von der Rechtsordnung gebilligtes Interesse an der begehrten Rechtsschutztätigkeit verstanden – zu den allgemeinen oder zu den besonderen Prozessvoraussetzungen gezählt werden soll, ist in der Lehre umstritten (für die Annahme einer allgemeinen Prozessvoraussetzung etwa *Ballon* Rz 30 f). Im Gesetz selbst findet der Gedanke des Rechtsschutzinteresses einerseits in den (negativen) Prozessvoraussetzungen der Rechtskraft, Streitanhängigkeit und Klagszurücknahme unter Anspruchsverzicht Ausdruck. Hier wird dem Kläger kein Interesse an einem neuerlichen Verfahren zugebilligt: Die Klage ist als unzulässig zurückzuweisen. Darüber hinaus verlangt die ZPO an einigen Stellen ausdrücklich ein be- 482 sonderes **rechtliches Interesse** für gewisse Rechtsschutzanträge: so etwa für die Feststellungsklage (§ 228 ZPO), für die Nebenintervention (§ 17 Abs 1 ZPO) oder für die Beweissicherung (§ 384 Abs 2 ZPO).

483   Aus diesen Einzelregelungen schließt die überwiegende Meinung (*Fasching* in *Fasching/Konecny* I Einleitung Rz 175 ff; *Rechberger/Klicka* in *Rechberger* Vor § 226 ZPO Rz 9 ff; *Rechberger/Simotta* Rz 27 ff), dass es für die Annahme einer allgemeinen Prozessvoraussetzung „Rechtsschutzbedürfnis" keine gesetzliche Grundlage gibt.

Diskutiert wird der Mangel des Rechtsschutzinteresses insb im Zusammenhang mit Konstellationen, in denen bereits ein vollstreckbarer Titel für eine Forderung vorhanden ist (zB ein vollstreckbarer Notariatsakt oder die Eintragung in das Anmeldungsverzeichnis in einem Insolvenzverfahren), aber dennoch eine Klage eingebracht wird (Problem des „**Doppeltitels**"). Nach hM bleibt eine Leistungsklage zwar zulässig (und ist nicht wegen mangelnden Rechtsschutzinteresses zurückzuweisen), diese Vorgangsweise kann jedoch Kostenfolgen nach sich ziehen.

Die Rsp anerkennt das Rechtsschutzbedürfnis nur in Form der **Beschwer** als besondere Zulässigkeitsvoraussetzung für das Rechtsmittelverfahren (siehe Rz 1017 ff). Fehlt hingegen das rechtliche Interesse bei der Feststellungsklage, so weist die Rsp die Klage mit Urteil ab (sie betrachtet das rechtliche Interesse somit als Erfolgsvoraussetzung: etwa RIS-Justiz RS0039177 und RS0039201).

II. Arten der Prozessvoraussetzungen

A. Allgemeine und besondere

484   Allgemeine Prozessvoraussetzungen gelten in jedem Zivilprozess, besondere Prozessvoraussetzungen hingegen nur für bestimmte Rechtsschutzformen (zB das Feststellungsinteresse für Feststellungsklagen; siehe oben Rz 482), besondere Verfahrensarten (zB der Wechsel für das Wechselmandatsverfahren) oder bestimmte Verfahrensstadien (zB ein statthaftes und rechtzeitiges Rechtsmittel sowie die Beschwer für das Rechtsmittelverfahren).

B. Positive und negative

485   Positive Prozessvoraussetzungen sind Voraussetzungen, die vorliegen müssen, damit eine Sachentscheidung ergehen kann (zB Zuständigkeit des Gerichts). Negative Prozessvoraussetzungen sind hingegen Umstände, die nicht vorliegen dürfen, damit eine Sachentscheidung ergehen kann. Man kann sie daher auch als **Prozesshindernisse** bezeichnen. Es handelt sich dabei um die Streitanhängigkeit, die Rechtskraft und die Klagszurücknahme unter Anspruchsverzicht.

C. Regelungsgegenstand

Nach dem Regelungsgegenstand kann man unterscheiden zwischen 486
- **parteibezogenen** (persönlichen) Prozessvoraussetzungen (Partei- und Prozessfähigkeit; Vertretungsmacht des Einschreiters);
- **gerichtsbezogenen** Prozessvoraussetzungen (inländische Gerichtsbarkeit; Zulässigkeit des Rechtswegs; Zulässigkeit des streitigen bzw außerstreitigen Verfahrens; sachliche, örtliche und internationale Zuständigkeit);
- **streitgegenstandsbezogenen** Prozessvoraussetzungen (ordnungsgemäße Klagserhebung; Streitanhängigkeit; Rechtskraft; Klagszurücknahme unter Anspruchsverzicht).

D. Absolute und relative

Absolute Prozessvoraussetzungen sind (grundsätzlich) bis zur Rechtskraft 487 der Entscheidung in jeder Lage des Verfahrens von Amts wegen (oder auf Antrag der Parteien) wahrzunehmen, während **relative** Prozessvoraussetzungen nicht mehr aufgegriffen werden können, wenn die rechtzeitige Erhebung einer entsprechenden Parteieinrede unterlassen wurde. Relative Prozessvoraussetzungen **heilen** also, wenn sie nicht rechtzeitig eingewendet werden (zB die sachliche, örtliche und die prorogable internationale Unzuständigkeit oder die unrichtige Gerichtsbesetzung).

Manche Prozessvoraussetzungen **heilen** allerdings selbst mit dem Eintritt 488 der Rechtskraft **nicht**, sondern können auch noch später wahrgenommen werden: So können die Ausgeschlossenheit eines Richters sowie der Mangel der Prozessfähigkeit bzw der gesetzlichen Vertretung und der Vertretungsmacht des Einschreiters mit Nichtigkeitsklage (§ 529 Abs 1 ZPO; Rz 1172) geltend gemacht werden, das (schuldlose) Übersehen einer bereits rechtskräftigen Entscheidung in derselben Sache mit Wiederaufnahmsklage (§ 530 Abs 1 Z 6 ZPO; Rz 1177) und der Mangel der inländischen Gerichtsbarkeit (wegen völkerrechtlicher Immunität) sowie die Unzulässigkeit des Rechtswegs (ieS) mittels eines Aufhebungsantrags der obersten Verwaltungsbehörde an den OGH (§ 42 Abs 2 JN; siehe Rz 106 und 125).

Übersicht und Einteilung der Prozess- bzw Sachentscheidungsvoraussetzungen

Ordnungsgemäße Klagserhebung (Rz 528 ff)	Prozessvoraussetzungen im engeren Sinn
Ordnungsgemäße Gerichtsbesetzung (Rz 165 ff)	
Einhaltung der Geschäftsverteilung (Rz 174 ff)	
Unparteilichkeit des Gerichts (Rz 156 ff)	
Parteifähigkeit (Rz 304 ff)	Parteibezogene Sachentscheidungsvoraussetzungen
Prozessfähigkeit bzw erforderliche gesetzliche Vertretung bzw Ermächtigung zur Prozessführung oder zu einzelnen Prozesshandlungen (Rz 307 ff)	
Vertretungsmacht des Einschreiters (Rz 356)	
Zulässigkeit des (ordentlichen) Rechtswegs (Rz 102 ff)	Gerichtsbezogene Sachentscheidungsvoraussetzungen
Inländische Gerichtsbarkeit (Rz 112 ff)	
Zulässigkeit des streitigen bzw außerstreitigen Verfahrens (Rz 131)	
(sachliche, örtliche, internationale) Zuständigkeit des Gerichts (Rz 176 ff)	
(Fehlen der) Streitanhängigkeit (Rz 712 ff)	Streitgegenstandsbezogene (negative) Sachentscheidungsvoraussetzungen (Prozesshindernisse)
(Fehlen der) Rechtskraft (Rz 916 ff)	
(Fehlen der) Klagszurücknahme unter Anspruchsverzicht (Rz 553 ff)	
Rechtsschutzbedürfnis (Rz 482, 516)	nach hM (nur) besondere Sachentscheidungsvoraussetzung

III. Die prozessuale Behandlung der Prozessvoraussetzungen

A. Ermittlung

Das Vorliegen der Prozessvoraussetzungen (bzw das Fehlen von Prozess-hindernissen) ist (grundsätzlich) **in jeder Lage des Verfahrens** (also von der Einbringung der Klage bei Gericht [*in limine litis*] bis zur Entscheidung der letzten Instanz) von Amts wegen oder aufgrund einer Einrede der beklagten Partei (insb in der Klagebeantwortung) zu prüfen. 489

Auch wenn die beklagte Partei eine Prozesseinrede erhoben hat, darf sie die Einlassung in die Verhandlung über die Hauptsache nicht verweigern (§ 260 Abs 1 und Abs 3 ZPO).

Die (amtswegige) Wahrnehmung in höherer Instanz setzt freilich voraus, dass überhaupt ein zulässiges Rechtsmittel erhoben worden ist (siehe Rz 1043).

Die Prozessvoraussetzungen müssen im **Zeitpunkt** der Entscheidung über sie bzw spätestens im Zeitpunkt des Schlusses der mündlichen Verhandlung (erster Instanz) gegeben sein (dass sie zu einem früheren Zeitpunkt ev gefehlt haben, schadet dann nicht). Bei der sachlichen, örtlichen und internationalen Zuständigkeit genügt es hingegen, wenn diese bei der Klagseinbringung (Gerichtshängigkeit) gegeben waren, danach tritt *perpetuatio fori* ein (§ 29 JN; Rz 275). 490

Für die Ermittlung der Prozessvoraussetzungen und der für ihre Feststellung erforderlichen Tatsachen gilt (ausnahmsweise) der **Untersuchungs-grundsatz** (siehe Rz 73 ff). Allerdings wird das Gericht nur dann einschlägige Erhebungen durchführen, wenn sich Anhaltspunkte dafür ergeben, dass eine Prozessvoraussetzung nicht gegeben ist (also insb wenn der Beklagte eine Einrede erhoben hat). 491

Die Prüfung der Zuständigkeit erfolgt hingegen (nur) aufgrund der Angaben des Klägers, sofern diese dem Gericht nicht bereits (aus seiner amtlichen Tätigkeit) als unrichtig bekannt sind (§ 41 Abs 2 JN).

Der Mangel einer Prozessvoraussetzung (bzw das Vorliegen eines Prozesshindernisses) kann **nicht** (mehr) wahrgenommen werden, wenn bereits eine bindende (rechtskräftige) Entscheidung über die Prozessvoraussetzung ergangen ist, wenn (bei einer relativen Prozessvoraussetzung) eine Heilung des Mangels oder (bei der Zuständigkeit) *perpetuatio fori* eingetreten ist oder schließlich wenn die Entscheidung rechtskräftig geworden ist. Nach Rechtskraft können Prozessvoraussetzungsmängel nur noch in den oben (Rz 488) angeführten Fällen aufgegriffen werden. 492

B. Entscheidung

493 Der Entscheidung über die Frage des Vorliegens einer Prozessvoraussetzung muss nach Streitanhängigkeit stets eine **mündliche Verhandlung** vorausgehen, und zwar unabhängig davon, ob sie von Amts wegen aufgegriffen oder aufgrund einer Prozesseinrede des Beklagten geprüft wird. Ob diese Verhandlung in der vorbereitenden Tagsatzung, abgesondert vor der mündlichen Streitverhandlung (§ 260 Abs 1 ZPO), abgesondert während der mündlichen Streitverhandlung (§ 189 Abs 2 ZPO) oder gemeinsam mit der Hauptsache (§ 261 Abs 1 ZPO) erfolgt, entscheidet das Gericht nach Zweckmäßigkeits-

494 kriterien.

Die Entscheidung über das Vorliegen von Prozessvoraussetzungen selbst ergeht immer in **Beschlussform**. Das Fehlen einer Prozessvoraussetzung (bzw das Vorliegen eines Prozesshindernisses) hat (idR) die **Aufhebung** einer allenfalls bereits ergangenen Entscheidung, die **Nichtigerklärung** des Verfahrens und – sofern die Nichtigkeit auch die Verfahrenseinleitung betrifft – die **Zurückweisung der Klage** mittels Beschluss zur Folge. Bei mangelnder Partei- bzw Prozessfähigkeit, gesetzlicher Vertretung, Ermächtigung zur Prozessführung oder Vertretungsmacht des Einschreiters muss vorerst ein **Heilungsversuch** unternommen werden (§§ 6, 37, 477 ZPO; siehe Rz 678). Ist sonst der Prozessvoraussetzungsmangel einer Verbesserung zugänglich, muss vor der Zurückweisung der Klage ein **Verbesserungsversuch** unternommen werden (§§ 84 f, 230 Abs 2 ZPO).

495 Wird hingegen ein Prozessvoraussetzungsmangel verneint (also eine diesbezügliche Prozesseinrede „verworfen"), so ergeht darüber entweder – wenn abgesondert verhandelt wurde – ein gesondert ausgefertigter und selbständig anfechtbarer Beschluss, oder die Entscheidung wird in das Urteil (Hauptsacheentscheidung) aufgenommen (wenn zusammen mit der Hauptsache verhandelt wurde). Letztere Entscheidung kann dann gem § 261 Abs 3 ZPO nur mittels einer Berufung gegen das Urteil angefochten werden (*Kodek* in *Fasching/ Konecny* III § 261 ZPO Rz 80 f).

Beispiele: Stellt das angerufene Gericht schon aufgrund der Klagsangaben fest, dass es (sachlich, örtlich oder [nach österreichischem Recht] international) unzuständig ist, weist es die Klage sofort (*a limine litis*) zurück.

Hat das angerufene Gericht (von sich aus oder aufgrund einer Einrede der gegnerischen Partei) Zweifel über die anzuwendende Verfahrensart (Streit- oder Außerstreitverfahren), so hat es einen Beschluss nach § 40a JN zu fällen und nach Rechtskraft dieses Beschlusses das Verfahren nach den Bestimmungen der festgestellten richtigen Verfahrensart fortzuführen bzw von neuem durchzuführen (siehe Rz 134 f).

Erhebt der Beklagte die Einrede der fehlenden inländischen Gerichtsbarkeit, weil er völkerrechtliche Immunität genießt, so ist – sofern sich die Einrede als berechtigt herausstellt – das durchgeführte Verfahren mit Beschluss für nichtig zu erklären und die Klage zurückzuweisen (bzw das Verfahren zu unterbrechen – siehe Rz 124 ff).

Wendet der Beklagte das Vorliegen von Streitanhängigkeit ein und stellt sich heraus, dass diese Einrede nicht berechtigt ist, so wird sie vom Gericht abgewiesen. Ein selbständig anfechtbarer Beschluss ergeht nur dann, wenn abgesondert verhandelt und die Verhandlung zur Hauptsache nicht sogleich aufgenommen wurde (§ 261 Abs 2 ZPO).

C. Rangordnung

In der Literatur unterschiedlich beantwortet wird die Frage, ob es zwischen den Prozessvoraussetzungen eine Rangordnung gibt.   496

Diese Frage hat dann Bedeutung, wenn das Fehlen einer Prozessvoraussetzung bereits feststeht und das Vorliegen einer anderen noch zweifelhaft ist. Darf also etwa das Gericht die Klage wegen Unzuständigkeit zurückweisen, obwohl unklar ist, ob der Beklagte überhaupt prozessfähig ist?

Teile der Lehre (und die Praxis) halten die Prozessvoraussetzungen für gleichrangig (etwa *Rechberger/Simotta* Rz 519). Es soll daher aus prozessökonomischen Gründen zuerst jene Prozessvoraussetzung geprüft werden, deren Mangel sich am leichtesten feststellen lässt. Überwiegend wird jedoch nach dem Schutzzweck und dem Gewicht der Prozessvoraussetzungen **folgende Rangordnung** (und Prüfungsreihenfolge) vertreten (*Fasching* in *Fasching/Konecny* I Einleitung Rz 166 ff; *Mayr* in *Fasching/Konecny* III § 230 ZPO Rz 38 f):

- Prüfung der Ordnungsmäßigkeit der Klagserhebung (da diese die Basis für jeden Prozess darstellt);
- Prüfung der persönlichen (parteibezogenen) Prozessvoraussetzungen;
- Prüfung der das Gericht betreffenden Prozessvoraussetzungen;
- Prüfung der den Streitgegenstand betreffenden Prozessvoraussetzungen;
- allfällige besondere Prozessvoraussetzungen.

Neunter Teil:
Die Klage

Literatur: *Ballon,* Klagbarkeit von Ansprüchen, JBl 1978, 10; *Böhm,* Die Rechtsschutzformen im Spannungsfeld von lex fori und lex causae, in FS Fasching (1988) 107; *Dolinar,* Die bedingte Parteihandlung, ÖJZ 1970, 85, 118; *Graff,* Klagebegehren und Rechtsschutzinteresse im Wettbewerbsprozeß, ecolex 1990, 293; *Hörmann,* Brutto- oder Nettotitel? NZ 1991, 60; *Jud/Kogler,* Verjährungsunterbrechung durch Klage vor einem unzuständigen Gericht im Ausland, IPRax 2009, 439; *Klicka,* Bestimmtheit des Begehrens bei Leistungsklagen (1989); *Kodek,* Überweisung der Klage im europäischen Justizraum, RZ 2005, 217; *Konecny,* Zur Erweiterung der Verbesserungsvorschriften durch die Zivilverfahrens-Novelle 1983, JBl 1984, 13, 61; *Nunner-Krautgasser,* Die Haftungsklagen – Reine Vermögenshaftung und „Duldung" der Exekution, ÖJZ 2007, 713; *Rechberger,* Das Unschlüssigkeitsurteil im Versäumnisfall, JBl 1974, 562; *Taupitz,* Die Unterbrechung der Verjährung gem § 1497 ABGB durch Auslandsklage, JBl 1996, 2.

I. Allgemeines

497   Die Klage ist der den Zivilprozess einleitende Antrag auf Gewährung von Rechtsschutz in der Hauptsache. Mit der Klage wird der Zivilprozess eingeleitet; durch sie bestimmt der Kläger auch die Parteien des Zivilprozesses und den Streitgegenstand.

498   Soweit **Anwaltspflicht** besteht, muss die Klage in Form eines durch einen Rechtsanwalt unterfertigten **Schriftsatzes** eingebracht werden.

Heute steht in der Praxis die **elektronische Klagseinbringung** im Vordergrund (§ 89a Abs 1 GOG). Hier ist keine Unterschrift erforderlich; auch sind keine Gleichschriften und Halbschriften anzuschließen (§ 69c GOG). Rechtsanwälte und Notare müssen sich – nach Maßgabe der technischen Möglichkeiten – bei der Klagseinbringung des elektronischen Rechtsverkehrs bedienen (§ 89c Abs 5 GOG).

Soweit keine Anwaltspflicht besteht, kann die Klage im bezirksgerichtlichen Verfahren und im Arbeits- und Sozialgerichtsverfahren auch zu gerichtlichem **Protokoll** erklärt werden.

499   Für **Mahnklagen** ist die Verwendung eines **Formblattes** vorgeschrieben (Anlagen A und B der ADV-FormVO 2002; Formblatt A gem Anh I der EU-MahnVO). Stattdessen kann auch ein sogenannter **formatierter Schriftsatz**, also ein Schriftsatz, der den im Formblatt gedruckten Text mit denselben Überschriften, Schreibfeldern etc aufweist, verwendet werden.

II. Klagsarten

A. Einführung

Nach der Art des begehrten Rechtsschutzes unterscheidet man heute drei   500
Klagsarten:
- Leistungsklagen (iwS);
- Feststellungsklagen;
- Rechtsgestaltungsklagen.

B. Leistungsklagen

Literatur: *Burgstaller,* Die Klage auf künftige Leistung, JBl 1989, 545; *Danzl/Fucik,* Das Klagebegehren im Verkehrsunfallprozess, ÖJZ 2013/13, 101; *Ertl,* Noch immer nicht Veraltetes zur Teileinklagung von Schmerzengeldansprüchen, RZ 1997, 146; *Klicka,* Klage auf künftige Leistungen, JAP 1990/91, 104; *derselbe,* Keine Teilklage bei Schmerzengeld? ÖJZ 1991, 435; *Reischauer,* Unterhalt für die Vergangenheit und die materielle Rechtskraft, JBl 2000, 421; *Wit,* Probleme der Teileinklagung und Rechtskraft unter besonderer Berücksichtigung der Unterhaltsansprüche, JBl 1981, 406.

Die Leistungsklagen (iwS) sind auf die Verurteilung des Beklagten zu einem   501
positiven Tun (Leistung im engeren Sinn, zB Zahlung einer Geldsumme), zur
Duldung bestimmter Handlungen des Klägers oder auf **Unterlassung** eines
bestimmten Verhaltens gerichtet. In der Praxis stehen Zahlungsklagen im
Vordergrund.

Jede Leistungsklage iwS enthält zwei Elemente: 502
- implizit das Begehren auf **Feststellung** des dem Kläger gegen den Beklagten
  zustehenden Leistungsanspruches und
- das eigentliche **Leistungsbegehren**, also das Begehren, dem Beklagten
  aufzutragen, eine bestimmte Leistung zu erbringen.

Im Klagebegehren wird nur der Leistungsbefehl zum Ausdruck gebracht;   503
in Rechtskraft erwächst aber auch die implizite Feststellung, dass dem Kläger
gegenüber dem Beklagten der betreffende Leistungsanspruch zusteht (sog
Feststellungswirkung des Leistungsurteils). Der im Leistungsurteil enthaltene
Leistungsbefehl kann vollstreckt werden.

Daraus ergibt sich, dass die Leistungsklage iwS gegenüber der Feststellungsklage
ein Plus ist, weil sie nicht nur auf die Feststellung des Leistungsanspruches, sondern
darüber hinaus auf die Schaffung eines Exekutionstitels abzielt.

Beispiele für Leistungsklagen im engeren Sinn sind etwa Klagen auf Zahlung einer
Geldsumme, auf Übergabe oder Herausgabe beweglicher Sachen, auf Räumung einer
Wohnung, auf Vornahme vertretbarer oder unvertretbarer Handlungen oder auf Abgabe

einer Willenserklärung. Im letzteren Fall gilt die Willenserklärung nach § 367 EO mit Rechtskraft des Urteils als abgegeben; das Urteil vollstreckt sich also gewissermaßen „von selbst".

Der Kläger muss nicht seine gesamte Forderung einklagen, sondern kann sich auf eine **Teileinklagung** beschränken (vgl § 55 Abs 3 JN). Diesfalls beschränkt sich die Rechtskraft des Urteils jedenfalls bei Klagsstattgebung auf den eingeklagten Teil; der Kläger kann später weitere Beträge gesondert einklagen. Bei der sog „verdeckten Teileinklagung" ist der Rechtskraftumfang bei abweisenden Urteilen strittig. In einigen Fällen ist eine Teileinklagung nach der Rsp aus Gründen des materiellen Rechts unzulässig. Wichtigster Fall ist das **Schmerzengeld**.

504 Die begehrte Leistung muss grundsätzlich zum Schluss der mündlichen Verhandlung erster Instanz **fällig** sein (§ 406 Satz 1 ZPO). Eine Verurteilung zu **künftigen Leistungen** ist jedoch bei **Unterhaltsansprüchen** möglich (§ 406 Satz 2 ZPO). Dies wird von der Rsp weit ausgelegt und auch auf andere wiederkehrende Geld- oder Sachleistungen ausgedehnt. Voraussetzung ist aber, dass der Schuldner seine Verpflichtung bereits einmal verletzt hat oder mit der Vernachlässigung derselben gedroht hat.

Änderungen in der Unterhaltsverpflichtung können vom verurteilten Unterhaltspflichtigen mit negativer **Feststellungsklage** oder – wenn bereits Exekution geführt wird – mit **Oppositionsklage**, vom Unterhaltsberechtigten mittels Leistungsklage geltend gemacht werden. Dieser kann daher später zusätzlichen Unterhalt begehren, wenn sich etwa das Einkommen des Unterhaltspflichtigen erhöht hat.

Auch in **Sozialrechtssachen** können Leistungen auferlegt werden, die erst nach Erlassung des Urteils fällig werden (zB Pensionsleistungen; vgl § 89 Abs 1 ASGG).

C. Duldungsklagen

505 Duldungsklagen sind darauf gerichtet, dem Beklagten die Duldung bestimmter Handlungen aufzutragen. Dabei handelt es sich um einen Unterfall der Leistungsklagen iwS.

Beispiele: Der Beklagte lässt den Kläger nicht mehr über sein Grundstück gehen, obwohl dieser (zB aufgrund einer Servitut) dazu berechtigt ist. Der Kläger kann begehren, den Beklagten zu verpflichten, die Benützung des über sein Grundstück EZ .... KG … führenden Weges durch den Kläger zu dulden.

Hat ein Schuldner ein Vermögensobjekt an jemand anderen übertragen oder jemand anderem Rechte an seinem Vermögen eingeräumt, so kann der Gläubiger in bestimmten Fällen diesen Vorgang anfechten (§§ 1 ff AnfO). Das Begehren kann diesfalls auf Duldung der Exekutionsführung lauten. Wenn daher zB der Schuldner zur Verhinderung des Zugriffs auf seine Liegenschaft jemandem daran ein Belastungs- und Veräußerungsverbot eingeräumt hat, kann der Kläger verlangen, dass der Verbotsberechtigte verpflichtet wird, die Exekution zu dulden. (zB: „Der Beklagte ist schuldig, die Exekution des Klägers auf die Liegenschaft EZ … GB … zur Hereinbringung der vollstreckbaren Forderung von € 10.000 samt 4 % Zinsen seit 1. 1. 2010 sowie der Kosten von € 2.321,50 ungeachtet des zu seinen Gunsten einverleibten Belastungs- und Veräußerungsverbotes zu dulden.") Hingegen sind Insolvenzanfechtungsklagen nach §§ 27 ff IO nach hA Gestaltungsklagen. Dazu näher unten Rz 523.

214

D. Unterlassungsklagen

Literatur: *Böhm,* Unterlassungsanspruch und Unterlassungsklage (1979); *derselbe,* Der Anspruch und die Klage auf Unterlassung als funktionale Einheit, ÖBl 1981, 36; *Hirsch,* Ist der Unterlassungsanspruch tatsächlich verschuldensunabhängig? JBl 1998, 541; *Jelinek,* Das „Klagerecht" auf Unterlassung, ÖBl 1974, 125; *derselbe,* Zwangsvollstreckung zur Erwirkung von Unterlassungen (1974); *Korn,* Zur Frage des Wegfalls der Wiederholungsgefahr, MR 1991, 220; *Kucsko,* OGH zur Fassung des Unterlassungsgebotes, ecolex 1991, 474; *Schimanko,* Die Klage auf Unterlassung und § 45 ZPO, ÖJZ 2002, 127; *Schuster-Bonnott,* Wesen und Grenzen der privatrechtlichen Befugnis zur Urteilsveröffentlichung im Wettbewerbsrecht und Bemerkungen zur Wiederholungsgefahr, ÖBl 1980, 57; *derselbe,* Die Wiederholungsgefahr bei Unterlassungsverpflichtungen und der seinerzeitige Motivenbericht zum Entwurf das BGB, JBl 1986, 487; *derselbe,* Einstweilige Verfügung und vorbeugende Unterlassungsklage zur Sicherung von Unterlassungsansprüchen, GesRZ 1989, 11; *Wagner,* Muster: Klagebegehren bzw Urteilstenor bei nachbarrechtlichen Unterlassungsklagen, RdU 2005/4.

Die Unterlassungsklage ist darauf gerichtet, dass der Beklagte bestimmte Handlungen zu unterlassen hat. Dabei handelt es sich um einen Unterfall der Leistungsklagen iwS. 506

Beispiele: Der Beklagte ist schuldig, im geschäftlichen Verkehr mit Verbrauchern in allgemeinen Geschäftsbedingungen die Verwendung einer bestimmten Klausel zu unterlassen; der Beklagte ist schuldig, die Verwendung eines bestimmten (etwa irreführenden) Firmenwortlauts zu unterlassen; der Beklagte ist schuldig, zwischen 22 Uhr und 8 Uhr das Klavierspielen zu unterlassen etc.

Mitunter gibt es auch Begehren auf „Unterlassung der Unterlassung"; im Ergebnis bedeutet dies eine Verpflichtung zu positivem Tun. Wird der Beklagte daher verurteilt, die Unterlassung der nach §§ 277 ff UGB gebotenen Vorlage des Jahresabschlusses beim Firmenbuchgericht zu unterlassen, ergibt sich daraus, dass er zu deren Einreichung verpflichtet ist (4 Ob 229/08t).

Im Einzelnen unterscheidet man zwischen der „**echten**" **Unterlassungsklage**, die eine bereits erfolgte Rechtsverletzung voraussetzt, und der „**vorbeugenden**" **Unterlassungsklage** gegen einen drohenden Eingriff. Voraussetzung ist in beiden Fällen das Vorliegen von Begehungsgefahr (bei der vorbeugenden Unterlassungsklage) bzw Wiederholungsgefahr (bei der echten Unterlassungsklage). Die Wiederholungs- bzw Begehungsgefahr ist Bestandteil des materiell-rechtlichen Unterlassungsanspruches; fehlt diese, ist die Klage mit Urteil als unbegründet abzuweisen. 507

Siehe auch *Casebook* ZVerfR 77, Fall 44.

Weil bei der echten Unterlassungsklage bereits ein rechtswidriger Eingriff vorgenommen wurde, ist es Sache des Beklagten, den Wegfall der Wiederholungsgefahr zu behaupten und zu beweisen. Hingegen ist die Erstbegehungsgefahr bei der vorbeugenden Unterlassungsklage vom Kläger zu behaupten und zu beweisen. 508

Ob es sich bei der Beweislast für die fehlende Wiederholungsgefahr bei der echten Unterlassungsklage um einen *prima facie*-Beweis oder eine echte Beweislastumkehr handelt, ist allerdings umstritten.

Die Wiederholungsgefahr kann sich auch aus dem Verhalten des Beklagten im Prozess ergeben (zB Bestreiten einer Rechtsverletzung als Indiz für Wiederholungsgefahr).

509 Ein wichtiger **Anwendungsfall** der Unterlassungsklage ist das Lauterkeitsrecht. Hier können nicht nur Mitbewerber auf Unterlassung wettbewerbswidrigen Verhaltens klagen (§ 14 UWG), sondern auch Kammern und andere Verbände (sog Verbandsklagen, vgl § 14 Abs 1 UWG). Gleiches gilt für die Verwendung allgemeiner Geschäftsbedingungen (§ 29 KSchG). Ein weiterer wichtiger Anwendungsfall ist das Nachbarrecht (§§ 364 ff ABGB) und der Besitzschutz (§§ 339 ff ABGB, § 454 ZPO).

E. Feststellungsklagen

Literatur: *Aschauer,* Keine Klage auf Feststellung der Unzuständigkeit des Schiedsgerichts bei anhängigem Schiedsverfahren, wbl 2003, 413; *Böhm,* Die Lehre vom Rechtsschutzbedürfnis, JBl 1974, 1; *Brandl/Hohensinner,* Feststellungsbegehren und Mitverschuldenseinwand im Gerichtshofverfahren wegen Anlageberatungsfehlern, ÖBA 2004, 602; *M. Bydlinski,* Zum Schadenersatz bei volatilen Vermögenswerten, JBl 2011, 681; *Denzl/Fucik,* Das Klagebegehren im Verkehrsunfallprozess, ÖJZ 2013/13, 101; *Dolinar,* Feststellung des Erbrechts und Erbschaftsklage in prozessualer Sicht, in FS Kralik (1986) 125; *Doralt,* Klage auf Feststellung der Unwirksamkeit einer rechtsmißbräuchlichen Garantieinanspruchnahme oder Klage auf Unterlassung bzw Widerruf? ÖBA 1990, 182; *Ertl,* Teilschaden und Feststellungsklage, ZVR 1999, 110; *Eypeltauer,* Das besondere Feststellungsverfahren nach § 54 Abs 1 ASGG, JBl 1987, 490, 561; *Frauenberger-Pfeiler,* Zur Feststellung „des Gewährleistungsanspruchs", ecolex 2008, 500; *Gamerith,* Die besonderen Feststellungsverfahren nach § 54 ASGG, DRdA 1988, 308; *Greiter,* Sicherheit oder Risiko? Zur Absicherung zukünftiger Schadenersatzansprüche durch ein Feststellungsurteil, AnwBl 2002, 566; *derselbe,* Noch einmal: Sicherheit oder Risiko? Zur Absicherung zukünftiger Schadenersatzansprüche durch ein Feststellungsurteil (Teil II), AnwBl 2004, 610; *Klicka,* Die Klage auf Feststellung der Haftpflicht bei Anlegerschäden, ÖJZ 2012, 487; *Oberhammer,* Feststellungsklagen über die Existenz von Mitmietrechten, wbl 2003, 129; *Prückner,* Zum Feststellungsanspruch des geschädigten Anlegers: Feststellungsklage trotz möglicher Leistungsklage? Zak 2012, 327; *Ramharter,* Verjährung des Befreiungsanspruchs und Feststellungsklage des geschädigten Dritten in der Haftpflichtversicherung, wbl 2012, 541; *Riedler,* Verstärkter Senat zum Verjährungsbeginn im Schadenersatz, ecolex 1996, 87; *Schumacher,* Anerkenntnis des Versicherers: „Rechtliches Interesse" an der Haftungsfeststellung? ecolex 1998, 117; *Wilhelm,* Feststellung der Haftung für ganz und gar künftige Schäden, ecolex 2004, 57.

510 Nach § 228 ZPO kann auf die Feststellung des Bestehens oder Nichtbestehens eines **Rechtsverhältnisses** oder **Rechts** oder der Echtheit oder der Unechtheit einer Urkunde geklagt werden, wenn der Kläger ein rechtliches Interesse an der alsbaldigen Feststellung hat.

Hauptanwendungsfall ist die Feststellung der **Haftung für künftige Schäden**, etwa aus einem Verkehrsunfall. Weitere Beispiele sind etwa Beschlussanfechtungsklagen bei Personengesellschaften, Klagen auf Feststellung einer Dienstbarkeit etc.

511 Durch die Feststellungsklage können strittige Rechtsfragen zwischen den Parteien geklärt werden. Der Richter eines nachfolgenden Prozesses ist an die

216

präjudizielle Entscheidung gebunden, ohne darüber neuerlich Beweise aufnehmen zu dürfen.

Hat daher etwa der Kläger ein Feststellungsurteil erwirkt, dass ihm der Beklagte für alle weiteren Schäden aufgrund eines bestimmten Verkehrsunfalls haftet, muss, wenn er später die Kosten einer unfallbedingten Folgeoperation verlangt, zwar geklärt werden, ob es sich um eine Unfallfolge handelt und welches Schmerzengeld dafür angemessen ist; hingegen muss die Frage des Verschuldens am Verkehrsunfall nicht neuerlich aufgerollt werden.

Nicht feststellungsfähig sind **Tatsachen** (mit Ausnahme der Echtheit einer Urkunde) und **abstrakte Rechtsfragen.** Allerdings lässt die Rsp die Feststellung der rechtlichen Qualifikation eines Vertrages (zB Anwendbarkeit des MRG oder Vorliegen eines Miet- oder Pachtvertrages) zu (vgl etwa 6 Ob 74/10s JBl 2010, 805). 512

Siehe auch *Casebook* ZVerfR 80, Fall 46.

Das festzustellende Rechtsverhältnis muss grundsätzlich **zwischen den Parteien** bestehen. In mehrpersonalen Rechtsverhältnissen müssen idR alle Beteiligten auf Kläger- oder Beklagtenseite im Prozess auftreten; andernfalls fehlt das rechtliche Interesse, weil ein Urteil gerade keine umfassende Bereinigungswirkung zwischen allen Beteiligten erreichen kann. 513

Das **rechtliche Interesse** liegt vor, wenn ein aktueller Anlass zur Klärung des strittigen Rechtsverhältnisses besteht. Dies ist etwa dann der Fall, wenn der Bestand des streitigen Rechtsverhältnisses vom Beklagten bestritten wird oder – bei der negativen Feststellungsklage – der Beklagte das strittige Recht behauptet (sog „Berühmung"). Teilweise ergibt sich das rechtliche Interesse unmittelbar aus dem materiellen Recht (sog „materiell-rechtliche Feststellungsklagen", zB Servitutsklage gem § 523 ABGB). 514

Siehe auch *Casebook* ZVerfR 78, Fall 45.

Das rechtliche Interesse fehlt, wenn dem Kläger ein einfacherer Weg zur Verfügung steht, dasselbe Ziel zu erreichen, oder er die Möglichkeit hat, weitergehenden Rechtsschutz zu erhalten (sog **Subsidiarität** der Feststellungsklage). Daher ist eine Feststellungsklage nicht möglich, wenn der Kläger bereits eine Leistungsklage erheben könnte. Eine Ausnahme besteht nur in Arbeitsrechtssachen (vgl näher § 54 Abs 5 ASGG). Dazu Rz 1243 ff. 515

Das rechtliche Interesse bildet eine **Erfolgsvoraussetzung** für die Feststellungsklage; bei seinem Fehlen ist die Klage nach der Rsp mit Urteil abzuweisen. Die Lehre vertritt demgegenüber überwiegend die Zurückweisung mit Beschluss. Der Mangel des rechtlichen Interesses ist in jeder Lage des Verfahrens von Amts wegen wahrzunehmen. 516

Beachte: Außerhalb der Feststellungsklage hat der Gesetzgeber das Rechtsschutzinteresse **nicht** als **allgemeine Prozessvoraussetzung** statuiert. Hingegen ist es Voraussetzung für bestimmte Prozesshandlungen, etwa den Beitritt als Nebenintervenient (§ 17 ZPO) oder die Erhebung von Rechtsmitteln (Beschwer, vgl § 50 Abs 2 ZPO).

F. Exkurs: Zwischenantrag auf Feststellung

Literatur: *Böhm,* Die Lehre vom Rechtsschutzbedürfnis, JBl 1974, 1; *Holzhammer,* Zur Lehre vom Zwischenurteil, JBl 1962, 592.

517   Ein Zwischenantrag auf Feststellung ist ein vom Kläger (§ 236 ZPO) oder vom Beklagten (§ 259 Abs 2 ZPO) im Lauf des Verfahrens gestellter Antrag mit dem Begehren, **urteilsmäßig** über den **Bestand** oder Nichtbestand eines **präjudiziellen Rechts** oder Rechtsverhältnisses abzusprechen. Dadurch kann eine Vorfrage verselbständigt und mit bindender Wirkung im Spruch des Urteils entschieden werden.

Eine bloße Beurteilung der Vorfrage in den Entscheidungsgründen eines Urteils würde demgegenüber nicht über den Anlassfall hinauswirken.

518   Ein Zwischenfeststellungsantrag kann auch auf die **Anerkennung ausländischer Urteile** oder sonstiger Akte zielen (§ 236 Abs 3 ZPO). Wenngleich die Anerkennung in diesen Fällen an sich jedenfalls im Anwendungsbereich der EuGVVO automatisch erfolgt, kann eine Partei doch in Zweifelsfällen auf diesem Weg im Prozess eine ausdrückliche Entscheidung über die Anerkennung einer präjudiziellen Entscheidung erreichen.

519   Wird der Zwischenfeststellungsantrag vom Kläger erhoben, so liegt darin eine nachträgliche Klagserweiterung durch ein Feststellungsbegehren. Der Zwischenantrag des Beklagten ist demgegenüber ein aktives Abwehrmittel.

520   Die **Zulässigkeit** des Zwischenantrags auf Feststellung hängt von mehreren Voraussetzungen ab (§ 236 ZPO):
- Die Klage muss bereits streitanhängig sein; die mündliche Verhandlung 1. Instanz darf noch nicht geschlossen sein;
- das festzustellende Recht bzw Rechtsverhältnis muss noch streitig sein;
- das festzustellende Recht bzw Rechtsverhältnis muss für die Entscheidung präjudiziell sein, also von seinem Bestehen oder Nichtbestehen muss die Entscheidung über das Klagebegehren ganz oder teilweise abhängen;
- die Wirkung der Feststellung muss über den konkreten Rechtsstreit hinausreichen;
- das Gericht muss für den Zwischenfeststellungsantrag sachlich zuständig sein und es darf keine besondere Verfahrensart vorgeschrieben sein.

521   Bei Fehlen einer allgemeinen Prozessvoraussetzung oder einer besonderen Zulässigkeitsvoraussetzung des § 236 ZPO ist der Zwischenfeststellungsantrag mit Beschluss zurückzuweisen. Andernfalls wird darüber mit Urteil entschieden. Ist der Zwischenfeststellungsantrag früher spruchreif als die Klage, kann das Gericht gem § 393 Abs 2 ZPO über ihn mit **Zwischenurteil** entscheiden.

218

G. Rechtsgestaltungsklagen

Literatur: *Ballon,* Klagbarkeit von Ansprüchen, JBl 1978, 10; *Fasching,* Urteilsmäßige Rechtsgestaltung im Zivilprozeß, JBl 1975, 505; *Oberhammer,* Richterliche Rechtsgestaltung und rechtliches Gehör (1994); *Schlosser,* Gestaltungsklagen und Gestaltungsurteile (1966).
Siehe auch *Casebook* ZVerfR 81, Fall 47.

Die Rechtsgestaltungsklage ist im Gegensatz zu Leistungs- und Feststellungsklagen auf die unmittelbare Begründung, Änderung oder Aufhebung eines Rechtsverhältnisses zwischen den Parteien gerichtet. Das Gestaltungsurteil wirkt **konstitutiv**, während ein Feststellungsurteil bloß deklarativ wirkt. Eine Zwangsvollstreckung ist (außer hinsichtlich der Prozesskosten) nicht erforderlich; das Rechtsgestaltungsurteil vollstreckt sich gewissermaßen von selbst.   522

Ebenso wie die Leistungsklage enthält auch die Rechtsgestaltungsklage neben dem eigentlichen Gestaltungsbegehren ein implizites Begehren auf **Feststellung** des dem Kläger gegen den Beklagten zustehenden Gestaltungsgrundes.   523

Anwendungsfälle: Zu den Gestaltungsklagen im allgemeinen Zivilrecht gehört die Anfechtung eines Rechtsgeschäfts wegen eines **Willensmangels** (§§ 870, 871 ff ABGB) oder wegen gewährleistungsrechtlicher Wandlung (§ 932 Abs 4 ABGB). Weiters gehören hiezu die **Anfechtungsklagen** nach der IO, im Familienrecht die **Ehescheidungs- und Ehenichtigkeitsklage**, im Arbeitsrecht die Kündigungsanfechtung nach § 105 ArbVG. Hingegen werden Anfechtungsklagen nach der AnfO in der Praxis idR als Duldungsklagen formuliert. Siehe dazu Rz 505.
Gesellschaftsrechtliche Gestaltungsklagen sind etwa die Klagen auf Auflösung einer OG oder KG (§ 133 UGB), auf Ausschließung eines Gesellschafters (§ 140 UGB) oder auf Nichtigerklärung von Generalversammlungsbeschlüssen (§ 41 GmbHG).
Daneben gibt es auch **verfahrensrechtliche Rechtsgestaltungsklagen**: Diese sind die Nichtigkeits- und Wiederaufnahmsklage (§§ 529 bis 531 ZPO) und die Klage auf Aufhebung eines Schiedsspruches (§ 611 ZPO).

Nach dem **Zeitpunkt** der Gestaltungswirkung kann zwischen Gestaltungsurteilen mit ex nunc-Wirkung und solchen mit ex tunc-Wirkung unterschieden werden. Bei Ersteren tritt die Rechtsgestaltung mit Eintritt der Rechtskraft ein, wirkt aber nicht zurück. Hierzu gehört zB das Scheidungsurteil. Die meisten Gestaltungsurteile haben demgegenüber **ex tunc-Wirkung**.   524

Nach dem **Umfang** der Rechtsgestaltung kann zwischen **vollkommenen** Rechtsgestaltungsklagen, bei denen das stattgebende Urteil die Rechtsgestaltung unmittelbar auslöst (zB Scheidungsurteil), und **unvollkommenen** **Rechtsgestaltungsklagen**, bei denen durch das stattgebende Urteil zwar die Rechtsänderung ausgelöst wird, aber noch ein zusätzlicher Akt erforderlich ist (zB bei der Teilungsklage nach dem klagsstattgebenden Teilungsurteil noch eine Natural- oder Zivilteilung nach §§ 351 bis 352c EO), unterschieden werden.   525

526 In einigen Fällen, in denen das öffentliche Interesse besonders berührt ist und die Rechtsgestaltung auch gegenüber Dritten evident sein soll, darf die Rechtsgestaltung ausschließlich durch den Richter erfolgen. Hierzu gehören die Scheidung, Aufhebung oder Nichtigerklärung der Ehe sowie die Nichtigerklärung von Hauptversammlungsbeschlüssen einer AG oder eines Generalversammlungsbeschlusses einer GmbH. Gleiches gilt für die Nichtigkeits- und Wiederaufnahmsklage.

H. Anordnungsklagen

527 Mitunter wird eine weitere Klagsart unterschieden. Bei den sog Anordnungsklagen strebt der Kläger die urteilsmäßige Anordnung an ein Gericht oder eine andere Stelle an. Hierzu wird mitunter die Oppositionsklage gezählt. Nach wohl überwiegender Auffassung ist die Oppositionsklage (§ 35 EO) jedoch eine negative Feststellungsklage, die auf Feststellung des Erlöschens oder der Hemmung des Anspruchs gerichtet ist; die Einstellung der Exekution wird nicht im Spruch des Urteils angeordnet, sondern ist Tatbestandsfolge des klagsstattgebenden Urteils.

III. Inhalt der Klage

A. Allgemeines

528 Die Klage muss zwingend den Form- und Inhaltserfordernissen eines **vorbereitenden Schriftsatzes** (§§ 75, 226 ZPO) entsprechen. Daraus ergibt sich das Erfordernis der Bezeichnung des angerufenen Gerichts, der Parteien, Parteienvertreter, des Streitgegenstandes und der Unterschrift der Partei bzw ihres Vertreters.

529 Außerdem muss die Klage die Klagserzählung, ein **bestimmtes Begehren** (§ 226 Abs 1 ZPO) und die Angaben enthalten, aus denen die sachliche und örtliche Zuständigkeit erschlossen werden kann (**notwendiger Klagsinhalt**). Wird die Klage beim allgemeinen Gerichtsstand des Beklagten erhoben, erübrigen sich gesonderte Ausführungen.

530 Außerdem empfiehlt es sich, schon in die Klage die Angabe der **Beweismittel** aufzunehmen, auf die sich der Kläger stützen will (**ratsamer Klagsinhalt**). Dabei gilt der Grundsatz der Beweisverbindung: Das Beweismittel ist zugleich mit der jeweiligen Tatsachenbehauptung zu nennen.

531 Darüber hinaus können in der Klage noch weitere Anträge gestellt werden (**möglicher Klagsinhalt**). Hiezu gehört etwa ein Antrag auf Bewilligung der Verfahrenshilfe (§ 65 ZPO), auf Beweissicherung (§§ 384 ff ZPO), auf

220

Streitanmerkung im Grundbuch (§§ 61 ff GBG) oder auf Erlassung einstweiliger Verfügungen (§§ 378 ff EO).

B. Klagserzählung und Schlüssigkeit

Die Klage hat nach § 226 Abs 1 ZPO kurz und vollständig jene Tatsachen zu enthalten, auf welche sich der Anspruch des Klägers in Haupt- und Nebensachen gründet (sog Substantiierungstheorie). Rechtsausführungen sind zulässig; der Rechtsgrund, auf den der Kläger seinen Anspruch stützt, braucht aber nicht angegeben zu werden. 532

Die Klagserzählung muss so gefasst sein, dass die Klage **schlüssig** ist. Dies bedeutet, dass sich der behauptete Sachverhalt unter den Tatbestand eines Rechtssatzes subsumieren lässt und die Rechtsfolge dieses Rechtssatzes dem Klagebegehren entspricht. Bei Unschlüssigkeit ist die Klage mit Urteil abzuweisen. Allerdings ist dem Kläger zuvor eine Verbesserungsmöglichkeit einzuräumen. 533

Beispiele: Eine Zahlungsklage, in der sich der Kläger auf die Behauptung beschränkt, er sei arm, der Beklagte hingegen reich, ist evident unschlüssig. Unschlüssig ist aber auch eine Klage, in der sich der Kläger bloß auf eine „Rechnung" beruft, weil diese (im Gegensatz zum zugrundeliegenden Rechtsgeschäft, zB Kaufvertrag) keinen Verpflichtungsgrund darstellt.

C. Bestimmtes Begehren

Das Klagebegehren muss den Inhalt des gewünschten Urteilsspruchs wiedergeben. Um die Vollstreckbarkeit des Leistungsbefehls und die Grenzen der materiellen Rechtskraft – bzw Gestaltungswirkung – des Urteils beurteilen zu können, muss die Klage bestimmt sein. Daraus ergibt sich bei Zahlungsklagen das Erfordernis, den geforderten Geldbetrag ziffernmäßig anzugeben. Es kann daher nicht etwa auf „angemessenes Schmerzengeld" geklagt werden. 534

Siehe auch *Casebook* ZVerfR 74, Fall 41.

Lediglich im **Sozialrecht** ist teilweise ein Begehren auf Leistungen „im gesetzlichen Ausmaß" zulässig (vgl § 82 Abs 2 ASGG).

Eine gewisse Ausnahme vom Bestimmtheitserfordernis bildet die **Stufenklage** (Art 42 EGZPO). Damit können auch Forderungen eingeklagt werden, deren genaue Höhe dem Kläger zunächst nicht bekannt ist, weil nur der Beklagte über die erforderlichen Unterlagen verfügt. Die Stufenklage enthält ein zweistufiges Klagebegehren: Zunächst begehrt der Kläger **Rechnungslegung** oder eidliche Angabe des Vermögens oder der Schulden (sog **Manifestationsklage**) und – vorerst unbestimmt – die Herausgabe des Vermögens oder Zahlung der Schulden. Dabei wird zuerst über das Manifestationsbegehren ent- 535 schieden; nach dessen Stattgebung ist das Zahlungs- bzw Herausgabebegehren zu präzisieren.

Siehe auch *Casebook* ZVerfR 75, Fall 42.

Die Klage auf Rechnungslegung setzt einen entsprechenden Anspruch auf Rechnungslegung voraus. Die Klage auf eidliche Vermögensangabe kann von jedem erhoben werden, der ein privatrechtliches Interesse an der Ermittlung des Vermögens oder der Schulden hat. Sie richtet sich gegen denjenigen, der von der Verheimlichung oder Verschweigung eines Vermögens oder von Schulden vermutlich Kenntnis hat (zB Hausgenossen des Erblassers).

IV. Klagenhäufung

Literatur: *Frauenberger-Pfeiler*, Zur Zuständigkeit für „Sammelklagen", ecolex 2009, 1041; *Heß*, Sammelklagen im Kapitalmarktrecht, AG 2003, 113; *Holzhammer,* Parteienhäufung und einheitliche Streitpartei (1966); *Hule,* Das Zwischenurteil nach § 393 Abs 1 ZPO bei Klagenhäufung, ÖJZ 1971, 253, 286; *Kalss*, Massenverfahren im Kapitalmarktrecht, ÖBA 2005, 322; *Klauser,* „Sammelklage" und Prozessfinanzierung gegen Erfolgsbeteiligung auf dem Prüfstand, ecolex 2002, 805; *derselbe*, Massenschäden erfordern Sammelklagen, in *Gabriel/Pirker-Hörmann* (Hrsg), Massenverfahren (2005) 11; *Klauser/Maderbacher,* Neues zur Sammelklage, ecolex 2004, 168; *Kodek,* Die „Sammelklage" nach österreichischem Recht – Ein neues prozeßrechtliches Institut auf dem Prüfstand, ÖBA 2004, 615; *derselbe,* Massenverfahren – Reformbedarf für die ZPO, AnwBl 2006, 65; *derselbe*, Massenverfahren und Verfahrensmassen: Einige Gedanken zur aktuellen Diskussion, Zak 2012, 66; *Kolba*, Sammelklagen: Österreich ein Vorbild? Vorbild für Österreich? VRInfo 2000 H 11, 1; *Koller*, Effektive Rechtsdurchsetzung durch Sammelklagen?! Zak 2012, 63; *Nimmerrichter*, Über die Voraussetzung der objektiven Klagenhäufung bei Einbringung einer Sammelklage am Beispiel VKI gegen AWD, Zak 2010, 188; *Oberhammer*, „Österreichische Sammelklage" und § 227 ZPO, in Jahrbuch Zivilverfahrensrecht 2010 (2010) 247; *Rechberger*, Verbandsklagen, Musterprozesse und „Sammelklagen", in FS Welser (2004) 871; *Roth,* Neuerungen der Zivilverfahrensnovelle 1983 im Bereich der Klagenhäufung, BeitrZPR II (1986) 209; *U. Schrammel*, Die Sammelklage in der Ausgestaltung des OGH, JAP 2006/2007, 50.

A. Allgemeines

536 Unter einer Klagenhäufung versteht man das Vorliegen mehrerer Klagen in einem Prozess. Dabei ist zwischen dem Auftreten mehrerer Personen als Kläger oder Beklagte (sog **subjektive Klagenhäufung**, Streitgenossenschaft) und der Geltendmachung mehrerer Ansprüche in einer Klage (**objektive Klagenhäufung**, zB Kaufpreise aus mehreren Lieferungen) zu unterscheiden.

537 Mehrere Ansprüche können in einer Klage geltend gemacht werden, wenn die einzelnen Ansprüche gem § 55 JN zusammenzurechnen sind. Dazu Rz 225.

Siehe auch *Casebook* ZVerfR 79, Fall 46.

Weiters ist eine (objektive) Klagenhäufung nach § 227 Abs 1 ZPO auch   **538** ohne Vorliegen eines Zusammenhangs iSd § 55 JN zulässig, wenn das Gericht für jeden Anspruch sowohl sachlich als auch örtlich zuständig ist und für alle Ansprüche dieselbe Verfahrensart zulässig ist. Außerdem können kraft Wertzuständigkeit vor das BG gehörige Ansprüche mit solchen, die kraft Wertzuständigkeit vor den Gerichtshof 1. Instanz gehören, verbunden und so vor den Gerichtshof 1. Instanz gebracht werden (§ 227 Abs 2 ZPO). Ein Zusammenhang zwischen den einzelnen Ansprüchen ist nach § 227 Abs 2 ZPO nicht notwendig.

Über die gemeinsam geltend gemachten Ansprüche ist zwar gemeinsam zu   **539** verhandeln und idR gemeinsam zu entscheiden. Das Gericht kann aber die Verhandlung über die einzelnen Ansprüche gem § 188 ZPO auch wieder trennen. Außerdem kann, wenn ein Anspruch früher spruchreif ist als ein anderer, mit **Teilurteil** entschieden werden.

Rechtlich handelt es sich bei den einzelnen Ansprüchen jeweils um selbständige Verfahren. Daher ist – sofern die Ansprüche nicht nach § 55 JN zusammenzurechnen sind (vgl § 55 Abs 4 JN) – auch die **Zulässigkeit eines Rechtsmittels** für jeden Anspruch gesondert zu beurteilen.

B. Die Sammelklage österreichischer Prägung

§ 227 ZPO ist die Grundlage des österreichischen Modells der Sammel-   **540** klage: Dabei **treten** die Anspruchsberechtigten ihre **Ansprüche** an einen Verband, in der Praxis vor allem den VKI oder die Arbeiterkammer, gelegentlich auch an einen Verein oder eine andere juristische Person, **ab**. Der Verband macht dann die Einzelansprüche in einer Klage geltend (objektive Klagenhäufung), wobei er sich in der Regel eines gewerblichen **Prozessfinanzierers** bedient. Dieser übernimmt gegen ein Erfolgshonorar von ca 30 % die Tragung der gesamten Prozesskosten und übernimmt im Fall des Prozessverlustes auch die Kosten der Gegenpartei. Auf diese Weise wird eine Bündelung vieler Kleinansprüche erreicht und die „kritische Masse" für die Inanspruchnahme eines Prozessfinanzierers erreicht. Dadurch können die einzelnen Geschädigten ohne eigenes Risiko ihre Ansprüche geltend machen.

Von der amerikanischen Sammelklage (*class action*) unterscheidet sich dieses Modell ua dadurch, dass die einzelnen Geschädigten selbst aktiv werden müssen, indem sie sich an einen Verband wenden. In den USA müssen demgegenüber Mitglieder einer „*class*" ausdrücklich aus dem Verfahren hinausoptieren, wenn sie von dessen Wirkungen nicht erfasst sein wollen.

Der OGH verlangt einen gewissen **Zusammenhang** zwischen den Ansprü-   **541** chen. Zwar ist keine Identität des rechtserzeugenden Sachverhalts erforderlich, aber ein im Wesentlichen gleichartiger Anspruchsgrund und im Wesentlichen gleiche Fragen rechtlicher oder tatsächlicher Natur (4 Ob 116/05w).

Beispiele sind etwa Schadenersatzansprüche aufgrund einer Durchfallepidemie in einem Ferienclub oder Ansprüche geschädigter Anleger. In Zusammenhang mit Anlegerprozessen wurden auch eigene Vereine zur Bündelung mehrerer Geschädigter gegründet (zB Anlegerschutzverein für AMV- und AMIS-Anleger).

Beachte: Die Rsp wendet die **Rechtsmittelbeschränkung** des § 45 JN auch auf die Frage an, ob mehrere Ansprüche gemeinsam in einer Klage geltend gemacht werden können oder nicht (6 Ob 248/12g). Diesbezügliche Beschlüsse sind daher nach Streitanhängigkeit nicht anfechtbar, wenn das Gericht die gemeinsame Geltendmachung zulässt; wenn es sie nicht zulässt, wäre der Beschluss anfechtbar, wenn die getrennte Geltendmachung zur Zuständigkeit eines Gerichts in einer anderen Gemeinde führen würde. Dies ist in der Praxis meist nicht der Fall; Hauptanwendungsfall ist die Geltendmachung mehrerer gebündelter Ansprüche vor dem HG Wien oder dem BGHS Wien.

542   Im Jahr 2013 hat die **Europäische Kommission** Empfehlungen an die Mitgliedstaaten zur Einführung kollektiver Rechtsschutzmaßnahmen (*„collective redress mechanisms"*) veröffentlicht, die es Privatpersonen und Organisationen ermöglichen sollen, bei einer Schädigung einer Vielzahl von Personen durch dieselbe gegen EU-Recht verstoßende Verhaltensweise in einem Kollektivprozess Unterlassung und Schadenersatz geltend zu machen (siehe http:// ec.europa.eu/justice/newsroom/civil/news/130611_en.htm).

C. Arten der objektiven Klagenhäufung

543   Bei der **kumulativen Klagenhäufung** macht der Kläger gleichrangig nebeneinander mehrere Ansprüche geltend (zB Schmerzengeld und die Feststellung der Haftung für weitere Schäden aus einem Unfall). Bei einem **Eventualbegehren** macht der Kläger einen Anspruch als Hauptanspruch geltend und erhebt nur für den Fall, dass dieses Begehren ab- oder zurückgewiesen wird, einen anderen Anspruch.

Das **Alternativbegehren** ist ein Klagebegehren auf Verurteilung des Schuldners zu einer von mehreren Leistungen (wobei dem Schuldner das Wahlrecht zusteht). Unter einer Lösungsbefugnis (*facultas alternativa*, § 56 Abs 1 JN, § 410 ZPO) versteht man die in den Urteilsantrag aufgenommene Befugnis des Beklagten, sich von einer nicht in einem Geldbetrag bestehenden Leistung durch Zahlung einer Geldsumme zu befreien. Die beiden zuletzt genannten Sonderformen sind extrem selten.

V. Klagsänderung

Literatur: *Adamovich*, Unterbrechung der Verjährung durch Klageänderung. Redaktionelle Anmerkung zu OGH 28. 11. 2007, 9 ObA 134/07g, ARD 5893/4/2008; *Böhm*, Einige Probleme der schriftlichen Klagserweiterung, RZ 1980, 46; *derselbe,*

Die Ausrichtung des Streitgegenstandes am Rechtsschutzziel, in FS Kralik (1986) 82; *Burgstaller*, Zur Klageberichtigung und Klagsänderung bei der Konkursanfechtung, RZ 1998, 30; *Burgstaller/Neumayr*, Parteiberichtigung, Parteiänderung und Verjährung, in FS Rechberger (2005) 75; *Ziehensack*, Die Berichtigung der Parteibezeichnung, ÖJZ 1996, 721.

A. Allgemeines

Eine Klagsänderung (§ 235 ZPO) ist jede Änderung des Streitgegenstandes. Ob eine Klagsänderung vorliegt, hängt daher maßgeblich vom Streitgegenstandsbegriff ab. Dazu ausführlich Rz 569 ff. | 544

In folgenden Fällen liegt eine Klagsänderung vor: | 545
- wenn das **Klagebegehren** erweitert (zB statt € 10.000 werden € 20.000 begehrt) oder geändert wird (zB von einem Feststellungsbegehren wird auf ein Rechtsgestaltungsbegehren umgestellt);
- wenn der „Klagegrund", also die **rechtserzeugenden Tatsachen**, geändert werden.

Siehe auch *Casebook* ZVerfR 88, Fall 52 und 90, Fall 54.

Keine Klagsänderungen sind ein Zwischenantrag auf Feststellung, eine Änderung der rechtlichen Qualifikation, sofern die rechtserzeugenden Tatsachen und das Klagebegehren gleich bleiben, die Parteiänderung bzw die Änderung oder Richtigstellung der Parteienbezeichnung (§ 235 Abs 5 ZPO). | 546

Uneingeschränkt zulässig ist auch die Umstellung des Begehrens von einer Sachleistung auf das **Interesse** oder der Austausch des ursprünglich geforderten Gegenstandes gegen einen gleichwertigen ohne Änderung der rechtserzeugenden Tatsachen. | 547

Beispiele: Statt Herausgabe eines iPod wird nunmehr dessen Zeitwert von € 100 verlangt (Interesse); statt $ 1.000 effektiv wird nunmehr der entsprechende Gegenwert in € verlangt.

Die Klagsänderung kann in Form eines **Schriftsatzes** oder durch mündlichen Vortrag in der **Verhandlung** erfolgen. Eine mittels Schriftsatz vorgenommene Klagsausdehnung unterbricht zwar hinsichtlich des ausgedehnten Betrages die Verjährung sofort (ab Gerichtsanhängigkeit); dies allerdings nur unter der Voraussetzung, dass die Klagsausdehnung in der Folge auch in der Verhandlung mündlich vorgetragen wird. | 548

Beispiel: Der Kläger wurde am 1.3.2011 bei einem Verkehrsunfall verletzt. Am 2.1.2014 bringt er eine Klage auf Zahlung von Schmerzengeld in Höhe von € 3.000 ein. In der Folge erscheint ihm dieser Betrag jedoch zu niedrig. Wenn er bis zum 1.3.2014 die Klage ausdehnt (Einlangen bei Gericht!), kann er damit die Verjährung wahren, auch wenn die Verhandlung erst später stattfindet und daher ein mündlicher Vortrag der Klagsausdehnung erst später möglich ist.

B. Zulässigkeit

549 Eine Klagsänderung ist bis zum Schluss der mündlichen Verhandlung 1. Instanz möglich. Bis zur Streitanhängigkeit kann der Kläger die Klage ohne weitere Voraussetzungen jederzeit ändern. **Nach Streitanhängigkeit** bedarf der Kläger hingegen hierzu grundsätzlich der (auch konkludenten) **Zustimmung des Beklagten** (§ 235 Abs 2 ZPO). Diese Einwilligung wird unwiderleglich vermutet, wenn der Beklagte über die geänderte Klage in der Sache verhandelt, ohne gegen die Änderung Einwendungen zu erheben.

550 Das **Gericht** kann jedoch eine Klagsänderung auch gegen den Willen des Beklagten zulassen, wenn durch die Änderung das Prozessgericht nicht unzuständig wird und aus der Klagsänderung eine erhebliche Erschwerung oder Verzögerung der Verhandlung nicht zu besorgen ist (§ 235 Abs 3 ZPO). Die Rsp vertritt hier einen großzügigen Standpunkt. Demnach sind Klagsänderungen tunlichst zuzulassen, insb dann, wenn dadurch ein neuer Prozess vermieden wird.

Beispiel: A begehrt von B vor dem Bezirksgericht Schmerzengeld in Höhe von € 3.000. Aufgrund eines medizinischen Gutachtens stellt sich heraus, dass seine Verletzungen doch schwerer sind als ursprünglich angenommen. Daher dehnt er sein Begehren um € 2.000 auf € 5.000 aus. Diese Klagsänderung würde vom Gericht zugelassen werden. Würde er hingegen auf mehr als € 15.000 (ab 1.1.2015: € 20.000, ab 1.1.2016: € 25.000) ausdehnen wollen, könnte das Gericht die Klagsänderung nicht gegen den Willen des Beklagten zulassen, weil damit die bezirksgerichtliche Zuständigkeitsgrenze (vgl § 49 Abs 1 JN) überschritten würde.

551 Über die Zulassung einer Klagsänderung wird in Beschlussform entschieden. Der **Beschluss** ist unabhängig vom Streitwert mit Rekurs anfechtbar.

552 Ohne Zustimmung des Beklagten oder Zulassung durch das Gericht können bis zum Schluss der mündlichen Verhandlung erster Instanz **Klageveränderungen** (zB Berichtigung von Schreib- oder Rechenfehlern, Richtigstellung des Kaufgegenstandes) und Klagseinschränkungen vorgenommen werden.

VI. Klagszurücknahme

Literatur: *Baumgärtel,* Die Klage auf Vornahme, Widerruf oder Unterlassung einer Prozeßhandlung in einem bereits anhängigen Prozeß, in FS Schima (1969) 41; *Breycha,* Replik zum Thema Klagseinschränkung auf Kosten, RZ 1996, 126; *M. Bydlinski,* Klagseinschränkung auf Kosten oder auf Feststellung? RZ 1989, 131, 157; *Dolinar,* Ruhen des Verfahrens und Rechtsschutzbedürfnis (1974); *Hule,* Die Kostenentscheidung nach der Einschränkung der Klage auf Kosten, ÖJZ 1976, 373; *Lenz,* Zur Reichweite des Prozeßhindernisses einer unter Anspruchsverzicht erfolgten Klagsrücknahme (§ 237 Abs 4 ZPO), DRdA 1981, 67; *Lorber,* Die Einschränkung des Klagebegehrens auf Kostenersatz, JBl 1971, 612; *Oberhammer,* Zur Zulässigkeit der Zurücknahme einer gerichtlichen Aufkündigung, wobl 1997, 174; *Zeder,* Die „Klagseinschränkung auf Kosten", RZ 1989, 55.

A. Allgemeines

Die Klagszurücknahme ist die im Prozess abgegebene Erklärung des Klä- 553
gers, auf die Entscheidung des in der Klage gestellten Rechtsschutzgesuchs
zu verzichten. Dabei kann zwischen Klagszurücknahme **ohne Anspruchsverzicht** (diesfalls ist also eine neuerliche Geltendmachung desselben Anspruchs
möglich) und Klagszurücknahme **unter Anspruchsverzicht** unterschieden
werden. Im letzteren Fall stünde einer neuerlichen Einklagung ein Prozesshindernis entgegen.

Die Klagszurücknahme ist eine reine Prozesshandlung. Auch wenn diese 554
wirkungslos sein sollte, kann darin jedoch ein materiell-rechtlicher Verzicht
liegen. Es handelt sich um eine **doppelfunktionelle Prozesshandlung.**

Die Klagsrücknahme führt zur Beendigung des Prozesses; Gerichts- und 555
Streitanhängigkeit entfallen. Aus Gründen der Rechtssicherheit fasst die Rsp
allerdings einen deklarativen Beschluss (üblicherweise mit der Formulierung:
„Die Klagsrücknahme dient zur Kenntnis.").

Der Kläger hat dem Beklagten grundsätzlich alle Kosten zu ersetzen, zu 556
deren Tragung der Beklagte nicht bereits rechtskräftig verurteilt wurde (§ 237
Abs 3 ZPO).

In einigen Fällen fingiert das Gesetz eine Klagszurücknahme ohne Anspruchsver-
zicht. Dies gilt bei Nichterlag der aktorischen Kaution (§ 60 Abs 3 ZPO) sowie im
Eheverfahren, wenn der Kläger zur vorbereitenden Tagsatzung nicht erscheint (§ 460
Z 5 ZPO).

B. Zulässigkeit

Die Klage kann ohne Anspruchsverzicht im Gerichtshofverfahren bis zum 557
Einlangen der **Klagebeantwortung** oder des Einspruchs gegen den Zahlungs-
befehl, im bezirksgerichtlichen Verfahren bis zum Beginn der vorbereitenden
Tagsatzung oder bis zum Einlagen des Einspruchs gegen den Zahlungsbefehl
ohne Zustimmung des Beklagten zurückgenommen werden (§ 237 Abs 1
Satz 1 ZPO).

Nach diesem Zeitpunkt ist eine Klagszurücknahme ohne Anspruchsverzicht
nur mehr mit Zustimmung des Beklagten möglich. Der Kläger soll dem Beklagten nicht ohne weiteres die Möglichkeit, eine klagsabweisende Entscheidung zu erreichen, entziehen können.

Eine Klagsrücknahme **unter Anspruchsverzicht** ist auch ohne Einwil- 558
ligung des Beklagten während des gesamten Verfahrens, also auch noch im
Rechtsmittelverfahren, möglich. Im Rechtsmittelverfahren kann die Klage aber nur so weit zurückgenommen werden, als sie noch Gegenstand des
Rechtsmittelverfahrens ist (§ 483 Abs 3 ZPO).

Siehe auch *Casebook* ZVerfR 91, Fall 55.

Diesfalls hat das Rechtsmittelgericht mit Beschluss das angefochtene Urteil – soweit dieses von der Klagsrücknahme betroffen ist – für wirkungslos zu erklären (§ 483 Abs 3 ZPO).

559 Die Rsp wendet § 237 ZPO nur auf die gänzliche Klagsrücknahme, nicht auf bloße **Klagseinschränkungen** an. Richtigerweise ist die Schutzbedürftigkeit des Beklagten jedoch bei einer Klagseinschränkung nicht anders zu beurteilen. Daher sollte die Klagseinschränkung als partielle Klagszurücknahme auch nur unter den Voraussetzungen des § 237 ZPO zugelassen werden. Zur Klagseinschränkung auf Kosten vgl Rz 463.

VII. Widerklage

Literatur: *Banniza von Bazan,* Der Gerichtsstand des Sachzusammenhangs im EuGVÜ, dem Lugano-Abkommen und im deutschen Recht (1995); *Geimer,* EuGVÜ und Aufrechnung: Keine Erweiterung der internationalen Entscheidungszuständigkeit – Aufrechnungsverbot bei Abweisung der Klage wegen internationaler Unzuständigkeit, IPRax 1986, 208; *Jelinek,* Gerichtszuständigkeit im Verbraucherprozeß (§ 14 KSchG), in *Krejci* (Hrsg), Handbuch zum Konsumentenschutzgesetz (1981) 859; *Oberhammer,* Internationale Rechtshängigkeit, Aufrechnung und objektive Rechtskraftgrenzen in Europa, IPRax 2002, 424; *Simotta,* Kann eine Scheidungswiderklage trotz Inkrafttretens des FamGG noch beim GH 1. Instanz erhoben werden? ÖJZ 1987, 546; *Stürner,* Zur Reichweite des Gerichtsstandes der Widerklage nach Art 6 Nr 3 EuGVVO, IPRax 2007, 21; *Werner,* Widerklage auf nationaler und internationaler Ebene (2002).

A. Allgemeines

560 Die Widerklage (§ 96 JN, § 233 Abs 2 ZPO) ist die **selbständige Klage des Beklagten gegen den Kläger** eines bereits anhängigen Rechtsstreits zur Durchsetzung eines mit der Hauptsache eng zusammenhängenden Anspruchs.

561 Die Widerklage ist ein **selbständiges Angriffsmittel** des Beklagten; sie ist auf Verurteilung des Widerbeklagten (also des Klägers) und nicht nur auf Abweisung der ursprünglichen Klage gerichtet. Im Gegensatz zum Zwischenfeststellungsantrag und zur Aufrechnungseinrede ist die Widerklage unabhängig vom Schicksal der Vorklage. Auf diese Weise kann der Beklagte mit der Widerklage jedenfalls eine urteilsmäßige Entscheidung über seinen Anspruch erreichen.

562 Für eine Widerklage müssen folgende **Voraussetzungen** erfüllt sein:
- Die Prozessparteien müssen – mit vertauschten Parteirollen – mit denen des Vorprozesses identisch sein;
- die Hauptklage muss bereits streitanhängig sein;

- die mündliche Verhandlung darf aber noch nicht in erster Instanz geschlossen sein;
- der mit Widerklage geltend gemachte Anspruch muss zum Klagsanspruch entweder im Verhältnis der Konnexität, Kompensabilität oder Präjudizialität stehen (§ 96 Abs 1 JN).
- Im Anwendungsbereich der **EuGVVO** muss die Widerklage auf denselben Vertrag oder Sachverhalt wie die Klage gestützt werden (Art 6 Nr 3 EuGVVO, Art 8 Nr 3 EuGVVO neu).

Konnexität bedeutet, dass der mit Widerklage geltend gemachte Anspruch zumindest teilweise aus dem gleichen Tatsachenkomplex oder aus der gleichen Rechtsnorm abgeleitet werden kann. Es genügt ein tatsächlicher Zusammenhang. **Kompensabilität** bedeutet, dass Klagsanspruch und Widerklagsanspruch zur Aufrechnung geeignet sind. **Präjudizialität** liegt vor, wenn die Widerklage auf Feststellung eines streitigen Rechts oder Rechtsverhältnisses gerichtet ist, von dem die Entscheidung über die Klage notwendig abhängt.

Die Widerklage ist nicht möglich, wenn das Gericht der Hauptklage unprorogabel sachlich oder örtlich unzuständig ist (§ 96 Abs 2 JN). Im Anwendungsbereich der EuGVVO ist die Widerklage unzulässig, wenn ein ausschließlicher Gerichtsstand nach Art 22 EuGVVO (Art 24 EuGVVO neu) vorliegt. 563

Siehe auch *Casebook* ZVerfR 93, Fall 57.

Das Verfahren über die Klage und die Widerklage kann zur gemeinsamen Verhandlung und Entscheidung verbunden werden (§ 187 ZPO). **Hauptanwendungsfall** der Widerklage ist das streitige Eheverfahren. 564

Beispiel: Die Frau begehrt die Scheidung aus dem alleinigen Verschulden des Mannes. Der Mann erhebt Widerklage und begehrt seinerseits die Scheidung wegen des alleinigen Verschuldens der Frau.

B. Abgrenzung zur Aufrechungseinrede

Zwischen der Aufrechnungseinrede (§ 391 Abs 3 ZPO, dazu Rz 626 ff) und der Widerklage bestehen wichtige Unterschiede: 565

Die Aufrechnungseinrede ist durch ihren **eventualen Charakter** gekennzeichnet. Über die Gegenforderung wird nur bis zur Höhe der Hauptforderung entschieden. Der die Hauptforderung übersteigende Teil der Gegenforderung muss jedenfalls selbständig geltend gemacht werden. Bei Klagsabweisung wird über die Gegenforderung überhaupt nicht abgesprochen. Bei der Widerklage ist demgegenüber auf jeden Fall über die Widerklage zu entscheiden, also auch dann, wenn die Hauptforderung nicht zu Recht besteht.

Beachte: Die materiellrechtliche Aufrechnungserklärung wirkt demgegenüber unbedingt.

566   Die Aufrechnungseinrede setzt nicht voraus, dass das Gericht auch zur Entscheidung über die Gegenforderung **zuständig** ist. Die Aufrechnungseinrede bewirkt auch **keine Streitanhängigkeit**; der *compensando* eingewendete Betrag kann auch gleichzeitig in einem weiteren selbständigen Verfahren geltend gemacht werden.

567   Bei der (prozessualen!) Aufrechnungseinrede kann ein **Teilurteil** über die Hauptforderung ergehen, wenn sie spruchreif ist und in keinem rechtlichen Zusammenhang mit der Gegenforderung steht (§ 391 Abs 3 ZPO). Bei der Widerklage kann demgegenüber über jede der beiden Klagen bei Spruchreife des betreffenden Anspruchs ein Teilurteil ergehen (§ 391 Abs 2 ZPO).

        Siehe auch *Casebook* ZVerfR 92, Fall 56.

568   Die Widerklage ist eine **selbständige Klage** und führt daher zu zusätzlichen Gerichts- und Anwaltskosten und damit auch zu einem **zusätzlichen Prozessrisiko**, bietet andererseits aber wegen des selbständigen Charakters dieses Instituts im Vergleich zur Aufrechnung weitergehenden Rechtsschutz.

Zehnter Teil: Der Streitgegenstand

Literatur: *Berti*, Neue Gedanken zum Streit- oder Prozessgegenstand, SZZP 2008, 193; *Böhm*, Die Ausrichtung des Streitgegenstandes am Rechtsschutzziel, in FS Kralik (1986) 83; *Deixler-Hübner*, Prozessualer Streitgegenstand und Mitverschuldenseinwand, in FS Sprung (2001) 209; *Habscheid*, Die neuere Entwicklung der Lehre vom Streitgegenstand im Zivilprozeß, in FS Schwab (1990) 181; *Klicka*, Streitgegenstand und Rechtskraft im Wechselmandatsverfahren, in FS Sprung (2001) 209; *W. Kralik*, Der Streitgegenstand im Rechtsmittelverfahren, in FS Baumgärtel (1990) 261; *Schwab*, Noch einmal: Bemerkungen zum Streitgegenstand, in FS Lüke (1997) 793.

I. Begriff und Bedeutung

Der Streitgegenstand bezeichnet den Gegenstand des Zivilprozesses, also die Frage, worum es „geht". Der Streitgegenstand ist auf mehreren Ebenen von zentraler Bedeutung: **569**

- Zunächst richtet sich die **Zulässigkeit des Rechtswegs** nach dem Streitgegenstand. Gleiches gilt für die sachliche Zuständigkeit, die sich nach dem Wert des Streitgegenstandes oder dessen Beschaffenheit richtet. Teilweise ist der Streitgegenstand auch für die örtliche Zuständigkeit maßgeblich (vgl § 81 JN).
- Die **Streitanhängigkeit** steht einer zweiten Klage nur bei Identität des Streitgegenstandes entgegen (§ 233 Abs 1 ZPO).
- Eine **Klagsänderung** iS des § 235 ZPO liegt nur dann vor, wenn der Streitgegenstand geändert wird.
- Die **materielle Rechtskraft** des Urteils bezieht sich nur auf den Streitgegenstand (§ 411 ZPO). Die richterliche Entscheidungsbefugnis ist durch den Streitgegenstand beschränkt. Der Streitgegenstand begrenzt also den sachlichen Umfang des Rechtsstreits. Gem § 405 ZPO darf der Richter nämlich nicht mehr und nichts anderes zusprechen, als begehrt wurde.
- Eine (objektive) **Klagenhäufung** nach § 227 ZPO setzt eine Mehrheit von Streitgegenständen voraus.

Vor allem **Streitanhängigkeit** und **Rechtskraft** – in geringerem Maße auch Klagenhäufung und Klagsänderung – sind gewissermaßen die Prüfsteine oder „Knackpunkte" des Streitgegenstandsbegriffs. Nach hA ist für alle diese Fragen von einem identen Streitgegenstandsbegriff auszugehen.   **570**

Siehe auch *Casebook* ZVerfR 84, Fall 49.

Dieser Zusammenhang ist jedoch keineswegs zwingend. Auf Ebene des europäischen Zivilprozessrechts bezieht sich demgegenüber der vom EuGH entwickelte Streitgegenstandsbegriff nur auf das Prozesshindernis der Streitanhängigkeit, nicht aber auf die – weiter nach nationalem Recht zu beurteilende – Rechtskraft.

571   Die früher anzutreffende Auffassung, der Streitgegenstand sei der materielle Anspruch, ist heute überholt. Die hA geht von einem rein **prozessualen Streitgegenstandsbegriff** aus.

II. Der zweigliedrige Streitgegenstandsbegriff

572   Nach hA liegt der ZPO ein zweigliedriger Streitgegenstandsbegriff zugrunde. Demnach umfasst der Streitgegenstand neben dem **Klagebegehren** auch den Klagegrund, also die **Tatsachengrundlage** des Begehrens.

Anhaltspunkte dafür ergeben sich aus § 226 ZPO und § 235 ZPO. § 226 ZPO regelt den notwendigen Inhalt der Klage. Nach dieser Bestimmung muss die Klage jedenfalls ein bestimmtes Begehren enthalten sowie die Tatsachen, auf die sich der Anspruch des Klägers gründet, kurz und vollständig angeben. Weitere Hinweise ergeben sich aus der Regelung des § 235 ZPO über die Klagsänderung. Demnach ist sowohl eine Änderung des Klagebegehrens (§ 235 Abs 1 ZPO) als auch eine Änderung der tatsächlichen Angaben der Klage, die eine Änderung des Klagegrundes ergibt (§ 235 Abs 4 ZPO), als Klagsänderung anzusehen.

573   Wann ein anderer Sachverhalt vorliegt, ist allerdings strittig. Vielfach wird auf den „**rechtserzeugenden**" Sachverhalt abgestellt. Dies sind jene Tatsachen, die zur Erfüllung des in Anspruch genommenen gesetzlichen Tatbestands erforderlich sind.

Diese Abgrenzungsmethode führt zu einem sehr engen Streitgegenstandsbegriff, hat dafür aber den Vorteil, eine eindeutige Abgrenzung zu bieten. Die Nachteile dieser Auffassung vermeidet die Theorie vom „**Lebenssachverhalt**". Dabei werden auch Tatsachen als identischer Sachverhalt gewertet, wenn sie nach der Verkehrsauffassung bzw bei „natürlicher Betrachtung" eine Einheit bilden. Diese Auffassung ist vor allem in Deutschland verbreitet; der OGH hat jüngst allerdings eine gewisse Sympathie für diese Theorie erkennen lassen (6 Ob 18/06z Zak 2006/435, 255; 4 Ob 80/08f EvBl 2009/12, 83).

Beispiele: Der Kläger begehrt die Scheidung aus dem Verschulden seiner Frau. Die Scheidungsklage wird rechtskräftig abgewiesen. In der Folge stützt der Kläger eine neuerliche Scheidungsklage auf Zerrüttung (§ 55 EheG). Nach der zweigliedrigen Streitgegenstandstheorie liegen hier zwei Streitgegenstände vor, weil durch die Zerrüttung ein zusätzliches Sachverhaltselement ins Spiel kommt.

Stützt sich hingegen ein Kläger bei einer Schadenersatzklage aus einem Verkehrsunfall nur auf Verschuldenshaftung nach dem ABGB, so kann er nicht später in einem zweiten Verfahren seine Ansprüche auf Gefährdungshaftung nach dem EKHG stützen. Diesfalls sind Begehren und Sachverhalt in beiden Fällen ident.

III. Der Streitgegenstandsbegriff des EuGH

Literatur: *Böhm,* Der Streitgegenstandsbegriff des EuGH und seine Auswirkungen auf das österreichische Recht, in *Bajons/Mayr/Zeiler* (Hrsg), Die Übereinkommen von Brüssel und Lugano (1997) 141; *Gaedke,* Konkurrenz inländischer und ausländischer Verfahren – Tatbestand und Rechtsfolgen der internationalen Streitanhängigkeit nach dem LGVÜ, ÖJZ 1997, 286; *Leipold,* Vom nationalen zum europäischen Zivilprozeßrecht. Rechtshängigkeit, Rechtskraft und Urteilskollision, in *Kroeschell/Cordes* (Hrsg), Vom nationalen zum transnationalen Recht (1995) 68; *Rüßmann,* Negative Feststellungsklage und Leistungsklage sowie der Zeitpunkt der endgültigen Rechtsanhängigkeit im Rahmen des EuGVÜ, IPRax 1995, 76; *derselbe,* Die Streitgegenstandslehre und die Rechtsprechung des EuGH, ZZP 111 (1998) 399; *Sepperer,* Der Rechtskrafteinwand in den Mitgliedstaaten der EuGVO (2010); *Tiefenthaler,* Die Streitanhängigkeit nach Art 21 Lugano-Übereinkommen, ZfRV 1997, 67; *Tsikrikas,* Einige Gedanken über die „autonome" Bestimmung des Streit- und Urteilsgegenstandes im europäischen Zivilprozessrecht, in FS Leipold (2009) 351; *Walker,* Die Streitgegenstandslehre und die Rechtsprechung des EuGH – nationales Recht unter gemeineuropäischem Einfluß? ZZP 111 (1998) 429; *Wernecke,* Die Einheitlichkeit des europäischen und des nationalen Begriffs vom Streitgegenstand (2003).

Auch im Europäischen Zivilprozessrecht richtet sich der Streitgegenstandsbegriff – wie der Großteil des Prozessrechtes überhaupt – grundsätzlich weiter nach nationalem Recht. Dies gilt insb für den **Rechtskraftumfang**. Hier ist der einem Urteil im Ursprungsstaat zukommende Rechtskraftumfang von allen anderen Mitgliedstaaten anzuerkennen. Lediglich in einem Teilbereich richtet sich der Streitgegenstand unmittelbar nach der EuGVVO: **574**

Nach Art 27 EuGVVO (Art 29 EuGVVO neu) muss, wenn bei Gerichten verschiedener Mitgliedstaaten Klagen wegen desselben Anspruchs zwischen denselben Parteien anhängig gemacht werden, das später angerufene Gericht das Verfahren von Amts wegen aussetzen, bis die Zuständigkeit bzw Unzuständigkeit des zuerst angerufenen Gerichts feststeht. Sobald die Zuständigkeit des zuerst angerufenen Gerichts feststeht, erklärt sich das später angerufene Gericht für unzuständig. Damit sieht die EuGVVO auch auf internationaler Ebene das Prozesshindernis der **Streitanhängigkeit** (**„Rechtshängigkeit"**) vor. Dazu auch Rz 721 ff.   **575**

Der EuGH hat dazu einen **autonomen Streitgegenstandsbegriff** entwickelt: Demnach liegt „Rechtshängigkeit" (Streitanhängigkeit) vor, wenn der **Kernpunkt** beider Rechtsstreitigkeiten die Wirksamkeit eines Vertrages ist oder die Frage des Bestehens oder Nichtbestehens einer Haftung im Mittelpunkt beider Verfahren steht („Kernpunkttheorie"). Entscheidend ist demnach, ob die beiden Klagen denselben **Lebenssachverhalt** betreffen und dieselbe **materiell-rechtliche Fragestellung** ihren Kernpunkt bildet.   **576**

Nach Ansicht des EuGH besteht etwa zwischen einer Klage auf Zahlung des Kaufpreises und einer Klage auf Feststellung der Unwirksamkeit des Kaufvertrags Identität. Auch zwischen einer negativen Feststellungsklage des Schuldners, wonach dieser dem

Gläubiger nichts schulde, und einer Leistungsklage des Gläubigers geht der EuGH von Identität aus (Rs C-144/86; Rs C-111/01).

577 Diese Rsp machen sich manche Schuldner durch Erhebung sogenannter „**Torpedoklagen**" zunutze. Dazu näher unten Rz 722.

IV. Weitere Streitgegenstandstheorien

578 Nur mehr vereinzelt wird heute die eingliedrige Streitgegenstandstheorie vertreten. Demnach kommt es für den Streitgegenstand allein auf das Klagebegehren an. Die zur Begründung des Begehrens vorgebrachten Tatsachen können nur zur Auslegung herangezogen werden.

Dieser Streitgegenstandsbegriff ist sehr weit und erleichtert Klagsänderungen, erschwert aber die neuerliche Geltendmachung von Ansprüchen nach Abweisung der ersten Klage.

579 Beim **dreigliedrigen Streitgegenstandsbegriff** wird neben dem Begehren und den zugrunde liegenden Tatsachen auch auf die **rechtliche Qualifikation** abgestellt. Eine rechtliche Qualifikation muss der Kläger jedoch nicht vornehmen. In mehreren Entscheidungen hat der OGH jedoch angenommen, dass dann, wenn der Kläger sein Klagebegehren ausdrücklich auf bestimmte Klagegründe beschränkt, es dem Gericht verwehrt ist, dem Begehren aus anderen Gründen stattzugeben.

580 Während die bisher erörterten Streitgegenstandstheorien weitgehend auf formale Kriterien abstellen, hat *Böhm* einen stärker wertenden Ansatz entwickelt: Nach dem von ihm vertretenen **wirkungsbezogenen Streitgegenstandsbegriff** ist das wesentliche Kriterium bei der Identitätsprüfung, ob die Rechtsfolge in beiden Prozessen auch denselben materiellen Ordnungswert verfolgt. Daher ist neben Begehren und Sachverhalt auch das meritorische Rechtsschutzziel in die Betrachtung einzubeziehen. Diese Auffassung ist enger als der eingliedrige, aber weiter als der zweigliedrige Streitgegenstandsbegriff.

Siehe zu den verschiedenen Streitgegenstandstheorien *Casebook* ZVerfR 83, Fall 48.

V. Anspruchskonkurrenz

581 Schwierigkeiten bereitet der Fall, dass der Kläger mehrere Ansprüche geltend macht, die alle auf ein und dasselbe Ziel gerichtet sind. Hier lassen sich drei Fälle unterscheiden:

234

A. Anspruchsgrundlagenkonkurrenz

Bei der Anspruchsgrundlagenkonkurrenz (auch bezeichnet als „Gesetzes-konkurrenz") lässt sich aus **einem Sachverhalt** aufgrund **mehrerer** gesetzlicher **Tatbestände dieselbe Rechtsfolge** ableiten. 582

Beispiel: Jemand wird bei einem Verkehrsunfall mit einem Kfz, dessen Lenker auch Halter des Fahrzeuges ist, verletzt. Der Kläger kann seinen Schadenersatzanspruch auf die Verschuldenshaftung des ABGB oder auf die Gefährdungshaftung nach dem EKHG stützen. Handelte es sich bei dem Fahrzeug etwa um ein Taxi, kämen zusätzlich noch vertragliche Schadenersatzansprüche (Verletzung des Beförderungsvertrages) in Betracht. Trotzdem liegt in all diesen Fällen nur ein prozessualer Anspruch vor.
Hier führen fast alle Streitgegenstandstheorien zum selben Ergebnis: Der Kläger erhebt nur ein Begehren und stützt dieses auf einen Lebenssachverhalt, nämlich den Verkehrsunfall. Lediglich die dreigliedrige Streitgegenstandstheorie müsste hier verschiedene Streitgegenstände annehmen, weil hier auch die rechtliche Beurteilung in die Betrachtung einzubeziehen ist. Nur nach der dreigliedrigen Streitgegenstandstheorie könnte der Kläger die Ansprüche aus dem Verkehrsunfall jeweils gestützt auf Vertrag, Delikt und Gefährdungshaftung in getrennten Verfahren geltend machen.

Werden für ein identisches Begehren mehrere Klagsgründe angeführt, ist das Gericht zur Entscheidung über alle Klagsgründe zuständig, wenn es zur Erledigung auch nur eines Klagsgrundes zuständig ist (**„Zuständigkeit kraft Sachzusammenhangs"**). Für die internationale Zuständigkeit nach der EuG-VVO gilt dies jedoch nicht. Hier muss die Zuständigkeit für jeden Klagegrund gesondert beurteilt werden.

B. Anspruchskonkurrenz

Bei der Anspruchskonkurrenz lassen sich aus **mehreren Sachverhalten** (darin liegt der Unterschied zur Anspruchsgrundlagenkonkurrenz) **mehrere Rechtsfolgen** ableiten, die aber alle auf dasselbe wirtschaftliche Ziel gerichtet sind. Die jeweiligen Ansprüche stehen zueinander im Verhältnis der Erfüllungskonkurrenz. Dies bedeutet, dass die Erfüllung des einen Anspruchs auch den anderen zum Erlöschen bringt. 583

Beispiel: Der Darlehensnehmer vermacht den geborgten Betrag dem Gläubiger *(legatum debiti)*. Der Legatar kann seinen Anspruch sowohl auf das Legat als auch auf den Darlehensvertrag stützen.
Nach der eingliedrigen Streitgegenstandstheorie liegt hier nur ein Streitgegenstand vor. Gleiches gilt für den wirkungsbezogenen Streitgegenstandsbegriff. Nach der zweigliedrigen Streitgegenstandstheorie handelt es sich jedoch wegen der verschiedenen Sachverhalte um zwei verschiedene Streitgegenstände. Nach Abweisung der auf das Darlehen gestützten Klage könnte der Legatar daher seinen Anspruch neuerlich einklagen und sich auf das Vermächtnis stützen.
Zur Anspruchskonkurrenz gehört auch der sog „**Kauf-Wechselfall**": Hat der Verkäufer vom Käufer zunächst einen Wechsel erhalten, der nicht eingelöst wird, kann sich der Verkäufer jedenfalls auf das Grundgeschäft stützen und den Kaufpreisanspruch

(§ 1062 ABGB) einklagen. Würde diese Klage abgewiesen, stünde ihm allenfalls noch die Möglichkeit offen, denselben Betrag neuerlich einzuklagen, wenn er sich diesmal auf den Wechsel beruft. Nach der eingliedrigen Streitgegenstandstheorie handelt es sich hier um denselben Streitgegenstand; nach der zweigliedrigen Streitgegenstandstheorie handelt es sich hingegen um verschiedene Sachverhalte und damit auch verschiedene Streitgegenstände. Auch nach dem wirkungsbezogenen Streitgegenstandsbegriff haben die beiden Klagen nicht dasselbe Rechtsschutzziel.

C. Idealkonkurrenz

584   Bei der Idealkonkurrenz lassen sich schließlich aus **einem Sachverhalt mehrere Rechtsfolgen** des gleichen Inhalts aufgrund einander ausschließender Anspruchsnormen ableiten. Idealkonkurrenz liegt etwa zwischen vertraglichen und bereicherungsrechtlichen Ansprüchen vor.

Beispiel: A trinkt den Wein des B. Hat A den Wein von B gekauft und lag ein wirksamer Kaufvertrag vor, hat B einen Anspruch auf Zahlung des Kaufpreises (§ 1062 ABGB). Ist dies nicht der Fall, hat B einen Bereicherungsanspruch. Nach hA liegt hier nur ein Streitgegenstand vor.

Diese Konsequenz ist für die eingliedrige Streitgegenstandstheorie zwingend. Bei der zweigliedrigen Streitgegenstandstheorie ergibt sich die Identität des Streitgegenstands dann, wenn man auf den einheitlichen Lebenssachverhalt abstellt. Die dreigliedrige Streitgegenstandstheorie und jene Spielart der zweigliedrigen Streitgegenstandstheorie, die auf den „rechtserzeugenden" Sachverhalt abstellt, gelangen hier aber zur Annahme zweier unterschiedlicher Streitgegenstände.

Elfter Teil:
Die Prozesshandlungen

Literatur: *Baur,* Parteirechte und Richterpflichten im modernen Zivilprozeß – Wandlungen und Erfahrungen, in FS Kralik (1986) 75; *Fasching,* Die Umdeutung von Parteiprozeßhandlungen im österreichischen Zivilprozeßrecht, in FS Baumgärtel (1990) 65; *derselbe,* Die Bedachtnahme auf Treu und Glauben im österreichischen Zivilprozeß, in FS Schwab (1990) 101 = ÖJZ 1992, 366; *Schneider,* Die Auslegung von Parteiprozesshandlungen (2004).

I. Allgemeines

Unter Prozesshandlungen im engeren Sinn versteht man Handlungen einer Partei, eines Nebenintervenienten oder deren Vertreter, mit denen gestaltend in den Verfahrensablauf eingegriffen wird.   585

In einem weiteren Sinn setzt auch das Gericht Prozesshandlungen. Dazu gehören die Entscheidungen, und zwar Sachentscheidungen, die über den Klagsanspruch selbst ergehen, und Prozessentscheidungen, also Entscheidungen über prozessuale Fragen. Letztere ergehen immer in Form von Beschlüssen, die Sachentscheidung idR (aber nicht immer, vgl Rz 864, 953) in Form eines Urteils.   586

Gerichtliche Prozesshandlungen sind aber auch die Prozessleitung, die Protokollierung und die Aktenbildung.

II. Die Prozessleitung

Literatur: *Burgstaller,* Prozeßverbindung, Querklage und Interventionsklage, JBl 1994, 69; *Deixler-Hübner,* Prozessualer Streitgegenstand und Mitverschuldenseinwand. Zugleich ein Beitrag zur richterlichen Prozessleitungspflicht, in FS Sprung (2001) 109; *Fasching,* Aktive Verfahrensgestaltung durch den Richter im österreichischen Zivilprozeß, in *Schwind* (Hrsg), Österreichische Landesreferate zum IX. internationalen Kongreß für Rechtsvergleichung in Teheran 1974 (1974) 75; *McGuire,* Die materielle Prozessleitung zwischen richterlicher Hilfe und staatlicher Bevormundung: § 139 dZPO und §§ 182 f. öZPO im Vergleich, in *Peer* (Hrsg), Die soziale Dimension des Zivilrechts (2004) 99; *Schumacher,* Richterliche Anleitungspflichten (2000); *Stein,* Richterliche Prozessleitung (2005).

A. Allgemeines

Die Prozessleitung umfasst alle Gerichtshandlungen, die der Ingangsetzung und Inganghaltung des gerichtlichen Verfahrens und der erschöpfenden Verhandlung des Prozessstoffes dienen.   587

588   Dabei ist zwischen **formeller Prozessleitung** und materieller Prozessleitung zu unterscheiden. Erstere umfasst alle den äußeren Gang des Verfahrens (Prozessbetrieb) betreffenden Gerichtshandlungen. Dazu gehört die Anberaumung von Tagsatzungen, Ladungen, Zustellungen etc. Demgegenüber ist die **materielle Prozessleitung** auf Sammlung und Aufbereitung des Prozessstoffes gerichtet. Dazu gehören die richterliche **Aufklärungs- und Anleitungspflicht**, die Erörterung des Sach- und Rechtsvorbringens, aber auch die Beweisaufnahme.

589   Der Richter hat bei der mündlichen Verhandlung durch Fragestellung oder in anderer geeigneter Weise darauf hinzuwirken, dass die für die Entscheidung erheblichen tatsächlichen Angaben gemacht oder ungenügende Angaben vervollständigt, die erforderlichen Beweismittel bezeichnet, angeboten, unzureichende Beweise ergänzt und überhaupt alle Aufschlüsse gegeben werden, die zur wahrheitsgemäßen Feststellung des Tatbestandes notwendig erscheinen (§ 182 Abs 1 ZPO).

Die Anleitungspflicht nach § 182 ZPO besteht auch im Anwaltsprozess. Das Gericht ist im Anwaltsprozess aber nicht verpflichtet, die Parteien über die mit ihren Handlungen und Unterlassungen verbundenen Rechtsfolgen zu belehren oder sie zur Stellung bestimmter prozessualer Anträge anzuleiten.

590   Im bezirksgerichtlichen Verfahren trifft den Richter gegenüber rechtsunkundigen und nicht anwaltlich vertretenen Parteien eine weitergehende Anleitungspflicht. Dazu näher Rz 969.

Siehe *Casebook* ZVerfR 105, Fall 67.

Die Verletzung der richterlichen Anleitungspflicht stellt einen Verfahrensmangel dar.

591   Nach der durch die ZVN 2002 eingeführten Bestimmung des **§ 182a ZPO** hat der Richter das **Sach- und Rechtsvorbringen** der Parteien mit diesen **zu erörtern** und das Prozessprogramm vorzubereiten sowie strittige Tat- und Rechtsfragen und dafür in Betracht kommende Beweismittel festzustellen. Bei dieser Erörterung ist auf rechtliche Umstände Bedacht zu nehmen, die das Gericht für entscheidungserheblich hält, die eine Partei oder beide Parteien aber erkennbar übersehen oder für unerheblich gehalten haben. Dazu kann auch – im Rahmen des erkennbar verfolgten Rechtsschutzziels – der Hinweis auf ein verfehltes Klagebegehren gehören.

Die Erörterung des Sach- und Rechtsvorbringens soll sicherstellen, dass alle entscheidungserheblichen Tatsachen in den Prozess eingeführt werden. Auch sollen sog „Überraschungsentscheidungen" verhindert werden: Das Gericht darf seine Entscheidung nur dann auf rechtliche Gesichtspunkte, die eine Partei erkennbar übersehen oder für unerheblich gehalten hat, stützen, wenn es diese mit den Parteien erörtert und ihnen so Gelegenheit zur Äußerung gegeben hat (§ 182a Satz 2 ZPO). Dies gilt auch für das Rechtsmittelgericht sowie für den OGH selbst.

Siehe *Casebook* ZVerfR 103 f, Fälle 65, 66.

Im Rahmen der formellen Prozessleitung kann das Gericht die Verbindung oder Trennung von Verfahren sowie die Beschränkung der Verhandlung auf bestimmte Streitpunkte (Absonderung) anordnen (§§ 187 bis 189 ZPO). Außerdem kann das Verfahren unterbrochen werden, wenn die Entscheidung von der Lösung einer Vorfrage abhängt, über die die zuständige Behörde noch nicht rechtskräftig entschieden hat (dazu näher Rz 933).   592

B. Verhandlungsleitung und Sitzungspolizei

Der Vorsitzende (Einzelrichter) eröffnet, leitet und schließt die Verhandlung, er erteilt und entzieht das Wort, er vernimmt die Personen, die zum Zweck der Beweisführung auszusagen haben. Außerdem verkündet der Vorsitzende die Entscheidungen (§ 180 Abs 1 ZPO).   593

Der Vorsitzende hat dafür Sorge zu tragen, dass die Sache erschöpfend erörtert wird, die Verhandlung aber auch nicht durch Weitläufigkeit und unerhebliche Nebenverhandlungen ausgedehnt und – soweit tunlich – ohne Unterbrechung zu Ende geführt wird (§ 180 Abs 3 ZPO).   594

In der Bestimmung des Ablaufs der mündlichen Streitverhandlung ist der Richter (Senatsvorsitzende) weitgehend frei (Grundsatz der arbiträren Ordnung, vgl § 180 Abs 1 ZPO).

Der Vorsitzende (Einzelrichter) hat auch für die Aufrechterhaltung der Ordnung zu sorgen. Im Rahmen der **Sitzungspolizei** stehen ihm die Ermahnung, die Entfernung einer Person von der Verhandlung und die Verhängung von Ordnungsstrafen (Geldstrafen oder Haft) zur Verfügung (§§ 197 bis 203 ZPO).   595

Siehe *Casebook* ZVerfR 102, Fall 64.

Prozessbevollmächtigte können nicht aus der Verhandlung entfernt werden; ihnen kann nur das Wort entzogen werden. Über Rechtsanwälte und Notare dürfen überdies keine Geldstrafen verhängt werden; hier kommt die Anzeige an die zuständige Disziplinarbehörde in Betracht (§ 200 ZPO).

III. Parteiprozesshandlungen

A. Allgemeines

Parteiprozesshandlungen sind Willensbetätigungen der Parteien zur Gestaltung des Prozesses. Dazu gehören die Begründung, Änderung, Weiterentwick-   596 lung oder Aufhebung des Prozessrechtsverhältnisses sowie die Weiterentwicklung des Prozesses.

597 Die Abgrenzung zwischen Prozesshandlungen und materiellen Rechtshandlungen richtet sich danach, auf welchem Gebiet die betreffende Handlung ihre Hauptwirkung entfalten soll (Rechtsfolgetheorie). Zu doppelfunktionellen Prozesshandlungen vgl unten Rz 604 ff.

598 Im Einzelnen lassen sich Erwirkungshandlungen und Bewirkungshandlungen unterscheiden. **Erwirkungshandlungen** sind Prozesshandlungen, die das Gericht zu einem bestimmten Handeln bzw zu einer bestimmten Entscheidung veranlassen sollen. Dazu gehören alle Anträge an das Gericht (Sachanträge, Beweisanträge, sonstige Prozessanträge), ferner Tatsachen- und Rechtsbehauptungen sowie Erklärungen.

Beispiele: Erwirkungshandlungen sind die Klage, ein Antrag auf Erlassung einer einstweiligen Verfügung, ein Antrag auf Verlegung einer Tagsatzung oder auf Einvernahme eines Zeugen.

Bewirkungshandlungen gestalten demgegenüber die Prozesslage unmittelbar, ohne dass darüber eine Entscheidung des Gerichts ergehen muss.

Beispiel: Eine Bewirkungshandlung ist die Klagszurücknahme. Zu dieser näher Rz 553 ff.

599 Es gibt auch **außergerichtliche Prozesshandlungen**. Dazu gehören die Gerichtsstandsvereinbarung (Art 23 EuGVVO, Art 25 EuGVVO neu, § 104 Abs 1 Z 1 JN), die Schiedsvereinbarung (§ 581 ZPO) sowie die Vereinbarung des Ruhens des Verfahrens (§ 168 ZPO).

600 **Gültigkeitsvoraussetzung** für Parteiprozesshandlungen ist das Vorliegen von Partei-, Prozess- und Postulationsfähigkeit, die allenfalls erforderliche (gesetzliche oder gewillkürte) Vertretung sowie die Vertretungsmacht des Einschreiters.

601 Prozesshandlungen sind grundsätzlich **bedingungsfeindlich**. Die Verfahrenseinleitung (Klagseinbringung), aber auch konstitutive Parteiwillenserklärungen (Anerkenntnis, Verzicht, Klags- und Rechtsmittelzurücknahme oder Rechtsmittelverzicht) können niemals unter Setzung einer Bedingung erfolgen.

Teilweise sind aber innerprozessuale Bedingungen zulässig. Hierzu gehören ein Eventualvorbringen in der Klage, ein Eventualantrag im Rechtsmittel, die Aufrechnungseinrede oder der bedingte Überweisungsantrag (§ 261 Abs 6 ZPO).

602 Willensmängel sind aus Gründen der Rechtssicherheit grundsätzlich unbeachtlich, können aber allenfalls einen Wiederaufnahmsgrund bilden (vgl § 530 ZPO).

603 Prozesshandlungen sind **widerruflich**, sofern sie noch nicht Gegenstand einer gerichtlichen Entscheidung geworden sind, sie das Gesetz für unwider-

ruflich erklärt oder der Gegner durch die Prozesshandlung bereits ein Recht erworben hat.

Nach neuerer Rsp kann jedoch ein Anerkenntnis oder ein Verzicht ohne weitere Voraussetzungen nur widerrufen werden, bis der Gegner einen Antrag auf Fällung eines Anerkenntnis- bzw Verzichtsurteils gestellt hat. Nach Stellung eines derartigen Antrages können das Anerkenntnis und der Verzicht nur mehr wegen eines Willensmangels oder Wiederaufnahmsgrundes widerrufen werden.

Bestimmte Prozesshandlungen können nicht nur prozessrechtliche, sondern auch materiell-rechtliche Wirkungen nach sich ziehen („**doppelfunktionelle Prozesshandlungen**"). Dabei handelt es sich um den gerichtlichen Vergleich, den Verzicht, das Anerkenntnis, die gerichtliche Aufkündigung und die Aufrechnungseinrede. 604

Nach hA sind die materiellen und die prozessualen Wirkungen der Prozesshandlung unabhängig voneinander zu betrachten. Die Unwirksamkeit der Erklärung auf einem Rechtsgebiet zieht daher nicht notwendigerweise auch die Ungültigkeit in einem anderen Rechtsbereich nach sich. Prozessuale Wirkungen bestimmen sich nur nach Prozessrecht, außerprozessuale Wirkungen nach materiellem Recht (sog **Lehre vom Doppeltatbestand**). 605

Nach der älteren Auffassung setzt die Wirksamkeit einer doppelfunktionellen Prozesshandlung demgegenüber voraus, dass sowohl die Wirksamkeitserfordernisse des materiellen Rechts als auch des Prozessrechts erfüllt sind (**Lehre von der Doppelnatur**). Die beiden Funktionen der Prozesshandlung haben daher notwendig das gleiche Schicksal; die Unwirksamkeit auf einem Rechtsgebiet zieht auch die Unwirksamkeit auf dem anderen Rechtsgebiet nach sich. 606

B. Prozessuale Sorgfaltspflichten

Literatur: *F. Bydlinski*, Schadenersatz wegen materiell rechtswidriger Verfahrenshandlungen, JBl 1986, 626; *M. Bydlinski*, Materiellrechtliches und Prozessuales zum Schadenersatz nach § 408 ZPO, in FS Koziol (2010) 1141; *Kodek*, Prozessbetrug im Zivilverfahren, ÖJZ 2010, 627; *Lovrek*, Schadenersatz für Prozesshandlungen im Wohnrecht, wobl 2000, 281; *Lüke*, Betrachtungen zum Prozeßrechtsverhältnis, ZZP 108 (1995) 427; *McGuire*, Prozessförderungspflicht und Präklusion – Über das Verhältnis von § 178 Abs 2 zu § 179 ZPO nach der ZVN 2002, ecolex 2010, 1153; *Rassi*, Umgang mit Beweisschwierigkeiten im Unterhaltsverfahren (Teil II) – Aufklärungspflicht und materiellrechtliche Auskunftspflichten, EF-Z 2011, 14; *Salficky*, Die Prozessförderungspflicht – offene Fragen, AnwBl 2007, 119.

Die Parteien trifft eine **Wahrheits- und Vollständigkeitspflicht** (§ 178 Abs 1 ZPO) sowie eine Pflicht, ihr Vorbringen so zeitgerecht zu erstatten, dass das Verfahren möglichst rasch durchgeführt werden kann (**Prozessförderungspflicht**, § 178 Abs 2 ZPO). Die Verletzung dieser Pflicht kann zur 607

Kostenstrafe oder Kostenseparation (§§ 44, 48, 142 ZPO), aber auch zur **Zurückweisung** des Vorbringens wegen Verschleppungsabsicht (§ 179 ZPO) führen. Allenfalls kommt auch eine Strafbarkeit wegen Prozessbetrugs (§§ 146 ff StGB) in Betracht.

Ein aus sachlichen Gründen geführter Prozess stellt regelmäßig einen Rechtfertigungsgrund dar, die missbräuchliche Anrufung des Gerichts kann aber eine Schadenersatzpflicht begründen. Für **mutwillige Prozessführung** statuiert **§ 408 ZPO** einen eigenen Schadenersatzanspruch. Über diesen Anspruch kann das Prozessgericht entscheiden; der Anspruch kann aber auch mit selbständiger Klage geltend gemacht werden.

608 Über die missbräuchliche Prozessführung hinaus kommt nach neuerer Auffassung das **Prozessrechtsverhältnis** als Grundlage für die Annahme einer **gesetzlichen Sonderbeziehung** (*culpa in procedendo*) privatrechtlicher Art zwischen den Streitteilen in Frage. Diese Sonderbeziehung kraft des Prozessrechtsverhältnisses besteht neben dem zwischen den Parteien bestehenden materiellen Rechtsverhältnis und ergibt sich daraus, dass die ZPO den Parteien Handlungspflichten auferlegt, die wie die Wahrheitspflicht sowie die Prozessförderungspflicht zumindest auch dem Schutz des Gegners dienen. Die Parteien sind in ein **vertragsähnliches Pflichtensystem** eingebettet; sie sind miteinander in einem gemeinschaftlichen, rechtlich **geordneten Verfahren** verbunden, welches sie zum Schutz des Gegners zur Einhaltung bestimmter Spielregeln nötige. Für eine Vergleichbarkeit mit vertraglichen Schuldverhältnissen spricht auch die Möglichkeit der Prozessparteien, der anderen Partei einen „Erfüllungsgehilfen" aufzudrängen. Neuerdings hat der OGH bei einem missbräuchlich gestellten Konkursantrag eine **Haftung der Partei für Fehler ihres Rechtsanwalts** angenommen (6 Ob 156/08x EvBl 2009/18, 128 = JBl 2009, 111 [zust *Schumacher*]).

Ausdrückliche gesetzliche Anhaltspunkte für prozessbezogene Sorgfaltspflichten finden sich schon in § 377 ABGB (Schadenersatz für Vortäuschung des Besitzes einer Sache im Zusammenhang mit der Herausgabeklage).

C. Der gerichtliche Vergleich

Literatur: *Berger*, Der Vergleich vor den Schiedsgerichten der Sozialversicherung, ZAS 1969, 129; *Eichel*, Wer vertraut hier wem? Grundlage und Umfang einer materiellen Kognitionsbefugnis des Gerichts bei der Feststellung eines Prozessvergleichs, in *Aichberger-Beig/Aspöck/Leupold/Oelkers/Perner/Ramharter* (Hrsg), Vertrauen und Kontrolle im Zivilrecht, Jahrbuch Junger Zivilrechtswissenschaftler 2010 (2011) 149; *Fucik*, Der Vergleich, ÖJZ 2008, 741; *Häsemayer*, Zur materiellrechtlichen-prozeßrechtlichen Doppelnatur des außergerichtlichen Vergleichs und des deklaratorischen Schuldanerkenntnisses, ZZP 108 (1995) 289; *Holzhammer*, Der Prozeßvergleich, in FS Schima (1969) 217; *Knoll*, § 47 ZPO – Kostenentscheidung nach Vergleichsabschluß aufgrund einer Parteienvereinbarung? RZ 1991, 214; *König*, Der gerichtliche Vergleich in der österreichischen Lehre, JBl 1971, 467; *Mayr*, Der Tonbandvergleich mit Dritten, RZ 2000, 210; *derselbe*, Der gerichtliche Vergleichsversuch (2002); *Reis*, Leistungsstörungen und Rücktritt vom Prozessvergleich, Zak 2006, 283; *Schumacher*, Der Rücktritt vom gerichtlichen Vergleich, JBl 1996, 627; *Stölzle*, Der bedingte gerichtliche Vergleich, AnwBl 1960, 95; *Wilhelm*, Bedingter Widerruf eines gerichtlichen Vergleichs, ecolex 1994, 801.

1. Allgemeines

Der Prozessvergleich ist ein vor Gericht geschlossener Vertrag, durch den die Parteien einen (idR bereits anhängigen) Rechtsstreit gütlich beenden oder einzelne Streitpunkte bereinigen (vgl auch § 1380 ABGB). Die durch den Vergleich bereinigten Streitfragen dürfen nicht mehr aufgeworfen werden (**Bereinigungswirkung**). — 609

In der Praxis wird in den Vergleich vielfach eine „**Generalklausel**" aufgenommen, wonach sämtliche zwischen den Parteien strittigen Ansprüche bereinigt und verglichen sind.

Im Gegensatz zum Vergleich iSd § 1380 ABGB ist ein beiderseitiges Nachgeben nicht erforderlich; es genügt, wenn eine Partei von ihrem bisherigen Prozessstandpunkt abrückt. Es kann daher etwa auch ein Anerkenntnis oder Verzicht in die Form eines Prozessvergleichs gekleidet werden (sog Submissionsvergleich). — 610

Durch den Vergleich wird – wenn er den gesamten Streitgegenstand erledigt – das **Verfahren beendet** (vgl § 204 Abs 1 Satz 1 ZPO). Der Vergleich bildet, wenn er auf eine Leistung, Duldung oder Unterlassung lautet, einen **Exekutionstitel** (§ 1 Z 5 EO). — 611

Siehe *Casebook* ZVerfR 86, Fall 50.

Ein gerichtlicher Vergleich kann während des gesamten Verfahrens, im Fall des sog **prätorischen Vergleichs** beim Bezirksgericht (§ 433 ZPO) auch vor dessen Beginn, abgeschlossen werden, also auch noch während eines Rechtsmittelverfahrens, allerdings stets nur **in der mündlichen Verhandlung** (§ 204 Abs 1 ZPO). In der vorbereitenden Tagsatzung ist ausdrücklich ein Vergleichsversuch vorgesehen (§ 258 Abs 1 Z 4 ZPO). — 612

Der Vergleich wird meistens in Langschrift protokolliert und vom Richter, vom allenfalls vorhandenen Schriftführer und von den Parteien unterfertigt. Nach der Rsp ist aber auch ein nur auf Tonband diktierter Vergleich wirksam (1 Ob 67/04s). — 613

Neben den allgemeinen Prozessvoraussetzungen ist weitere Voraussetzung für den Vergleichsabschluss, dass der Gegenstand des Vergleiches überhaupt **vergleichsfähig** ist, dessen Inhalt nicht gegen das Gesetz oder die guten Sitten — 614 verstößt und der Vergleich ausreichend bestimmt formuliert ist, sodass er den Erfordernissen der Bestimmtheit eines Exekutionstitels entspricht.

Ausgeschlossen ist ein Vergleich etwa im Eheverfahren (§ 460 Z 9 ZPO), über die Rechtskraft und – damit zusammenhängend – das Bestehen eines Nichtigkeits- und Wiederaufnahmsklagegrundes sowie über Ersatzansprüche für falsche Angaben hinsichtlich der Stammeinlage einer GmbH, soweit der Ersatz zur Befriedigung der Gläubiger erforderlich ist (§ 10 Abs 6 GmbHG).

615 In der Praxis werden Vergleiche vielfach unter der aufschiebenden Bedingung abgeschlossen, dass bis zu einem bestimmten Zeitpunkt kein Widerruf erhoben wird (**bedingter Vergleich**). Mangels gegenteiliger Vereinbarung muss in diesem Fall der Widerruf innerhalb der Widerrufsfrist bei Gericht einlangen (materiell-rechtliche Frist!).

Siehe *Casebook* ZVerfR 88, Fall 51.

2. Bekämpfung des Vergleichs

616 Der Vergleich ist eine **doppelfunktionelle Prozesshandlung**. Nach der hA vom **Doppeltatbestand** ist zwischen prozessualer und materiell-rechtlicher Wirksamkeit zu unterscheiden. Die prozessuale Unwirksamkeit eines Prozessvergleiches (zB wegen fehlender Partei- oder Prozessfähigkeit) muss durch einen Fortsetzungsantrag geltend gemacht werden (3 Ob 171/10h ecolex 2011/14, 40); diesfalls hat der – prozessual nicht wirksame – Vergleich den Prozess ja nicht beendet.

Die materiell-rechtliche Wirkung des Vergleichs kann demgegenüber nur nach den Regeln des bürgerlichen Rechts beseitigt werden. Der Vergleich kann aus zivilrechtlichen Gründen mittels Klage angefochten werden (3 Ob 171/10h ecolex 2011/14, 40), wobei die erfolgreiche Anfechtung aber nicht die prozessualen Wirkungen des Vergleichs, also die Prozessbeendigung und die Exekutionsfähigkeit, beseitigt.

617 Nach der älteren Auffassung von der **Doppelnatur** des Prozessvergleiches ist der gerichtliche Vergleich demgegenüber nur dann gültig, wenn sowohl die materiell-rechtlichen als auch die prozessualen Voraussetzungen erfüllt sind. Daher beseitigt die erfolgreiche Anfechtung des Vergleiches wegen eines materiell-rechtlichen Mangels dessen gesamte Wirkungen und umgekehrt.

618 Die Behandlung der **neuerlichen Einklagung des aus dem Vergleich Geschuldeten** ist strittig: Vielfach wird eine derartige Klage als zulässig angesehen; allerdings sind idR die Prozesskosten nicht zu ersetzen, weil diese nicht zur zweckentsprechenden Rechtsverfolgung notwendig waren (vgl § 60 Abs 2, § 156a Abs 3 IO). Nach der Gegenansicht ist die Klage mit Urteil abzuweisen.

619 Wird hingegen der **ursprünglich eingeklagte, später verglichene Betrag** neuerlich geltend gemacht, steht nach überwiegender Auffassung nur die ma-

teriell-rechtliche Einwendung der verglichenen Rechtssache (*exceptio rei transactae*) entgegen. Demnach ist die neuerliche Klage mit Urteil abzuweisen.

Siehe *Casebook* ZVerfR 86, Fall 50.

Beispiel: A begehrt von B die Zahlung von € 10.000. Während des Prozesses einigen sich die Parteien auf Zahlung von € 7.000. Begehrt A in einer weiteren Klage € 7.000 unter Berufung auf den Vergleich, sieht dies die hA zwar als prozessual zulässig, aber unter Kostengesichtspunkten nicht zweckmäßig an, sodass A für seine neuerliche Klage idR keine Kosten zugesprochen erhalten wird. Er kann durch Exekutionsführung aus dem Vergleich ja wesentlich einfacher die € 7.000 hereinbringen. Klagt A in der Folge hingegen B neuerlich auf Zahlung der restlichen € 3.000, kann der Beklagte einwenden, dass durch den Abschluss des Vergleiches die ursprüngliche Forderung erloschen ist. Die Klage ist daher abzuweisen.

D. Der Verzicht

Der Verzicht stellt die prozessuale Erklärung des Klägers dar, den geltend gemachten Streitgegenstand ganz oder teilweise aufzugeben.   620

Siehe *Casebook* ZVerfR 91, Fall 55.

Der Verzicht berechtigt den Beklagten, ein **Verzichtsurteil zu beantragen**. Bei einer Klagszurücknahme des Klägers endet das Verfahren demgegenüber ohne Sachentscheidung; die Rsp fällt lediglich einen deklarativen Beschluss, wonach die Klagszurückziehung „zur Kenntnis dient".   621

Die Rsp sieht den Verzicht als reine Prozesshandlung. Ist der Verzicht aus prozessualen Gründen unwirksam, erfüllt er aber die materiell-rechtlichen Voraussetzungen, ist er als materielles Rechtsgeschäft zu beachten.   622

E. Das Anerkenntnis

Literatur: *Fucik*, Das Anerkenntnis im Prozess, ÖJZ 2011/53, 485.

Das Anerkenntnis ist die einseitige prozessuale Erklärung des Beklagten, dass die vom Kläger aufgestellte Rechtsfolgebehauptung ganz oder teilweise zu Recht besteht. Im Gegensatz zum Geständnis bezieht sich das Anerkenntnis nicht nur auf Tatsachen, sondern auch auf das daraus abgeleitete Begehren.   623

Im Eheverfahren sowie im Aufhebungsverfahren aufgrund einer Nichtigkeits- oder Wiederaufnahmsklage ist die Fällung eines Anerkenntnisurteils unzulässig.

Anders als das privatrechtliche Anerkenntnis ist das prozessuale Anerkenntnis ein einseitiger Akt und an die Formen des Prozessrechts gebunden.

Das Anerkenntnis ist idR eine reine Prozesshandlung; ist es aus prozessualen Gründen unwirksam, ist allerdings zu prüfen, ob nicht ein Anerkenntnis nach materiellem Recht vorliegt. Die Lehre sieht demgegenüber das Anerkenntnis teilweise als doppelfunktionelle Prozesshandlung mit Doppeltatbestand.   624

625 Das Anerkenntnis gibt dem Gegner das Recht, die Fällung eines **Aner-kenntnisurteils zu beantragen** (§ 395 ZPO). Stellt der Gegner keinen derartigen Antrag, tritt Ruhen des Verfahrens ein.

F. Die Aufrechnung

Literatur: *Deixler-Hübner,* Ausgewählte Rechtsfragen zur Aufrechnungseinrede, in FS Rechberger (2005) 91; *Dullinger,* Handbuch der Aufrechnung (1995); *Huber,* Verjährungsunterbrechung durch Anerkenntnis bei Einwendung einer Gegenforderung? JBl 1987, 25; *Reiterer,* Die Aufrechnung, Funktionen und Rechtsnatur von außergerichtlicher Aufrechnung und Prozeßaufrechnung (1976); *Rinner,* Zum Teilurteil nach § 391 Abs 3 ZPO (Vorbehaltsurteil), BeitrZPR VI (2000) 247; *Saenger/Sauthoff,* Die Aufrechnung im Anwendungsbereich des CISG, IHR 2005, 189.

1. Allgemeines

626 Die Aufrechnung ist die wechselseitige Tilgung zweier einander gegenüberstehender Forderungen durch Verrechnung. Im Prozess kann eine dem Beklagten zustehende Gegenforderung durch Aufrechnungseinrede oder durch selbständige Widerklage geltend gemacht werden. Die Aufrechnungseinrede ist der Antrag des Beklagten, auszusprechen, dass die Klagsforderung durch Aufrechnung mit einer ihm gegen den Kläger zustehenden Gegenforderung ganz oder teilweise erloschen ist und deshalb das Klagebegehren abzuweisen ist.

627 Die Prozessaufrechnung unterscheidet sich von der außergerichtlichen Aufrechnung durch ihren **Eventualcharakter**: Die Gegenforderung wird nur für den Fall eingewendet, dass das Gericht die geltend gemachte Hauptforderung für berechtigt ansieht.

Demgegenüber wird die außergerichtliche Aufrechnung unbedingt und ohne Rücksicht auf den Bestand der Hauptforderung erklärt.

628 Die Aufrechnungseinrede setzt voraus, dass die Aufrechnung nach materiellem Recht zulässig ist, also die Voraussetzungen der Gegenseitigkeit, Fälligkeit, Gültigkeit und Gleichartigkeit der Forderungen erfüllt sind und kein Aufrechnungsverbot besteht.

629 Die Aufrechnungseinrede ist eine **reine Prozesshandlung**; teilweise wird sie auch als doppelfunktionelle Prozesshandlung iSd Doppeltatbestandes angesehen.

630 Die Aufrechnungseinrede setzt voraus, dass für die geltend gemachte Gegenforderung der Rechtsweg zulässig ist und inländische Gerichtsbarkeit besteht, nicht aber, dass das Gericht auch für die Gegenforderung zuständig wäre. Es handelt sich um ein reines Verteidigungsmittel des Beklagten, dessen Zulässigkeit sich nicht nach der EuGVVO, sondern nach nationalem Recht richtet.

246

2. Die Entscheidung über die Aufrechnungseinrede

Über die Aufrechnungseinrede ist wegen ihres Eventualcharakters nur zu entscheiden, wenn die Hauptforderung zumindest teilweise zu Recht besteht. Über die Gegenforderung kann nur bis zu der Höhe entschieden werden, in der die Hauptforderung zu Recht besteht (§ 411 Abs 1 letzter Satz ZPO). 631

Beispiel: Die Hauptforderung beträgt € 6.000, die eingewendete Gegenforderung € 10.000. Sieht das Gericht die Hauptforderung für nicht berechtigt an, geht es auf die Gegenforderung überhaupt nicht ein, sondern weist das Hauptbegehren ab. Hält das Gericht demgegenüber die Hauptforderung für berechtigt und dringt der Beklagte mit seiner Aufrechnungseinrede durch, so spricht das Gericht aus, dass die Gegenforderung bis zum Betrag der Klagsforderung zu Recht besteht und weist die Klage ab. Vgl dazu Rz 636. Die restlichen € 4.000 müsste der Beklagte in einem separaten Prozess einfordern.
Siehe *Casebook* ZVerfR 120, Fall 80.

Besteht die Klagsforderung zur Gänze nicht zu Recht, ist die Klage mit Urteil abzuweisen, ohne dass auf die Aufrechnungseinrede einzugehen wäre. Die Gegenforderung wird diesfalls im Urteilsspruch nicht erwähnt.

In allen anderen Fällen ist ein **dreigliedriger Urteilsspruch** zu fällen (§ 545 Abs 3 Geo). Dieser lautet wie folgt: 632
1. Die eingeklagte Forderung besteht mit € … zu Recht.
2. Die Gegenforderung des Beklagten besteht mit € … zu Recht.
3. Der Beklagte ist daher schuldig, dem Kläger € … zu bezahlen (wenn die Gegenforderung geringer als die Hauptforderung ist) oder: Das Klagebegehren … wird daher abgewiesen (wenn die Gegenforderung gleich hoch oder höher als die Hauptforderung ist).

Sonderfälle: Besteht zwar die Hauptforderung zu Recht, die Gegenforderung hingegen nicht, wird der Klage stattgegeben und ausgesprochen, dass die geltend gemachte Gegenforderung nicht zu Recht besteht. Wenn die Aufrechnungseinrede unzulässig ist, ist diese im Urteilsspruch ausdrücklich zurückzuweisen. 633

Wenn die Klagsforderung früher spruchreif ist als die Gegenforderung und kein rechtlicher Zusammenhang zwischen Hauptforderung und Gegenforderung besteht, kann das Gericht ein **Teilurteil über die Hauptforderung** fällen (§ 391 Abs 3 ZPO). 634
Siehe *Casebook* ZVerfR 92, Fall 56.

Beispiel: A klagt seinen ehemaligen Dienstgeber B auf Zahlung ausständiger Bezüge. B behauptet, A habe ihm durch schlechte Arbeit einen Schaden zugefügt und wendet die daraus resultierenden Ansprüche als Gegenforderung (*„compensando"*) ein. Nach der Rsp kann das Gericht sogleich mit Teilurteil über die Hauptforderung entscheiden; die Schadenersatzansprüche stehen nicht in rechtlichem Zusammenhang. Über diese wird später mit Endurteil entschieden. Dies soll verhindern, dass die Durchsetzung berechtigter Forderungen durch zweifelhafte Gegenforderungen verzögert wird.

635 Dies ist nur möglich, wenn die Hauptforderung zumindest teilweise zu Recht besteht. Besteht die Hauptforderung nicht zu Recht, ist die Klage mit Endurteil sofort abzuweisen.

Nach der Rsp stellt die Frage, ob ein Teilurteil zu fällen ist, einen – nicht anfechtbaren – Akt der Prozessleitung dar. Vgl dazu unten Rz 884.

Das Teilurteil lautet in diesem Fall:
1. Der Beklagte ist schuldig, dem Kläger € ... zu bezahlen.
2. Über die Gegenforderung wird mit Endurteil entschieden werden.
3. Die Kostenentscheidung bleibt dem Endurteil vorbehalten.

636 Stellt sich später heraus, dass die Gegenforderung zu Recht besteht, erklärt das Gericht mit **Endurteil** die mit Teilurteil zuerkannte Klagsforderung für erloschen.

Formulierungsbeispiel:
1. Die Gegenforderung von € ... besteht bis zur Höhe der Klagsforderung (bzw mit einem Betrag von € ...) zu Recht.
2. Die mit Teilurteil vom ... zuerkannte Klagsforderung von € ... ist daher durch Aufrechnung erloschen.

637 Besteht die Gegenforderung nicht zu Recht, hat sich das Endurteil nur über das Nichtbestehen der Gegenforderung auszusprechen. Außerdem hat das Endurteil stets eine Kostenentscheidung zu enthalten (§ 52 ZPO).

IV. Die Versäumung von Prozesshandlungen

Literatur: *Wienerroither,* Die Bekämpfung von Säumnisfolgen der Partei im zivilgerichtlichen Verfahren unter Berücksichtigung des innerstaatlichen Rechtsvergleichs (1988).

A. Begriff

638 Eine Prozesshandlung ist versäumt, wenn sie gar **nicht** oder nicht wirksam in der für sie **bestimmten Frist** oder zu dem dafür bestimmten **Zeitpunkt vorgenommen** wird.

639 Nähere Regelungen enthält das Gesetz für die Versäumung der Tagsatzung. Demnach ist eine Tagsatzung von einer Partei versäumt, wenn
- sie bis zum Ende der Tagsatzung nicht erscheint (§ 133 Abs 2 ZPO);
- sie trotz richterlicher Aufforderung nicht verhandelt (§ 133 Abs 2 ZPO);
- sie sich nach Aufruf der Sache wieder entfernt (§ 136 Abs 2 ZPO);
- sie bei Anwaltspflicht ohne Anwalt erscheint (§ 133 Abs 3 ZPO);
- sie wegen ungebührlichen Verhaltens entfernt wurde (§ 198 Abs 2 ZPO);

- sie oder ihr Bevollmächtigter postulationsunfähig ist und auch zur erstreckten Tagsatzung kein geeigneter Vertreter erscheint (§ 185 Abs 1 ZPO).

B. Säumnisfolgen

Die Versäumung einer Prozesshandlung hat zur Folge, dass die Partei von der vorzunehmenden Prozesshandlung ausgeschlossen wird (Präklusionswirkung, § 144 ZPO). 640

In bestimmten Fällen sieht das Gesetz besondere Säumnisfolgen vor. Wichtigster Fall ist, dass die andere Partei die **Fällung eines Versäumungsurteils** beantragen kann. Dazu Rz 871 ff. 641

Weitere Säumnisfolgen sind etwa das **Ruhen des Verfahrens** bei Versäumung einer Tagsatzung durch beide Parteien (§ 170 ZPO) oder die fingierte Klagsrücknahme ohne Anspruchsverzicht bei Nichterscheinen des Klägers im Eheverfahren (vgl § 460 Z 5 ZPO). 642

Die Säumnisfolgen treten grundsätzlich von selbst ein, sind also von einer Antragstellung des Gegners unabhängig (§ 145 Abs 1 ZPO). 643

C. Rechtsbehelfe zur Beseitigung der Säumnisfolgen

1. Einleitung

Das Gesetz stellt drei verschiedene Rechtsbehelfe zur Beseitigung von Säumnisfolgen zur Verfügung. Den weitesten Anwendungsbereich hat die Wiedereinsetzung in den vorigen Stand (§§ 146 ff ZPO). Als besonderen Rechtsbehelf gegen Versäumungsurteile sieht das Gesetz zusätzlich den Widerspruch vor (§§ 397a, 442a ZPO). Schließlich kommt uU auch die Berufung in Betracht. 644

2. Die Wiedereinsetzung in den vorigen Stand

Literatur: *David,* Wiedereinsetzung in den vorigen Stand bei Kündigungsanfechtung, DRdA 2007, 156; *Ertl,* Der Wiedereinsetzungswerber und seine Gehilfen, RZ 1998, 3; *Fasching,* Die Rechtsbehelfe gegen Versäumungsurteile im deutschen und im österreichischen Zivilprozeß, in FS Baur (1981) 367; *Feil,* Wiedereinsetzung in den vorigen Stand (1993); *B. Fink,* Die Wiedereinsetzung in den vorigen Stand im Zivilprozeßrecht (1994); *Frauenberger,* Wiedereinsetzung nach der ZPO bei verschuldeter Säumnis, ÖJZ 1992, 113; *Freitag,* Rechtsschutz des Schuldners gegen den Europäischen Zahlungsbefehl nach der EuMahnVO, IPRax 2007, 509; *Fucik,* Wiedereinsetzung in den vorigen Stand, ÖJZ 2009, 53; *Hauer,* Zur Wiedereinsetzung in den vorigen Stand, ImmZ 1967, 99, 134, 148; *Hiesel,* Die Entwicklung der Wiedereinsetzungspraxis des

Verfassungsgerichtshofs, ÖJZ 2012, 252; *Liebhart*, Wiedereinsetzung in den vorigen Stand bei Versäumung einer Verhandlung, ÖJZ 2013/55, 533; *Oberhammer*, Judikaturwende bei Exekutionskosten im Wiedereinsetzungsfall? RdW 1994, 202; *Rechberger*, Probleme bei der Bekämpfung des Versäumungsurteils nach § 398 ZPO, JBl 1981, 179; *derselbe*, Die Kostenfolgen einer Exekutionseinstellung wegen Bewilligung der Wiedereinsetzung in den vorigen Stand, BeitrZPR IV (1991) 51; *Reinl*, Verschulden als Wiedereinsetzungsgrund, JBl 1964, 500; *Schimka*, Wiedereinsetzung in den vorigen Stand (§§ 146 ff ZPO), Zak 2010, 4; *Schwank*, Zur Kostenfrage im Wiedereinsetzungsverfahren, JBl 1971, 365; *Wienerroither*, Die Bekämpfung von Säumnisfolgen der Partei im zivilgerichtlichen Verfahren unter Berücksichtigung des innerstaatlichen Rechtsvergleichs (1988).

Siehe *Casebook* ZVerfR 94 ff, Fälle 58, 59.

a. Begriff und Voraussetzungen

645 Der Antrag auf Wiedereinsetzung in den vorigen Stand ist ein Rechtsbehelf gegen die Folgen der Versäumung einer Tagsatzung oder einer befristeten Prozesshandlung. Bei Bewilligung der Wiedereinsetzung wird der Rechtsstreit in die Lage zurückversetzt, wie er sich vor der Versäumung befunden hat. Dabei kann sogar ein infolge der Versäumung bereits erlassenes Urteil – selbst nach Rechtskraft – aufgehoben werden (§ 150 Abs 1 ZPO).

Beispiele: Wird die Wiedereinsetzung gegen die Versäumung der Frist zur Einbringung der Klagebeantwortung oder eines Rechtsmittels bewilligt, ist die – vom Antragsteller gleichzeitig mit dem Wiedereinsetzungsantrag einzubringende – Klagebeantwortung bzw Rechtsmittelschrift doch noch zu berücksichtigen. Wird die Wiedereinsetzung gegen die Versäumung einer Tagsatzung bewilligt, ist eine neuerliche Tagsatzung anzuberaumen.

646 Voraussetzung für die Wiedereinsetzung ist, dass die Säumnis auf ein (subjektiv) **unvorhergesehenes** oder (objektiv) **unabwendbares Ereignis** zurückzuführen ist (§ 146 ZPO).

Gründe für die Wiedereinsetzung sind etwa ein Unfall auf dem Weg zur Tagsatzung, eine plötzliche schwere Erkrankung, schwerwiegende Verkehrsstörungen, aber nicht etwa Parkplatzschwierigkeiten oder ein Stau.

647 Dass den Wiedereinsetzungswerber ein **Verschulden** trifft, steht der Bewilligung der Wiedereinsetzung nicht entgegen, wenn es sich nur um einen minderen Grad des Versehens (leichte Fahrlässigkeit) handelt.

Siehe *Casebook* ZVerfR 100, Fall 62.

b. Verfahren

648 Der Wiedereinsetzungsantrag ist innerhalb von 14 Tagen ab Wegfall des Hindernisses bei dem Gericht einzubringen, bei dem die versäumte Prozesshandlung vorzunehmen war (§ 148 Abs 1 und 2 ZPO).

250

Im Wiedereinsetzungsantrag sind alle den Wiedereinsetzungsantrag begründenden Umstände (Wiedereinsetzungsgründe), die Mittel zu ihrer Glaubhaftmachung (Bescheinigungsmittel) sowie die Behauptung und die Glaubhaftmachung der Rechtzeitigkeit des Wiedereinsetzungsantrags anzuführen (§ 149 Abs 1 ZPO). Hinsichtlich der **Wiedereinsetzungsgründe** gilt die **Eventualmaxime**; der Wiedereinsetzungswerber darf daher nicht später noch Gründe „nachschieben".   649

Zugleich mit dem Wiedereinsetzungsantrag ist die versäumte **Prozesshandlung** (zB die Klagebeantwortung oder das Rechtsmittel) **nachzuholen**.   650

Beachte: Die Wiedereinsetzung steht **nur bei der Versäumung prozessualer Fristen** offen, nicht aber bei Versäumung materiell-rechtlicher Fristen wie der Verjährungsfrist, aber auch nicht bei Versäumung der absoluten Frist für die Nichtigkeits- oder Wiederaufnahmsklage. Außerdem ist die Wiedereinsetzung im Exekutions-, Insolvenz- und Grundbuchsverfahren generell ausgeschlossen (§ 58 Abs 2 EO, § 259 Abs 4 IO, § 82 GBG).   651

Der Wiedereinsetzungsantrag ist der Gegenpartei zur **Äußerung** zuzustellen. Dies ist jedenfalls dann unerlässlich, wenn sich der Wiedereinsetzungsantrag gegen eine Sachentscheidung (insb Versäumungsurteil oder Zahlungsbefehl) richtet. Erforderlichenfalls kann das Gericht auch eine eigene Tagsatzung anberaumen (§§ 149 Abs 2, 150 Abs 2 ZPO).   652

Bewilligt das Gericht die Wiedereinsetzung, ist dies **unanfechtbar** (§ 153 ZPO). Die Ab- oder Zurückweisung eines Wiedereinsetzungsantrags ist demgegenüber auch bei Streitwerten unter € 2.700 anfechtbar (§ 517 Z 4 ZPO).   653

Die **Kosten** des Wiedereinsetzungsverfahrens trägt unabhängig vom Ausgang in der Hauptsache immer der Wiedereinsetzungswerber (§ 154 ZPO).   654

c. Wiedereinsetzung in unionsrechtlichen Vorschriften

Im Unionsrecht bestehen vergleichbare Vorschriften, die jedoch tendenziell strenger sind als das nationale österreichische Recht. Insb steht die Wiedereinsetzung nur zu, wenn die säumige Partei überhaupt **kein Verschulden** trifft. Dies gilt insb für die „Überprüfung in Ausnahmefällen" beim **Europäischen Vollstreckungstitel** (Art 19 EuVTVO) und im **EU-Mahnverfahren** (Art 20 EuMahnVO).   655

War das verfahrenseinleitende Schriftstück in einen **anderen Staat** zu übermitteln, so kann das Gericht dem Beklagten die Wiedereinsetzung gegen die Versäumung einer Verteidigungshandlung bewilligen, sofern   656
- der Beklagte ohne sein Verschulden nicht so rechtzeitig Kenntnis von dem Schriftstück erlangt hat, dass er sich hätte verteidigen können, *und*
- die Verteidigung des Beklagten nicht von vornherein aussichtslos erscheint (Art 19 Abs 4 EuZustVO).

3. Der Widerspruch gegen das Versäumungsurteil

Literatur: *Annerl,* Die Unzuständigkeitseinrede im Widerspruch gegen ein Versäumungsurteil, ÖJZ 2009, 839; *Beran/Klaus/Nigl/Pühringer/Rassi/Schramm/Steinbauer,* Die ZPO im 21. Jahrhundert, RZ 2002, 16; *Fasching,* Die Rechtsbehelfe gegen Versäumungsurteile im deutschen und im österreichischen Zivilprozeß, in FS Baur (1981) 387; *Meier,* Widerspruch gegen Versäumungsurteile, ÖJZ 1981, 57, 91; *Rechberger,* Probleme bei der Bekämpfung des Versäumungsurteils nach § 396 ZPO, JBl 1981, 179; *Pimmer,* Die neuen Bestimmungen beim Widerspruch gegen das Versäumungsurteil, ÖJZ 1984, 141; *Strauss,* Die Bekämpfung von Versäumungsurteilen wegen Zustellmängeln, ÖJZ 2010, 695; *Wienerroither,* Die Bekämpfung von Säumnisfolgen der Partei im zivilgerichtlichen Verfahren unter Berücksichtigung des innerstaatlichen Rechtsvergleichs (1988).

657   Der Widerspruch ist ein Rechtsbehelf gegen Versäumungsurteile nach § 396 Abs 1 oder § 442 ZPO. Er steht **nur dem Beklagten** offen. Dieser besondere Rechtsbehelf gegen Versäumungsurteile wurde im Rahmen des KSchG 1979 eingeführt. Der Vorteil des Widerspruchs besteht darin, dass er die Bekämpfung von Versäumungsentscheidungen **ohne Angabe von Gründen** ermöglicht. Andererseits setzt sich der Beklagte dadurch der Gefahr einer **Exekution zur Sicherstellung** aus. Aufgrund eines mit Widerspruch bekämpften Versäumungsurteils, das auf eine Geldleistung lautet, kann nämlich bereits Exekution zur Sicherstellung geführt werden (§ 371 Z 1, § 373 EO).

Dadurch will der Gesetzgeber bewussten Verfahrensverzögerungen Einhalt gebieten.

658   Im Interesse der Verfahrensbeschleunigung hat der Gesetzgeber mit der ZVN 2002 die Zulässigkeit des Widerspruchs gegen Versäumungsurteile auf zwei Fallkonstellationen eingeschränkt:

Im **Gerichtshofverfahren** steht dem Beklagten die Erhebung des Widerspruchs (nur) dann offen, wenn er die **Klagebeantwortung** nicht rechtzeitig erstattet hat und deswegen gegen ihn ein Versäumungsurteil gefällt worden ist (§ 397a Abs 1 ZPO). Ergeht das Versäumungsurteil im Gerichtshofverfahren hingegen infolge Versäumung einer Tagsatzung (also nach Klagebeantwortung, Einspruch gegen einen Zahlungsbefehl oder Einbringung von Einwendungen), so kann die säumige Partei dagegen keinen Widerspruch erheben (e contrario § 397a Abs 1 ZPO).

659   Gegen im **bezirksgerichtlichen Verfahren** gefällte Versäumungsurteile (oder im Besitzstörungsverfahren ergangene Versäumungsendbeschlüsse) kann der säumige Beklagte grundsätzlich Widerspruch einbringen, es sei denn, er hat im selben Verfahren bereits zu einem früheren Zeitpunkt Widerspruch, Einspruch oder Einwendungen erhoben (§ 442a Abs 1 ZPO). Dem Kläger steht der Widerspruch entgegen dem (nicht differenzierenden) Gesetzestext (dort ist nur von der „Partei" die Rede) nicht offen (OGH 2 Ob 134/05b JBl 2006, 323).

252

Daraus ergibt sich, dass das Gesetz den Widerspruch nur dann vorsieht, wenn der Beklagte die **erste Verteidigungshandlung versäumt**. Ab diesem Zeitpunkt unterliegt der Beklagte einer gesteigerten prozessualen Diligenzpflicht. Daher ist etwa bei Versäumung der vorbereitenden Tagsatzung im Gerichtshofverfahren nach Erstattung der Klagebeantwortung als erster Verteidigungshandlung kein Widerspruch zulässig. Auch dem Kläger steht daher gegen die Klagsabweisung wegen seiner Säumnis bei der vorbereitenden Tagsatzung kein Widerspruch zu.

Die Zulässigkeit des Widerspruchs lässt sich wie folgt zusammenfassen:

	Versäumte Verfahrenshandlung	**Zulässigkeit des Widerspruchs**
Gerichtshofverfahren	Versäumung der Klagebeantwortung	ja
	Versäumung der vorbereitenden Tagsatzung durch Kläger	nein
	Versäumung der vorbereitenden Tagsatzung durch Beklagten	nein
Bezirksgerichtliches Verfahren	Versäumung der vorbereitenden Tagsatzung durch Kläger	nein
	Versäumung der vorbereitenden Tagsatzung durch Beklagten	ja

Der Widerspruch hat sowohl im Gerichtshofs- als auch im bezirksgericht- 660 lichen Verfahren (obwohl dort sonst keine Klagebeantwortung vorgesehen ist!) den **Inhalt einer Klagebeantwortung** zu enthalten (§ 397a Abs 1 sowie § 442a Abs 1 ZPO). Eine Begründung der Säumnis ist aber – anders als beim Wiedereinsetzungsantrag – nicht erforderlich.

Inwieweit prozessuale Einreden, die bei sonstiger Heilung in der versäumten Klagebeantwortung oder Tagsatzung zu erheben waren (zB Einrede der Unzuständigkeit), nachgeholt werden können, ist strittig.

Der Widerspruch ist binnen **14 Tagen** ab Zustellung des Versäumungsurteils 661 beim Erstgericht einzubringen.

Siehe *Casebook* ZVerfR 94, Fall 58 und 96, Fall 60.

Dieses Gericht entscheidet auch über den Widerspruch (**remonstrativer Rechtsbehelf**). Der Widerspruch kann, solange nicht darüber entschieden wurde, wieder zurückgenommen werden (§ 397a Abs 5 ZPO). Ist der Widerspruch verspätet oder unzulässig, ist er zurückzuweisen; andernfalls ist die **vorbereitende Tagsatzung** anzuberaumen. Zu deren Beginn ist das Versäumungsurteil in jedem Fall (unabhängig von der Anwesenheit und dem Verhalten der Parteien) mit Beschluss **aufzuheben**. Dieser Aufhebungsbeschluss wird nicht schriftlich ausgefertigt und ist unanfechtbar (§ 397a Abs 3 ZPO).

Nach der Rsp handelt es sich dabei um einen bloßen Formalakt, der, wenn er irrtümlich unterblieben ist, auch noch im Rechtsmittelverfahren nachgeholt werden kann.

Versäumt eine der Parteien diese Tagsatzung, so kann auf Antrag der erschienenen Partei erneut ein – nun nicht mehr mit Widerspruch bekämpfbares – Versäumungsurteil gefällt werden. Stellt die Partei keinen solchen Antrag, so tritt – falls sie nicht ergänzendes Vorbringen erstattet, wodurch das Verfahren in das Stadium vor Säumniseintritt zurücktritt (§ 398 Abs 1 ZPO; siehe Rz 431 und 878) – Ruhen des Verfahrens ein (§ 398 Abs 2 ZPO). Erscheint keine der Parteien, kommt es ebenfalls zum Ruhen des Verfahrens (§ 170 ZPO).

662   Die durch Säumnis und Widerspruch entstandenen **Kosten** hat der Widerspruchswerber zu tragen (§ 397a Abs 4 ZPO).

4. Die Berufung

Literatur: *Strauss*, Die Bekämpfung von Versäumungsurteilen wegen Zustellmängeln, ÖJZ 2010, 695.

663   Das Versäumungsurteil kann – wie jedes andere Urteil auch – mit Berufung angefochten werden. Zur Berufung allgemein siehe Rz 1040 ff. Der Vorteil der Berufung liegt darin, dass dafür eine längere Frist (vier Wochen) offensteht. Außerdem steht die Berufung jeder Partei, also auch dem Kläger, offen. Die Berufung hat zudem aufschiebende Wirkung. Wenn der Berufungswerber gewinnt, trägt der Gegner auch die Kosten des Berufungsverfahrens. Insoweit gibt es also keine Kostenseparation.

664   Dafür setzt die Berufung voraus, dass das angefochtene **Urteil fehlerhaft** ist. Aufgrund des im Rechtsmittelverfahren geltenden Neuerungsverbots ist eine Berufung aber in der Regel wenig erfolgversprechend. Am ehesten wird das Argument in Betracht kommen, dass eine Versäumung nicht vorliegt (§ 471 Z 4 ZPO), das Urteil also an einem **Nichtigkeitsgrund** nach § 477 Abs 1 Z 4 bzw Z 5 ZPO leidet, also etwa bei einer fehlerhaften Zustellung (§§ 471 Z 4, 477 Abs 1 Z 4 ZPO; vgl OGH 9 Ob 53/06v JBl 2007, 253).

Dieser Nichtigkeitsgrund ist **nicht** auf **Versäumungsurteile beschränkt**. Er kommt etwa auch dann in Betracht, wenn zu einem späteren Zeitpunkt ein Urteil ergeht, ohne dass etwa die betreffende Partei ordnungsgemäß geladen oder erforderlichenfalls durch ihren gesetzlichen Vertreter vertreten war.

Allenfalls kann auch ein wesentlicher **Verfahrensmangel** vorliegen (zB bei Fällung eines Versäumungsurteils ohne vorherige Erledigung eines Fristerstreckungs- oder Verfahrenshilfeantrags).

665   UU kommt auch der Berufungsgrund der **unrichtigen rechtlichen Beurteilung** in Betracht. Dies ist dann der Fall, wenn das **Klagebegehren** unschlüssig war, sich das gestellte Begehren also auch dann, wenn man von der Richtigkeit der Angaben in der Klage ausgeht (vgl § 396 Abs 1 ZPO), nicht aus diesem Tatsachenvorbringen ableiten lässt. Ist dies der Fall, kann der Beklagte durch eine Berufung gegen das Versäumungsurteil sogar die sofortige Klagsabweisung erreichen. Insoweit bietet die Berufung den **weitestgehenden Rechtsschutz**.

254

Näheres zur Berufung allgemein siehe Rz 1040 ff.

Das **Erstgericht** kann der Berufung selbst stattgeben, wenn die Berufung 666
auf den Nichtigkeitsgrund des § 477 Abs 1 Z 4 ZPO gestützt wird. Diesfalls
ist ein Rechtsmittel gegen die Entscheidung nicht zulässig. Damit können vor
allem „Pannenfälle" (zB Zustellfehler) vom Erstgericht selbst behoben werden
(§ 469 Abs 3 ZPO).

5. Die Kumulierung von Rechtsbehelfen

Literatur: *Fasching,* Die Rechtsbehelfe gegen Versäumungsurteile im deutschen
und im österreichischen Zivilprozeß, in FS Baur (1981) 387; *Sprung,* Konkurrenz von
Rechtsbehelfen im zivilgerichtlichen Verfahren (1966) 21 ff, 77 ff.

Siehe *Casebook* ZVerfR 94, Fall 58 und 96, Fall 60.

Mehrere Rechtsbehelfe können immer kumuliert werden, wenn sie das Ge- 667
setz nicht ausnahmsweise ausdrücklich ausschließt. Daher können grundsätzlich auch Widerspruch, Berufung und Wiedereinsetzung in den vorigen Stand
kumuliert werden. Die Partei kann hier ihre Anträge reihen; das Gericht ist an
diese Reihenfolge gebunden.

Nimmt die Partei keine Reihung vor, ist zuerst über das Rechtsmittel zu 668
entscheiden, das den **weitestgehenden Rechtsschutz** bringt, also über die
Berufung. Teilweise wird demgegenüber vertreten, dass derjenige Rechtsbehelf
vorrangig zu behandeln ist, der auf die einfachste, rascheste, billigste und
sicherste Weise erledigt werden kann.

Zu beachten ist aber, dass nicht immer alle zur Verfügung stehenden 669
Rechtsbehelfe auch aussichtsreich sind: Wurde der Auftrag zur Erstattung der
Klagebeantwortung oder die Ladung zur vorbereitenden Tagsatzung nicht ordnungsgemäß zugestellt, so liegt gar keine Säumnis im Rechtssinne vor. Diesfalls steht nur die Berufung (insb die Nichtigkeitsberufung) gegen das Versäumungsurteil offen; ein Wiedereinsetzungsantrag kommt mangels Vorliegens
einer Säumnis nicht in Betracht. Vgl näher Rz 879.

6. Vergleich der Rechtsbehelfe

670 Ein Vergleich der drei Rechtsbehelfe ergibt folgendes Bild:

	Berufung	Wiedereinsetzung in den vorigen Stand	Widerspruch
Zulässig-keit	gegen jedes VU zulässig	gegen jedes VU zulässig	nur für Beklagten und nur in zwei Konstellationen zulässig GH: Versäumung der KB BG: Versäumung der vorb Tagsatzung
Zuständig-keit	Berufungsgericht entscheidet; bei Nichtigkeit nach § 477 Abs 1 Z 4 ZPO das Erstgericht	Erstgericht entscheidet	Erstgericht entscheidet
Frist	4 Wochen ab VU-Zustellung	14 Tage ab Wegfall des Hindernisses	14 Tage ab VU-Zustellung
Inhalt	Berufungserklärung, -gründe und -antrag	Bescheinigung des Wiedereinsetzungsgrundes und Vornahme der versäumten Prozesshandlung	Inhalt einer Klagebeantwortung (auch im BG-Verfahren)
Grund	Berufungsgründe	unabwendbares oder unvorhersehbares Ereignis	keine Begründung der Säumnis erforderlich
Neuerungen	Neuerungsverbot	neues Tatsachenvorbringen zulässig	neues Tatsachenvorbringen zulässig; bestimmte prozessuale Einreden sind aber nach hA präkludiert
Erfolg des Rechtsbehelfs führt zu	Aufhebung oder Abänderung des VU (abhängig vom Berufungsgrund)	Aufhebung des VU; Verfahren tritt in das Stadium vor der Säumnis zurück	Aufhebung des VU; Anberaumung der vorbereitenden Tagsatzung
Kosten	Kostentragung ist abhängig vom Prozessausgang	Kosten trägt der Wiedereinsetzungswerber	Kosten trägt der Widerspruchswerber
Vorteile	längere Frist; aufschiebende Wirkung; bei erfolgreicher Nichtigkeitsberufung weitestgehende Verfahrensrückabwicklung; bei Unschlüssigkeit sofortige Klagsabweisung möglich	Zurückversetzung des Verfahrens, dadurch keine Präklusionswirkungen	einfachster, billigster und sicherster Rechtsbehelf
Nachteile	langwierig, teuer und weniger sicher als Widerspruch	einfach, aber teuer; weniger sicher als Widerspruch	gewisse Prozesshandlungen bleiben präkludiert; Exekution zur Sicherstellung kann geführt werden

256

Zwölfter Teil:
Das erstinstanzliche Verfahren

I. Einbringung der Klage

Literatur: *Buchegger,* Zur Verbesserung mangelhafter Schriftsätze (§ 84 ZPO), BeitrZPR I (1982) 25; *Jud/Kogler,* Verjährungsunterbrechung durch Klage vor einem unzuständigen Gericht im Ausland, IPRax 2009, 439; *Klicka,* Verbesserungsverfahren bei unschlüssiger Klage, JBl 2003, 886; *Kodek,* Überweisung der Klage im europäischen Justizraum, RZ 2005, 217; *Konecny,* Zur Erweiterung der Verbesserungsvorschriften durch die Zivilverfahrens-Novelle 1983, JBl 1984, 13, 61; *Mayr,* Zur Verbesserbarkeit des Fehlens von Beilagen, BeitrZPR II (1986) 150; *Simotta,* Wann darf von einem österreichischen Gericht die Klage a limine wegen internationaler Unzuständigkeit zurückgewiesen werden? in FS Beys II (2003) 1515.

Mit dem Einlangen der Klage tritt die **Gerichtsanhängigkeit** ein. Bei erst während des Verfahrens gestellten Sachanträgen (zB Klagsausdehnung) tritt die Gerichtsanhängigkeit bei schriftlicher Geltendmachung mit Einlangen des Schriftsatzes, sonst mit Geltendmachung in der mündlichen Verhandlung ein. 671

Eine mittels Schriftsatz vorgenommene **Klagsausdehnung** unterbricht zwar hinsichtlich des ausgedehnten Betrages die Verjährung sofort (ab Gerichtsanhängigkeit); dies allerdings nur unter der Voraussetzung, dass die Klagsausdehnung in der Folge auch in der Verhandlung mündlich vorgetragen wird.

Ausnahmsweise kann auch eine **zurückgewiesene Klage** die Verjährung wahren: Dies ist dann der Fall, wenn das zuständige Gericht im Ausland liegt und daher ein Überweisungsantrag nicht in Betracht kommt. Vgl Rz 290, 676.

Elektronische Eingaben iS des § 89a GOG gelten als bei Gericht eingebracht, wenn ihre Daten zur Gänze bei der Bundesrechenzentrum GmbH eingelangt sind (§ 89d Abs 1 GOG).

Durch die Klageinbringung werden **materielle Fristen** (Verjährung, Präklusivfristen) unterbrochen, sofern die Klage „gehörig fortgesetzt" wird (vgl § 1497 ABGB). Außerdem werden höchstpersönliche Rechte vererblich. Für materiell-rechtliche Fristen kommt es immer auf das **Einlangen** der Klage an; zur Wahrung prozessualer Fristen genügt die rechtzeitige **Postaufgabe** (§ 89 GOG). 672

Auch in **prozessrechtlicher Sicht** hat die Gerichtsanhängigkeit wesentliche Bedeutung: 673

- Das **Prozessrechtsverhältnis** wird **zweiseitig**, mit Zustellung der Klage an den Beklagten (Streitanhängigkeit) sogar dreiseitig.
- Außerdem haben nachträgliche Änderungen für die Zuständigkeit und die Zulässigkeit des (außer-)streitigen Verfahrens keinen Einfluss; die Zuständigkeit wird „perpetuiert" (**perpetuatio fori**, § 29 JN).

Anderes gilt nach § 29 letzter Satz JN bei Wegfall der inländischen Gerichtsbarkeit infolge von Immunität, bei Unzulässigkeit des Rechtswegs im engeren Sinn und bei Unzulässigkeit des (außer-)ordentlichen Rechtswegs.

- Der **Wert** des für die (sachliche) Zuständigkeit maßgebenden **Streitgegenstands** richtet sich nach dem Zeitpunkt der Gerichtsanhängigkeit (§ 54 Abs 1 JN).

II. Prüfung der Prozessvoraussetzungen

674 Nach Einlangen der Klage prüft das Gericht die Klage auf das Vorliegen der Prozessvoraussetzungen bzw das Fehlen von Prozesshindernissen und die Einhaltung der Form- und Inhaltsvorschriften. Siehe dazu näher Rz 489 ff.

675 Die Prüfung der sachlichen und örtlichen Zuständigkeit erfolgt gem § 41 JN **von Amts wegen**; dabei ist das Gericht aber an die **Angaben** des Klägers **in der Klage** gebunden, soweit sie dem Richter nicht bereits als unrichtig bekannt sind.

676 Ist das angerufene Gericht sachlich oder örtlich unzuständig, hat es die Klage mit Beschluss zurückzuweisen (§ 43 Abs 1 JN, § 230 Abs 2 ZPO, sog *„a limine*-**Zurückweisung**"). Diesfalls kann der Kläger einen nachträglichen **Überweisungsantrag** nach § 230a ZPO stellen oder Rekurs erheben. Aufgrund des Überweisungsantrags wird die Klage an das vom Kläger angegebene Gericht überwiesen, sofern dieses nicht „offenbar unzuständig" ist. Dadurch wird die Gerichtsanhängigkeit (und damit die Einhaltung materieller Fristen) gewahrt; auch muss der Kläger nicht nochmals Gerichtsgebühren entrichten. Dazu näher Rz 289.

Siehe *Casebook* ZVerfR 46 f, Fälle 19 und 20.
Ist ein nachträglicher Überweisungsantrag nicht möglich, weil das zuständige Gericht im **Ausland** liegt, kann die Verjährungsfrist auch durch unverzügliche Neueinklagung beim zuständigen Gericht gewahrt werden (*Kodek*, RZ 2005, 217; *Jud/Kogler*, IPRax 2009, 439; 10 Ob 113/07a JBl 2008, 657). Siehe auch bereits Rz 290.

677 Bei der Prüfung der **übrigen Prozessvoraussetzungen** ist das Gericht nicht beschränkt; erforderlichenfalls hat es von Amts wegen die notwendigen Erhebungen zu pflegen. Stellt sich dabei heraus, dass es an einer Prozessvoraussetzung fehlt bzw ein Prozesshindernis vorliegt, ist die Klage mit Beschluss **zurückzuweisen** (§ 230 Abs 2 ZPO).

678 Anderes gilt bei Unzulässigkeit des streitigen Verfahrens (§ 40a JN), bei Fehlen der Prozessfähigkeit, der gesetzlichen Vertretung oder einer gesetzlichen Klagsermächtigung (§ 6 Abs 2, § 230 Abs 2 ZPO) und bei Fehlen des Nachweises der Bevollmächtigung im Anwaltsprozess (§ 37 Abs 2 ZPO): Hier ist zunächst vom Gericht ein **Heilungsversuch** vorzunehmen.

258

Soweit die **EuGVVO** anwendbar ist, darf gem Art 25 EuGVVO (Art 27   679
EuGVVO neu) die Klage wegen fehlender internationaler Zuständigkeit nur
dann *a limine* zurückgewiesen werden, wenn eine internationale Zwangs-
zuständigkeit nach Art 22 EuGVVO (Art 24 EuGVVO neu) verletzt wurde.
Alle anderen Unzuständigkeiten können nach Art 24 EuGVVO (Art 26 EuGV-
VO neu) durch rügelose Einlassung des Beklagten geheilt werden. Das Gericht
darf die Klage **nicht sofort zurückweisen**, sondern muss dem Beklagten die
Klage zustellen und ihm Gelegenheit geben, sich in das Verfahren einzulassen.
Erst wenn sich der Beklagte nicht einlässt, hat das Gericht die Zuständigkeit
zu prüfen und gegebenenfalls die Klage zurückzuweisen. Siehe auch Rz 280 ff.

Das innerstaatliche österreichische Recht bewertet demgegenüber die Einhaltung
der Zuständigkeitsnormen höher und sieht daher die *a limine*-Zurückweisung vor.

III. Prüfung der Einhaltung der Form- und Inhaltsvorschriften

Liegt ein Formgebrechen vor, das die ordnungsgemäße geschäftliche Be-   680
handlung der Klage zu hindern geeignet ist, hat das Gericht ein Verbesserungsverfahren (§§ 84, 85 ZPO) einzuleiten. Nach § 86a ZPO ist auch bei beleidigenden Schriftsätzen zunächst ein Verbesserungsauftrag zu erteilen; bleibt
dieser unbefolgt, kann der Schriftsatz zurückgewiesen werden. Dazu näher
Rz 372 ff.

Beispiele: Die Unterschrift der Partei bzw des Rechtsanwalts fehlt; erforderliche
Gleichschriften fehlen; die Parteien sind nicht ausreichend bezeichnet etc.

Die Aufforderung zur Verbesserung kann formlos (allenfalls auch telefo-   681
nisch) erfolgen. War jedoch für die Klage eine **Frist** einzuhalten, so hat das
Gericht eine Frist zur Verbesserung zu setzen. Wird diese eingehalten, gilt die
verbesserte Klage als im ursprünglichen Zeitpunkt eingebracht (§ 85 Abs 2
ZPO). Bleibt der Verbesserungsauftrag hingegen erfolglos, ist die Klage mit
Beschluss zurückzuweisen.

Nach § 84 Abs 3 ZPO können auch **Inhaltsmängel** eines Schriftsatzes zu   682
einem Verbesserungsauftrag führen. Entgegen dem Gesetzeswortlaut gilt dies
nach hM nicht nur für befristete Klagen (zB Nichtigkeits-, Wiederaufnahms-
und Besitzstörungsklage), sondern für alle Klagen.

Beispiele: Für die Klage fehlt jegliche Klagebegründung; das Klagebegehren ist
unbestimmt; die Klage ist unschlüssig; die Zuständigkeitsangaben sind unvollständig
oder unklar.

Zur Verbesserung von Schriftsätzen näher Rz 372 ff.

IV. Weitere Vorgangsweise

683 Wenn der Streitgegenstand ausschließlich in Geld besteht, maximal € 75.000 begehrt werden und die sonstigen Voraussetzungen des § 244 ZPO erfüllt sind, hat das Gericht einen (bedingten) **Zahlungsbefehl** zu erlassen. Dazu näher unten Rz 690 ff. Andernfalls hat der Richter im Gerichtshofverfahren dem Beklagten den Auftrag zur Erstattung der **Klagebeantwortung** zu erteilen. Die Frist für die Klagebeantwortung beträgt vier Wochen (§ 230 Abs 1 ZPO).

Gleichzeitig mit dem Auftrag zur Klagebeantwortung bzw der Ladung zur vorbereitenden Tagsatzung ist dem Beklagten die Klage zuzustellen. Durch die Zustellung der Klage bzw des Zahlungsbefehls tritt Streitanhängigkeit ein. Dazu näher unten Rz 712 ff.

684 Nach rechtzeitigem Einlangen der Klagebeantwortung oder des Einspruchs gegen den Zahlungsbefehl ist eine **vorbereitende Tagsatzung** anzuberaumen. Dazu Rz 741 ff. Zwischen der Zustellung der Ladung und dem Termin soll eine mindestens dreiwöchige Vorbereitungsfrist bleiben (§ 257 Abs 1 letzter Satz ZPO).

685 Im **bezirksgerichtlichen Verfahren** gibt es keine Klagebeantwortung. Hier hat das Gericht entweder einen Zahlungsbefehl zu erlassen oder sofort die vorbereitende Tagsatzung zur mündlichen Streitverhandlung anzuberaumen.

In dringenden Fällen kann die dreiwöchige Vorbereitungsfrist des § 257 Abs 1 ZPO auch unterschritten werden (vgl § 436 ZPO).

V. Das Mahnverfahren

Literatur: *Bosina/Schneider*, Das neue Mahnverfahren und die ADV-Drittschuldneranfrage (1987); *Frauenberger-Pfeiler/Geroldinger*, Fortsetzung eines Mahnverfahrens als Prüfungsprozess? ZIK 2007, 112; *Kodek*, Zum Prüfungsumfang im Mahnverfahren, RZ 1998, 238; *derselbe*, Österreichisches Mahnverfahren, ausländische Beklagte und das EuGVÜ, ZZPInt 1999, 125; *Mayr*, Die rügelose Einlassung im europäischen (und österreichischen) Mahnverfahren, Zak 2012/334, 167; *Oberhammer*, Zu den Ursprüngen des Mahnverfahrens im österreichischen Recht, in FS Sprung (2001) 283; *Schneider/Frank/Kirschbichler/Moravec/Roth*, Der elektronische Rechtsverkehr mit den Gerichten (ERV) (1999); *Simotta*, Mahnverfahren und a limine-Zurückweisung wegen internationaler Unzuständigkeit, in GS Konuralp II (2009) 507; *Starl*, Der elektronische Rechtsverkehr (2003).

A. Allgemeines

686 Das Mahnverfahren ist ein für Geldleistungsansprüche bis (einschließlich) € 75.000 zwingend vorgesehenes schriftliches Verfahren. Dem liegt die Überlegung zugrunde, dass viele Forderungen gar nicht streitig sind, sondern der Beklagte einfach nicht zahlen kann oder will. Im Wege des Mahnverfahrens kann ein Gläubiger rasch und relativ kostengünstig einen Exekutionstitel erwirken. Zum Europäischen Mahnverfahren vgl unten Rz 702 ff.

Das österreichische Mahnverfahren ist **obligatorisch**; bei Vorliegen der Voraussetzungen des § 244 ZPO ist – unabhängig von einer entsprechenden Antragstellung des Klägers – ein Zahlungsbefehl zu erlassen. Dem Kläger kommt also kein Wahlrecht zu. Hingegen findet das Europäische Mahnverfahren nur auf Antrag statt. 687

Die **praktische Bedeutung** des Mahnverfahrens veranschaulichen einige Zahlen: Im Jahr 2011 wurden bei den Bezirksgerichten 436.701 Mahnklagen eingebracht; die Einspruchsquote betrug 9,26 %. Bei den Gerichtshöfen erster Instanz wurden 18.523 Mahnklagen eingebracht; die Einspruchsquote betrug 35,18 %. In Arbeitsrechtssachen wurden 15.900 Mahnklagen eingebracht; die Einspruchsquote betrug hier 40,54%. Allgemein ist festzustellen, dass mit höheren Streitwerten die Einspruchsquote tendenziell ansteigt.

Für die **Zuständigkeit** gibt es keine Sondervorschriften. Das Mahnverfahren ist sowohl vor den Gerichtshöfen (§§ 244 ff ZPO) als auch im bezirksgerichtlichen Verfahren (§ 448 ZPO) sowie in Arbeitsrechtssachen (§ 56 ASGG) anzuwenden. Die Durchführung des Mahnverfahrens obliegt weitgehend dem Rechtspfleger (§ 16 Abs 1 Z 1 lit a RechtspflegerG). 688

Das Mahnverfahren wird mithilfe **automationsunterstützter Datenverarbeitung** durchgeführt (§§ 250 f ZPO). Einzelheiten regelt die ADV-Formverordnung 2002 (AFV). Das zu verwendende Formular ZPForm 58a kann im Internet unter www.justiz.gv.at abgerufen werden. 689

B. Voraussetzungen

Ein bedingter Zahlungsbefehl darf nach § 244 ZPO **nicht erlassen** werden, wenn 690

- der in der Klage geforderte Geldbetrag (ohne Zinsen und Nebengebühren) insgesamt € **75.000** übersteigt. Hierbei sind mehrere in der Klage geltend gemachte Ansprüche unabhängig vom Vorliegen der Voraussetzungen des § 55 JN zusammenzurechnen;
- die Leistung **nicht** ausschließlich auf **Geldzahlung** lautet;
- ein **Wechselzahlungsauftrag** zu erlassen ist;
- die Klage **zurückzuweisen** ist;
- die Forderung nach den Angaben in der Klage offenkundig **nicht klagbar** (zB Spielschulden), noch nicht fällig oder von einer Gegenleistung abhängig ist. Dem steht wertungsmäßig der Fall gleich, dass die Forderung **offenkundig unbegründet** ist;
- der Beklagte unbekannten Aufenthalts ist;
- der Beklagte seinen Wohnsitz, gewöhnlichen Aufenthalt oder Sitz im **Ausland** hat. Diesfalls kommt aber allenfalls das Europäische Mahnverfahren in Betracht. Dazu Rz 702 ff;
- die Klage **unschlüssig** ist.

Siehe *Casebook* ZVerfR 72, Fall 40.

Beachte: Weil für die Zuständigkeit mehrere Ansprüche nach § 55 JN nur bei Vorliegen eines tatsächlichen oder rechtlichen Zusammenhangs zusammenzurechnen sind, bedeutet dies, dass auch vor dem Bezirksgericht Mahnklagen bis zu € 75.000 möglich sind, wenn darin mehrere Ansprüche geltend gemacht werden, keiner davon € 15.000 übersteigt und diese Ansprüche nicht in tatsächlichem oder rechtlichem Zusammenhang stehen. Hingegen kann aus Gründen des Beklagtenschutzes die Wertgrenze von derzeit € 75.000 auch dann nicht überschritten werden, wenn sich dieser Betrag aus mehreren Ansprüchen zusammensetzt, die nicht in tatsächlichem oder rechtlichem Zusammenhang stehen.

691   Die vom Gericht vorzunehmende **Prüfung** hat grundsätzlich nur anhand der Klagsangaben zu erfolgen. Vermutet das Gericht jedoch schon aufgrund der Klagsangaben, dass ein Zahlungsbefehl erschlichen werden soll, kann das Gericht dem Kläger auftragen, weitere Bescheinigungsmittel beizubringen (§ 245 Abs 2 ZPO). Wird ein derartiger Auftrag nicht befolgt, ist die gesamte Klage zurückzuweisen (§ 245 Abs 3 ZPO).

692   Hat eine Partei durch **unrichtige oder unvollständige Angaben** in der Klage die Erlassung eines bedingten Zahlungsbefehls über eine oder mehrere Forderungen samt Zinsen oder bestimmter Kosten erschlichen oder zu erschleichen versucht, insb durch Geltendmachung einer Nebenforderung iSd § 54 Abs 2 JN als Teil der Hauptforderung, ohne dies gesondert anzuführen, hat das Gericht über sie eine **Mutwillensstrafe** von mindestens € 100 zu verhängen (§ 245 Abs 1 ZPO). Außerdem kommt Strafbarkeit wegen (versuchten) **Prozessbetrugs** (§§ 146 ff StGB) in Betracht (dazu *Kodek*, ÖJZ 2010, 627).

693   Sind die Voraussetzungen für die Erlassung eines **Zahlungsbefehls nicht erfüllt**, weist das Gericht die Klage zurück, sofern eine Prozessvoraussetzung fehlt bzw ein Prozesshindernis vorliegt. Andernfalls leitet es das **ordentliche Verfahren** ein, trägt also im Gerichtshofverfahren dem Beklagten die Erstattung der **Klagebeantwortung** auf oder beraumt im bezirksgerichtlichen Verfahren die vorbereitende Tagsatzung an.

C. Der Zahlungsbefehl

694   Bei Vorliegen der Voraussetzungen des § 244 ZPO erlässt das Gericht einen bedingten Zahlungsbefehl. Dabei handelt es sich um einen **Beschluss**. In diesem wird dem Beklagten aufgetragen, binnen 14 Tagen nach Zustellung des Zahlungsbefehls bei sonstiger Exekution die Forderung samt Zinsen und Kosten zu bezahlen oder – wenn er die geltend gemachten Ansprüche bestreitet – gegen den Zahlungsbefehl binnen vier Wochen Einspruch zu erheben.

Der Zahlungsbefehl enthält auch eine **Rechtsmittelbelehrung**. Darin wird der Beklagte darauf hingewiesen, dass der Zahlungsbefehl nur durch die Erhebung des Einspruchs außer Kraft gesetzt werden kann und dass im Gerichtshofverfahren der Einspruch den Inhalt der Klagebeantwortung haben muss und die Vertretung durch einen Rechtsanwalt geboten ist.

Der Zahlungsbefehl wird in der Regel **automationsunterstützt** ausgefertigt und dem Beklagten über die Poststraße des Bundesrechenzentrums zugestellt. Die Zustellung an den Kläger (Klagevertreter) erfolgt in der Regel erst, wenn der Beklagte Einspruch erhebt oder der Zahlungsbefehl in Rechtskraft erwachsen ist. Durch die Zustellung des Zahlungsbefehls tritt **Streitanhängigkeit** ein. Dazu Rz 712 ff.   695

D. Der Einspruch gegen den Zahlungsbefehl

Der Zahlungsbefehl kann grundsätzlich nur mit **Einspruch** bekämpft werden (§ 246 Z 3, §§ 248 f ZPO). Erhebt der Beklagte nicht rechtzeitig Einspruch, wird der Zahlungsbefehl rechtskräftig und vollstreckbar. Die im Zahlungsbefehl enthaltene **Kostenentscheidung** kann jedoch mit Kostenrekurs bekämpft werden (§ 247 Abs 3 ZPO).   696

Weil der Beklagte im Mahnverfahren nur einmal Gelegenheit hat, sich zur Wehr zu setzen, wird auch davon gesprochen, dass das österreichische Mahnverfahren **einstufig** ausgestaltet ist. In anderen Ländern (zB Deutschland) ergeht demgegenüber nach dem Mahnbescheid noch ein Vollstreckungsbescheid, gegen den sich der Schuldner wiederum zur Wehr setzen kann.

Die Einspruchsfrist beträgt **vier Wochen** ab Zustellung des Zahlungsbefehls an den Beklagten (§ 248 Abs 2 ZPO). Diese Frist ist nicht erstreckbar, aber der Wiedereinsetzung zugänglich.   697

Im **Gerichtshofverfahren** ist der Einspruch schriftlich einzubringen; er muss den Inhalt der **Klagebeantwortung** aufweisen und unterliegt der Anwaltspflicht (§ 248 Abs 1, § 246 Z 4 ZPO). Die Einspruchserhebung stellt einen Akt der Streiteinlassung dar. Daher heilen die sachliche, die örtliche und die prorogable internationale Unzuständigkeit, wenn der Beklagte diese im Einspruch nicht einredeweise geltend macht (§ 240 ZPO).   698

Durch rechtzeitige Einspruchserhebung tritt der ganze Zahlungsbefehl außer Kraft, soweit sich der Einspruch nicht ausdrücklich nur gegen einen Teil des Klagebegehrens richtet (sog Teileinspruch, § 249 Abs 1 ZPO). Das Gericht hat das **ordentliche Verfahren** nach §§ 257 ff ZPO einzuleiten (§ 249 Abs 2 ZPO). Dies besteht regelmäßig in der Anberaumung einer vorbereitenden Tagsatzung zur mündlichen Streitverhandlung.   699

Der Einspruch kann **zurückgenommen** werden. Dadurch wird der Zahlungsbefehl rechtskräftig und vollstreckbar.   700

E. Besonderheiten des bezirksgerichtlichen Mahnverfahrens

701   Im bezirksgerichtlichen Mahnverfahren sieht § 448 ZPO mehrere Abweichungen vor:

- Für die Erhebung und Zurücknahme des Einspruchs besteht keine Anwaltspflicht;
- der Einspruch bedarf keiner Begründung;
- schriftliche Einsprüche können in einfacher Ausfertigung überreicht werden;
- der nichtanwaltlich vertretene Beklagte kann Einsprüche auch beim Bezirksgericht seines Aufenthalts mündlich zu Protokoll geben;
- ist der Einspruch begründet, so ist dem Kläger eine Ausfertigung oder Abschrift des Schriftsatzes oder des ihn ersetzenden Protokolls zuzustellen.

F. Europäisches Mahnverfahren

Literatur: Siehe *Mayr*, EuZPR Rz V/1 ff mwN, sowie insb *Brenn*, Europäisches Mahnverfahren, Zak 2006, 27; *Bruchbacher/Denk*, Ausgewählte Aspekte bei der Anwendung des Europäischen Mahnverfahrens, RZ 2013, 78; *dieselben*, Zur Heilung der internationalen Zuständigkeit im Europäischen Mahnverfahren, Zak 2012, 408; *Frauenberger-Pfeiler*, EuZVR: Die neue Generation. Europäisches Mahnverfahren und Bagatellverfahren, JAP 2008/2009, 103, 170; *Freitag/Leible*, Erleichterung der grenzüberschreitenden Forderungsbetreibung in Europa: Das Europäische Mahnverfahren, BB 2008, 2750; *Hess*, Strukturfragen der Europäischen Prozessrechtsangleichung, dargestellt am Beispiel des Europäischen Mahn- und Inkassoverfahrens, in FS Geimer (2002) 339; *derselbe*, Vereinfachte Verfahren und Mahnverfahren in Europa, in *Storme* (Hrsg), Procedural Laws in Europe – Towards Harmonisation (2003) 323; *Hess/Bittmann*, Die Verordnungen zur Einführung eines Europäischen Mahnverfahrens und eines Europäischen Verfahrens für geringfügige Forderungen – ein substantieller Integrationsschritt im Europäischen Zivilrecht, IPRax 2008, 305; *Kodek*, Auf dem Weg zu einem Europäischen Mahnverfahren? Gedanken zum Verordnungsvorschlag der Kommission, in FS Rechberger (2005) 283; *derselbe*, Rechtsschutz im Europäischen Mahnverfahren – Zum Zusammenspiel von gerichtlichen Prüfpflichten und Handlungslasten des Schuldners, in FS Stürner II (2013) 1263; *Kormann*, Das neue Europäische Mahnverfahren im Vergleich zu den Mahnverfahren in Deutschland und Österreich (2007); *Kreße*, Das Europäische Mahnverfahren, EWS 2008, 508; *Mayr*, Das Europäische Mahnverfahren und Österreich, JBl 2008, 503; *derselbe*, Europäisches Mahn- und Bagatellverfahren – Fremdkörper oder Vorbild für Neuregelungen im österreichischen Recht?, in Die österreichischen Höchstgerichte und die europäischen Gerichtshöfe zwischen Recht, Wirtschaft und Politik, 8. Fakultätstag der rechtswissenschaftlichen Fakultät der Universität Graz (2012) 113; *Pérez-Ragone*, Europäisches Mahnverfahren: ein prozesshistorischer, -vergleichender und dogmatischer Beitrag zur Vergemeinschaftung der Inkassoverfahrensnormen in der Europäischen Union (2005); *Pernfuß*, Die Effizienz des Europäischen Mahnverfahrens (2009); *Rechberger*, Zum Entwurf einer Verordnung zur Einführung eines Europäischen Mahnverfahrens, in FS Yessiou-Faltsi (2007) 513; *derselbe*, Das Europäische Mahnverfahren aus österreichischer Sicht, in *König/Mayr* (Hrsg), Europäisches Zivilverfahrensrecht in Österreich II (2009) 25;

264

Rechberger/Kodek (Hrsg), Orders for payment in the European Union (2001); *Sujecki,* Das Europäische Mahnverfahren, NJW 2007, 1622; *derselbe,* Erste Überlegungen zum Europäischen elektronischen Mahnverfahren, MMR 2005, 213; *Tschütscher/Weber,* Die Verordnung zur Einführung eines Europäischen Mahnverfahrens, ÖJZ 2007, 303; *Weber/Fucik,* Das österreichische und das Europäische Mahnverfahren – Die wesentlichen Unterschiede, ÖJZ 2008, 829.

Grundlage für das europäische Mahnverfahren bildet die VO (EG) Nr 1896/2006. Das europäische Mahnverfahren ist **fakultativ**; es tritt neben innerstaatliche Rechtsdurchsetzungsmöglichkeiten. Das Verfahren ist weitgehend dem österreichischen nationalen Mahnverfahren nachgebildet und durch Verwendung von Formblättern weitestgehend standardisiert. In Österreich ist für das europäische Mahnverfahren ausschließlich das Bezirksgericht für Handelssachen Wien zuständig (§ 252 ZPO). Nach Erhebung eines Einspruchs hat gegebenenfalls eine Abgabe an das zuständige Gericht zu erfolgen. **702**

Aus kompetenzrechtlichen Gründen ist das europäische Mahnverfahren auf **grenzüberschreitende Rechtssachen** beschränkt. Zumindest eine Partei muss ihren Wohnsitz oder gewöhnlichen Aufenthalt in einem Mitgliedstaat außerhalb des Staates des angerufenen Gerichts haben (Art 3 EuMahnVO). Das Verfahren ist nur für **Geldforderungen** vorgesehen; eine **Wertgrenze** besteht – anders als nach innerstaatlichem Recht – **nicht**. **703**

Die **Zuständigkeit** richtet sich grundsätzlich nach der EuGVVO; in Verbrauchersachen kann die Klage gegen einen Verbraucher aber nur im Wohnsitzstaat des Verbrauchers eingebracht werden (Art 6 EuMahnVO). **704**

Der **Antrag** auf Erlass eines europäischen Zahlungsbefehls muss enthalten (Art 7 EuMahnVO): **705**
- Name und Anschrift der Parteien und ihrer Vertreter,
- Höhe der Forderung,
- Zinssatz,
- „Streitgegenstand" einschließlich einer Beschreibung des Sachverhalts,
- die Bezeichnung der Beweise sowie
- die Gründe für die Zuständigkeit und den grenzüberschreitenden Charakter.

Das zu verwendende Formular kann im Internet unter https://e-justice.europa.eu/content_european_payment_order_forms-156-de.do abgerufen werden.

Die Möglichkeit der **elektronischen Einbringung** und Sanktionen für unrichtige Angaben richten sich nach dem Recht des jeweiligen Mitgliedstaates. Eine **Verbesserung** ist möglich, soweit der Antrag nicht offenbar unbegründet ist (Art 9 EuMahnVO). **706**

Das Gericht prüft den Antrag und weist diesen entweder bei Fehlen der Voraussetzungen für die Anwendbarkeit des Verfahrens oder offensichtlicher Unbegründetheit zurück (Art 11 EuMahnVO) oder erlässt einen **europäischen Zahlungsbefehl** (Art 12 EuMahnVO). **707**

708 Der europäische Zahlungsbefehl kann innerhalb von 30 Tagen mit **Einspruch** bekämpft werden (Art 16 EuMahnVO). Diesfalls wird das Verfahren nach den nationalen Regelungen des ordentlichen Verfahrens fortgesetzt, sofern der Antragsteller nicht ausdrücklich erklärt hat, die Überleitung in das ordentliche Verfahren abzulehnen. Wird kein Einspruch erhoben, bestätigt das Gericht die **Vollstreckbarkeit** mittels eines Formblatts (Formblatt G).

709 Weder für den Antrag auf Erlassung eines europäischen Zahlungsbefehls noch für den Einspruch besteht **Anwaltspflicht** (Art 24 EuMahnVO).

710 Nach Ablauf der Einspruchsfrist ist eine **Überprüfung** des Zahlungsbefehls nur **in Ausnahmefällen** möglich (Art 20 EuMahnVO). Dies ist in folgenden Fällen vorgesehen:
- Wenn die Zustellung nicht zu eigenen Handen und nicht so rechtzeitig erfolgte, dass der Antragsgegner Vorkehrungen für seine Verteidigung hätte treffen können;
- wenn die Unmöglichkeit der Einspruchserhebung auf höhere Gewalt oder außergewöhnliche Umstände zurückzuführen ist, ohne dass den Antragsgegner ein Verschulden trifft;
- wenn der Zahlungsbefehl „offenbar" zu Unrecht erlassen wurde.

Damit erfüllt die Überprüfung nach Art 20 EuMahnVO auch die Funktion eines Rechtsbehelfs wegen Zustellmängeln und eines Wiedereinsetzungsantrags.

Liegt eine dieser Voraussetzungen vor, wird der europäische Zahlungsbefehl **für nichtig erklärt** (Art 20 Abs 3 EuMahnVO).

711 Ein europäischer Zahlungsbefehl ist in allen Mitgliedstaaten **anzuerkennen** und zu vollstrecken; eine Vollstreckbarerklärung („Exequatur") ist nicht erforderlich (Art 19 EuMahnVO). Der einzige Grund, die Anerkennung und Vollstreckung zu versagen, wäre ein Widerspruch mit einer früheren Entscheidung (Art 22 EuMahnVO). Allerdings ist eine Aufschiebung der Exekution möglich, wenn eine Überprüfung nach Art 20 EuMahnVO beantragt wird (Art 23 EuMahnVO).

VI. Streitanhängigkeit

Literatur: *Böhm*, Einige Probleme der schriftlichen Klagserweiterung, RZ 1980, 45; *Cizek/Lederer*, Internationale Streitanhängigkeit im Lichte der CMR, RdW 2006, 489; *Enzinger*, Streitfragen zum Streitgegenstand im Wechselprozess, JBl 2006, 705; *Girsch*, Internationale Streitanhängigkeit im grenzüberschreitenden Straßengüterverkehr, ecolex 2006, 622; *Hackl*, Mehrfach eingebrachte Anlegerklagen – ein prozessualer Stolperstein für die Gerichte? Zugleich eine Besprechung von 5 Ob 7/11g, ÖJZ 2012, 101; *Homann*, Das zuerst angerufene Gericht – Art. 21 EuGVÜ und die Artt. 28, 30 EuGVVO, IPRax 2002, 502; *Oberhammer*, Internationale Rechtshängigkeit, Aufrechnung und objektive Rechtskraftgrenzen in Europa, IPRax 2002, 424; *Steininger*, Einige Überlegungen zur Streitanhängigkeit, in FS Schima (1969) 407; *Tiefenthaler*, Die Streitanhängigkeit nach Art 21 Lugano-Übereinkommen, ZfRV 1997, 67.

A. Begriff

Die Streitanhängigkeit tritt mit ordnungsgemäßer **Zustellung des verfahrenseinleitenden Schriftsatzes** (Klage, Aufkündigung etc) an den Beklagten ein (§ 232 Abs 1 ZPO). 712

Wird ein Anspruch erst im Lauf eines Prozesses erhoben, tritt die Streitanhängigkeit grundsätzlich mit der Geltendmachung in der mündlichen Verhandlung ein (§ 232 Abs 2 ZPO).

Die Streitanhängigkeit besteht, solange das Verfahren anhängig ist. Wird das Verfahren mit Urteil beendet, verwandelt sie sich in die Rechtskraftwirkung. Die Streitanhängigkeit fällt aber auch durch rechtskräftige Zurückweisung der Klage bzw des Anspruchs, durch Klagszurücknahme oder prozessbeendenden Vergleich weg. Ein bloßer Stillstand des Verfahrens (zB Ruhen oder Unterbrechung) hat hingegen auf die Streitanhängigkeit keinen Einfluss. 713

B. Die Wirkungen der Streitanhängigkeit

1. Materielle Wirkungen

Ab dem Zeitpunkt der Streitanhängigkeit haftet der Beklagte wie ein **unredlicher Besitzer** (§§ 338, 824 ABGB). Außerdem können vom Tag der Streitanhängigkeit an auch dann, wenn der bisherige Zinsenrückstand die Höhe der Hauptschuld bereits erreicht hat, wieder **Zinsen** verlangt werden (§ 1335 ABGB). 714

Bei einem **Solidarschuldverhältnis** muss der Schuldner demjenigen Solidargläubiger, dessen Klage ihm als Erstes zugestellt wurde, die unteilbare Leistung erbringen (vgl § 892 ABGB). 715

2. Prozessuale Wirkungen

Ihre hauptsächlichen Wirkungen äußert die Streitanhängigkeit aber in prozessualer Hinsicht: 716
- Das **Prozessrechtsverhältnis** wird nunmehr dreiseitig.
- Für eine **Klagsänderung** ist die Zustimmung des Beklagten erforderlich.
- Die Streitanhängigkeit begründet ein **Prozesshindernis**.
- Während der Streitanhängigkeit kann ein **Zwischenantrag auf Feststellung** gestellt, eine Widerklage oder Aufrechnungseinrede eingebracht werden.
- Auch ein Beitritt eines **Nebenintervenienten** ist zulässig.
- Die **Veräußerung der streitverfangenen Sache** hat auf den Prozess keinen Einfluss (§ 234 ZPO).

717   Das **Prozesshindernis** der Streitanhängigkeit soll verhindern, dass in ein und derselben Sache zwischen denselben Parteien zwei Prozesse geführt werden. Dies dient der Verfahrensökonomie, aber auch der Rechtssicherheit, weil das Ergehen divergierender Urteile in derselben Sache hintangehalten wird.

718   Das Prozesshindernis der Streitanhängigkeit setzt voraus, dass die **Parteien** (unabhängig von der Parteirolle) und der **Streitgegenstand identisch** sind. Identität der Parteien liegt vor, wenn in beiden Prozessen dieselben Rechtssubjekte (oder deren Rechtsnachfolger) als Parteien auftreten.

719   **Identität des Anspruchs** liegt vor, wenn der Streitgegenstand bei beiden Klagen derselbe ist. Daher besteht etwa zwischen positiver und negativer Feststellungsklage Identität; das Begehren der negativen Feststellungsklage ist nämlich das **begriffliche Gegenteil** des Begehrens der positiven Feststellungsklage. Hingegen besteht zwischen einer Feststellungsklage und einer nachfolgenden Leistungsklage keine Identität, weil die Leistungsklage weitergehenden Rechtsschutz bietet.

720   Die Geltendmachung einer Gegenforderung mittels **Aufrechnungseinrede** begründet hingegen keine Streitanhängigkeit. Einerseits muss über die Aufrechnungseinrede nur dann entschieden werden, wenn das Gericht vom Bestehen der Klagsforderung ausgeht; andererseits sind die Begehren bei der Aufrechnungseinrede und bei der Klage verschieden. Bei Ersterer wird nur die Abweisung des Hauptbegehrens, bei selbständiger Einklagung hingegen die Verurteilung des Beklagten zur Leistung begehrt.

C. Internationale Streitanhängigkeit

721   Wenn bei **Gerichten verschiedener Mitgliedstaaten** Klagen wegen desselben Anspruchs zwischen denselben Parteien anhängig gemacht wurden, setzt das später angerufene Gericht das Verfahren von Amts wegen aus, bis die (internationale) Zuständigkeit bzw Unzuständigkeit des zuerst angerufenen Gerichts feststeht. Sobald die (internationale) Zuständigkeit des zuerst angerufenen Gerichts feststeht, erklärt sich das später angerufene Gericht zugunsten dieses Gerichts für unzuständig (Art 27 EuGVVO, Art 29 EuGVVO neu). Ein in einem Mitgliedstaat anhängiges **Eheverfahren** blockiert jedes später anhängig gemachte Verfahren (Art 19 Abs 1 Brüssel IIa-VO).

        Die Anhängigkeit eines Verfahrens in einem Nichtmitgliedstaat (**Drittstaat**) begründet in Österreich Streitanhängigkeit, wenn das in diesem Verfahren ergehende Urteil in Österreich voraussichtlich anerkannt wird.

722   Der EuGH geht von einem vom inländischen Verständnis abweichenden **Streitgegenstandsbegriff** aus (vgl Rz 574 ff). Demnach ist entscheidend, ob im Kern beide Verfahren dieselben Fragen betreffen (sog „**Kernpunkttheorie**"). Nach dieser Auffassung besteht zB Identität zwischen Leistungs- und

268

Feststellungsklage, so zwischen Klage auf Feststellung der Unwirksamkeit eines Handelsvertretervertrages und Leistungsklage auf Ausgleichszahlung.

Dieses weite Verständnis machen sich manche zahlungsunwillige Schuldner zunutze: Der Schuldner erhebt in einem Land mit tendenziell langer Verfahrensdauer (insb Italien, Niederlande) eine negative Feststellungsklage, dass er dem Gläubiger nichts schulde. Solange dieses Verfahren anhängig ist, kann der Gläubiger in keinem anderen Mitgliedstaat die Leistungsklage erheben. Damit kann der Schuldner die Rechtsdurchsetzung des Gläubigers so lange blockieren, bis seine negative Feststellungsklage zurück- oder abgewiesen wird („**italienischer**" bzw „**holländischer Torpedo**").

Dies wird sich mit Inkrafttreten der Neufassung der EuGVVO am 1.1.2015 ändern, soweit die Parteien eine **Gerichtsstandsvereinbarung** geschlossen haben: Ruft nämlich der Gläubiger das von den Parteien im Rahmen einer Gerichtsstandsvereinbarung festgelegte Gericht an, muss auch ein vom Schuldner zuvor angerufenes Gericht in einem anderen Mitgliedstaat das Verfahren aussetzen und die Entscheidung des vereinbarten Gerichts abwarten (Art 31 Abs 2 EuGVVO neu).

Besteht keine Identität des Streitgegenstands, sondern nur ein **inhaltlicher** **Zusammenhang** (Identität der Parteien ist nicht erforderlich!), *kann* (Ermessensentscheidung je nach Verfahrensstand und „Sachnähe") das später angerufene Gericht sein Verfahren aussetzen oder seine Unzuständigkeit aussprechen. Letzteres ist aber nur dann möglich, wenn das zuerst angerufene Gericht auch für eine Entscheidung der später anhängig gemachten Klage zuständig ist (Art 28 EuGVVO, Art 30 EuGVVO neu).   723

VII. Streiteinlassung

Literatur: *König*, Abgesang auf die Erste Tagsatzung, IPRax 2004, 236; *Mahrer*, Zulässigkeit von „leeren" Klagebeantwortungen? AnwBl 2004, 336; *Mayr*, Die Wahrnehmung der Unzuständigkeit nach der ZVN 2004, 361; *Rechberger*, Zum Widerspruch gegen das Versäumungsurteil nach § 398 ZPO, JBl 1985, 5; *Salficky*, Die Prozessförderungspflicht und Präklusion, RdW 2002, 578; *Schoibl*, Die Zivilverfahrens-Novelle 2002, JAP 2003/2004, 12.

A. Allgemeines

Die Streiteinlassung besteht darin, dass die betreffende Partei schriftlich oder mündlich **zur Sache vorbringt**. Der Kläger lässt sich schon dadurch in den Streit ein, dass er die Klage bzw den sonstigen verfahrenseinleitenden Schriftsatz (zB die Aufkündigung) einbringt und überdies in der vorbereitenden Tagsatzung zur Sache mündlich vorträgt.   724

Die Streiteinlassung des **Beklagten** erfolgt im bezirksgerichtlichen Verfahren im Regelfall mündlich durch Bestreitung des Klagebegehrens in der vorbereitenden Tagsatzung, im Gerichtshofverfahren dagegen schriftlich (**Kla-**   725

gebeantwortung bzw Einspruch gegen den Zahlungsbefehl) und mündlich (Bestreitung in der vorbereitenden Tagsatzung).

726 Eine **Pflicht** zur Streiteinlassung (Einlassungszwang) besteht nicht. Die Nichteinlassung zieht allerdings Säumnisfolgen nach sich (§§ 396, 442 ZPO).

B. Wirkungen der Streiteinlassung

727 Nach Streiteinlassung kann **kein Versäumungsurteil** mehr ergehen.

728 Ist der Beklagte durch einen **Rechtsanwalt** oder Notar vertreten, so wird dadurch, dass er zur Sache vorbringt oder mündlich verhandelt, die unprorogable sachliche oder örtliche Unzuständigkeit sowie die prorogable internationale Unzuständigkeit geheilt (§ 104 Abs 3 JN).

Beachte: Demgegenüber spricht Art 24 EuGVVO (Art 26 EuGVVO neu) nicht von der Streiteinlassung, sondern von der **Einlassung in das „Verfahren".** Nach der Rsp des EuGH bedeutet Einlassung in das Verfahren die erste Verteidigungshandlung des Beklagten. Nach der EuGVVO kann die Unzuständigkeit daher schon vor Streiteinlassung heilen.

729 Außerdem kann ein Richter **nicht mehr abgelehnt** werden, wenn sich die Partei in Kenntnis des Ablehnungsgrundes in die Verhandlung eingelassen oder Anträge gestellt hat (§ 21 Abs 2 JN).

730 Auch die nicht gehörige **Gerichtsbesetzung** oder ein Verstoß gegen die feste Geschäftsverteilung können nach Einlassung der Parteien in die Streitverhandlung nicht mehr geltend gemacht werden (§ 260 Abs 4 ZPO).

C. Die Klagebeantwortung

731 Wenn kein Zahlungsbefehl zu erlassen ist, trägt der Richter im **Gerichtshofverfahren** dem Beklagten mit Beschluss die Beantwortung der Klage auf (§ 230 Abs 1 ZPO). Die gesetzliche Frist dafür beträgt vier Wochen.

732 Die Klagebeantwortung ist der Rechtsschutzantrag des Beklagten. Insoweit ist sie das Gegenstück zur Klage. Das Gesetz sieht daher auch ähnliche **Form- und Inhaltserfordernisse** vor:
- Die erste Seite entspricht im Wesentlichen jener der Klage. Soweit die Klagebeantwortung nicht elektronisch eingebracht wird, muss sie von einem Rechtsanwalt unterschrieben werden.
- Die Klagebeantwortung hat gem § 239 Abs 1 ZPO ein bestimmtes **Begehren** (Urteilsgegenantrag) zu enthalten. Der Beklagte kann die (gänzliche oder teilweise) Abweisung der Klage oder – bei Fehlen einer Prozessvoraussetzung – die Klagszurückweisung beantragen.
- Außerdem hat die Klagebeantwortung die **Tatsachen und Umstände,** auf die sich die Einwendungen, Anträge und Einreden der beklagten Partei

270

gründen, kurz und vollständig anzugeben und die Beweismittel zu bezeichnen, deren sich der Beklagte zu bedienen beabsichtigt.

Nach ständiger Rsp genügt aber auch eine sog „leere" Klagebeantwortung, die zwar die Formerfordernisse eines Schriftsatzes erfüllt, aber keinen Urteilsgegenantrag und kein Sachvorbringen enthält.

In der Klagebeantwortung müssen bei sonstigem Ausschluss folgende **Einreden** erhoben bzw **Anträge** gestellt werden: 733
- die Einrede der sachlichen und örtlichen Unzuständigkeit (§ 240 ZPO, § 104 Abs 3 JN);
- die Einrede der prorogablen internationalen Unzuständigkeit (vgl § 104 Abs 3 JN);
- der Antrag auf aktorische Kaution.

Wird die Klagebeantwortung nicht rechtzeitig erstattet, ist auf Antrag des Klägers ein **Versäumungsurteil** nach § 396 Abs 1 ZPO zu fällen. Wird hingegen die Klagebeantwortung rechtzeitig erstattet, ist die vorbereitende Tagsatzung zur mündlichen Streitverhandlung anzuberaumen (§ 257 ZPO). 734

Keine Klagebeantwortung gibt es im **bezirksgerichtlichen Verfahren** (§ 440 Abs 2 ZPO), in Arbeitsrechtssachen (§ 59 Abs 1 Z 2 ASGG), im Wechselmandatsverfahren sowie im Mahnverfahren vor den Gerichtshöfen 1. Instanz, weil hier die Einwendungen bzw der Einspruch die Funktion der Klagebeantwortung haben. 735

VIII. Die mündliche Streitverhandlung

Literatur: *Annerl,* Vorbereitende Tagsatzung und Präklusion von Parteivorbringen, ÖJZ 2006, 229; *F. Bydlinski,* Schadenersatz wegen materiell rechtswidriger Verfahrenshandlungen, JBl 1986, 626; *Fasching,* Aktive Verfahrensgestaltung durch den Richter im österreichischen Zivilprozeß, Österreichische Landesreferate zum IX. Internationalen Kongreß für Rechtsvergleichung in Teheran (1974) 75; *derselbe,* Der mühsame Weg zur Prozessbeschleunigung, in FS Beys I (2003) 305; *Frauenberger,* Die ZVN 2002 – Neuerungen im Zivilprozessrecht, ÖJZ 2002, 873; *Fucik,* Die Rolle des Richters in der ZPO, in 100 Jahre ZPO. Ökonomische Analyse des Zivilprozesses (1998) 191; *Klicka,* Aufklärungspflichten der Prozeßparteien im österreichischen Zivilprozessrecht, JBl 1992, 231; *Pimmer,* Zur Befugnis zur Zurückweisung verspäteten Vorbringens und Beweisanbietens nach § 179 Abs 1 Satz 2 ZPO, JBl 1983, 129.

A. Allgemeines

Die mündliche Streitverhandlung (§§ 171 ff ZPO) bildet den wichtigsten Teil des erstinstanzlichen Verfahrens. Sie dient der Erstattung der **Vorträge** der Parteien, der **Erörterung** des Sach- und Rechtsvorbringens, der **Beweisaufnahme** und der Erörterung der Ergebnisse des Beweisverfahrens. 736

B. Die Vorbereitung der mündlichen Streitverhandlung

737   Im Gerichtshofverfahren wird die mündliche Verhandlung durch **Schriftsätze** (Klage, Klagebeantwortung) **vorbereitet**. Vgl Rz 368 ff. Darüber hinaus ist in der Praxis sowohl im Gerichtshof- als auch im bezirksgerichtlichen Verfahren vielfach üblich, dass die Parteien zur Vorbereitung der mündlichen Verhandlung noch weitere Schriftsätze (**vorbereitende Schriftsätze**) erstatten. Die vorbereitenden Schriftsätze müssen spätestens eine Woche vor der vorbereitenden Tagsatzung bei Gericht und beim Gegner eingelangt sein (§ 257 Abs 3 ZPO). Das Gericht kann auch den Wechsel vorbereitender Schriftsätze auftragen (§ 257 Abs 2 Satz 1 ZPO, „**aufgetragener Schriftsatz**").

Beachte: Schriftsätze mit beleidigenden Äußerungen sind zurückzuweisen, wenn ein Verbesserungsauftrag keinen Erfolg hat; verworrene Schriftsätze sind überhaupt sofort zurückzuweisen (§ 86a ZPO). Im Übrigen ist bei Formmängeln, nach der Rsp darüber hinaus teilweise auch bei Inhaltsmängeln, ein Verbesserungsversuch durchzuführen (§§ 84, 85 ZPO). Dazu näher Rz 372 ff.

738   Außerdem kann das Gericht den Parteien auftragen, binnen einer gleichzeitig zu bestimmenden Frist ergänzendes **Vorbringen** zu erstatten, die als Beweismittel vorzulegenden **Urkunden** vorzulegen sowie Namen und Anschrift einzuvernehmender **Zeugen** bekanntzugeben (§ 180 Abs 2 ZPO).

739   Zur Vorbereitung der Verhandlung kann der Vorsitzende außerdem
- die Parteien zum persönlichen Erscheinen auffordern;
- die Vorlage von Urkunden auftragen;
- die Beischaffung von Akten oder Urkunden von einer öffentlichen Behörde oder einem Notar veranlassen;
- die Begutachtung durch Sachverständige anordnen;
- Zeugen laden.

740   Die **amtswegige** Bestellung von **Sachverständigen** ist ohne Einschränkung möglich. Die amtswegige Ladung von **Zeugen** oder die Beischaffung von **Urkunden** ist demgegenüber nicht zulässig, wenn sich beide Parteien dagegen aussprechen (§ 183 Abs 2 ZPO).

C. Die vorbereitende Tagsatzung

741   Die erste Tagsatzung zur mündlichen Verhandlung wird als vorbereitende Tagsatzung bezeichnet. Die vorbereitende Tagsatzung sowie alle weiteren Tagsatzungen zur mündlichen Streitverhandlung bilden eine **Einheit** (§ 193 Abs 2 ZPO). Das Programm der vorbereitenden Tagsatzung ist in § 258 ZPO genau festgelegt. Demnach dient die vorbereitende Tagsatzung
- der Entscheidung über die Prozesseinreden;
- dem Vortrag der Parteien (§§ 177 bis 179 ZPO);

- der Erörterung des Sach- und Rechtsvorbringens (§ 182a ZPO);
- der Vornahme eines Vergleichsversuchs sowie
- der Bekanntgabe des Prozessprogramms.

Das **Prozessprogramm** stellt eine Art „Fahrplan" des Prozesses dar. Darin ist festgelegt, welche Beweismittel aufgenommen werden, teilweise auch deren Reihenfolge (zB zuerst Sachverständigenbestellung oder zuerst Zeugenvernehmungen) und der Termin der nächsten Tagsatzung. Das Prozessprogramm kann in weiterer Folge jedoch wieder abgeändert werden. 742

Soweit zweckmäßig, können in der vorbereitenden Tagsatzung im Gerichtshofverfahren und im bezirksgerichtlichen Verfahren auch schon die **Parteien** einvernommen und das weitere **Beweisverfahren** durchgeführt werden. Im bezirksgerichtlichen Verfahren soll das Beweisverfahren tunlichst schon in der vorbereitenden Tagsatzung durchgeführt werden. Auf diese Weise soll das gesamte Verfahren auf eine Tagsatzung konzentriert werden (§ 440 Abs 1 ZPO). 743

Damit der Sachverhalt möglichst umfassend erörtert werden kann und auch ein Vergleichsabschluss erleichtert wird, ist die **Partei** (Naturalpartei) oder – soweit diese zur Aufklärung des Sachverhalts nichts beitragen kann – eine informierte Person zur Unterstützung des Vertreters der Partei **stellig zu machen**. 744

D. Ablauf der mündlichen Streitverhandlung

Der Schwerpunkt des Verfahrens soll auf der mündlichen Verhandlung liegen. Darin kommen die Verfahrensgrundsätze der **Öffentlichkeit**, **Mündlichkeit** und **Unmittelbarkeit** (dazu Rz 77 ff) am besten zur Geltung. In der Praxis wird freilich die mündliche Verhandlung vielfach weitgehend durch Schriftsätze vorbereitet, sodass die Parteien bei ihrem Vorbringen nur mehr auf die Schriftsätze verweisen. 745

Den **Ablauf** der mündlichen Streitverhandlung bestimmt weitgehend der Richter (§ 180 Abs 1 ZPO); dem Richter (Vorsitzenden) kommt die Verhandlungsleitung zu. 746

Nach dem **Aufruf** der Sache halten die Parteien ihre **Vorträge**. Diese beschränken sich in der Praxis vielfach auf den Verweis auf die Klage bzw Klagebeantwortung. 747

Das Gericht hat durch **Fragestellung** oder in anderer Weise darauf hinzuwirken, dass die für die Entscheidung erheblichen tatsächlichen Angaben gemacht, die Beweismittel für diese Angaben bezeichnet und überhaupt alle erforderlichen Aufschlüsse gegeben werden (§ 182 Abs 1 ZPO). Auch jede Partei kann zur Aufklärung des Sachverhalts, insb auch über das Vorhandensein von Urkunden, Augenscheinsgegenständen etc, an die Gegenpartei oder 748 deren Vertreter Fragen stellen lassen oder mit Zustimmung des Vorsitzenden selbst stellen (§ 184 Abs 1 ZPO).

749 Anschließend erfolgt die **Beweisaufnahme** und gegebenenfalls die Erörterung der Beweisergebnisse. Nach Schluss der Beweisaufnahme legen die Parteienvertreter **Kostennoten**; anschließend schließt der Einzelrichter (Vorsitzende) die Verhandlung. Dazu Rz 756 ff.

E. Die Vorträge der Parteien

750 In Hinblick auf den Mündlichkeitsgrundsatz (vgl dazu Rz 81 ff) legt die ZPO das Schwergewicht auf die mündliche Verhandlung und demgemäß auf mündliches Vorbringen in der Verhandlung (§ 176 ZPO). In der Praxis steht jedoch die Vorbereitung durch vorbereitende Schriftsätze im Vordergrund, auf die in der Verhandlung nur mehr verwiesen wird. Dazu Rz 745, 747.

751 Zum Parteienvorbringen gehört neben den **Sachanträgen** (zB Klagsstattgebung, Klagsabweisung) das zur Begründung der Sachanträge erforderliche **Tatsachenvorbringen**, die **Beweisanträge**, sonstige Prozessanträge sowie gegebenenfalls **Rechtsausführungen** (§ 177 Abs 1 ZPO).

752 Weil die vorbereitende Tagsatzung eine Einheit darstellt, können die Parteien **bis zum Schluss der mündlichen Verhandlung** 1. Instanz neue Tatsachen und Beweismittel vorbringen (§ 179 Satz 1 ZPO). Vorbringen, das erst nach der vorbereitenden Tagsatzung erstattet wurde, kann jedoch vom Gericht zurückgewiesen werden, wenn es grob schuldhaft nicht früher vorgebracht wurde und seine Zulassung die Erledigung des Verfahrens erheblich verzögern würde (§ 179 Satz 2 ZPO). Außerdem kommen als Sanktion für verspätetes Vorbringen **Kostenseparation** (§ 48 ZPO, § 142 ZPO) und allenfalls die Verhängung einer **Kostenstrafe** (§ 44 ZPO) in Betracht.

Beispiel: Bereits in der vorbereitenden Tagsatzung hat der Richter darauf hingewiesen, dass zur Höhe des Klagebegehrens keine Beweisanträge gestellt wurden. Nach mehreren Tagsatzungen und einer Prozessdauer von über einem Jahr stellt der Kläger den Antrag auf Vernehmung bestimmter Zeugen zur Klärung der Schadenshöhe. Der Antrag kann zurückgewiesen werden. Würde der Klagevertreter hingegen lediglich neue Urkunden vorlegen, so kommt eine Zurückweisung nicht in Betracht, weil sich dadurch die Erledigung des Verfahrens nicht verzögern würde.

753 Die Parteien unterliegen der **Wahrheits- und Vollständigkeitspflicht** (§ 178 ZPO). Die Erstattung unrichtigen Vorbringens kann auch als (versuchter) **Prozessbetrug** strafbar sein (§§ 146 ff StGB).

754 Außerdem trifft die Parteien eine sog **Prozessförderungspflicht** (§ 178 Abs 2 ZPO). Demnach hat jede Partei ihre Vorträge so zeitgerecht und vollständig zu erstatten, dass das Verfahren möglichst rasch durchgeführt werden kann. **Sanktionen** bei Verstößen gegen die Prozessförderungspflicht sind **Kostenfol-**

gen (§ 48 ZPO, § 142 ZPO), allenfalls die Zurückweisung verspäteten Vorbringens (§ 179 ZPO) sowie die Verurteilung der mutwillig prozessführenden Partei zur Leistung eines **Entschädigungsbetrages** (§ 408 ZPO).

F. Die Rüge von Verfahrensmängeln

Literatur: *Pochmarski/Walter*, Zum Umfang der Rügelast nach § 196 ZPO, ÖJZ 2011, 18

Die Verletzung von Verfahrensvorschriften können die Parteien nicht mehr mit einem Rechtsmittel geltend machen, wenn sie einen Mangel nicht sofort bei seinem Auftreten in der mündlichen Verhandlung rügen (§ 196 Abs 1 ZPO). Dies gilt jedoch nicht bei Verletzung von Vorschriften, auf deren Einhaltung nicht verzichtet werden kann (§ 196 Abs 2 ZPO). Die Rüge soll zum Ausdruck bringen, dass die Partei den Verfahrensverstoß für bedeutsam ansieht, und dem Gericht Gelegenheit geben, den Verfahrensfehler zu beseitigen.   755

Inwieweit diese Bestimmung heute noch Bedeutung hat, ist umstritten. Die Lehre betrachtet § 196 ZPO vielfach als obsolet. Die Rsp geht weiter vom Bestehen einer Rügpflicht aus, wobei jedoch nicht völlig geklärt ist, auf welche Verfahrensvorschriften die Parteien verzichten können und welche Verfahrensverstöße rügepflichtig sind. Bei den in der Praxis im Vordergrund stehenden Stoffsammlungsmängeln besteht nach einem Teil der Rsp keine Rügepflicht. Auch dies ist jedoch umstritten.

G. Der Schluss der mündlichen Verhandlung

Literatur: *Buchegger,* Zum Novenbegriff des § 530 Abs 1 Z 7 ZPO, BeitrZPR IV (1991) 11.

Wenn das Gericht die Streitsache als vollständig erörtert und für spruchreif hält, ist die Verhandlung zu schließen (§ 193 Abs 1 ZPO). Der Schluss der Verhandlung ist ein prozessleitender Akt in Beschlussform. Das Gericht ist an diesen Beschluss nicht gebunden, sondern kann eine bereits geschlossene Verhandlung gem § 194 ZPO **wiedereröffnen**, wenn es dies für erforderlich hält.   756

Die Wiedereröffnung dient jedoch immer nur dazu, Versäumnisse des Gerichts nachzuholen, nicht dazu, den Parteien Gelegenheit zu geben, vergessenes Vorbringen nachzutragen. Die Parteien haben kein Recht auf Wiedereröffnung.   757

Ausnahmsweise ist auch ein **vorweggenommener Verhandlungsschluss** möglich: Wenn nur mehr die Beweisaufnahme durch einen ersuchten Richter im Rechtshilfeweg ausständig ist und die Parteien auf die Verhandlung über das Ergebnis dieser Beweisaufnahme verzichten oder das Gericht diese für entbehrlich hält, kann die Verhandlung sofort geschlossen werden. Nach Einlangen des Vernehmungsprotokolls fällt das Gericht dann das Urteil. Hält es dies jedoch für erforderlich, kann es vorher die Verhandlung wiedereröffnen.

758 Der Schluss der mündlichen Verhandlung 1. Instanz ist der **maßgebliche Zeitpunkt für die Sachentscheidung.** Alle anspruchsbegründenden Tatsachen müssen zu diesem Zeitpunkt vorliegen. Ab dem Schluss der mündlichen Verhandlung 1. Instanz gilt grundsätzlich **Neuerungsverbot** (§ 179, § 482 Abs 2 ZPO). Die Erstattung neuen Vorbringens und die Stellung neuer Anträge bzw die Abänderung bisheriger Anträge sind daher nicht mehr möglich.

Dies ergibt sich aus § 179, § 530 Abs 2 ZPO und § 35 Abs 1 EO. § 406 ZPO spricht zwar von der „Urteilsschöpfung". Dies wird aber auch iSv „Schluss der mündlichen Verhandlung 1. Instanz" verstanden.

759 Neue Tatsachen, die erst nach Schluss der mündlichen Verhandlung 1. Instanz eingetreten sind (sog *nova producta*)**,** können mit **neuer Klage** oder mit **Oppositionsklage** (§ 35 EO) geltend gemacht werden.

Beispiele: Die Klage wird mangels Fälligkeit abgewiesen. Nach Eintritt der Fälligkeit kann der Kläger seine Forderung mit einer neuen Klage geltend machen.

Der Klage wurde stattgegeben. Nach Schluss der Verhandlung hat der Beklagte den Klagsbetrag bezahlt. Führt der Kläger dennoch Exekution, kann der Beklagte sich dagegen mit Oppositionsklage zur Wehr setzen.

760 Neue Tatsachen, die schon vor Schluss der mündlichen Verhandlung 1. Instanz vorhanden waren, die die Partei aber nicht geltend gemacht hat (*nova reperta*), können mit **Wiederaufnahmsklage** geltend gemacht werden, wenn die Partei kein Verschulden trifft (§ 530 Abs 1 Z 7, § 530 Abs 2 ZPO).

Dreizehnter Teil:
Das Beweisverfahren

Literatur: *Bajons,* Beweiswiederholung und Verfahrensergänzung in der Berufungsinstanz, in FS Fasching (1988) 19; *Baurecht,* Verwendung und Verwertung von rechtswidrig erlangten Beweismitteln – Zivilprozessuale und datenschutzrechtliche Grenzen, NetV 2006, 97; *Bienert-Nießl,* Materiellrechtliche Auskunftspflichten im Zivilprozess (2003); *Dolinar,* Die freie richterliche Schadensschätzung nach § 273 ZPO als Instrument prozessökonomischer Streiterledigung, in FS Fasching (1988) 227; *Fasching,* Die richterliche Beweisfestsetzung gemäß § 273 ZPO, JBl 1981, 225; *Frauenberger-Pfeiler,* § 281a ZPO statuiert kein absolutes Beweisverbot, ecolex 2013, 33; *Fucik,* Das Beweismaß im Zivilprozeß, RZ 1988, 122; *derselbe,* Die (objektive) Beweislast – Besonders im Haftpflichtprozeß, RZ 1990, 54; *Graf/ Schöberl,* Beweisverwertungsverbote im Arbeitsrecht? ZAS 2004, 172; *Holzhammer,* Das zivilrichterliche Ermessen, in FS Fasching (1988) 227; *derselbe,* Die einfache Vermutung im Zivilprozeß, in FS Kralik (1986) 205; *Kainz,* Die Zulässigkeit von staatsanwaltschaftlichen Vernehmungsprotokollen im Zivilprozess, ecolex 2012, 216; *Klicka,* Die Beweislastverteilung im Zivilverfahrensrecht (1995); *Kodek,* Rechtswidrig erlangte Beweismittel im Zivilprozeß (1987); *derselbe,* Die Verwertung rechtswidriger Tonbandaufnahmen und Abhörergebnisse im Zivilverfahren. Zugleich ein Beitrag zur Verwertbarkeit rechtswidrig erlangter Beweismittel, ÖJZ 2001, 281, 334; *derselbe,* Zur Verwertbarkeit heimlicher Vaterschaftstests, ecolex 2005, 108; *W. Kralik,* Die paraten Beweismittel, GesRZ 1987, 178; *A. Lehner,* Die Beweislastverteilung bei der GmbH-Geschäftsführerhaftung, GesRZ 2005, 128; *Leupold/Ramharter,* Anlegerschaden und Kausalitätsbeweis bei risikoträchtiger hypothetischer Alternativanlage, ÖBA 2010, 718; *Nagel/Bajons* (Hrsg), Beweis – Preuve – Evidence. Grundzüge des zivilprozessualen Beweisrechts in Europa (2003); *Neumayr,* Online-Willenserklärungen – Beweis- und Zurechnungsfragen, in *Plöckinger/Duursma/Mayrhofer* (Hrsg), Internetrecht (2004) 45; *Oberhammer,* Parteiaussage, Parteienvernehmung und freie Beweiswürdigung am Ende des 20. Jahrhunderts, ZZP 113 (2000) 295; *Paulus,* Beweismaßstab und materielles Recht, in FS Gerhardt (2004) 747; *Potz,* Die Abwägung von Wahrscheinlichkeiten – Rechtsfragen zur Glaubhaftmachung im GlBG, RdW 2010, 28; *Rassi,* Beweismaßreduzierung im Fall des Beweisnotstands im Versicherungsvertragsrecht? ÖJZ 2009, 1021; *derselbe,* Umgang mit Beweisschwierigkeiten im Unterhaltsverfahren (Teil I) – Beweislast, Beweislastverschiebung und Mitwirkungspflicht, EF-Z 2010, 212; *derselbe,* Das Dogma vom Verbot des Ausforschungsbeweises: Eine Analyse der österreichischen Rechtsprechung, in FS Simotta (2012) 443; *Rechberger,* Der Anscheinsbeweis in der österreichischen Judikatur, ÖJZ 1972, 425, 457; *derselbe,* Maß für Maß im Zivilprozeß? Ein Beitrag zur Beweismaßdiskussion, in FS Baumgärtel (1990) 471; *derselbe,* Zur prozessualen Waffengleichheit im Arzthaftungsprozeß, in FS Tomandl (1998) 649; *Rüffler,* Der Sachverständige im Zivilprozeß (1995); *Salficky,* Überschießende Feststellungen im Zivilprozess, ÖJZ 2006, 787; *Schmidbauer,* Beweis und Anscheinsbeweis bei der Übermittlung einer E-Mail-Erklärung. Aus Anlass der OGH-E 2 Ob 108/07g, Zak 2008, 83; *Schneider,* Geheimnisschutz im Zivilprozess nach Umsetzung der Enforcement-Richtlinie, in *Aichberger-Beig/Aspöck/Leupold/Oelkers/Perner/Ramharter* (Hrsg), Vertrauen und Kontrolle im Privatrecht, Jahrbuch Junger Zivilrechtswissenschaftler 2010 (2011) 165; *Schöberl,* Beweis des Gegenteils und Schutz des Geschäfts- und Betriebsgeheimnisses dargestellt am Beispiel des § 155 PatG, ÖJZ 2005, 287; *Schumacher,* Sichere Signaturen im Beweisrecht, ecolex 2000, 860; *derselbe,* Geheimnisschutz im Zivilprozess aus österreichischer Sicht, ZZP 123 (2010) 283; *Seyer,* Tatsachenfeststellung, Beweisführung und Beweiswürdigung im Zivilprozess, RZ 2009, 146.

I. Allgemeines

A. Die freie Beweiswürdigung

761 Nach § 272 Abs 1 ZPO hat das Gericht „unter sorgfältiger Berücksichtigung der Ergebnisse der gesamten Verhandlung und Beweisführung nach freier Überzeugung zu beurteilen, ob eine tatsächliche Angabe für wahr zu halten sei oder nicht". Die **freie Beweiswürdigung** ist ein zentraler Grundsatz des österreichischen Zivilverfahrens. Nur ausnahmsweise kennt das geltende Recht noch gesetzliche Beweisregeln, so die §§ 292 bis 294 ZPO über die Beweiskraft der Urkunden.

Den Gegensatz zur freien Beweiswürdigung stellt die **gebundene Beweiswürdigung** dar. Dabei wird durch gesetzliche Beweisregeln dem Richter vorgegeben, wann er eine Tatsache für erwiesen anzusehen hat (zB bei Vorlage einer unbedenklichen Urkunde oder übereinstimmender Aussage zweier Zeugen). Diese schematisierende Betrachtung wurde im österreichischen Recht – in Anlehnung an das französische Recht – erst 1873 aufgegeben.

762 In die Überzeugungsbildung des Richters fließen nicht nur die Beweisergebnisse im engeren Sinn, sondern die **Ergebnisse der gesamten Verhandlung** mit ein. Dazu gehören zB das Vorbringen der Prozessbeteiligten (etwa in Hinblick auf Widersprüche oder den Zeitpunkt, zu dem ein bestimmtes Vorbringen erstattet wird), das Verhalten der Prozessbeteiligten während der Verhandlung (§ 272 Abs 2 ZPO führt ausdrücklich die Verweigerung der Beantwortung von Fragen an) sowie der persönliche Eindruck von den Prozessbeteiligten.

Beachte: Die freie Beweiswürdigung greift immer erst nach Ausschöpfung aller Beweismittel ein. Die Ablehnung von Beweisanträgen deshalb, weil der Zeuge ohnedies lügen wird, sich wahrscheinlich nicht mehr erinnern kann etc („**vorgreifende Beweiswürdigung**"), ist unzulässig.

763 Damit bestehen für den wichtigen Bereich der Tatsachenfeststellungen kaum gesetzliche Vorgaben. Allerdings muss der Richter die Beweiswürdigung **sorgfältig begründen**. Dies ermöglicht der Berufungsinstanz die Überprüfung seiner Entscheidung. Eine mangelhafte Begründung stellt keinen Nichtigkeitsgrund, sondern einen bloßen Verfahrensmangel nach § 496 ZPO dar.

764 Während sich die freie Beweiswürdigung auf die Beurteilung von Tatfragen bezieht, räumt das **Ermessen** dem Richter überhaupt einen Gestaltungsspielraum ein. Meist geht es hier um verfahrensrechtliche Fragen (zB § 48 Abs 1 ZPO, § 273 ZPO), mitunter aber auch um materielle Fragen (vgl zB § 83 Abs 1 EheG). Freies Ermessen ist heutzutage selten; idR liegt sog gebundenes Ermessen vor, bei dem der Richter an allgemeine Wertungen des Gesetzes gebunden ist.

B. Das Beweismaß

Das Beweismaß bezeichnet den **Grad der** vom Richter geforderten **Über-** 765
zeugung. § 272 Abs 1 ZPO spricht von der freien „Überzeugung" des Richters. Im Hinblick auf diese Formulierung verlangt die sog **Wahrheitsüber-**
zeugungstheorie vom Richter die „volle Überzeugung" von der Wahrheit
der tatbestandsrelevanten Tatsachen. Vielfach wird formuliert, der Beweis
sei dann erbracht, wenn ein so hoher, der Gewissheit gleichkommender Grad
von Wahrscheinlichkeit vorliegt, dass kein vernünftiger, die Lebensverhält-
nisse klar überschauender Mensch noch zweifelt. Nach einer im Vordringen
begriffenen Auffassung ist demgegenüber nur hohe Wahrscheinlichkeit der zu
beweisenden Tatsachen zu verlangen („**Wahrscheinlichkeitsüberzeugungs-**
theorie").

Nur vereinzelt finden sich **Abweichungen** von diesem sog Regelbe- 766
weismaß. Ein Beispiel bietet insb das – allerdings ins Außerstreitverfahren
(§§ 81 ff AußStrG) verwiesene – Abstammungsverfahren. Die Widerlegung
der Vaterschaftsvermutung des § 148 Abs 2 ABGB verlangt den Beweis der
Unmöglichkeit oder der an Gewissheit grenzenden Unwahrscheinlichkeit,
dass das Kind vom betreffenden Mann gezeugt wurde.

Auch die ZPO selbst sieht teilweise eine **Beweismaßreduktion** vor. Wenn 767
dies ausdrücklich vorgesehen ist, genügt die bloße **Glaubhaftmachung** (Bescheinigung, § 274 ZPO). Diesfalls reicht es aus, dass der Richter von der
überwiegenden Wahrscheinlichkeit einer bestimmten Behauptung überzeugt
ist. Eine derartige Beweismaßreduktion ist regelmäßig nur für prozessuale
Vorfragen und das Verfahren über einstweilige Verfügungen vorgesehen.

Beispiele: Die Bescheinigung reicht aus bei den Gründen für die Erstreckung einer
Tagsatzung (§ 135 Abs 1 ZPO), für den Wiedereinsetzungsantrag (§ 149 Abs 1 ZPO)
sowie für Anspruch und Gefahr bei der einstweiligen Verfügung (§ 389 EO).

Das Verfahren zur Glaubhaftmachung ist summarisch; ein förmliches Be- 768
weisverfahren hat nicht stattzufinden. In Anlehnung an deutsche Terminologie
wird hier teilweise auch vom „**Freibeweis**" (im Gegensatz zum „Strengbe-
weis") gesprochen. Als Bescheinigungsmittel kommen alle Beweismittel mit
Ausnahme der eidlichen Parteienvernehmung in Betracht. Dazu gehören auch
Fotokopien und eidesstättige Erklärungen. Stets muss die Beweisaufnahme
sich allerdings „sofort ausführen" lassen (§ 274 Abs 1 ZPO). Die Rsp spricht
davon, dass das **Bescheinigungsmittel „parat"** sein muss.

Daher scheidet zB die Einholung eines Sachverständigengutachtens oder die Beischaffung eines Aktes von einer anderen Behörde als Bescheinigungsmittel aus.

Das Beweismaß ist im Prozessrecht geregelt. Österreichische Gerichte 769
wenden daher stets österreichisches Beweisrecht an. Nach neuerer Auffassung
kann aber bei Anwendung ausländischen Sachrechts auch die Anwendung von

im ausländischen Recht vorgesehenen Beweiserleichterungen geboten sein (*Paulus* in FS Gerhardt 747).

C. Behauptungs- und Beweislast

770 Kann eine bestimmte tatbestandsrelevante Tatsache nicht erwiesen, aber auch nicht widerlegt werden, so bleibt der Sachverhalt insoweit unklar („*non liquet*"). Auch in einer derartigen Situation muss das Gericht aber eine Entscheidung fällen. Hier geben die Beweislastregeln vor, zu wessen Lasten es ausschlägt, wenn eine bestimmte Tatsache nicht bewiesen werden kann.

771 Die **subjektive Beweislast** beantwortet die Frage, welche Partei für einen Prozesserfolg welche Tatsachen nachweisen muss. Der subjektiven Beweislast kommt in Österreich wegen der starken Rolle des Richters nur geringere Bedeutung zu. In Verfahren mit Untersuchungsgrundsatz (zB Ehenichtigkeitsverfahren) gibt es keine subjektive Beweislast. Die **objektive Beweislast** regelt hingegen, welcher Partei es zum Nachteil gereicht, wenn eine bestimmte Tatsache nicht festgestellt werden kann. Dieses Problem kann auch in Verfahren mit Untersuchungsgrundsatz auftreten, nachdem alle in Betracht kommenden Beweismittel ausgeschöpft sind.

772 Jede Partei trägt die **Beweislast für das Vorliegen aller tatsächlichen Voraussetzungen der ihr günstigen Rechtsnorm** (sog Rosenbergsche Formel). Mit der Beweislast korreliert die **Behauptungslast**, dh die Partei muss jeweils die für sie günstigen Tatsachen vorbringen. Aufgrund der Wahrheits- und Vollständigkeitspflicht müssen die Parteien jedoch alle Tatsachen vollständig vorbringen und dürfen sich dabei nicht auf die für sie günstigen Aspekte beschränken.

> **Beispiel:** Der Kläger begehrt die Rückzahlung eines Darlehens von € 1.000. Die Beweislast für die Zuzählung des Darlehens trägt der Kläger. Bleibt also unklar, ob er wirklich ein Darlehen gewährt hat, ist die Klage abzuweisen. Hingegen trifft die Beweislast für die erfolgte Rückzahlung den Beklagten. Behauptet also der Beklagte, den Betrag ohnedies schon zurückgegeben zu haben, und kann dies im Prozess nicht bewiesen werden, wird der Beklagte den Prozess verlieren.
> Siehe *Casebook* ZVerfR 111, Fall 73.
> Teilweise wird auch der Begriff der „**konkreten**" Beweislast verwendet. Dabei geht es darum, dass eine Partei aufgrund der Dynamik des Prozesses „unter Zugzwang" ist, weil die Beweisergebnisse zu einem bestimmten Zeitpunkt des Prozesses nicht günstig sind.

773 Im Gesetz finden sich nur selten **ausdrückliche Beweislastregeln** (zB § 369 ABGB für die Eigentumsklage). Häufiger sind gesetzliche Bestimmungen, die eine **Beweislastumkehr** statuieren (vgl § 970 ABGB, wonach der Gastwirt den Beweis erbringen muss, dass der Schaden weder durch ihn noch durch seine Leute verschuldet noch durch fremde Personen verursacht wurde; weiters § 1298 ABGB: Beweislastumkehr hinsichtlich des Verschuldens bei der Haftung *ex contractu*; § 924 Satz 2 ABGB: „echte Vermutung" des Vor-

liegens eines Mangels im Zeitpunkt der Übergabe im Gewährleistungsrecht). Die allgemeine Beweislastregel ergibt sich aus einer Gesamtanalogie zu den wenigen ausdrücklichen gesetzlichen Beweislastvorschriften.

Die **dogmatische Einordnung** der Beweislastregeln ist strittig. Die wenigen ausdrücklichen Regelungen finden sich durchwegs im materiellen Recht. Dennoch wird vielfach vertreten, die Beweislastregeln gehörten ihrem Wesen nach dem Prozessrecht an, weil sie keinerlei Einfluss auf die außerprozessuale Lage nehmen könnten, sondern reine Entscheidungsnormen seien. Praktische Bedeutung hat die Frage nur im Internationalen Privatrecht. Dort besteht aber Einigkeit, dass Beweislastnormen demselben Rechtsgebiet angehören wie die Normen, auf denen der zu beurteilende Anspruch beruht. Die Beweislastregeln bei materiell-rechtlichen Tatbeständen gehören demnach selbst zum **materiellen Recht**. Dies führt dazu, dass bei Anwendung ausländischen Sachrechts auch ausländische Beweislastregeln anzuwenden sind (Art 18 Rom I-VO, Art 22 Rom II-VO). 774

D. Gegenstand des Beweises

Gegenstand des Beweises sind immer nur Tatsachen. Dabei kann zwischen äußeren Tatsachen (zB Beschaffenheit von Sachen) und inneren Tatsachen (Kenntnissen, Absichten etc) unterschieden werden. 775

Nicht Gegenstand des Beweises sind hingegen **Rechtssätze**. Das anzuwendende Recht hat das Gericht von Amts wegen zu erforschen („*iura novit curia*"). Anderes gilt nur bei **ausländischem Recht** (vgl § 4 Abs 1 IPRG). Hier kann das Gericht auch die Mitwirkung der Parteien, Auskünfte des BMJ und Sachverständigengutachten verwenden. Können die maßgeblichen Normen des fremden Rechts nicht innerhalb angemessener Frist ermittelt werden, ist nach § 4 Abs 2 IPRG österreichisches Recht anzuwenden. 776

E. Beweisarten

Nach der Beweisrichtung können verschiedene Beweisarten unterschieden werden: 777

Der **Hauptbeweis** zielt auf den Nachweis der behaupteten Tatsache; er wird von der beweisbelasteten Partei zum Nachweis tatbestandsrelevanter Tatsachen geführt. Demgegenüber wird der **Gegenbeweis** vom Gegner der beweisbelasteten Partei geführt. Dabei muss der Gegner nicht das Nichtbestehen der betreffenden Tatsache beweisen; der Gegenbeweis ist vielmehr schon dann gelungen, wenn der Richter nicht überzeugt ist, dass die Tatsachenbehauptungen der beweisbelasteten Partei zutreffen.

778   Nur vereinzelt ist der sog **Beweis des Gegenteils** notwendig. Dies ist dann der Fall, wenn eine gesetzliche Vermutung entkräftet werden soll.

779   Kann mit dem Beweis die tatbestandsrelevante Tatsache direkt bewiesen werden, spricht man von unmittelbarem Beweis. Dies ist allerdings vielfach nicht möglich. Teilweise muss man auf sog **mittelbare Beweise** zurückgreifen. Dazu gehört der sog **Indizienbeweis**. Dabei wird von einer bewiesenen Tatsache auf eine andere – nicht direkt beweisbare – tatbestandsrelevante Tatsache geschlossen.

   Beispiel: Am Tatort wird ein Messer mit Blutspuren gefunden, das Fingerabdrücke des Klägers aufweist.

780   Der sog **Hilfs- oder Kontrollbeweis** will demgegenüber nur die Glaubwürdigkeit einzelner Beweismittel erhärten oder entkräften. Hinsichtlich der Frage, ob Hilfs- oder Kontrollbeweise aufzunehmen sind, kommt dem Gericht breites Ermessen zu.

   Beispiel: Ein Zeuge hat beobachtet, dass der Kläger dem Beklagten das Darlehen übergeben hat. Ein Hilfsbeweis würde nun etwa darauf abzielen, dass dieser Zeuge in der Vergangenheit schon mehrmals die Unwahrheit gesagt hat.

781   Beim **Anscheinsbeweis** (auch: *prima-facie*-Beweis) werden Erfahrungssätze herangezogen, um auf tatbestandsrelevante Tatsachen schließen zu können, die nicht direkt erwiesen werden können. Voraussetzung ist, dass ein typischer Geschehensablauf feststeht, der nach der Lebenserfahrung auf einen anderen, tatbestandsrelevanten Umstand (insb einen bestimmten Kausalzusammenhang oder ein Verschulden) hinweist. Der Anscheinsbeweis ist gesetzlich nicht ausdrücklich geregelt; es handelt sich um richterliche Rechtsfortbildung.

   Beispiele: A kommt auf völlig gerader Fahrbahn von der Straße ab und prallt gegen einen Baum. Dies spricht *prima facie* für das Vorliegen eines Verschuldens. Keinen Anscheinsbeweis für den Zugang bildet demgegenüber das Sendeprotokoll eines Telefaxes oder eines E-Mails (2 Ob 108/07g EvBl 2008/70, 365). Der Anscheinsbeweis spricht dafür, dass durch die Aufführung moderner Tanz- und Unterhaltungsmusik in Rechte der AKM eingegriffen wird (sog AKM-Vermutung, vgl 4 Ob 7/88 JBl 1988, 727; 4 Ob 116/97f MR 1997, 216 [*Walter*]). Der Beweis der Zahlung von Schmiergeldern an Angestellte des Geschäftspartners erbringt den Anschein der Ursächlichkeit der Zahlung für einen großen Geschäftsabschluss (1 Ob 45/95 SZ 69/48).

   Die Zulässigkeit des Anscheinsbeweises wird von der Rsp als Frage der **rechtlichen Beurteilung** eingestuft. Damit ist die prinzipielle Zulässigkeit des Anscheinsbeweises auch im Verfahren mit einem Streitwert von unter € 2.700 und grundsätzlich auch vom OGH überprüfbar. Ob der Anscheinsbeweis im konkreten Einzelfall erbracht werden konnte, ist demgegenüber eine reine Frage der Beweiswürdigung.

782   Zur Widerlegung des Anscheinsbeweises dient der **Gegenbeweis**. Dieser ist schon dann erbracht, wenn die ernsthafte Möglichkeit eines atypischen Geschehensablaufes besteht.

282

Beispiel: Im obigen ersten Beispiel gelingt A der Nachweis, dass beim Unfallwagen der Reifen geplatzt war. Damit besteht zumindest die ernsthafte Möglichkeit, dass der Reifen vor dem Unfall geplatzt ist und Grund für den Unfall war.
Siehe *Casebook* ZVerfR 113, Fall 74.

Von einem **Ausforschungsbeweis** oder **Erkundungsbeweis** spricht man, wenn das Beweismittel nicht den Nachweis der Wahrheit von konkreten Tatsachenbehauptungen erbringen, sondern der beweisführenden Partei erst die Möglichkeit bieten soll, bestimmte Tatsachen zu erforschen und erst in der Folge entsprechend bestimmtes Tatsachenvorbringen und gegebenenfalls weitere Beweisanträge zu erstatten. Außerhalb von Verfahren mit reinem Untersuchungsgrundsatz wird der Ausforschungsbeweis von der Rsp als unzulässig angesehen, weil er dem Verhandlungsgrundsatz (Beibringungsgrundsatz) widerspreche. 783

F. Beweisverträge

Bei einem Beweisvertrag verpflichten sich die Parteien, nur bestimmte Tatsachen vorzubringen, nur bestimmte Beweismittel zu verwenden oder dem Gericht eine bestimmte Beweiswürdigung vorzugeben. Beweisverträge sind in Österreich unzulässig und unwirksam. Möglich ist allerdings in gewissen Grenzen die vertragliche **Verschiebung der Beweislast**. Nach § 6 Abs 1 Z 11 KSchG darf die Beweislast jedoch nicht zum Nachteil des Verbrauchers verschoben werden. 784

G. Beweisverbote

Im Gegensatz zum angloamerikanischen Rechtskreis ist unser Beweisverfahren relativ wenig formal und kennt nur wenige Beweisverbote. Hierbei kann nach dem Inhalt des Verbotes zwischen Beweisthemenverboten, Beweismittelverboten und Beweismethodenverboten unterschieden werden. Bei **Beweisthemenverboten** ist die Beweisaufnahme über ein bestimmtes Beweisthema verboten. Beweisthemenverbote sieht die ZPO derzeit nicht vor. 785

Demgegenüber verbieten **Beweismittelverbote** die Benützung bestimmter Beweismittel, und zwar etwa generell (§ 320 Z 1 ZPO) oder hinsichtlich bestimmter Tatsachen (§ 320 Z 2 bis 4 ZPO). In diesem Zusammenhang wird auch die Zulässigkeit der **Verwertung rechtswidrig erlangter Beweismittel** (entwendeter Urkunden, heimlich aufgenommener Gespräche) diskutiert: Nach hA führt die rechtswidrige Erlangung eines Beweismittels jedoch nicht zu dessen Unverwertbarkeit. Die materielle Rechtswidrigkeit und die prozessuale Verwertbarkeit hängen demnach nicht zwingend zusammen (sog Trennungstheorie). 786

Siehe *Casebook* ZVerfR 111, Fall 72.

In der ZPO finden sich zahlreiche Hinweise, dass der **Schutzzweck** der entsprechenden materiellen Rechtsvorschriften nicht in den Prozess reicht: So ist ein Zeuge, der entgegen einer ihn treffenden Verschwiegenheitspflicht (§ 321 Z 4 ZPO) aussagen möchte, jedenfalls zu vernehmen, obwohl der Zeuge damit gegen materielles Recht verstößt. Auch ist zu beachten, dass die Parteien weitgehende **prozessuale Mitwirkungspflichten** treffen, die über materiell-rechtliche Mitwirkungspflichten hinausgehen. Dies zeigt sich besonders deutlich bei den Pflichten zur Urkundenvorlage (§§ 303 ff ZPO). Müsste aber eine Partei eine Urkunde herausgeben, wenn sie sie selbst in Händen hat, kann sie deren Vorlage durch den Gegner nicht verhindern, wenn dieser sie entwendet hat.

787 **Beweismethodenverbote** verbieten ein bestimmtes Vorgehen bei der Aufnahme eines an sich zulässigen Beweismittels. So sind zB Zwangsmittel gegen eine Partei unzulässig (§ 380 Abs 3 ZPO).

H. Beweisbefreiungen

788 Grundsätzlich sind alle strittigen Tatsachen, die für die Entscheidung erheblich sind, beweisbedürftig. Teilweise sieht das Gesetz aber eine ausdrückliche Beweisbefreiung vor.

789 So bedürfen **zugestandene Tatsachen** keines Beweises (§§ 266, 267 ZPO). Das Zugeständnis (Geständnis) der Richtigkeit einer Tatsache kann ausdrücklich oder schlüssig (§ 267 ZPO) erfolgen. Letzteres nimmt die Rsp vielfach schon dann an, wenn kein konkretes Gegenvorbringen erstattet wird, obwohl dieses zu erwarten wäre. Die Praxis spricht statt vom Geständnis oft von einer „**Außerstreitstellung**". Ausdrücklich zugestandene Tatsachen sind grundsätzlich als wahr anzunehmen, soweit nicht das Gegenteil allgemein bekannt ist oder allgemeinen Erfahrungssätzen widerspricht.

Zu beachten ist, dass sich das Geständnis stets auf **Tatsachen** bezieht. Darin liegt ein wesentlicher Unterschied zum Anerkenntnis, mit dem sich der Beklagte dem Rechtsschutzantrag des Klägers ganz oder teilweise unterwirft.

790 Auch **offenkundige Tatsachen** bedürfen keines Beweises (§ 269 ZPO). Dabei ist zwischen allgemein kundigen Tatsachen, die einer beliebig großen Anzahl von Menschen bekannt oder ohne Schwierigkeiten jederzeit feststellbar sind, und gerichtskundigen Tatsachen, die dem erkennenden Gericht aus eigener amtlicher Wahrnehmung bekannt sind, zu unterscheiden.

Allgemein kundig ist etwa der Umstand, dass es im Winter früher dunkel wird oder – wegen leichter Feststellbarkeit – welcher Wochentag der 1. Mai 2010 war. Gerichtskundig ist ein Umstand etwa dann, wenn sich der Richter aus einem Vorprozess an eine bestimmte Tatsache erinnern kann. Dass ein bestimmter Umstand aus Registern, anderen Akten oder dem Grundbuch zu ersehen wäre, reicht demgegenüber nach überwiegender Ansicht nicht aus. Vielfach wird allerdings angenommen, dass die Eröffnung des Insolvenzverfahrens wegen der Veröffentlichung in der Insolvenzdatei gerichtsbekannt ist.

284

Hat der Richter hingegen in seiner Freizeit einen Verkehrsunfall beobachtet, handelt es sich um Privatwissen. Insoweit ist der Richter Zeuge. Die Rolle als Zeuge ist aber mit dem Richteramt unvereinbar.

Teilweise bestehen auch **gesetzliche Vermutungen**. Hier muss die beweis- 791 belastete Partei nur die Vermutungsbasis beweisen. Dem Gegner steht allerdings der Beweis des Gegenteils offen. Nur ausnahmsweise sieht das Gesetz unwiderlegliche Vermutungen (*praesumptio iuris et de iure*) vor (vgl § 270 Satz 2 ZPO).

Beispiel: Bei Auftreten des Mangels innerhalb von sechs Monaten ab Übergabe wird vermutet, dass der Mangel bereits bei der Übergabe vorhanden war (§ 924 ABGB). Bei Auftreten bestimmter Tierkrankheiten wird vermutet, dass die Krankheit schon eine bestimmte Zeit vorher bestand (§ 925 ABGB, „Vermutungsfristen", vgl VO BGBl 1972/472). Der zurückgegebene Schuldschein begründet die Vermutung, dass die Schuld bezahlt wurde (§ 1428 ABGB).

Eine Erleichterung für das Gericht bietet auch die Möglichkeit der **Scha-** 792 **densschätzung**: Nach § 273 Abs 1 ZPO kann das Gericht, wenn die Forderung einer Partei dem Grunde nach zu Recht besteht, der Beweis über ihre Höhe aber entweder gar nicht oder nur mit unverhältnismäßigen Schwierigkeiten zu erbringen ist, den Schaden schätzen.

Wichtigster Anwendungsfall ist die Festsetzung des Schmerzengeldes. Dazu gehört aber auch etwa die Schätzung des Ausmaßes der Preisminderung oder des Schadens durch reparaturbedingte Stehzeiten eines Autobusses.
Siehe *Casebook* ZVerfR 111, Fall 73.

Ob § 273 ZPO angewendet werden darf, steht im gebundenen **Ermessen** des Gerichts. Die unrichtige Anwendung dieser Bestimmung würde einen Verfahrensmangel bilden. Die konkrete Betragsfestsetzung ist demgegenüber **rechtliche Beurteilung** und daher gegebenenfalls bis zum OGH überprüfbar.

Nach § 273 Abs 2 ZPO kann der Richter über einzelne im Verhältnis zum 793 Gesamtbetrag unbedeutende Ansprüche – wenn sie sich nur mit unverhältnismäßigen Schwierigkeiten feststellen lassen – sogar **nach freier Überzeugung** entscheiden. Dies gilt auch dann, wenn der einzelne Anspruch € 1.000 nicht übersteigt.

I. Die Beweisaufnahme

Die Beweisaufnahme erfolgt im Rahmen der mündlichen Streitverhandlung 794 (vgl § 258 Abs 1 Z 5, § 259 Abs 1 ZPO). Die Parteien haben verschiedene Mitwirkungsrechte (§ 281a, § 288 Abs 2, § 289 ZPO). Insb dürfen sie bei der Beweisaufnahme zugegen sein und haben gegenüber Zeugen und Sachverständigen ein **Fragerecht** (§ 289 Abs 1 ZPO). Dieses Fragerecht bezieht sich jedoch immer nur auf ergänzende Fragen; zunächst erfolgt immer die Vernehmung durch das Gericht.

Beachte: Es gibt in Österreich kein direktes Fragerecht: Auch die ergänzenden Fragen können die Parteien bzw deren Vertreter nur mit Zustimmung des Gerichts an die zu vernehmende Person direkt stellen; andernfalls stellt der Richter selbst aufgrund der Vorschläge der Parteien ergänzende Fragen (§ 289 Abs 1 ZPO).

795 In der Praxis erfolgt die Beweisaufnahme idR aufgrund des **Beweisanbots** einer Partei. Aus diesem Grund sollen schon in der Klage, Klagebeantwortung bzw in vorbereitenden Schriftsätzen gleichzeitig mit den Tatsachenbehauptungen auch die diese jeweils stützenden Beweismittel angeführt werden. Die Parteien können aber auch noch in der Verhandlung Beweisanträge stellen. Der **Beweisantrag** muss das **Beweisthema** und die zu dessen Nachweis angebotenen **Beweismittel** bestimmt (dh bei Zeugen zB Vor- und Zuname, genaue Anschrift) angeben, sodass das Gericht die zu seiner Aufnahme erforderlichen Maßnahmen sofort treffen kann.

Wenn dies nicht eindeutig ist, muss der Beweisführer auch Angaben zur „**Beweisnähe**" machen, also warum das betreffende Beweismittel zur Wahrheitsfindung beitragen kann. Dies ist etwa in einem Verkehrsunfallprozess eindeutig, wenn die Einvernahme des Beifahrers beantragt wird. Anderes gilt, wenn in diesem Verfahren ohne nähere Erörterung etwa die Einvernahme von Angelina Jolie beantragt würde.

Das Gesetz bezeichnet die Partei, die einen Beweis anbietet, als „**Beweisführer**" (vgl § 283, § 291 Abs 2, §§ 307 ff ZPO und öfter).

796 Das Gericht kann nach § 183 ZPO im Rahmen seiner **materiellen Prozessleitungspflicht** aber in weitem Umfang auch **von Amts wegen** Beweise aufnehmen. Lediglich die Zeugenvernehmung und die Berücksichtigung von Urkunden scheidet aus, wenn sich beide Parteien dagegen aussprechen. Wegen dieser starken Stellung des Richters in Bezug auf die Ermittlung der Tatsachengrundlagen spricht man auch vom „abgeschwächten Untersuchungsgrundsatz". Siehe dazu auch Rz 73 ff. In der Praxis werden freilich Beweise regelmäßig über Parteiantrag aufgenommen, weil die Parteien idR besser wissen, wie sie ihren Standpunkt untermauern können. In Verfahren mit **reinem Untersuchungsgrundsatz**, insb im Ehenichtigkeitsverfahren, sind alle Tatsachen von Amts wegen zu ermitteln.

797 **Zurückzuweisen** ist ein Beweisanbot, wenn es unerheblich ist (§ 275 Abs 1 ZPO) oder dadurch der Prozess verschleppt werden soll (§ 275 Abs 2 ZPO). Gleiches gilt, wenn ein Beweismittel grob schuldhaft nicht früher vorgebracht wurde und die Zulassung die Erledigung des Prozesses erheblich verzögern würde (§ 179 Satz 2 ZPO) oder wenn eine Beweisaufnahme befristet wurde und die Frist verstrichen ist (§ 279 Abs 2 ZPO).

Beispiel: Für die Einvernehmung eines Zeugen im Rechtshilfeweg in den USA wurde eine Frist von einem Jahr gesetzt. Nach Ablauf dieser Frist kann das Gericht das Verfahren unter Abstandnahme von der Einvernahme dieses Zeugen fortsetzen.

798 Soweit die Beweisaufnahme nicht schon als vorbereitende Maßnahme nach § 183 ZPO von Amts wegen beschlossen wurde, erfolgt die Beweisaufnahme

286

anhand des in der vorbereitenden Tagsatzung (§ 258 ZPO) erstellten **Prozess-programms**. Dabei handelt es sich um keine gerichtliche Entscheidung, sondern nur um die – jederzeit abänderbare – Festlegung des weiteren „Fahrplans" für das Verfahren. Die Parteien sollen darüber informiert werden, welche Beweise das Gericht aufzunehmen beabsichtigt, allenfalls auch, in welcher Reihenfolge dies erfolgen soll.

Nach Abschluss der Beweisaufnahme sieht das Gesetz eine **Beweiserörterung** vor (§ 278 Abs 2 ZPO). Diese findet in der Praxis jedoch idR nicht statt.

Wenn sich aus den Beweisergebnissen über das Parteienvorbringen hinausgehende Tatsachen ergeben („**überschießende Feststellungen**"), sind diese nach der Rsp nicht zu berücksichtigen. Das Gericht muss aber nach § 182 ZPO die **Parteien befragen**, ob sie entsprechende Behauptungen aufstellen möchten. 799

Die neuere Rsp betont zudem, dass „überschießende" Feststellungen zu berücksichtigen sind, wenn sie in den Rahmen des geltend gemachten Klagsgrunds oder der erhobenen Einrede fallen (6 Ob 76/04a ecolex 2004/396, 854; RIS-Justiz RS0036933).

Teilweise spricht die ZPO von **Erhebungen**. Diese sind zur Klärung prozessualer Vorfragen (zB Wirksamkeit einer Zustellung, Überprüfung von Prozessvoraussetzungen) vom Gericht von Amts wegen zu führen. Während der Beweis immer nur nach den Regeln der ZPO durchgeführt werden kann, kommt dem Gericht bei derartigen Erhebungen nach verbreiteter Auffassung größerer Freiraum zu. 800

J. Unmittelbarkeitsgrundsatz

Nach dem Unmittelbarkeitsgrundsatz (vgl dazu Rz 84 ff) dürfen grundsätzlich nur jene Beweise berücksichtigt werden, die unmittelbar **vor dem erkennenden Gericht** aufgenommen wurden. Vgl auch Rz 85. Nur ausnahmsweise sieht das Gesetz die Beweisaufnahme durch einen **ersuchten oder beauftragten Richter** vor. Beim ersuchten Richter handelt es sich um den Richter eines anderen Gerichts, der um die Durchführung von Beweisen im Rechtshilfeweg ersucht wurde; der beauftragte Richter ist demgegenüber ein Mitglied des erkennenden Senats, dem bestimmte Beweisaufnahmen übertragen wurden. 801

Zur **Rechtshilfe** vgl Rz 269 ff und 806 ff. Allerdings präferiert die ZPO neuerdings eine **Videokonferenz** (§ 277 ZPO), weil diese dem erkennenden Gericht einen besseren persönlichen Eindruck vermittelt als das Protokoll einer Rechtshilfevernehmung.

Eine derartige mittelbare Beweisaufnahme darf allerdings nur ausnahmsweise erfolgen. Voraussetzung ist regelmäßig, dass der Beweisaufnahme vor dem erkennenden Gericht **erhebliche Schwierigkeiten** entgegenstehen oder sie gar nicht möglich wäre (vgl §§ 300, 328, 352, 368 Abs 2 und § 375 Abs 2 ZPO). Nach § 277 ZPO, § 91a GOG sind auch **Videokonferenzen** zulässig. 802

803 § 281a ZPO lässt auch die Verwendung von **Protokollen** über die Beweis-aufnahme aus einem anderen gerichtlichen Verfahren zu, wenn die Parteien daran beteiligt waren oder dem ausdrücklich zustimmen.

Formell steht diese Vorgangsweise mit dem Unmittelbarkeitsgrundsatz in Einklang; das Protokoll selbst liegt dem erkennenden Gericht ja unmittelbar vor. Allerdings steht diese Vorgangsweise in einem Spannungsverhältnis zum Grundsatz der materiellen Unmittelbarkeit der Beweisaufnahme.
Siehe *Casebook* ZVerfR 106, Fall 68.

804 Mit **materiellem Unmittelbarkeitsgrundsatz** wird das Postulat bezeich-net, dass der Richter unter mehreren möglichen Beweismitteln das „unmit-telbarste" und daher beweiskräftigste auszuwählen hat. Dabei handelt es sich jedoch um keinen allgemein anerkannten Verfahrensgrundsatz. Nach österrei-chischem Recht ist daher ein „Beweis vom Hörensagen" auch dann zulässig, wenn die Vernehmung eines unmittelbaren Zeugen möglich ist.

Daher kann ein Zeuge darüber vernommen werden, was ihm der unmittelbare Zeuge erzählt hat. Dies erübrigt allerdings nicht die Einvernahme des unmittelbaren Zeugen. Vor allem in Verkehrsunfallprozessen begnügen sich hauptsächlich städtische Gerichte oft mit vom Sachverständigen angefertigten Skizzen und Fotos, anstatt selbst einen Ortsaugenschein vorzunehmen.

805 Die Verletzung der Unmittelbarkeit der Beweisaufnahme kann einen we-sentlichen **Verfahrensmangel** iSd § 496 Abs 1 Z 2 ZPO darstellen. Für die gelegentlich anzutreffende Behauptung, der Verstoß gegen den materiellen Unmittelbarkeitsgrundsatz bilde einen Nichtigkeitsgrund nach § 477 Abs 1 Z 4 ZPO, besteht keine gesetzliche Grundlage.

K. Die Beweisaufnahme im Ausland

Literatur: Siehe *Mayr*, EuZPR Rz VIII/1 ff mwN sowie insb *Müller*, Grenzüber-schreitende Beweisaufnahme im europäischen Justizraum (2004); *Rechberger/Mc-Guire*, Die Europäische Beweisaufnahme-Verordnung und Österreich, ÖJZ 2006/53; *Schmidt*, Videokonferenztechnologie statt Rechtshilfe, RZ 2006, 265; *Schoibl*, Europä-ische Rechtshilfe bei der Beweisaufnahme in Zivil- und Handelssachen durch ordentli-che Gerichte für Schiedsgerichte, in FS Rechberger (2005) 513; *Slonina*, Unmittelbar-keit statt Souveränität, ecolex 2013, 428; *Stadler*, Grenzüberschreitende Beweisaufnah-me in der Europäischen Union – die Zukunft der Rechtshilfe in Beweissachen, in FS Geimer (2002) 1281.

806 Die Zusammenarbeit zwischen den Gerichten der Mitgliedstaaten der Eu-ropäischen Union wurde durch die VO Nr 1206/2001 vom 28. 5. 2001 über die Zusammenarbeit zwischen den Gerichten der Mitgliedstaaten auf dem Ge-biet der Beweisaufnahme in Zivil- oder Handelssachen (**EuBVO**) wesentlich erleichtert. **Rechtshilfeersuchen** sind demnach grundsätzlich direkt an das zuständige ausländische Gericht zu richten („Direktverkehr"). Die Befassung von Zentralstellen (in Österreich: BMJ) ist nur mehr in Ausnahmefällen vor-gesehen.

288

Rechtshilfeersuchen sind unter Verwendung standardisierter **Formblätter** zu stellen. Dies reduziert auch den Übersetzungsaufwand.

Praktisch steht die Vernehmung von **Zeugen** im Rechtshilfeweg im Vordergrund. Rechtshilfeersuchen sind ohne Verzögerung, spätestens innerhalb von 90 Tagen nach Eingang des Ersuchens durchzuführen. Dabei ist auch die Anwesenheit von „Beauftragten" des ersuchenden Gerichts (zB Mitglied des Senates, Sachverständiger) möglich (Art 12 EuBVO). Auch **Video- und Telefonkonferenzen** sind möglich (Art 10 Abs 4 EuBVO). 807

Außerdem besteht die Möglichkeit, dass österreichische Gerichte direkt im Ausland Beweise aufnehmen (Art 17 EuBVO). Dies ist allerdings nur auf freiwilliger Grundlage ohne Zwangsmaßnahmen möglich und bedarf zudem der Genehmigung der ausländischen Zentralstelle. 808

Der Umsetzung dieser Bestimmungen dienen §§ 291a ff ZPO. Demnach erfordert die Anordnung einer Amtshandlung im Ausland grundsätzlich den Antrag einer Partei, die völkerrechtliche Zulässigkeit und Zumutbarkeit der Beweisaufnahme, das Vorliegen außergewöhnlicher Umstände und die Deckung durch einen Kostenvorschuss. Der Beschluss, mit dem eine derartige Beweisaufnahme im Ausland bewilligt wird, ist abgesondert anfechtbar (§ 291b ZPO). 809

Diese Bestimmungen sind jedoch nicht auf eine im Ausland stattfindende Befundaufnahme durch einen Sachverständigen anzuwenden (§ 291c ZPO).

Die EuBVO regelt hingegen nicht die **Beischaffung von Urkunden** aus dem Ausland oder die Ladung von **Zeugen aus dem Ausland** nach Österreich. Zur Rechtshilfe im **Inland** siehe Rz 269 ff. 810

II. Die Beweismittel

Literatur: *Brunner,* Das elektronisch gespeicherte Dokument und dessen Beweischarakter, NZ 1996, 161; *derselbe,* Die „elektronische" Urkunde im Beweisrecht, in FS Weißmann (2003) 135; *Grötschl,* Verwendung und Verwertung elektronischer Dokumente im Zivilprozess (2004); *Heufler/Schaffhauser,* Archivium Dokumentenarchiv GmbH, AnwBl 2007, 113; *Kodek,* Rechtswidrig erlangte Beweismittel im Zivilprozeß (1987); *derselbe,* Der Zivilprozeß und neue Formen der Informationstechnik, ZZP 2002, 445; *Matscher,* Der Beweis durch Demoskopie im österreichischen Zivilprozeß, ÖBl 1970, 90; *Rechberger/McGuire,* Die elektronische Urkunde und das Beweismittelsystem der ZPO, in *Rechberger* (Hrsg), Die elektronische Revolution im Rechtsverkehr – Möglichkeiten und Grenzen, Schriftenreihe des Österreichischen Notariats, Band 34 (2006) 1; *Stadler,* Der Zivilprozeß und neue Formen der Informationstechnik, ZZP 115 (2002) 413; *Schumacher,* Sichere Signaturen im Beweisrecht, ecolex 2000, 860; *A. Walther,* Zur Abgrenzung von Urkundenbeweis, Beweis durch Auskunftssachen und Augenschein im österreichischen Zivilprozeßrecht, RZ 1993, 47.

A. Einführung

811 Die ZPO regelt die fünf klassischen Beweismittel:
- Urkunden (§§ 292 bis 319 ZPO),
- Zeugen (§§ 320 bis 350 ZPO),
- Sachverständige (§§ 351 bis 367 ZPO),
- Augenschein (§§ 368 bis 370 ZPO) und
- Parteienvernehmung (§§ 371 bis 383 ZPO).

812 Nach dem Grundsatz der **Gemeinschaftlichkeit der Beweismittel** können Beweismittel unabhängig davon, wer sie beantragt hat, von beiden Parteien zur Unterstützung ihrer Behauptungen verwendet werden.

Auf eine bereits vorgelegte Urkunde kann der Beweisführer nur mehr mit Zustimmung des Gegners verzichten (§ 302 ZPO). Auch wenn der Beweisführer auf die Einvernahme des von ihm beantragten Zeugen verzichtet hat, kann der Gegner auf dessen Vernehmung bestehen, wenn der Zeuge bereits zur Vernehmung erschienen ist (§ 345 ZPO). Gleiches gilt für den Sachverständigen (§ 363 Abs 1 ZPO).

B. Der Urkundenbeweis

Literatur: *Bajons,* Die Beweisführung durch Handelsbücher. Zugleich ein Beitrag zu den Grenzen prozessualer Vorlagepflichten, NZ 1991, 161; *Bittner,* Elektronisch unterfertigte Urkunden als Grundbuchsurkunden, NZ 2002, 112; *Brunner,* Das elektronisch gespeicherte Dokument und dessen Beweischarakter, NZ 1996, 161; *derselbe,* Das Urkundenarchiv des österreichischen Notariats als Beitrag zur Rechtssicherheit, in *Jochum* (Hrsg), Elektronik und Urkunde. Elektronisches Dokument und Rechtssicherheit, Schriftenreihe des Österreichischen Notariats Band 14 (2000) 57; *Gitschthaler,* Eigentums- und andere Rechte an einer Urkunde. Eine Darstellung aus prozeß- und zivilrechtlicher Sicht, RZ 1984, 4; *Gruber,* Zur Vorlage fremdsprachiger Urkunden beim Kartellgericht, RZ 2007, 64; *Koller/Riss,* Pflicht zur Vorlage von Aufsichtsratsprotokolle im Zivilprozess?, RdW 2013/67; 62; *Lindinger/Öhlböck,* Drum prüfe, wer sich beziehe – Urkundenvorlagepflicht nach § 82 ZPO, AnwBl 2006, 8; *Mohr,* Urkundliche Angaben eines Zeugen – Gedanken zur Zulässigkeit einer Urkunde als derivatives Beweismittel, ÖJZ 1985, 524; *Rechberger,* Die Europäische öffentliche Urkunde – ein Eckpfeiler der vorsorgenden Rechtspflege?, in *Rechberger* (Hrsg), Brücken im Europäischen Rechtsraum. Europäische öffentliche Urkunde und Europäischer Erbschein (2010) 5; *Rechberger/McGuire,* Die elektronische Urkunde und das Beweismittelsystem der ZPO, in *Rechberger* (Hrsg), Die elektronische Revolution im Rechtsverkehr – Möglichkeiten und Grenzen, Schriftenreihe des Österreichischen Notariats Band 34 (2006) 1; *Schumacher,* Sichere Signaturen im Beweisrecht, ecolex 2000, 860; *derselbe,* Urkundenvorlagepflichten der Banken im Prozeß, ÖBA 2007, 197; *Schumacher,* Geheimnisschutz im Zivilprozess aus österreichischer Sicht, ZZP 123 (2010), 283.

1. Begriff

813 Urkunden sind **schriftliche Verkörperungen von Gedanken**. Ob die Urkunde zu Beweiszwecken errichtet wurde (sog Absichtsurkunde, zB eine Ver-

tragsurkunde) oder ob sie nur zufällig zum Beweismittel geworden ist (Zufallsurkunde), ist ohne Bedeutung.

Keine Urkunden sind **Augenscheinsgegenstände**, weil diese keine Gedanken verkörpern. Auch Datenträger sind Augenscheinsgegenstände, hingegen mangels Schriftlichkeit keine Urkunden. **Auskunftssachen** (§ 318 ZPO) sind gleichfalls Augenscheinsgegenstände, verkörpern aber Gedanken, wenn auch ohne Verwendung von Schriftzeichen (zB Grenzzeichen). Auf diese sind die Regeln über die Urkundenherausgabe anzuwenden. Insoweit nehmen sie eine Mittelstellung ein. 814

Öffentliche Urkunden sind die von einer österreichischen öffentlichen Behörde innerhalb der Grenzen ihrer Amtsbefugnisse in der vorgeschriebenen Form errichteten Urkunden. Dazu gehört auch der Ausdruck eines mit einer Amtssignatur versehenen elektronischen Dokuments (§ 20 E-GovernmentG). Weiters gehören dazu die von einer mit öffentlichem Glauben versehenen Urkundsperson (Notare, Architekten, Ingenieurkonsulenten, Zivilingenieure) innerhalb ihres Geschäftskreises in der vorgeschriebenen Form errichteten Urkunden sowie ausländische öffentliche Urkunden. 815

Ein auf Papier ausgedrucktes **elektronisches Dokument** einer Behörde hat die Beweiskraft einer öffentlichen Urkunde, wenn das Dokument mit einer Amtssignatur versehen wurde (§ 20 E-GovernmentG).

Öffentlich beglaubigte Urkunden sind demgegenüber Privaturkunden, bei denen das Gericht oder ein Notar bestätigt, dass sie vom Aussteller unterschrieben wurden. 816

Echt ist eine Urkunde, wenn sie von dem in ihr angegebenen Aussteller stammt. Ist dies nicht der Fall, ist sie gefälscht. Inländische öffentliche Urkunden haben die Vermutung der Echtheit für sich (§ 310 Abs 1 ZPO). 817

Siehe *Casebook* ZVerfR 107, Fall 69.

Bei Privaturkunden muss die Echtheit bewiesen werden. Allerdings setzt § 312 Abs 1 ZPO die Unterlassung der Bestreitung der Echtheit durch den Gegner des Beweisführers mit Nichtbestreitung gleich.

Soweit eine Privaturkunde unterschrieben ist, begründet sie vollen Beweis dafür, dass die darin enthaltenen Erklärungen vom Namensträger der Unterschrift herrühren. Dies gilt auch für elektronisch errichtete Privaturkunden (§ 294 ZPO, § 4 Abs 3 SignaturG). 818

Dies bedeutet freilich noch nicht, dass die Urkunde auch **inhaltlich richtig** ist. Inhaltlich richtig ist die Urkunde, wenn das in ihr Beurkundete den Tatsachen entspricht. Insoweit sieht das Gesetz **Beweisregeln** vor: Demnach begründen öffentliche Urkunden vollen Beweis dessen, was darin von der Behörde amtlich verfügt oder erklärt oder von der Behörde oder der Urkundsperson bezeugt wird (§ 292 Abs 1 ZPO). Die inhaltliche Richtigkeit von Privaturkunden unterliegt demgegenüber stets der freien Beweiswürdigung. 819

2. Beweisantritt und Vorlagepflicht

820 Der Urkundenbeweis erfolgt idR dadurch, dass der Beweisführer eine in seinen Händen befindliche Urkunde vorlegt. Die maßgeblichen Stellen der Urkunde sind „bestimmt anzugeben oder hervorzuheben" (§ 297 ZPO). Befindet sich die Urkunde nicht beim Beweisführer, kann sie auf Antrag vom Gericht herbeigeschafft werden, wenn sie sich bei einer öffentlichen Behörde oder einem Notar befindet (§ 301 ZPO).

821 Befindet sich die Urkunde in der Hand des Gegners des Beweisführers, so trifft diesen eine weitgehende **Vorlagepflicht**. In bestimmten Fällen kann die Vorlage auf keinen Fall verweigert werden (sog **unbedingte Vorlagepflicht**):
- wenn der Gegner selbst **auf die Urkunde Bezug genommen** hat;
- wenn er nach bürgerlichem Recht **zur Vorlage** der Urkunde **verpflichtet** ist (zB § 1428 ABGB: Herausgabe des Schuldscheins) oder
- wenn die Urkunde ihrem Inhalt nach beiden Parteien **gemeinschaftlich** ist (§ 304 Abs 1 ZPO). Dies ist dann der Fall, wenn die Urkunde im Interesse beider Parteien errichtet wurde oder gegenseitige Rechtsverhältnisse darin beurkundet sind. Hierzu gehört etwa ein gemeinsamer Vertrag.

822 Bei allen anderen Urkunden besteht eine **bedingte Vorlagepflicht**: Der Gegner muss die Urkunde zwar grundsätzlich auch vorlegen; er kann die Vorlage aber aus den in § 305 ZPO genannten Gründen (zB Gefahr der strafgerichtlichen Verfolgung, Verletzung eines Geschäftsgeheimnisses) verweigern.

Damit unterwirft die ZPO die Parteien **Mitwirkungspflichten**, die wesentlich weiter gehen als ihre aus dem materiellen Recht erfließenden Pflichten. Dies ist im Rahmen der Diskussion um die Zulässigkeit rechtswidrig erlangter Beweismittel ein Argument dafür, dass der Schutzzweck materiell-rechtlicher Vorschriften nicht notwendig in den Prozess hineinreicht.

823 Das Gericht trägt die Vorlage der Urkunde mit **Beschluss** auf. Der Beschluss ist aber nicht vollstreckbar. Kommt der Gegner dem Auftrag nicht nach, unterliegt dies vielmehr der freien Beweiswürdigung des Gerichtes (§ 307 Abs 2 ZPO).

Die Vorlage einer gemeinschaftlichen Urkunde kann auch außerhalb eines anhängigen Verfahrens im Weg der **Urkundeneditionsklage** nach Art XLIII EGZPO gefordert werden.

824 Befindet sich die Urkunde bei einem **Dritten**, trifft diesen eine unbedingte Vorlagepflicht, wenn er nach bürgerlichem Recht zur Vorlage der Urkunde verpflichtet ist oder es sich um eine für den Dritten und den Beweisführer gemeinschaftliche Urkunde handelt (§ 308 ZPO). Diesfalls kann das Gericht dem Dritten die Herausgabe der Urkunde auftragen. In allen anderen Fällen besteht keine Vorlagepflicht.

C. Der Zeugenbeweis

Literatur: *Fichtenbauer,* Die Verschwiegenheitspflicht des Rechtsanwaltes als Vertragsverfasser, AnwBl 1993, 69; *Foregger,* Zur Verschwiegenheitspflicht des Notars, in FS Wagner (1987) 125; *Jabornegg/Strasser/Floretta,* Das Bankgeheimnis (1985); *Jansen,* „Da bin ich mir ganz sicher" – Zur subjektiven Gewissheit des Zeugen, in FS Müller (2008) 309; *Kodek,* Zur Verschwiegenheitspflicht des Vertragsverfassers im Prozess zwischen den Prozessparteien, Jahrbuch Anwaltsrecht 2011, 87; *A. König,* Die anwaltliche Verschwiegenheit, in Tiroler Rechtsanwaltskammer (Hrsg), Rubriken II, Anwaltliche Bestandsaufnahmen (2007) 114; *Laurer,* Das Bankgeheimnis in der Entwicklung von Lehre und Rechtsprechung, ÖJZ 1986, 385; *Mohr,* Urkundliche Angaben eines Zeugen – Gedanken zur Zulässigkeit einer Urkunde als derivatives Beweismittel, ÖJZ 1985, 524; *Oberhammer/Domej,* Ein rechtlicher Rahmen für die Mediation in Österreich, ZKM 2003, 144; *Peer,* Das Aussageverweigerungsrecht nach dem FamRÄG 2009 und dem EPG, ÖJZ 2010/108, 1031; *Prohaska-Marchried,* Geheimnisschutz berufsmäßiger Parteienvertreter (1998); *Rechberger,* Geheimnis und Schweigepflicht aus zivilrechtlicher Sicht, WR 1986 SN 1, 3; *Schlosser,* Spontan präsentierte Zeugen und (Privat-)Gutachten nach deutschem und österreichischem Recht, in FS Rechberger (2005) 497; *Schumacher,* Zeugnisverweigerung wegen eines Geschäftsgeheimnisses (§ 321 Abs 1 Z 5 ZPO), ÖJZ 1987, 673; *Schur,* Die anwaltliche Verschwiegenheitspflicht in der österreichischen Rechtsordnung – Verhältnis des § 9 Abs 2, 3 RAO zu den prozessualen Entschlagungsrechten, AnwBl 2009, 257; *Simotta,* Die familienrechtlichen Entschlagungsgründe der ZPO, ÖJZ 1997, 486; *Zenz,* „Staatlich anerkannte Pflicht zur Verschwiegenheit" bestimmter Berufsgruppen im Verhältnis zur Zeugnisablegung im Verwaltungs-, Zivil- und Strafverfahren, JRP 2005, 230.

1. Allgemeines

Zeugen sind Personen, die über ihre Wahrnehmungen aussagen sollen. Die ZPO unterscheidet zwischen Zeugen und Parteien. Unterschiede betreffen die Möglichkeit der Erzwingung der Aussage und die Strafbarkeit von Falschaussagen. Die unbeeidete Aussage ist nur strafbar, wenn sie von einem Zeugen abgelegt wird (§ 288 Abs 1 StGB). 825

Im Unterschied zum Sachverständigen soll der Zeuge keine Erfahrungssätze und Schlussfolgerungen liefern. Auch der sachkundige Zeuge (**sachverständige Zeuge**) ist als Zeuge zu vernehmen (§ 350 ZPO, zB der behandelnde Arzt).

Der Zeuge muss **mündlich** aussagen. Eine schriftliche Zeugenaussage oder eidesstättige Erklärung ist im Erkenntnisverfahren nicht vorgesehen, kann aber in einem Bescheinigungsverfahren als Bescheinigungsmittel dienen. 826

2. Beschränkungen des Zeugenbeweises

§ 320 ZPO schließt in bestimmten Fällen die Vernehmung bestimmter Zeugen kategorisch aus („Zeugnisunfähigkeit"). Dabei handelt es sich um **von Amts wegen zu beachtende Beweisaufnahmeverbote**: 827
• Personen, die zur Wahrnehmung der zu beweisenden Tatsachen oder zur

Mitteilung darüber nicht in der Lage sind, dürfen (besser: können) nicht vernommen werden (§ 320 Z 1 ZPO).

- Außerdem sind Geistliche in Ansehung dessen, was ihnen in der Beichte oder unter dem Siegel geistlicher Amtsverschwiegenheit anvertraut wurde, zeugnisunfähig (§ 320 Z 2 ZPO).
- Gleiches gilt für Staatsbeamte, wenn sie durch ihre Aussage ein Amtsgeheimnis verletzen würden, sofern sie von der Geheimhaltungspflicht nicht durch Bescheid entbunden worden sind (§ 320 Z 3 ZPO), und
- eingetragene Mediatoren in Ansehung dessen, was ihnen im Rahmen einer Mediation anvertraut oder sonst bekannt wurde (§ 320 Z 4 ZPO).

Im Amts- und Organhaftungsverfahren gilt das Amtsgeheimnis nicht (§ 13 Abs 1 AHG, § 11 Abs 1 OrgHG).

828   In bestimmten Fällen kommt dem Zeugen außerdem ein **Aussageverweigerungsrecht** zu (§ 321 ZPO). Der Zeuge kann aus folgenden Gründen die Beantwortung einzelner Fragen (nicht die Aussage überhaupt) verweigern:

- Schande oder die Gefahr strafgerichtlicher Verfolgung für den Zeugen oder ihm nahestehende Personen (Z 1);
- ein unmittelbarer vermögensrechtlicher Nachteil für ihn oder ihm nahestehende Personen (Z 2);
- staatlich anerkannte Verschwiegenheitspflichten (Z 3 bis 4a);
- die Gefährdung von Kunst- oder Geschäftsgeheimnissen (Z 5) und
- die gesetzlich für geheim erklärte Ausübung eines Wahl- oder Stimmrechts (Z 6).

Außerdem bestehen zahlreiche **sondergesetzliche Aussageverweigerungsrechte**, zB für Ärzte, Psychotherapeuten, Rechtsanwälte etc.

Die Aussageverweigerungsgründe beziehen sich stets auf einzelne Fragen; ein vollständiges Aussageverweigerungsrecht besteht nicht. Die Aussageverweigerungsgründe dienen dem **Schutz anderer Werte** (familiäre Beziehungen – Verschwiegenheitspflichten) und sollen dem Zeugen Gewissenskonflikte ersparen. Das Gericht muss den Zeugen vor der Vernehmung über das Aussageverweigerungsrecht belehren (§ 339 Abs 1 ZPO). Allerdings entscheidet der Zeuge selbst, ob er von seinem Aussageverweigerungsrecht Gebrauch machen möchte. Ist er zur Aussage bereit, muss ihn das Gericht auch dann vernehmen, wenn er evident gegen eine Verschwiegenheitspflicht verstößt. § 321 ZPO statuiert also **kein amtswegig wahrzunehmendes Vernehmungsverbot**.

Siehe *Casebook* ZVerfR 109, Fall 70.

829   Wenn ein Zeuge die Aussage verweigert, entscheidet das Gericht über die Berechtigung der Zeugnisverweigerung durch Beschluss (§ 324 Abs 1 ZPO).

3. Die Zeugenvernehmung

830   Der Zeuge ist zum Erscheinen vor Gericht, zur Aussage und gegebenenfalls zur Ablegung des Eides verpflichtet. Bleibt ein ordnungsgemäß geladener Zeuge unentschuldigt aus, hat das Gericht über ihn eine Ordnungsstrafe zu

verhängen, ihn zum Ersatz aller durch sein Ausbleiben verursachten Kosten zu verpflichten und ihn neuerlich zu laden. Bei neuerlichem Ausbleiben kann die Ordnungsstrafe verdoppelt werden (Höchstbetrag derzeit € 2.000) und die zwangsweise Vorführung des Zeugen angeordnet werden (§ 333 ZPO).

Verweigert ein Zeuge zu Unrecht die Aussage, kann die Aussage durch **Geldstrafen** und **Haftstrafen** (nach § 325 Abs 1 ZPO maximal 6 Wochen) erzwungen werden. 831

Die **Beeidigung** des Zeugen spielt in der Praxis kaum mehr eine Rolle. Nach § 337 Abs 1 ZPO ist der Eid grundsätzlich als Voreid, also vor Ablegung der Aussage, abzulegen. Allerdings kann die Beeidigung auch erst nach der Vernehmung erfolgen (§ 337 Abs 2 ZPO, Nacheid). Die Beeidigung kann unterbleiben, wenn keine der Parteien dies beantragt (§ 336 Abs 2 ZPO). 832

Der Zeuge soll grundsätzlich unmittelbar vor dem **erkennenden Gericht** vernommen werden. Während der Vernehmung eines Zeugen dürfen die anderen Zeugen nicht anwesend sein (§ 339 Abs 2 ZPO). Zeugen, deren Aussagen einander widersprechen, können einander gegenübergestellt werden (§ 339 Abs 4 ZPO). 833

Zeugen, die aus gesundheitlichen Gründen nicht zu Gericht kommen können, können in ihrer Wohnung vernommen werden (§ 328 Abs 2 ZPO). Bei auswärtigen Zeugen kommt eine Vernehmung mittels Videokonferenz (§ 277 ZPO) oder eine Vernehmung im Rechtshilfeweg in Betracht (§ 328 Abs 1 Z 4 ZPO).

Der **Ablauf** der Zeugenvernehmung ist in den §§ 337 ff ZPO geregelt. Demnach ist der Zeuge zunächst zur wahrheitsgemäßen Aussage zu ermahnen und über die Folgen einer falschen Beweisaussage sowie die Aussageverweigerungsgründe zu belehren. Anschließend ist der Zeuge nach seinen persönlichen Daten („Generalien") sowie seiner Beziehung zu den Parteien zu befragen. Erst dann erfolgt die Vernehmung zur Sache (§ 340 Abs 2 ZPO). 834

Die Vernehmung erfolgt zunächst durch den Richter. Anschließend können die Parteien (Vertreter) ergänzende Fragen stellen bzw stellen lassen (§ 289 Abs 1 ZPO, § 341 ZPO). 835

4. Zeugengebühren

Der Zeuge hat Anspruch auf Ersatz der notwendigen Reise- und Aufenthaltskosten sowie des Verdienstentgangs. Die Höhe dieses Anspruchs richtet sich nach dem GebAG. Die Bestimmung der Zeugengebühren erfolgt im Justizverwaltungsweg. 836

In der Praxis ist allerdings vielfach üblich, dass eine Partei die Kosten übernimmt und diese Kosten dann in ihre Kostennote aufnimmt.

Wenn die Zeugengebühren voraussichtlich € 200 übersteigen, hat das Gericht die Beweisaufnahme vom Erlag eines **Kostenvorschusses** abhängig zu machen (§ 332 Abs 1 ZPO). Wird der Kostenvorschuss nicht rechtzeitig erlegt, ist der Zeugenbeweis präkludiert.

D. Der Sachverständigenbeweis

Literatur: *Böhm/Hiller,* Gedanken zur freien richterlichen Beweiswürdigung und den Aufgaben eines Sachverständigen, RZ 1983, 87; *Brenner,* Die Rechte der Parteien beim Sachverständigenbeweis (2008); *Deixler-Hübner,* Fortschreitender Einsatz von Sachverständigen. Notwendigkeit oder Gefahr? RZ 1992, 251, 276; *Dolinar,* Der Sachverständigenbeweis – eine rechtsvergleichende Analyse, in FS Sprung (2001) 117; *Fasching,* Die Ermittlung von Tatsachen durch den Sachverständigen im Zivilprozeß, in FS Matscher (1993) 97; *Fischer,* Zur Vorschusspflicht für Sachverständigenkosten unter dem Blickwinkel des § 40 Abs 1 ZPO, ÖJZ 2008, 467; *Gassauer-Fleissner,* Aufgaben und Grenzen des Sachverständigengutachtens bei Fragen der Patentverletzung – Unterscheidung von Tat- und Rechtsfrage im Patentverletzungsverfahren, ÖBl 2005, 244; *Grafl,* Die Rolle der Sachverständigen im Prozess, juridikum 2008, 24; *Harrer,* Die zivilrechtliche Haftung des Sachverständigen, in *Aicher/Funk* (Hrsg), Der Sachverständige (1990) 177; *Höllwerth,* Beschleunigung der Sachverständigenbegutachtung durch die ZVN 2002? ÖJZ 2004, 251; *Jelinek,* Der Sachverständige im Zivilprozeß, in *Aicher/Funk* (Hrsg), Der Sachverständige (1990) 45; *Kröll/Schweppe/Neuper* (Hrsg), Der medizinische Sachverständige (2013); *Lackner,* Die prozessuale Relevanz außerprozessualer Sachverständigengutachten, ÖJZ 1983, 518; *Nowotny,* Wer ist „Beweisführer" in § 365 ZPO? RZ 2000, 26; *Raut* (Hrsg), Sachverständige in Österreich. Festschrift 100 Jahre Hauptverband der Gerichtssachverständigen (2012); *Rüffler,* Der Sachverständige im Zivilprozeß (1995); *Schilcher,* Dogmatische und pragmatische Überlegungen zur Haftung der Gerichtssachverständigen, in FS Jelinek (2002) 241; *Schumacher,* Fachwissen des Richters, ÖJZ 1999, 132; *Zankel,* Der medizinische Sachverständige im arbeits- und sozialgerichtlichen Verfahren – Aufgaben des Sachverständigen und Anforderungen an sein Gutachten, ASoK 2009, 68.

1. Allgemeines

837   Sachverständige vermitteln dem Richter aufgrund ihrer besonderen Sachkunde Erfahrungssätze, ziehen Schlussfolgerungen oder stellen für den Richter Tatsachen fest. Auch zur Ermittlung ausländischen Rechts können Sachverständige bestellt werden (§ 4 IPRG).

838   Der Sachverständige ist zwar Beweismittel; die ZPO sieht ihn aber auch als **Gehilfen des Richters** und nähert seine Stellung teilweise derjenigen des Richters an. So kann der Sachverständige nach § 355 ZPO wie ein Richter abgelehnt werden. Die Beweiswürdigung des Gerichtes reduziert sich idR darauf, ob das Gutachten schlüssig (nachvollziehbar) ist.

Der Sachverständige ist nach ständiger Rsp aber **kein Organ iSd AHG**. Daher haftet für Fehler des Sachverständigen nicht die Republik Österreich als Rechtsträger, sondern der Sachverständige selbst nach den Regeln des allgemeinen Schadenersatzrechts.
Siehe *Casebook* ZVerfR 110, Fall 71.

296

Die Bestellung und Auswahl des Sachverständigen obliegt dem Gericht. Den   839
Parteien ist aber Gelegenheit zur Äußerung zu geben. Zum Sachverständigen
kann jede Person bestellt werden, die über eine **besondere Sachkunde** verfügt.
Die Eintragung in die von den Präsidenten der Gerichtshöfe erster Instanz
geführte Sachverständigenliste ist dafür nicht Voraussetzung. Grundsätzlich
können nur **physische Personen** zum Sachverständigen bestellt werden.

In Einzelfällen sieht das Gesetz auch die Bestellung **juristischer Personen** vor (zB
§ 28 Abs 1 lit f RAO). Demnach kann die Rechtsanwaltskammer ein Gutachten zur
Angemessenheit des Honorars eines Rechtsanwalts erstatten.

Weigert sich ein Sachverständiger ohne ausreichenden Grund, ein Gutachten   840
abzuliefern, erstattet er das Gutachten nicht fristgerecht oder erscheint er trotz
ordnungsgemäßer Ladung nicht zur Verhandlung, ist er zum Kostenersatz
zu verpflichten. Außerdem kommt die Verhängung einer Ordnungs- oder
Mutwillensstrafe in Betracht (§ 354 ZPO).

Einen Anreiz für die zügige Gutachtenserstattung bietet § 25 Abs 3 GebAG: Demnach können die Gebühren des Sachverständigen wegen Verzögerungen bei der Gutachtenserstattung um bis zu einem Viertel gekürzt werden.

2. Befund und Gutachten

Der Sachverständige hat idR einen Befund und ein Gutachten zu erstel-   841
len. Der **Befund** enthält eine **Beschreibung** der besichtigten Personen, Sachen und Örtlichkeiten und darüber hinaus die Feststellung aller Tatsachen,
die der Sachverständige ermittelt hat. Der Befund bildet die Grundlage für die
Schlussfolgerungen des Gutachtens. Teilweise wird der Sachverständige aber
auch nur mit der Befundaufnahme beauftragt (zB Vorliegen von Mängeln in
einem Bauprozess).

Im eigentlichen Gutachten zieht der Sachverständige dann Schlussfolge-   842
rungen, erläutert Erfahrungssätze oder stellt aufgrund von Erfahrungssätzen
Tatsachen fest. Sowohl der Befund als auch das Gutachten sind zu begründen
(§ 362 Abs 1 ZPO).

Privatgutachten sieht die ZPO nicht als Sachverständigengutachten an.   843
Dabei handelt es sich nur um Privaturkunden, die nach der Rsp lediglich beweisen, welche Ansicht der Verfasser vertritt. Nach neuerer Rsp muss sich ein
Sachverständiger allerdings in seinem Gutachten mit vorgelegten Privatgutachten auseinandersetzen.

In der Praxis wird vielfach zuerst ein **schriftliches Gutachten** erstellt. Auf   844
Verlangen des Gerichts oder der Parteien ist das Gutachten in der Verhandlung
zu erörtern und gegebenenfalls zu ergänzen (§ 357 ZPO).

Ein **weiterer Sachverständiger** ist nur zu bestellen, wenn das Gutachten
des ersten Sachverständigen unzureichend ist. Der Umstand, dass eine Partei

mit dem Ergebnis des Gutachtens nicht zufrieden ist, rechtfertigt nicht die Notwendigkeit der Beiziehung weiterer Sachverständiger.

3. Gebühren

845 Der Sachverständige wird für seine Tätigkeit entlohnt. Die Höhe der Entlohnung regelt das **GebAG**. Im Einzelnen hat der Sachverständige Anspruch auf Ersatz von **Reisekosten, Barauslagen, Zeitversäumnis** und **Mühewaltung**. Über die Höhe der Sachverständigengebühr entscheidet das Gericht mit Beschluss.

846 Aus fiskalischen Gründen ist zur Deckung der voraussichtlich auflaufenden Kosten dem Beweisführer idR der Erlag eines **Kostenvorschusses** aufzutragen (§ 365 ZPO, § 3 GEG). Wird der Kostenvorschuss nicht erlegt, ist das Verfahren auf Antrag ohne Rücksicht auf die ausstehende Beweisaufnahme fortzusetzen.

Der Auftrag zum Erlag eines Kostenvorschusses ist nur hinsichtlich seiner Höhe und nur dann anfechtbar, wenn der Gesamtbetrag der einer Partei aufgetragenen Vorschüsse € 4.000 (im bezirksgerichtlichen Verfahren € 2.000, § 440 Abs 6 ZPO) übersteigt (§ 332 Abs 2 ZPO iVm § 365 ZPO).

E. Der Augenscheinsbeweis

Literatur: *Grötschl,* Verwendung und Verwertung elektronischer Dokumente im Zivilprozess (2004); *Rechberger/McGuire,* Die elektronische Urkunde und das Beweismittelsystem der ZPO, in *Rechberger* (Hrsg), Die elektronische Revolution im Rechtsverkehr – Möglichkeiten und Grenzen, Schriftenreihe des Österreichischen Notariats Band 34 (2006) 1.

847 Beim Augenscheinsbeweis erfolgt eine **direkte Sinneswahrnehmung** von Eigenschaften und Zuständen von Personen und Sachen durch das Gericht. In der Praxis steht der Ortsaugenschein (Lokalaugenschein, zB einer Unfallstelle) im Vordergrund; aber auch das Ansehen bzw Anhören von Videoaufzeichnungen, Tonbandaufnahmen etc gehört zum Augenscheinsbeweis.

848 Auf die Verpflichtungen zur Vorlage von Augenscheinsgegenständen bzw zur Duldung des Augenscheins sind die Bestimmungen über Urkunden anzuwenden. Es gibt allerdings keinen Auftrag an einen Dritten zur Vorlage eines Augenscheinsgegenstandes oder Duldung eines Augenscheins.

849 Zur Deckung der Kosten eines Augenscheinsbeweises kann dem Beweisführer ein **Kostenvorschuss** auferlegt werden. Die Anfechtbarkeit des Vorschusses richtet sich nach § 332 Abs 2 ZPO.

Ausnahmsweise kommt eine mittelbare Aufnahme des Augenscheinsbeweises durch einen ersuchten oder beauftragten Richter in Betracht, wenn der zu besichtigende Gegenstand nicht vor das erkennende Gericht gebracht werden kann oder die unmittelbare Vornahme des Augenscheins erhebliche Schwierigkeiten bereiten würde. Gerade im städtischen Bereich wird der Lokalaugenschein vielfach durch vom Sachverständigen angefertigte Skizzen und Fotos ersetzt.

F. Die Parteienvernehmung

Literatur: *Kollhosser*, Parteianhörung und Parteivernehmung im deutschen Zivilprozeß, in FS Beys I (2003) 755; *Oberhammer*, Parteiaussage, Parteienvernehmung und freie Beweiswürdigung am Ende des 20. Jahrhunderts, ZZP 113 (2000) 295; *Schumacher*, Unternehmensgeheimnisse im Zivilprozeß, ÖBl 1988, 89; *Simotta*, Die familienrechtlichen Entschlagungsgründe der ZPO, ÖJZ 1997, 486; *Stürner*, Die Partei als Beweismittel im europäischen Zivilprozeß, in FS Ishikawa (2001) 529.

Die Parteienvernehmung ist die Vernehmung einer Partei zum Beweis über streitige – für die Entscheidung erhebliche – Tatsachen (§ 371 ZPO). Neben der Naturalpartei sind auch verschiedene **andere Personen als Partei zu vernehmen** (gesetzlicher Vertreter, Gesellschafter, Masseverwalter, vgl § 373 ZPO). 850

Damit ist die Parteienvernehmung von der „**informativen Befragung**" und vom **Parteivorbringen** zu unterscheiden. Das Parteivorbringen kann im Anwaltsprozess durch den Rechtsanwalt erfolgen; bei der Parteivernehmung geht es demgegenüber um die Vernehmung der Partei selbst (Naturalpartei), um die Richtigkeit des jeweiligen Parteivorbringens zu überprüfen.

Bis zur ZVN 1983 war die Parteienvernehmung nur ein **subsidiäres Beweismittel**. Darin kam ein Misstrauen des historischen Gesetzgebers gegenüber der Parteienvernehmung zum Ausdruck. Heute werden die Parteien vielfach sinnvollerweise bereits am Beginn des Beweisverfahrens vernommen. Dadurch lässt sich vielfach eine Eingrenzung der strittigen Punkte erreichen; auch wird den Parteien die Möglichkeit genommen, ihre Aussage an die übrigen Beweisergebnisse „anzupassen".

Die Parteien sind grundsätzlich zum **Erscheinen** und zur **Aussage** sowie gegebenenfalls zur Beeidigung ihrer Aussage verpflichtet. Weder die Pflicht zum Erscheinen noch die zur Aussage kann allerdings erzwungen werden (§ 380 Abs 3 ZPO). Das unbegründete Nichterscheinen bzw Nichtaussagen ist vielmehr nur im Rahmen der **Beweiswürdigung** zu berücksichtigen (§ 381 ZPO). 851

Die Ladung zur Parteienvernehmung erfolgt, wenn die Partei einen Vertreter namhaft gemacht hat, an ihren Vertreter (§ 93 Abs 1 Satz 2 ZPO).

Im **Eheverfahren** kann das Erscheinen der Parteien auch zwangsweise durchgesetzt werden (§ 460 Z 1 ZPO).

Die Partei kann die **Aussage** aus ähnlichen Gründen wie der Zeuge **verweigern**, hat aber kein Aussageverweigerungsrecht wegen vermögensrechtlicher Nachteile (§ 380 Abs 1 ZPO). 852

Nur mehr äußerst selten erfolgt eine **Beeidigung** der Parteien. Dies erfolgt im Regelfall in Form des Nacheides, also einer nachträglichen Beeidigung 853 der abgelegten Aussage. Eine falsche Beweisaussage unter Eid ist nach § 288 Abs 2 StGB strafbar. Unbeeidete Falschaussagen einer Partei sind demgegenüber (im Gegensatz zur Falschaussage eines Zeugen!) straflos.

854 Die Parteienvernehmung hat in der Regel **vor dem erkennenden Gericht** stattzufinden. Die Vernehmung im Rechtshilfeweg ist nur dann zulässig, wenn dem persönlichen Erscheinen der Partei „unübersteigliche Hindernisse" entgegenstehen oder wenn dies unverhältnismäßige Kosten verursachen würde (§ 375 Abs 2 ZPO).

855 Die Partei hat keinen Anspruch gegen den Staat auf Ersatz der durch die Vernehmung entstandenen Kosten und des **Verdienstentgangs**. Sie kann aber diese Kosten als Prozesskosten gegenüber ihrem Gegner geltend machen.

G. „Neue" Beweismittel

856 Unter der Bezeichnung „neue" Beweismittel werden vor allem folgende Beweismittel verstanden:
- schriftliche Auskunft aufgrund einer Anfrage an eine Behörde;
- Ergebnisse von Meinungsumfragen (zB zum Nachweis der Täuschungsfähigkeit nach UWG oder zur Klärung der Verkehrsgeltung);
- Tonband, Videoaufzeichnungen, andere Datenträger.

Diese Beweismittel lassen sich jedoch problemlos unter die „klassischen" Beweismittel der ZPO subsumieren. Bei schriftlichen Auskünften handelt es sich um Urkunden, bei der Meinungsumfrage um einen Sachverständigenbeweis (wenn die Umfrage im Gerichtsauftrag durchgeführt wird) und bei Datenträgern etc um Augenscheinsgegenstände. Im Übrigen enthält die ZPO wohl keine taxative Aufzählung von Beweismitteln, sodass die gesetzliche Regelung über die Beweismittel der Heranziehung neuer Erkenntnisquellen nicht entgegensteht.

Beispiele: Durch ein Meinungsforschungsinstitut kann etwa die – im UWG bedeutsame – Täuschungsgefahr von Angaben im Geschäftsverkehr oder die Verkehrsgeltung einer Marke ermittelt werden.

III. Die Beweissicherung

857 Teilweise sieht das Gesetz die Möglichkeit einer vorsorglichen Beweisaufnahme in einem Rechtsstreit oder vor Beginn eines Rechtsstreits vor (§§ 384 bis 389 ZPO). Zuständig ist das **Prozessgericht** bzw – wenn noch kein Rechtsstreit anhängig ist – das **Bezirksgericht**, in dessen Sprengel sich das Beweisobjekt befindet (§ 384 Abs 3 ZPO).

Nicht alle Beweismittel sind einer Beweissicherung zugänglich. Eine derartige Maßnahme ist nur beim **Augenscheins-, Zeugen- und Sachverständigenbeweis** zulässig, nicht hingegen beim Urkundenbeweis und bei der Parteienvernehmung. 858

Voraussetzung für die Zulässigkeit der Beweissicherung ist entweder, dass 859
- der **Verlust** oder die erschwerte Benützung des Beweismittels zu besorgen ist (§ 384 Abs 1 ZPO) oder
- ein rechtliches Interesse an der **Feststellung des gegenwärtigen Zustandes** einer Sache besteht (§ 384 Abs 2 ZPO).

Beispiel: Aufgrund von Bauarbeiten an einem Haus ist beim Nachbarhaus eine Wand eingestürzt. Diese soll natürlich möglichst bald wiedererrichtet werden. Zur Wahrung von Schadenersatzansprüchen soll jedoch der gegenwärtige Zustand festgestellt werden (§ 384 Abs 2 ZPO).

Über einen Beweissicherungsantrag entscheidet das Gericht mit **Beschluss**. 860
Die Bewilligung der Beweissicherung ist nicht anfechtbar (§ 386 ZPO). Nach Tunlichkeit ist der Gegner vor der Entscheidung über den Antrag einzuvernehmen (näher § 387 ZPO). Die Ergebnisse der Beweissicherung kann jede Partei im Verlauf des Rechtsstreites benützen (§ 389 Abs 1 ZPO).

Die **Kosten** der Beweissicherung trägt stets vorläufig der Antragsteller. 861
Dieser hat auch dem Gegner die Kosten seiner Beteiligung an der Beweisaufnahme zu ersetzen. Der Antragsteller kann aber im Hauptverfahren im Rahmen des Kostenersatzes auch die Kosten der Beweisaufnahme geltend machen (§ 388 Abs 3 ZPO).

Vierzehnter Teil:
Gerichtliche Entscheidungen

I. Allgemeine Urteilslehre

Literatur: *Fasching,* Die Entscheidungsbegründung im österreichischen streitigen zivilgerichtlichen Erkenntnis-, Exekutions- und Insolvenzverfahren, in *Sprung/König* (Hrsg), Die Entscheidungsbegründung (1974) 135; *Kaniak,* Das vollkommene Urteil (1987); *Oberhammer,* Richterliche Rechtsgestaltung und rechtliches Gehör (1994); *Sprung,* Die Entwicklung der zivilgerichtlichen Begründungspflicht, in *Sprung/König* (Hrsg), Die Entscheidungsbegründung (1974) 43; *Thiele,* Die Publikation von Entscheidungen im Internet, RZ 1999, 215.

862 Das Gericht hat im Lauf eines Zivilprozesses eine Reihe von teilweise höchst unterschiedlichen Entscheidungen zu treffen, zB über das Vorliegen der Prozessvoraussetzungen, über die Erstattung einer Klagebeantwortung, über die Erlegung eines Kostenvorschusses, über den Schluss der mündlichen Streitverhandlung und schließlich in der Sache (Streitsache, *meritum*) selbst sowie über den Kostenersatzanspruch.

Die ZPO kennt nur **zwei Entscheidungsformen**, deren sich der Richter bedienen kann, nämlich das Urteil und den Beschluss. Die beiden Entscheidungsformen unterscheiden sich durch die Anforderungen an die Begründung sowie durch die Anfechtbarkeit.

Daneben verwendet das Gesetz allerdings auch – ohne eine genaue Begriffsbildung einzuhalten – andere Ausdrücke wie „**Verfügung**" oder „Anordnung" sowie (in den besonderen Verfahrensarten) „**Zahlungsbefehl**" oder (Wechselzahlungs-, Übergabs- und Übernahms-),,Auftrag".

In Arbeits- und Sozialrechtssachen spielt die Unterscheidung von Urteil und Beschluss auch für die **Gerichtsbesetzung** eine Rolle. Beschlüsse kann der Vorsitzende allein ohne Beiziehung der fachkundigen Laienrichter fassen (§ 11a Abs 1 Z 3 ASGG).

863 Im **Urteil** wird über den geltend gemachten Anspruch inhaltlich entschieden; der Klage wird also (zur Gänze oder zum Teil) stattgegeben oder sie wird abgewiesen. Es handelt sich um die in feierlicher Form („im Namen der Republik") ergehende **Sachentscheidung** (meritorische Entscheidung) über einen Urteilsantrag der Parteien.

Als **Urteilsanträge** kommen insb in Betracht: das Klagebegehren und der Gegenantrag des Beklagten, der Zwischenantrag auf Feststellung (§§ 236, 259 Abs 2 ZPO), die Aufrechnungseinwendung (§ 411 Abs 1 ZPO), der Antrag auf Verschuldensausspruch im Eheverfahren (§§ 60, 61 EheG) und der Rechtsmittelantrag auf Abänderung bzw Aufhebung der angefochtenen Entscheidung im Rechtsmittelverfahren.

Im erstinstanzlichen Verfahren kann ein Urteil im Regelfall (Ausnahme: Versäumungsurteil) nur nach einer mündlichen Verhandlung ergehen.

Das Urteil als besondere Entscheidungsform für Sachentscheidungen ist ein Spezifikum der ZPO; in den anderen zivilgerichtlichen Verfahrensarten (Außerstreitverfahren sowie Exekutions- und Insolvenzverfahren) sind als Entscheidungsform nur Beschlüsse vorgesehen.

Mit einem **Beschluss** werden hingegen idR verfahrensrechtliche Fragen, also etwa über das Vorliegen von Prozessvoraussetzungen, entschieden oder sonstige verfahrensgestaltende oder prozessleitende Entscheidungen getroffen. 864

Prozessurteile – wie sie in der dZPO vorgesehen sind – gibt es in Österreich nicht. In manchen Verfahren ergeht allerdings auch die **Sachentscheidung** in der Hauptsache in Form eines **Beschlusses**: Dies gilt im Mahnverfahren (bedingter Zahlungsbefehl), im Wechselmandatsverfahren (Wechselzahlungsauftrag), im Bestandverfahren (Aufkündigung bzw Übergabe- bzw Übernahmeauftrag) und im Besitzstörungsverfahren (Endbeschluss).

Wird eine Klage inhaltlich abschlägig entschieden, weil der behauptete Anspruch nicht zu Recht besteht, so wird sie **mit Urteil abgewiesen**; besteht der Anspruch hingegen zu Recht, so wird ihr mit Urteil **stattgegeben**. Fehlt eine positive Prozessvoraussetzung für die Durchführung des Verfahrens in der Sache selbst bzw liegt eine negative Prozessvoraussetzung vor, so wird die Klage **mit Beschluss zurückgewiesen**. 865

Es kann aber auch abweisende Beschlüsse geben, so zB wenn sich herausstellt, dass die eingewendete Prozesseinrede sachlich unbegründet ist: Die Prozesseinrede wird mit Beschluss abgewiesen. (In der Praxis wird hier häufig der Ausdruck „verworfen" verwendet.)

Die **Kostenentscheidung** ist wesensmäßig ein Beschluss, wird allerdings idR in das Urteil aufgenommen. Auch bei Klagseinschränkung auf Kosten entscheidet die Praxis mit Urteil. Siehe auch Rz 463. 866

II. Die Urteilsarten

Literatur: *Fucik*, Das Anerkenntnis im Prozess, ÖJZ 2011/53, 485; *Klicka*, Die Bindungswirkung bei Nebenintervention und Streitverkündung, JBl 1997, 611; *Oberhammer*, Objektive Grenzen der materiellen Rechtskraft: Bindung und Präklusion, JBl 2000, 205; *derselbe*, Vertrag mit Schutzwirkung zugunsten Dritter und Rechtskrafterstreckung, JBl 2000, 58; *Rechberger*, Der österreichische Oberste Gerichtshof als (Ersatz-)Gesetzgeber, in FS Schütze (1999) 711; *Rinner*, Zum Teilurteil nach § 391/3 ZPO (Vorbehaltsurteil), in BeitrZPR VI (2002) 247; *Strohmayer*, Urteilswirkungen (2001).

A. Überblick und Einteilung

Nach der Grundlage, auf die sich das Urteil stützt, kann unterschieden werden zwischen: 867

• **kontradiktorischen** (zweiseitigen) Urteilen, bei denen Urteilsgrundlage das Vorbringen beider Parteien ist, und

- **einseitigen** Urteilen, die sich allein auf das Vorbringen einer Prozesspartei stützen. Dazu zählen die **Versäumungsurteile**, die wegen ihrer eigenständigen Bedeutung im nachfolgenden Kapitel (Rz 871 ff) gesondert dargestellt werden, sowie (nach überwiegender Lehrmeinung) die **Anerkenntnis- und Verzichtsurteile**, die bereits oben beim Anerkenntnis (Rz 623 ff) und beim Verzicht (Rz 620 ff) behandelt worden sind.

868 Nach dem **Umfang der Erledigung** können unterschieden werden:
- **Endurteile**, die den Rechtsstreit grundsätzlich in vollem Umfang erledigen (§ 390 ZPO), also über alle bei Schluss der mündlichen Streitverhandlung zur Entscheidung stehenden Begehren/Anträge absprechen;
- **Teilurteile**, die über selbständige Teilansprüche oder Anspruchsteile endgültig entscheiden (§§ 391 f ZPO; siehe näher unten Rz 884 f);
- **Zwischenurteile**, die über präjudizielle Fragen entscheiden (§ 393 ZPO; siehe näher unten Rz 886 ff);
- **Ergänzungsurteile**, die über Sachanträge entscheiden, die im Endurteil nicht erledigt wurden (§§ 423 f ZPO; siehe näher unten Rz 893).

869 Nach dem **Sachausgang** ist zu unterscheiden zwischen einem
- **stattgebenden Urteil**, das dem Urteilsantrag zur Gänze Folge gibt, und einem
- **abweisenden Urteil**, das die Berechtigung des Antrags zur Gänze verneint.
- **Gemischte Urteile** geben dem gestellten Antrag teilweise statt, teilweise weisen sie ihn aber auch ab.

870 Nach der **Art des Klagebegehrens**, über das mit Urteil entschieden wird (siehe dazu näher Rz 500 ff), kann unterschieden werden zwischen einem Leistungsurteil, einem Rechtsgestaltungsurteil und einem Feststellungsurteil.
- **Leistungsurteile** sind der klassische und praktisch häufigste Fall eines Urteils. Für **Leistungsurteile** (iwS) ist charakteristisch, dass diese einen Leistungsbefehl enthalten, der auch exekutiv durchgesetzt werden kann. Sie entfalten die Urteilswirkungen der materiellen Rechtskraft (kommt jedem formell rechtskräftigen Urteil zu) und der Vollstreckbarkeit (Besonderheit von Leistungsurteilen).
- **Rechtsgestaltungsurteile** geben einer Rechtsgestaltungsklage statt und ändern damit unmittelbar die Rechtslage. Eine Vollstreckung ist hiefür nicht erforderlich.
- **Feststellungsurteile** sind demgegenüber Urteile, die über Feststellungsklagen oder einen Zwischenantrag auf Feststellung ergehen. Feststellungsurteile entfalten daher Rechtskraft, insb Bindungswirkung (Feststellungswirkung), aber – abgesehen von der Kostenentscheidung – keine Vollstreckungswirkung.

Feststellungsurteile sind aber auch alle Urteile, die eine Klage (welcher Art auch immer) abweisen, denn damit wird festgestellt, dass das Klagebegehren nicht berechtigt ist. Umgekehrt enthält auch jedes klagsstattgebende Leistungs- und Gestaltungselement implizit die Feststellung, dass der geltend gemachte Anspruch zu Recht besteht.

304

B. Das Versäumungsurteil

Literatur: *Beran/Klaus/Liebhart/Nigl/Pühringer/Rassi/Roch/Steinhauer*, Die Zivilverfahrensnovelle 2002 aus der Sicht des „Arbeitskreises Verfahrensvereinfachung", RZ 2003, 2; *Burgstaller*, Zur Bindungswirkung von Säumnisentscheidungen, JBl 1999, 563; *Deixler-Hübner*, Fortschritte und Rückschritte durch die ZVN 2002, in FS Beys I (2003) 209; *Frauenberger*, Die ZVN 2002 – Neuerungen im Zivilprozessrecht, ÖJZ 2002, 873; *Klicka*, Verbesserungsverfahren bei unschlüssiger Klage, JBl 2003, 886; *Koller/Scholz*, Rechtskraftwirkung des klagsabweisenden Versäumungsurteils, ecolex 2013, 333; *Rechberger*, Das Unschlüssigkeitsurteil im Versäumnisfall, JBl 1974, 562; *Strauss*, Die Bekämpfung von Versäumungsurteilen wegen Zustellmängel, ÖJZ 2010/75, 695; *Wienerroither*, Die Bekämpfung von Säumnisfolgen der Partei im zivilgerichtlichen Verfahren unter Berücksichtigung des innerstaatlichen Rechtsvergleichs (1988).

1. Einführung

Lässt sich eine Partei nicht schriftlich oder mündlich in den Streit ein, sieht das Gesetz als Säumnisfolge vor, dass auf Antrag der allein erschienenen bzw nicht säumigen Partei ein Versäumungsurteil zu fällen ist (§§ 396, 442 ZPO). Mit dem Versäumungsurteil wird das Ziel verfolgt, die **Mitwirkung** der Parteien am Verfahren zu **sichern** und **Prozessverschleppungen** durch Nichterscheinen zu **verhindern**. Dies wird dadurch erreicht, dass die Parteien zwar nicht direkt (etwa durch Beugestrafen) zu einer Mitwirkung gezwungen werden, es aber zu einer nachteiligen Entscheidung (Versäumungsurteil) kommen kann, wenn sich eine Partei nicht auf das Verfahren einlässt.

871

Das (klagsstattgebende, positive) Versäumungsurteil spielt in der Praxis eine **große Rolle**, weil es häufig vorkommt, dass der Beklagte gegen einen Anspruch nichts Substanzielles vorzubringen hat, er ihn aber auch nicht erfüllen kann. Hier ist der Berechtigte gezwungen, eine Klage einzubringen, um die Verjährung zu unterbrechen und einen Exekutionstitel zu schaffen. Für den Beklagten ist es dann am kostengünstigsten, ein Versäumungsurteil gegen sich ergehen zu lassen. Im Bereich der Geldleistungsklagen bis € 75.000 erfüllt das Mahnverfahren mit dem – mangels Erhebung eines Einspruchs – rechtskräftigen und vollstreckbaren Zahlungsbefehl diese Funktion.

2. Voraussetzungen

Versäumungsurteile sind grundsätzlich nur dort möglich, wo nicht dem Gericht die alleinige Verantwortung für die Beschaffung der Entscheidungsgrundlage zukommt. **Keine Versäumungsurteile** gibt es daher in jenen Verfahren, in denen der Untersuchungsgrundsatz herrscht (also etwa in Sozialrechtssachen [Rz 1256] oder im Außerstreitverfahren), aber auch nicht in Ehesachen (Rz 997), im Rechtsmittelverfahren (§§ 491, 513 ZPO) oder im schiedsgerichtlichen Verfahren (§ 600 Abs 2 ZPO, Rz 1283). Im Aufhebungsverfahren

872

aufgrund einer Nichtigkeits- oder Wiederaufnahmsklage gibt es keine klagsstattgebenden Versäumungsurteile.

873 Ein **Versäumungsurteil** ist auf Antrag der nicht säumigen Partei (seit der ZVN 2002) nur noch in folgenden Verfahrenssituationen zu fällen:

874 **a.** Wenn die beklagte Partei im **Gerichtshofverfahren** die **Klagebeantwortung** nicht rechtzeitig erstattet, kann der Kläger sogleich mittels Schriftsatz die Erlassung eines Versäumungsurteils beantragen (§ 396 Abs 1 ZPO).

In diesem Fall ist gegen das Versäumungsurteil ein **Widerspruch** zulässig (siehe Rz 658).

Verspätete Klagebeantwortungen sind zurückzuweisen. Allerdings wird dann vom Beklagten vielfach ein Wiedereinsetzungsantrag oder Widerspruch eingebracht.

Stellt der Kläger keinen Antrag auf Fällung eines Versäumungsurteils, so tritt **Ruhen** des Verfahrens ein, und die Parteien können erst nach Ablauf von drei Monaten einen Fortsetzungsantrag stellen.

875 **b.** Bleibt im **Gerichtshofverfahren** eine der Parteien nach der rechtzeitigen Erstattung einer Klagebeantwortung, eines Einspruchs oder von Einwendungen von einer **Tagsatzung** aus, bevor sie sich auch durch mündliches Vorbringen zur Hauptsache in den Streit eingelassen hat, so ist auf Antrag der erschienenen Partei ein (klagsstattgebendes oder klagsabweisendes) Versäumungsurteil zu fällen (§ 396 Abs 2, § 552 Abs 6, § 559 ZPO).

Bei der versäumten Tagsatzung handelt es sich idR um die vorbereitende Tagsatzung. Nach dem Gesetzeswortlaut sind aber auch andere Konstellationen, wie etwa eine abgesonderte Tagsatzung über bestimmte Prozesseinreden des Beklagten (vgl § 260 Abs 1 ZPO), erfasst.

Gegen dieses Versäumungsurteil ist **kein Widerspruch** zulässig (siehe Rz 658).

876 **c.** Bleibt im **bezirksgerichtlichen Verfahren** eine der Parteien von einer **Tagsatzung** aus, bevor sie sich durch mündliches Vorbringen zur Hauptsache in den Streit eingelassen hat, ist auf Antrag der erschienenen Partei ein (positives = klagsstattgebendes oder ein negatives = klagsabweisendes) Versäumungsurteil (bzw im Besitzstörungsverfahren ein Versäumungsendbeschluss) zu fällen (§ 442 Abs 1 ZPO).

Auch hier kann es sich bei der versäumten Tagsatzung um die vorbereitende oder eine abgesonderte Tagsatzung handeln (siehe oben Rz 875).

Bei solchen Konstellationen ist ein **Widerspruch** gegen ein positives Versäumungsurteil grundsätzlich zulässig, nicht aber gegen ein negatives (siehe Rz 659).

Dh nur der säumige Beklagte kann Widerspruch erheben, nicht der säumige Kläger.

306

Eine **spätere Säumnis** einer Partei führt **nicht** mehr zu einem Versäumungsurteil (§ 399 ZPO).   877

Die früheren „unechten Versäumungsurteile" wurden durch die ZVN 2002 beseitigt. Versäumt eine Partei nach mündlicher Streiteinlassung eine Tagsatzung, so hat dies keine besonderen Säumnissanktionen zur Folge (vgl § 399 ZPO). Sie nimmt an dieser Tagsatzung nicht teil und kann dort ihre Parteirechte (zB Zeugenbefragung) nicht ausüben. An einer weiteren Tagsatzung (also bei einer Erstreckung der Verhandlung) kann sie aber wieder teilnehmen und auch Vorbringen – soweit es nicht nach § 179 Satz 2 ZPO präkludiert ist – erstatten.

3. Die Folgen der Versäumung im Einzelnen

Ist eine Partei in den oben angeführten Fällen säumig, so hat die nicht-säumige Partei verschiedene **Reaktionsmöglichkeiten**: Sie kann einen Antrag auf Fällung eines Versäumungsurteils stellen, neues Vorbringen erstatten oder gar nichts tun.   878

a. Bleibt die nicht-säumige Partei **untätig**, so tritt **Ruhen des Verfahrens** (siehe Rz 431, 661, 874) ein (§ 398 Abs 2 ZPO).

b. Bringt sie **neue Tatsachen** vor, so ist das neue Vorbringen der säumigen Partei zur Kenntnis zu bringen und das Verfahren tritt in das Stadium zurück, in dem es sich vor dem Eintritt der Säumnis befunden hat (§ 398 Abs 1 ZPO). Wird der Gegner in der Folge erneut nicht tätig, so besteht wiederum die Möglichkeit, die Fällung eines Versäumungsurteils zu beantragen.

Die Möglichkeit, neues Vorbringen zu erstatten, ist für den Kläger insb dann von Interesse, wenn sein Klagebegehren unschlüssig ist und ihm deshalb bei einem Antrag auf Fällung eines Versäumungsurteils ein Unschlüssigkeitsurteil (siehe Rz 881) drohen würde.

c. Stellt sie einen **Antrag** auf Fällung eines Versäumungsurteils, so hat das Gericht bei Vorliegen der Voraussetzungen für ein Versäumungsurteil (unten Rz 879) über das Begehren der nicht-säumigen Partei (Urteilsantrag oder Urteilsgegenantrag) zu entscheiden.

Ein Versäumungsurteil darf **nicht** gefällt werden (§ 402 ZPO), wenn: 879

• eine **Prozessvoraussetzung fehlt**;

Dann muss der Antrag auf Fällung eines Versäumungsurteils abgewiesen und die Klage (nach einem allfälligen erfolglosen Verbesserungsversuch) zurückgewiesen werden.

• die **Zustellung** der Ladung bzw des Auftrags zur Klagebeantwortung **nicht ausgewiesen** ist bzw das Gericht (trotz Zustellnachweis) Zweifel an der Ordnungsmäßigkeit oder Rechtzeitigkeit der Zustellung hat;

Ist die Zustellung nicht ausgewiesen, so ist der Antrag auf Fällung eines Versäumungsurteils entweder abzuweisen und die Tagsatzung zu erstrecken, oder das Gericht behält sich auf Antrag der Partei die Fällung des Versäumungsurteils bis zu einem vom Richter bestimmten Tag vor (sog **vorbehaltenes Versäumungsurteil**; § 402 Abs 1 Z 1 ZPO). Langt der Nachweis der Zustellung bis zu diesem Tag ein, so fällt der Richter das Versäumungsurteil binnen acht Tagen. Hat das Gericht Zweifel an der Rechtzeitigkeit oder Ordnungsmäßigkeit der Zustellung, so hat es darüber Erhebungen anzustellen. Wurde ordnungsgemäß zugestellt, so fällt das Gericht das (vorbehaltene) Versäumungsurteil.

- die Klage **unschlüssig** ist (siehe Rz 881);

  Der Antrag auf Fällung eines Versäumungsurteils muss mit Beschluss und die Klage mit Urteil abgewiesen werden.

- dem Gericht bekannt ist, dass die Partei durch Naturkatastrophen oder andere „**unabwendbare Zufälle**" an der Vornahme der Prozesshandlung gehindert ist;

  Damit sollen (aus Gründen der Prozessökonomie) sichere Wiedereinsetzungsverfahren vermieden werden. Der Antrag auf Fällung eines Versäumungsurteils ist abzuweisen und die Tagsatzung gegebenenfalls zu erstrecken.

- die erschienene Partei den Nachweis für einen von Amts wegen zu berücksichtigenden Umstand nicht sogleich erbringen kann.

  Bei diesen „Umständen" kann es sich um Prozessvoraussetzungen oder um zwingende Vorschriften des materiellen Rechts handeln.

880   Liegen die Voraussetzungen für das Versäumungsurteil hingegen vor, so hat das Gericht (binnen acht Tagen bzw noch in derselben Tagsatzung) über den Antrag auf Fällung des Versäumungsurteils sowie über die Klage zu entscheiden. Hat der säumige Beklagte jedoch bereits (zB in der Klagebeantwortung) eine **Prozesseinrede** erhoben, so darf ein Versäumungsurteil jedenfalls erst nach der „Verwerfung" dieser Prozesseinrede durch das Gericht gefällt werden (§ 396 Abs 3 ZPO).

Haben die Parteien außergerichtlich vereinbart, zur Tagsatzung nicht zu erscheinen und kommt eine von ihnen trotzdem, so ergeht auf ihren Antrag hin (bei Vorliegen der sonstigen Voraussetzungen) ein Versäumungsurteil. Bei einer darauf basierenden Exekutionsführung ist dieses „**erschlichene Versäumungsurteil**" mit einer Impugnationsklage (§ 36 Abs 1 Z 3 EO) bekämpfbar. Vor der Exekutionsführung kann eine Feststellungsklage (mit dem Inhalt, dass dem aus dem Versäumungsurteil Berechtigten kein Vollstreckungsanspruch zusteht) erhoben werden.

881   **Entscheidungsgrundlage** bei Fällung eines Versäumungsurteils ist grundsätzlich das tatsächliche Vorbringen der nicht-säumigen Partei. Dieses ist **für wahr zu halten**, sofern dessen Unrichtigkeit nicht offenkundig oder gerichtsbekannt ist oder aufgrund vorliegender Beweise (zB der Klage beigelegter Urkunden oder Ergebnisse eines Beweissicherungsverfahrens) feststeht (§ 396 Abs 1 ZPO). Vorbringen in bereits eingegangenen Schriftsätzen der säumi-

308

gen Partei ist nicht zu berücksichtigen. Ist der Kläger säumig, so reicht nach hM ein unsubstantiiertes Bestreiten des Beklagten (für ein klagsabweisendes Versäumungsurteil) aus. Das Vorliegen der **Prozessvoraussetzungen** ist vom Gericht jedoch ebenso zu überprüfen wie die **Schlüssigkeit** der Klage. Die **rechtliche Beurteilung** hat das Gericht daher ohne Rücksicht auf die Säumnis des Gegners eigenverantwortlich vorzunehmen.

Ist demnach die Klage unberechtigt, muss sie abgewiesen werden. Zu einem klagsstattgebenden Versäumungsurteil kommt es nur, wenn das Begehren **schlüssig** ist, also sich bei (richtiger) rechtlicher Beurteilung aus dem als wahr angenommenen Sachverhalt ergibt. Ist das Begehren hingegen unschlüssig (dh es ergibt sich nicht aus dem behaupteten Sachverhalt), so weist der Richter – uU nach einem Verbesserungsversuch – das Klagebegehren auch dann ab, wenn der Kläger ein Versäumungsurteil beantragt hat (**Unschlüssigkeitsurteil**). Das Institut des Versäumungsurteils bedeutet daher keineswegs, dass die nicht säumige Partei automatisch im Verfahren obsiegt. Die Anordnung des § 396 Abs 1 ZPO, dass „tatsächliches Vorbringen für wahr zu halten" ist, hat nach hM eine prozessuale **Präklusionswirkung** (Präklusion von Beweisaufnahmen) zur Folge.

Das klagsstattgebende Urteil wird dem Kläger gegenüber sofort mit seiner **Verkündung** wirksam (§ 416 Abs 3 ZPO). Es kann in einer gekürzten Ausfertigung zugestellt werden (§ 417 Abs 4 ZPO). Die Rechtsmittelfristen werden im Sommer und zur Weihnachtszeit nicht gehemmt (§ 222 Abs 2 ZPO).

4. Die Rechtsbehelfe gegen ein Versäumungsurteil

Ein ergangenes Versäumungsurteil kann mit verschiedenen Rechtsbehelfen bekämpft werden. Während eine **Berufung** oder ein Antrag auf **Wiedereinsetzung** in den vorigen Stand gegen jedes Versäumungsurteil möglich ist, steht der Rechtsbehelf des **Widerspruchs** nur in bestimmten Fällen offen. Die säumige Partei hat die Wahl, nur einen oder kumulativ mehrere dieser Rechtsbehelfe einzubringen. Über sie wird in der vom Rechtsbehelfswerber vorgegebenen Reihenfolge entschieden. Nimmt die Partei keine Reihung vor, so wird nach hL zuerst über den Rechtsbehelf entschieden, der der Partei den umfassendsten Rechtsschutz gewährt (also Berufung vor Wiedereinsetzungsantrag vor Widerspruch). Zur Berufung gegen Versäumungsurteile näher Rz 663 ff, zur Wiedereinsetzung Rz 645 ff, zum Widerspruch Rz 657 ff.

882

Siehe *Casebook* ZVerfR 94, Fall 58 und 96, Fall 60.

C. Das Endurteil

Ein Endurteil (§ 390 ZPO) ist zu fällen, wenn der gesamte Rechtsstreit in vollem Umfang zur Entscheidung reif ist.

883

Ein Endurteil ist auch zu fällen, wenn nur einer von mehreren zur gemeinsamen Verhandlung verbundenen Prozessen entscheidungsreif ist. Die jeweiligen verbundenen Verfahren behalten ihre rechtliche Selbständigkeit.

D. Das Teilurteil

Literatur: *Holzhammer,* Das zivilrichterliche Ermessen, in FS Fasching (1988) 227; *Oberhammer,* Wieder einmal: Rechtskraft bei Teilklagen, in FS Kollhosser II (2004) 501; *Rinner,* Zum Teilurteil nach § 391/3 ZPO (Vorbehaltsurteil), BeitrZPR VI (2002) 247.

884   Das Teilurteil dient der **quantitativen Gliederung** des Prozessstoffes und erfüllt für den erledigten Teil die Aufgaben eines Endurteils. Es ist ausdrücklich als solches zu bezeichnen (§ 114 Abs 1 Geo) und ergeht gem § 391 ZPO in folgenden Fällen:

- wenn **einzelne** von mehreren in derselben Klage geltend gemachten **Ansprüchen** oder Teile eines Anspruchs zur Entscheidung reif sind;
- wenn auf einen Teil des Anspruchs **verzichtet** bzw ein Teil **anerkannt** wird (Teilverzichts- bzw Teilanerkenntnisurteil; § 394 Abs 2 ZPO; siehe Rz 620 ff);
- wenn bei erhobener (und mit der Erstklage verbundener) **Widerklage** nur die Klage oder die Widerklage zur Entscheidung reif ist;
- wenn bei einer **Aufrechnungseinrede** (dazu Rz 626 ff) die Gegenforderung mit der Klagsforderung nicht im rechtlichen Zusammenhang steht und (nur) die Klageforderung zur Entscheidung reif ist (§ 391 Abs 3 ZPO).

Siehe *Casebook* ZVerfR 114, Fall 75.

Strittig ist, ob der Richter bei Vorliegen der Voraussetzungen ein Teilurteil fällen muss oder ob dies seinem (pflichtgebundenen) Ermessen überlassen ist. Nach der Rsp steht die Fällung eines Teilurteils im **pflichtgebundenen Ermessen** des Richters, sodass die Verweigerung eines Teilurteils als Akt der Prozessleitung unanfechtbar ist. Teilverzichts- und Teilanerkenntnisurteile können nur auf Parteienantrag ergehen.

885   Das Teilurteil ist selbständig mit **Rechtsmitteln** anfechtbar, erwächst in materielle und formelle Rechtskraft und ist – wenn es sich um ein stattgebendes Leistungsurteil handelt – (eigenständig) vollstreckbar (§ 392 Abs 1 ZPO).

Das Gericht kann die Entscheidung über die Kosten des zum Teilurteil führenden Verfahrens dem Endurteil vorbehalten (§ 52 Abs 2 ZPO, § 392 Abs 2 ZPO).

E. Das Zwischenurteil

Literatur: *Fasching,* Das Zwischenurteil über den Grund des Anspruches (§ 393 Abs 1 ZPO), ÖJZ 1958, 264; *Landbrecht,* Zwischenurteil und Verfahrenseffizienz, ecolex 2012, 782; *Köck,* Das „Zwischenurteil zur Verjährung", Zak 2011/307, 167; *Prütting,* Die Bindung an das Grundurteil im Betragsverfahren, in FS Rechberger (2005) 427; *Schobel,* Zur bindenden Wirkung eines Zwischenurteils über den Grund des Anspruches, ÖJZ 1962, 384.

886   Das Zwischenurteil teilt den Prozessstoff in **qualitativer Hinsicht**. Mit ihm wird (aus prozessökonomischen Gründen) über einen Streitpunkt entschieden, dessen Klärung vor der Entscheidung über die Hauptsache sinnvoll erscheint.

Die ZPO (§ 393 ZPO) kennt **zwei Arten** eines Zwischenurteils, nämlich das Grundurteil und das Grundlagenurteil:

Ein sog **Grundurteil** (§ 393 Abs 1 ZPO) wird gefällt, wenn in einem Rechts- 887
streit ein Anspruch dem Grunde und der Höhe nach streitig und die Verhandlung zunächst nur hinsichtlich des Anspruchsgrundes zur Entscheidung reif ist.

Beispiel: Der Kläger macht Schadenersatzansprüche aus einem Verkehrsunfall geltend. Mit dem Zwischenurteil nach § 393 Abs 1 ZPO wird über seine Ansprüche dem Grunde nach entschieden. Gelangt das Gericht zum Ergebnis, dass der Anspruch gegen den Beklagten dem Grunde nach zu Recht besteht (zur Gänze oder zu einem bestimmten Bruchteil), kann es ein Grundurteil fällen und damit kann diese Frage vorab im Rechtsmittelverfahren geklärt werden. Die Frage der Höhe des Schadenersatzanspruches (zB Reparaturkosten, Schmerzengeld) wird erst im Endurteil entschieden. Gelangt das Gericht demgegenüber zum Ergebnis, dass der Anspruch schon dem Grunde nach nicht berechtigt ist, hat es sofort ein klagsabweisendes Endurteil zu fällen. Für die Fällung eines Zwischenurteils ist diesfalls kein Raum.

Ein Zwischenurteil über den Grund des Anspruchs ist auch dann möglich, wenn noch strittig ist, ob der Klagsanspruch der Höhe nach überhaupt mit irgendeinem Betrag zu Recht besteht.

Das Zwischenurteil über den Grund des Anspruchs ist nach dem Verständ- 888
nis der Rsp kein Feststellungsurteil, sondern entfaltet **nur innerprozessuale Bindungswirkung**, aber keine über den konkreten Rechtsstreit hinausreichende materielle Rechtskraftwirkung.

Siehe *Casebook* ZVerfR 115, Fall 76.

Beispiel: Wenn im obigen Beispiel der Kläger später eine neue Klage wegen zusätzlicher Schadenersatzforderungen einbringt (zB Schmerzengeld aufgrund einer Folgeoperation), muss das Verschulden am Unfall neu geprüft werden, weil das seinerzeitige Zwischenurteil nur für den ursprünglichen Prozess wirkt. Hätte der Kläger hingegen ein Feststellungsurteil erwirkt, wäre dieses auch in allen Folgeprozessen zugrunde zu legen.

Außerdem kann das Gericht über die **Verjährungseinrede** mit Zwischenur- 889
teil entscheiden, wenn die Klage nicht aus diesem Grund ohnedies abzuweisen ist (§ 393a ZPO). Damit soll aus prozessökonomischen Gründen die frühzeitige Klärung einer allfälligen Verjährung ermöglicht werden.

Beachte: § 393a ZPO ist nur anzuwenden, wenn das Gericht die Verjährungseinrede für nicht berechtigt hält. Hält das Gericht hingegen die Klagsforderung für verjährt, ist das Klagebegehren sofort mit Endurteil abzuweisen.

Hinsichtlich seiner **Anfechtbarkeit** ist das Zwischenurteil einem Endurteil 890
gleichgestellt. Ein Rechtsmittel gegen ein Grundurteil hemmt bis zum Eintritt der Rechtskraft des Zwischenurteils die weitere Verhandlung über die Klage (§ 393 Abs 3 ZPO).

Die Entscheidung über die Verfahrenskosten kann dem Endurteil vorbehalten werden (§ 393 Abs 4).

891   Ein sog **Grundlagenurteil** wird gefällt, wenn die Verhandlung über einen Zwischenantrag auf Feststellung (siehe Rz 517 ff) zur Entscheidung reif ist (§ 393 Abs 2 ZPO). Es handelt sich um ein „echtes" Feststellungsurteil, das volle Rechtskraft- und Bindungswirkung zeitigt. Eine Anfechtung hat grundsätzlich keine hemmende Wirkung für das weitere Verfahren, jedoch kann das Gericht eine solche anordnen (§ 393 Abs 3 ZPO).

Siehe *Casebook* ZVerfR 116, Fall 77.

892   Nach der Rsp (im Gegensatz zur Lehre) liegt die Fällung eines Zwischenurteils im **Ermessen** des Gerichts.

F. Das Ergänzungsurteil

893   Wird im Urteil über einen Antrag nicht oder nicht vollständig entschieden (zB über das Zinsenbegehren), so ist auf Antrag – uU nach mündlicher Verhandlung – ein **Ergänzungsurteil** zu fällen (§ 423 ZPO). Es ist seinem Wesen nach ein Endurteil.

Der Antrag ist binnen **14 Tagen** nach Zustellung des Urteils beim Prozessgericht einzubringen.

Urteil und Ergänzungsurteil sind selbständig anfechtbar: Eine allfällige Verhandlung über die Urteilsergänzung hat keinen Einfluss auf den Lauf der Rechtsmittelfristen (§ 424 ZPO).

Nach hA hat die Partei die Wahl zwischen dem Urteilsergänzungsantrag und der Berufung wegen Nichterledigung der Sachanträge (§ 496 Abs 1 Z 1 ZPO). Sie kann aber auch beide Rechtsbehelfe kumulieren.

Vom Ergänzungsurteil ist die **Urteilsberichtigung** nach § 419 ZPO zu unterscheiden; dazu Rz 912 f.

III. Der Aufbau des Urteils

A. Allgemeines

894   Der **Urteilskopf** (§ 417 Abs 1 Z 1 und 2 ZPO) enthält zunächst rechts oben die **Geschäftszahl**. Diese setzt sich aus der Nummer der Gerichtsabteilung, dem Gattungszeichen, der laufenden Nummer des Geschäftsfalls, der Jahreszahl und einem EDV-Prüfzeichen sowie der Ordnungsnummer zusammen. Das Prüfzeichen dient der Vermeidung von Eingabefehlern. Die Ordnungsnummer gibt an, um das wievielte Aktenstück es sich handelt.

Die wichtigsten **Gattungszeichen** sind C (bezirksgerichtliches Streitverfahren), Cg (Streitverfahren vor dem Gerichtshof 1. Instanz), R (Rechtsmittelgericht 2. Instanz), Ob (Oberster Gerichtshof in Zivilsachen), ObA (Oberster Gerichtshof in Arbeitsrechtssachen) und ObS (Oberster Gerichtshof in Sozialrechtssachen).

Beispiel: Ein Urteil trägt die Geschäftszahl <u>1 Cg 125/13p</u> *oder* 1 Cg 125/13p-14.

14

Diese Zahl bedeutet, dass das Urteil von der Gerichtsabteilung 1 gefällt wurde; es handelt sich um ein Zivilverfahren vor dem Landesgericht, und zwar um den 125. im Jahr 2013 in dieser Gerichtsabteilung angefallenen Akt. Das Urteil ist das 14. Aktenstück im betreffenden Akt. Der Buchstabe „p" ist das „Prüfzeichen", das automatisch jeder Aktenzahl zugewiesen wird.

Wird ein Geschäftsstück mit den angeführten Angaben bezeichnet, spricht man von **Geschäftszahl**; die **Aktenzahl** (auch: Aktenzeichen) wäre im obigen Beispiel demgegenüber 1 Cg 125/13p, enthält also keine Ordnungsnummer. Damit wird der gesamte Akt bezeichnet.

Nach Art 82 Abs 2 B-VG ergehen Urteile „im Namen der Republik". Das Fehlen dieser **Solennitätsformel** ist allerdings sanktionslos.   895

Weiters enthält der Urteilskopf: 896

- die **Bezeichnung des Gerichts** (allenfalls mit einem Hinweis auf die Ausübung der Kausalgerichtsbarkeit, vgl § 259 Abs 3, § 446 ZPO, § 36 ASGG) und die Namen der am Urteil mitwirkenden Richter,
- die Bezeichnung der **Parteien**, ihrer Vertreter sowie der Parteistellung, ebenso die eines allfälligen Nebenintervenienten,
- die Bezeichnung des **Streitgegenstandes** und
- die **Rechtsprechungsformel**: „Das Gericht erkennt zu Recht" oder „hat zu Recht erkannt".

Erstere Formulierung wird verwendet, wenn das Urteil vorbehalten wurde, letztere vor allem (aber nicht nur) dann, wenn das Urteil mündlich verkündet wurde. In der Praxis wird vielfach auch die Formulierung „nach öffentlicher mündlicher Verhandlung" aufgenommen.

Die eigentliche Sachentscheidung enthält der **Urteilsspruch** (Urteilstenor, § 417 Abs 1 Z 3 ZPO). Im Spruch wird über das Klagebegehren und andere in Urteilsform zu erledigende Sachanträge entschieden. Außerdem sind bestimmte Beschlüsse in den Urteilsspruch aufzunehmen.   897

Im Einzelnen kann ein Urteilsspruch enthalten: 898

- die Entscheidung über das **Klagebegehren**. Bei klagsstattgebenden Urteilen entspricht das Urteil dem Klagebegehren. Beim abweisenden Urteil muss das Klagebegehren, das abgewiesen wurde, deutlich bezeichnet werden, um die Bestimmung des Rechtskraftumfangs zu ermöglichen; siehe Rz 919 ff;
- die Entscheidung über eine **Aufrechnungseinrede**, sofern die Hauptforderung zumindest teilweise zu Recht besteht;
- allenfalls die Entscheidung über Zwischenfeststellungsanträge (§§ 236, 259 ZPO);
- allenfalls im Eheverfahren einen Verschuldensausspruch (§§ 60, 61 EheG);
- die Entscheidung über die **Prozesskosten** (§ 52 Abs 1 ZPO);
- die Verwerfung von Prozesseinreden (§ 261 Abs 1 und 2 ZPO);

- sonstige **Beschlüsse**, die gemeinsam mit dem Urteil gefasst werden.

899 Das Gericht ist **an die Anträge der Parteien gebunden** (§ 405 ZPO). Dies ergibt sich aus der im Zivilprozess geltenden Dispositionsmaxime. Daher darf kein Plus oder Aliud, wohl aber ein Minus zugesprochen werden. Ein Verstoß gegen diese Bestimmung bildet nach der Rsp nur eine Mangelhaftigkeit des Verfahrens; die hL nimmt demgegenüber überwiegend Nichtigkeit an.

900 Ein Leistungsurteil hat eine **Leistungsfrist** von idR 14 Tagen zu enthalten (§ 409 ZPO). Ausnahmsweise sieht das Gesetz abweichende Leistungsfristen vor; etwa im Besitzstörungsverfahren (§ 459 ZPO), im Bestandverfahren (vgl § 34 MRG, § 573 ZPO) sowie bei Auferlegung einer Pflicht zur Verrichtung einer Arbeit (§ 409 Abs 1 ZPO).

901 Die **Entscheidungsgründe** (§ 417 Abs 1 Z 4 ZPO) sind äußerlich vom Urteilsspruch zu trennen. Die Entscheidungsgründe enthalten
- die geraffte Wiedergabe des **Parteienvorbringens**;
- in der Praxis auch idR die Angabe der durchgeführten Beweise;
- die Anführung der als verspätet zurückgewiesenen Beweisanträge (§ 417 Abs 3 ZPO);
- die **Sachverhaltsfeststellungen**, also die Angabe, von welchem Sachverhalt das Gericht ausgeht;
- die **Beweiswürdigung**;
- die **rechtliche Beurteilung** sowie
- die Begründung der Kostenentscheidung.

In der Praxis wird oft am Beginn der Entscheidungsgründe der Sachverhalt angeführt, soweit er unstrittig ist oder ausdrücklich außer Streit gestellt wurde.

902 In der **Beweiswürdigung** setzt sich das Gericht mit den Beweisergebnissen auseinander und begründet, warum es zu seinen Feststellungen gelangt. Die **rechtliche Beurteilung** enthält die Subsumption des festgestellten Sachverhalts unter gesetzliche Tatbestände.

903 Schließlich enthält das Urteil die **Unterschrift** des Richters (Senatsvorsitzenden) sowie eines allenfalls beigezogenen Schriftführers (§ 418 Abs 1 ZPO).

904 Bezirksgerichtliche Urteile enthalten außerdem eine **Rechtsmittelbelehrung** (§ 447 ZPO). Im Gerichtshofverfahren ist dies wegen der Anwaltspflicht nicht erforderlich.

B. Gekürzte Urteilsausfertigungen

905 In bestimmten Fällen können Urteile vereinfacht ausgefertigt werden: Bei **klagsstattgebenden Versäumungsurteilen** sowie bei Anerkenntnis- und Verzichtsurteilen entfällt die Entscheidungsbegründung. In den Gerichtsakt wird ein Urteilsvermerk aufgenommen.

In anderen Fällen kann ein Urteil gekürzt ausgefertigt werden, wenn es **in Anwesenheit aller Parteien mündlich verkündet** wurde und keine der Parteien rechtzeitig Berufung gegen das Urteil angemeldet hat. Diesfalls braucht das Urteil in den Entscheidungsgründen nur das wesentliche Vorbringen der Parteien und das, was das Gericht davon der Entscheidung zugrunde gelegt hat, wiederzugeben (§ 417a ZPO). Diese Angaben sind erforderlich, um den Rechtskraftumfang des Urteils beurteilen zu können. 906

Nach Verkündung des Urteils erhalten die Parteien eine **Protokollabschrift** zugestellt. 14 Tage ab Zustellung des Protokolls haben die Parteien Zeit, mittels Schriftsatzes Berufung anzumelden (§ 461 Abs 2 ZPO). Die Anmeldung ist in diesem Fall Voraussetzung für die Zulässigkeit der Berufung. Die Berufung kann aber auch mündlich unmittelbar nach Urteilsverkündung während der Verhandlung angemeldet werden. 907

Durch die Zustellung des Protokolls soll den Parteien und ihren Vertretern Gelegenheit gegeben werden, den Prozessverlauf zu analysieren und die Sinnhaftigkeit der Erhebung eines Rechtsmittels abzuschätzen. In der Praxis kommen verkündete Urteile vor allem im bezirksgerichtlichen Verfahren bei geringen Streitwerten vor.

IV. Zustandekommen des Urteils

Hier ist zwischen der **Urteilsfällung** als gerichtsinternem Vorgang und der „**Erlassung**" zu unterscheiden. Die Urteilsfällung ist beim Einzelrichter ein rein innerer Vorgang; beim Senat wird das Urteil durch Abstimmung gefällt. Wegen des Unmittelbarkeitsgrundsatzes muss das Urteil von den Richtern gefällt werden, die an der dem Urteil zugrunde liegenden mündlichen Verhandlung teilgenommen haben (§ 412 Abs 1 ZPO). 908

Erst durch die „Erlassung" erhält das Urteil Außenwirkung. Nach § 414 Abs 1 und 2 ZPO ist das Urteil samt den wesentlichen Entscheidungsgründen grundsätzlich sofort nach Schluss der mündlichen Verhandlung **zu verkünden**. In der Praxis ist die sofortige mündliche Verkündung jedoch die Ausnahme. Das Gericht behält in der Regel das Urteil der **schriftlichen Ausfertigung** vor (§ 415 ZPO). 909

Das vorbehaltene Urteil ist binnen vier Wochen ab Schluss der mündlichen Verhandlung zu fällen (§ 415 ZPO). Diese Frist wird in der Praxis bedauerlicherweise vielfach nicht eingehalten. In Extremfällen kann ein **Fristsetzungsantrag** nach § 91 GOG Abhilfe bieten (siehe Rz 52).

Alle Urteile, auch die verkündeten, sind den Parteien zuzustellen. Mit der **Zustellung** wird das Urteil den Parteien gegenüber „**wirksam**" (§ 416 Abs 1 ZPO). Die „Wirksamkeit" als eigene prozessuale Kategorie bedeutet noch nicht, dass das Urteil auch rechtskräftig ist. Mit der Wirksamkeit beginnen erst die Rechtsmittelfristen und die Leistungsfrist zu laufen. 910

Ausnahmsweise ist eine schriftliche Ausfertigung nur auf Verlangen zuzustellen. Hauptanwendungsfall ist das in Anwesenheit des Klägers verkündete klagsstattgebende Versäumungsurteil. Gleiches gilt für ein in Anwesenheit beider Parteien verkündetes Anerkenntnis- oder Verzichtsurteil.

911 Die **Leistungsfrist** ist allerdings nur dann von der Wirksamkeit an zu berechnen, wenn kein Rechtsmittel erhoben wird. Andernfalls beginnt sie erst mit dem Tag nach Eintritt der Rechtskraft des Urteils (§ 409 Abs 3 ZPO).

V. Berichtigung

912 Das Gericht, das das Urteil gefällt hat, kann jederzeit von Amts wegen oder auf Antrag das Urteil **berichtigen** (§ 419 ZPO). Dies ist allerdings nur dann möglich, wenn „offenbare Unrichtigkeiten", „Schreib- und Rechenfehler" vorliegen sowie die Ausfertigung von der gefällten Entscheidung abweicht.

913 Die Berichtigung erfolgt in **Beschlussform.** Mit Zustellung des berichtigten Urteils beginnt die Rechtsmittelfrist neu zu laufen. Anderes gilt nur dann, wenn der Rechtsmittelwerber keinen Zweifel über den wirklich gemeinten Inhalt des Urteils haben konnte (4 Ob 195/00f EvBl 2001/32, 151).

Beispiel: In einem Räumungsprozess verpflichtet das Erstgericht im Urteil versehentlich nicht den beklagten Mieter, sondern den klagenden Vermieter zur Räumung. Hier konnte kein Zweifel daran bestehen, was gemeint war; die Berufungsfrist beginnt daher mit Zustellung der ursprünglichen Ausfertigung; die Berichtigung löst keine neue Frist aus (vgl 6 Ob 117/12t).

Hat eine Partei bereits gegen die ursprüngliche Fassung des Urteils ein Rechtsmittel erhoben, kann sie nach der Berichtigung auch trotz des sonst geltenden Grundsatzes der Einmaligkeit des Rechtsmittels (siehe dazu Rz 1016) ihre Rechtsmittelschrift ergänzen oder austauschen (1 Ob 59/02m ecolex 2002/220, 584).

VI. Die Urteilswirkungen

Literatur: *Albrecht,* § 268 ZPO und Wiederaufnahmsklage, ÖJZ 1994, 41; *dieselbe,* Bindung an den Demolierungsbescheid? JAP 1994/95, 262; *dieselbe,* Probleme der Bindung an strafgerichtliche Verurteilungen im Zivilverfahren oder § 268 ZPO – Der Versuch der Reanimation, ÖJZ 1997, 201; *Auer,* Zu den Auswirkungen eines internationalen „ne bis in idem" für Österreich, RZ 2000, 52; *Beys,* Prozessuale und privatrechtliche Bestimmung des Rechtskraftgegenstandes bei privatrechtlichen Streitigkeiten, in FS Jelinek (2002) 1; *Böhm,* Die Bindung des Zivilgerichts an (verurteilende) Erkenntnisse des Strafgerichts, AnwBl 1996, 734; *Bollenberger,* Zivilrechtliche Folgen einer strafrechtlichen Verurteilung, ÖJZ 2008, 515; *Burgstaller,* Zur Bindungswirkung von Säumnisentscheidungen, JBl 1999, 563; *Deixler-Hübner,* (Teil-)Rechtskraft von Eheauflösungsentscheidungen und Frist nach § 95 EheG, Zak 2012/399, 203; *Forgó-Feldner,* Die Bindung des Zivilrichters an strafgerichtliche Verurteilungen, ÖJZ 2005, 866; *L. Fuchs,* Zur Bindungswirkung des verurteilenden Straferkenntnisses im Bereich der Kfz-Haftpflichtversicherung, ÖJZ 2001, 821, 880; *Gaul,* Die Grenzen der

Bindung des Zivilgerichts an Strafurteile, in FS Fasching (1988) 157; *derselbe*, Die Rechtskraft im Lichte des Dialogs der österreichischen und deutschen Prozessrechtslehre, ÖJZ 2003, 861; *Gottwald*, Präjuzialwirkung der Rechtskraft zugunsten Dritter? in FS Musielak (2004) 183; *Graff*, Zur Bindungswirkung des Strafurteils im Zivilprozeß nach der Aufhebung des § 268 ZPO, AnwBl 1996, 77; *Klicka*, Bindungswirkung bei einfacher Nebenintervention und Streitverkündung, RZ 1990, 2; *derselbe*, Bindung an Strafurteile vom VfGH aufgehoben! JAP 1990/91, 103; *derselbe*, Was bleibt vom verstärkten Senat SZ 68/195 zur Bindung an Straferkenntnisse im Zivilverfahren? ÖJZ 2013/77, 709; *Koller*, Eine Forderung – zwei Chancen?! Zu den Grenzen der Rechtskraft im Fall der Aufrechnungseinrede, JAP 2008/2009/9, 53; *Mahrer*, Der „ewige" Konflikt um die Reichweite der Bindungswirkung, ÖJZ 2007/4, 45; *Mahrer*, Überlegungen zur Bindungswirkung ausländischer Strafurteile im österreichischen Zivilverfahren, AnwBl 2005, 545; *Morscher*, Bindung und Bundesverfassung, JBl 1991, 86; *Musger*, Verfahrensrechtliche Bindungswirkung und Art 6 MRK, JBl 1991, 420, 499; *Oberhammer*, Vertrag mit Schutzwirkung zugunsten Dritter und Rechtskrafterstreckung, JBl 2000, 58; *derselbe*, Objektive Grenzen der materiellen Rechtskraft: Bindung und Präklusion, JBl 2000, 205; *derselbe*, Internationale Rechtshängigkeit, Aufrechnung und objektive Rechtskraftgrenzen in Europa, IPRax 2002, 424; *Rechberger*, Rechtssicherheit, Entscheidungsharmonie und Bindungswirkung an Vorfrageentscheidungen, in FS Nakamura (1996) 477; *derselbe*, Der Wiedergänger. Zur Rückkehr der Bindung an strafgerichtliche Entscheidungen im österreichischen Zivilprozeßrecht, in FS Gaul (1997) 539; *Reischauer*, Unterhalt für die Vergangenheit und materielle Rechtskraft, JBl 2000, 421; *Schauer*, Bemerkungen zur Bindung des Haftpflichtversicherers an Strafurteile, RdW 1997, 5; *U. Schrammel*, Zur Bindung des Zivilrichters an strafgerichtliche Verurteilungen, Zak 2008, 47; *Simotta*, Die Bedeutung einer strafgerichtlichen Verurteilung für den Zivilprozeß nach Aufhebung des § 268 ZPO, NZ 1991, 75; *dieselbe*, Ein Nachfolger für § 268 ZPO? ecolex 1991, 521; *Spitzer*, Die Bindungswirkung von Verwaltungsakten im Zivilprozess, ÖJZ 2003, 48; *Steininger*, Konsequenzen der Aufhebung des § 268 ZPO, in FS Matscher (1993) 477; *Strohmayer*, Urteilswirkungen (2001); *Walter*, Strafgerichtliche Verurteilung und Zivilprozeß, ecolex 1991, 379; *derselbe*, Die Bindung der Zivilgerichte an rechtskräftige präjudizielle Bescheide nach AVG im Rahmen der Zivilprozeßordnung im Vorfragenbereich, ÖJZ 1996, 601.

A. Bindung des Gerichts und Wirksamkeit

Mit mündlicher Verkündung oder Abgabe des Urteils zur Ausfertigung an die Geschäftsabteilung ist das Gericht an seine Entscheidung **gebunden** (§ 416 Abs 2 ZPO). Ab diesem Zeitpunkt kann das Gericht seine Entscheidung idR nicht mehr selbst abändern. Anderes gilt nur im Rahmen der Entscheidung über einen Widerspruch gegen ein Versäumungsurteil, einen Wiedereinsetzungsantrag oder wenn das Erstgericht einem Rechtsmittel selbst stattgibt (vgl § 522 ZPO, dazu Rz 1112). 914

Beispiele: Nach Verkündung eines Urteils liest der Richter auf dem Heimweg einen juristischen Artikel, aus dem sich ergibt, dass er unrichtig entschieden hat. Gleichwohl kann der Richter seine Entscheidung nicht mehr ändern.

Nach Verkündung des Urteils bemerkt der Richter, dass er eigentlich unzuständig wäre. Auch in diesem Fall kann der Richter seine Entscheidung nicht mehr ändern, sondern muss das verkündete Urteil ausfertigen.

915 Das nächste Stadium ist die **Wirksamkeit** des Urteils gegenüber den Parteien. Diese tritt idR mit der Zustellung der schriftlichen Ausfertigung (§ 416 Abs 1 ZPO) ein. Mit der Wirksamkeit der Entscheidung beginnen die Rechtsmittelfrist und die Leistungsfrist zu laufen.

Bei Anerkenntnis- und Verzichtsurteilen sowie bei klagsstattgebenden Versäumungsurteilen beginnt die Wirksamkeit gegenüber den erschienenen Parteien schon mit der Verkündung. Bei sonstigen mündlich verkündeten Urteilen gilt dies jedoch nicht.

B. Formelle Rechtskraft

916 Wenn eine Entscheidung nicht mehr mit Rechtsmitteln bekämpft werden kann, ist sie in formelle Rechtskraft erwachsen. Formelle Rechtskraft bedeutet daher **Unabänderlichkeit** der Entscheidung. Dies kann der Fall sein:
- mit ungenütztem Ablauf der Rechtsmittelfrist;
- bei Rechtsmittelverzicht oder Rechtsmittelzurücknahme;
- bei Entscheidung der letzten Instanz;
- mit ungenütztem Ablauf der Anmeldungsfrist für die Berufung.

917 Es gibt **keine Einheitlichkeit der formellen Rechtskraft**. Der Zeitpunkt ihres Eintritts kann vielmehr für jede der Parteien verschieden sein. Hauptanwendungsfall ist, dass die Entscheidung an die Parteien zu verschiedenen Zeitpunkten zugestellt wird.

Wird eine Entscheidung nur teilweise angefochten, erwächst zunächst nur der nicht angefochtene Teil in formelle Rechtskraft (**Teilrechtskraft**). Im Zweifel gilt eine Entscheidung allerdings als zur Gänze angefochten (§ 84 Abs 3 ZPO).

918 Die formelle Rechtskraft ist **Voraussetzung für die materielle Rechtskraft** und für die **Gestaltungswirkung** sowie idR für die **Vollstreckbarkeit**. Wenn das Berufungsurteil mit außerordentlicher Revision angefochten wird, kann allerdings schon vor Rechtskraft des Berufungsurteils Exekution zur Befriedigung geführt werden (§ 505 Abs 4 ZPO). Vor Rechtskraft eines Urteiles kann außerdem generell die Exekution zur Sicherstellung eingeleitet werden (§§ 370 ff EO).

C. Materielle Rechtskraft

1. Begriff

919 Materielle Rechtskraft bezeichnet die **Maßgeblichkeit** der Entscheidung. Diese äußert sich in der **Einmaligkeits- und Bindungswirkung**.

318

Die **Einmaligkeitswirkung** („*ne bis in idem*") steht einer neuerlichen Ent- 920
scheidung über die bereits entschiedene Hauptfrage entgegen. Die materielle
Rechtskraft wirkt daher als negative Prozessvoraussetzung (Prozesshindernis)
und ist in jeder Lage des Verfahrens wahrzunehmen (vgl § 230 Abs 3, § 239
Abs 3 Z 1, § 411 Abs 2 ZPO). Eine trotz Vorliegens einer rechtskräftigen Entscheidung eingebrachte idente neuerliche Klage ist daher mit Beschluss zurückzuweisen.

Die Einmaligkeitswirkung ist eine wichtige Aussage der ZPO über das Wesen der
Rechtskraft. In anderen Rechtsordnungen wird teilweise nur ein Abweichungsverbot
angenommen.

Die **Bindungswirkung** verpflichtet den Richter eines Folgeprozesses, die 921
für ihn präjudizielle Vorentscheidung ungeprüft seiner eigenen Entscheidung
zugrunde zu legen. Diese Bindung entfaltet aber nur die Entscheidung über die
Hauptfrage. Die Bindungswirkung stellt sicher, dass das Ergebnis des ersten
Prozesses auch in weiteren Verfahren berücksichtigt wird. Der Beklagte kann
daher den Betrag, zu dessen Zahlung er verurteilt wurde, nicht in einem weiteren Prozess bereicherungsrechtlich zurückfordern.

Beispiel: Liegt ein rechtskräftiges Urteil darüber vor, dass der Beklagte dem Kläger für alle Schäden aus einem Verkehrsunfall haftet, ist dies in einem Folgeprozess
zugrunde zu legen. Die Frage des Verschuldens am Unfall kann daher nicht neuerlich
aufgerollt werden.

Hat hingegen das Gericht einer Klage auf Zahlung einer Kaufpreisrate stattgegeben,
kann in einem Folgeprozess auf Zahlung einer weiteren Rate die Klage abgewiesen
werden, weil das Gericht das Vorliegen eines Kaufvertrags überhaupt verneint, diesen
für sittenwidrig hält oder der Beklagte zurückgetreten ist. Hauptfrage im ersten
Verfahren war nur das Bestehen des Anspruchs auf Zahlung einer Rate; alle anderen
Fragen, von deren Beantwortung die Entscheidung im ersten Verfahren abhing (zB
Bestehen eines Kaufvertrags, Fehlen von Einwendungen) sind bloße Vorfragen. Deren
Beantwortung entfaltet aber keine Bindungswirkung.

Siehe *Casebook* ZVerfR 119, Fall 78.

Heute ist in Österreich die **prozessuale Rechtskrafttheorie** herrschend. Demnach
hat die materielle Rechtskraft keinen Einfluss auf die materielle Rechtslage. Wegen
der Einmaligkeits- und Bindungswirkung kann die Rechtsfrage allerdings nicht
neuerlich aufgerollt werden. Die **materielle Rechtskrafttheorie** nimmt demgegenüber
an, dass das klagsstattgebende Urteil die materielle Rechtslage konstitutiv verändert
und einen zusätzlichen Rechtsgrund schafft. Damit würde ein unrichtiges Urteil aber
weitergehende Wirkungen äußern als ein richtiges Urteil.

2. Subjektive Grenzen der materiellen Rechtskraft

Die Rechtskraft wirkt grundsätzlich nur **zwischen den Parteien** (vgl § 12 922
ABGB). In bestimmten Fällen wird die Rechtskraft auf **dritte Personen** erstreckt.

Hierzu gehören die Gesamt- und Einzelrechtsnachfolge, bestimmte Urteile über
gesellschaftsrechtliche Klagen (§ 42 GmbHG, § 198 AktG) sowie die Entscheidung

im Insolvenzverfahren über die Richtigkeit und Rangordnung angemeldeter und bestrittener Forderungen (§ 112 IO).

Im Hinblick auf das Recht auf rechtliches Gehör nach Art 6 Abs 1 EMRK ist es bedenklich, Personen der Rechtskraft zu unterwerfen, die sich am Verfahren nicht beteiligen konnten. Bei den angeführten insolvenzrechtlichen Klagen bestehen diese Bedenken allerdings nicht, weil der Dritte ohnedies die Möglichkeit hatte, durch eigene Bestreitung der Forderung selbst Parteistellung zu erlangen (8 Ob 115/06d ZIK 2007/34, 23). Teilweise werden die Interessen des Dritten auch durch eine andere Person mit typischerweise identer Interessenlage gewahrt (sog **prozessuale Repräsentation**). Daher ist es unbedenklich, dass das Urteil gegen eine OG auch gegen ihre Gesellschafter wirkt (vgl näher § 129 UGB).

Siehe *Casebook* ZVerfR 121, Fall 81.

3. Objektive Grenzen der materiellen Rechtskraft

923   Nach § 411 ZPO erwächst das Urteil in Rechtskraft, soweit darin über den in der Klage geltend gemachten **Anspruch** entschieden wird. „Anspruch" ist hier iS von „Streitgegenstand" zu verstehen. Der neuerlichen Geltendmachung eines Anspruchs, der bereits rechtskräftig zuerkannt oder aberkannt wurde, steht die Einmaligkeitswirkung des ersten Urteils entgegen. Die neue Klage ist daher zurückzuweisen.

924   Die Einmaligkeitswirkung der materiellen Rechtskraft erstreckt sich auch auf später geltend gemachte Ansprüche, die das **begriffliche Gegenteil** des rechtskräftig entschiedenen Anspruchs darstellen.

    Beispiel: A hat gegen B rechtskräftig die Feststellung erwirkt, Alleineigentümer einer bestimmten Sache zu sein. Eine spätere Feststellungsklage des B, dass A nicht Eigentümer sei (reine Negation), ist ebenso unzulässig wie eine spätere Feststellungsklage, dass B Eigentümer der Sache sei (begriffliches Gegenteil). Hingegen steht das zwischen A und B ergangene Urteil einer späteren Klage des C, der seinerseits die Eigentümerstellung beansprucht, nicht entgegen, weil C nicht von den subjektiven Grenzen der Rechtskraft des im ersten Prozess ergangenen Urteils erfasst ist.

    Teilweise wird allerdings auch angenommen, dass in den Fällen des begrifflichen Gegenteils eine neuerliche Klage nicht wegen der **Einmaligkeitswirkung** des ersten Urteils **zurückzuweisen**, sondern nur wegen der diesem Urteil zukommenden **Bindungswirkung abzuweisen** ist.

925   **Nicht** rechtskraftfähig sind die **Tatsachenfeststellungen** sowie einzelne Elemente der **rechtlichen Beurteilung** wie die Entscheidung über **Vorfragen** (außer sie wurden mittels Zwischenfeststellungsantrags verselbständigt – siehe Rz 517 ff) oder Einwendungen und Einreden des Beklagten (Ausnahme: Aufrechnungseinrede – siehe Rz 626 ff). Als „Faustregel" kann man formulieren, dass nur der Spruch in Rechtskraft erwächst. Allerdings sind zur Auslegung oft die Entscheidungsgründe heranzuziehen (**relative Rechtskraftwirkung der Entscheidungsgründe**).

Beispiel: Wird über ein Begehren von € 1.000 abgesprochen, ergibt sich erst aus den Entscheidungsgründen, ob es sich dabei etwa um eine Kaufpreisforderung oder um Schadenersatz etc handelt. Gestützt auf einen anderen Sachverhalt kann der Kläger in einem weiteren Prozess andere Ansprüche erheben. Dies hat vor allem bei der Klagsabweisung praktische Relevanz.

Siehe *Casebook* ZVerfR 120, Fall 79.

Die Rsp nimmt teilweise allerdings unter Berufung auf das Gebot der „**Entscheidungsharmonie**" zur Vermeidung widersprechender Entscheidungen eine weitergehende Bindungswirkung an.

4. Zeitliche Grenzen der materiellen Rechtskraft

Die materielle Rechtskraft bezieht sich auf den Zeitpunkt, bis zu dem die Parteien während des Prozesses neue Tatsachenbehauptungen aufstellen können. Dies ist idR der **Schluss der mündlichen Verhandlung 1. Instanz**.   926

Dies ergibt sich aus dem Zusammenhalt der §§ 179, 193, 406, 482 Abs 2 ZPO und § 35 EO.

Änderungen des rechtserzeugenden Sachverhalts nach diesem Zeitpunkt (sog *nova producta*) sind von der Rechtskraft nicht erfasst. Daher kann, wenn ein Anspruch zunächst mangels Fälligkeit abgewiesen wurde, der Kläger den Anspruch neuerlich geltend machen, wenn mittlerweile Fälligkeit eingetreten ist. Erlischt der rechtskräftig zuerkannte Anspruch nach diesem Zeitpunkt, zB wegen Bezahlung oder Verzicht, kann der Schuldner dies mit negativer Feststellungsklage oder – sofern bereits ein Exekutionsverfahren anhängig ist – durch **Oppositionsklage** (§ 35 EO) oder **Oppositionsgesuch** (§ 40 EO) geltend machen.

Auf Tatsachen, die zum Zeitpunkt des Schlusses der mündlichen Verhandlung 1. Instanz bereits bestanden haben, aber im Vorprozess nicht geltend gemacht wurden (*nova reperta*), können sich die Parteien nicht mehr berufen. Dies bezeichnet man als **Präklusionswirkung** der materiellen Rechtskraft. Solche Tatsachen können, wenn sie ohne Verschulden im ersten Prozess nicht vorgebracht wurden, zu einer Wiederaufnahmsklage nach § 530 Abs 1 Z 7 ZPO berechtigen (siehe Rz 1176 ff).   927

Der Umfang der Präklusionswirkung hängt mit dem **Streitgegenstandsbegriff** zusammen. Die Präklusion bedeutet für den **Kläger**, dass die neuerliche Geltendmachung desselben Anspruchs aufgrund der präkludierten Tatsachen nicht mehr möglich ist. Für den **Beklagten** bedeutet die Präklusionswirkung, dass er von Einwendungen gegen den Klagsanspruch ausgeschlossen wird, die er schon vor dem Schluss der Verhandlung 1. Instanz hätte geltend machen können. Dies gilt auch für **Gestaltungsansprüche** des Beklagten und nach der Rsp auch für die **Aufrechnungseinrede**.   928

Beispiel: Ist der Beklagte zur Zahlung des Kaufpreises verurteilt worden, kann er später den Kaufvertrag auch nicht wegen List oder Irrtum anfechten und den Kaufpreis zurückverlangen, wenn diese Einwendungen bereits im ersten Prozess hätten vorgebracht werden können.
Siehe *Casebook* ZVerfR 122, Fall 82.

D. Beseitigung der Rechtskraft

929 Die Rechtskraft dient der **Rechtssicherheit**. Mit diesem Zweck wäre es nicht vereinbar, eine Durchbrechung der Rechtskraft wegen angeblicher Unrichtigkeit des Urteils zuzulassen. Nach der neueren Rsp des EGMR schützt Art 6 EMRK auch die Rechtskraft des Urteils. Der obsiegenden Partei soll der erstrittene Prozesserfolg nicht später wieder einfach weggenommen werden können.

Diese Entscheidungen bezogen sich auf die in osteuropäischen Staaten teilweise auch in Zivilverfahren noch vorgesehene Möglichkeit der Erhebung einer Nichtigkeitsbeschwerde zur Wahrung des Gesetzes durch eine staatsanwaltschaftliche Behörde.
Im Gegensatz zu einer vor allem in Deutschland verbreiteten Meinung kann daher auch in Fällen von **Sittenwidrigkeit** die Rechtskraft nicht durchbrochen werden.

930 Bestimmte **Rechtsbehelfe** kommen aber nach Rechtskraft in Betracht und ermöglichen damit die Beseitigung der Rechtskraft:
- die Nichtigkeitsklage (§ 529 ZPO);
- die Wiederaufnahmsklage (§ 530 ZPO);
- der Antrag auf Wiedereinsetzung in den vorigen Stand (§ 146 ZPO);
- der Antrag der obersten Verwaltungsbehörde an den OGH auf Aufhebung einer rechtskräftigen Entscheidung (§ 42 Abs 2 JN, dazu Rz 106, 125, 488).

E. Das Vorfrageproblem

1. Allgemeines

931 Unter Vorfrage versteht man eine Frage, deren Beurteilung für die Lösung einer anderen Frage (Hauptfrage) logische Voraussetzung ist.

Beispiel: Für die Frage, ob ein Anspruch auf Zahlung des Kaufpreises besteht (§ 1062 ABGB), bildet das Bestehen des Kaufvertrages eine Vorfrage.

932 Je nach Rechtsgebiet kann man zwischen **privatrechtlichen, öffentlich-rechtlichen** und **strafrechtlichen Vorfragen** unterscheiden. Die Entscheidung über Vorfragen erfolgt regelmäßig nur im Rahmen der Entscheidungsgründe und erwächst **nicht in Rechtskraft**, entfaltet also keine bindende Wirkung über den konkreten Prozess hinaus. Anderes gilt nur dann, wenn eine privatrechtliche Vorfrage zum Gegenstand eines **Zwischenantrags auf Feststellung** gemacht wird.

322

2. Privatrechtliche und öffentlich-rechtliche Vorfragen

Privatrechtliche und **öffentlich-rechtliche Vorfragen** hat der Zivilrichter   933
grundsätzlich **selbst zu beurteilen**, wenn diese noch nicht Gegenstand eines
anhängigen Verfahrens sind. Ist hingegen bereits ein anderes Verfahren anhängig, so **kann** das Zivilgericht den Zivilprozess bis zur rechtskräftigen Entscheidung über die Vorfrage **unterbrechen** (§ 190 Abs 1 ZPO).

Einzelne Sonderbestimmungen sehen die **zwingende Unterbrechung** vor (zB § 460
Z 10 ZPO, § 11 AHG, § 62 Abs 3 VfGG).

Liegt über die Vorfrage bereits ein zwischen denselben Parteien (vgl   934
Rz 921) ergangenes **rechtskräftiges Urteil eines anderen Zivilgerichts** vor,
in dem diese Frage als **Hauptfrage** beurteilt wurde, ist der Richter aufgrund
der materiellen Rechtskraft (**Bindungswirkung!**) an dieses Urteil gebunden.
Er hat die frühere Entscheidung daher seiner eigenen Beurteilung ungeprüft
zugrunde zu legen. Setzt er sich über diese Vorfragenentscheidung hinweg,
bildet dies einen Nichtigkeitsgrund. Umgekehrt bedeutet die unzutreffende
Annahme einer Bindung nur eine Mangelhaftigkeit des Verfahrens, weil der
Richter aufgrund der irrigen Annahme einer Bindung die eigenständige Klärung von Tat- und Rechtsfragen unterlassen hat (vgl § 496 Abs 1 Z 2 ZPO).
Keine Bindung besteht hingegen an die Beurteilung von **Vorfragen** in einem
früheren Verfahren. Vgl Rz 925.

Beispiele: Der Kläger wurde bei einem Verkehrsunfall vom Beklagten verletzt. Im
Vorprozess wurde ausgesprochen, dass der Beklagte dem Kläger für alle Schäden aus
dem Unfall haftet. In einem Folgeprozess über die Kosten weiterer Behandlungen kann
die Schuldfrage nicht neu aufgerollt werden.

Hat ein Kläger hingegen zunächst nur einen Teil seiner Forderung geltend gemacht
(Teileinklagung), so ist Hauptfrage des Prozesses nur, ob ihm dieser Anspruch zusteht.
Ob der zugrundeliegende Vertrag (zB Kaufvertrag) wirksam ist, bildet lediglich eine
Vorfrage. Daher muss der Richter des Folgeprozesses, in dem der Kläger einen wei-
teren Teil seiner Forderung einklagt, das Vorliegen und die Gültigkeit des Vertrages
selbständig beurteilen.

Auch an rechtskräftige **Bescheide einer Verwaltungsbehörde** sind Gerich-   935
te grundsätzlich gebunden. Eine Ausnahme wird für „absolut nichtige Ver-
waltungsakte" angenommen. Ein derartiger absolut nichtiger Verwaltungsakt
liegt vor, wenn die Verwaltungsbehörde offenkundig unzuständig war, ihren
Wirkungskreis überschritten hat oder einen offenkundig unzulässigen Verwaltungsakt gesetzt hat.

Extrembeispiel: Das Finanzamt hat ein Todesurteil gefällt.
Die Lehre betont, dass die Bindungswirkung nur dann vertretbar sei, wenn den davon
erfassten Parteien im Verwaltungsverfahren volle Parteirechte zugekommen sind.
Siehe *Casebook* ZVerfR 123, Fall 83.

936   Wird der präjudizielle Bescheid, an den sich der Richter für gebunden erachtete, nachträglich aufgehoben, bildet dies einen Wiederaufnahmsgrund (§ 530 Abs 1 Z 5 und 7 ZPO analog).

3. Strafrechtliche Vorfragen

937   Ergibt sich im Lauf eines Rechtsstreits der Verdacht einer strafbaren Handlung, deren Ermittlung und Aburteilung für die Entscheidung des Rechtsstreits von maßgeblichem Einfluss ist, so kann das Gericht das Verfahren auch dann **unterbrechen,** wenn noch kein Strafverfahren anhängig ist (§ 191 Abs 1 ZPO).

Die mittlerweile vom VfGH (VfSlg 12.504) aufgehobene Bestimmung des § 268 ZPO sah explizit vor, dass ein Zivilrichter an den Inhalt eines rechtskräftigen **verurteilenden Erkenntnisses** eines Strafgerichts gebunden ist. Der OGH hat allerdings entschieden, dass ein strafgerichtlich Verurteilter das Urteil gegen sich gelten lassen muss und sich in einem nachfolgenden Rechtsstreit nicht darauf berufen kann, dass er die Tat, derentwegen er strafrechtlich verurteilt wurde, in Wahrheit nicht begangen habe. Diese Bindung erstreckt sich auf alle den Schuldspruch notwendigerweise begründenden Tatsachen, unabhängig davon, ob sie im Spruch oder in den Gründen des Strafurteils enthalten waren (verst Sen 1 Ob 612/95 SZ 68/195).

Beispiel: In einem Strafverfahren wird der Beschuldigte wegen schweren Diebstahls nach § 127, § 128 Abs 1 Z 4 StGB verurteilt. In einem Zivilprozess begehrt der Geschädigte daraufhin den Ersatz seines Schadens. Für die Erfüllung der Qualifikation des § 128 Z 4 StGB ist das Überschreiten der Wertgrenze von € 3.000 erforderlich. Insoweit ist das Zivilgericht an die Entscheidung des Strafgerichtes gebunden. Geht hingegen das Strafgericht in seinen Entscheidungsgründen davon aus, dass der Beschuldigte einen wesentlich höheren Betrag (zB € 7.000) gestohlen hat, ist das Zivilgericht hinsichtlich des € 3.000 übersteigenden Betrages nicht daran gebunden, weil dieser Umstand für den Schuldspruch nicht entscheidend ist.

Die Bindungswirkung kommt auch **ausländischen strafgerichtlichen Verurteilungen** zu, wenn das ausländische Strafurteil in Österreich anzuerkennen ist (1 Ob 73/98m EvBl 1998/188, 831).

938   Keine Bindung besteht an **freisprechende** strafgerichtliche **Entscheidungen.** Gleiches gilt für diversionelle Entscheidungen; hier kommt es ja zu keiner strafgerichtlichen Verurteilung.

Die Bindung des Zivilrichters besteht immer nur bezüglich des **Verurteilten,** nicht aber bezüglich anderer, am Strafverfahren nicht beteiligter Parteien wie Haftpflichtversicherer oder Halter des Fahrzeuges. Im Bereich der **Kfz-Haftpflichtversicherung** kommt nach Ansicht des OGH einem Strafurteil gegen den versicherten Lenker überhaupt keine Bindungswirkung zu. Dies wird damit begründet, dass die Annahme einer Bindung der in § 28 KHVG vorgesehenen erweiterten Rechtskraftwirkung eines klagsabweisenden Urteils widerspräche (2 Ob 257/97a JBl 1998, 584).

Ein Verstoß gegen die Bindung bewirkt einen **Nichtigkeitsgrund**. Die irrige Annahme einer Bindung bildet eine Mangelhaftigkeit des Verfahrens (§ 496 Abs 1 Z 2 ZPO). 939

Wird das Strafurteil, an das sich der Richter für gebunden erachtet hat, nach Schluss der mündlichen Verhandlung aufgehoben, bildet dies einen Wiederaufnahmsgrund (§ 530 Abs 1 Z 5 ZPO).

4. Bindungskonflikt

Wird ein Hoheitsakt, mit dem über eine **Vorfrage** rechtskräftig entschieden wurde, von einer in der Hauptsache zur Entscheidung berufenen Behörde **nicht beachtet**, spricht man von einem Bindungskonflikt. Der Bindungskonflikt ist vom Kompetenzkonflikt zu unterscheiden: In diesem nehmen in ein und derselben Sache sowohl ein Gericht als auch eine Verwaltungsbehörde die Zuständigkeit in der **Hauptsache** für sich in Anspruch. In derartigen Fällen entscheidet gem Art 138 Abs 1 lit a B-VG der VfGH über die Kompetenz. Vgl dazu Rz 107. 940

Der bekannteste Bindungskonflikt betrifft die sog „Sever-Ehen": 1919 dispensierte der damalige Landeshauptmann von Niederösterreich, Sever, vom Ehehindernis des bestehenden Ehebandes unter Berufung auf § 83 aF ABGB. Die Gerichte setzten sich darüber hinweg und erklärten die von den Betroffenen eingegangenen zweiten Ehen (Dispensehen oder Sever-Ehen) für ungültig.

F. Exkurs: Das Vorabentscheidungsverfahren

Auf Antrag eines staatlichen Gerichts entscheidet der **EuGH** über Fragen der Auslegung oder der Gültigkeit einer Vorschrift des Unionsrechts. Die nationalen Gerichte sind zur Vorlage an den EuGH berechtigt, wenn sie die Antwort des EuGH für die Lösung einer Frage für erforderlich halten, die mit einer von ihnen zu treffenden Entscheidung in konkretem Zusammenhang steht. Letztinstanzliche Gerichte trifft nach Art 267 AEUV eine Vorlageverpflichtung. Vgl dazu auch Rz 59. 941

Das nationale Gericht hat selbst zu entscheiden, ob es eine Frage dem EuGH vorlegt oder nicht. Den Parteien kommt hier kein Antragsrecht, sondern nur die Möglichkeit der Anregung zu. Der **Beschluss**, mit dem dem EuGH eine Frage vorgelegt wird, ist ebenso wie der Beschluss, wonach von einer derartigen Vorlage abgesehen wird, **nicht anfechtbar**. Wird trotz Vorlagepflicht nicht vorgelegt, wird freilich das Recht der Parteien auf den gesetzlichen Richter gem Art 83 Abs 2 B-VG verletzt.

Wenn ein Gericht beim EuGH einen Antrag auf Fällung einer Vorabentscheidung gestellt hat, wird das weitere Verfahren bis zum Einlangen der Vor- 942 abentscheidung **ausgesetzt**. Bis dahin darf das Gericht nur solche Handlungen vornehmen oder Entscheidungen treffen, die durch die Vorabentscheidung nicht beeinflusst werden können oder die die Frage nicht abschließend regeln und keinen Aufschub gestatten (vgl § 90a GOG).

G. Exkurs: Gesetzes- und Verordnungsanfechtung durch Gerichte

943 Gerichte können Verordnungen und Gesetze beim VfGH als **verfassungswidrig bzw gesetzwidrig anfechten** (Art 89, 139, 140 B-VG).

Von dieser Möglichkeit machen die Gerichte auch durchaus Gebrauch. Ein Beispiele dafür aus neuerer Zeit ist etwa die die Anfechtung der Beschränkung der medizinisch unterstützten Fortpflanzung auf heterosexuelle Partnerschaften in § 2 Abs 1 FMG wegen Verstoßes gegen die **Achtung des Privat- und Familienlebens** (Art 8 EMRK) und gegen den **Gleichheitssatz** (Art 7 B-VG) durch den OGH (3 Ob 224/12f Zak 2013/39, 26) oder die Anfechtung des § 500 Abs 3 ZPO (3 Ob 89/12b NZ 2012, 350) wegen der Heranziehung des Einheitswertes bei der Bewertung von Liegenschaften (siehe in der Folge BGBl I 2013/26 und oben Rz 226).

944 Die Anfechtung von Gesetzen (im Gegensatz von Verordnungen) war ursprünglich zweitinstanzlichen Gerichten und dem OGH vorbehalten. Durch die B-VG-Novelle 2013 (BGBl I 114/2013) wird dieses Recht auf erstinstanzliche Gerichte erweitert (siehe bereits oben Rz 36).

Bis zur Entscheidung des VfGH dürfen im Gerichtsverfahren nur solche Handlungen vorgenommen oder Entscheidungen und Verfügungen getroffen werden, die durch das Erkenntnis des VfGH nicht beeinflusst werden können oder die die Frage nicht abschließend regeln und keinen Aufschub gestatten (§ 57 Abs 3, § 62 Abs 3 VfGG).

945 Die Parteien haben **kein subjektives Recht** auf Anfechtung eines Gesetzes oder einer Verordnung durch das Gericht. Sie können die Stellung eines derartigen Antrags durch das Gericht nur anregen. Um jedoch den Parteien einen direkten Zugang zum VfGH zu eröffnen, wurde die **Gesetzesbeschwerde** eingeführt. Dazu näher Rz 1146 ff.

H. Die Vollstreckbarkeit

946 Vollstreckbarkeit bedeutet, dass der im Urteil (Beschluss) enthaltene Leistungsbefehl mit staatlichen Zwangsmitteln durchgesetzt werden kann. Zivilurteile sind daher **Exekutionstitel** (§ 1 Z 1 EO).

Die Vollstreckbarkeit kommt allerdings nur **Leistungsurteilen** zu. Gestaltungsurteile vollstrecken sich in der Hauptsache gewissermaßen „von selbst"; Feststellungsurteile sind lediglich deklarativ und bedürfen daher von vornherein keiner Vollstreckung. Sowohl Gestaltungs- als auch Feststellungsurteile sind jedoch hinsichtlich der Kostenentscheidung Exekutionstitel.

Die Vollstreckbarkeit setzt grundsätzlich den **Ablauf der Leistungsfrist** und die Rechtskraft der Entscheidung voraus. Damit kommt es faktisch zu einer Verlängerung der Leistungsfrist, weil das Gericht erst nach Rechtskraft des Urteils die – Voraussetzung für die Exekution bildende – Rechtskraftbestätigung erteilen kann.

Dass Urteile idR erst mit Rechtskraft vollstreckbar sind, hängt mit dem **materiellen Rechtsstaatsprinzip** zusammen. Nach der Rsp des VfGH müssen Rechtsschutzeinrichtungen ein bestimmtes Mindestmaß an faktischer Effizienz für den Rechtsschutzwerber aufweisen (VfSlg 11.196). Nur aus sachlich gebotenen, triftigen Gründen darf die faktische Effizienz eines Rechtsbehelfs eingeschränkt werden. Es wäre unzulässig, den Rechtsschutzsuchenden generell einseitig mit allen Folgen einer potenziell unrichtigen Entscheidung zu belasten.

Kann ein Berufungsurteil nur noch mit **außerordentlicher Revision** ange-　947
fochten werden, kann allerdings bereits Exekution zur Befriedigung geführt werden (§ 505 Abs 4 ZPO). Die außerordentliche Revision hemmt daher nur die Rechtskraft, nicht auch die Vollstreckbarkeit. Der Revisionswerber kann aber die Aufschiebung der Exekution beantragen (§ 42 Abs 1 Z 2a EO, dazu Rz 1106); dies wird idR eine Sicherheitsleistung erfordern. In anderen Fällen kann vor Vollstreckbarkeit des Urteils Exekution zur Sicherstellung (§§ 370 ff EO) erwirkt werden. Teilweise kommen auch einstweilige Verfügungen (§§ 378 ff EO) in Betracht. In anderen Ländern sind demgegenüber vielfach schon erstinstanzliche Urteile zumindest vorläufig vollstreckbar.

I. Materielle Urteilswirkungen

Die bisher erörterten Wirkungen des Urteils betreffen das Prozessrecht.　948
Teilweise entfalten Urteile jedoch auch Auswirkungen im Bereich des materiellen Rechts. Dies gilt einerseits bei Gestaltungsurteilen. Deren Wirkung besteht ja darin, dass diese mit dem Eintritt der formellen Rechtskraft unmittelbar die materielle Rechtslage ändern.

Nach hA kommt Gestaltungsurteilen **allseitige Rechtskraftwirkung** zu. Dies wird im neueren Schrifttum allerdings zunehmend in Zweifel gezogen (vgl *Oberhammer*, Rechtsgestaltung 85 ff).

Daneben kann ein Urteil aber auch gewissermaßen „**privatrechtliche Ne-**　949
benwirkungen" entfalten („**Tatbestandswirkung**" oder „**Reflexwirkung**"). Dies ist dann der Fall, wenn eine Norm ausdrücklich an das Vorliegen eines Urteils bestimmten Inhalts anknüpft oder die von einem Urteil bewirkte Änderung der Rechtslage den Tatbestand einer anderen Norm des Privatrechts erfüllt.

Beispiele: Für den Anfechtungsanspruch des Gläubigers gegen den Begünstigten ist nach § 8 AnfO das Tatbestandsmerkmal des Vorliegens eines vollstreckbaren Urteils gegen den Schuldner erforderlich. Ein Urteil gegen den Schuldner ist nach § 1355 ABGB Tatbestandsmerkmal für die Haftung des Ausfallsbürgen.

VII. Urteilsmängel

950 Wird nicht einmal der äußere Tatbestand einer gerichtlichen Entscheidung erfüllt, liegt ein **Nichturteil** vor. Dies ist dann der Fall, wenn die Entscheidung von einer Person stammt, der keine Gerichtsgewalt zukommt, etwa weil ein Rechtspraktikant ein „Urteil" fällt oder ein „Nichtrichter" im Senat mitwirkt.

Gerade im letzteren Fall wäre aus Gründen der Rechtssicherheit jedoch die Annahme eines – freilich fehlerhaften und daher anfechtbaren – Urteils vorzuziehen.

Weitere – wenig praktische – Fälle, in denen das Vorliegen eines Nichturteils erörtert wird, sind, dass das Urteil unter Anwendung von Zwang (*vis absoluta*) zustande gekommen ist, der Richter geschäftsunfähig war oder sich der Inhalt eines mündlich verkündeten Urteils aufgrund von Kriegsereignissen nicht mehr beweisen lässt.

951 Hingegen ist dem österreichischen Zivilprozess die Kategorie eines „**absolut nichtigen" Urteils** fremd. Selbst gravierende Verstöße gegen Prozessrecht oder materielles Recht bewirken nur die Anfechtbarkeit des Urteils, nicht aber dessen absolute Nichtigkeit iS von fehlender Existenz.

Beispiel: Im „Ortstafelstreit" bezeichnete ein Landeshauptmann ein Erkenntnis des VfGH als „absolut nichtig". Diese Qualifikation trifft nach dem Gesagten nicht zu. Auf das Verfahren vor dem VfGH ist subsidiär die ZPO anzuwenden (§ 35 VfGG).

952 Möglich ist allerdings, dass ein gültiges Urteil **keine Wirkungen** entfalten kann, weil es für oder gegen eine nicht existente Partei ergeht oder so widersprüchlich abgefasst ist, dass ein rechtskraftfähiger Inhalt nicht festzustellen ist.

Teilweise wird in der Lehre auch eine eigene Kategorie **wirkungsgeminderter Urteile** angenommen. Damit werden Fälle bezeichnet, in denen ein Gestaltungsurteil ein in Wahrheit nicht bestehendes Rechtsverhältnis gestalten will (zB eine niemals zustande gekommene Ehe wird geschieden) oder ein Urteil auf eine tatsächlich unmögliche Leistung gerichtet ist.

Auch wirkungslose oder wirkungsgeminderte Urteile sind jedenfalls gültige Urteile und unterliegen der Anfechtung mit den normalen Rechtsmitteln.

VIII. Der Beschluss

Literatur: *Pochmarski/Lichtenberg,* Beschluss und Rekurs in der Zivilprozessordnung (2006).

A. Einführung

Alle gerichtlichen Entscheidungen, die nicht in Urteilsform zu ergehen haben, sind Beschlüsse (§ 425 Abs 1 ZPO). In bestimmten Fällen erfolgt auch die **Sachentscheidung** in Form eines Beschlusses. Hierzu gehören Endbeschlüsse in Besitzstörungsverfahren (§ 459 ZPO), Zahlungsbefehle in Mahnverfahren sowie Wechselzahlungsaufträge und gerichtliche Aufkündigungen. Dabei handelt es sich um Urteilssurrogate; diese Beschlüsse entfalten urteilsgleiche Wirkungen.

953

Außerdem werden teilweise in **Zwischenstreitigkeiten** Sachentscheidungen mit Beschluss gefällt. Dazu gehört die Bestimmung der Gebühren des Sachverständigen oder eines Zeugen oder die Bewilligung einer Verfahrenshilfe.

Die meisten Beschlüsse betreffen demgegenüber **Prozessentscheidungen.** Hier kann man nach dem Inhalt der Entscheidung zwischen prozessbeendenden Beschlüssen, Beschlüssen, mit denen über Prozessvoraussetzungen abgesprochen wird, verfahrensgestaltenden Beschlüssen und prozessleitenden Beschlüssen unterscheiden.

954

Prozessbeendende Beschlüsse sind solche, mit denen die Klage endgültig zurückgewiesen wird. Diese Beschlüsse werden formell und materiell rechtskräftig.

955

Beispiel: Die Klage wurde wegen Unzuständigkeit oder Streitanhängigkeit zurückgewiesen. Diesfalls kann die Klage im Fall der Zurückweisung wegen Unzuständigkeit jedenfalls nicht beim selben Gericht wieder eingebracht werden. Im Fall der Streitanhängigkeit kann die Klage bei keinem österreichischen Gericht eingebracht werden, solange das andere Verfahren anhängig ist.

Für **Zuständigkeitsentscheidungen** gibt es Sonderregelungen (§ 46 Abs 1 JN, §§ 230a, 261 Abs 6 ZPO), die in gewissem Umfang eine Bindung anderer Gerichte vorsehen.

956

Zu Beschlüssen, mit denen über **Prozessvoraussetzungen** abgesprochen wird, gehören zB Entscheidungen über die inländische Gerichtsbarkeit, die internationale Zuständigkeit und die Zulässigkeit des Rechtswegs sowie über die Prozessfähigkeit.

Mit **verfahrensgestaltenden Beschlüssen** wird der weitere Ablauf des Verfahrens bindend festgelegt. Diese Beschlüsse können zwar in formelle Rechtskraft erwachsen; sie binden das Gericht und die Parteien aber nur innerhalb des Rechtsstreits.

957

958 **Beispiel:** Das Berufungsgericht hat die angefochtene Entscheidung des Erstgerichts aufgehoben und die Sache zur neuerlichen Entscheidung an das Erstgericht zurückverwiesen. Daran ist das Erstgericht gebunden (§ 499 Abs 2 ZPO).

Prozessleitende Beschlüsse sind Ausfluss der richterlichen Prozessleitung. Sie dienen der zweckmäßigen Verfahrensführung. Das Gericht kann sie jederzeit abändern.

Beispiele: Verbindung oder Trennung mehrerer Rechtsstreitigkeiten, Erstreckung einer Tagsatzung etc. Die geringere Bedeutung dieser Beschlüsse äußert sich auch darin, dass das Rekursverfahren in diesen Fällen einseitig ist, der Gegner also keine Möglichkeit der Rekursbeantwortung hat.

B. Form und Inhalt

959 Weil der Beschluss typischerweise weniger bedeutsame Angelegenheiten betrifft, sind auch die Form- und Inhaltsanforderungen weniger streng als beim Urteil. Die schriftliche Beschlussausfertigung hat nur die Angaben über das Gericht und die Rechtssache (vgl § 417 Abs 1 Z 1 und 2 ZPO) zu enthalten. Eine strenge Gliederung ist nicht erforderlich, in der Praxis allerdings gleichwohl vielfach üblich. Die Begründungspflicht ist eingeschränkt. Nur Beschlüsse über widerstreitende Anträge und solche Beschlüsse, die einen Antrag abweisen, müssen begründet werden (§ 428 Abs 1 ZPO). Um eine Überprüfung im Rechtsmittelverfahren zu ermöglichen, müssen aber anfechtbare Beschlüsse wohl stets begründet werden.

960 Hinsichtlich der **Ausfertigung**, der **Berichtigung** und Ergänzung eines Beschlusses gelten die für Urteile geltenden Vorschriften (näher § 425 Abs 3, § 430 ZPO).

C. Die Erlassung von Beschlüssen

961 In der mündlichen Verhandlung gefällte Beschlüsse sind **zu verkünden** (§ 426 Abs 1 ZPO) und zu protokollieren (§ 208 Abs 1 Z 3 ZPO).

Die Zustellung einer schriftlichen Ausfertigung hat diesfalls nur zu erfolgen, wenn einer Partei ein Rechtsmittel gegen den Beschluss oder das Recht zur sofortigen Exekutionsführung zusteht (§ 426 Abs 1 und 2 ZPO) oder wenn eine der Parteien bei der Verkündung nicht anwesend war und die Leitung des Verfahrens eine Zustellung erfordert (§ 426 Abs 2 ZPO).

962 Außerhalb einer Tagsatzung gefasste Beschlüsse müssen den Parteien grundsätzlich in **schriftlicher Ausfertigung** zugestellt werden (§ 427 Abs 1 ZPO).

Sofern eine Zustellung zu erfolgen hat, wird der Beschluss mit der Zustellung, sonst mit seiner Verkündung **wirksam** (§ 426 Abs 3 ZPO).

Für den mündlich verkündeten **Endbeschluss** gelten die Bestimmungen über die gekürzte Urteilsausfertigung und das Erfordernis der **Anmeldung** des Rekurses (§§ 417a, 461 Abs 2 ZPO). 963

D. Anfechtung und Vollstreckbarkeit

Nach der Grundregel des § 514 Abs 1 ZPO ist jeder Beschluss mit Rekurs anfechtbar, und zwar grundsätzlich abgesondert (§ 515 ZPO). Allerdings schließen zahlreiche Ausnahmevorschriften entweder die abgesonderte Anfechtbarkeit oder überhaupt die Anfechtbarkeit von Beschlüssen aus (vgl § 192 Abs 2, §§ 517 bis 519 ZPO, § 24 Abs 2 JN). Insb im Zuge des Beweisverfahrens gefasste Beschlüsse sind idR nicht oder zumindest nicht abgesondert anfechtbar. Vgl dazu näher Rz 1120. 964

Alle Beschlüsse, die einen Leistungsbefehl enthalten, sind **vollstreckbar.** Die Einbringung eines Rechtsmittels hat grundsätzlich **keine aufschiebende Wirkung,** sofern dem Rekurs nicht ausnahmsweise gem § 524 Abs 2 und 3 ZPO aufschiebende Wirkung zuerkannt wurde. 965

Fünfzehnter Teil:
Das Verfahren vor den Bezirksgerichten

Literatur: *M. Bydlinski/K. Nowakowski*, Streitwert und Anwaltszwang beim Bezirksgericht, RZ 1990, 164; *Robl*, Nochmals: Streitwert und Anwaltspflicht beim Bezirksgericht, RZ 1992, 112; *Scheibenhof*, Hundert Jahre Bezirksgericht, RZ 1969, 1; *Schumacher*, Richterliche Anleitungspflichten (2002).

I. Einführung

966   Als Grundtyp des österreichischen Zivilprozesses hat die ZPO das Verfahren vor dem Gerichtshof erster Instanz gewählt. Dies hatte historische Ursachen (Anlehnung an das Vorbild der dZPO) und schien dem Gesetzgeber auch aus rechtssystematischen Erwägungen zweckmäßiger. Das bezirksgerichtliche Verfahren wurde in einen kurzen Abschnitt (§§ 431 bis 460 ZPO), der lediglich die vom allgemeinen Verfahrenstyp abweichenden Sonderregelungen enthält, verwiesen. Soweit keine besonderen Bestimmungen bestehen, gelten aber die Vorschriften über das Gerichtshofverfahren auch im bezirksgerichtlichen Verfahren (§ 431 ZPO). In der Praxis kommt dem bezirksgerichtlichen Verfahren freilich wesentlich größere Bedeutung zu als dem Gerichtshofverfahren.

Von den 560.350 im Jahr 2011 eingebrachten Klagen fielen 509.623, sohin ca 90 %, in die Zuständigkeit der Bezirksgerichte. Dieser Anteil wird im Zuge der schrittweisen Anhebung der Streitwertgrenze des § 49 Abs 1 JN (ab 1.1.2015: € 20.000, ab 1.1.2016: € 25.000) noch steigen.

967   Die Abweichungen zum Gerichtshofverfahren betreffen vor allem den erleichterten Zugang zum Gericht (Einschränkung der Anwaltspflicht, Erleichterung der Rechtsverfolgung, Einfachheit des Verfahrens) und die Beschleunigung und Vereinfachung des Verfahrens. Außerdem bestehen Sondervorschriften für das Mahnverfahren (§ 448 ZPO), das Besitzstörungsverfahren (§§ 454 bis 459 ZPO) und das Eheverfahren (§ 460 ZPO).

Das Bezirksgericht ist zuständig für alle Streitigkeiten des täglichen Lebens. Der Umstand, dass es sich teilweise um Streitigkeiten mit geringem Streitwert handelt, sagt über deren Schwierigkeit und Bedeutung für den Rechtssuchenden nicht notwendig etwas aus. Viele Entscheidungen der Bezirksgerichte, insb in Bestand- und Familienrechtssachen, haben für den Einzelnen sogar existenzielle Bedeutung.

II. Erleichterung der Rechtsverfolgung

968   Die **Anwaltspflicht** ist im Vergleich zum Gerichtshofverfahren eingeschränkt. Bis zu einem Streitwert von € 5.000 besteht überhaupt keine An-

332

waltspflicht. Fällt die Rechtssache in die Eigenzuständigkeit des Bezirksgerichts (Familienrecht, Bestandrecht) und übersteigt der Wert des Streitgegenstandes € 5.000 sowie in Ehesachen besteht nur relative Anwaltspflicht (§ 29 Abs 1 ZPO). Gehört die Rechtssache hingegen kraft Wertzuständigkeit vor das Bezirksgericht, so besteht bei Streitwerten über € 5.000 absolute Anwaltspflicht (§ 27 Abs 1 ZPO).

Keine Anwaltspflicht besteht auch für eine Tagsatzung, in der das Klagebegehren mit einem Streitwert von bis zu € 5.000 auf einen solchen über € 5.000 erweitert wird, und für einen Vergleichsabschluss.

Als Ausgleich für die fehlende Anwaltspflicht wird der wirksame Zugang zum Gericht durch andere Maßnahmen sichergestellt. Hierzu gehört die erweiterte Belehrungs- und Anleitungspflicht gegenüber unvertretenen Parteien (§§ 432, 435, 439 ZPO). Darin tritt der soziale Charakter des Verfahrens besonders hervor. Teilweise wird hier auch von „kompensatorischem Rechtsschutz" gesprochen. Der Richter muss die Partei mit ihren prozessualen Rechten und Pflichten vertraut machen und sie über die Rechtsfolgen ihrer Handlungen und Unterlassungen belehren (**Manuduktionspflicht**).   969

Siehe *Casebook* ZVerfR 105, Fall 67.

Weiters muss der Richter einer rechtsunkundigen und nicht anwaltlich vertretenen Partei bei Verkündung seiner Entscheidung eine Rechtsmittelbelehrung sowie eine Belehrung über das Erfordernis der Berufungsanmeldung erteilen (§ 432 Abs 2, § 414 Abs 2 letzter Satz ZPO).   970

Außerdem besteht im bezirksgerichtlichen Verfahren die Möglichkeit **protokollarischen Anbringens**. Die Partei, die nicht durch einen Rechtsanwalt vertreten ist, kann die Klage und den Einspruch gegen einen Zahlungsbefehl, aber auch andere Anträge (zB Wiedereinsetzung) beim Bezirksgericht mündlich zu Protokoll geben (näher § 434, § 461 Abs 2, § 520 Abs 1 ZPO). Klagen und Widersprüche gegen ein Versäumungsurteil können von einer Partei auch beim BG ihres Aufenthaltes mündlich zu Protokoll gegeben werden. Dieses BG hat das Protokoll dann dem zuständigen Prozessgericht zu übersenden (§ 434 Abs 2 ZPO).   971

Die einfache Ausgestaltung des bezirksgerichtlichen Verfahrens hat auch unter dem Gesichtspunkt des **Art 6 EMRK** Bedeutung. Wie der EGMR im Fall *Airey* (A/32, EuGRZ 1979, 626) ausgesprochen hat, obliegt es grundsätzlich dem einzelnen Vertragsstaat zu entscheiden, mit welchen Mitteln er den wirksamen Zugang zum Gericht sicherstellt. Dabei kommen vor allem die Verfahrenshilfe oder die einfache Ausgestaltung des Verfahrens und – vor allem in einfachen Fällen – die Möglichkeit der Parteien, selbst vor Gericht aufzutreten, in Betracht. Das bezirksgerichtliche Verfahren der ZPO mit seiner eingeschränkten Anwaltspflicht und erweiterten Anleitungs- und Belehrungs-   972 pflicht, die die Waffengleichheit der Parteien sicherstellt, entspricht diesen Anforderungen.

973 Der Erleichterung der Rechtsdurchsetzung dienen auch die **Amtstage** (§ 439 ZPO „Gerichtstage"). Am Amtstag können die Parteien formlose kurze Rechtsauskünfte erhalten und Protokollaranträge stellen. Außerdem besteht bei Bezirksgerichten die Möglichkeit eines **prätorischen Vergleichs** (§ 433 ZPO). Dadurch ist es möglich, einen streitig gewordenen Anspruch bereits vor Einbringung der Klage durch Vergleich zu erledigen.

Beachte: In der Praxis wird im Fall des § 439 ZPO von „Amtstagen" gesprochen. **„Gerichtstag"** bezeichnet demgegenüber meist die regelmäßige Abhaltung auswärtiger Verhandlungen an einem bestimmten Ort (vgl früher §§ 69, 70 Geo). Diese Gerichtstage sind seit 2012 aus Kostengründen weitgehend abgeschafft. Außerdem kann „Gerichtstag" aber auch die mündliche Verhandlung vor dem OGH in Strafsachen bezeichnen (vgl zB § 285c StPO).

Art III ZivRÄG 2004, BGBl I 2003/91, sieht vor einer Klage im Zusammenhang mit dem **Entzug von Licht oder Luft („negative Immission")** durch fremde Bäume oder Pflanzen zwingend die Befassung einer Schlichtungsstelle bzw eines Mediators oder die Durchführung eines prätorischen Vergleichsversuchs vor. Andernfalls ist die Klage zurückzuweisen. Nach dem EU-MediatG kann auch über eine im Rahmen eines **Mediationsverfahrens** erzielte schriftliche Vereinbarung ein prätorischer Vergleich abgeschlossen und auf diesem Weg ein Vollstreckungstitel erlangt werden (§ 433a ZPO).

III. Vereinfachungsvorschriften

974 Die große Masse der Prozesse und die überwiegend geringen Streitwerte erfordern eine Vereinfachung und Beschleunigung des Verfahrens. Diesem Ziel dienen:

- die ausschließliche Einzelgerichtsbarkeit (§ 5 JN);
- die verkürzten Einlassungsfristen (§ 436 ZPO). In dringenden Fällen kann die Verhandlung theoretisch sogar auf denselben Tag anberaumt werden;
- der Entfall der Klagebeantwortung (§ 440 Abs 2 ZPO);
- die beschleunigte und damit kostengünstige Abwicklung des Verfahrens. Grundsätzlich soll mit einer Verhandlung das Auslangen gefunden werden (§ 440 Abs 1 ZPO).

IV. Das Besitzstörungsverfahren

Literatur: *Frauenberger,* Einstweiliger Rechtsschutz bei Besitzstörung (1993); *Gitschthaler,* Die nicht gehörig fortgesetzte Besitzstörungsklage, RZ 1989, 76; *Hoyer,* Bezugsverträge und Besitzstörung, wbl 1997, 147; *Jaksch-Ratajczak,* Der Abschleppunternehmer als Besitzstörer, ZVR 2004, 353; *Kodek,* Die Besitzstörung (2002); *derselbe,* Besitzstörung durch Kraftfahrzeuge, ZVR 2003, 4; *derselbe,* Reformüberlegungen im Besitzrecht – Diskussionsstand und Bewertung, in *BMJ* (Hrsg), 200 Jahre

ABGB – RichterInnenwoche 2011 in Lochau, Schriftenreihe des BMJ Bd 151 (2012) 111; *Kralik,* Besitz und Besitzschutz heute (Gutachten), 2. ÖJT (1964) I/1; *Legerer,* Zur Zulässigkeit des Abschleppens besitzstörend abgestellter Fahrzeuge von Privatgrundstücken, ÖJZ 1998, 607.

A. Allgemeines

Die §§ 454 bis 459 ZPO enthalten Sondervorschriften für Verfahren zum Schutz des Besitzes (vgl §§ 339 ff ABGB). Das Verfahren ist durch besondere Beschleunigung gekennzeichnet. Alle Erörterungen hinsichtlich des Rechts zum Besitz sind aus dem Verfahren ausgeklammert. Als Ausgleich kann in einem späteren separaten Verfahren (dem sog Petitorium) das Recht zum Besitz geltend gemacht werden. Insoweit ist das Besitzstörungsverfahren daher nur provisorischer Natur.   975

In der Praxis macht allerdings ohnedies meist der wirklich Berechtigte Besitzschutzansprüche geltend, sodass Petitorien äußerst selten sind. Das Begehren der Besitzstörungsklage ist nach § 454 Abs 1 ZPO auf Schutz und Wiederherstellung des letzten Besitzstandes gerichtet. Die Praxis verlangt zumeist ein dreigliedriges Klagebegehren: 976

- Feststellung der erfolgten Störung;
- Wiederherstellung des früheren Zustandes (zB Herausgabe des entzogenen Gegenstandes);
- Unterlassung weiterer Störungen.

Beispiel: Der Beklagte hat dadurch, dass er seinen Pkw am ... vor der Einfahrt des Klägers abstellte, den ruhigen Besitz des Klägers an seinem Grundstück gestört. Der Beklagte ist schuldig, den Pkw binnen ... Tagen zu entfernen (wenn dieser dort noch steht). Der Beklagte ist schuldig, in Hinkunft derartige Störungen zu unterlassen.

Die Besitzstörungsklage ist innerhalb von **30 Tagen** ab Kenntnis der Störung und der Person des Störers zu erheben (§ 454 Abs 1 ZPO). Nach überwiegender Auffassung handelt es sich dabei um eine materiell-rechtliche Frist; die Klage muss am letzten Tag der Frist bei Gericht eingelangt sein. Nach neuerer Auffassung handelt es sich dabei jedoch um eine prozessuale Frist (*Kodek,* Besitzstörung 610 ff).   977

Die Einordnung der Frist ist für die Beurteilung der Rechtsfolgen ihrer Versäumung wesentlich: Handelt es sich um eine materielle Frist, führt ihre Versäumung zum Verlust des Anspruchs. Handelt es sich um eine prozessuale Frist, so kann der Kläger nach ihrer Versäumung zwar nicht mehr das beschleunigte Besitzstörungsverfahren nach §§ 454 ff ZPO in Anspruch nehmen, behält aber seine materiellrechtlichen Ansprüche nach §§ 339 ff ABGB und kann diese im ordentlichen Verfahren geltend machen.

Für Besitzstörungsklagen besteht **Eigenzuständigkeit des BG**. Örtlich zuständig ist, wenn die Klage ein unbewegliches Gut betrifft, das Gericht der gelegenen Sache (§ 81 JN); wenn sie bewegliche Sachen betrifft, wahlweise jenes des allgemeinen Gerichtsstandes oder des Störungsortes (§ 92 JN).   978

Für Besitzstörungsklagen in Zusammenhang mit einem Arbeitsverhältnis ist das Arbeits- und Sozialgericht zuständig (§ 50 Abs 1 Z 1, § 59 Abs 1 Z 6 ASGG).

B. Verfahrensbesonderheiten

979 Besitzstörungsklagen sind „von außen" als Besitzstörungsklagen zu bezeichnen (§ 454 Abs 2 ZPO). Bei der Anberaumung von Tagsatzungen ist auf die Dringlichkeit der Erledigung besonders Bedacht zu nehmen (§ 455 ZPO). Die Rechtsmittelfristen werden im Sommer und in der Weihnachtszeit nicht gehemmt (§ 222 Abs 2 Z 2 und 3 ZPO).

980 Die Verhandlung ist auf die Erörterung und den Beweis des **letzten Besitzstandes** und der erfolgten Störung beschränkt (§ 457 ZPO). Alle Erörterungen über das Recht zum Besitz, über den Titel, die Redlichkeit des Besitzes und über Schadenersatzansprüche sind ausgeschlossen (§ 457 ZPO).

981 Die Entscheidung erfolgt mit **Endbeschluss** (§ 459 ZPO). Die Entscheidung hat sofort nach Schluss der Verhandlung zu erfolgen. Üblicherweise wird die Entscheidung mündlich verkündet.

Obwohl es sich um eine Sachentscheidung handelt, ergeht sie in Beschlussform.

Der Endbeschluss hat sich auf die Feststellung des letzten Besitzstandes und der Störung, allenfalls auf die Untersagung künftiger Störungen und die Wiederherstellung des früheren Zustandes zu beschränken. Die Leistungsfrist ist nach den Umständen des Einzelfalles festzulegen (§ 459 ZPO).

982 Ist der Endbeschluss in Anwesenheit beider Parteien mündlich verkündet worden, muss eine Partei, die Rekurs erheben will, sofort nach der Verkündung oder längstens binnen 14 Tagen nach Zustellung der Protokollabschrift Rekurs anmelden. Hat keine Partei Rekurs angemeldet, ist § 417a ZPO über die gekürzte Urteilsausfertigung sinngemäß anzuwenden (§ 459 letzter Satz ZPO).

983 Der Endbeschluss steht der späteren Geltendmachung des Rechts zum Besitz (**Petitorium**) und davon abhängiger Ansprüche nicht entgegen (§ 459 ZPO).

984 Gegen den Endbeschluss steht der **Rekurs** offen, bei Streitwerten bis zu € 2.700 aber nur aus den in § 501 ZPO angeführten Gründen, dh wegen Nichtigkeit oder unrichtiger rechtlicher Beurteilung. Der Rekurs ist zweiseitig; die Rekursfrist beträgt vier Wochen. Der Revisionsrekurs ist ausgeschlossen (§ 528 Abs 2 Z 6 ZPO).

Rekurse gegen alle anderen im Laufe des Verfahrens gefassten Beschlüsse, insb gegen die während des Verfahrens erlassenen einstweiligen Vorkehrungen, sind mit dem Rekurs gegen den Endbeschluss zu verbinden (§ 518 Abs 2 ZPO).

336

Die **Bauverbotsklage** (§ 456 ZPO) zielt auf Untersagung der Bauführung 985
bzw Demolierung (§§ 340 bis 342 ABGB; vgl auch Art XXXVII EGZPO).
Während des Verfahrens kann der Richter auch von Amts wegen **einstweilige
Vorkehrungen** erlassen:

* zur Abwendung der dringenden Gefahr widerrechtlicher Beschädigung,
* zur Verhütung von Gewalttätigkeiten oder
* zur Hintanhaltung eines unwiederbringlichen Schadens.

V. Europäisches Bagatellverfahren

Literatur: Siehe *Mayr,* EuZPR Rz VI/1 ff mwN sowie insb *Brokamp,* Das europäische Verfahren für geringfügige Forderungen (2008); *Frauenberger-Pfeiler,* EuZ-
VR: Die neue Generation. Europäisches Mahnverfahren und Bagatellverfahren, JAP
2008/2009, 103, 170; *Freitag/Leible,* Erleichterung der grenzüberschreitenden Forde-
rungsbeitreibung in Europa: Das europäische Verfahren für geringfügige Forderungen,
BB 2009, 2; *Fucik,* Das EU-Bagatellverfahren nach der ZVN 2009, ÖJZ 2009, 437;
Geisselhofer, Das Europäische Bagatellverfahren (2009); *Jahn,* Das Europäische Verfahren für geringfügige Forderungen, NJW 2007, 2890; *Jelinek,* Das europäische Bagatellverfahren aus österreichischer Sicht, in *König/Mayr* (Hrsg), Europäisches Zivilverfahrensrecht in Österreich II (2009) 47; *Majer,* Grenzüberschreitende Durchsetzung
von Bagatellforderungen, JR 2009, 270; *Mayer/Lindemann/Haibach,* Small Claims
Verordnung: Klage, Verfahren, Urteil und Vollstreckung geringfügiger Forderungen in
Europa (2009); *Mayr,* Das Europäische Bagatellverfahren in Österreich, ZVR 2009, 40;
derselbe, Europäisches Mahn- und Bagatellverfahren – Fremdkörper oder Vorbild für
Neuregelungen im österreichischen Recht?, in Die österreichischen Höchstgerichte und
die europäischen Gerichtshöfe zwischen Recht, Wirtschaft und Politik, 8. Fakultätstag
der rechtswissenschaftlichen Fakultät der Universität Graz (2012) 113; *Nardone,* Das
Europäische Verfahren für geringfügige Forderungen, RPfl 2009, 72; *Rechberger,* Die
neue Generation. Bemerkungen zu den Verordnungen Nr 805/2004, Nr 1896/2006 und
Nr 861/2007 des Europäischen Parlaments und des Rates, in FS Leipold (2009) 301;
M. Roth, Das neue Europäische Bagatellverfahren, ecolex 2007, 812; *Scheuer,* Die Verordnung zur Einführung eines europäischen Verfahrens für geringfügige Forderungen,
Zak 2007, 226; *Schoibl,* Miszellen zum Europäischen Bagatellverfahren, in FS Leipold
(2009) 335.

A. Allgemeines

Rechtsgrundlage ist die VO (EG) 861/2007 zur Einführung eines Europä- 986
ischen Verfahrens für geringfügige Forderungen. Aus kompetenzrechtlichen
Gründen gilt das Verfahren nur für **grenzüberschreitende Rechtssachen.**
Zumindest eine Partei muss ihren Wohnsitz oder gewöhnlichen Aufenthalt in
einem Mitgliedstaat außerhalb des Staates des angerufenen Gerichts haben
(Art 3 EuBagatellVO). Es handelt sich um ein **fakultatives Verfahren** für
Streitwerte bis zu € **2.000** (Art 2 Abs 1 EuBagatellVO). Der Kläger kann statt-

dessen stets auch das im nationalen Recht vorgesehene ordentliche Verfahren in Anspruch nehmen.

Wegen der weitgehend fragmentarischen Regelung der VO ist in weitem Umfang subsidiär innerstaatliches Recht heranzuziehen (vgl Art 19 EuBagatellVO).

B. Verfahrenseinleitung und Streiteinlassung

987 Die **Verfahrenseinleitung** erfolgt durch Einreichung eines ausgefüllten Klageformblatts. Darin sind auch Beweise anzuführen. Das Klageformblatt kann im Internet unter https://e-justice.europa.eu/content_small_claims_ forms-177-de.do abgerufen werden. Wenn die Angaben des Klägers unzureichend oder nicht klar genug sind, ist – außer bei offensichtlich unbegründeten Klagen – ein Verbesserungsauftrag zu erteilen (Art 4 Abs 4 EuBagatellVO). Ist die Klage unzulässig oder offensichtlich unbegründet oder kommt der Kläger einem Verbesserungsauftrag nicht nach, ist die Klage zurückzuweisen.

988 Andernfalls übersendet das Gericht dem Beklagten innerhalb von 14 Tagen eine Gleichschrift der Klage samt einer Kopie mit allenfalls angeschlossenen Urkunden und ein Antwortformblatt. Der Beklagte muss innerhalb von 30 Tagen **antworten**; andernfalls erlässt das Gericht ein „Urteil".

Wenngleich dies in der EuBagatellVO nicht ausdrücklich ausgesprochen ist, ist dabei offenbar das Vorbringen des Klägers zugrunde zu legen; es handelt sich also um ein Versäumungsurteil.

C. Weiteres Verfahren bei rechtzeitiger Antwort des Beklagten

989 Bei rechtzeitiger Antwort des Beklagten erlässt das Gericht innerhalb von 30 Tagen ein **Urteil**, oder es fordert die Parteien zu weiteren Angaben auf, führt eine **Beweisaufnahme** durch oder beraumt eine mündliche Verhandlung an. Diesfalls ist das Urteil innerhalb von 30 Tagen nach der Verhandlung bzw Vorliegen aller Entscheidungsgrundlagen zu erlassen.

990 Das Verfahren ist grundsätzlich **schriftlich**; eine mündliche **Verhandlung** findet statt, wenn das Gericht dies für **erforderlich** hält oder eine Partei dies beantragt. Das Gericht kann einen derartigen Antrag aber ablehnen; diese Entscheidung ist unanfechtbar.

991 Die Beweisaufnahme kann auch mittels Videokonferenz oder unter Zuhilfenahme anderer Kommunikationsmittel erfolgen. Das Gericht entscheidet über den Umfang der Beweisaufnahme; auch schriftliche Zeugenaussagen sind zulässig. Das Gericht ist verpflichtet, „das einfachste und am wenigsten aufwändige" Beweismittel zu wählen (Art 9 Abs 3 EuBagatellVO).

Ob gegen das Urteil ein **Rechtsmittel** zulässig ist, richtet sich nach natio- 992
nalem Recht (Art 17 EuBagatellVO). Bei Vorliegen von Zustellmängeln und
Wiedereinsetzungsgründen kann der Beklagte beim Erstgericht eine Überprüfung des Urteils beantragen (Art 18 EuBagatellVO). In Österreich ist eine
Berufung nach Maßgabe des § 501 ZPO möglich, dh, als Berufungsgründe kommen nur Nichtigkeit und unrichtige rechtliche Beurteilung in Betracht.

Für das erstinstanzliche Verfahren besteht **keine Anwaltspflicht** (Art 10 EuBa- 993
gatellVO). Die unterlegene Partei ist grundsätzlich zum Kostenersatz verpflichtet,
soweit diese Kosten verhältnismäßig sind (Art 16 EuBagatellVO).

D. Vollstreckung

Das Urteil ist bereits vor Rechtskraft vollstreckbar. Es wird in allen Mit- 994
gliedstaaten anerkannt und vollstreckt, ohne dass es einer Vollstreckbarerklärung bedarf. Der Gläubiger muss das Urteil und die „Urteilsbestätigung"
(Formblatt D) vorlegen; nur Letztere ist zu übersetzen.

Auf Antrag des Beklagten kann die Vollstreckung verweigert werden, wenn *res
iudicata* vorliegt und dies im Titelverfahren nicht geltend gemacht werden konnte.
Außerdem kann auf Antrag des Beklagten das Verfahren auf Sicherungsmaßnahmen
beschränkt, von einer Sicherheitsleistung abhängig gemacht oder unter außergewöhn-
lichen Umständen ausgesetzt werden, wenn das Urteil noch nicht rechtskräftig ist oder
der Beklagte eine Überprüfung nach Art 18 EuBagatellVO beantragt hat.

VI. Das Eheverfahren

Literatur: *Böhm/Fuchs,* Zum Eintritt der Rechtskraft und der zivilrechtlichen Wirkungen des Ehescheidungsbeschlusses, ÖJZ 2002, 633; *Simotta,* Die einvernehmliche
Scheidung während eines anhängigen Eheprozesses (§ 460 Z 10 ZPO), ÖJZ 1987, 129,
167; *dieselbe,* Die internationale Zuständigkeit Österreichs in eherechtlichen Angelegenheiten – Ein Vergleich zwischen der EheVO und dem autonomen österreichischen
Recht, in FS Geimer (2002) 1115; *dieselbe,* Der Tod eines Ehegatten während eines
Eheprozesses (§ 460 Z 8 ZPO), in FS Welser (2004) 1015.

A. Allgemeines

Gegenstand des streitigen Eheverfahrens sind nach § 49 Abs 2 Z 2a, § 76 995
Abs 1 JN folgende Streitigkeiten:
- die Klage auf Scheidung der Ehe (§§ 46 bis 61 EheG);
- die Klage auf Aufhebung der Ehe (§§ 33 bis 44 EheG);
- die Klage auf Nichtigerklärung der Ehe (§§ 20 bis 28 EheG);
- die Klage auf Feststellung des (Nicht-)Bestehens einer Ehe zwischen den
  Parteien.

Die Bestimmungen über das Eheverfahren sind außerdem sinngemäß auf **eingetragene Partner**, Partnersachen oder Partnerangelegenheiten anzuwenden (§ 43 Abs 1 Z 25 EPG).

Die **einvernehmliche Scheidung** sowie die Aufteilung des ehelichen Gebrauchsvermögens, die Abgeltung der Mitwirkung im Erwerb des anderen Ehegatten und die Entscheidung über die Obsorge über Kinder und ein allfälliges Recht auf persönliche Kontakte sind demgegenüber im außerstreitigen Verfahren zu behandeln.

996   Im Verfahren über eine Nichtigkeitsklage ist der **Staatsanwalt** zur Stellung von Anträgen und Rechtsmitteln legitimiert (§ 83 der ersten DV EheG). Eine Nichtigkeitsklage wegen einer Namens- oder Staatsbürgerschaftsehe kann nur der Staatsanwalt erheben (§ 28 EheG).

B. Verfahrensgrundsätze

997   Im Verfahren über die Nichtigerklärung oder die Feststellung des (Nicht-) Bestehens einer Ehe gilt der **Untersuchungsgrundsatz** (§ 460 Z 4 ZPO). Das Dispositionsrecht der Parteien ist in allen Ehesachen stark eingeschränkt. Es gibt kein Versäumungsurteil (§ 460 Z 9 ZPO); Verzichts- und Anerkenntnisurteile sowie Vergleiche sind unzulässig (§ 460 Z 9 ZPO).

998   Die Verhandlung in Ehesachen ist **nicht öffentlich** (§ 460 Z 3 ZPO). Die Parteien dürfen jedoch jeweils drei Vertrauenspersonen hinzuziehen (§ 174 ZPO).

999   Mehrere Bestimmungen zielen darauf ab, die Ehe zu „retten" (*favor matrimonii*). Aus diesem Grund hat das Gericht einen Versöhnungsversuch durchzuführen (§ 460 Z 7 ZPO). Wenn der Kläger nicht erscheint, kann die Klage auf Antrag des Beklagten als ohne Verzicht auf den Anspruch für zurückgenommen erklärt werden (§ 460 Z 5 ZPO). Die Klagsrücknahme ist bis zur Rechtskraft des Urteils möglich (§ 483a Abs 1 ZPO). Bei Tod eines Ehegatten vor Rechtskraft des Urteils ist der Rechtsstreit in Ansehung der Hauptsache als erledigt anzusehen; ein bereits ergangenes Urteil ist wirkungslos (§ 460 Z 8 ZPO).

Wenn eine **Versöhnung** durch das Gericht nicht möglich scheint, sind die Parteien auf Einrichtungen hinzuweisen, die zur einvernehmlichen Lösung von Konflikten geeignet sind (Mediation, Familienberatungsstelle oÄ).

1000   Das Gericht kann beide Ehegatten zum **persönlichen Erscheinen** auffordern (§ 460 Z 1 ZPO). Diese Pflicht kann nach § 87 GOG durch Ordnungsstrafen, gegebenenfalls auch durch zwangsweise Vorführung durchgesetzt werden.

Trifft einen oder beide Ehegatten ein **Verschulden** an der Scheidung oder 1001
Aufhebung ihrer Ehe, ist dies in den Urteilsspruch aufzunehmen (§§ 42, 60,
61 EheG; §§ 17, 18 der 1. DV EheG). Ein Verschulden des Klägers kann aber
nur festgestellt werden, wenn der Beklagte entweder einen Mitverschuldens-
antrag gestellt oder eine Widerklage erhoben hat. Trifft beide Parteien ein Verschulden, ist auszusprechen, ob das Verschulden gleichteilig ist oder wessen
Verschulden überwiegt.

Die Parteien können sich auch während eines Scheidungsprozesses **einver-** 1002
nehmlich scheiden lassen. Mit Rechtskraft des Scheidungsbeschlusses gilt
die Scheidungsklage als zurückgenommen (§ 460 Z 10 Satz 2 ZPO).

Im Verfahren über die **Nichtigerklärung** und die Feststellung des (Nicht-) 1003
Bestehens einer Ehe herrscht im Berufungsverfahren kein Neuerungsverbot
(§ 483a Abs 2 ZPO).

Sechzehnter Teil:
Die Rechtsmittel

I. Allgemeine Rechtsmittellehre

Literatur: *Bajons,* Von der formellen zur wirkungsbezogenen Beschwer, JBl 1978, 113, 183; *Böhm,* Die Lehre vom Rechtsschutzbedürfnis, JBl 1974, 1; *derselbe,* Was will das Neuerungsverbot? Hintergrund, Funktion und Einfluß auf das Prozeßverhalten in erster Instanz, in FS 100 Jahre ZPO (1998) 239; *Fasching,* Die Entwicklung des Neuerungsverbots im zivilgerichtlichen Rechtsmittelverfahren im letzten Jahrzehnt in Österreich, in FG Fasching (1993) 314; *Fucik,* Rechtsmittelbeschränkungen nach dem BBG 2009, ÖJZ 2009, 581; *Klauser/Maderbacher,* Durchbruch der wirkungsbezogenen Beschwer?, ecolex 2002, 342; *Kodek,* Die Überwindung von Gehördefiziten im Rechtsmittelverfahren, in FS Nemeth (2003) 537; *derselbe,* Änderungen im Rechtsmittelverfahren durch die ZVN 2009 und das Budgetbegleitgesetz 2009 – ein Überblick, Zak 2009, 249; *Mayr,* Der Grundsatz der „Einmaligkeit des Rechtsmittels" im zivilgerichtlichen Verfahren, JBl 1981, 458, 520; *derselbe,* Die Einmaligkeit des Rechtsmittels nach der ZVN 1983, RZ 1987, 265; *derselbe,* Zivilverfahrensrechtliche Neuerungen des Budgetbegleitgesetzes 2009, ecolex 2009, 562; *Kolmasch,* Zak-Grafik: Rechtsmittelbeschränkungen, Zak 2010/9, 15; *Rechberger,* Rechtsschutz und Verfahrensgarantien im Zivilverfahren, in *Schoibl* (Hrsg), Rechtsschutz und Verfahrensgarantien (2003) 13; *Sprung,* Konkurrenz von Rechtsbehelfen im zivilgerichtlichen Verfahren (1966); *Weber,* Das Rekursrecht des Revisors in Verfahrenshilfesachen (§ 72 ZPO), RZ 2005, 262.

A. Einführung

1004   Rechtsmittel sind Anträge auf Überprüfung von Entscheidungen. Sie können zur Abänderung oder Aufhebung dieser Entscheidung führen.

Rechtsmittel dienen nur der Bekämpfung von **Gerichtsfehlern**, nicht auch von Parteifehlern. Hat eine Partei daher übersehen, bestimmte Umstände vorzubringen oder Beweisanträge zu stellen, so stellt dies keinen Grund für die Erhebung eines Rechtsmittels dar.

Die ZPO unterscheidet zwischen **Berufung, Revision, Rekurs** und **Revisonsrekurs**. Die Berufung ist das Rechtsmittel gegen Urteile der 1. Instanz, die Revision ist das Rechtsmittel gegen Urteile der 2. Instanz, der Rekurs ist das Rechtsmittel gegen Beschlüsse, und der Revisionsrekurs ist das Rechtsmittel gegen bestimmte Beschlüsse des Rekursgerichts.

Wenngleich das Zurverfügungstehen von Rechtsmitteln gegen die meisten Entscheidungen in Österreich eine lange Tradition hat und zu einem gewissen Maß durch die institutionelle Garantie des OGH in Art 92 Abs 1 B-VG (siehe Rz 46) sowie wohl auch durch das materielle Rechtsstaatsprinzip gesichert ist, besteht nach **Art 6 EMRK** kein Recht auf ein Rechtsmittel. Ein solches ist nur für Strafsachen durch Art 7 des 2. ZPEMRK gewährleistet.

342

Teilweise wird auch der weitergehende Ausdruck „**Rechtsbehelfe**" verwen- 1005
det. Darunter fallen aber auch Anträge, die sich an das Erstgericht wenden, wie
Antrag auf Wiedereinsetzung in den vorigen Stand, Widerspruch gegen das
Versäumungsurteil, Einspruch gegen den Zahlungsbefehl, Fristsetzungsantrag
nach § 91 GOG etc. Mitunter werden die Nichtigkeitsklage und Wiederaufnahmsklage auch als „außerordentliche" Rechtsmittel bezeichnet.

Rechtsmittel sind in Österreich zumeist durch die **aufsteigende Wirkung** 1006
(Devolutiveffekt) gekennzeichnet. Über das Rechtsmittel entscheidet daher
idR nicht das Gericht, das die angefochtene Entscheidung erlassen hat, sondern ein im Instanzenzug übergeordnetes Gericht.

Ausnahmen bestehen teilweise im Rekursverfahren. Dazu Rz 1112. Hingegen wenden sich andere Rechtsbehelfe (zB Wiedereinsetzungsantrag, Widerspruch gegen das
Versäumungsurteil, Einspruch gegen den Zahlungsbefehl) regelmäßig an das Erstgericht. Ungeachtet der aufsteigenden Wirkung sind Rechtsmittel jedoch grundsätzlich
beim Gericht erster Instanz einzubringen.

Die Berufung und die ordentliche Revision haben zudem **aufschiebende** 1007
Wirkung (Suspensiveffekt), hemmen also den Eintritt der materiellen Rechtskraft und der Vollstreckbarkeit. Dem Rekurs kommt hingegen idR keine aufschiebende Wirkung zu. Diese kann ihm aber auf Antrag ausdrücklich zuerkannt werden (vgl § 524 ZPO).

Die grundsätzlich aufschiebende Wirkung von Rechtsmitteln hat auch einen verfassungsrechtlichen Hintergrund: Wegen des materiellen Rechtsstaatsprinzips und des
daraus abgeleiteten Gebots der **faktischen Effizienz von Rechtsbehelfen** wäre es unzulässig, einseitig eine Partei mit den Folgen einer noch nicht rechtskräftigen, potenziell unrichtigen Entscheidung zu belasten (VfSlg 11.196 und 12.683).

Für die Berufung und Revision sind **Gerichtsgebühren** zu entrichten. Glei- 1008
ches gilt für manche Rekursverfahren (Besitzstörungsverfahren, einstweilige
Verfügungen, Rekurse an den OGH gegen Aufhebungsbeschlüsse der 2. Instanz). Die Pauschalgebühr hängt vom Streitwert ab. Der Tarif in zweiter Instanz richtet sich nach TP 2 GGG, in dritter Instanz nach TP 3 GGG.

Diese betragen etwa für die zweite Instanz bei einem Streitwert von € 150 zwar nur
€ 17, bei einem Streitwert von € 10.000 aber bereits € 1036, bei einem Streitwert von
€ 100.000 € 3.891 und bei einem Streitwert von € 1 Million € 21.620. Für die dritte
Instanz betragen die Gebühren bei denselben Streitwerten € 194, € 1.296, € 5.188 und
€ 28.827. Siehe auch Rz 448 und 450.

Die Gerichtsgebühr ist – auch bei (einmaliger oder wiederholter) Aufhebung – für
jede Instanz nur einmal zu entrichten. Vgl Rz 448.

B. Zulässigkeitsvoraussetzungen

Neben den allgemeinen Prozessvoraussetzungen (siehe Rz 478 ff) müssen 1009
für Rechtsmittel auch besondere Zulässigkeitsvoraussetzungen erfüllt sein.

Dazu gehören insb die Statthaftigkeit, die Rechtsmittellegitimation, die Rechtzeitigkeit und die Beschwer. Außerdem darf weder ein Rechtsmittelverzicht noch eine Rechtsmittelzurücknahme vorliegen.

1. Statthaftigkeit

1010 Statthaftigkeit bedeutet, dass die betreffende Entscheidung überhaupt anfechtbar ist und dass sie durch das gewählte Rechtsmittel anfechtbar ist. Kommen mehrere Rechtsmittel bzw Rechtsbehelfe in Betracht, darf die Partei idR zwischen ihnen wählen oder diese auch kumulieren.

Beispiele: Gegen die Bewilligung (nicht auch die Abweisung) eines Wiedereinsetzungsantrags ist ein Rechtsmittel überhaupt ausgeschlossen (§ 153 ZPO). Ein Versäumungsurteil kann mittels Berufung, Widerspruch oder Wiedereinsetzungsantrag bekämpft werden. Vgl Rz 667 ff und 670.

Siehe dazu *Casebook* ZVerfR 130, Fall 84.

2. Rechtsmittellegitimation

1011 Die Rechtsmittellegitimation beantwortet demgegenüber die Frage, ob die Person zur Erhebung eines derartigen Rechtsmittels **abstrakt befugt** ist. Rechtsmittellegitimiert sind bei Entscheidungen in der **Hauptsache** nur die **Parteien** und der **Nebenintervenient**, außerdem im Verfahren über die Ehenichtigkeitsklage auch der Staatsanwalt, und zwar auch dann, wenn er die Klage nicht erhoben hat (§ 83 der 1. DVEheG).

Die Rechtsmittellegitimation beantwortet die Frage, welche Personen **abstrakt** zur Erhebung eines Rechtsmittels in einem bestimmten Verfahren berechtigt sind. Ob der Partei ein *konkretes* Interesse an der Überprüfung einer bestimmten Entscheidung zusteht, richtet sich danach, ob diese beschwert ist. Dazu Rz 1017 ff.

Bei bestimmten **Zwischenstreitigkeiten** kommt auch anderen Personen Rechtsmittellegitimation zu. Beispiele sind etwa der Sachverständige im Verfahren über die Bestimmung seiner Gebühren, der Nebenintervenient im Zulassungsstreit, der Zeuge, über den eine Ordnungsstrafe verhängt wurde, etc.

3. Rechtzeitigkeit

1012 Rechtzeitigkeit bedeutet, dass das Rechtsmittel innerhalb der zu seiner Erhebung offenstehenden Frist erhoben wurde. Die Fristen für die Berufung (§ 464 Abs 1 ZPO) und die Revision (§ 505 Abs 2 ZPO) betragen jeweils vier Wochen, die Rekursfrist idR 14 Tage, ausnahmsweise vier Wochen (§ 521 ZPO). Die Rechtsmittelfrist beginnt idR mit der Zustellung der Entscheidung, ausnahmsweise schon mit der Verkündung.

Bei einer **Urteilsberichtigung** beginnt eine neue Frist, außer die Partei konnte keinen Zweifel über den wirklichen Inhalt des Ausspruchs haben. Siehe dazu auch Rz 912 f.

Das Rechtsmittel muss bei Einbringung im Postweg am letzten Tag der Frist **zur Post gegeben** werden. Bei Einbringung mittels **Telefax** muss es vor 24 Uhr des letzten Tages der Frist einlangen; Gleiches gilt bei **elektronischer Einbringung**. 1013

Elektronische Eingaben gelten als bei Gericht angebracht, wenn ihre Daten zur Gänze bei der Bundesrechenzentrum GmbH eingelangt sind. Vgl dazu näher § 89d GOG.

Der **Nebenintervenient** hat eine eigene Rechtsmittelfrist. Diese läuft ab Zustellung der Entscheidung an ihn (verstärkter Senat 1 Ob 145/02h JBl 2003, 315). Siehe dazu *Casebook* ZVerfR 63, Fall 35.

Wenn während der Rechtsmittelfrist ein Antrag auf Beigebung eines **Verfahrenshilfeanwalts** gestellt wird, beginnt die Rechtsmittelfrist für den Antragsteller erst mit Zustellung des Bescheides über die Bestellung des Rechtsanwalts bzw mit Eintritt der Rechtskraft des abweisenden Beschlusses. Siehe dazu auch Rz 474. 1014

Wird der Verfahrenshilfeantrag zurückgewiesen (zB wegen eines trotz Verbesserungsauftrags nicht behobenen Formfehlers), hat dieser keine fristunterbrechende Wirkung.

Werden **mehrere Entscheidungen** mit verschieden langen Rechtsmittelfristen in eine Ausfertigung aufgenommen, steht für die Bekämpfung aller Entscheidungen die längste in Betracht kommende Frist zur Verfügung.

Beispiel: In das Urteil ist auch ein Beschluss über die Zulassung oder Nichtzulassung einer Klagsänderung aufgenommen. Der Beschluss ist mit Rekurs anzufechten. Dafür stünden an sich nur 14 Tage offen. Wegen Aufnahme dieses Beschlusses in das Urteil kann allerdings auch der Rekurs innerhalb der vierwöchigen Berufungsfrist erhoben werden.

Bei Urteilen, die **in Anwesenheit beider Parteien mündlich verkündet** wurden, setzt die Zulässigkeit der Berufung zusätzlich die rechtzeitige **Anmeldung** voraus (§ 461 Abs 2 ZPO). Die Berufung muss sofort nach Verkündung in der mündlichen Verhandlung oder spätestens binnen 14 Tagen ab der Zustellung der Protokollabschrift angemeldet werden. 1015

Siehe dazu *Casebook* ZVerfR 130, Fall 85.

Die Erhebung eines Rechtsmittels stellt eine **einheitliche und abgeschlossene Prozesshandlung** dar, die jeder Partei gegen dieselbe Entscheidung nur einmal zusteht (**Einmaligkeit des Rechtsmittels**). Der Austausch oder die Verbesserung eines Rechtsmittels ist nach der Rsp daher auch innerhalb der Rechtsmittelfrist nur dann zulässig, wenn die ursprüngliche Eingabe an einem den Verbesserungsvorschriften unterliegenden Mangel leidet. 1016

Siehe dazu *Casebook* ZVerfR 132, Fall 87. Zum Ausnahmefall bei der Berichtigung des Urteils siehe Rz 1012.

4. Beschwer

1017   Unter Beschwer versteht man eine besondere Form des Rechtsschutzinteresses als Voraussetzung für die Anrufung einer höheren Instanz. Bei der Beschwer geht es darum, wer konkret zur Erhebung eines Rechtsmittels berechtigt ist. Nur derjenige kann ein Rechtsmittel erheben, der durch die angefochtene Entscheidung beeinträchtigt wird. Die Rechtsmittellegitimation beantwortet demgegenüber, wer abstrakt zur Erhebung eines Rechtsmittels in Betracht kommt. Die Beschwer stellt nach der Rsp eine Zulässigkeitsvoraussetzung für das Rechtsmittel dar. Mangels Beschwer ist dieses daher als unzulässig zurückzuweisen.

Die Beschwer muss im Zeitpunkt der Erhebung des Rechtsmittels vorliegen und auch noch im Zeitpunkt der Entscheidung über das Rechtsmittel fortbestehen.
Beispiel: Der Antragsteller beantragt eine einstweilige Verfügung, die seinem Konkurrenten das Offenhalten des Geschäftes am 8. 12. 2013 verbieten soll. Der Antrag wird abgewiesen. Wird über den dagegen erhobenen Rekurs erst nach dem 8. 12. 2013 entschieden, hat der Antragsteller kein Rechtsschutzinteresse (Beschwer) mehr; sein Rekurs ist zurückzuweisen.

1018   Im Zivilprozess ist grundsätzlich die **formelle Beschwer** maßgeblich. Dabei wird darauf abgestellt, ob die Entscheidung vom zugrunde liegenden Sachantrag des Rechtsmittelwerbers zu seinem Nachteil abweicht. Beschwert ist jede Partei, die mit ihrem Sachantrag nicht zur Gänze durchgedrungen ist. Beschwert ist daher etwa auch der Beklagte, wenn das Klagebegehren nicht wegen Nichtbestehens der Klagsforderung, sondern nur aufgrund einer Aufrechnung mit einer Gegenforderung abgewiesen wurde. Beschwert ist auch eine Partei, die nur mit einem Eventualantrag durchgedrungen ist.

1019   Demgegenüber setzt die **materielle Beschwer** voraus, dass die Rechtsstellung des Rechtsmittelwerbers durch die Entscheidung beeinträchtigt wird.

Die **materielle Beschwer** wird vor allem im Außerstreitverfahren herangezogen. Im streitigen Zivilverfahren gilt sie für die Bekämpfung des Versäumungsurteils durch den Säumigen (der ja gerade keinen eigenen Urteilsgegenantrag gestellt hat). Auch bei der Bekämpfung von Aufhebungsbeschlüssen des Berufungsgerichtes sind im Streitverfahren materielle Elemente der Beschwer maßgeblich, weil die Parteien (auch wenn sie die Aufhebung der angefochtenen Entscheidung beantragt haben) durch die Begründung des Aufhebungsbeschlusses beschwert sein können.

1020   Der OGH hat auch dem siegreichen Kläger die Nichtigkeitsklage gegen ein ohne vorherige Zustellung an den Beklagten ergangenes und daher im Ausland zunächst nicht vollstreckbares Versäumungsurteil zugebilligt, um ihm die Auslandsvollstreckung (vgl Art 34 Nr 2 EuGVVO, Art 45 Abs 1 lit b EuGVVO neu) zu ermöglichen. Hier wird teilweise von „**wirkungsbezogener Beschwer**" gesprochen (*Bajons*, JBl 1978, 113 ff, 183 ff; 1 Ob 10/02f ecolex 2002/100, 248 [*Klauser*]).

Im **Eheverfahren** gilt der *favor matrimonii*. Demnach kann auch der voll obsiegende Ehegatte trotzdem ein Rechtsmittel erheben, weil er bis zur Rechtskraft des Urteils die Klage zurücknehmen und damit die Ehe aufrechterhalten kann (§ 483a Abs 1 ZPO).

5. Nichtvorliegen von Rechtsmittelverzicht und Rechtsmittelzurücknahme

Weitere Voraussetzung für die Zulässigkeit eines Rechtsmittels ist, dass die betreffende Partei nicht auf ein Rechtsmittel verzichtet bzw dieses nicht zurückgenommen hat. Ein Rechtsmittelverzicht ist nach § 472 Abs 2 ZPO nach Erlass der Entscheidung zulässig. Teilweise wird auch ein Vorausverzicht für zulässig gehalten. Die **Zurücknahme** eines bereits eingebrachten Rechtsmittels ist bis zum Schluss der mündlichen Berufungs- bzw Revisionsverhandlung, sonst bis zur Entscheidung des Senats zulässig (§ 484 Abs 1, § 513 ZPO). Zur Zurücknahme der Klage im Rechtsmittelverfahren vgl Rz 557 f. 1021

Rechtsmittelverzicht und Rechtsmittelzurücknahme bewirken die sofortige formelle Rechtskraft der Entscheidung (§ 472 Abs 1, § 484 Abs 2 ZPO). 1022

Siehe dazu *Casebook* ZVerfR 132, Fall 87.

C. Form- und Inhaltserfordernisse

Für Rechtsmittel gelten zunächst die allgemeinen Bestimmungen über **Schriftsätze** (§§ 75 ff ZPO). Zusätzlich statuiert § 467 ZPO weitere Formvorschriften für die Berufung und § 506 ZPO für die Revision. Demnach hat der Rechtsmittelschriftsatz die **Bezeichnung des Rechtsmittelgerichts**, die Bezeichnung der angefochtenen **Entscheidung** und die **Anwaltsunterschrift** zu enthalten. 1023

Die Einbringung im **Telefaxweg** reicht nach neuerer Rsp aus (vgl zB 5 Ob 90/04b RdW 2004/690); diesfalls ist das Original nachzureichen. Rechtsanwälte sollen das Rechtsmittel im **elektronischen Rechtsverkehr** einbringen. Nach neuerer Rsp stellt die Einbringung im Postweg bei Rechtsanwälten einen verbesserungspflichtigen Mangel dar (RIS-Justiz RS0124215). 1024

Die **unrichtige Bezeichnung** des Rechtsmittels ist unerheblich, wenn das Begehren deutlich erkennbar ist (§ 84 Abs 2 Satz 2 ZPO). 1025

Weiters muss das Rechtsmittel die sog **Anfechtungserklärung**, also die Erklärung, inwieweit die Entscheidung angefochten wird, enthalten. Im Zweifel gilt die Entscheidung als zur Gänze angefochten (§ 84 Abs 3 ZPO). 1026

Die Anfechtungserklärung ist wichtig, weil dadurch die Grenzen der Überprüfungsbefugnis des Rechtsmittelgerichts bestimmt werden. Soweit die Parteien eine Entscheidung nicht bekämpfen, erwächst diese in (Teil-)Rechtskraft.

1027   Außerdem sind die **Gründe der Anfechtung** anzuführen. Eine Verweisung auf andere Rechtsmittel oder sonstige Schriftsätze ist dabei nach der Rsp unbeachtlich. An diese Gründe ist das Rechtsmittelgericht gebunden. Das Rechtsmittelgericht kann – mit Ausnahme von Nichtigkeitsgründen – Fehler der Vorinstanz nicht von Amts wegen aufgreifen.

1028   Schließlich hat der Rechtsmittelwerber zu erklären, ob er die Aufhebung oder eine Abänderung der angefochtenen Entscheidung (und in welche Richtung) beantragt (**Rechtsmittelantrag**). In der Praxis werden zumeist ein Hauptantrag auf Abänderung der Entscheidung und ein Eventualantrag auf Aufhebung gestellt. Nach der Rsp schließt zudem jeder Abänderungsantrag auch einen Aufhebungsantrag mit ein (nicht aber umgekehrt). Teilweise entscheidet die Rsp auch bei bloßem Aufhebungsantrag meritorisch (7 Ob 107/02i).

Der Abänderungsantrag muss bei einem Leistungsurteil **ziffernmäßig bestimmt** sein. Ein bloßes Begehren, eine abweichende „Mitverschuldensquote" zugrunde zu legen, reicht nicht aus.

1029   Form- und Inhaltsmängel sind grundsätzlich **verbesserungsfähig** (§§ 84, 85 ZPO). Allerdings hat die Rsp hier einige bedeutsame Einschränkungen entwickelt: Bei Missbrauch, zB bei Erhebung eines „leeren" Rechtsmittels durch einen Rechtsanwalt, steht keine Verbesserung zu (2 Ob 212/09d Zak 2010/202, 119). Gleiches gilt bei „nicht gesetzmäßiger Ausführung" eines Rechtsmittels und unzulässiger Verweisung auf andere Schriftsätze. Nach einigen Entscheidungen ist es auch nicht verbesserbar, wenn im elektronischen Rechtsverkehr versehentlich nur das Deckblatt übermittelt wird (zB 9 Ob 78/08y; zu Recht großzügiger aber nunmehr 1 Ob 70/13w).

D. Verbot der reformatio in peius

1030   Das Rechtsmittelgericht darf die Entscheidung nicht zum Nachteil des Rechtsmittelwerbers abändern. Die Überprüfung der angefochtenen Entscheidung erfolgt innerhalb der Grenzen der Rechtsmittelanträge (§ 462 Abs 1 ZPO). Eine Ausnahme besteht bei der Überprüfung von Aufhebungsbeschlüssen durch den OGH. Siehe dazu Rz 1143.

Beispiel: A klagt B auf Zahlung von € 30.000. Das Gericht spricht lediglich € 20.000 zu. Erhebt nur A Berufung, kann das Berufungsgericht den Zuspruch nicht auf € 5.000 herabsetzen. Die € 20.000 sind, mangels Bekämpfung durch B, in Teilrechtskraft erwachsen. Anderes gilt selbstverständlich, wenn beide Parteien Berufung erhoben haben.

Nichtigkeitsgründe sind allerdings – soweit nicht mangels Anfechtung (Teil-)Rechtskraft eingetreten ist – von Amts wegen wahrzunehmen.

E. Neuerungsverbot

Die Überprüfung der angefochtenen Entscheidung erfolgt auf Basis der zum Zeitpunkt des Schlusses der mündlichen Verhandlung 1. Instanz vorliegenden Sachanträge und des zu diesem Zeitpunkt bestehenden Tatsachenvorbringens. **Neue Sachanträge** und **neue Beweismittel** können in einem Rechtsmittel nicht vorgebracht werden (vgl § 482 Abs 1 ZPO). Das Neuerungsverbot hat in Österreich eine lange Tradition. Dadurch soll sichergestellt werden, dass der Schwerpunkt des Prozesses im Verfahren der 1. Instanz liegt. **Neue Rechtsausführungen** sind demgegenüber uneingeschränkt zulässig.

1031

Trotz des Wortlauts des § 482 Abs 2 ZPO („Dartuung der Berufungsgründe") lässt die Rsp Neuerungen ausschließlich zur Untermauerung von Verfahrensmängeln zu (zB Behauptung eines Zustellmangels). Hingegen wäre es unzulässig, in der Berufung neue Beweismittel dafür zu beantragen, dass ein in erster Instanz vernommener Zeuge unrichtig ausgesagt hat.

Hingegen hält die Rsp trotz des Neuerungsverbots auch im Rechtsmittelverfahren einen Vergleich und ein Anerkenntnis für zulässig, obwohl es sich dabei um Dispositionen der Parteien über ihre Ansprüche handelt.

Kein Neuerungsverbot besteht im Berufungsverfahren über die Nichtigerklärung oder Feststellung des (Nicht-)Bestehens der **Ehe** (§ 483a Abs 2 ZPO) sowie in **Arbeitsrechtsstreitigkeiten**, wenn der Rechtsmittelwerber bisher in keiner Lage des Verfahrens durch eine qualifizierte Person vertreten war (§ 63 Abs 1 ASGG). Siehe auch Rz 1003 und 1246.

1032

Hinsichtlich der Möglichkeit der Geltendmachung von Neuerungen ist zu unterscheiden: Unter *„nova reperta"* (wörtlich: „neu Aufgefundenes") versteht man

1033

- **Tatsachen**, die bis zum Schluss der mündlichen Verhandlung erster Instanz nicht bekannt waren, und
- **Beweismittel**, die der Partei damals nicht bekannt waren, uzw unabhängig davon, ob diese vor oder nach Schluss der Verhandlung erster Instanz entstanden sind.

Wurden solche Tatsachen oder Beweismittel **ohne Verschulden** im Vorprozess nicht geltend gemacht, kommt eine **Wiederaufnahmsklage** (§ 530 Abs 1 Z 7 ZPO) in Betracht. Dazu Rz 1176.

Demgegenüber sind *„nova producta"* (wörtlich: „neu Entstandenes") Tatsachen, die erst nach dem für die Entscheidungsfällung maßgeblichen Zeitpunkt entstanden sind. Solche Tatsachen sind von den zeitlichen Grenzen der Rechtskraft nicht erfasst und können mit neuer Klage oder Oppositionsklage geltend gemacht werden. Vgl dazu auch Rz 759, 926.

1034

Siehe dazu *Casebook* ZVerfR 131 f, Fall 86.

F. Die Rechtsmittelentscheidung

1035 Das Rechtsmittelgericht soll grundsätzlich in der Sache selbst entscheiden; das Rechtsmittelsystem der ZPO hat daher reformatorischen Charakter.

Das Gegenmodell würde darin bestehen, dass das Rechtsmittelgericht die angefochtene Entscheidung, wenn sie sich als fehlerhaft erweist, stets nur aufheben und dem Untergericht eine neuerliche Entscheidung auftragen kann (kassatorische Entscheidung).

1036 Freilich ist der Grundsatz der Sachentscheidung durch das Rechtsmittelgericht in der ZPO nicht lückenlos verwirklicht: Zunächst kommt eine Sachentscheidung aus prozessualen Gründen von vornherein nicht in Betracht, wenn das **Rechtsmittel unzulässig** ist. Diesfalls ist es zurückzuweisen. Die Rsp spricht hier vielfach vom „Verwerfen". Auch bei Vorliegen von **Nichtigkeitsgründen** ist eine Sachentscheidung nicht vorgesehen; diese führen zwingend zur Aufhebung der angefochtenen Entscheidung. Bei sonstigen **Verfahrensmängeln** sieht § 496 Abs 1 ZPO zwar primär die Aufhebung vor; nach § 496 Abs 3 ZPO hat jedoch stattdessen das Berufungsgericht durch Urteil in der Sache selbst zu erkennen, wenn damit voraussichtlich weder eine Verzögerung noch ein erheblicher Mehraufwand an Kosten verursacht würde.

In der Praxis bestehen in der Handhabung dieser Möglichkeit extreme Unterschiede. Der Anteil an Aufhebungsbeschlüssen schwankt in Österreich nach einer allerdings schon älteren Statistik zwischen 5 % und 45 %. Dies bedeutet, dass bei manchen Berufungsgerichten nahezu nie ein Urteil aufgehoben wird, während dies in anderen Berufungsgerichten in fast jedem zweiten Verfahren der Fall ist.

1037 Über Rechtsmittel gegen Urteile wird mit **Urteil** entschieden, wenn das Rechtsmittelgericht eine **Sachentscheidung** fällt. Diese kann in der Bestätigung der Entscheidung der Vorinstanz bestehen, weil das Rechtsmittel unbegründet ist, oder die Entscheidung der Vorinstanz in Stattgebung des Rechtsmittels abändern.

1038 Teilweise wird auch über Rechtsmittel gegen Urteile mit **Beschluss** entschieden. Dies ist bei Zurückweisung des Rechtsmittels als unzulässig (durch das Erstgericht oder durch das Rechtsmittelgericht) der Fall, aber auch bei Abweisung eines auf Nichtigkeitsgründe gestützten Rechtsmittels, weil diese nicht vorliegen (hier spricht die Praxis von „Verwerfung"). Auch die Aufhebung der angefochtenen Entscheidung wegen Verfahrensmängeln erfolgt mittels Beschluss. Dazu näher unten Rz 1051, 1079.

Das Berufungsgericht kann auch das angefochtene Urteil teilweise bestätigen oder abändern und teilweise aufheben. Dann erfolgt die Entscheidung mit Urteil und Beschluss.

1039 Über Rechtsmittel gegen einen Beschluss wird demgegenüber in **Beschlussform** entschieden. Über einen Rekurs gegen einen Aufhebungsbeschluss kann der OGH hingegen bei Entscheidungsreife auch mit Urteil in der Sache erkennen (§ 519 Abs 2 ZPO). Siehe dazu Rz 1143.

II. Die Berufung

Literatur: *Ballon,* Zu den Verfahrensmängeln im Zivilprozeßrecht, in FS Matscher (1993) 15; *Brugger,* Die erfolgreiche Berufung im Zivilprozess (2012); *Buchegger,* Der Rechtsmittelgrund der unrichtigen rechtlichen Beurteilung, ÖJZ 1983, 645; *Delle-Karth,* Die Mangelhaftigkeit des Verfahrens im Berufungssystem des österreichischen Zivilverfahrensrechtes, ÖJZ 1993, 10, 50; *Feldner,* Die Bindung des Zivilgerichts an seine im Aufhebungs- und Zurückweisungsbeschluss geäußerte Rechtsansicht, ÖJZ 2002, 221; *Fucik,* Die Rechtsmittelbeschränkungen der §§ 501, 517 ZPO nF, RZ 1984, 54; *Kodek,* Praxistipps zum Berufungsverfahren, Zak 2011/688, 363; *derselbe,* Änderungen im Rechtsmittelverfahren durch die ZVN 2009 und das Budgetbegleitgesetz 2009 – ein Überblick, Zak 2009, 249; *Kolmasch,* Zak-Grafik; Rechtsmittelbeschränkungen, Zak 2010/9; *König,* Konformität, Aktenwidrigkeit und offenbare Gesetzwidrigkeit im zivilgerichtlichen Verfahren (1975); *Konecny,* Die Berufung im österreichischen Recht und ihre Bewährung, ZZP 107 (1984) 481; *Mayr,* Zivilverfahrensrechtliche Neuerungen des Budgetbegleitgesetzes 2009, ecolex 2009, 562; *Pochmarski/Lichtenberg,* Die Berufung in der Zivilprozessordnung² (2010); *Puschner,* Die Geltendmachung von Verfahrensmängeln im Licht der Erweiterten Wertgrenzen-Novelle, ÖJZ 1998, 411.

A. Einführung

Die Berufung ist das Rechtsmittel **gegen Urteile der 1. Instanz**. Wegen der Bedeutung der Sache (es geht um die Anfechtung der Hauptsache-Entscheidung) bietet sie die weitestgehende Überprüfungsmöglichkeit. Wegen der Bindung an Berufungsgründe und des Neuerungsverbots (§ 482 ZPO) handelt es sich aber auch bei der Berufung um **ein „beschränktes" Rechtsmittel**. 1040

Das Gegenmodell dazu bildet die **volle Berufung**, die zu einer vom Urteil des Erstgerichts völlig selbständigen Neudurchführung des Verfahrens führt.

B. Die Berufungsgründe

1. Allgemeines

Bei den Berufungsgründen ist zwischen Verstößen gegen Prozessrecht, also **Verfahrensfehlern** iwS („*errores in procedendo*"), und sog (inhaltlichen) **Entscheidungsfehlern**, also materiellen Mängeln, zu unterscheiden („*errores in iudicando*"). Die Unterscheidung hat nicht nur theoretische Bedeutung, sondern auch Auswirkungen auf die Art der Entscheidung des Rechtsmittelgerichts. 1041

Die Berufungsgründe sind – im Gegensatz zu den Revisionsgründen (§ 503 ZPO) – im Gesetz nicht erschöpfend aufgezählt, sondern werden nur an einzelnen Stellen der ZPO erwähnt. Die Nichtigkeitsgründe sind in § 477 ZPO (wenn auch nicht vollständig) geregelt, die Mangelhaftigkeit des Verfahrens in § 496 ZPO. Ein Hinweis auf die Möglichkeit der Bekämpfung der Tatfrage ergibt sich aus § 498 Abs 1 ZPO. Die Möglichkeit der Bekämpfung der rechtlichen Beurteilung ergibt sich aus § 501 ZPO.

351

Bei einzelnen Berufungsgründen, insb bei der Beweisrüge und der Rechtsrüge, stellt die Rsp relativ **hohe Inhaltsanforderungen**. Werden diese nicht eingehalten, wird das Rechtsmittel insoweit als „nicht gesetzmäßig ausgeführt" angesehen. Eine Verbesserung ist in diesem Fall nicht möglich. Die Rsp nimmt hier nicht das Vorliegen eines Versehens an, sondern sieht den Mangel als Ausdruck des Fehlens von Argumenten gegen die angegriffenen Urteilsausführungen.

Überblick über die Berufungsgründe

Verfahrensmängel iwS (*errores in procedendo*)	**Nichtigkeit**		
	Sonstiger Verfahrensmangel		
Materielle Mängel (*errores in iudicando*)	**Unrichtige Tatsachenfeststellung**		
	Aktenwidrigkeit	Unrichtige Beweiswürdigung	Unrichtige Anwendung von Erfahrungssätzen
	Unrichtige rechtliche Beurteilung		

2. Nichtigkeitsgründe

1042 Nichtigkeitsgründe sind die **schwerwiegendsten Verfahrensfehler**, die unsere ZPO kennt. Allerdings führen auch noch so schwere Verfahrensverstöße nicht dazu, dass die Entscheidung als nicht existent angesehen wird. Aus Gründen der Rechtssicherheit sind vielmehr auch Nichtigkeitsgründe nur mittels eines Rechtsmittels geltend zu machen. Wird kein Rechtsmittel erhoben, erwächst die Entscheidung trotz der ihr anhaftenden Mängel in Rechtskraft („Rechtskraft heilt Nichtigkeit"). Auch Nichtigkeitsgründe können daher nur bei Geltendmachung durch die Partei zur Aufhebung der Entscheidung und des Verfahrens führen.

Wegen des Gewichts des Verfahrensverstoßes sind Nichtigkeitsgründe allerdings **von Amts wegen** zu beachten. Wenn ein zulässiges Rechtsmittel vorliegt, hat das Rechtsmittelgericht Nichtigkeitsgründe auch dann aufzugreifen, wenn die Parteien sie nicht ausdrücklich geltend gemacht haben. Außerdem wirken Nichtigkeitsgründe **absolut**. Das Rechtsmittelgericht hat daher nicht zu prüfen, ob der Nichtigkeitsgrund die Richtigkeit der Entscheidung beeinflusst hat.

1043

Beispiel: Aufgrund eines Versehens der Gerichtskanzlei war der Beklagte zu einer Verhandlung nicht geladen worden. Das Urteil ist nach § 477 Abs 1 Z 4 ZPO nichtig, und zwar unabhängig davon, ob der Beklagte in dieser Tagsatzung noch etwas Sinnvolles hätte vorbringen können.

Abweichendes gilt für den Mangel der internationalen Zuständigkeit, der unprorogablen Unzuständigkeit und der vorschriftswidrigen Gerichtsbesetzung. Diese sind nämlich nicht in jeder Lage des Verfahrens wahrzunehmen, sondern können durch Einlassung in das Verfahren **geheilt** werden. Aus diesem Grund spricht man auch – irreführend – von „**relativen**" Nichtigkeitsgründen. Freilich wirken auch diese Nichtigkeitsgründe insofern „absolut", als nicht zu überprüfen ist, inwieweit sie die Entscheidung beeinflusst haben.

§ 477 ZPO enthält eine **Aufzählung** von Nichtigkeitsgründen, die nach hA aber nicht taxativ ist. Demnach ist ein Urteil nichtig, wenn

1044

1. an der Entscheidung ein Richter teilnahm, welcher von der Ausübung des Richteramts ausgeschlossen war oder dessen Ablehnung als berechtigt erkannt worden ist. Die bloße Ablehnung als solche führt daher noch nicht zur Nichtigkeit, sondern nur dann, wenn der Richter trotzdem weiter verhandelt und entscheidet.

2. das erkennende Gericht nicht vorschriftsmäßig besetzt war. Hier kann aber Heilung eintreten, wenn sich die Parteien in das Verfahren eingelassen haben (siehe oben Rz 172).

3. das Urteil von einem Gericht gefällt wurde, obwohl die inländische Gerichtsbarkeit fehlt oder das Gericht auch nicht durch ausdrückliche Vereinbarung der Parteien sachlich oder örtlich zuständig gemacht werden konnte, und dieser Umstand nicht geheilt ist (siehe oben Rz 124, 278 f).

4. einer Partei die Möglichkeit, vor Gericht zu verhandeln, durch ungesetzlichen Vorgang, insb durch Unterlassung der Zustellung, entzogen wurde (§ 477 Abs 1 Z 4 ZPO).

5. eine Partei in dem Verfahren nicht oder, falls sie eines gesetzlichen Vertreters bedarf, nicht durch einen solchen vertreten war (§ 477 Abs 1 Z 5 ZPO).

6. wenn über eine nicht auf den Rechtsweg gehörige Sache erkannt wurde (§ 477 Abs 1 Z 6 ZPO).

7. die Öffentlichkeit in ungerechtfertigter Weise ausgeschlossen wurde (§ 477 Abs 1 Z 7 ZPO).

8. die Fassung des Urteils so mangelhaft ist, dass dessen Überprüfung nicht mit Sicherheit vorgenommen werden kann, oder das Urteil mit sich selbst in Widerspruch ist oder für die Entscheidung keine Gründe angegeben sind

(§ 477 Abs 1 Z 9 ZPO). Allerdings bildet nur das völlige Fehlen der Begründung (oder eine bloße Scheinbegründung) diesen Nichtigkeitsgrund, nicht jedoch eine unrichtige oder mangelhafte Begründung.

1045 Über diese Aufzählung hinaus bildet auch der **Mangel anderer Prozessvoraussetzungen** einen Nichtigkeitsgrund, ebenso das Vorliegen eines Prozesshindernisses (zB Klagsrücknahme unter Anspruchsverzicht, Vorliegen einer rechtskräftigen Entscheidung). Der Verstoß gegen das Antragsprinzip (§ 405 ZPO) wird von der Rsp als bloßer Verfahrensmangel, von der Lehre dagegen überwiegend als Nichtigkeitsgrund qualifiziert.

1046 Nach *Rechberger* lassen sich die Nichtigkeitsgründe wie folgt gliedern:
- Verstöße gegen die **Grundvoraussetzungen zivilgerichtlicher Entscheidungstätigkeit** (Mangel der inländischen Gerichtsbarkeit, Unzulässigkeit des Rechtswegs, Mangel der internationalen Zuständigkeit, Unzuständigkeit, Teilnahme eines ausgeschlossenen Richters, vorschriftswidrige Besetzung);
- Verstöße gegen die **Grundvoraussetzungen für die Teilnahme der Parteien** am Prozess (Mangel der Parteifähigkeit, Mangel der Prozessfähigkeit);
- Verstöße gegen das Erfordernis der **Schutzwürdigkeit des geltend gemachten Anspruchs** (Verletzung der Streitanhängigkeit und der Rechtskraft sowie Entscheidung trotz Klagszurücknahme unter Anspruchsverzicht);
- Verstöße gegen Verfahrensgrundsätze, die ein **faires Verfahren** sichern sollen (Verletzung des rechtlichen Gehörs, ungerechtfertigter Ausschluss der Öffentlichkeit).

1047 Die Nichtigkeit führt zwingend zur **Aufhebung** des Urteils. Ein Abänderungsantrag kommt diesfalls nicht in Betracht. Die Entscheidung erfolgt mit **Beschluss**, und zwar in nicht öffentlicher Sitzung; eine Berufungsverhandlung ist nicht vorgesehen (§ 471 ZPO).

Inwieweit eine Nichtigkeit des erstinstanzlichen Verfahrens noch in der Revision geltend gemacht werden kann, ist strittig. Teilweise wird dies generell verneint. In der neueren Rsp wird dies hingegen teilweise auf den Fall beschränkt, dass der Nichtigkeitsgrund vom Berufungsgericht ausdrücklich (wenn auch nicht notwendig im Spruch) verneint wurde (1 Ob 612/95 SZ 68/195).

3. Sonstige Verfahrensmängel

1048 Die sonstigen Verfahrensmängel sind in § 496 ZPO geregelt. Ebenso wie bei den Nichtigkeitsgründen handelt es sich auch hier um **Verstöße gegen Prozessrecht**. Allerdings wiegt der Verstoß weniger schwer. Aus diesem Grund sind die sonstigen Verfahrensmängel **nicht von Amts wegen** wahrzunehmen, sondern müssen in der Berufung ausdrücklich geltend gemacht werden. Außerdem wirken sie nicht absolut, sondern sind nur dann relevant, wenn sie sich auf die Richtigkeit der Sachentscheidung **auswirken** konnten.

Beachte: Beim sog **sekundären Verfahrensmangel** (dazu Rz 1050) handelt es sich nicht um einen Verstoß gegen verfahrensrechtliche Vorschriften, sondern um einen Unterfall der unrichtigen rechtlichen Beurteilung. Siehe dazu *Casebook* ZVerfR 135 f, Fall 90.

§ 496 Abs 1 Z 2 ZPO definiert den Verfahrensmangel als Mangel, der eine **erschöpfende Erörterung und gründliche Beurteilung der Streitsache zu hindern** geeignet war. Als „Faustregel" kann man daher formulieren, dass ein Verfahrensmangel nur durch ein „Zuwenig", nicht durch ein „Zuviel" verwirklicht wird. Hauptanwendungsfall ist die Nichtaufnahme beantragter Beweismittel. Hierzu gehört aber etwa auch ein Verstoß gegen die richterliche Prozessleitungspflicht.

1049

Beispiel: Unabhängig davon, wie man zur Frage der Zulässigkeit rechtswidrig erlangter Beweismittel steht, bildet das Vorspielen einer heimlichen Tonaufnahme als Beweismittel schon deshalb keinen Verfahrensmangel, weil dadurch nicht die gründliche Beurteilung der Sache gehindert wird; es handelt sich um ein „Zuviel". Lehnt der Richter hingegen das beantragte Vorspielen der Tonaufnahme ab, kann dies als Mangelhaftigkeit des Verfahrens bekämpft werden („Zuwenig").
In der Praxis wird vielfach übersehen, die Grundlagen für eine erfolgreiche Anfechtung bereits in 1. Instanz zu schaffen: So kann der Berufungswerber die Unterlassung der Aufnahme bestimmter Beweise nur dann als Verfahrensmangel geltend machen, wenn er selbst (und nicht bloß der Gegner) einen entsprechenden Antrag gestellt hat. Die Geltendmachung von Verfahrensmängeln erfordert zudem teilweise eine entsprechende Rüge in 1. Instanz nach § 196 ZPO. Vgl dazu auch Rz 755.

Wird eine Mangelhaftigkeit des Verfahrens 1. Instanz in der Berufung nicht geltend gemacht, kann dies in der **Revision** nicht mehr nachgeholt werden.

In § 496 Abs 1 ZPO finden sich zwei Sondertatbestände, nämlich die **unvollständige Erledigung der Sachanträge** (§ 496 Abs 1 Z 1 ZPO) und die **unvollständige Sachverhaltsfeststellung als Folge unrichtiger rechtlicher Beurteilung** (§ 496 Abs 1 Z 3 ZPO). Im zweiten Fall ist der Verfahrensmangel nicht Folge eines Verstoßes gegen Prozessrecht, sondern Folge der unrichtigen rechtlichen Beurteilung. Man spricht daher auch von einem **sekundären Verfahrensmangel**. Aus diesem Grund ist ein derartiger „Verfahrensmangel" in der Berufung auch nicht mit Mängelrüge, sondern im Rahmen der Bekämpfung der rechtlichen Beurteilung des Erstgerichtes, also mit Rechtsrüge, geltend zu machen.

1050

Beispiel: In einem Prozess um Schadenersatz aus einem Verkehrsunfall vernimmt das Erstgericht den beantragten Zeugen Z nicht. In der Regel liegt hier ein Verstoß gegen Prozessrecht, also ein primärer Verfahrensmangel (§ 496 Abs 1 Z 2 ZPO) vor. Vernimmt das Erstgericht den Zeugen aber deswegen nicht, weil es etwa den geltend gemachten Anspruch für verjährt und daher den Unfallhergang für irrelevant hält, so liegt in der Unterlassung der Vernehmung des Zeugen gegebenenfalls ein sekundärer Verfahrensmangel, wenn die rechtliche Beurteilung des Erstgerichtes unrichtig ist.

1051   Liegen nach Auffassung des Berufungsgerichts die geltend gemachten Verfahrensmängel nicht vor, bestätigt das Berufungsgericht die angefochtene Entscheidung mit **Urteil**. Liegt hingegen ein Verfahrensmangel vor, so soll das Berufungsgericht nach § 496 Abs 3 ZPO das **Verfahren ergänzen** und in der Sache selbst mit Urteil entscheiden. In der Praxis **heben** die Berufungsgerichte in diesem Fall aber vielfach das **angefochtene Urteil auf** und verweisen das Verfahren zur neuerlichen Entscheidung an das Erstgericht zurück (Aufhebungs- und Zurückverweisungsbeschluss). Vgl auch Rz 1079.

Im ASG-Verfahren hat eine Aufhebung des Urteils im Berufungsverfahren nicht zu erfolgen, wenn lediglich ein ergänzendes Gutachten einzuholen ist (§ 90 Abs 2 ASGG).

4. Aktenwidrigkeit

1052   In Anlehnung an § 503 Z 3 ZPO anerkennt die Praxis auch im Berufungsverfahren den Rechtsmittelgrund der Aktenwidrigkeit. Aus systematischer Sicht handelt es sich dabei um einen Sondertatbestand der unrichtigen Sachverhaltsfeststellung. In der Praxis wird die Aktenwidrigkeit aber als eigenständiger Berufungsgrund behandelt.

Dieser Rechtsmittelgrund erfüllt im Berufungsverfahren, das – außerhalb des Anwendungsbereichs des § 501 ZPO – ohnedies eine umfassende Nachprüfung der Tatsachengrundlage zulässt, allerdings keine eigenständige Funktion.

1053   Die Aktenwidrigkeit besteht in einem **Widerspruch zwischen** dem Inhalt eines bestimmten **Aktenstücks** und dessen **Wiedergabe** durch das Gericht. Dass ein Widerspruch zwischen einer Tatsachenfeststellung und irgendeinem vorhandenen Beweismittel besteht, reicht demgegenüber nicht aus. Auch liegt Aktenwidrigkeit nicht in der Gewinnung tatsächlicher Feststellungen durch Schlussfolgerungen, mögen diese auch unrichtig sein.

Beispiel: Wird im Urteil festgestellt, dass die Ampel rot war, obwohl einer der Zeugen ausgesagt hat, sie war grün, hat dies nichts mit Aktenwidrigkeit zu tun. Das Gericht hat aufgrund der Beweisergebnisse eine Feststellung getroffen, wobei es sich freilich – bei sonstiger Mangelhaftigkeit des Verfahrens – mit allen Beweisergebnissen auseinandersetzen muss und angeben muss, warum es dem einen Zeugen nicht geglaubt hat. Würde das Urteil hingegen eine Passage enthalten, wonach nach der übereinstimmenden Aussage aller Zeugen die Ampel rot war, so läge eine Aktenwidrigkeit vor.

Siehe dazu *Casebook* ZVerfR 133 f, Fall 88.

Eine im Berufungsverfahren unterbliebene Aktenwidrigkeitsrüge kann im Revisionsverfahren nicht nachgetragen werden.

5. Unrichtige Tatsachenfeststellung

1054   Mit diesem Berufungsgrund werden Fehler bei der **Lösung der Tatfrage** bekämpft. In der Praxis steht die unrichtige Tatsachenfeststellung aufgrund

356

unrichtiger Beweiswürdigung im Vordergrund. Dabei behauptet der Berufungswerber, dass das Erstgericht im Rahmen der freien Beweiswürdigung die Beweisergebnisse falsch gewichtet hat.

Siehe dazu *Casebook* ZVerfR 134, Fall 89.
In der Praxis sind Berufungen aus diesem Berufungsgrund allerdings kaum jemals erfolgreich.

Daneben gibt es die unrichtige Tatsachenfeststellung aufgrund **unrichtiger Anwendung von Erfahrungssätzen.** Dabei behauptet der Berufungswerber, dass das Erstgericht durch Anwendung falscher Erfahrungssätze unrichtige Tatsachenfeststellungen getroffen hat. Aus systematischer Sicht bildet schließlich auch die von der Rsp als eigener Berufungsgrund behandelte **Aktenwidrigkeit** einen Unterfall der unrichtigen Tatsachenfeststellung. Dazu Rz 1052 f.   1055

Zur „**gesetzmäßigen Ausführung**" der Beweisrüge muss der Rechtsmittelwerber nach der Rsp angeben: 1056
- Welche konkrete Feststellung bekämpft wird,
- infolge welcher unrichtigen Beweiswürdigung sie getroffen wurde,
- welche konkrete andere Feststellung (sogenannte „Ersatzfeststellung") begehrt wird und
- aufgrund welcher Beweismittel und Erwägungen diese begehrte Feststellung zu treffen gewesen wäre.

Es reicht daher nicht aus, bloß auf einzelne für den Prozessstandpunkt des Berufungswerbers günstige Beweismittel (etwa dessen eigene Aussage) zu verweisen; vielmehr muss dargelegt werden, warum das Erstgericht diesen und nicht anderen Beweismitteln hätte Glauben schenken sollen. Erforderlich ist also eine kritische Auseinandersetzung mit der gesamten Beweislage.

Beispiel: Drei Zeugen haben ausgesagt, dass die Ampel für den Beklagten rot war; nach Aussage des Beklagten war sie grün. Als Ersatzfeststellung könnte der Kläger etwa die Feststellung begehren, dass die Ampel für den Beklagten grün war, dass eine Störung vorlag (was zur Haftung nach EKHG statt zur Verschuldenshaftung führen würde), dass dort gar keine Ampel ist etc. Allerdings reicht es nicht aus, in der Berufung bloß zu behaupten, dass das Gericht der Aussage des Beklagten hätte folgen sollen. Vielmehr müsste der Beklagte auch darlegen, warum die Aussagen der Zeugen nicht glaubwürdig waren.

Von den Tatsachenfeststellungen des Erstgerichts kann das Berufungsgericht grundsätzlich nur nach einer **Beweiswiederholung** abgehen. Dies ist Folge des Unmittelbarkeitsgrundsatzes. Anderes gilt, wenn sich die Parteien nach vorheriger Verständigung des Berufungsgerichtes, dass es von den Feststellungen des Erstgerichtes abzuweichen erwägt, ausdrücklich mit der Verlesung des Protokolls aus dem erstinstanzlichen Verfahren einverstanden erklären (§ 488 Abs 4 ZPO). Auch bei der unrichtigen Anwendung von Erfahrungssätzen ist eine Beweiswiederholung nicht erforderlich; hier hat das Erstgericht ja gerade nicht aufgrund eines individuellen Würdigungsvorgangs entschieden, sondern   1057 (angebliche) allgemeine Erfahrungssätze herangezogen. Ob diese richtig sind, kann aber ohne Beweisverfahren beurteilt werden.

Von der Beweiswiederholung aufgrund einer Bekämpfung der Tatsachenfeststellungen des Erstgerichts ist die **Beweisergänzung** (vgl § 488 Abs 1 und 2 ZPO) zu unterscheiden. Eine solche nimmt das Berufungsgericht vor, weil das Verfahren des Erstgerichts aus prozessualen (primärer Verfahrensmangel) oder materiellen Gründen (sekundärer Verfahrensmangel) unvollständig ist.

1058   Die Tatsachenrüge wird immer durch **Urteil** erledigt, sei es, dass das Berufungsgericht der Berufung nicht Folge gibt, weil es die Feststellungen des Erstgerichts – allenfalls nach Durchführung einer Beweiswiederholung – für zutreffend erachtet, sei es, dass es – diesfalls idR nach Durchführung einer Beweiswiederholung – andere Feststellungen trifft und auf dieser Grundlage das angefochtene Urteil bestätigt oder abändert. Nicht zulässig wäre es hingegen, dass das Berufungsgericht wegen Bedenken gegen die Beweiswürdigung das angefochtene Urteil aufhebt und dem Erstgericht die neuerliche Entscheidung aufträgt.

6. Unrichtige rechtliche Beurteilung

1059   Dieser Berufungsgrund wendet sich gegen die rechtliche Subsumption des Erstgerichts. Bekämpft wird damit immer die unrichtige Entscheidung der Hauptsache, also das Meritum. Daher bezieht sich im Zivilprozess die unrichtige rechtliche Beurteilung idR auf Fragen des materiellen Rechts.

Beispiele: Gegenstand der Rechtsrüge ist daher etwa, ob aufgrund der Feststellungen des Erstgerichtes ein Kaufvertrag zustande gekommen ist, ob der Kaufpreis geschuldet ist oder dieser etwa verjährt ist.

Ausnahmsweise ist die im Zivilprozess zu klärende Hauptfrage selbst prozessualer Natur, so bei der Nichtigkeits- und Wiederaufnahmsklage. Die unrichtige Lösung prozessualer (Vor-)Fragen kann demgegenüber nicht mit Rechtsrüge, sondern allenfalls mit den Berufungsgründen der Nichtigkeit oder der Mangelhaftigkeit des Verfahrens geltend gemacht werden.

1060   Bei der Ausführung der Rechtsrüge muss der Berufungswerber von den vom Erstgericht getroffenen Feststellungen ausgehen. Möglich ist aber der Einwand, dass zur rechtlichen Beurteilung erforderliche **Feststellungen fehlen** und eine abschließende rechtliche Beurteilung auf Basis der getroffenen Feststellungen nicht möglich ist. Diesfalls spricht man von einem „**sekundären**" **Verfahrensmangel.** Vgl dazu auch Rz 1050.

Siehe dazu *Casebook* ZVerfR 135 f, Fall 90.

1061   Ohne Rechtsrüge darf das Berufungsgericht die rechtliche Beurteilung des Erstgerichts nicht überprüfen. Die Rechtsrüge muss deutlich machen, worin der Fehler bei der Lösung der Rechtsfrage liegen soll. Ist aber eine Rechtsrüge ordnungsgemäß erhoben worden, so ist das Berufungsgericht nicht an die vor-

358

gebrachten Argumente gebunden; es muss das Urteil **nach allen Richtungen** hin überprüfen. Dies gilt allerdings nicht, wenn sich die Rechtsrüge nur auf eine von mehreren selbständigen Forderungen oder rechtserzeugenden Tatsachen bezieht.

Zur Rechtsrüge gehört auch die **Auslegung von Urkunden**, wenn das Gericht nicht die über die Absicht der Parteien durchgeführten Beweise herangezogen hat, ebenso die grundsätzliche **Zulässigkeit des Anscheinsbeweises**, nicht aber, ob dieser im Einzelfall erbracht ist. Nach der Rsp zählen sogar Verstöße gegen die Gesetze der **Logik** (vgl 7 Ob 123/99k) und Erfahrung sowie **Rechenfehler** zu diesem Berufungsgrund (vgl 5 Ob 174/06h).

Eine im Berufungsverfahren unterbliebene Rechtsrüge kann im **Revisionsverfahren** nicht nachgeholt werden.

Das Berufungsgericht entscheidet über die Rechtsrüge mit **Urteil**, wenn es   **1062** das Urteil bestätigt (weil die rechtliche Beurteilung des Erstgerichts ohnehin richtig ist oder das Urteil zumindest im Ergebnis richtig ist) oder abändert, oder mit **Beschluss**, wenn es das Urteil wegen eines sekundären Verfahrensmangels aufhebt und dem Erstgericht die Verfahrensergänzung aufträgt (Aufhebungs- und Zurückverweisungsbeschluss). Im fortgesetzten Verfahren (sogenannten „zweiten Rechtsgang") ist das Erstgericht an die rechtliche Beurteilung des Berufungsgerichts gebunden (§ 499 Abs 2 ZPO). Auch beim sekundären Verfahrensmangel soll jedoch das Berufungsgericht – ebenso wie beim primären Verfahrensmangel (zu diesem siehe Rz 1050 f) – vorrangig das Verfahren selbst ergänzen, um Verfahrensverzögerungen zu vermeiden.

In der Praxis sind leider immer wieder wiederholte Aufhebungen zu beobachten (sogenannte „Aufzugsakten"). Der EGMR spricht von einem *„vicious circle of reversals"*.

7. Bekämpfung im Kostenpunkt

Nach der Rsp hat, wenn das Urteil mit Berufung bekämpft wird, auch die   **1063** Bekämpfung der Kostenentscheidung als Teil der Berufung zu erfolgen (§ 55 ZPO e contrario).

Die kostenrechtlichen Folgen eines Obsiegens nur im Kostenpunkt, nicht aber in der Hauptsache, sind strittig. Teilweise geht die neuere Rsp von einem zu vernachlässigenden geringfügigen Obsiegen aus (8 ObA 117/04w ecolex 2005/296, 640); teilweise werden die Kosten eines „fiktiven" Kostenrekurses zuerkannt (1 Ob 9/05p ecolex 2005/201, 441 [*Wilhelm*]; dazu ausführlich *Obermaier*, Zak 2010, 150).

8. Die Berufungsbeschränkung des § 501 ZPO

In Verfahren mit einem € 2.700 nicht übersteigenden Streitwert ist die Beru-   **1064** fung nur wegen **Nichtigkeit** und **unrichtiger rechtlicher Beurteilung** zulässig (§ 501 ZPO, sog „**Bagatellberufung**"). Daher scheidet eine Bekämpfung der Tatfrage (einschließlich Aktenwidrigkeit) aus. Soweit jedoch Feststellungsmängel auf eine unrichtige rechtliche Beurteilung zurückzuführen sind, können sie als sekundäre Verfahrensmängel auch in einer Bagatellberufung geltend gemacht werden.

1065 Eine nur auf unzulässige Berufungsgründe gestützte Berufung ist **zurückzuweisen** (1 Ob 640/92 SZ 65/157).

1066 Die Berufungsbeschränkung des § 501 ZPO gilt nicht für
- die familienrechtlichen Streitigkeiten (§ 49 Abs 2 Z 1 bis 2b JN); diese sind freilich zum Großteil ohnedies nicht vermögensrechtlicher Natur;
- die Bestandstreitigkeiten (§ 49 Abs 2 Z 5 JN), wenn dabei über eine Kündigung, über eine Räumung oder das Bestehen oder Nichtbestehen des Vertrags entschieden wird;
- die Testverfahren nach § 502 Abs 5 Z 3 ZPO („Verbands-Musterklage"), in denen ein in § 29 KSchG genannter Verband einen ihm zur Geltendmachung abgetretenen Anspruch klagsweise geltend macht. Dazu Rz 298.
- Arbeits- und Sozialrechtssachen.

C. Das Berufungsverfahren

1. Das Verfahren vor dem Erstgericht

1067 Die Berufung ist beim Erstgericht einzubringen. Das Erstgericht prüft die Rechtzeitigkeit der Berufung (§ 468 Abs 1 ZPO). Eine verspätete Berufung ist schon vom Erstgericht zurückzuweisen.

1068 Wurde das Urteil in Anwesenheit beider Parteien mündlich verkündet, setzt die Berufung zudem die **Anmeldung** voraus (§ 461 Abs 2 ZPO). Dazu Rz 1015.

Wird ohnedies gleichzeitig mit dem Protokoll schon ein voll ausgefertigtes Urteil zugestellt, ist eine Berufungsanmeldung nicht erforderlich (4 Ob 135/03m EvBl 2003/171, 806). Diesfalls beginnt vielmehr mit der Urteilszustellung die Berufungsfrist.

1069 Das Erstgericht stellt die Berufung auch dem Berufungsgegner zu; dieser kann innerhalb der Notfrist von vier Wochen eine **Berufungsbeantwortung** erstatten (§ 468 Abs 2 ZPO). Die Berufungsbeantwortung dient der Widerlegung der Berufungsgründe.

Soweit der Berufungsgegner selbst Verfahrensmängel oder Feststellungen des Erstgerichts bekämpfen will, muss er dies idR bereits in der Berufungsbeantwortung tun (vgl § 468 Abs 2 ZPO).
Beispiel: Das Erstgericht hat festgestellt, dass die Ampel für den Beklagten rot war, die Klage aber wegen Verjährung abgewiesen. Wenn der Kläger gegen dieses Urteil beruft, kann der Beklagte in der Berufungsbeantwortung darlegen, warum die rechtliche Beurteilung des Erstgerichts richtig ist, aber auch die Richtigkeit der ihn belastenden Feststellung bestreiten oder einen Verfahrensmangel (zB Unterlassung der Einvernahme eines beantragten weiteren Zeugen) geltend machen. Dies ist für den Fall wichtig,

360

dass das Berufungsgericht die Rechtsansicht des Erstgerichts in Bezug auf die Verjährung nicht teilen sollte.

Wenn die Berufungsbeantwortung nicht auf konkrete Argumente des Berufungswerbers eingeht und sich mit der Begründung des Erstgerichts nicht auseinandersetzt, gebührt kein Kostenersatz.

Nach Einlangen der Berufungsbeantwortung bzw Verstreichen der dafür offenstehenden Frist legt das Erstgericht den Akt dem Berufungsgericht vor (§ 469 ZPO). 1070

Richtet sich eine auf den Nichtigkeitsgrund des § 477 Abs 1 Z 4 ZPO gestützte Berufung gegen ein Versäumungsurteil (§ 396 ZPO, dazu Rz 663 ff und 871 ff), so kann das Erstgericht der Berufung selbst stattgeben. Gegen diese Entscheidung ist ein Rechtsmittel nicht zulässig (§ 469 Abs 3 ZPO, vgl auch Rz 666). 1071

2. Das Vorverfahren vor dem Berufungsgericht

Nach Einlangen des Aktes beim Berufungsgericht erfolgt zunächst eine Vorprüfung. Diese dient vor allem der Prüfung der **Zulässigkeit** der Berufung und der **Wahrnehmung von Nichtigkeitsgründen**. 1072

Im Einzelnen geht es dabei um 1073
- die Unzuständigkeit des Berufungsgerichts (§ 471 Z 1 ZPO)
- die Unzulässigkeit der Berufung (§ 471 Z 2 ZPO)
- das Fehlen der Bezeichnung des angefochtenen Urteils, des Berufungsantrags sowie das Fehlen oder die mangelhafte Ausführung der Berufungsgründe (§ 471 Z 3 ZPO)
- die Berufung gegen ein Versäumungsurteil mit der Begründung, „dass eine Versäumung nicht vorliege" (§ 471 Z 4 ZPO)
- eine Berufung, in der das Ersturteil wegen Nichtigkeit angefochten wird (§ 471 Z 5 ZPO).

Erwägt das Berufungsgericht, das Ersturteil zum Nachteil des Berufungsgegners abzuändern oder die Klage zurückzuweisen, so hat es dem Berufungsgegner Gelegenheit zu geben, Verfahrensmängel oder eine unrichtige Beweiswürdigung des Erstgerichtes aufzuzeigen (**§ 473a ZPO**). Die Rüge des Berufungsgegners ist in Form eines vorbereitenden **Schriftsatzes** binnen einer vom Berufungsgericht zu bestimmenden, vier Wochen nicht überschreitenden Frist beim Berufungsgericht einzubringen.

Dies gilt allerdings nicht, wenn der Berufungsgegner diese Mängel bereits gerügt hat oder nach § 468 Abs 2 Satz 2 ZPO in der Berufungsbeantwortung zu rügen gehalten war, weil sich der Berufungswerber in der Berufungsschrift „darauf bezogen" hat. Nach der Rsp bezieht sich bei ordnungsgemäßer Rechtsrüge der Rechtsmittelwerber auf alle Feststellungen des Erstgerichts; § 473a ZPO kommt daher nur in Betracht, wenn sich das Berufungsgericht auf in anderen Urteilsabschnitten „verborgene" Feststellungen stützen will. Damit hat § 473a ZPO in der Praxis nur geringe Bedeutung.

3. Die mündliche Berufungsverhandlung

1074   Die mündliche Berufungsverhandlung wurde durch verschiedene Reformen sukzessive immer mehr zurückgedrängt. Seit dem BudgetbegleitG 2009 ist eine Berufungsverhandlung nur mehr von Amts wegen anzuberaumen, wenn der Berufungssenat dies im einzelnen Fall, so etwa wegen der Komplexität der zu entscheidenden Rechtssache, für **erforderlich** hält; sonst erfolgt die Entscheidung über die Berufung in **nicht öffentlicher Sitzung** ohne vorhergehende mündliche Verhandlung (§ 480 Abs 1 ZPO).

Die Anberaumung einer mündlichen Berufungsverhandlung wird aus Gründen der Aufwandsersparnis in das gebundene **Ermessen** der Berufungsinstanz gestellt. Ist eine Beweiswiederholung oder Beweisergänzung erforderlich, muss eine Berufungsverhandlung stattfinden. Dies setzt freilich voraus, dass das Berufungsgericht gegen die Beweiswürdigung des Erstgerichts Bedenken hat. Ist dies nicht der Fall, kann die Bestätigung des Ersturteils in nicht öffentlicher Sitzung erfolgen.

Das Gebot der öffentlichen mündlichen Verhandlung des **Art 6 EMRK** gilt in Rechtsmittelverfahren nicht in voller Stärke. Ob das Unterbleiben der Verhandlung gerechtfertigt ist, wird vom EGMR jeweils in einer **Gesamtbetrachtung** des Einzelfalls unter Berücksichtigung der Besonderheiten des betreffenden Verfahrens beurteilt. Dabei sind die Gesamtheit des Verfahrens, die Rolle des Berufungsgerichtes und schließlich die Art der ihm vorgetragenen Fragen zu berücksichtigen. Ist die Glaubwürdigkeit von Beteiligten durch persönliche Vernehmung zu klären, so spricht dies für die Notwendigkeit der Durchführung einer mündlichen Verhandlung. Anderes gilt, wenn die Streitfragen des Berufungsverfahrens in „angemessener Weise" aufgrund der Aktenlage gelöst werden können.

1075   Den **Ablauf** der Berufungsverhandlung regelt § 486 ZPO. Die Berufungsverhandlung beginnt mit dem Aufruf der Sache. Anschließend erfolgt der Vortrag des Berichterstatters über den Ablauf des Verfahrens 1. Instanz, den Inhalt der Berufungsschrift und der Berufungsbeantwortung. Anschließend erfolgt eine Verlesung der Anträge der Parteien und der durch die Berufung betroffenen Teile des erstgerichtlichen Urteils samt den Entscheidungsgründen. Anschließend erstatten die Parteien ihre Vorträge.

1076   Entgegen dem durch § 486 ZPO erweckten Eindruck dauern Berufungsverhandlungen in der Praxis vielfach nur wenige Minuten. Auf den Vortrag des Berichterstatters wird vielfach verzichtet; Gleiches gilt für die Verlesungen. Die Parteien beschränken sich oft darauf, in ihren Vorträgen auf ihre schriftlichen Ausführungen zu verweisen. Mit Einverständnis der Parteien kann eine Beweiswiederholung oder Beweisergänzung auch durch Verlesung von Protokollen oder anderen Urkunden erfolgen (vgl § 281a ZPO).

1077   Nach einer Beratung des Senates ergeht die **Entscheidung** des Berufungsgerichts. Dabei kann die Berufungsentscheidung mündlich verkündet werden. Wesentlich häufiger wird die Entscheidung allerdings der schriftlichen Ausfertigung vorbehalten.

Wenn eine Partei von der Berufungsverhandlung ausbleibt, wird dennoch verhandelt und entschieden (§ 491 ZPO). Das Ausbleiben beider Parteien führt demgegenüber zum Ruhen des Verfahrens (§ 483 Abs 3 ZPO). 1078

4. Die Entscheidung des Berufungsgerichts

Das Berufungsgericht entscheidet mit **Beschluss**, wenn es 1079
- die Berufung als unzulässig oder verspätet zurückweist;
- das Urteil und das Verfahren als nichtig aufhebt und die Rechtssache an das zuständige Erstgericht zurückverweist oder die Klage zurückweist (§ 494 ZPO);
- die Berufung wegen Nichtigkeit „verwirft";
- das Urteil wegen eines Verfahrensmangels aufhebt und die Rechtssache an das Erstgericht zurückverweist.

Gegen Beschlüsse des Berufungsgerichts kann in bestimmten Fällen **Rekurs** an den OGH erhoben werden (§ 519 ZPO). Dazu Rz 1139 ff.

In allen anderen Fällen entscheidet das Berufungsgericht durch **Urteil** in der Sache selbst (§ 497 Abs 1 ZPO). Das bedeutet, das Berufungsgericht bestätigt das angefochtene Urteil oder ändert dieses (ganz oder teilweise) ab. Gegen Urteile des Berufungsgerichts kann **Revision** erhoben werden. Die Revision unterliegt jedoch starken Beschränkungen. Dazu Rz 1088 ff. 1080

Bei Bestätigung des Urteils lautet der Spruch in der Praxis: „Der Berufung wird nicht Folge gegeben".

Außerdem hat das Berufungsgericht eine **Kostenentscheidung** zu fällen. 1081

In Hinblick auf die Anrufung des OGH hat das Berufungsgericht schließlich verschiedene **Nebenaussprüche** zu treffen: 1082
- Wenn der Streitgegenstand, über den das Berufungsgericht entschieden hat, nicht ausschließlich in einem Geldbetrag besteht, hat das Berufungsgericht auszusprechen, ob der Wert des Entscheidungsgegenstandes insgesamt € 5.000 übersteigt oder nicht (§ 500 Abs 2 Z 1a ZPO), und bei Übersteigen von € 5.000 weiters auszusprechen, ob der Streitgegenstand auch € 30.000 übersteigt (§ 500 Abs 2 Z 1b ZPO: **Wertausspruch**).

  Bei diesem Wertausspruch ist das Berufungsgericht nicht an die Bewertung durch den Kläger gebunden. Der Wertausspruch des Berufungsgerichts bindet grundsätzlich auch den OGH. Anderes gilt nur, wenn das Berufungsgericht zwingende gesetzliche Bewertungsvorschriften verletzt oder das ihm eingeräumte Ermessen überschreitet.

- Gegebenenfalls hat das Berufungsgericht auch auszusprechen, dass die Revision nach § 502 Abs 2 ZPO **jedenfalls unzulässig** ist (§ 500 Abs 2 Z 2 ZPO). Dieser Ausspruch hat nur „Servicecharakter" und bindet weder die Parteien noch die Gerichte (§ 500 Abs 3 ZPO).

- Schließlich hat das Berufungsgericht auszusprechen, ob die **ordentliche Revision** nach § 502 Abs 1 ZPO zulässig ist oder nicht (§ 500 Abs 2 Z 3 ZPO).

  Hier hat das Berufungsgericht mit kurzer Begründung zu beurteilen, ob die Entscheidung von der Lösung einer Rechtsfrage des materiellen Rechts oder des Verfahrensrechts abhängt, der zur Wahrung der Rechtseinheit, Rechtssicherheit oder Rechtsentwicklung erhebliche Bedeutung zukommt.
  Siehe dazu *Casebook* ZVerfR 140 f, Fall 96.

1083 Für die **Ausfertigung** der Berufungsentscheidung bestehen teilweise **Begründungserleichterungen**. Das Berufungsgericht kann in der Ausfertigung seiner Entscheidung die Wiedergabe des Parteienvorbringens und der Tatsachenfeststellungen auf das beschränken, was zum Verständnis seiner Rechtsausführungen erforderlich ist. Soweit das Berufungsgericht die Begründung des angefochtenen Urteils für zutreffend erachtet, kann es unter Hinweis auf deren Richtigkeit mit einer kurzen Begründung darauf verweisen (§ 500a ZPO).

Entscheidung des Berufungsgerichts und weiterer Rechtszug

Berufungsgrund	Entscheidung des Berufungsgerichts	Anfechtbarkeit
Nichtigkeit	Beschluss (Verwerfung)	nein (§ 519 ZPO e contrario)
	Beschluss (Aufhebung)	Rekurs (§ 519 Abs 1 oder 2 ZPO)
Sonstiger Verfahrensmangel	Beschluss (Aufhebung)	Rekurs (§ 519 Abs 2 ZPO)
	Urteil (Bestätigung oder Abänderung, allenfalls nach Verfahrensergänzung)	Revision (§ 502 ZPO)
Unrichtige Tatsachenfeststellung	Urteil	Revision (aber Tatsachenfeststellungen nicht anfechtbar!)
Unrichtige rechtliche Beurteilung	Beschluss (Aufhebung)	Rekurs (§ 519 Abs 2 ZPO)
	Urteil	Revision (§ 502 ZPO)

5. Der Antrag auf Abänderung des Zulassungsausspruchs

Die Aussprüche des Berufungsgerichts nach § 500 Abs 2 Z 1 und 2 ZPO (Wertausspruch und Ausspruch, dass die Revision jedenfalls unzulässig ist) sind nicht anfechtbar. 1084

Hingegen kann in Streitigkeiten, in denen der Entscheidungsgegenstand **zwar € 5.000 nicht aber insgesamt € 30.000** übersteigt, oder in familienrechtlichen Streitigkeiten nach § 49 Abs 2 Z 1 und 2 JN, in denen der Entscheidungsgegenstand insgesamt € 30.000 nicht übersteigt, wenn das Berufungsgericht ausgesprochen hat, dass die ordentliche Revision nicht zulässig ist, eine Partei nach § 508 Abs 1 ZPO einen **Antrag auf Abänderung des Zulassungsausspruchs** (auch: „Zulassungsvorstellung" [so die Bezeichnung des entsprechenden Rechtsbehelfs in § 63 AußStrG], „Moniturantrag") an das Berufungsgericht richten. Der Antrag zielt darauf ab, dass das Berufungsgericht (nicht der OGH!) diesen Ausspruch dahingehend abändert, dass die ordentliche Revision doch für zulässig erklärt wird.

Gleichzeitig mit diesem Antrag ist aus Gründen der Verfahrensbeschleunigung auch die **ordentliche Revision auszuführen** und einzubringen. Die rechtzeitige Erhebung eines Antrags nach § 508 ZPO **hemmt** den Eintritt der **Rechtskraft** und **Vollstreckbarkeit**. Der Revisionsgegner kann allerdings nach § 371 Z 1 EO ohne Gefahrenbescheinigung Exekution zur Sicherstellung führen. 1085

Diese Regelung dient der Entlastung des OGH. Im „Zwischenbereich" zwischen € 5.000 und € 30.000 obliegt die Beurteilung, ob eine erhebliche Rechtsfrage iSd § 502 Abs 1 ZPO vorliegt, ausschließlich dem Berufungsgericht. Es gibt kein außerordentliches Rechtsmittel an den OGH. Als Ausgleich kann durch den Antrag nach § 508 Abs 1 ZPO ein nochmaliges Überdenken der Entscheidung des Berufungsgerichts erreicht werden.

Erachtet das Berufungsgericht den Abänderungsantrag für zutreffend, hat es seinen Ausspruch mit **Beschluss abzuändern** und auszusprechen, dass die ordentliche Revision doch zulässig ist. Dieser Beschluss ist kurz zu begründen und den Parteien zuzustellen. In diesem Fall hat das Berufungsgericht dem Revisionsgegner mitzuteilen, dass er eine Revisionsbeantwortung erstatten kann (§ 508 Abs 5 ZPO), die beim Berufungsgericht einzubringen ist (§ 507a Abs 3 Z 2 ZPO). Andernfalls **weist** das Berufungsgericht den **Abänderungsantrag** samt der damit verbundenen ordentlichen Revision mit Beschluss **zurück**. Eine Begründung ist seit dem BudgetbegleitG 2009 nicht erforderlich. Dieser Beschluss des Berufungsgerichts ist nicht anfechtbar (§ 508 Abs 4 ZPO). 1086

III. Die Revision

Literatur: *Bajons,* Der Wandel im ordentlichen Rechtsmittelsystem – oder: Von der ZVN 1983 zur WGN 1989, ÖJZ 1993, 145; *Ballon,* Zu den Verfahrensmängeln im Zivilprozeßrecht, in FS Matscher (1993) 15; *Buchegger,* Der Rechtsmittelgrund der unrichtigen rechtlichen Beurteilung, ÖJZ 1983, 645; *Danzl,* Der Weg zum OGH nach der WGN 1997, ÖJZ 1998 SNr, 1; *derselbe,* Die Anrufbarkeit des OGH in streitigen Zivilsachen – von Franz Klein bis zur Gegenwart: Analyse – Rückblick – Ausblick, in FS Sprung (2001) 39; *Geroldinger,* Der Zugang zum OGH in Zivilsachen, in Kodek (Hrsg), Zugang zum OGH (2012) 65; *Fink,* Verkehrsauffassung – Rechts- oder Tatfrage?, RdW 1986, 230; *Fucik,* Rechtsmittelbeschränkungen nach dem BBG 2009, ÖJZ 2009, 581; *Kodek,* Praxistipps zur Revision, Zak 2007, 43; *derselbe,* Änderungen im Rechtsmittelverfahren durch die ZVN 2009 und das Budgetbegleitgesetz 2009 – ein Überblick, Zak 2009, 249; *Kolmasch,* Zak-Grafik; Rechtsmittelbeschränkungen, Zak 2010/9, 15; *König,* Konformität, Aktenwidrigkeit und offenbare Gesetzwidrigkeit im zivilgerichtlichen Verfahren (1975); *Mayr,* Zivilverfahrensrechtliche Neuerungen des Budgetbegleitgesetzes 2009, ecolex 2009, 562; *Nunner-Krautgasser,* Zur Zulässigkeit des Revisionsrekurses: Keine analoge Anwendung der Anfechtungsbeschränkungen des § 519 Abs 1 Z 1 ZPO im Rekursverfahren, Zak 2007, 146; *Obermaier,* Gesetzliches Aufrechnungsverbot bei Rückforderung von Prozesskosten, ÖJZ 2012/18; *Pimmer,* Bemerkungen zur Leitfunktion des Obersten Gerichtshofs in Zivilsachen, in Jahrbuch Zivilverfahrensrecht 2010, 275; *Rechberger,* Die Überprüfung von Erfahrungssätzen in der Revisionsinstanz, ÖJZ 1974, 113; *Schimanko,* Zur Revision in Wettbewerbssachen, RdW 2007, 716.

A. Einführung

1087   Die Revision ist das Rechtsmittel gegen **Urteile der Berufungsgerich-te**. Der OGH ist reine **Rechtsinstanz**; die Überprüfung der Tatfrage ist ihm verwehrt. Die Anfechtung von Beschlüssen des Rekursgerichts erfolgt demgegenüber mit Revisionsrekurs. Dazu Rz 1130 ff. Teilweise entscheidet auch das Berufungsgericht mit Beschluss; diesfalls erfolgt die Anfechtung nicht mit Revision, sondern mit Rekurs. Die zur Anrufung des OGH in Betracht kommenden Rechtsmittel veranschaulicht nachstehende Tabelle:

Entscheidung des Erstgerichts	Urteil		Beschluss	
Rechtsmittel	Berufung		Rekurs	
Entscheidung des Rechtsmittelgerichts	Urteil	Beschluss	Beschluss	Beschluss (Aufhebung)
Anrufung des OGH	Revision (§ 502 ZPO)	Rekurs (§ 519 ZPO)	Revisions-rekurs (§ 528 ZPO)	Rekurs (§ 527 ZPO)

1088   Neben dem Interesse der Parteien an der Überprüfung der Entscheidung des Berufungsgerichts dient die Revision auch der Wahrung der Rechtseinheit, der

366

Rechtssicherheit und der Rechtsentwicklung und damit **öffentlichen Interessen**. Zur Vermeidung einer Überlastung des OGH bestehen umfangreiche **Revisionsbeschränkungen**. Art 92 Abs 1 B-VG garantiert zwar den Bestand des OGH, nicht aber, dass jede einzelne Entscheidung bis zum OGH anfechtbar ist. Der Gesetzgeber erreicht die Entlastung des OGH durch **streitwertabhängige Revisionsbeschränkungen** sowie die Beschränkung auf **erhebliche Rechtsfragen** (Grundsatzrevision):

Die Revision ist jedenfalls unzulässig, wenn der Streitgegenstand, über den 1089 das Berufungsgericht entschieden hat (Entscheidungsgegenstand), an Geld oder Geldeswert insgesamt **€ 5.000 nicht übersteigt** (§ 502 Abs 2 ZPO).

Der Gesetzgeber geht davon aus, dass bei solchen Verfahren die Prozesskosten eines Instanzenzuges durch drei Instanzen in keinem vernünftigen Verhältnis zum Streitwert mehr stünden.

Außerdem ist die Revision jedenfalls unzulässig, wenn der Entscheidungs- 1090 gegenstand an Geld oder Geldeswert zwar **€ 5.000**, nicht aber insgesamt **€ 30.000** übersteigt und das **Berufungsgericht** die ordentliche Revision – auch nach einem Antrag nach § 508 ZPO (siehe Rz 1084) – **nicht** für **zulässig erklärt** hat (§ 502 Abs 3 ZPO). In diesem Zwischenbereich beurteilt das Berufungsgericht endgültig, ob eine erhebliche Rechtsfrage vorliegt und daher eine Anrufung des OGH möglich ist.

Siehe dazu *Casebook* ZVerfR 140 f, Fall 96.

In einigen Fällen gelten die Beschränkungen des § 502 Abs 2 und 3 ZPO 1091 nicht:

- **Unterhaltsstreitigkeiten,**
- **sonstige familienrechtliche Streitigkeiten,**
- **Bestandstreitigkeiten**, wenn dabei über eine Kündigung, eine Räumung oder über das Bestehen oder Nichtbestehen des Vertrages entschieden wird,
- **Verbands-Musterklagen** sowie
- **arbeits- und sozialrechtliche Streitigkeiten** (§ 502 Abs 5 ZPO).

Jedenfalls setzt die Revision aber voraus, dass die Entscheidung von der 1092 Lösung einer Rechtsfrage des materiellen Rechts oder des Verfahrensrechts abhängt, der zur **Wahrung der Rechtseinheit, Rechtssicherheit oder Rechtsentwicklung erhebliche Bedeutung** zukommt („**erhebliche Rechtsfrage**"), etwa weil das Berufungsgericht von der Rsp des OGH abweicht oder eine solche Rsp fehlt oder uneinheitlich ist (Grundsatzrevision, § 502 Abs 1 ZPO).

Dabei erfolgt die Prüfung der Zulässigkeit der Revision in mehreren Stufen: Zunächst ist zu prüfen, ob überhaupt ein (zulässiger) Revisionsgrund geltend gemacht wird (dazu Rz 1094 f). Dann ist zu prüfen, ob im Rahmen dieses Revisionsgrundes der geltend gemachte Fehler die Qualität einer „Rechtsfrage von erheblicher Bedeutung" aufweist.

Die Formulierung des Gesetzes ist hier missverständlich: Stets ist erforderlich, dass die Bedeutung der Rechtsfrage **über den Einzelfall** hinausgeht. Daher bedeutet das

Fehlen einer einschlägigen OGH-Entscheidung noch nicht zwangsläufig, dass die Revision zulässig ist. So fehlt eine erhebliche Rechtsfrage, wenn eine Frage im **Gesetz eindeutig** geregelt ist.

Außerdem kommt dem Berufungsgericht vielfach ein **Beurteilungsspielraum** (zB bei der Auslegung von Verträgen, der Mitverschuldensteilung im Einzelfall, der Verschuldensteilung im Scheidungsverfahren oder bei der Schmerzengeldbemessung) zu. In diesen Fällen ist die Revision aus dem Grund der „Rechtssicherheit" nur zulässig, wenn dem Berufungsgericht eine „**krasse Fehlbeurteilung**" unterlaufen ist. Andernfalls kann der OGH nicht angerufen werden, auch wenn die betreffende Frage noch nicht vom OGH entschieden wurde. Allerdings sind die Tatbestände der „Rechtseinheit" und „Rechtssicherheit" hier vielfach Einbruchsstellen für eine doch weitgehende Einzelfallkontrolle des OGH. Nach überwiegender Rsp bildet zudem das Vorliegen eines **Nichtigkeitsgrundes** stets eine erhebliche Rechtsfrage.

Auch Fragen des **Verwaltungs- und Steuerrechts** sowie ausländischen Rechts bilden idR keine erheblichen Rechtsfragen, weil dem OGH hier keine „Leitfunktion" zukommt.

1093 Ob eine Rechtsfrage erheblicher Bedeutung vorliegt, hat zunächst das Berufungsgericht in seinem **Zulassungsausspruch** zu beurteilen. Übersteigt der Entscheidungsgegenstand des Berufungsgerichts nicht € 5.000, ist ohnedies keine Revision mehr zulässig. Im Zwischenbereich zwischen € 5.000 und € 30.000 kann sich die Partei gegen diesen Ausspruch durch einen Antrag nach § 508 Abs 1 ZPO an das Berufungsgericht wehren. Dazu Rz 1084 ff. In Streitigkeiten mit einem € 30.000 übersteigenden Streitwert steht trotz Nichtzulassung der (ordentlichen) Revision durch das Berufungsgericht noch die außerordentliche Revision offen.

Beachte: Das Vorliegen der erheblichen Rechtsfrage ist nur für die Zulässigkeit der Anrufung des OGH überhaupt von Bedeutung; ist die Revision zulässig, kann der Revisionswerber darin alle Revisionsgründe geltend machen. Greift der Revisionswerber aber die erhebliche Rechtsfrage in seinem Rechtsmittel nicht auf, ist dieses zurückzuweisen.

Entscheidungsgegenstand zweiter Instanz	Zulassungsausspruch des Berufungsgerichts	Zulässigkeit der Revision	Art des einzubringenden Rechtsbehelfs
bis zu € 5.000	Revision jedenfalls unzulässig	absolut unzulässig	
bis zu € 5.000 in folgenden Sonderfällen (§ 502 Abs 5 ZPO): • **familienrechtliche Streitigkeiten** nach § 49 Abs 2 Z 2a und Z 2b JN (Scheidung und Streitigkeiten zwischen Ehegatten; für Unterhalt s hingegen § 502 Abs 4 ZPO)	ordentliche Revision zulässig oder nicht zulässig	bedingt (un)zulässig	je nach Zulassungsausspruch **ordentliche** bzw **außerordentliche Revision**, einzubringen beim Erstgericht

368

• **Bestandstreitigkeiten,** sofern über Kündigung/ Räumung/Bestehen eines Vertrags entschieden wird • **Testprozess** eines Verbandes • **ASGG-Verfahren**			
über € 5.000	ordentliche Revision zulässig	zulässig	**ordentliche Revision,** einzubringen beim Erstgericht
über € 5.000 bis € 30.000	ordentliche Revision nicht zulässig	bedingt unzulässig	**Abänderungsantrag** nach § 508 ZPO an Berufungsgericht, verbunden mit *ordentlicher* **Revision**, einzubringen beim Erstgericht
über € 30.000	ordentliche Revision nicht zulässig	bedingt unzulässig	**außerordentliche Revision**, einzubringen beim Erstgericht
Unterhaltsstreitigkeiten bis € 30.000 (entspricht monatlich € 833)	ordentliche Revision nicht zulässig	bedingt unzulässig	**Abänderungsantrag** und *ordentliche* Revision, einzubringen beim Erstgericht

B. Die Revisionsgründe

Die Revisionsgründe sind in § 503 ZPO **taxativ** aufgezählt. Es handelt sich um die 1094

• Nichtigkeit des Berufungsurteils;
• sonstige wesentliche Mangelhaftigkeit des Berufungsverfahrens;
• Aktenwidrigkeit des Berufungsurteils;
• unrichtige rechtliche Beurteilung der Sache durch das Berufungsgericht.

Dabei geht es um die unrichtige rechtliche Beurteilung des Meritums, mag es dabei um eine materiell-rechtliche oder prozessuale (zB Vorliegen des Nichtigkeitsklage- oder Wiederaufnahmsgrunds) Frage gehen.

Die Revision zielt auf Überprüfung des Berufungsurteils. Daher können mit ihr grundsätzlich nur Fehler des Berufungsgerichts (nicht auch des Erstgerichts) geltend gemacht werden. Daher kann eine im Berufungsverfahren unterbliebene (oder nicht richtig ausgeführte) **Rechtsrüge** im Revisionsverfahren nicht mehr nachgeholt werden.

Diskutiert wird allerdings, ob Verfahrensmängel geltend gemacht werden können, wenn diese bereits das **erstinstanzliche Verfahren** bzw Urteil betreffen. Die Rsp verneint dies überwiegend. Dies wird mit einem Größenschluss aus § 519 ZPO begründet: Können vom Berufungsgericht verneinte Nichtigkeitsgründe vom OGH nicht wahrgenommen werden, würde es einen Wertungswiderspruch darstellen, wenn weniger schwer wiegende sonstige Mängel des erstinstanzlichen Verfahrens an den OGH herangetragen werden könnten. Hat daher das Berufungsgericht das Vorliegen eines Verfahrensmangels verneint, kann dies vom OGH nicht weiter überprüft werden. Siehe dazu *Casebook* ZVerfR 144 f, Fall 98.

1095 Wegen der Beschränkung der Kognitionsbefugnis des OGH auf Rechtsfragen ist zwischen **revisiblen Rechtsfragen und irrevisiblen Tatfragen** zu unterscheiden. Zur Tatfrage gehört die Feststellung der den Sachverhalt bildenden Tatsachen einschließlich der Beweiswürdigung und allfälliger Schlussfolgerungen aufgrund von Erfahrungssätzen. Zur Rechtsfrage gehört demgegenüber die Anwendung jeder Rechtsnorm samt der für ihre Anwendung notwendigerweise vorausgesetzten Erfahrungssätze.

Bei enger Verknüpfung von Tat- und Rechtsfragen spricht man von *„quaestiones mixtae"*. Beispiele sind etwa die Täuschungseignung, die Voraussetzungen für das Vorliegen eines Notstandes oder die Feststellung des wahren Parteiwillens. Genau genommen lassen sich allerdings rechtliche Wertungen immer von Tatfragen unterscheiden.

C. Das Revisionsverfahren

1. Das Verfahren bei der ordentlichen Revision

1096 Die ordentliche Revision ist beim **Erstgericht** einzubringen. Das Erstgericht prüft die **Rechtzeitigkeit** und weist verspätete sowie „jedenfalls unzulässige" Revisionen iSd § 502 Abs 2 ZPO zurück. Andernfalls stellt es die Revisionsschrift dem Revisionsgegner zu; dieser kann innerhalb der Notfrist von vier Wochen eine **Revisionsbeantwortung** erstatten. Nach Einlangen der Revisionsbeantwortung oder dem Ablauf der dafür offenstehenden Frist legt das Erstgericht den Akt dem **Berufungsgericht** vor.

1097 Das Berufungsgericht kann die Revision wiederum zurückweisen (§ 507b Abs 4 ZPO). Andernfalls leitet es die Revision unter Anschluss der Akten des Erstgerichts und des Berufungsgerichts an den OGH weiter.

Weil die Aktenvorlage im Wege des Berufungsverfahrens erfolgt, bezeichnet man das Berufungsgericht in diesem Fall auch als **„Durchlaufgericht"**. Zur Anfechtbarkeit der Zurückweisung einer Revision durch das Berufungsgericht siehe unten Rz 1133.

1098 Durch die rechtzeitige Erhebung einer ordentlichen Revision oder eines Antrags nach § 508 Abs 1 ZPO verbunden mit einer ordentlichen Revision wird der Eintritt der **Rechtskraft und Vollstreckbarkeit** des angefochtenen Urteils im Umfang der Revisionsanträge bis zur Erledigung des Rechtsmittels **gehemmt** (§ 505 Abs 3 ZPO). Der Revisionsgegner kann allerdings ohne Gefahrenbescheinigung nach § 371 Z 1 EO Exekution zur Sicherstellung führen.

1099 Der **OGH** prüft zunächst die Zulässigkeit der Revision. Dabei ist er nicht an den Ausspruch des Berufungsgerichts gebunden. Er kann trotz Zulassung der Revision durch das Berufungsgericht die Revision mangels Vorliegens einer erheblichen Rechtsfrage zurückweisen. Die **Zurückweisung** kann sich auf die Ausführung der Zurückweisungsgründe beschränken (§ 510 Abs 3 letzter Satz ZPO).

Andernfalls entscheidet der OGH über die Revision, uzw regelmäßig mittels Urteils meritorisch oder mittels Aufhebungs- und Zurückverweisungsbeschlusses. Die Entscheidung ergeht in der Regel in nicht öffentlicher Sitzung ohne vorhergehende mündliche Verhandlung (§ 509 Abs 1 ZPO); das Revisionsverfahren ist ein reines **Aktenverfahren**. Eine **Revisionsverhandlung** findet nur ausnahmsweise statt, wenn der OGH dies für erforderlich hält.

1100

2. Das Verfahren bei der außerordentlichen Revision

Die außerordentliche Revision erfüllt zwei Funktionen: Einerseits bekämpft der Revisionswerber damit die Nichtzulassung der Revision durch das Berufungsgericht (**Zulassungsbeschwerde**), andererseits das Berufungsurteil in der Sache selbst. Die außerordentliche Revision hat damit den Charakter einer „Annahmerevision", weil ihre Zulassung von der Entscheidung des OGH abhängt.

1101

Der Revisionswerber muss zunächst darlegen, dass – entgegen dem Ausspruch des Berufungsgerichts – doch eine **erhebliche Rechtsfrage** iSd § 502 Abs 1 ZPO **vorliegt**. Er muss gesondert die Gründe anführen, warum er entgegen der Auffassung des Berufungsgerichts die Revision nach § 502 Abs 1 ZPO für zulässig erachtet (§ 506 Abs 1 Z 5 ZPO).

1102

Auch die außerordentliche Revision ist beim **Erstgericht** einzubringen. Dieses überprüft zunächst die **Rechtzeitigkeit** und stellt die Revisionsschrift dem Gegner zu. Sodann legt es den **Akt unmittelbar dem OGH** (also nicht dem Berufungsgericht) vor (§ 507b Abs 3 ZPO).

1103

Der OGH kann die außerordentliche Revision entweder mangels Vorliegens einer Rechtsfrage von erheblicher Bedeutung **sofort zurückweisen** oder dem Revisionsgegner die **Beantwortung** der Revision **freistellen** (§ 508a Abs 2 ZPO). Darin liegt allerdings keine endgültige „Zulassung" der außerordentlichen Revision. Der OGH kann die außerordentliche Revision später immer noch zurückweisen.

1104

Die Revisionsbeantwortung ist in diesem Fall direkt beim OGH einzubringen (§ 507a Abs 3 Z 2 ZPO). Bringt der Revisionsgegner schon vor der Freistellung der Revisionsbeantwortung durch den OGH eine Revisionsbeantwortung ein, erhält er dafür im Fall der Zurückweisung der außerordentlichen Revision keinen Kostenersatz (§ 508a Abs 2 letzter Satz ZPO).

Die **Zurückweisung** einer außerordentlichen Revision bedarf **keiner Begründung** (§ 510 Abs 3 ZPO).

1105

Dies dient der Entlastung des OGH. Im OGH-Akt selbst findet sich allerdings stets eine kurze, teilweise auch nur schlagwortartige Begründung (sog „Innenbegründung"). Diese ist den Parteien allerdings nicht zugänglich.

1106   Die Erhebung einer außerordentlichen Revision **hemmt nicht** den Eintritt der **Vollstreckbarkeit**, sondern nur der Rechtskraft (§ 505 Abs 4 ZPO). Der Revisionswerber kann aber die Aufschiebung der Exekution beantragen (§ 42 Abs 1 Z 2a EO). Dies setzt bei noch nicht vollzogener Exekution aber idR den Erlag einer Sicherheitsleistung voraus.

3. Einbringung der Revisionsbeantwortung

Grundregel	Einbringung beim **Erstgericht** (§ 507a Abs 3 Z 3 ZPO)
Freistellung durch Berufungsgericht	Einbringung beim **Berufungsgericht** (§ 507a Abs 3 Z 1 ZPO)
Freistellung durch OGH	Einbringung beim **OGH** (§ 507a Abs 3 Z 2 ZPO)

4. Die Revisionsentscheidung

1107   In einigen Fällen entscheidet der OGH über die Revision mit **Beschluss**. Dies ist dann der Fall,
- wenn die Revision **unzulässig** ist, sei es, dass es an allgemeinen Zulässigkeitserfordernissen fehlt oder keine erhebliche Rechtsfrage vorliegt;
- wenn die geltend gemachten **Nichtigkeitsgründe** nicht vorliegen; diesfalls wird die Revision – sofern keine Zurückweisung mangels erheblicher Rechtsfrage erfolgt – „verworfen";
- wenn geltend gemachte oder von Amts wegen geprüfte **Nichtigkeitsgründe** vorliegen;
- wenn das Urteil des Berufungsgerichts wegen (primärer oder sekundärer) Verfahrensmängel **aufgehoben** und die Rechtssache an das Berufungsgericht oder (häufiger) das Erstgericht zurückverwiesen wird.

Der OGH kann das Berufungsurteil überdies dann aufheben und die Sache an das Berufungsgericht zurückverweisen, wenn sich bei einer Revision aus der Lösung einer erheblichen Rechtsfrage zur abschließenden Entscheidung über den strittigen Anspruch die Notwendigkeit einer näheren Prüfung einzelner Anspruchsgrundlagen oder **eingehender Berechnungen** (zB bei Unterhaltsbemessungen) ergibt (§ 510 Abs 1 letzter Satz ZPO). Teilweise wendet der OGH dies auch auf aufwendige Kostenentscheidungen an (zB 1 Ob 1/09t; 9 Ob 48/09p Zak 2010/46, 37).

1108   In allen übrigen Fällen entscheidet der OGH durch **Urteil**. Nach § 510 Abs 1 Satz 1 ZPO hat der OGH „in der Regel in der Sache selbst zu entscheiden". Der OGH kann der Revision nicht Folge geben und damit das Urteil des Berufungsgerichts bestätigen, weil die geltend gemachten Revisionsgründe nicht vorliegen, oder das Berufungsurteil abändern, soweit aufgrund der von den Vorinstanzen getroffenen Sachverhaltsfeststellungen bereits eine endgültige rechtliche Beurteilung möglich ist.

Sind noch **ergänzende Tatsachenfeststellungen** notwendig, muss der OGH das Berufungsurteil mit **Beschluss** aufheben und die Sache an das Berufungsgericht oder das Erstgericht zurückverweisen. In diesem Fall sind die Vorinstanzen im zweiten Rechtsgang an die Rechtsansicht des OGH gebunden (§ 511 Abs 1 ZPO, vgl auch für das Berufungsverfahren § 499 Abs 2 ZPO).   **1109**

Zur Entlastung des OGH bestehen **Begründungserleichterungen.** Die Zurückweisung einer außerordentlichen Revision bedarf überhaupt keiner Begründung. Ebenso bedarf die Verneinung eines Verfahrensmangels oder einer Aktenwidrigkeit keiner Begründung. Die Zurückweisung einer ordentlichen Revision wegen Fehlens einer Rechtsfrage erheblicher Bedeutung kann sich auf die Ausführung der Zurückweisungsgründe beschränken. Bestätigt der OGH das Urteil des Berufungsgerichts und erachtet er dessen Begründung für zutreffend, so reicht es aus, wenn er auf deren Richtigkeit hinweist (§ 510 Abs 3 ZPO).   **1110**

IV. Der Rekurs

Literatur: *Böhm,* Vollrekurs zur Abwehr drohender Rechtsschutzverweigerung, ecolex 1992, 689; *Kodek,* Zur Zweiseitigkeit des Rekursverfahrens, ÖJZ 2004, 534, 589; *derselbe,* Praxistipps zum Rekursverfahren nach der ZPO, Zak 2007, 126; *Nunner-Krautgasser,* Zur Zulässigkeit des Revisionsrekurses: keine analoge Anwendung der Anfechtungsbeschränkungen des § 519 Abs 1 Z 1 ZPO im Rekursverfahren, Zak 2007, 146; *Pochmarski/Lichtenberg,* Beschluss und Rekurs in der Zivilprozessordnung (2006); *Weber,* Das Rekursrecht des Revisors in Verfahrenshilfesachen (§ 72 ZPO), RZ 2005, 262.

A. Allgemeines

Der Rekurs ist das Rechtsmittel gegen **Beschlüsse.** Die Regelungen des Rekursverfahrens in den §§ 514 ff ZPO sind relativ knapp; teilweise sind die Bestimmungen über das Berufungsverfahren analog anzuwenden.   **1111**

Der Rekurs ist grundsätzlich **devolutiv**, das heißt, das über ihn das übergeordnete Instanzgericht entscheidet. Vgl Rz 1006. Das **Erstgericht** kann allerdings einem Rekurs gegen Ordnungs- oder Mutwillensstrafen, gegen prozessleitende Beschlüsse, die Zurückweisung eines Rechtsmittels, eines Einspruchs gegen einen Zahlungsbefehl oder eines Widerspruchs gegen ein Versäumungsurteil als verspätet oder unzulässig sowie gegen einen Beschluss, mit dem ein Antrag ohne Anhörung der Gegenpartei abgewiesen wurde, selbst stattgeben (§ 522 Abs 1 ZPO). Insoweit ist der Rekurs daher remonstrativ.   **1112**

1113 Der Rekurs **hemmt** grundsätzlich **nicht** den Eintritt der **Vollstreckbarkeit** (§ 524 Abs 1 ZPO). Das Gericht kann jedoch auf Antrag die einstweilige Hemmung des Beschlusses verfügen (§ 524 Abs 2 ZPO). Bei der Entscheidung über die Zuerkennung aufschiebender Wirkung ist eine **Interessenabwägung** vorzunehmen. Die Entscheidung ist nicht abgesondert anfechtbar.

Auf **außerordentliche Revisionsrekurse** ist die Bestimmung nicht anwendbar. Hier gilt die Sonderregelung des § 505 Abs 4 iVm § 528 Abs 3 ZPO (vgl dazu Rz 1136).

1114 Die **Rekursfrist** beträgt grundsätzlich **14 Tage**; eine **vierwöchige** Rekursfrist gilt für Rekurse gegen den Endbeschluss im Besitzstörungsverfahren und für Rekurse gegen Aufhebungsbeschlüsse nach § 519 Abs 1 Z 2 ZPO (§ 521 Abs 1 Satz 2 ZPO). Die **Rekursfrist** beginnt mit Zustellung der schriftlichen Ausfertigung des Beschlusses (bei Zustellverzicht mit Verkündung); der Rekurs kann jedoch schon von dem Zeitpunkt an erhoben werden, ab dem das Gericht an den Beschluss iSd § 416 Abs 2 ZPO gebunden ist (Verkündung, Abgabe zur Ausfertigung).

Kostenurteile (siehe dazu Rz 463) sind nach der Rsp nur mit Kostenrekurs anfechtbar; daher gilt diesfalls die 14-tägige Rekursfrist und nicht die vierwöchige Berufungsfrist.

1115 Eine **Gerichtsgebührenpflicht** besteht – abgesehen vom Besitzstörungsverfahren, von einstweiligen Verfügungen und von Rekursen gegen Aufhebungsbeschlüsse der 2. Instanz – nicht.

1116 Die **Rekursgründe** sind im Gesetz nicht abschließend geregelt. Aus § 514 Abs 2 ZPO ergibt sich, dass jedenfalls Nichtigkeitsgründe geltend gemacht werden können. Nach hA sind außerdem alle Revisionsgründe auch Rekursgründe, also neben der Nichtigkeit auch Mangelhaftigkeit des Verfahrens, Aktenwidrigkeit und unrichtige rechtliche Beurteilung.

1117 Der Rekurs ist nach der ZPO als reines **Aktenverfahren** ausgestaltet; eine Rekursverhandlung ist nicht vorgesehen. Aus diesem Grund ist eine **Überprüfung der Beweiswürdigung** im Rekursverfahren **ausgeschlossen**, wenn das Erstgericht den Sachverhalt aufgrund der vor ihm abgelegten Zeugen- oder Parteienaussagen festgestellt hat. Eine Überprüfung der Beweiswürdigung ist aber dann möglich, wenn sich schon das Erstgericht nur auf Beweismittel in den Akten (Urkunden, Sachverständigengutachten) gestützt hat.

1118 Der Rekurs ist seit der ZVN 2009 stets **zweiseitig**, sofern es sich nicht bloß um einen verfahrensleitenden Beschluss handelt oder er vor Streitanhängigkeit gefällt wurde (§ 521a ZPO). „Zweiseitigkeit" bedeutet, dass der Rechtsmittelgegner Gelegenheit hat, sich am Rechtsmittelverfahren durch Erstattung einer Rechtsmittelgegenschrift (im Rekursverfahren also einer Rekursbeantwortung) zu beteiligen. Der Begriff der „verfahrensleitenden" Entscheidung ist im Sinne des prozessleitenden Beschlusses im engeren Sinn zu verstehen. Zweiseitig ist auch der Rekurs in Verfahrenshilfeangelegenheiten (§ 72 Abs 2a ZPO).

374

Die Rsp tendierte allerdings schon vor der ZVN 2009 dazu, in verfassungskonformer Interpretation die Zweiseitigkeit des Rekurses zu bejahen, wenn es um „Rechtsschutzgesuche" geht (vgl zum Konkurseröffnungsverfahren 8 Ob 282/01f JBl 2002, 737, zum Heiratsgut 6 Ob 281/01v JBl 2003, 57).

Hintergrund der Neuregelung ist, dass nach der Rsp des EGMR zu **Art 6 EMRK** der Gegner auch im Rechtsmittelverfahren eine Möglichkeit zur Stellungnahme haben muss, wenn über ein „*civil right*" entschieden wird. Für bloß verfahrensrechtliche Entscheidungen gelten die Garantien des Art 6 EMRK demgegenüber nicht. Auch in Fällen, in denen keine Rekursbeantwortung vorgesehen ist, kann das Rekursgericht aber dem Gegner die Möglichkeit einer Stellungnahme einräumen (vgl 6 Ob 99/07p Zak 2007/494, 279; 4 Ob 63/08f; RIS-Justiz RS0122089).

Keine Regelung der Zweiseitigkeit besteht bedauerlicherweise weiter für das **Exekutions- und Insolvenzverfahren**. Im Insolvenzverfahren ist nach der Rsp vor allem der Rekurs gegen die Entscheidung über die Eröffnung des Insolvenzverfahrens zweiseitig (vgl 8 Ob 282/01f JBl 2002, 737). Das Rechtsmittelverfahren nach der EO ist grundsätzlich einseitig, sofern nicht der OGH im Einzelfall eine Rechtsmittelbeantwortung für geboten hält (3 Ob 162/03z SZ 2004/26; RIS-Justiz RS0118686).

In zweiseitigen Rekursverfahren kann der Rekursgegner eine **Rekursbeantwortung** einbringen. Die Frist dafür beträgt grundsätzlich 14 Tage. Eine vierwöchige Rekursbeantwortungsfrist besteht lediglich bei Rekursen gegen den Endbeschluss und gegen Aufhebungsbeschlüsse nach § 519 Abs 1 Z 2 ZPO (§ 521 Abs 1 S 2 ZPO). 1119

B. Der Rekurs gegen Beschlüsse der ersten Instanz

1. Statthaftigkeit

Nach der Grundregel des § 514 Abs 1 ZPO ist ein Beschluss **immer anfechtbar**, wenn dies nicht ausdrücklich ausgeschlossen ist. Im Zweifel ist ein Beschluss auch **selbständig anfechtbar**. Das Gegenstück dazu bildet der sog **vorbehaltene** (aufgeschobene) **Rekurs** (vgl § 515 ZPO). In diesem Fall kann ein Beschluss erst mit dem Rechtsmittel gegen die nächstfolgende, selbständig anfechtbare Entscheidung bekämpft werden. Die Partei kann aber mit der Bekämpfung des Beschlusses auch bis zum Rechtsmittel gegen die Endentscheidung zuwarten. 1120

Die Bewilligung (nicht die Abweisung) eines **Wiedereinsetzungsantrags** ist überhaupt unanfechtbar (§ 153 ZPO). Auch im **Beweisverfahren** sind Beschlüsse teilweise überhaupt unanfechtbar (vgl § 291 Abs 2, § 319 Abs 1, § 349 Abs 2, § 366 Abs 2 ZPO). Bei anderen das Beweisverfahren betreffenden Beschlüssen schließt der Gesetzgeber vielfach den abgesonderten Rekurs aus (vgl § 291 Abs 1, § 319 Abs 2, § 349 Abs 1, § 366 Abs 1, § 370 Abs 1, § 375 Abs 1, § 377 Abs 2 ZPO).
Siehe *Casebook* ZVerfR 138, Fall 93.

Teilweise sieht das Gesetz auch **streitwertabhängige Beschränkungen** der Rekursmöglichkeit vor. In Verfahren mit einem € 2.700 nicht übersteigenden 1121

Streitwert ist der Rekurs nur in den in § 517 ZPO angeführten Fällen zulässig. In diesem Fall kann Rekurs im Wesentlichen nur gegen folgende Beschlüsse erhoben werden, die

- die Einleitung oder Fortsetzung des gesetzmäßigen Verfahrens über die Klage verweigern;
- einen Antrag auf Bewilligung der Wiedereinsetzung abweisen;
- über die Prozesskosten und
- über die Aufhebung der Bestätigung der Vollstreckbarkeit (§ 7 Abs 3 EO) entscheiden.

§ 517 ZPO führt insb in **Exekutionsverfahren** zu einer starken Einschränkung des Rechtsschutzes. Hier sieht allerdings § 65 EO vor, dass einzelne, besonders wichtige Beschlüsse unabhängig vom Streitwert jedenfalls anfechtbar sind.

Sich aus § 517 ZPO ergebende Rechtsschutzdefizite bei **Rechtspflegerentscheidungen** schließt die Vorstellung nach § 12 RechtspflegerG. Nach dieser Bestimmung kann, wenn ein Rechtspfleger eine Entscheidung fällt, die wegen des Streitwerts nicht anfechtbar ist, Vorstellung an den Richter erhoben werden.

1122   Mit Ausnahme des Besitzstörungsverfahrens (§ 518 Abs 1 ZPO) bedarf es keiner **Anmeldung** des Rekurses (9 ObA 100/94 EvBl 1995/61).

2. Rekursverfahren

1123   Der Rekurs wird durch Einbringung einer **Rekursschrift** beim Erstgericht erhoben (§ 520 Abs 1 ZPO). Es besteht **Anwaltspflicht** (§ 520 Abs 1 letzter Satz ZPO).

1124   Die ZPO enthält keine ausdrücklichen Regelungen über die **Inhaltserfordernisse** eines Rekurses. Die Lehre fordert die Angabe eines Rekursantrags und von Rekursgründen.

1125   Das **Erstgericht** prüft die Zulässigkeit des Rekurses und weist unzulässige Rekurse zurück (§ 523 Abs 1 S 1 ZPO). Sodann legt das Erstgericht – gegebenenfalls nach Einholung einer Rekursbeantwortung – den Akt dem Rekursgericht vor.

1126   Das **Rekursgericht** entscheidet immer ohne vorhergehende mündliche Verhandlung in nicht öffentlicher Sitzung. Die Entscheidung über den Rekurs erfolgt **immer durch Beschluss**. Vgl aber iZm Rekursen gegen Aufhebungsbeschlüsse der 2. Instanz Rz 1143.

1127   Im Einzelnen kann die **Entscheidung des Rekursgerichtes** auf Zurückweisung (etwa wegen Verspätung oder sonstiger Unzulässigkeit, vgl § 526 Abs 2 ZPO), Abweisung (Bestätigung des angefochtenen Beschlusses), Aufhebung des angefochtenen Beschlusses und Zurückverweisung an das Erstgericht zur neuerlichen Entscheidung oder Abänderung des angefochtenen Beschlusses lauten.

Ebenso wie im Berufungsverfahren muss der Beschluss des Rekursgerichts auch **weitere Aussprüche** enthalten: 1128

- Sofern der Streitgegenstand, über den das Rekursgericht entscheidet, nicht ausschließlich in einem Geldbetrag besteht, hat das Rekursgericht auszusprechen, ob der Wert des Entscheidungsgegenstandes € 5.000 übersteigt (**Wertausspruch**);
- bei Übersteigen von € 5.000 auch, ob dieser Wert € 30.000 übersteigt (§ 526 Abs 3, § 500 Abs 2 Z 1 lit a und Z 1 lit b ZPO);
- gegebenenfalls, dass der Revisionsrekurs nach § 528 Abs 2 ZPO jedenfalls unzulässig ist (§ 526 Abs 3, § 500 Abs 2 Z 2 ZPO);
- andernfalls, ob der ordentliche Revisionsrekurs nach § 528 Abs 1 ZPO zulässig ist oder nicht (**Zulassungsausspruch**).

Im **Zwischenbereich** zwischen € 5.000 und € 30.000 kann eine Partei sich gegen die Nichtzulassung des ordentlichen Revisionsrekurses durch einen Antrag auf Abänderung des Zulässigkeitsausspruches nach § 508 ZPO zur Wehr setzen (§ 526 Abs 3 iVm § 508 ZPO). 1129

C. Der Revisionsrekurs

Der Revisionsrekurs ist das Rechtsmittel gegen **abändernde oder bestätigende Beschlüsse** der zweiten Instanz über einen Rekurs. 1130

Davon zu unterscheiden sind der Rekurs gegen **Aufhebungsbeschlüsse im Berufungsverfahren** (§ 519 ZPO; dazu Rz 1142 ff) und der Rekurs gegen **Aufhebungsbeschlüsse des Rekursgerichts** (§ 527 Abs 2 ZPO; dazu Rz 1145). 1131

Ebenso wie bei der Revision bestehen für den Revisionsrekurs **streitwertabhängige Zugangsbeschränkungen** zum OGH. Nach § 528 Abs 2 ZPO ist der Revisionsrekurs jedenfalls unzulässig, 1132

- wenn der Entscheidungsgegenstand des Rekursgerichts an Geld oder Geldeswert € **5.000** nicht übersteigt, es sei denn, es handelt sich um eine Streitigkeit nach § 502 Abs 4 oder 5 ZPO;
- vorbehaltlich eines erfolgreichen Antrags nach § 528 Abs 2a ZPO in Streitigkeiten, in denen der Entscheidungsgegenstand zwar € **5.000**, nicht aber insgesamt € **30.000** übersteigt, und in familienrechtlichen Streitigkeiten nach § 49 Abs 2 Z 1 und 2, in denen der Entscheidungsgegenstand insgesamt € 30.000 nicht übersteigt, wenn das Gericht 2. Instanz ausgesprochen hat, dass der Revisionsrekurs nicht zulässig ist.

Darüber hinaus bestehen aber **weitergehende Beschränkungen** der Anrufung des OGH. Nach § 528 Abs 2 ZPO ist der Revisionsrekurs überdies dann jedenfalls unzulässig: 1133

- wenn der erstrichterliche Beschluss **zur Gänze bestätigt** worden ist (konforme Entscheidung), es sei denn, dass die Klage ohne Sachentscheidung aus formellen Gründen zurückgewiesen worden ist; dazu *Casebook* ZVerfR 147 f, Fall 100.
- über den **Kostenpunkt**;
- über die **Verfahrenshilfe**;
- über die **Gebühren der Sachverständigen**;
- in Streitigkeiten wegen **Besitzstörung**.

Die weitergehende Beschränkung des Zugangs zum OGH im Revisionsrekursverfahren erklärt sich aus der typischerweise geringeren Bedeutung von Beschlüssen im Vergleich zu Urteilen. Im Fall der erstmaligen Verweigerung des Rechtsschutzes durch das Rekursgericht wird teilweise § 519 Abs 1 ZPO („Vollrekurs", dazu Rz 1140) analog angewendet.

Unterschiedlich beantwortet wird die Frage, ob in analoger Anwendung des § 519 Abs 1 Z 1 ZPO die **Verneinung von Nichtigkeiten** durch das Rekursgericht **unanfechtbar** sein soll (dafür etwa 7 Ob 281/06h RZ 2007/218; dagegen 6 Ob 276/06s EvBl 2007/62, 332; 9 Ob 25/07b ecolex 2007/393, 937).

Die Rechtsmittelbeschränkungen des § 528 ZPO sind nicht auf Entscheidungen des Gerichts 2. Instanz anzuwenden, mit denen dieses als „**Durchlaufgericht**" (vgl Rz 1097) ein an den OGH gerichtetes Rechtsmittel zurückweist (1 Ob 2416/96t EvBl 1997/113, 573; RIS-Justiz RS0044005).

1134   Zusätzlich setzt der Revisionsrekurs immer das Vorliegen einer **erheblichen Rechtsfrage** voraus. Nach § 528 Abs 1 ZPO ist dies dann der Fall, wenn die Entscheidung von der Lösung einer Rechtsfrage des materiellen Rechts oder des Verfahrensrechts abhängt, der zur Wahrung der Rechtseinheit, Rechtssicherheit oder Rechtsentwicklung erhebliche Bedeutung zukommt, etwa weil das Rekursgericht von der Rsp des OGH abweicht oder eine solche Rsp fehlt oder uneinheitlich ist.

Siehe dazu *Casebook* ZVerfR 145 ff, Fall 99.

1135   Dies zu beurteilen ist Sache des Rekursgerichts, das durch ausdrückliche **Zulassungserklärung** (§ 526 Abs 3, § 500 Abs 2 Z 3 ZPO) den ordentlichen Revisionsrekurs zulassen kann. Der OGH ist an die Beurteilung des Rekursgerichtes über das Vorliegen einer erheblichen Rechtsfrage nicht gebunden (§ 526 Abs 2 ZPO).

1136   Analog zur außerordentlichen Revision nach § 505 Abs 4 ZPO gibt es in Streitigkeiten nach § 502 Abs 5 ZPO und in solchen, in denen der Entscheidungsgegenstand insgesamt € 30.000 übersteigt, auch die Möglichkeit der Erhebung eines **außerordentlichen Revisionsrekurses** (§ 528 Abs 3 ZPO), wenn das Rekursgericht den Revisionsrekurs an den OGH nicht zugelassen hat. Für diesen gelten die Regeln über die außerordentliche Revision sinngemäß (§ 528 Abs 3 ZPO).

1137   Im „**Zwischenbereich**", also zwischen € 5.000 und € 30.000, muss der Revisionsrekurswerber, wenn das Rekursgericht den Rekurs nicht zugelassen hat,

378

einen **Antrag auf Abänderung des Zulassungsausspruches** stellen (§ 528 Abs 2a ZPO). Insoweit gilt § 508 ZPO sinngemäß.

Beachte: Aufhebungsbeschlüsse des Rekursgerichts sind nur nach Maßgabe des § 527 ZPO anfechtbar, also nur bei Zulassung durch das Rekursgericht. Dazu näher Rz 1145.

Wenngleich eine ausdrückliche gesetzliche Regelung fehlt, kommen nach hA alle **Revisionsgründe** des § 503 ZPO auch als Revisionsrekursgründe in Betracht.   1138

Zulässigkeit des Revisionsrekurses

Entscheidungsgegenstand zweiter Instanz	Zulassungsausspruch des Rekursgerichts	Zulässigkeit des Revisionsrekurses	Art des einzubringenden Rechtsbehelfs
bis zu € 5.000 (vgl aber unten zu materienspezifischen Ausnahmen)	Revisionsrekurs jedenfalls unzulässig	absolut unzulässig	
Kostenpunkt, Verfahrenshilfe, Sachverständigengebühren Besitzstörungsverfahren	Revisionsrekurs jedenfalls unzulässig	absolut unzulässig (§ 528 Abs 2 Z 3 bis 6 ZPO)	
gänzliche Bestätigung durch zweite Instanz	Revisionsrekurs jedenfalls unzulässig, *außer* bei Klagszurückweisung (§ 528 Abs 2 Z 2 ZPO): dort Zulassungsausspruch je nach Vorliegen einer erheblichen Rechtsfrage	absolut unzulässig, bei Klagszurückweisung je nach Ausspruch bedingt (un-)zulässig	Bei Klagszurückweisung richtet sich die Einbringung eines ordentlichen bzw außerordentlichen Revisionskurses bzw eines Antrags auf Abänderung des Zulässigkeitsausspruchs nach den allgemeinen Vorschriften, hängt also vom Streitwert und vom Ausspruch des Rekursgerichts ab.
über € 5.000 und (zumindest teilweise) abändernd	ordentlicher Revisionsrekurs zulässig	bedingt zulässig	**ordentlicher Revisionskurs,** einzubringen beim Erstgericht

über € 5.000 bis € 30.000, zumindest teilweise abändernd	ordentlicher Revisionsrekurs nicht zulässig	bedingt unzulässig	**Abänderungsantrag** nach § 528 Abs 2a iVm § 508 ZPO an Rekursgericht, verbunden mit *ordentlichem* **Revisionsrekurs**, einzubringen beim Erstgericht
über € 30.000	ordentlicher Revisionsrekurs nicht zulässig	bedingt unzulässig	**außerordentlicher Revisionsrekurs**, einzubringen beim Erstgericht
Unterhaltsstreitig- keiten bis € 30.000 (entspricht monatlich € 833) *Achtung:* hier gilt die Untergrenze von € 5.000 nicht!	ordentlicher Revisionsrekurs nicht zulässig	bedingt unzulässig	**Abänderungsantrag** und *ordentlicher* Revisionsrekurs, einzubringen beim Erstgericht
Unterhaltsstreitig- keiten über € 30.000	ordentlicher Revisionsrekurs nicht zulässig	bedingt unzulässig	**außerordentlicher Revisionsrekurs**, einzubringen beim Erstgericht (§ 528 Abs 2 Z 1a ZPO)
Andere **familien- rechtliche** Streitig- keiten (§ 49 Abs 2 Z 2a und 2b JN **Bestandstreitig- keiten** (§ 49 Abs 2 Z 5 JN), wenn dabei über eine Kündigung, eine Räumung oder über das Bestehen des Vertrags entschieden wird; **Verbandsstreitig- keiten** (§ 502 Abs 5 ZPO); **ASGG-Verfahren**	ordentlicher Revisionsrekurs nicht zulässig	*Beachte:* in die- sen Fällen ist der Streitwert ohne Bedeutung; die richtet sich lediglich nach dem Vorliegen einer erheblichen Rechtsfrage. Bei Nichtzulas- sung durch das Rekursgericht steht stets der außerordentliche Revisionsrekurs offen; für einen Antrag auf Abän- derung des Zulas- sungsausspruchs besteht kein Raum.	**außerordentlicher Revisionsrekurs**, einzubringen beim Erstgericht (§ 528 Abs 3 ZPO)

380

D. Der Rekurs gegen Beschlüsse des Berufungsgerichts

Teilweise entscheidet das Berufungsgericht über eine Berufung gegen ein Urteil des Erstgerichts nicht seinerseits mit Urteil, sondern mit Beschluss. Dazu näher Rz 1079. Die Anfechtbarkeit derartiger im Berufungsverfahren (also nicht im Rekursverfahren!) ergangener Beschlüsse regelt § 519 ZPO. 1139

1. Vollrekurs

§ 519 Abs 1 Z 1 ZPO erlaubt in zwei Fällen einen Vollrekurs an den OGH, für dessen Zulässigkeit es weder auf eine bestimmte Streitwerthöhe noch auf das Vorliegen einer erheblichen Rechtsfrage ankommt: 1140

- bei **Zurückweisung der Klage** ohne Sachentscheidung aus formellen Gründen.

Als solche formelle Gründe kommen vor allem Nichtigkeitsgründe in Frage, die schon die Verfahrenseinleitung betroffen haben. Der Zurückweisung der Klage gleichzuhalten sind Fälle, in denen **Rechtsschutz definitiv verweigert** wird (zB durch den Beschluss, mit dem die Zulassung einer Klagsänderung aufgehoben wird). Die Anfechtung des berufungsgerichtlichen Beschlusses soll deshalb ermöglicht werden, weil es sich dabei um einen prozessbeendenden Beschluss handelt. Siehe dazu *Casebook* ZVerfR 138 ff, Fall 94.

Beispiel: Das Berufungsgericht hebt das Urteil des Erstgerichts als nichtig auf, weil das Erstgericht unzuständig war (oder ein anderes Prozesshindernis vorlag), und weist die Klage zurück. Hier soll dem Kläger eine Überprüfungsmöglichkeit unabhängig davon zustehen, ob der Streitwert € 5.000 übersteigt und ob eine – sonst für die Anrufung des OGH erforderliche – erhebliche Rechtsfrage vorliegt.

- bei **Zurückweisung der Berufung** ohne Sachentscheidung aus formellen Gründen.

Der Rekurs wird hier deshalb zugelassen, weil der berufungsgerichtliche Beschluss die Einleitung des Berufungsverfahrens und damit die Überprüfung der Sachentscheidung der ersten Instanz verweigert.

Beispiel: Das Berufungsgericht weist die Berufung als verspätet zurück. Auch in diesem Fall soll dem Kläger eine Überprüfungsmöglichkeit unabhängig davon zustehen, ob der Streitwert € 5.000 übersteigt und ob eine – sonst für die Anrufung des OGH erforderliche – erhebliche Rechtsfrage vorliegt.

Die **Rekursfrist** beträgt hier grundsätzlich **14 Tage**. 1141

2. Rekurs gegen Aufhebungsbeschlüsse

Beschlüsse, mit denen das Berufungsgericht das erstinstanzliche Urteil aufhebt und die Sache an das Erstgericht zurückverweist (oder an ein anderes Berufungsgericht überweist), sind nur unter den Voraussetzungen des **§ 502 ZPO** anfechtbar: Der OGH kann nur angerufen werden, wenn das Berufungs- 1142 gericht den Rekurs **ausdrücklich zulässt**, was nur dann möglich ist, wenn der Entscheidungsgegenstand des Berufungsgerichts an Geld oder Geldeswert € 5.000 übersteigt und die Entscheidung von einer Rechtsfrage erheblicher Bedeutung iSd § 502 Abs 1 ZPO abhängt. Die Rekursfrist beträgt in diesem Fall **vier Wochen** (§ 521 Abs 1 ZPO).

Hier besteht **keine Möglichkeit eines außerordentlichen Rekurses oder eines Antrags auf Abänderung** des Zulässigkeitsausspruches. Das Berufungsgericht entscheidet in diesem Fall daher endgültig, ob es die weitere Anfechtung seiner Entscheidung eröffnen will. Gegen das nach Aufhebung im zweiten Rechtsgang ergehende Urteil steht freilich wiederum die Berufung und gegebenenfalls dann die Revision offen.

Die Zulassung des Rekurses an den OGH in diesem Verfahrensstadium kann sinnvoll sein, weil der Aufhebungsbeschluss eine entscheidende „Weichenstellung" für das weitere Verfahren vornimmt. Dadurch wird dem OGH Gelegenheit gegeben, zu überprüfen, ob die vom Berufungsgericht aufgetragenen Verfahrensergänzungen wirklich notwendig sind. Auch wenn eine Partei den Aufhebungsbeschluss nicht bekämpft, kann sie aber das anschließend im zweiten Rechtsgang ergehende Urteil mit Berufung und in der Folge das Berufungsurteil allenfalls mit Revision anfechten.

1143   Der OGH kann in diesem Fall aufgrund des Rekurses durch **Urteil** in der Sache selbst erkennen, wenn die Streitsache zur Entscheidung reif ist (§ 519 Abs 2 letzter Satz ZPO). Da im Rekursverfahren gegen solche Aufhebungsbeschlüsse das Verbot der *reformatio in peius* nicht gilt, ist auch aufgrund des Rekurses des Klägers ein abweisendes Urteil und aufgrund des Rekurses des Beklagten ein stattgebendes Urteil möglich.

Beispiel: Das Erstgericht hat der Klage stattgegeben. Über Berufung des Beklagten hebt das Berufungsgericht das Urteil des Erstgerichtes auf, weil es weitere Feststellungen für erforderlich hält, lässt aber den Rekurs an den OGH zu. Dies können beide Parteien bekämpfen; der OGH kann dem Rekurs nicht Folge geben (dann bleibt es bei der Aufhebung, allenfalls aber aus anderen Gründen) oder dem Rekurs Folge geben und sofort mit Urteil in der Sache selbst entscheiden (also die Klagsstattgebung des Erstgerichts wiederherstellen oder die Klage abweisen).

1144   Aus § 519 ZPO e contrario ergibt sich, dass **andere** im Berufungsverfahren gefasste **Beschlüsse nicht angefochten** werden können. Dazu gehören zB Unterbrechungsbeschlüsse, die Zurückweisung der Aufrechnungseinrede des Beklagten ohne Sachentscheidung oder die Verwerfung einer Nichtigkeitsberufung. Teilweise wird von der Rsp § 519 Abs 1 Z 1 ZPO allerdings ausdehnend ausgelegt.

Anfechtbarkeit von Beschlüssen des Berufungsgerichts

angefochtener Beschluss	Zulässigkeit des Rekurses an den OGH	Frist	Zweiseitigkeit
Zurückweisung der Berufung	ja (§ 519 Abs 1 Z 1 ZPO)	14 Tage	ja (§ 521a ZPO)
Nichtigerklärung und Zurückweisung der Klage	ja (§ 519 Abs 1 Z 1 ZPO)	14 Tage	ja (§ 521a ZPO)
Aufhebung des Urteils als nichtig und Zurückverweisung	wohl nur nach § 519 Abs 2 ZPO analog bei Zulassung durch das Berufungsgericht	(vier Wochen)	(ja)
Verwerfung der Nichtigkeitsberufung	nein (§ 519 ZPO e contrario)		
Aufhebung des Urteils als mangelhaft und Zurückverweisung	nur bei Zulassung durch Berufungsgericht (§ 519 Abs 2 ZPO)	vier Wochen (§ 521 Abs 1 Satz 2 ZPO)	ja (§ 521a ZPO)
sonstige Beschlüsse des Berufungsgerichts	nein (§ 519 ZPO e contrario)		

E. Der Rekurs gegen Aufhebungsbeschlüsse des Rekursgerichts

Hebt die 2. Instanz über Rekurs den Beschluss der 1. Instanz auf und verweist 1145
sie die Rechtssache zur neuerlichen Entscheidung an das Erstgericht zurück, so
kann dieser Beschluss nur dann angefochten werden, wenn das Rekursgericht
in seinem Beschluss den Rekurs an den OGH ausdrücklich zugelassen hat
(§ 527 Abs 2 ZPO). Insoweit entspricht die Rechtslage derjenigen beim Rekurs
gegen Beschlüsse des Berufungsgerichts (vgl § 519 Abs 1 Z 2 und Abs 2 ZPO).

Beachte: Der Rekurs gegen einen Aufhebungsbeschluss des Rekursgerichts wird
von der ZPO nicht als Revisionsrekurs bezeichnet. Hingegen bezeichnet § 64 AußStrG
das Rechtsmittel gegen den Aufhebungsbeschluss des Rekursgerichts als „Revisionsrekurs".

§ 527 Abs 2 ZPO gilt nur für sog **„echte" Aufhebungsbeschlüsse**, also Beschlüsse,
mit denen eine Entscheidung aufgehoben und dem Erstgericht die neuerliche Entscheidung aufgetragen wird (Aufhebungs- und Zurückverweisungsbeschluss). Demgegenüber gilt für Aufhebungsbeschlüsse, die in Wahrheit abändernd sind (zB das Rekursgericht hebt die Klagszurückweisung des Erstgerichts auf und trägt diesem die Fortset-

zung des Verfahrens unter Abstandnahme von dem gebrauchten Zurückweisungsgrund auf), § 528 ZPO.

Trotz Zulassung durch das Berufungsgericht ist ein Rekurs gegen einen Aufhebungsbeschluss in einem Bereich, in dem eine Revision gegen eine in Urteilsform ergangene zweitinstanzliche Entscheidung absolut unzulässig wäre, nicht zulässig (1 Ob 229/09x).

V. Gesetzesbeschwerde

1146   Das B-VG sieht nicht ein einziges Höchstgericht, sondern **drei höchste Instanzen** vor. Damit besteht auch zwischen den Höchstgerichten eine Art „**Gewaltentrennung**": Während der OGH im Wesentlichen für den Bereich des Zivil- und Strafrechts zuständig ist, fällt der Bereich des Verwaltungsrechts in die Zuständigkeit des VwGH und jener des Verfassungsrechts in die Zuständigkeit des VfGH. Eine **Anfechtbarkeit gerichtlicher Akte** beim VfGH wurde vom B-VG hingegen ursprünglich **bewusst nicht vorgesehen**.

1147   Dies war auch nicht erforderlich. Der Grundrechtsschutz im Gerichtsverfahren wurde schon lange vor dem B-VG von den Gerichten wahrgenommen. Verletzungen **verfahrensrechtlicher Grundrechte** (insb Art 6 EMRK) können idR als **Nichtigkeitsgrund** bekämpft werden, Verletzungen **materieller Grundrechte** können mit **Rechtsrüge** geltend gemacht werden. Zudem können Gerichte Verordnungen und Gesetze beim VfGH als **verfassungswidrig bzw gesetzwidrig anfechten** (Art 89, 139, 140 B-VG). Dazu Rz 943 ff.

1148   Von verschiedenen Seiten wurde allerdings wiederholt die Möglichkeit einer **direkten Anrufung des VfGH durch die Parteien** auch gegen Gerichtsentscheidungen gefordert. Bei der – etwa in Deutschland vorgesehenen – sogenannten „**Verfassungsbeschwerde**" könnte ein letztinstanzliches (Zivil- oder Straf-)Urteil beim VfGH mit der Behauptung angefochten werden, dieses verletze verfassungsrechtliche Bestimmungen. Dabei könnte nicht nur die Verfassungsgemäßheit eines Gesetzes, sondern auch die Verfassungsgemäßheit der konkreten Rechtsanwendung im Einzelfall vom VfGH überprüft werden.

1149   Der österreichische Gesetzgeber hat sich demgegenüber für das Modell der **Gesetzesbeschwerde** („**Parteiantrag auf Normenkontrolle**") entschieden. Damit wird den Parteien eines Gerichtsverfahrens ein **direkter Zugang zum VfGH** eröffnet. Im Gegensatz zur Verfassungsbeschwerde geht es dabei allerdings nicht um die Prüfung der Anwendung eines Gesetzes, sondern nur um die Prüfung, ob ein anzuwendendes Gesetz verfassungsgemäß bzw eine anzuwendende Verordnung gesetzeskonform ist.

1150   Nunmehr kann (ab 1.1.2015) auch eine Partei, wenn sie behauptet, als Partei einer von einem ordentlichen Gericht erster Instanz entschiedenen Rechtssache wegen Anwendung eines verfassungswidrigen Gesetzes oder einer gesetz-

384

widrigen Verordnung in ihren Rechten verletzt zu sein, aus Anlass eines gegen diese Entscheidung erhobenen Rechtsmittels ein Gesetz oder eine Verordnung beim VfGH anfechten (Art 139 Abs 1 Z 4 B-VG, Art 140 Abs 1 lit d B-VG).

Detailfragen sind **einfachgesetzlich** zu regeln. Eckpunkte der künftigen Neuregelung enthält eine gleichzeitig mit der Gesetzesbeschwerde beschlossene Entschließung des Nationalrats vom 13.6.2013 (310/E XXIV. GP).

Die Anrufung des VfGH erfolgt parallel zum gerichtlichen Rechtsmittelver-   1151
fahren. Die Wirkung der Anrufung des VfGH auf das Gerichtsverfahren wird einfachgesetzlich geregelt. Zur Vermeidung von mutwilligen Verfahrensverzögerungen ist geplant, dass der Antrag den Fortgang des Gerichtsverfahrens nicht ex lege hemmt, das Gericht aber das **Verfahren aussetzen** kann.

Der einfache Gesetzgeber kann die **Gesetzesbeschwerde ausschließen**,   1152
wenn dies „zur Sicherung des Zwecks des Verfahrens erforderlich" ist (Art 139 Abs 1a, Art 140 Abs 1a B-VG). Dies ist jedenfalls für das Exekutions und Insolvenzverfahren geplant. Außerdem soll sichergestellt werden, dass es durch eine erfolgreiche Gesetzesbeschwerde nicht nachträglich zur Rückgängigmachung einer Eintragung im Grundbuch oder Firmenbuch kommen kann, um das Vertrauen in die Rechtssicherheit nicht zu beeinträchtigen.

Wenn die Gesetzesbeschwerde **Erfolg** hat und der VfGH ein Gesetz als   1153
verfassungswidrig bzw eine Verordnung als gesetzwidrig aufhebt, kann im Gerichtsverfahren neuerlich entschieden werden, auch wenn dieses zwischenzeitig bereits rechtskräftig abgeschlossen sein sollte (Art 139 Abs 7 B-VG, Art 140 Abs 8 B-VG).

Der VfGH kann die Behandlung einer Gesetzesbeschwerde in einem ver-   1154
einfachten Verfahren durch Beschluss **ablehnen**, wenn sie keine hinreichende Aussicht auf Erfolg hat (Art 139 Abs 1b, Art 140 Abs 1b B-VG).

Zur Vermeidung von Verfahrensverzögerungen soll der VfGH innerhalb von **vier Monaten** über die Ablehnung einer Gesetzesbeschwerde entscheiden (Entschließung des Nationalrats vom 13.6.2013, 310/E XXIV. GP).

Siebzehnter Teil:
Nichtigkeits- und Wiederaufnahmsklage

Literatur: *Jelinek,* Die Wiederaufnahmsklage wegen neuer Tatsachen und Beweismittel im Eheprozeß, JBl 1968, 510, 555; *Klauser/Maderbacher,* Durchbruch der wirkungsbezogenen Beschwer? ecolex 2002, 342.

I. Allgemeines

1155   In besonders schwerwiegenden Fällen kann die Rechtskraft einer Entscheidung durchbrochen werden. Diesem Ziel dienen die Nichtigkeits- und Wiederaufnahmsklage. In gewisser Weise erfüllen diese Klagen die Funktion eines Rechtsmittels, sodass sie auch als „**Rechtsmittelklagen**" bezeichnet werden.

1156   Allerdings unterscheiden sie sich in mehrfacher Hinsicht von Rechtsmitteln im engeren Sinn: Nichtigkeits- und Wiederaufnahmsklagen sind nicht von dem im Instanzenzug übergeordneten Gericht zu entscheiden, sondern von dem Gericht, dessen Entscheidung vom Nichtigkeits- bzw Wiederaufnahmsklagegrund betroffen ist. Es fehlt also der Devolutiveffekt. Außerdem schiebt die Nichtigkeitsklage weder die Rechtskraft noch die Vollstreckbarkeit auf. Gleiches gilt grundsätzlich auch für die Wiederaufnahmsklage. Allerdings kann mit beiden Klagen ein Antrag auf Aufschiebung der Exekution verbunden werden (§ 42 Abs 1 Z 1 und 2 EO).

1157   Nichtigkeits- und Wiederaufnahmsklage zielen auf die Aufhebung der ersten Entscheidung und sind insoweit **prozessuale Rechtsgestaltungsklagen**. Zusätzlich dienen sie aber einem weiteren Rechtsschutzziel, nämlich der **Erwirkung einer neuerlichen Entscheidung** in der Hauptsache.

1158   Nichtigkeits- und Wiederaufnahmsklage stehen gegen alle Entscheidungen offen, durch welche die Sache erledigt wird. Darunter fallen nicht nur Urteile, sondern auch in Beschlussform ergehende Sachentscheidungen wie Wechselzahlungsaufträge, Endbeschlüsse etc, aber auch Beschlüsse, die das Verfahren abschließend beenden.

    Die Rsp lässt etwa die Wiederaufnahme auch bei einstweiligen Verfügungen wegen Unterhalts zu, nicht aber bei Sicherungsverfügungen.

1159   **Aktiv und passiv klagslegitimiert** sind die Parteien des Vorprozesses und ihre Rechtsnachfolger. Wegen der Ähnlichkeit zu Rechtsmitteln ist zusätzlich erforderlich, dass der Kläger formell beschwert und vom Anfechtungsgrund betroffen ist.

    In einer Entscheidung hat der OGH allerdings dem Kläger, der bereits ein klagsstattgebendes Versäumungsurteil erwirkt hat, die Nichtigkeitsklage zugebilligt, wenn der

386

ersiegte Exekutionstitel wegen Verletzung des rechtlichen Gehörs des Beklagten (vgl Art 34 Nr 2 EuGVVO, Art 45 Abs 1 lit b EuGVVO neu) in einem anderen Mitgliedstaat nicht vollstreckt werden würde (1 Ob 10/02f EvBl 2002/113, 429). Teilweise wird hier von „wirkungsbezogener" Beschwer gesprochen. Siehe auch Rz 1020.

II. Allgemeine Grundsätze des Aufhebungsverfahrens

A. Einschränkung der Parteidisposition

Aus Gründen des öffentlichen Interesses können die Parteien über die Rechtskraft nicht disponieren. Ein Anerkenntnis, Vergleich oder klagsstattgebendes Versäumungsurteil ist daher nicht möglich. Auch besteht keine Bindung des Gerichts an ein Geständnis. **1160**

Siehe dazu *Casebook* ZVerfR 152, Fall 105.

B. Klagefristen

Im Interesse der Rechtssicherheit sind Nichtigkeits- und Wiederaufnahmsklage befristet (vgl § 534 ZPO). Beide Klagen sind innerhalb von **vier Wochen** einzubringen (relative Klagefrist). **1161**

Die Frist beginnt **1162**
- im Fall des § 529 Abs 1 Z 1 ZPO mit Kenntnis der Ausgeschlossenheit des Richters;
- im Fall des § 529 Abs 1 Z 2 ZPO mit der Zustellung der Entscheidung an die Partei oder ihren gesetzlichen Vertreter;
- bei den strafrechtlichen Wiederaufnahmsgründen (§ 530 Abs 1 Z 1 bis 5 ZPO) mit dem Zeitpunkt, zu dem der Wiederaufnahmskläger vom rechtskräftigen strafgerichtlichen Urteil bzw Einstellungsbeschluss Kenntnis erlangt hat oder Kenntnis erlangen konnte;
- in den Fällen des § 530 Abs 1 Z 6 und 7 ZPO an dem Tag, an dem die Partei imstande war, die rechtskräftige Entscheidung zu benützen oder die ihr bekannt gewordenen Tatsachen und Beweismittel bei Gericht vorzubringen;
- im Fall des § 531 ZPO mit der Zustellung der Entscheidung erster Instanz.

Die relative Klagefrist ist unerstreckbar, aber der Wiedereinsetzung zugänglich.

Aus Gründen der Rechtssicherheit besteht außerdem eine **absolute Klagefrist von zehn Jahren** nach Eintritt der Rechtskraft der anzufechtenden Entscheidung (§ 534 Abs 3 ZPO). Nur bei Verletzungen des rechtlichen Gehörs **1163** nach § 529 Abs 1 Z 2 ZPO gibt es keine absolute Klagefrist. Daraus ergibt sich, dass nach den Wertungen der ZPO der Gehörverstoß den gravierendsten aller Verfahrensmängel darstellt. Die absolute Klagefrist ist **unerstreckbar** und auch **einer Wiedereinsetzung nicht zugänglich**.

Siehe dazu *Casebook* ZVerfR 151, Fall 104.

C. Zuständigkeit

1164 Für die Nichtigkeitsklage und für die Wiederaufnahmsklage nach § 530 Abs 1 Z 4 ZPO (strafbare Amtspflichtverletzung des Richters) ist dasjenige Gericht zuständig, welches die **angefochtene Entscheidung** erlassen hat; werden die Entscheidungen verschiedener Instanzen angefochten, ist das höchste unter diesen Gerichten ausschließlich zuständig (§ 532 Abs 1 ZPO).

1165 Für die Wiederaufnahmsklage ist im Übrigen das **Prozessgericht erster Instanz** zuständig, sofern nicht nur die Entscheidung eines Gerichts höherer Instanz angefochten wird. Diesfalls ist dieses Gericht zuständig (§ 532 Abs 2 ZPO).

Es handelt sich um eine sog **individuelle Zuständigkeit**, die der Parteiendisposition entzogen ist.
Siehe dazu *Casebook* ZVerfR 150, Fall 103.

D. Klagsinhalt

1166 Für Nichtigkeits- und Wiederaufnahmsklagen bestehen neben den allgemeinen Erfordernissen einer Klage weitere Inhaltserfordernisse (§ 536 ZPO). Sie enthalten ein **zweigliedriges Begehren**. Dieses beinhaltet einerseits den Antrag, die Entscheidung des Vorprozesses (ganz oder teilweise) aufzuheben und bei der Nichtigkeitsklage auch, das frühere Verfahren für nichtig zu erklären. Der zweite Teil des Begehrens enthält den Wortlaut der Entscheidung, die anstelle der angefochtenen Entscheidung begehrt wird (vgl § 536 Z 5 ZPO).

1167 Außerdem haben die Klagen einen gesetzlichen **Anfechtungsgrund** sowie die **Tatsachen** und **Beweismittel**, aus denen der geltend gemachte Nichtigkeits- bzw Wiederaufnahmsgrund abgeleitet werden, sowie Tatsachen und Beweismittel, aus denen sich die Einhaltung der gesetzlichen Klagefrist ergibt, zu enthalten.

E. Überblick über den Verfahrensgang

1168 Das Verfahren über die Nichtigkeits- und Wiederaufnahmsklage gliedert sich in **drei Phasen**:

388

Im **Vorprüfungsverfahren** (§ 538 ZPO) überprüft das Gericht die allgemeinen Prozessvoraussetzungen sowie die besonderen Prozessvoraussetzungen für die Nichtigkeits- bzw Wiederaufnahmsklage. Fehlt eine Prozessvoraussetzung bzw ist die Klage nicht auf einen Anfechtungsgrund iSd §§ 529 bis 531 ZPO gestützt, ist die Klage zurückzuweisen.

Anschließend folgt das **Aufhebungsverfahren** (*iudicium rescindens*). Hier wird aufgrund mündlicher Verhandlung und eines Beweisverfahrens das Vorliegen des geltend gemachten Nichtigkeits- bzw Wiederaufnahmsgrundes geprüft.   1169

Beachte: Wenn für die Nichtigkeits- oder Wiederaufnahmsklage ein Gericht höherer Instanz zuständig ist, sind in Ansehung der mündlichen Verhandlung, der Beweisführung und der Mitteilung der über die Klage gefällten Entscheidung an die erste Instanz sowie für die Anfechtbarkeit die Bestimmungen maßgebend, welche für das höhere Gericht als Rechtsmittelinstanz maßgebend wären (§ 535 ZPO).

Diese Phase des Verfahrens kann mit **Klagszurückweisung** enden, wenn eine allgemeine oder besondere Prozessvoraussetzung fehlt. Andernfalls entscheidet das Gericht mit **Sachurteil** über die Aufhebung.

Gibt das Gericht der Nichtigkeits- oder Wiederaufnahmsklage im Aufhebungsverfahren statt, schließt sich idR ein separater dritter Verfahrensabschnitt, das sogenannte **Erneuerungsverfahren** (*iudicium rescissorium*) an. Im Erneuerungsverfahren wird der ursprüngliche Rechtsstreit neu verhandelt und entschieden. Dabei gelten dieselben Verfahrensvorschriften wie in dem zu erneuernden Verfahrensabschnitt des Erstprozesses (§ 535 ZPO). Die Entscheidung ist allerdings nur anfechtbar, soweit die von dem entscheidenden Gericht als Rechtsmittelgericht getroffene Entscheidung anfechtbar ist. Daraus ergibt sich ein eingeschränkter Rechtsmittelzug; entscheidet der OGH in erster Instanz über eine Rechtsmittelklage, gibt es gar kein Rechtsmittel.   1170

III. Die Nichtigkeitsklage

Literatur: *Dokalik/Trauner*, Die Nichtigkeitsklage – vom Mauerblümchen zum Massenverfahren? RZ 2005, 206; *Gaul*, Zur Struktur und Funktion der Nichtigkeitsklage gemäß § 579 dZPO, in FS Kralik (1986) 157; *Lindacher*, Parteiunfähigkeit als Nichtigkeitsgrund analog § 579 Abs 1 Nr 4 ZPO? JZ 1989, 377.

Die Nichtigkeitsklage ist auf die Aufhebung einer rechtskräftigen, die Sache erledigenden Entscheidung wegen Vorliegens eines in § 529 Abs 1 ZPO genannten Nichtigkeitsgrundes und allenfalls auf Erlassung einer neuen Entscheidung gerichtet.   1171

Nur zwei Nichtigkeitsgründe kommen als Klagegrund für die Nichtigkeitsklage in Betracht, und zwar die **Ausgeschlossenheit** des Richters (§ 529 Abs 1 Z 1 ZPO) und besonders schwerwiegende Verstöße gegen das **rechtliche Gehör** (§ 529 Abs 1 Z 2 ZPO).   1172

Siehe dazu *Casebook* ZVerfR 153 f, Fälle 106, 107.

1173 Nach § 529 Abs 1 Z 2 ZPO bildet es einen Nichtigkeitsklagegrund, dass eine Partei in dem Verfahren gar **nicht** oder nicht gehörig **vertreten** war. Daher steht einer geschäftsunfähigen Partei, die einen Sachwalter benötigen würde, die Nichtigkeitsklage gegen ein ohne Beiziehung des Sachwalters ergangenes rechtskräftiges Urteil zu (verst Sen 1 Ob 6/01s SZ 74/200). Bei bloßen **Zustellfehlern** ist nach überwiegender Ansicht demgegenüber die formelle Rechtskraft gar nicht eingetreten. Hier kann sich die Partei vielmehr mit einem Antrag auf Aufhebung der Vollstreckbarkeitsbestätigung nach § 7 Abs 3 EO zur Wehr setzen. Erst durch eine neuerliche, mängelfreie Zustellung wird der Lauf der Rechtsmittelfrist ausgelöst (7 Ob 5/06w Zak 2006/546, 319; RIS-Justiz RS0110275).

1174 Die Nichtigkeitsklage wird **mit Beschluss zurückgewiesen** (§ 538 ZPO), wenn
- sich schon im Vorprüfungsverfahren herausstellt, dass die Klage nicht auf einen der gesetzlichen Anfechtungsgründe gestützt ist, oder
- die Klage nicht in der gesetzlichen Frist erhoben worden ist.

1175 In allen übrigen Fällen entscheidet das Gericht mit **Urteil**. Liegt der geltend gemachte Nichtigkeitsklagegrund nicht vor, wird die Klage abgewiesen. Andernfalls wird das Urteil und gegebenenfalls das zugrunde liegende Verfahren als nichtig aufgehoben. Das Erneuerungsverfahren ist immer getrennt vom Aufhebungsverfahren zu verhandeln und zu entscheiden.

Verfahrensgang im Überblick

Vorprüfungs- verfahren	Aufhebungs- verfahren	Erneuerungs- verfahren
allenfalls Zurückweisung mit *Beschluss* (kein Nichtigkeits- oder Wiederaufnahmsgrund behauptet), sonst Durchführung des Aufhebungsverfahrens	*Urteil* (Aufhebung des früheren Urteils, Nichtigkeits- oder Wiederaufnahmsgrund liegt vor)	nur in diesem Fall kommt es zu einem Erneuerungsverfahren
	Urteil (Abweisung, Nichtigkeits- oder Wiederaufnahmsgrund liegt nicht vor)	kein Erneuerungsverfahren
	Beschluss (Zurückweisung, Nichtigkeits- oder Wiederaufnahmsgrund nicht behauptet; Klage verspätet)	kein Erneuerungsverfahren

IV. Die Wiederaufnahmsklage

Literatur: *Buchegger,* Zum Novenbegriff des § 530 Z 7 ZPO, BeitrZPR IV (1991) 11; *Fasching,* Die Wiederaufnahme wegen neuer Tatsachen und Beweismittel im Zivilprozeß, JBl 1956, 245; *Gaul,* Die Rechtskraft im Lichte des Dialogs der österreichischen und deutschen Prozessrechtslehre, ÖJZ 2003, 861; *Jelinek,* Die Wiederaufnahmsklage wegen neuer Tatsachen und Beweismittel im Eheprozeß, JBl 1968, 510, 555; *Rechberger,* Der Wiedergänger. Zur Rückkehr der Bindung an strafgerichtliche Entscheidungen im österreichischen Zivilprozeßrecht, in FS Gaul (1997) 539; *Reindl,* Zur Abgrenzung der Wiederaufnahmsklage von der Oppositionsklage, ÖJZ 1956, 537; *Simotta,* Das neue Strafrecht und sein Einfluß auf die Wiederaufnahmsklage nach § 530 Abs 1 Z 1 und 3 ZPO, ÖJZ 1978, 337, 375; *dieselbe,* Das neue Strafrecht und sein Einfluß auf die Wiederaufnahmsklage nach § 530 Abs 1 Z 2 und 4 ZPO, ÖJZ 1978, 624, 645.

A. Wiederaufnahmsgründe

Während die Nichtigkeitsklage auf die Beseitigung einer Entscheidung wegen eines besonders schwerwiegenden prozessualen Mangels zielt, dient die Wiederaufnahmsklage der Beseitigung einer Entscheidung wegen eines **„materiellen" Mangels.** Systemwidrig subsumiert allerdings § 530 Abs 1 Z 6 ZPO Verstöße gegen die Rechtskraft nicht als Nichtigkeitsklagegrund, sondern als Wiederaufnahmsklagegrund. 1176

Die **Wiederaufnahmsgründe** lassen sich in drei Gruppen teilen (*Simotta,* ÖJZ 1978, 337 ff): 1177

- **strafrechtliche Wiederaufnahmsgründe** (§ 530 Abs 1 Z 1 bis 4 ZPO), zB Urkundenfälschung, falsche Beweisaussage, strafbare Amtspflichtverletzung des Richters.
- **Verstoß gegen die Rechtskraft** bzw Außerachtlassung einer präjudiziellen Vorentscheidung. Hierzu zählen die Aufhebung eines präjudiziellen strafgerichtlichen Erkenntnisses (§ 530 Abs 1 Z 5 ZPO) und – in analoger Anwendung – auch die Aufhebung eines präjudiziellen rechtskräftigen Zivilurteiles oder Bescheides einer Verwaltungsbehörde sowie der Verstoß gegen die Rechtskraft einer Vorentscheidung über dieselbe Rechtssache (§ 530 Abs 1 Z 6 ZPO). Aus systematischer Sicht handelt es sich dabei genau genommen um einen Nichtigkeitsgrund, der jedoch unter die Wiederaufnahmsgründe eingereiht ist.

Siehe dazu *Casebook* ZVerfR 157, Fall 109.

- die Unrichtigkeit oder **Unvollständigkeit der Entscheidungsgrundlagen** (§ 530 Abs 1 Z 7 und § 531 ZPO). Der mit Abstand wichtigste Wiederaufnahmsgrund betrifft das Vorbringen **neuer Tatsachen oder Beweismittel.** Die neuen Tatsachen müssen bereits vor Schluss der mündlichen Streitverhandlung erster Instanz entstanden sein (***nova reperta***). Weitere

Voraussetzung ist, dass die Partei ohne ihr Verschulden außerstande war, die neuen Tatsachen oder Beweismittel vor Schluss der mündlichen Verhandlung geltend zu machen (§ 530 Abs 2 ZPO). Dabei ist zu beachten, dass die Parteien eine prozessuale **Diligenzpflicht** trifft.

Siehe dazu *Casebook* ZVerfR 156, Fall 108.
Außerdem zählt zu diesem Wiederaufnahmsgrund das nachträgliche Benützbarwerden präkludierter Beweismittel (§ 531 ZPO).

B. Das Verfahren aufgrund der Wiederaufnahmsklage

1. Allgemeines

1178   Das Aufhebungsverfahren wird idR getrennt vom Erneuerungsverfahren geführt (§ 541 ZPO). Die beiden Verfahren sind jedoch zu verbinden, wenn der Wiederaufnahmsgrund durch eine Urkunde dargetan wird oder die Wiederaufnahme wegen eines ausgeschlossenen Beweismittels begehrt wird (§ 540 Abs 1 ZPO). Im Aufhebungsverfahren wird aufgrund mündlicher Verhandlung samt Beweisverfahren das Vorliegen des geltend gemachten Wiederaufnahmsgrundes geprüft.

2. Sondervorschriften für strafrechtliche Wiederaufnahmsgründe

1179   Für die Geltendmachung **strafrechtlicher Wiederaufnahmsgründe** bestehen Sondervorschriften (§ 539 ZPO). Liegt noch keine rechtskräftige Verurteilung wegen eines in § 530 Abs 1 Z 1 bis 4 ZPO genannten Delikts vor, hat das Gericht von Amts wegen die Einleitung eines Strafverfahrens zu veranlassen; das Verfahren über die Wiederaufnahmsklage ist zwingend zu unterbrechen. Zu einem Wiederaufnahmsverfahren kommt es in diesem Fall nur, wenn das Strafverfahren zu einer rechtskräftigen Verurteilung geführt hat oder aus anderen Gründen als wegen mangelnden Tatbestands oder Mangels an Beweisen nicht zu einer Verurteilung geführt hat. Andernfalls ist die Wiederaufnahmsklage nach Bekanntgabe der Ergebnisse des Strafverfahrens zurückzuweisen (§ 539 Abs 2 Satz 2 ZPO).

Wenn die Wiederaufnahmsklage auf eine strafbare Amtspflichtverletzung des Richters gestützt wird, ist dieser Richter im Verfahren über die Wiederaufnahmsklage **ausgeschlossen** (§ 537 ZPO).

1180   Liegt hingegen zum Zeitpunkt der Erhebung einer Wiederaufnahmsklage wegen einer strafbaren Handlung iSd § 530 Abs 1 Z 1 bis 4 ZPO bereits ein *rechtskräftiges* **Straferkenntnis** vor, ist das Gericht daran gebunden, und zwar sowohl an ein verurteilendes Erkenntnis als auch an einen Freispruch.

392

Das Wort „Verurteilung" in § 539 Abs 1 ZPO meint hier – wie sich aus dem Zusammenhang der Regelung ergibt – „Erkenntnis".

Die gegen die Bindungswirkung eines freisprechenden Erkenntnisses in diesem Fall geäußerten Bedenken unter dem Aspekt des rechtlichen Gehörs werden dadurch relativiert, dass sich der Wiederaufnahmskläger als Geschädigter im Strafverfahren als Privatbeteiligter beteiligen kann.

3. Die Unterbrechung des Rechtsmittelverfahrens

Die Wiederaufnahmsklage ist bereits **vor Rechtskraft des Urteils möglich.** 1181
Dies ist auch sinnvoll, weil wegen des Neuerungsverbots im Rechtsmittelverfahren ja keine neuen Tatsachen und Beweismittel vorgebracht werden können. Wenn bei Erhebung der Wiederaufnahmsklage ein Rechtsmittelverfahren anhängig ist, kann dieses unterbrochen werden (§ 545 Abs 1 ZPO).

Bei einer Wiederaufnahmsklage wegen strafrechtlicher Gründe ist das 1182
Rechtsmittelverfahren hingegen zwingend zu unterbrechen, wenn das schon ergangene strafgerichtliche Urteil der Klage beigelegt wird (§ 544 Abs 1 ZPO). Der Grund dafür liegt darin, dass es dann mit hoher Wahrscheinlichkeit zu einer Aufhebung des Urteils im Wiederaufnahmsverfahren kommt, sodass eine Befassung des Rechtsmittelgerichts mit der Berufung gegen das im Vorprozess ergangene Urteil nicht mehr erforderlich sein wird.

4. Die Entscheidung über die Wiederaufnahmsklage

Die Wiederaufnahmsklage wird gem § 543 ZPO mit **Beschluss** zurückge- 1183
wiesen, wenn diese nicht auf einen gesetzlich zulässigen Anfechtungsgrund gestützt wird oder verspätet ist. In allen übrigen Fällen entscheidet das Gericht mit **Urteil.** Nach Rechtskraft des Urteils im Aufhebungsverfahren wird im Erneuerungsverfahren in der Hauptsache des Vorprozesses neuerlich entschieden. Die neuerliche Entscheidung im Erneuerungsverfahren erschöpft sich beim Wiederaufnahmsgrund des § 530 Abs 1 Z 6 ZPO (Vorliegen einer rechtskräftigen Entscheidung) in der Zurückweisung der Klage wegen rechtskräftig entschiedener Streitsache.

Achtzehnter Teil:
Die besonderen Verfahrensarten

I. Allgemeines

Literatur: *Fasching*, Lehrbuch Rz 2103 ff.

1184 Die besonderen Verfahrensarten sind gesetzlich geregelte **Sonderformen des Zivilprozesses**, die sich in Gestaltung und Ablauf vom regulären Zivilprozess unterscheiden. Sie sollen gegenüber dem Normaltyp des Zivilprozesses eine zweckmäßigere und ökonomischere Rechtsdurchsetzung für bestimmte Streitsachen ermöglichen.

Soweit im Einzelfall keine besonderen Anordnungen bestehen, kommen die **allgemeinen Regelungen der ZPO** grundsätzlich zur Anwendung, sofern die allgemeine Regelung nicht mit dem Wesen und Sinn der besonderen Verfahrensart unvereinbar ist.

1185 Der **sechste Teil der ZPO** enthält unter dem Titel „Besondere Arten des Verfahrens" eine Bestimmung über die Anwendung des europäischen Bagatellverfahrens (§ 548 ZPO) sowie Vorschriften für das Verfahren in Wechselstreitigkeiten (§§ 555 bis 559 ZPO), das Verfahren bei Streitigkeiten aus dem Bestandvertrag (§§ 560 bis 576 ZPO) und das Schiedsverfahren (§§ 577 bis 618 ZPO). Besondere Verfahrensvorschriften gelten auch für das Besitzstörungsverfahren (§§ 454 bis 459 ZPO) und für das (streitige) Eheverfahren (§ 460 ZPO). Dazu kommen das arbeits- und sozialgerichtliche Verfahren, das Amtshaftungsverfahren und das Organhaftpflichtverfahren, die jeweils in Sondergesetzen (ASGG, AHG, OrgHG) geregelt sind.

Von diesen Verfahren werden nachfolgend in diesem Teil (nur) die Auftragsverfahren (Wechselmandats- und Bestandverfahren) sowie das Amtshaftungs- und das Organhaftpflichtverfahren (etwas genauer) behandelt. Das arbeits- und sozialgerichtliche Verfahren weist eine große eigenständige praktische Bedeutung auf, und das (insb internationale) Schiedsverfahrensrecht hat sich geradezu zu einem eigenen Rechtsgebiet entwickelt. Diese Verfahren werden daher in weiterer Folge in eigenen Teilen (XIX. und XX.) gesondert dargestellt. Das Besitzstörungs- und das Eheverfahren sowie das europäische Bagatellverfahren wurden bereits im XV. Teil im Rahmen des bezirksgerichtlichen Verfahrens näher beschrieben (siehe Rz 975 ff). Auch das Mahnverfahren könnte zu den besonderen Verfahrensarten gezählt werden. Es bildet heute allerdings geradezu den Normalfall der Einleitung eines Zivilprozesses und wurde daher schon im XII. Teil über das erstinstanzliche Verfahren (Rz 686 ff) eingehend behandelt.

II. Das Verfahren in Wechsel- und Scheckstreitigkeiten

Literatur: *Dolinar,* Wechselanspruch und Anspruch aus dem Kausalverhältnis, ÖJZ 1978, 449; *Enzinger,* Streitfragen zum Streitgegenstand im Wechselprozess, JBl 2006, 705; *Fucik,* Das Verfahren in Wechselstreitigkeiten (Mandatsverfahren) nach der ZVN 2009, ÖJZ 2009/36, 341; *Hauser,* Wechsel- und Scheckrecht (1995); *Heil,* Das Wechselverfahren nach der Novellierung des § 577 Abs 1 ZPO durch § 36 Z 15 KSchG, RZ 1980, 219; *Klicka,* Streitgegenstand und Rechtskraft im Wechselmandatsverfahren, in FS Sprung (2001) 209; *Mayr,* Zur Verbesserbarkeit des Fehlens von Beilagen, in BeitrZPR II (1986) 156; *derselbe,* Neue Rechtstatsachen aus der Zivilgerichtsbarkeit, AnwBl 2009, 54; *Mayr/Schmidt,* Gesetzlich geregelte Alternativen innerhalb und außerhalb des Zivilprozesses in Österreich, ZVglRWiss 1987, 227 (242); *Oberhammer,* Zur Entwicklung des österreichischen Urkundenprozesses, in GedS Hofmeister (1996) 511; *Weinrichter,* Gedanken zum Wechselmandatsverfahren: Überleitung ins ordentliche Wechselverfahren, RZ 1999, 157.

A. Allgemeines

Das durch die ZVN 2009 „mangels praktischer Relevanz" abgeschaffte **Mandats-** **verfahren,** in welchem das Grundkonzept eines Auftragsverfahrens verwirklicht war, sah vor (§ 548 ZPO aF), dass aufgrund eines mit der Klage verbundenen Antrags auf der Basis einer vorzulegenden mandatsfähigen Urkunde, insb einer inländischen öffentlichen Urkunde oder einer beglaubigten Privaturkunde (daher auch „Urkundenprozess"), ohne Anhörung des Gegners ein Zahlungsauftrag (Mandat) erlassen werden konnte. Erhob der Beklagte rechtzeitig Einwendungen, so wurde das ordentliche Verfahren über die Klage eingeleitet, andernfalls wurde der Zahlungsauftrag rechtskräftig und vollstreckbar. 1186

Ursache für die fehlende Bedeutung dieser besonderen Verfahrensart war wohl die große strukturelle Ähnlichkeit mit dem **Mahnverfahren.** Nach der obligatorischen Einführung und Ausweitung dieses Verfahrens hatte das Mandatsverfahren seine (ohnehin seit jeher nur geringe) Bedeutung gänzlich verloren.

Anders als das Mandatsverfahren hat das diesem nachgebildete **Wechsel-** **mandatsverfahren** durchaus noch eine (wenn auch relativ geringe) praktische Bedeutung. Daher wurde es durch die ZVN 2009 nicht beseitigt, sondern vielmehr die vormals im Rahmen des Mandatsverfahrens normierten Bestimmungen in eigene, nur das Wechselmandatsverfahren betreffende Regelungen umgewandelt.

Eine Konkordanztabelle findet sich bei *Fucik,* ÖJZ 2009/36, 342.

B. Wechsel- und Wechselmandatsverfahren

Hat ein Kläger Ansprüche aus **Wechselstreitigkeiten** (also Ansprüche, die nur auf die Zahlung bzw den Erlag von Geld gerichtet sind sowie [unmittelbar] 1187 aus einem Wechsel abgeleitet und auf das WechselG gestützt werden [Art 48 WechselG]) oder diesen gleichgestellte Ansprüche (Scheckrückgriffsansprüche nach Art 59a ScheckG und Ansprüche gem Art 4a ScheckG) und weist der zugrunde liegende **Wechsel alle Gültigkeitserfordernisse** auf, so kann er diese Ansprüche auf verschiedene Weise durchsetzen. Er kann:

▶ eine **Wechselklage** einbringen;

Hierbei handelt es sich um eine „normale" Klage, die sich (ausschließlich) auf einen wechselmäßigen oder gleichgestellten Anspruch stützt. Auf das folgende Verfahren sind zusätzlich zu den allgemeinen auch die besonderen Verfahrensvorschriften über Wechselstreitigkeiten anzuwenden (**Wechselprozess**). Ein (Wechsel-)Zahlungsauftrag wird aber mangels eines entsprechenden Antrags in der Klage nicht erlassen.

▶ eine **Wechselmandatsklage** einbringen;

Wie mit einer „normalen" Wechselklage können auch mit einer Wechselmandatsklage nur Ansprüche aus Wechsel- oder gleichgestellten Streitigkeiten geltend gemacht werden. Die Klage enthält aber zusätzlich einen **Antrag** auf Erlassung eines Wechselzahlungsauftrags. Das Verfahren läuft nach den Bestimmungen für das Wechselmandatsverfahren ab. Erhebt der Beklagte rechtzeitig Einwendungen, so gelten in der Folge die Vorschriften des „normalen" Wechselprozesses.

▶ eine **Klage aus dem Grundgeschäft** einbringen.

Über diese wird unter Anwendung der allgemeinen Verfahrensvorschriften entschieden. Da bei der Wechsel- und der Wechselmandatsklage nur die Berechtigung des Anspruchs aus dem Wechsel, nicht aber aus dem Grundgeschäft geprüft wird (Grundsatz der beschränkten Kognition), ist eine Klage aus dem Grundgeschäft auch dann möglich, wenn bereits ein Verfahren über die Wechsel- bzw Wechselmandatsklage anhängig oder entschieden ist (kein Prozesshindernis der Streitanhängigkeit oder Rechtskraft).

1188 Unabhängig davon, ob der **Wechselprozess** durch eine Wechsel- oder eine Wechselmandatsklage eingeleitet worden ist, sind folgende **Verfahrensbesonderheiten** zu beachten:

Es dürfen ausschließlich aus Wechsel- und gleichgestellten Streitigkeiten resultierende **Ansprüche** geltend gemacht werden; eine Verbindung mit anderen Ansprüchen (etwa aus dem Grundgeschäft) ist unzulässig. Gegenstand des Verfahrens ist nur der aus dem Wechsel oder Scheck resultierende Anspruch, nicht aber Ansprüche aus dem Grundgeschäft (**Grundsatz der beschränkten Kognition**).

Eine Klagsänderung (iS einer Ersetzung des ursprünglich geltend gemachten Wechselanspruchs durch den Anspruch aus dem Grundgeschäft) ist aber möglich.

1189 Wechsel- (und gleichgestellte) Streitigkeiten sind **Handelssachen** (§ 51 Abs 1 Z 8 JN) und können auch beim **Wahlgerichtsstand** des Wechselzahlungsortes (auch für mehrere Wechselverpflichtete, die keine materiellen Streitgenossen sind; §§ 89, 93 Abs 2 JN) geltend gemacht werden. Die sachliche Zuständigkeit richtet sich nach dem Streitwert (§ 51 Abs 1 Z 8, § 52 JN), es entscheidet immer der Einzelrichter (§§ 5, 7a Abs 3 JN).

Auf Wechselstreitigkeiten finden die Bestimmungen über die Fristhemmung keine Anwendung (§ 222 Abs 2 Z 1 ZPO), die Festsetzung einer aktorischen Kaution ist nicht möglich (§ 57 Abs 2 Z 4 ZPO), eine **Wiedereinsetzung in den vorigen Stand** oder eine Wiederaufnahme des Verfahrens ist nur eingeschränkt zulässig (§ 559 ZPO). Wechselrückgriffsansprüche können uU auch schon **vor Fälligkeit** geltend gemacht werden (siehe dazu Art 43, 44 WechselG und § 555 Abs 3 ZPO). 1190

Wählt der Kläger zur Durchsetzung seines wechselmäßigen Anspruchs das **Wechselmandatsverfahren**, so hat er eine Wechselmandatsklage einzubringen. Die Klage enthält dann einen **Antrag** auf Erlassung eines (Wechsel-)Zahlungsauftrags. Die für die Anspruchsbegründung notwendigen **Urkunden** (Wechsel, Protest, quittierte Rechnungen; siehe auch § 555 Abs 2 und 3 ZPO) sind **im Original** beizulegen. 1191

Eine **Zurücknahme der Klage** ohne Anspruchsverzicht ist ohne Zustimmung der beklagten Partei bis zur Erhebung der Einwendungen, eine mit Anspruchsverzicht bis zum Schluss der mündlichen Streitverhandlung möglich (§ 557 Abs 4 ZPO).

Besitzt der Wechsel alle Gültigkeitserfordernisse und bestehen keine Bedenken gegen seine Echtheit, so erlässt das Gericht nach Prüfung der allgemeinen und sonstigen (für die Erlassung eines Wechselzahlungsauftrags erforderlichen) besonderen Prozessvoraussetzungen (zB Wohnsitz, gewöhnlicher Aufenthalt, Sitz der beklagten Partei im Inland, vgl § 556 Abs 2 ZPO) einen **Zahlungsauftrag** (§ 556 Abs 1 ZPO; zum Fall, dass dem Antrag auf Erlassung eines Zahlungsauftrags nicht stattgegeben werden kann, siehe § 556 Abs 5 ZPO). Eine vorherige Anhörung des Beklagten oder eine mündliche Verhandlung findet nicht statt. 1192

Der Zahlungsauftrag trägt dem Beklagten auf, **binnen 14 Tagen** bei sonstiger Exekution entweder zu leisten oder Einwendungen zu erheben. Ein Rechtsmittel gegen den Zahlungsauftrag ist nicht zulässig, die Kostenentscheidung kann mit Rekurs angefochten werden (§ 557 Abs 1 ZPO). Die **Einwendungen** sind zu begründen, da sie die Funktion eines Urteilsgegenantrags haben. „Leere" (also unbegründete) oder verspätete Einwendungen werden (ev nach einem erfolglosen Verbesserungsverfahren) zurückgewiesen. 1193

Durch rechtzeitige und begründete Einwendungen tritt der Zahlungsauftrag (im Gegensatz zum Zahlungsbefehl) **nicht außer Kraft** – es wird lediglich die Möglichkeit der Exekution zur Befriedigung gehemmt, eine **Exekution zur Sicherstellung** ist hingegen ohne Gefahrenbescheinigung möglich (§ 371 Z 2 EO) –, sondern es wird eine vorbereitende Tagsatzung anberaumt, in welcher über die erhobenen Einwendungen verhandelt wird. Bei Nichterscheinen einer Partei kann auf Antrag der erschienenen ein Versäumungsurteil gefällt werden (§ 557 Abs 6 ZPO). 1194

1195   Nach Durchführung des Verfahrens wird mit **Urteil** entschieden, ob der **Zahlungsauftrag aufrechterhalten** oder **aufgehoben** und die Klage abgewiesen wird. Wenn sich (erst jetzt) das Fehlen allgemeiner oder besonderer Prozessvoraussetzungen herausstellt, wird der Zahlungsauftrag aufgehoben und die Klage mit Beschluss zurückgewiesen.

Übersicht über die Unterschiede zwischen Mahn- und Wechselmandatsverfahren

	Mahnverfahren	Wechselmandats-verfahren
Anwendung	obligatorisch	fakultativ; entsprechender Antrag in der Klage erforderlich
Beklagter im Ausland	Erlassung eines Zahlungsbefehls unzulässig	Erlassung eines Zahlungsauftrags unzulässig
Klagebegehren	Leistung von Geld	Leistung von Geld
Wertgrenze	ja, € 75.000	nein
besondere Beweismittel erforderlich?	nein	bestimmte Urkunden (zB Wechsel oder Scheck)
Entscheidung	Zahlungsbefehl	Zahlungsauftrag
Gehör vor Erlassung des ZB/ZA?	ohne Gehör	ohne Gehör
Rechtsbehelf	Einspruch binnen vier Wochen	Einwendungen binnen 14 Tagen
Inhalt des Rechtsbehelfs	GH: Klagebeantwortung BG: darf unbegründet („leer") sein	Einwendungen müssen begründet werden
Wirkungen des Rechtsbehelfs	Zahlungsbefehl tritt ex lege außer Kraft und die vorbereitende Tagsatzung wird anberaumt	Zahlungsauftrag tritt nicht außer Kraft (nur seine Rechtskraft und Vollstreckbarkeit werden gehemmt) und die vorbereitende Tagsatzung wird anberaumt
Entscheidung aufgrund des Rechtsbehelfs	Urteil über das Klagebegehren	Urteil: Zahlungsauftrag wird aufrechterhalten, oder aufgehoben und die Klage abgewiesen
Exekution zur Sicherstellung	nein	ja, ohne Gefahrenbescheinigung

III. Das Bestandverfahren

Literatur: *Albrecht,* Bindung an Demolierungsbescheid? JAP 1994/95, 262; *Brandstetter,* Kostenersatz im Bestandverfahren vor der Erhebung von Einwendungen? RdW 1989, 61; *Garai,* Gerichtliche Kündigung des Mieters – Zustellprobleme, wobl 1997, 206; *derselbe,* Ideen zu einem Mietgesetz, RZ 2004, 234; *Gartner,* Wohnrecht 2012 (2012); *Hagen,* Hauptprobleme des österreichischen Bestandverfahrens (1971); *Hausmann,* Zur Bezeichnung des Bestandgegenstandes im Kündigungsverfahren, wobl 1996, 129; *derselbe,* Kündigung von Mietverträgen, ecolex 1999, 25; *derselbe* in *Hausmann/Vonkilch* (Hrsg), Österreichisches Wohnrecht (2007) §§ 33 ff MRG; *Illedits/Reich-Rohrwig* (Hrsg), Wohnrecht Kurzkommentar (2011); *Konecny,* Einstweilige Verfügungen in Bestandstreitigkeiten, JBl 1994, 9; *Lindinger,* Prozessführung im Mietrecht (2004); *Mini,* Kündigungs- und Räumungsverfahren (2012); *Oberhammer,* Das Auftragsverfahren in Bestandstreitigkeiten (1992); *derselbe,* „Änderung der Abgabestelle" durch Delogierung und Hinterlegung ohne vorausgehenden Zustellversuch, wobl 1994, 18; *derselbe,* Aufrechnung mit Forderungen auf Rückzahlung von verbotenen Leistungen und Entgelten im streitigen Verfahren, wobl 1994, 203; *derselbe,* Zur Zulässigkeit der Zurücknahme einer gerichtlichen Aufkündigung, wobl 1997, 174; *Palten,* Bestandverfahren (1991); *Pittl,* Grundzüge des Miet- und Wohnungseigentumsrechts^2 (2011); *Prader,* Mietrechtsgesetz und ABGB-Mietrecht^4 (2013); *Prader/Kuprian,* Zeitmietverträge und Kündigung nach der WRN 2006, immolex 2006, 307; *Rainer* (Hrsg), Handbuch des Miet- und Wohnrechts (Loseblattausgabe, Stand 2012); *Reiber/Liehl,* Die Kündigung im Mietrecht (2001); *Riepl,* Die gerichtliche Aufkündigung von Bestandverträgen gem §§ 560 ff ZPO unter besonderer Berücksichtigung der Rechte Dritter (2006); *derselbe,* Bestandverfahren: Ein Plädoyer für den Kostenersatz vor Erhebung von Einwendungen, immolex 2006, 230; *derselbe,* Die „neue" Rechtzeitigkeit von gerichtlichen Aufkündigungen im Voll- und Teilanwendungsbereich des MRG nach der WRN 2006, immolex 2007, 40; *Simotta,* Kostenersatz im Bestandverfahren vor der Erhebung von Einwendungen? RdW 1987, 400; *dieselbe,* Nochmals: Kostenersatz im Bestandverfahren vor der Erhebung von Einwendungen? wobl 2002, 197; *Singer,* Auflösung eines Mietvertrags wegen Zahlungsrückstands. Ein Judikaturüberblick, Zak 2013/44, 27; *Sprung/Mayr,* Die Befristung bestandrechtlicher Exekutionstitel (§ 575 öZPO), in FS Habscheid (1989) 307 = wobl 1990, 4; *Stabentheiner,* Die Änderungen des Mietrechts durch die Wohnrechtsnovelle 2006, ÖJZ 2006, 743; *derselbe,* Mietrecht^3 (2010); *Vonkilch,* Der einstweilige Mietzins, immolex 2004, 228; *Würth,* Die Auswirkungen der Erweiterten Wertgrenzennovelle 1997 im Wohnrecht – Ein erster Überblick, wobl 1999, 25; *derselbe,* Verfahrensrechtliche Probleme des MRG (§§ 33 bis 35, 37 bis 42 MRG), in *Korinek/Krejci* (Hrsg), Handbuch zum Mietrechtsgesetz (1985) 491; *Würth/Zingher/Kovanyi,* Miet- und Wohnrecht^{22} I (2009).

A. Allgemeines

Durch das Bestandverfahren sollen einerseits Bestandverträge aufgelöst bzw ihre stillschweigende Verlängerung verhindert, andererseits möglichst rasch Exekutionstitel (gerichtliche Aufkündigung, Übergabe- bzw Übernahmeauftrag) zur Erzwingung der Übergabe bzw Übernahme unbeweglicher Sachen geschaffen werden. $\qquad$ 1196

Das dafür vorgesehene System entspricht jenem des Wechselmandatsverfahrens. Nach einem entsprechenden Antrag des Klägers wird ein Auftrag erlassen; dieser wird – wenn der Gegner nicht rechtzeitig Einwendungen erhebt – vollstreckbar, andernfalls wird das „normale" Verfahren eingeleitet.

Anstatt durch einen Antrag auf Erlassung eines Übernahme- bzw Übergabeauftrags die stillschweigende Verlängerung eines befristeten Bestandvertrages zu verhindern, kann auch binnen einer bestimmten Frist nach Ablauf des Bestandvertrages eine **Klage** auf Zurückstellung oder Zurücknahme des Bestandgegenstands nach § 569 ZPO erhoben werden. Die Regelung über die Kündigungsklage (§ 567 Abs 4 ZPO aF) wurde durch die ZVN 2009 wegen fehlender praktischer Bedeutung aufgehoben. **Räumungsklagen** (etwa gestützt auf die in § 1118 ABGB vorgesehenen Gründe, zB erheblich nachteiliger Gebrauch des Bestandgegenstands) und („prätorische") **Räumungsvergleiche** kommen hingegen häufig vor. Letztere dienen allerdings nicht der Auflösung eines Bestandvertrages, sondern bezwecken die Erlangung eines Exekutionstitels auf Räumung eines Bestandobjekts.

1197   Das Bestandverfahren ist sachlich auf bestimmte **Bestandstreitigkeiten** beschränkt (Auflösung von Bestandverträgen über Grundstücke, Gebäude etc; §§ 560 ff ZPO). Für andere Streitigkeiten aus Bestandverträgen (zB Mietzinsklagen) gelten die allgemeinen Verfahrensbestimmungen.

Für Bestandverfahren ist das Bezirksgericht zuständig (**sachliche Eigenzuständigkeit**; § 49 Abs 2 Z 5 und Abs 4 JN), in dessen Sprengel die Bestandsache liegt (**ausschließliche örtliche Zuständigkeit**; § 83 JN). Es handelt sich dabei um eine **internationale Zwangszuständigkeit** (§ 104 Abs 4 JN).

Wenn in einer Bestandstreitigkeit über eine Kündigung, über eine Räumung oder über das Bestehen oder Nichtbestehen des Vertrages entschieden wird, gibt es keine Beschränkung der Berufungsgründe (§ 501 Abs 2 ZPO; siehe Rz 1064 ff). Auch die sonst für die Zulässigkeit einer ordentlichen Revision bzw eines ordentlichen Revisionsrekurses vorgesehenen Wertgrenzen gelten nicht (§ 502 Abs 5 Z 2, § 528 Abs 2 Z 1 ZPO): Wird daher die ordentliche Revision bzw der ordentliche Revisionsrekurs nicht zugelassen, so kann stets eine außerordentliche Revision bzw ein außerordentlicher Revisionsrekurs erhoben werden (§ 505 Abs 4, § 528 Abs 3 ZPO; siehe Rz 1091, 1136).

B. Die gerichtliche Aufkündigung

1198   Die gerichtliche Aufkündigung (§§ 560 ff ZPO) ist ein an das Gericht gerichtetes Rechtsschutzbegehren auf Auflösung des Bestandvertrags. Sie ist erforderlich:

- wenn ein Bestandvertrag auf unbestimmte Zeit abgeschlossen oder verlängert wurde;
- wenn in einem auf bestimmte Zeit abgeschlossenen Bestandvertrag vorgesehen ist, dass es einer Aufkündigung bedarf, um einer stillschweigenden Verlängerung vorzubeugen; oder

400

- um einen befristeten Mietvertrag vereinbarungsgemäß vorzeitig aufzukündigen.

Bei der gerichtlichen Aufkündigung handelt es sich nach hM um eine doppelfunktionale Prozesshandlung (siehe Rz 604 ff). Die über sie ergehende rechtsgestaltende Entscheidung ist unvollkommen, da sie uU einer Exekution bedarf (vgl Rz 525).

Eine **außergerichtliche Aufkündigung** von Bestandverträgen ist nur dann möglich, wenn nicht besondere Vorschriften (insb das MRG; siehe unten Rz 1205) eine gerichtliche Aufkündigung verlangen.

Die Aufkündigung durch die Partei hat die Kündigungserklärung, den Kündigungstermin und den Antrag zu enthalten, dem Gegner die Übergabe bzw Übernahme des Bestandgegenstands zum Kündigungstermin aufzutragen oder binnen vier Wochen Einwendungen bei Gericht zu erheben (§ 562 ZPO). 1199

Dafür besteht ein amtliches **Formblatt** (ZPForm 102), das auch im Internet ausgedruckt oder ausgefüllt werden kann (www.justiz.gv.at/service).

Die gerichtliche Aufkündigung muss so **zeitgerecht** „bei Gericht angebracht" werden, dass zwischen diesem Tag und dem **Kündigungstermin** die als **Kündigungsfrist** vorgesehene Zeitspanne liegt. Da „Anbringung bei Gericht" im „allgemeinen zivilprozessualen Sinn" zu verstehen ist, sind die Tage des Postlaufs nicht zu berücksichtigen (ErläutRV ZVN 2009, 89 BlgNR 24. GP 23). Die gerichtliche Aufkündigung muss also nur rechtzeitig zur Post gegeben werden (Poststempel), nicht aber rechtzeitig bei Gericht eingelangt sein.

Die Kündigungsfristen und -termine ergeben sich aus einer Vereinbarung der Parteien oder sind im Gesetz vorgegeben (§ 560 ZPO).

Verspätet angebrachte gerichtliche Aufkündigungen sind von Amts wegen zurückzuweisen, rechtzeitig angebrachte jedenfalls dem Gegner zuzustellen. Die **Zustellung** ist unabhängig davon durchzuführen, ob sie so rechtzeitig erfolgen kann, dass zwischen der Zustellung an den Gegner und dem Kündigungstermin die Kündigungsfrist liegt (§ 563 Abs 1 ZPO).

Je nachdem, ob die Zustellung an den Gegner vor Beginn der Kündigungsfrist erfolgt oder nicht und wie sich der Gegner in der Folge verhält, sind **drei Fallkonstellationen** zu unterscheiden (§ 563 Abs 2 ZPO): 1200
- Die Zustellung der gerichtlichen Aufkündigung erfolgt **rechtzeitig** vor Beginn der Kündigungsfrist: Die Aufkündigung wird zu dem in ihr vorgesehenen Kündigungstermin rechtswirksam, sofern der Gegner keine Einwendungen erhebt oder mit diesen nicht durchdringt.
- Die Zustellung der gerichtlichen Aufkündigung erfolgt zwar **verspätet**, der Gegner erhebt aber überhaupt **keine Einwendungen** oder erhebt zwar Einwendungen, macht aber die Versäumung der Kündigungsfrist weder in den Einwendungen noch im Laufe des weiteren Verfahrens geltend (keine Eventualmaxime): Die Aufkündigung wird – trotz Verspätung – zu dem in ihr genannten Kündigungstermin rechtswirksam (allerdings nur, sofern die gerichtliche Aufkündigung trotz anderer – nicht die Verspätung betreffender – Einwendungen für wirksam erklärt wurde).
- Die Zustellung der gerichtlichen Aufkündigung erfolgt **verspätet** und der Gegner erhebt **entsprechende Einwendungen** bzw rügt die Versäumung der Kündigungs-

frist im Laufe des Verfahrens (keine Eventualmaxime): Die Aufkündigung wird – sofern sie nicht aus anderen Gründen gänzlich aufzuheben ist – nicht zu dem ursprünglich begehrten Kündigungstermin, sondern erst zum „ersten späteren Kündigungstermin" rechtswirksam. Dieser spätere Kündigungstermin ist im Urteil über die Aufrechterhaltung der gerichtlichen Aufkündigung zu benennen (§ 572 ZPO).

C. Der Übernahme- bzw Übergabeauftrag

1201 Eines Übernahme- bzw Übergabeauftrags (§ 567 ZPO) bedarf es, um die stillschweigende Verlängerung eines auf bestimmte Zeit abgeschlossenen Bestandvertrages zu verhindern (§§ 1114 f ABGB, § 29 Abs 3 MRG).

Ausgenommen die Parteien haben ausdrücklich vereinbart, dass es zur Verhinderung der Verlängerung einer Aufkündigung bedarf. In diesem Fall müsste eine gerichtliche Aufkündigung beantragt werden (siehe oben Rz 1198, 2. Fall).

Die Erlassung eines Übernahme- oder Übergabeauftrags ist frühestens sechs Monate vor dem Ablauf der Bestandzeit zu beantragen (§ 567 Abs 1 und 2 ZPO).

D. Das Verfahren

1202 Die Aufkündigung bzw der Antrag auf Erlassung eines Übergabe- oder Übernahmeauftrages ist schriftlich oder zu gerichtlichem Protokoll einzubringen. Daraufhin erlässt das Gericht bei Vorliegen der formellen Voraussetzungen ohne Anhörung des Gegners einen Auftrag, der (falls eine gerichtliche Aufkündigung begehrt wurde) die gerichtliche Aufkündigung und (sowohl bei gerichtlicher Aufkündigung als auch bei einem Antrag auf Erlassung eines Übergabe- bzw Übernahmeauftrags) den Befehl enthält, entweder die Bestandsache innerhalb von 14 Tagen (Räumungsfrist) zu übergeben bzw zu übernehmen oder binnen vier Wochen Einwendungen zu erheben.

Die Aufkündigung bzw der Auftrag wird dem Gegner nach den für die Zustellung von Klagen maßgeblichen Vorschriften zugestellt (§ 564 ZPO; siehe Rz 395 f). Erhebt er keine rechtzeitigen Einwendungen – verspätete werden zurückgewiesen –, so wird der Auftrag rechtskräftig und vollstreckbar (§ 1 Z 4 EO).

1203 Erhebt der Gegner jedoch **rechtzeitig begründete Einwendungen**, so wird die vorbereitende Tagsatzung anberaumt; verspätete Einwendungen sind von Amts wegen zurückzuweisen. Werden die Einwendungen zurückgenommen, so erwächst die Aufkündigung bzw der Übernahme- oder Übergabeauftrag in Rechtskraft (§ 484 ZPO analog). Bei Säumnis einer Partei kann auf Antrag der erschienenen ein Versäumungsurteil ergehen (§ 571 Abs 4 ZPO).

Generell ist bei der Anberaumung von Tagsatzungen sowie bei der Setzung von Fristen auf die Dringlichkeit der Bestandsachen Bedacht zu nehmen (§ 571 Abs 2 ZPO).

Die fristgerecht erhobenen Einwendungen **hemmen** die Rechtskraft und die **Vollstreckbarkeit** des Auftrags. Schlussendlich wird mit **Urteil** entschieden, ob die gerichtliche Aufkündigung bzw der Auftrag **als wirksam erkannt** oder **aufgehoben** wird: Bei Behauptung der verspäteten Zustellung der Aufkündigung ist auch auszusprechen, zu welchem Kündigungstermin die Kündigung wirksam wird (§ 572 ZPO). Im Auftrag oder im Urteil (auch in einem Räumungsurteil, dem kein Auftrag vorausgegangen ist: § 574 ZPO) ist eine 14-tägige **Räumungsfrist** (vgl zur Leistungsfrist Rz 900) festzusetzen (§ 573 ZPO).

E. Die Vollstreckung

Die im Bestandverfahren entstandenen Exekutionstitel (gerichtliche Aufkündigung, Übergabe- oder Übernahmeauftrag, Urteil über Einwendungen) sind zeitlich befristet. Wird nicht innerhalb von sechs Monaten ab Ablauf der Räumungsfrist die Exekution beantragt, treten sie außer Kraft (§ 575 Abs 3 ZPO). 1204

Allerdings verlieren diese gerichtlichen Entscheidungen dadurch nur ihre Vollstreckbarkeit, das ihnen zugrunde liegende Bestandverhältnis selbst bleibt aufgelöst. Der aus der Entscheidung Berechtigte kann daher, sofern der Bestandvertrag nicht ausdrücklich oder stillschweigend erneuert wurde, mit einer Räumungsklage wegen titelloser Benützung einen neuen Exekutionstitel erwirken.

Außerdem kann jede der beiden Parteien die Exekution beantragen (*iudicium duplex*; § 561 Abs 1 ZPO); also auch der im Verfahren Unterlegene gegen den Obsiegenden.

Begehrte beispielsweise der Bestandnehmer erfolgreich die Übergabe des Bestandobjekts, überlegt es sich dann aber doch anders und verweigert nunmehr die Annahme desselben, könnte der im vorhergehenden Verfahren unterlegene Bestandgeber gestützt auf den dort ergangenen Exekutionstitel die zwangsweise Durchsetzung der Übernahme durch den Bestandnehmer beantragen.

Die gegen den Bestandnehmer erwirkten Entscheidungen sind auch gegen den **Unterbestandnehmer** vollstreckbar (§ 568 ZPO).

Die Exekution erfolgt nach den Bestimmungen des § 349 EO durch gerichtliche Räumung (**Delogierung**).

F. Besonderheiten nach dem MRG

Während der Mieter im Anwendungsbereich des MRG die Wahl hat, ob er den Bestandvertrag außergerichtlich schriftlich oder gerichtlich kündigen will, 1205 kann der Vermieter den Bestandvertrag nur durch eine gerichtliche Kündigung einseitig auflösen (§ 33 Abs 1 MRG).

Wird die Kündigung nicht vor Beginn der Kündigungsfrist zugestellt, so wird sie erst zum nächsten Kündigungstermin wirksam.

Der Vermieter muss in seiner Kündigung die geltend gemachten (gesetzlichen) **Kündigungsgründe** anführen, andere kann er in diesem Verfahren nicht mehr geltend machen, lediglich eine genauere Ausführung der bereits angeführten Gründe ist zulässig (§ 33 Abs 1 MRG; eingeschränkte **Eventualmaxime**; siehe Rz 98).

Bei bestimmten Kündigungsgründen steht es dem Mieter offen, durch sein Verhalten im weiteren Verfahren die **Aufhebung einer bereits ausgesprochenen Kündigung** zu bewirken (§ 33 Abs 2, 3 MRG).

Wird der Mieter beispielsweise wegen Nichtzahlung des Mietzinses (§ 30 Abs 2 Z 1 MRG, § 1118 ABGB) gekündigt bzw auf Räumung geklagt, so ist die Kündigung aufzuheben, wenn ihn kein grobes Verschulden am Zahlungsrückstand trifft und er vor Schluss der mündlichen Streitverhandlung den geschuldeten Betrag und eventuell auch die Prozesskosten ersetzt (§ 33 Abs 2 MRG). Ist die Höhe des Mietzinsrückstandes strittig, hat das Gericht darüber vor Schluss der Verhandlung mit einem selbständig anfechtbaren Beschluss zu entscheiden.

Von einer Auflösung seines Benützungsrechts hat der Mieter (= Untervermieter) den **Untermieter** unverzüglich in Kenntnis zu setzen (§ 2 Abs 2 MRG). Der Untermieter kann dem Verfahren als Nebenintervenient (siehe Rz 339 ff) beitreten.

Zur Möglichkeit, zugunsten des Untermieters mit der Exekution (Räumung) innezuhalten bzw diese aufzuschieben, siehe § 34a MRG.

1206   Im Bereich der Zwangsvollstreckung ist insb die Möglichkeit einer **Verlängerung der Räumungsfrist** (§ 34 MRG) und der **Aufschiebung der Räumungsexekution** (§ 35 MRG) zu nennen.

Die im Urteil vorgesehene Räumungsfrist kann (um höchstens neun Monate) verlängert werden, falls der Mieter wichtige Gründe geltend macht und dem Vermieter durch die Verzögerung kein unverhältnismäßiger Nachteil entsteht.

Die Räumungsexekution ist um maximal drei Monate (mit Verlängerungsmöglichkeit) aufzuschieben, falls einem Mieter bei zwangsweiser Räumung die Obdachlosigkeit droht und die Aufschiebung dem Vermieter zumutbar ist.

IV. Das Amtshaftungsverfahren

Literatur: *Böhm*, Tücken der Amtshaftung, in *Aicher* (Hrsg), Die Haftung für staatliche Fehlleistungen im Wirtschaftsleben (1988) 235; *Heller*, Die Haftung des Staates für den Verstoß seiner Höchstgerichte gegen Gmeinschaftsrecht, in FS Michalek (2005) 139; *derselbe*, Staatshaftung bei Verletzung des Gemeinschaftsrechts durch nationale Höchstgerichte, in *Hummer* (Hrsg), Neueste Entwicklungen im Zusammenspiel von Europarecht und nationalem Recht der Mitgliedstaaten (2010) 491; *Koziol*, Haftpflichtrecht II^2 (1984) 378 ff; *Koziol/Welser*, Grundriss des bürgerlichen Rechts^{13} II (2007) 385 ff; *Kremser* in *Attlmayr/Walzel von Wiesentreu* (Hrsg), Handbuch des Sachverständigenrechts (2006) 199; *Kucsko-Stadlmayr*, Haftung für Universitätsorgane, in FS Welser (2004) 597; *Mader* in *Schwimann* (Hrsg), ABGB Praxiskommentar^3 VII Haftpflichtgesetze (2005); *Matscher*, Zur sogenannten Subsidiarität der Amtshaftung, JBl 1974, 545; *Paar*, Grundzüge des Amtshaftungsrechts (2010); *Schragel*, Amtshaftung – Organhaftung, in Verfassung – Verwaltung – Gerichtsbarkeit, Richterwoche 1977 (1978) 141; *derselbe*, Verbesserter Zugang zur Amtshaftung, ÖJZ 1988, 577; *derselbe*, Amtshaftungsgesetz^3 (2003); *Ulrich*, Amtshaftung für Studienverzögerung, Zak 2010/566, 330; *Vrba*, Neuere Tendenzen in der Rechtsprechung zum Amtshaftungsrecht, AnwBl 1995, 385; *Vrba/Zechner*, Zum Begriff des Rechtsmittels nach § 2 Abs 2 AHG und die Rettungspflicht nach § 1304 ABGB, ÖJZ 1981, 589; *dieselben*, Kommentar zum Amtshaftungsrecht (1983); *Welser*, Öffentlichrechtliches und Privatrechtliches aus Anlaß einer Amtshaftungsklage, JBl 1975, 225; *Wilhelm*, Staatshaftung: Gerichtszuständigkeit nach Verletzungs-Dignität, ecolex 2003, 809; *Zechner*, Der gerichtliche Sachverständige – Privater oder Beweisorgan im Sinne des § 1 Abs 2 AHG? JBl 1986, 415; *derselbe*, Neuere Entwicklungen in der Amtshaftungsjudikatur des Obersten Gerichtshofs, in *BMJ* (Hrsg), Haftung für staatliches Handeln (2003) 163; *Ziehensack*, AHG – Amtshaftungsgesetz (2011).

A. Allgemeines

Nach § 1 AHG haften der Bund, die Länder, die Bezirke, die Gemeinden, sonstige Körperschaften des öffentlichen Rechts und die Träger der Sozialversicherung (Rechtsträger) für Schäden, die ihre Organe jemandem in Vollziehung der Gesetze durch ein rechtswidriges und schuldhaftes Verhalten zugefügt haben. 1207

Beispiele: Im Rahmen einer Dienstfahrt rammt ein LKW des Bundesheeres den PKW einer Privatperson, die vorschriftsmäßig unterwegs ist. Eine Behörde trifft eine notwendige Entscheidung (etwa zum Schutz vor Immissionen) aus Gründen der Arbeitsüberlastung nicht zeitgerecht (1 Ob 159/06y ecolex 2007/75, 173 [*Wilhelm*]). Ein Polizist hält den PKW-Lenker und einen Dritten davon ab, den im Motorraum des PKW glühenden Filz mit Handfeuerlöschern zu bekämpfen, und ruft stattdessen die (zu spät kommende) Feuerwehr (OLG Wien 14 R 13/07v ZVR 2007/212, 338).

Auch wenn durch eine Entscheidung eines Gerichts, die auf einer **unvertretbaren Rechtsansicht** beruht, ein Schaden entsteht, wird ein Amtshaftungsanspruch ausgelöst, zB durch die Verwertung rein schriftlicher Zeugenaussagen (1 Ob 28/86 SZ 59/93) oder durch eine unvertretbare Nichtvorlage einer Auslegungsfrage an den EuGH (1 Ob 90/07b SZ 2007/160). Dass eine unvertretbare Rechtsansicht nicht vorliegt, wird freilich (schon) dadurch deutlich, dass der OGH ein gegen die (angeblich unvertretbare) Entscheidung erhobenes Rechtsmittel mangels einer Rechtsfrage von erheblicher Bedeutung zurückgewiesen hat (1 Ob 159/07z ecolex 2008/12, 44).

Statistisch gesehen sind im Jahr 2007 bei den österreichischen Gerichten **276 Amtshaftungsklagen** angefallen, wovon 53 das Justizressort betroffen haben (siehe *Mayr*, AnwBl 2009, 62).

Ein Schadenersatzanspruch besteht jedoch **nicht**, wenn der Schaden durch Rechtsmittel oder durch eine Beschwerde beim VwGH hätte abgewendet wer- 1208 den können (§ 2 Abs 2 AHG), wenn der Schaden durch ein Erkenntnis des OGH, des VfGH oder des VwGH entstanden ist (§ 2 Abs 3 AHG) oder wenn der Anspruch bereits verjährt ist (§ 6 AHG).

Gegen § 2 Abs 3 AHG hegt der OGH (1 Ob 36/07m Zak 2007/525, 297) keine verfassungsrechtlichen Bedenken.

1209   Das handelnde **Organ haftet** dem Geschädigten **nicht**; eine Klage gegen das Organ selbst ist daher (wegen Unzulässigkeit des Rechtswegs) zurückzuweisen (§ 8 Abs 5 AHG). Allerdings kann der Rechtsträger vom Organ Rückersatz fordern, wenn es vorsätzlich oder grob fahrlässig gehandelt hat (§ 3 AHG).

Der gerichtliche **Sachverständige** ist kein Organ iSd AHG. Daher haftet für Schäden, die aus einem unrichtigen Gutachten entstehen, nicht der Bund (als Träger der Gerichtsbarkeit), sondern der Sachverständige persönlich.

B. Verfahrensbesonderheiten

1. Aufforderungsverfahren

1210   Vor der gerichtlichen Geltendmachung seines Anspruchs soll der Geschädigte den Rechtsträger schriftlich auffordern, den Ersatzanspruch binnen drei Monaten anzuerkennen (§ 8 Abs 1 AHG). Eine vorschnell eingebrachte Klage ist zwar zulässig (und darf daher nicht deswegen zurückgewiesen werden), sie kann aber für den Kläger Kostenfolgen nach § 45 ZPO haben: Wenn der Rechtsträger den Amtshaftungsanspruch sofort anerkennt und erfüllt, kann der obsiegende Kläger kostenpflichtig werden (siehe Rz 459).

2. Zuständigkeit

1211   Für die Amtshaftungsklage ist das Landesgericht, in dessen Sprengel die Rechtsverletzung begangen wurde, ausschließlich zuständig (sachliche Eigenzuständigkeit, aber nach hM kein Zwangsgerichtsstand).

§ 9 Abs 4 AHG sieht einen besonderen Fall einer amtswegigen (notwendigen) Delegation vor (siehe Rz 265), wenn das schädigende Gericht selbst für die Entscheidung über die Amtshaftungsklage unmittelbar oder im Instanzenzug zuständig wäre.

3. Sonstige Besonderheiten

1212   Der beklagte Rechtsträger hat den Organen, die er für den Rückersatz für haftbar erachtet, den Streit zu verkünden. Sie können dem Rechtsstreit als Nebenintervenienten beitreten (§ 10 AHG). Wie bereits oben erwähnt, kann der Rechtsträger beim (vorsätzlich oder grob fahrlässig handelnden) Organ Regress nehmen. Auf dieses Verfahren sind die Bestimmungen des ASGG anzuwenden (§ 9 Abs 3 AHG).

Weder das Organ noch die Zeugen oder die Sachverständigen sind zur Wahrung des Amtsgeheimnisses verpflichtet, jedoch kann die Öffentlichkeit ausgeschlossen und allen Anwesenden die Pflicht zur Geheimhaltung auferlegt werden (§ 13 AHG).

In den §§ 11 f AHG werden verschiedene Gründe angeführt, aus denen das Amtshaftungsverfahren unterbrochen werden kann oder unterbrochen werden muss.

V. Das Organhaftpflichtverfahren

Literatur: *F. M. Adamovic*, Zur Organhaftung: Bindung an Disziplinarerkenntnis – Haftung eines Beamten in Vollziehung der Gesetze? ÖJZ 2005, 481; *Ent*, Die Organhaftpflicht (1969); *Kucsko-Stadlmayer*, Die Organhaftung, in *Holoubek/Lang* (Hrsg), Organhaftung und Staatshaftung in Steuersachen (2002) 373; *Mader* in *Schwimann* (Hrsg), Praxiskommentar ABGB³ Bd VII Haftpflichtgesetze (2005); *Stifter*, Die Geltendmachung von Schadenersatzansprüchen nach dem Dienstnehmerhaftpflichtgesetz und dem Organhaftpflichtgesetz, ÖJZ 1969, 1; *Waas*, Die schadenersatzrechtliche Haftung der öffentlich Bediensteten seit dem ASGG, ÖJZ 1988, 48.

A. Allgemeines

Das Organhaftpflichtgesetz (OrgHG) regelt die Ersatzpflicht für Schäden, die ein Organ „seinem" Rechtsträger in Vollziehung der Gesetze durch ein schuldhaftes und rechtswidriges Verhalten unmittelbar zugefügt hat.   1213

Beispiele: Ein Polizist beschädigt sein Einsatzfahrzeug. Ein Finanzbeamter hebt keine Steuern ein. Oder komplizierter: Kosten für die Sanierung einer Mülldeponie, die durch die schuldhafte Verletzung der Bestimmungen des Wasserrechtsgesetzes, durch Verletzung von Kontroll- und Leitungsbefugnissen sowie Untätigsein von Beamten entstanden sind (vgl 9 ObA 2300/96t SZ 70/104).

Abgrenzung zum **Dienstnehmerhaftpflichtgesetz**: Nach § 1 Abs 2 DHG sind Dienstnehmer vom Geltungsbereich des DHG ausgenommen, soweit sie als Organe der in Art 23 Abs 1 B-VG genannten Rechtsträger in Vollziehung der Gesetze dem Rechtsträger (oder einem Dritten) einen Schaden zugefügt haben. OrgHG (und AHG) sind somit *leges speciales* gegenüber dem DHG. Eine Anwendung des DHG kann aber in Betracht kommen, wenn das schadensverursachende Verhalten des Organs nicht „in Vollziehung der Gesetze", sondern im Bereich der Privatwirtschaftsverwaltung erfolgt ist.

B. Verfahrensbesonderheiten

Es sind grundsätzlich die Bestimmungen des **ASGG** (siehe Rz 1215 ff) anzuwenden (§ 8 Abs 1 OrgHG), wobei zusätzlich ähnliche Besonderheiten wie im Amtshaftungsverfahren gelten.   1214

Im Unterschied zum Amtshaftungsverfahren (siehe oben Rz 1210) bildet das **Aufforderungsverfahren** jedoch (nach wie vor) eine zwingende Prozessvoraussetzung: Der Rechtsträger hat das Organ vorerst schriftlich zur Anerkennung des Anspruchs aufzufordern. Erst nach einer Ablehnung des behaupteten Anspruchs oder nach fruchtlosem Ablauf einer Frist von drei Monaten steht der Rechtsweg für die gerichtliche Geltendmachung offen (§ 7 OrgHG).

Neunzehnter Teil:
Das arbeits- und sozialgerichtliche Verfahren

I. Allgemeines

Literatur: *F. M. Adamovic*, Handbuch zum ASG-Verfahren (2010); *Beran/Klaus/Liebhart/Nigl/Pühringer/Rassi/Roch/Steinhauer*, Überlegungen zur ASGG-Novelle 2002, RZ 2003, 34; *Fink*, Arbeits- und sozialgerichtliche Miszellen, ÖJZ 1988, 97; *derselbe*, Zur Neuregelung der Arbeits- und Sozialgerichtsbarkeit in Österreich, ZZP 102 (1989) 80; *derselbe*, Auswirkungen der ZVN 2002 auf das Verfahren in Arbeits- und Sozialrechtssachen – Ein Überblick, DRdA 2003, 221; *Feitzinger/Tades*, Arbeits- und Sozialgerichtsgesetz^2 (1996); *Fellinger*, Aktuelle verfahrensrechtliche Probleme im ASG-Verfahren vor dem OGH, ZAS 2012/57, 309; *Gamerith*, Fünf Jahre ASGG – Rückblick und Ausblick, in *Tomandl* (Hrsg), Arbeitsrecht in einer sich wandelnden Rechtsordnung (1993) 115; *Gerlach/Somek*, Die Beschleunigung des arbeitsgerichtlichen Verfahrens, ecolex 2000, 588; *Klicka*, Gedanken zur Entwicklung der Arbeits- und Sozialgerichtsbarkeit, in *Mayr* (Hrsg), 100 Jahre österreichische Zivilprozessgesetze (1998) 123; *Kodek*, Entwicklung und Reformbedarf in der Arbeits- und Sozialgerichtsbarkeit – neue Herausforderung für die Rechtsdurchsetzung, DRdA 2012, 555; *Kuderna*, Erfahrungen mit dem ASGG aus der Sicht des OGH, DRdA 1989, 173; *derselbe*, Arbeits- und Sozialgerichtsgesetz^2 (1996); *derselbe*, Die Entwicklung der Arbeitsgerichtsbarkeit in Österreich, DRdA 1997, 341; *Machacek*, Die Evolution der Arbeits- und Sozialgerichtsbarkeit, in FS Strasser (1983) 649; *Müller*, Erfahrungen mit dem ASGG aus der Sicht eines Anwalts, DRdA 1989, 267; *Neumayr* in *Neumayr/Reissner* (Hrsg), Zeller Kommentar zum Arbeitsrecht^2 II (2011) 833 ff; *Rechberger,* Das ASGG aus der Sicht der Rechtswissenschaft, DRdA 1989, 263; *Schoibl*, Neuerungen im arbeits- und sozialgerichtlichen Verfahren, ZAS 2003, 214; *Wresounig*, Arbeits- und Sozialgerichtsgesetz (1986).

Durch das **Arbeits- und Sozialgerichtsgesetz (ASGG)** wurde (seit dem 1215
1. 1. 1987) die Zuständigkeit in arbeits- und sozialgerichtlichen Streitigkeiten, die früher auf eine Vielzahl von Gerichten und anderen Behörden verteilt gewesen war, (fast) zur Gänze den ordentlichen Gerichten übertragen und diesen Streitigkeiten eine eigene Verfahrensordnung gegeben.

Das ASGG enthält jedoch keine umfassende und abschließende Regelung des arbeits- und sozialgerichtlichen Verfahrens, vielmehr sind gem § 2 Abs 1 ASGG subsidiär – „soweit nichts anderes angeordnet ist" – die für die Gerichtsbarkeit in bürgerlichen Rechtssachen geltenden Vorschriften (also insb **JN, ZPO** und **EO**) anzuwenden. Das ASGG selbst differenziert wiederum nach der Art der verhandelten Streitigkeit und enthält besondere Vorschriften,
- die sowohl für Arbeits- als auch für Sozialrechtssachen gelten (§§ 1 bis 3, 9 bis 44, 92 ASGG);
- die nur für Arbeitsrechtssachen gelten (§§ 4 bis 6, 8, 49 bis 63 ASGG; siehe unten Rz 1238 ff);
- die nur auf Sozialrechtssachen anzuwenden sind (§§ 7, 64 bis 91, 93 ASGG; siehe unten Rz 1248 ff).

Diese **Sonderregelungen** beruhen zum Teil auf der besonderen Natur der verhandelten Ansprüche, zum Teil aber auch auf der Absicht des Gesetzgebers, die als schutzwürdig betrachteten Parteien durch spezielle Verfahrensnormen besonders zu schützen.

1216   Das ASGG ist besonders häufig Novellierungen unterworfen (zuletzt etwa durch das BBG 2011, das 2. StabG 2012 und BGBl I 2013/86). Besonders bedeutsam war beispielsweise die ASGG-Novelle 1994, mit der ua der Rechtszug zum OGH geändert und die Beteiligung der fachkundigen Laienrichter reduziert worden ist. Wichtig war etwa auch, dass mit der ZVN 2002 das Revisionsmodell der ZPO auf das arbeits- und sozialgerichtliche Verfahren ausgedehnt worden ist (siehe Rz 30).

Die Arbeits- und Sozialgerichtsbarkeit spielt in der Praxis eine **bedeutende Rolle**: Vom gesamten zivilen Geschäftsanfall bei den Gerichtshöfen 1. Instanz entfielen 2012 nicht weniger als 22,17 % auf Arbeitsrechtssachen und sogar 44,78 % auf Sozialrechtssachen (sowie „nur" 33,05 % auf allgemeine Zivilsachen). Siehe auch schon *Mayr*, AnwBl 2009, 58.

II. Die Arbeits- und Sozialrechtssachen

A. Arbeitsrechtssachen

1217   Bei den Arbeitsrechtssachen ist zu unterscheiden zwischen Individualarbeitsrechtssachen und den betriebsverfassungsrechtlichen Streitigkeiten.

Die **(Individual-)Arbeitsrechtssachen** werden in § 50 Abs 1 ASGG in acht Ziffern detailliert aufgezählt. Es handelt sich dabei insb um bürgerliche Rechtsstreitigkeiten zwischen Arbeitgebern und Arbeitnehmern im Zusammenhang mit dem Arbeitsverhältnis oder dessen Anbahnung (Z 1), aber auch zwischen Arbeitgebern oder Arbeitnehmern und Organen der Arbeitnehmerschaft (Z 2) oder zwischen Arbeitnehmern im Zusammenhang mit der gemeinsamen Arbeit (Z 3).

Für Regressansprüche eines Rechtsträgers gegen das schuldtragende Organ und für Ersatzansprüche eines Rechtsträgers gegen seine Organe gilt ebenfalls das ASGG (§ 9 Abs 3 AHG, § 8 Abs 1 OrgHG).

1218   Gem § 50 Abs 2 ASGG sind **betriebsverfassungsrechtliche Streitigkeiten** solche über Rechte oder Rechtsverhältnisse, die sich aus dem II. („Betriebsverfassung"), V. („Europäische Betriebsverfassung"), VI. („Beteiligung der Arbeitnehmer in der Europäischen Gesellschaft"), VII. („Beteiligung der Arbeitnehmer in der Europäischen Genossenschaft") oder VIII. Teil („Mitbestimmung der Arbeitnehmer bei einer grenzüberschreitenden Verschmelzung von Kapitalgesellschaften") des Arbeitsverfassungsgesetzes (ArbVG, BGBl 1974/22 idgF) oder aus gleichartigen Rechtsvorschriften ergeben.

Beispiele: Anfechtung von Kündigungen (§ 105 ArbVG) und Entlassungen (§ 106 ArbVG) oder die Anfechtung von Betriebsratswahlen (§ 59 ArbVG).

In diesem Zusammenhang ist zu beachten, dass § 50 ASGG auch für Rechtsstreitigkeiten gilt, die von einem **Rechtsnachfolger** des Arbeitgebers oder Arbeitnehmers geführt werden (§ 52 ASGG) und nach § 53 ASGG verschiedene Organe der Arbeitnehmerschaft (insb der Betriebsrat) **parteifähig** sind.

Arbeitgeber und **Arbeitnehmer** sind nach § 51 Abs 1 ASGG alle Personen, die zueinander in einem privat- oder öffentlich-rechtlichen Arbeitsverhältnis, in einem Lehr- oder sonstigen Ausbildungsverhältnis stehen oder gestanden sind. Den Arbeitnehmern stehen ua Personen gleich, die, „ohne in einem Arbeitsverhältnis zu stehen, im Auftrag und für Rechnung bestimmter Personen Arbeit leisten und wegen wirtschaftlicher Unselbständigkeit als arbeitnehmerähnlich anzusehen sind" („arbeitnehmerähnliche Personen" wie zB selbständige Handelsvertreter, „neue Selbständige"). 1219

B. Sozialrechtssachen

Die Sozialrechtssachen sind (insb) in **§ 65 ASGG** detailliert aufgezählt. Dabei handelt es sich in erster Linie um Rechtsstreitigkeiten über den Bestand, den Umfang oder das Ruhen eines Anspruchs auf Versicherungs- oder Pflegegeldleistungen und über den Bestand von Versicherungszeiten in der Pensionsversicherung. Dazu zählen aber etwa auch Streitigkeiten über den Rückersatz zu Unrecht empfangener Versicherungs- oder Pflegegeldleistungen sowie Ansprüche auf Insolvenz-Ausfallgeld nach dem IESG. 1220

In Sozialrechtssachen entscheiden somit ausnahmsweise ordentliche Gerichte über das Bestehen oder Nichtbestehen öffentlich-rechtlicher Ansprüche. Liegt keine in § 65 ASGG genannte Sozialrechtssache vor, so ist für die Geltendmachung dieses Anspruchs der Rechtsweg unzulässig.

III. Gerichtsorganisation und sachliche Zuständigkeit

Literatur: *Ballon,* Die Gerichtsorganisation der Arbeits- und Sozialgerichtsbarkeit, JBl 1987, 349; *Fink,* Die Heilung der Unzuständigkeiten nach dem ASGG, RdW 1987, 261; *derselbe,* Nochmals: Zur Heilung von Unzuständigkeiten nach dem ASGG, RdW 1989, 305; *Mayr,* Strukturreform der Justiz auf österreichisch, juridikum 2012/124; *Peschek,* Neue Möglichkeiten für Schiedsverfahren im Arbeitsrecht? RdW 2003, 153.

Sowohl für Arbeits- als auch für Sozialrechtssachen sind in erster Instanz die **Landesgerichte „als Arbeits- und Sozialgerichte"** zuständig. Für den Sprengel des Landesgerichts für Zivilrechtssachen Wien ist das **Arbeits- und Sozialgericht Wien** (ein eigenes ordentliches Gericht) zuständig (§§ 2, 3 ASGG). In zweiter Instanz entscheiden die **Oberlandesgerichte** als Berufungs- bzw Rekursgerichte **„in Arbeits- und Sozialrechtssachen"**, in dritter Instanz der 1221

Oberste Gerichtshof als Revisions- bzw (Revisions-)Rekursgericht „in Arbeits- und Sozialrechtssachen" (§ 36 ASGG).

Eine Änderung der sachlichen Zuständigkeit durch eine Vereinbarung der Parteien ist unzulässig (§ 9 Abs 1 ASGG).

1222   Aus dieser Konzentration der Zuständigkeit bei den (nur 16 in ASG-Sachen tätigen) Gerichtshöfen können sich für weit entfernt wohnende Parteien insofern Nachteile ergeben, als ihnen weite Anfahrtswege drohen. Um diese Nachteile zu entschärfen, konnten früher gem § 35 ASGG bei bestimmten Bezirksgerichten regelmäßig „**Gerichtstage**" (in Arbeits- und Sozialrechtssachen) abgehalten werden, bei denen nicht nur Verhandlungen durchgeführt, sondern auch Schriftsätze eingebracht und protokollarische Anträge gestellt werden konnten. Diese (besonderen) Gerichtstage wurden jedoch – ebenso wie die allgemeinen Gerichtstage nach § 29 GOG – im Zuge des 2. StabG 2012 mit Ende September 2012 ersatzlos **beseitigt**.

1223   Das angerufene Gericht hat seine sachliche (wie auch eine örtliche oder internationale) Unzuständigkeit in jeder Verfahrenslage aufgrund einer Einrede oder von Amts wegen wahrzunehmen. Die Unzuständigkeit **heilt** jedoch, wenn der qualifiziert vertretene (oder vom Richter nachweisbar belehrte unvertretene) Beklagte schriftlich oder mündlich zur Sache vorbringt, ohne die Unzuständigkeit zu rügen (§ 38 Abs 1 ASGG iVm § 104 Abs 3 JN). Ist anstelle des angerufenen Gerichts ein anderes Gericht als Arbeits- und Sozialgericht zuständig, so ist (die Klage nicht zurückzuweisen, sondern) die Rechtssache – sofern die Unzuständigkeit noch nicht geheilt ist – an dieses Gericht von Amts wegen zu **überweisen** (§ 38 Abs 2 ASGG).

Im umgekehrten Fall (eine allgemeine Zivilsache wird bei einem Arbeits- und Sozialgericht anhängig gemacht) gibt es hingegen nur eine (nachträgliche) Überweisung auf Antrag des Klägers (§§ 230a, 261 Abs 6 ZPO).

1224   Grundsätzlich steht die allgemeine Gerichtsbarkeit (in Zivil- oder Handelssachen) zur Arbeits- und Sozialgerichtsbarkeit im Verhältnis der **sachlichen Unzuständigkeit**.

So ist ein Bezirksgericht für die Behandlung einer Arbeits- und Sozialrechtssache ebenso sachlich unzuständig wie ein Landesgericht als Arbeits- und Sozialgericht (bzw das ASG Wien) für die Behandlung einer bezirksgerichtlichen Zivil- (oder Handels-) sache, und auch das LGZ Wien und das HG Wien stehen zum ASG Wien (nach hM) im Verhältnis der sachlichen Zuständigkeit.

§ 37 Abs 1 ASGG behandelt jedoch den Fall, dass **beim selben Gerichtshof** eine allgemeine Zivil- oder Handelssache von einem arbeits- und sozialrechtlichen Senat oder eine Arbeits- und Sozialrechtssache von einem Einzelrichter (oder einem Berufsrichtersenat) verhandelt und entschieden wird, als eine **Besetzungsfrage** (unten Rz 1230). Das ist zwar naheliegend, jedoch eigentlich systemwidrig (siehe hingegen das Verhältnis zwischen Zivil- und Handelssenat, Rz 259).

Eine **Schiedsvereinbarung** (siehe § 581 ZPO) ist in Arbeitsrechtssachen nach § 50 Abs 2 ASGG (betriebsverfassungsrechtliche Streitigkeiten) und in Sozialrechtssachen unwirksam. In Individualarbeitsrechtssachen (§ 50 Abs 1 ASGG) ist eine Schiedsvereinbarung – außer für Geschäftsführer und Vorstandsmitglieder einer Kapitalgesellschaft – nur für bereits entstandene Streitigkeiten wirksam (§ 9 Abs 2 ASGG). Darüber hinaus sind auch die speziellen Schutzvorschriften des § 617 ZPO für Konsumenten sinngemäß anzuwenden (§ 618 ZPO). Dadurch werden Schiedsverfahren praktisch unmöglich gemacht (siehe Rz 1274). 1225

Für die Klage auf Aufhebung des Schiedsspruchs sind die Landesgerichte als Arbeits- und Sozialgerichte bzw das ASG Wien zuständig (§ 618 ZPO nF; siehe Rz 1292 f).

IV. Die Besetzung

Literatur: *Greifeneder*, Kritische Betrachtung der Laiengerichtsbarkeit in Sozialrechtssachen, ZAS 2012/58, 316.

A. Grundsatz

In Arbeits- und Sozialrechtssachen wird die Gerichtsbarkeit grundsätzlich durch **Senate** ausgeübt, die aus Richtern und aus fachkundigen Laienrichtern zusammengesetzt sind. Ein (Berufs-)Richter führt den **Vorsitz** (§ 10 ASGG). 1226

Die **fachkundigen Laienrichter** sind in Ausübung ihres (Ehren-)Amtes unabhängig und verfügen auch über die richterlichen Befugnisse im vollen Umfang (§ 16 ASGG). Sie werden grundsätzlich je zur Hälfte aus dem Kreis der Arbeitgeber und dem Kreis der Arbeitnehmer bestellt (§ 12 Abs 1 ASGG; **paritätische Besetzung**) und sollen prinzipiell den Berufsgruppen der beteiligten Parteien angehören (siehe § 12 Abs 2 bis 6 ASGG).

Die Stellung, Wahl bzw Entsendung sowie die Pflichten der fachkundigen Laienrichter regeln die §§ 15 bis 34 ASGG sehr ausführlich. Besonderheiten bei der Abstimmung und der Geschäftsverteilung sind in den §§ 13 und 14 ASGG normiert.

Die **Senate** der Landesgerichte setzen sich aus einem Richter und zwei fachkundigen Laienrichtern, die Senate der Oberlandesgerichte und die einfachen Senate des OGH aus drei Richtern und zwei fachkundigen Laienrichtern zusammen (§ 11 Abs 1 ASGG). 1227

Der Dreiersenat des OGH (siehe Rz 71) besteht aus drei (Berufs-)Richtern, der verstärkte Senat des OGH aus sieben Richtern und vier fachkundigen Laienrichtern (§ 11 Abs 2 ASGG). Über die Ablehnung von Richtern und fachkundigen Laienrichtern (siehe Rz 163) entscheiden immer drei Berufsrichter (§ 11 Abs 4 ASGG).

Siehe die Abbildung „Übersicht über Instanzenzug und Gerichtsbesetzung" nach Rz 144.

B. Ausnahmen

1228   Die Laienbeteiligung wird allerdings (auch im arbeits- und sozialgerichtlichen Verfahren) immer stärker zurückgedrängt. So kann der (Berufs-)Richter nicht nur einen Vergleichsversuch und die Protokollierung eines erzielten Vergleichs allein durchführen, sondern er darf insb **alle Beschlüsse** (ausgenommen Endbeschlüsse) in und außerhalb der mündlichen Verhandlung sowie einstweilige Verfügungen als **Einzelrichter** (also ohne Laienrichter) erlassen (§ 11a Abs 1 ASGG). In diesen Angelegenheiten entscheiden dann auch beim OLG und beim OGH **Dreiersenate**, die sich nur aus (Berufs-)Richtern zusammensetzen (§ 11a Abs 2 und 3 ASGG).

Die fachkundigen Laienrichter wirken somit nur (noch) an denjenigen Entscheidungen mit, die in der Sache selbst ergehen (Urteile und Endbeschlüsse), wo also ihre besondere Fachkunde zum Tragen kommen kann.

1229   Wenn ein (oder beide) fachkundiger/-n Laienrichter zu einer mündlichen Verhandlung nicht erschienen ist (oder sind) und kurzfristig auch kein Ersatzrichter vorhanden ist, so kann der Vorsitzende diese Tagsatzung gem **§ 11b ASGG** auch allein durchführen, wenn dem beide Parteien ausdrücklich zustimmen. Die Zustimmung ist allerdings nur dann wirksam, wenn die Parteien entweder qualifiziert vertreten (§ 40 Abs 1 ASGG; siehe Rz 1233) oder wenn sie zuvor vom Richter nachweislich belehrt worden sind. Der Richter kann die Verhandlung auch schließen, ein Urteil oder einen Endbeschluss darf er jedoch (ohne Laienrichter) nicht fällen.

Diese Regelung ist sinngemäß auch im Berufungsverfahren anzuwenden.

C. Sanktionierung

1230   Ein Besetzungsfehler bildet grundsätzlich einen **Nichtigkeitsgrund**, der allerdings nach § 260 Abs 4 ZPO heilt (siehe Rz 172), wenn die Parteien zur Zeit des Verstoßes durch qualifizierte Personen (§ 40 Abs 1 ASGG; siehe Rz 1233) vertreten waren (§ 37 Abs 1 ASGG).

Kein Nichtigkeitsgrund liegt allerdings vor, wenn an der Stelle eines Einzelrichters ein Drei-Richter-Senat entschieden hat (§ 477 Abs 3 ZPO) oder wenn an der Stelle des Vorsitzenden oder eines Dreiersenats (zusätzlich mit Laienrichtern besetzte) ASGG-Senate entschieden haben (§ 11a Abs 4 ASGG). Bloße Ordnungswidrigkeiten bilden ferner die in § 37 Abs 2 ASGG genannten Verstöße (etwa wenn die Laienrichter nicht der richtigen Berufsgruppe angehören).

Wird die Richtigkeit der Gerichtsbesetzung (von Amts wegen oder von den Parteien) bezweifelt, so hat das Gericht – soweit der Mangel nicht bereits geheilt ist – mit Beschluss auszusprechen, in welcher Gerichtsbesetzung das Verfahren fortzuführen ist (§ 37 Abs 3 ASGG; vgl auch § 40a JN).

V. Allgemeine Verfahrensbesonderheiten

A. Verfahrensbeschleunigung

Das Verfahren ist besonders **rasch** durchzuführen. Ladungen und Entscheidungen sind unverzüglich auszufertigen (§ 39 Abs 1 ASGG). Es gilt keine Fristenhemmung nach § 222 ZPO (§ 39 Abs 4 ASGG) und schriftliche Befunde oder Gutachten sind den Parteien „ehestens" zuzustellen (§ 39 Abs 6 ASGG).   **1231**

Sanktioniert ist dieses Beschleunigungsgebot allerdings nur (höchst indirekt) durch den Fristsetzungsantrag nach § 91 GOG (siehe Rz 52).

B. Vertretungsregelung

In erster Instanz herrscht **keine Vertretungspflicht** (§ 39 Abs 3 ASGG). Im zweitinstanzlichen Verfahren müssen sich die Parteien durch „**qualifizierte Personen**" vertreten lassen, und im Rechtsmittelverfahren vor dem OGH herrscht **absolute Anwaltspflicht**.   **1232**

Zur Vertretung in erster und in zweiter Instanz ist nach **§ 40 Abs 1 ASGG** außer den Rechtsanwälten noch eine Reihe von anderen besonders „**qualifizierten Personen**" befugt. Es handelt sich dabei insb um Funktionäre und Arbeitnehmer der in Betracht kommenden gesetzlichen Interessenvertretung (Kammer) oder einer freiwilligen kollektivvertragsfähigen Berufsvereinigung (zB ÖGB) oder um Arbeitnehmer oder Prokuristen von Versicherungsträgern. Wenn eine Partei durch eine solche qualifizierte Person vertreten ist, so treten (abgesehen vom Kostenersatzanspruch) die gleichen Rechtsfolgen wie bei anwaltlicher Vertretung ein (§ 40 Abs 3 ASGG).   **1233**

Diese Gleichstellung hat insb Bedeutung bei der Heilung einer unrichtigen Gerichtsbesetzung (§ 37 ASGG; Rz 1230) oder einer (sachlichen, örtlichen, internationalen) Unzuständigkeit (§ 38 ASGG, Rz 1223) sowie bei der Zulässigkeit von Neuerungen im Berufungsverfahren (§ 63 ASGG; Rz 1246).

Außerdem können sich nach **§ 40 Abs 2 ASGG** in der ersten Instanz Arbeitgeber auch durch ihre Arbeitnehmer, Prokuristen oder Mitglieder geschäftsführender Organe und Arbeitnehmer durch ein Mitglied des zuständigen Betriebsrats vertreten lassen. Darüber hinaus ist auch die Vertretung durch „jede andere **geeignete Person**" zulässig. Über deren Eignung entscheidet der Vorsitzende.

C. Besondere Anleitungspflichten und protokollarisches Anbringen

Die richterliche Anleitungspflicht zugunsten von Personen, die nicht Versicherungsträger oder qualifiziert vertreten sind (Rz 1233), geht über die **Ma-**   **1234** nuduktionspflicht des bezirksgerichtlichen Verfahrens (siehe Rz 969) hinaus: Der Vorsitzende hat solche Parteien über die bei derartigen Arbeits- und Sozialrechtssachen in Betracht kommenden besonderen Vorbringen und Beweisanbietungen zu belehren, die zur zweckentsprechenden Rechtsverfolgung oder Rechtsverteidigung dienen können, und sie zur Vornahme der sich anbietenden Prozesshandlungen anzuleiten („**materielle Belehrungspflicht**" nach § 39 Abs 2 Z 1 ASGG).

Besonders zu beachten ist hier natürlich, dass die Grenze zu einer (unzulässigen) Parteilichkeit (insb) der (Laien-)Richter nicht überschritten wird.

Außerdem ist jeder Entscheidung der ersten oder zweiten Instanz eine **Rechtsmittelbelehrung** anzuschließen (§ 39 Abs 7 ASGG).

1235 Über die Erleichterungen nach § 434 ZPO hinaus können die oben genannten (unvertretenen) Personen dann, wenn ihr Wohnsitz, Aufenthalts- oder Beschäftigungsort außerhalb jenes Bezirksgerichtssprengels liegt, in dem der für das Verfahren zuständige Gerichtshof seinen Sitz hat, ihr Anbringen (insb Klagen) auch beim dortigen Bezirksgericht **zu Protokoll** geben (§ 39 Abs 2 Z 2 ASGG). Das Protokoll ist dann unverzüglich an den zuständigen Gerichtshof weiterzuleiten.

D. Rechtsmittelverfahren

1236 Die **Einschränkung der Berufungsgründe** bei einem Streitgegenstand bis zu € 2.700 (§ 501 ZPO; Rz 1064) **gilt** im arbeits- und sozialgerichtlichen Verfahren **nicht**. Ebenso wenig kommt die Rekursbeschränkung des § 517 ZPO (Rz 1121) zur Anwendung (§ 44 Abs 1 ASGG).

Nach der (versehentlich) unverändert aufrechterhaltenen Vorschrift des § 44 Abs 2 ASGG ist bei einem Streitwert, der € 2.000 nicht übersteigt, eine mündliche Berufungsverhandlung nur dann anzuberaumen, wenn das Berufungsgericht dies im einzelnen Fall für erforderlich hält (vgl nunmehr § 480 Abs 1 ZPO nF und Rz 1074).

1237 Bei den Voraussetzungen für die Anrufung des Höchstgerichts bestehen nach den letzten Novellierungen im Vergleich zur allgemeinen Regelung der ZPO keine grundsätzlichen Unterschiede mehr. Ebenso wie in „normalen" Zivil- und Handelssachen ist eine **Revision** an den OGH nur dann zulässig, wenn die Entscheidung von der Lösung einer Rechtsfrage abhängt, der zur Wahrung der Rechtseinheit, Rechtssicherheit oder Rechtsentwicklung **erhebliche Bedeutung** zukommt, etwa weil das Berufungsgericht von der Rechtsprechung des OGH abweicht oder eine solche Rechtsprechung fehlt oder uneinheitlich ist (§ 502 Abs 1 ZPO; Rz 1092). In Arbeits- und Sozialrechtssachen gelten jedoch die Revisionsbeschränkungen des § 502 Abs 2 und 3 ZPO – also die Streitwertuntergrenzen von € 5.000 bzw € 30.000 – **nicht** (§ 502 Abs 5 Z 4 ZPO). Das bedeutet, dass das Berufungsgericht (immer) auszusprechen hat, ob (seiner Meinung nach) eine Rechtsfrage von erheblicher Bedeutung vorliegt. Bejaht es diese Frage, so kann der OGH mit einer ordentlichen Revision angerufen werden. Bei einer Verneinung dieser Voraussetzung ist (uneingeschränkt) eine außerordentliche Revision an den OGH möglich.Für den Revisionsrekurs gelten die Regelungen der ZPO (§ 528 ZPO; Rz 1132 ff) ohne die Streitwertuntergrenzen.

VI. Besonderheiten des Verfahrens in Arbeitsrechtssachen

Literatur: *Alversammer*, Zuständigkeitsprobleme bei Schadenersatzklagen gegen Mitglieder des Aufsichtsrates, DRdA 2001, 239; *Aubauer/Kaszanits*, Klagerecht als Testprozess – Rechtspolitische Erwägungen zu § 54 Abs 2 ASGG, in FS Bauer/Maier/Petrag (2004) 299; *Bock*, Betriebsverfassungsrechtliche Streitigkeiten und Kostenersatz – Überlegungen zu § 58 Abs 1 ASGG, DRdA 1994, 19; *Eypeltauer*, Das besondere Feststellungsverfahren nach § 54 Abs 1 ASGG, JBl 1987, 490, 561; *Eypeltauer/Harrer*, Der besondere Kündigungs- und Entlassungsschutz als Arbeitsrechtssache im Sinne des § 50 Abs 2 ASGG? DRdA 1986, 74; *Gamerith*, Die besonderen Feststellungsverfahren nach § 54 ASGG, DRdA 1988, 303; *Graf-Schimek*, Arbeitsgerichtliches Verfahren I – Zuständigkeiten, ÖJZ 2010/29, 245; *dieselbe*, Arbeitsgerichtliches Verfahren II – Klagearten, Brutto-Netto-Klagen, Aufrechnung, ÖJZ 2010/41, 339; *Junker*, Internationale Zuständigkeit und anwendbares Recht in Arbeitssachen, NZA 2005, 199; *derselbe*, Internationale Zuständigkeit für Arbeitssachen nach der Brüssel-I-Verordnung, in FS Schlosser (2005) 299; *Kodek*, Die Verbandsklage nach § 29 KSchG im Arbeitsrecht, DRdA 2007, 356; *Kodek/Rebhahn* (Hrsg), Zuständigkeit bei grenzüberschreitenden Arbeitsrechtsfragen (2006); *Konecny*, Zur Neuerungserlaubnis in arbeitsrechtlichen Streitigkeiten, wbl 1987, 28; *derselbe*, Gedanken zur Neuregelung der vorläufigen Vollstreckbarkeit in Arbeitsrechtssachen, ÖJZ 1991, 724; *Leipold*, Einige Bemerkungen zur Internationalen Zuständigkeit in Arbeitsrechtssachen nach Europäischem Zivilprozessrecht, in GedS Blomeyer (2004) 143; *Lovrek*, Die Eventualkündigung im Arbeitsrecht und ihre prozessualen Folgen, in FS Bauer/Maier/Petrag (2004) 261; *Machacek*, Das kollektive Klagerecht nach § 54 ASGG, in FS Cerny (2001) 623; *Schima*, Streitigkeiten aus der Betriebsverfassung und ASGG, JBl 1989, 341, 419; *Schrammel*, Die vorläufige Vollstreckbarkeit arbeitsrechtlicher Entscheidungen, in FS Rechberger (2005) 539; *Zankel*, Die Anwendbarkeit der Zinsregelung des § 49a ASGG im arbeitsgerichtlichen Prozess, DRdA 2008, 20.

A. Internationale Zuständigkeit

Sind für eine Arbeitsrechtssache die Voraussetzungen für die örtliche Zuständigkeit eines Gerichts gegeben, so besteht grundsätzlich auch (ohne weitere Voraussetzung) die internationale Zuständigkeit ("inländische Gerichtsbarkeit") Österreichs (§ 27a JN). Eine Vereinbarung der internationalen Zuständigkeit durch die Parteien ist in Arbeitsrechtssachen nur für bereits entstandene Streitigkeiten zulässig (§ 9 Abs 1a ASGG). Außerdem gehen gem § 9 Abs 3 ASGG spezielle gesetzliche Vorschriften sowie Regelungen des Völker- (und Europa-)rechts vor. 1238

Spezielle innerstaatliche Regelungen über die internationale Zuständigkeit enthalten die §§ 5b Abs 2, 5c Abs 2, 5d Abs 2 und 5e Abs 2 ASGG.

1239 Im Anwendungsbereich des **europäischen Zuständigkeitsrechts** (siehe Rz 185 ff) gilt Folgendes: Für Klagen des Arbeitnehmers gegen den Arbeitgeber sind wahlweise die Gerichte des Mitgliedstaates zuständig, in denen der Arbeitgeber seinen Wohnsitz hat, oder in einem anderen Mitgliedstaat vor dem Gericht des Ortes, an dem der Arbeitnehmer gewöhnlich seine Arbeit verrichtet oder zuletzt gewöhnlich verrichtet hat (Art 19 EuGVVO bzw Art 21 EuGVVO neu). Umgekehrt kann der Arbeitgeber den Arbeitnehmer nur vor den Gerichten des Mitgliedstaates klagen, in dessen Hoheitsgebiet der Arbeitnehmer seinen Wohnsitz hat (Art 20 EuGVVO bzw Art 22 EuGVVO neu). Zum Schutz des Arbeitnehmers sind abweichende Vereinbarungen nur dann zulässig, wenn sie nach der Entstehung der Streitigkeit getroffen wurden oder wenn sie dem Arbeitnehmer die Befugnis einräumen, andere Gerichte anzurufen (Art 21 EuGVVO bzw Art 23 EuGVVO neu).

B. Örtliche Zuständigkeit

1240 Die §§ 4 ff ASGG enthalten komplizierte und detaillierte Regelungen über die örtliche Zuständigkeit in Arbeitsrechtssachen. Teilweise handelt es sich um Wahlgerichtsstände (neben den Gerichtsständen der JN), teilweise um Zwangsgerichtsstände, die auch durch eine Parteienvereinbarung nicht abgeändert werden können.

So ist für Arbeitsrechtssachen nach § 50 Abs 1 Z 1 bis 3 ASGG nach **Wahl** des Klägers (neben den Gerichtsständen der JN) etwa auch das Gericht zuständig, in dessen Sprengel
- der Arbeitnehmer seinen Wohnsitz oder gewöhnlichen Aufenthalt hat oder hatte;
- das Unternehmen seinen Sitz hat;
- regelmäßig wenigstens ein Teil der Arbeit zu leisten ist oder war;
- das Entgelt zu zahlen ist oder war (§ 4 Abs 1 Z 1 ASGG).

In diesen Fällen ist auch eine Zuständigkeitsvereinbarung zulässig, allerdings nur für einen bestimmten einzelnen Rechtsstreit (§ 9 Abs 1 ASGG).

Eine Zuständigkeitsvereinbarung, die alle aus dem Arbeitsvertrag künftig entstehenden Streitigkeiten erfasst, ist daher unwirksam.

1241 **Zwangsgerichtsstände** bestehen für Arbeitsrechtssachen nach § 50 Abs 1 Z 4 ASGG (§ 4 Abs 1 Z 2 ASGG) sowie für jene nach § 50 Abs 1 Z 5 bis 7 ASGG (§ 4 Abs 1 Z 3 ASGG), ferner für Streitigkeiten aus der Betriebsverfassung (§ 5 ASGG) und für andere besondere Streitigkeiten (siehe §§ 5a bis 5e ASGG).

Ist im Inland keiner der Gerichtsstände der §§ 4 und 5 ASGG gegeben, so ist auch jenes Gericht örtlich zuständig, in dessen Sprengel sich eine Zweigniederlassung befindet.

In § 8 ASGG ist ein besonderer Wahlgerichtsstand des Zusammenhanges vorgesehen.

C. Bezirksgerichtliche Verfahrensregeln

Obwohl das Verfahren vor dem Gerichtshof abläuft, gelten iW die Regeln des bezirksgerichtlichen Verfahrens. So sind insb die Regelungen über das bezirksgerichtliche Mahnverfahren anzuwenden (§ 56 ASGG). Es gelten ferner nach § 59 ASGG etwa die Bestimmungen über den gerichtlichen Vergleichsversuch (nach § 433 ZPO; Rz 843), über den Entfall der Klagebeantwortung (§ 440 Abs 2 ZPO; Rz 973) und die Beschränkung der vorbereitenden Tagsatzung (§ 440 Abs 1 Satz 2 ZPO) oder über das Versäumungsurteil und den Widerspruch dagegen (§§ 442, 442a ZPO; Rz 876). 1242

D. Kollektive Rechtsdurchsetzung

In Individualarbeitsrechtssachen können parteifähige Organe der Arbeitnehmerschaft (insb der Betriebsrat), aber auch der jeweilige Arbeitgeber in einer Art „Testprozess" auf Feststellung des Bestehens oder Nichtbestehens von Rechten oder Rechtsverhältnissen, die mindestens drei Arbeitnehmer des Betriebs betreffen, klagen oder geklagt werden (§ 54 Abs 1 ASGG). Es handelt sich um einen Fall der gesetzlichen Prozessstandschaft (siehe Rz 296 f). 1243

Dieses kollektive Klagerecht soll es insb ermöglichen, im Interesse mehrerer Arbeitnehmer ein Verfahren durchzuführen, das von den Betroffenen selbst nicht geführt würde, weil diese aufgrund ihrer persönlichen Abhängigkeit vom Arbeitgeber Nachteile befürchten. Beispiele bilden etwa Streitigkeiten über Lohn- und Gehaltseinstufungen nach dem Kollektivvertrag oder über den Umfang betrieblicher Sozialleistungen.

Das im „Testprozess" gefällte Feststellungsurteil erlangt nur zwischen den dortigen Parteien Rechtskraft. Die eigentlich vom Verfahren betroffenen Arbeitnehmer und auch der Arbeitgeber sind an das rechtskräftige Urteil nicht gebunden; dieses hat insoweit nur „empfehlenden" Charakter.

Außerdem können kollektivvertragsfähige Körperschaften der Arbeitgeber und der Arbeitnehmer gem § 54 Abs 2 ASGG (direkt) beim **OGH** einen Antrag auf ein **besonderes Feststellungsverfahren** stellen, das einen von namentlich bestimmten Personen unabhängigen Sachverhalt betrifft. Die aufgeworfene Rechtsfrage des materiellen Arbeitsrechts muss für mindestens drei Arbeitgeber oder Arbeitnehmer von Bedeutung sein. Es muss im Antrag ein bestimmter Sachverhalt behauptet werden (bloß abstrakte Rechtsfragen können nicht zum Gegenstand gemacht werden); der Sachverhalt muss aber nicht unter Beweis gestellt werden. Es handelt sich eigentlich um ein **Außerstreitverfahren**. Eine Rechtskraftwirkung besteht zwar nur zwischen den Verfahrensparteien, de facto kommt solchen Entscheidungen des OGH jedoch ein besonderes Gewicht zu. 1244

Feststellungsklagen und Feststellungsanträge können auch dann erhoben werden, wenn der Berechtigte eine Leistungsklage einbringen könnte. Für die Dauer des Verfahrens sind alle Fristen zur Geltendmachung des individuellen Anspruchs **gehemmt** (§ 54 Abs 5 ASGG).

Vergleich der besonderen Feststellungsverfahren

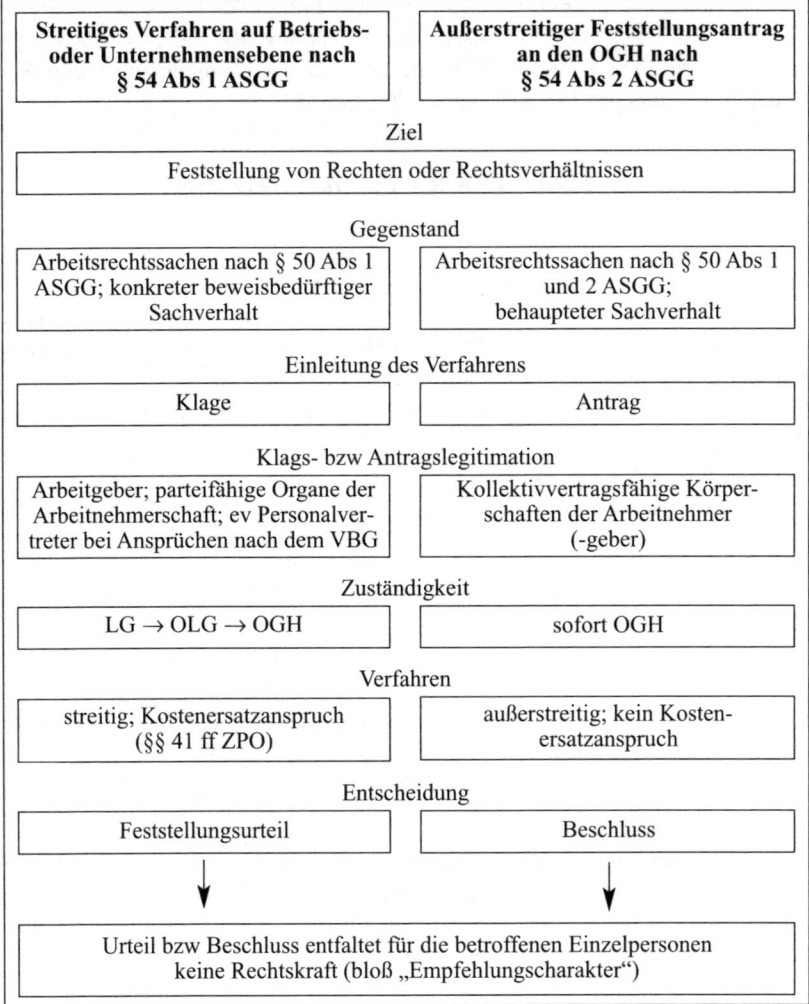

Streitiges Verfahren auf Betriebs- oder Unternehmensebene nach § 54 Abs 1 ASGG	Außerstreitiger Feststellungsantrag an den OGH nach § 54 Abs 2 ASGG
Ziel	
Feststellung von Rechten oder Rechtsverhältnissen	
Gegenstand	
Arbeitsrechtssachen nach § 50 Abs 1 ASGG; konkreter beweisbedürftiger Sachverhalt	Arbeitsrechtssachen nach § 50 Abs 1 und 2 ASGG; behaupteter Sachverhalt
Einleitung des Verfahrens	
Klage	Antrag
Klags- bzw Antragslegitimation	
Arbeitgeber; parteifähige Organe der Arbeitnehmerschaft; ev Personalvertreter bei Ansprüchen nach dem VBG	Kollektivvertragsfähige Körperschaften der Arbeitnehmer (-geber)
Zuständigkeit	
LG → OLG → OGH	sofort OGH
Verfahren	
streitig; Kostenersatzanspruch (§§ 41 ff ZPO)	außerstreitig; kein Kostenersatzanspruch
Entscheidung	
Feststellungsurteil	Beschluss

Urteil bzw Beschluss entfaltet für die betroffenen Einzelpersonen keine Rechtskraft (bloß „Empfehlungscharakter")

E. Vorläufige Wirksamkeit

Bei bestimmten erstinstanzlichen Urteilen wird durch die rechtzeitige Erhebung einer Berufung nur der Eintritt der formellen Rechtskraft, **nicht** aber die Feststellungs-, Rechtsgestaltungs- bzw **Vollstreckbarkeitswirkung gehemmt.** Es handelt sich vor allem um Streitigkeiten über den Fortbestand des Arbeitsverhältnisses und daraus abgeleitete Ansprüche auf das rückständige Arbeitsentgelt sowie über die Herausgabe der dem Arbeitnehmer bei Auflösung des Arbeitsverhältnisses auszufolgenden Arbeitspapiere und Gegenstände (siehe näher § 61 Abs 1 ASGG). 1245

Der Grund für die vorläufige Wirksamkeit liegt darin, dass diese Streitigkeiten aus dem Arbeitsverhältnis meist die Lebensgrundlage des Betroffenen berühren. In Sozialrechtssachen haben die zweitinstanzlichen Urteile eine vergleichbare Wirkung. In diesen Fällen kann sofort Exekution zur Befriedigung geführt werden (siehe Rz 1260).

Ausnahmsweise kann jedoch auch vom Gericht eine Hemmung der Vollstreckbarkeit verfügt werden (§ 61 Abs 4 ASGG). Andernfalls wirkt – soweit die Parteien nichts anderes vereinbart haben – die vorläufige Vollstreckbarkeit des Urteils bis zur Verfahrensbeendigung weiter (§ 61 Abs 2 ASGG). Stellt sich dabei letztlich heraus, dass die Leistungen tatsächlich nicht zu erbringen waren, so besteht ein Rückforderungsanspruch.

F. Lockerung des Neuerungsverbots

Wenn eine Partei im erstinstanzlichen Verfahren in keiner Phase qualifiziert vertreten war, so besteht in Individualrechtsstreitigkeiten nach § 50 Abs 1 ASGG und in Streitigkeiten über den Fortbestand des Arbeitsverhältnisses im Berufungsverfahren **kein Neuerungsverbot** (§ 63 ASGG). Macht eine Partei von dieser Neuerungserlaubnis Gebrauch, so kann auch der Prozessgegner in Ansehung des von den Neuerungen betroffenen Anspruchs Neuerungen vorbringen. Über die Neuerungen hat das Berufungsgericht selbst zu verhandeln, eine Aufhebung und Zurückverweisung ist insofern also nicht möglich. 1246

Neuerungsverbot besteht jedoch für die Berufung gegen ein Versäumungsurteil sowie in betriebsverfassungsrechtlichen Streitigkeiten mit Ausnahme jener, die den Fortbestand des Arbeitsverhältnisses betreffen. Auch im Revisionsverfahren besteht ein strenges Neuerungsverbot.

Neuerungserlaubnis bzw Neuerungsverbot im ASGG

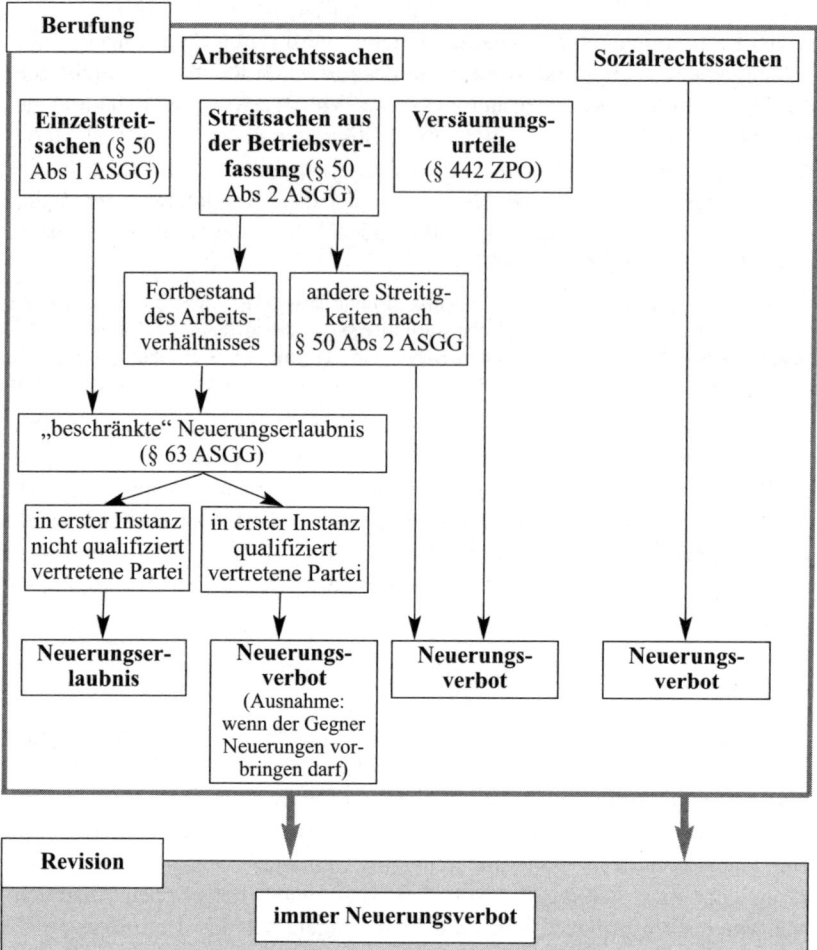

G. Prozesskosten

1247 Arbeitsrechtliche Streitigkeiten sind bis zu einem Streitwert von € 1.450 in allen Instanzen von den Gerichtsgebühren befreit (Anm 8 zu TP 1 GGG). Für arbeitsrechtliche Streitigkeiten, in denen Gegenstand der Klage kein Geldbetrag ist, bildet ein Betrag von € 750 die Bemessungsgrundlage (§ 16 Abs 1 Z 1 lit a GGG), sodass hier Gebührenfreiheit eintritt.

Grundsätzlich gelten die **Kostenersatzregelungen** der ZPO, jedoch besteht in Streitigkeiten aus der Betriebsverfassung eine Kostenersatzpflicht nur im

Verfahren vor dem OGH, und in den besonderen Feststellungsverfahren vor dem OGH (Rz 1244) gibt es überhaupt keine Kostenersatzpflicht (§ 58 Abs 1 ASGG).

Interessenvertretungen haben gegenüber dem unterlegenen Prozessgegner Anspruch auf einen pauschalierten Aufwandersatz. Rechtsgrundlage bilden das AufwandersatzG (BGBl 1993/28 idgF) und die AufwandersatzVO (BGBl II 2006/463).

VII. Besonderheiten des Verfahrens in Sozialrechtssachen

Literatur: *Albert,* Der Anscheinsbeweis im Sozialgerichtsverfahren, DRdA 2000, 488; *Fink,* Die sukzessive Zuständigkeit im Verfahren in Sozialrechtssachen (1995); *Klicka,* Bemerkungen zum Kostenersatzrecht des ASGG in Sozialrechtssachen, ZAS 1987, 81; *Konecny,* Zuständigkeit für Streitigkeiten über die Auszahlung von Sozialversicherungsleistungen, ecolex 1991, 263; *Kuderna,* Vorläufige Leistungen des Sozialversicherungsträgers nach dem Arbeits- und Sozialgerichtsgesetz (ASGG), in FS Schnorr (1988) 381; *derselbe,* Behauptungs- und Beweislast im Verfahren in Sozialrechtssachen, in FS Schwarz (1991) 595; *Lux,* Das Rechtsmittelverfahren in Sozialrechtssachen – Besonderheiten gegenüber dem Regelverfahren, in *Wachter/Burger* (Hrsg), Aktuelle Entwicklungen im Arbeits- und Sozialrecht 2010 (2010) 261; *Müller,* Wichtige Verfahrensfragen der Sozialgerichtsbarkeit in Leistungsstreitverfahren, DRdA 1997, 449; *Neumayr,* Zum Klagebegehren und Urteilsspruch im sozialgerichtlichen Verfahren über Bescheidklagen, ÖJZ 2009, 1031; *Pirker,* Das Verfahren in Sozialrechtssachen I. Instanz – Besonderheiten gegenüber dem Regelverfahren, in *Wachter/Burger* (Hrsg), Aktuelle Entwicklungen im Arbeits- und Sozialrecht 2010 (2010) 207; *Proksch,* Der Vergleich im Sozialgerichtsverfahren, ZAS 2004, 260; *Rechberger/Oberhammer,* Bestandskraft der Bescheide im Leistungsstreitverfahren vor dem Sozialversicherungsträger und sukzessive Kompetenz, ZAS 1993, 85; *Schrammel,* Zur Durchsetzung von Leistungsansprüchen in der sozialen Krankenversicherung, in FS Tomandl (1998) 679; *Wetscherek/Proksch,* Handbuch für das Sozialgerichtsverfahren (2000).

A. Internationale Zuständigkeit

In Hinblick auf die sukzessive Zuständigkeit (§ 67 ASGG, Rz 1250) besteht in Sozialrechtssachen nur dann eine internationale Zuständigkeit der österreichischen Gerichte, wenn entweder eine Entscheidung eines österreichischen Versicherungsträgers über einen der in § 65 ASGG genannten Ansprüche erfolgt ist oder ein Entscheidungsanspruch geltend gemacht wird, der vom österreichischen Versicherungsträger unerledigt geblieben ist. Wohnsitz, Aufenthaltsort und Beschäftigungsort des Versicherten sind hier ohne Bedeutung. Eine Vereinbarung der internationalen Zuständigkeit durch die Parteien ist unwirksam (§ 9 Abs 1a ASGG). Gem § 9 Abs 3 ASGG würden allerdings spezielle gesetzliche Vorschriften sowie Regelungen des Völker- (und Europa-)rechts vorgehen.

1248

Streitigkeiten über „die soziale Sicherheit" sind jedoch vom sachlichen Anwendungsbereich des „europäischen Zivilprozessrechts" ausgenommen (Art 1 Abs 2 lit c EuGVVO und EuGVVO neu), sodass weiterhin nationales Recht zur Anwendung kommt.

B. Örtliche Zuständigkeit

1249   In Sozialrechtssachen bestehen nur Zwangszuständigkeiten; Zuständigkeitsverschiebungen durch Parteienvereinbarung sind also ausgeschlossen. Nach § 7 Abs 1 ASGG ist für die örtliche Zuständigkeit in erster Linie der Wohnsitz oder der gewöhnliche Aufenthalt des Versicherten (Klägers) maßgeblich.

§ 7 Abs 2 ASGG enthält Sonderregeln bei einem Wohnsitz oder gewöhnlichen Aufenthalt des Versicherten im Ausland.

Bei einem Wohnsitz- bzw Aufenthaltswechsel des Versicherten während des Verfahrens kann es nach § 7 Abs 3 iVm § 38 Abs 3 ASGG zu einer nachträglichen Veränderung der Zuständigkeit kommen (Durchbrechung des Grundsatzes der *perpetuatio fori*; siehe Rz 275).

C. Sukzessive Zuständigkeit des Gerichts

1250   In Sozialrechtssachen werden die Gerichte (grundsätzlich) nur im Rahmen der **sukzessiven Kompetenz** (siehe schon oben Rz 15) tätig (§§ 67, 69, 70 ASGG). Das bedeutet, dass das Gericht – bei sonstiger Unzulässigkeit des Rechtswegs – erst dann angerufen werden darf, wenn der Versicherungsträger über den Anspruch bereits mit Bescheid entschieden hat (sog **Bescheidklage**) oder er mit der bescheidmäßigen Erledigung der Sache säumig ist (sog **Säumnisklage**).

Die verfassungsrechtliche Zulässigkeit dieses Modells ist nicht unumstritten. Für die Einführung und Beibehaltung sprechen allerdings praktische Gründe: Durch die vorherige Befassung von Verwaltungsbehörden werden die Gerichte von einer Vielzahl von (unproblematischen) Streitfällen entlastet. Ab dem 1. 1. 2014 wäre es überhaupt verfassungsrechtlich möglich, durch (einfaches) Gesetz einen (echten) **Instanzenzug** von der Verwaltungsbehörde zum ordentlichen Gericht zu eröffnen (siehe Art 94 Abs 2 B-VG nF und Rz 48).

1251   Die (unerstreckbare) **Frist** für die Bescheidklage beträgt vier Wochen, bei Leistungen der Pensionsversicherung oder nach dem Bundespflegegeldgesetz drei Monate. Da es sich dabei um verfahrensrechtliche Fristen handelt, werden die Tage des Postlaufs nicht eingerechnet, und eine Wiedereinsetzung in den vorigen Stand ist zulässig.

Die Säumnisklage kann erst erhoben werden, wenn der Versicherungsträger innerhalb von sechs Monaten – in der Krankenversicherung innerhalb von drei Monaten – keinen Bescheid erlassen hat.

In einigen seltenen Fällen geht es im Sozialrechtsverfahren um Ansprüche, die der Versicherungsträger gegenüber einem Versicherten geltend macht (zB der Anspruch auf Rückersatz zu Unrecht empfangener Versicherungsleistungen). Auch hier ist eine Klage nur zulässig, wenn der Versicherungsträger zuvor über die Leistungspflicht des Versicherten einen Bescheid erlassen hat. Der Versicherte muss hier eine (Bescheid-) Klage auf Feststellung einbringen, dass der Anspruch nicht zu Recht besteht, wobei aber die Beweislast für das Bestehen des Anspruchs dem Versicherungsträger auferlegt ist.

Mit der rechtzeitigen Erhebung der Bescheidklage tritt der angefochtene Bescheid im Umfang des Klagebegehrens **außer Kraft**. Die Leistungsverpflichtung, die dem außer Kraft getretenen Bescheid entspricht, gilt jedoch als vom Versicherungsträger unwiderruflich anerkannt. Das Gericht hat dem Kläger aufgrund dieser **Anerkenntnisfiktion** zumindest die im (außer Kraft getretenen) Bescheid zuerkannte Leistung zuzusprechen. Es gilt also im Endeffekt ein **Verbot der *reformatio in peius***. Der Sozialversicherungsträger hat die im Bescheid zuerkannte Leistung auch bis zur rechtskräftigen Beendigung des Verfahrens vorläufig weiter zu erbringen (§ 71 ASGG). 1252

D. Klage und Klagebeantwortung

Der (Bescheid-)Klage ist eine Ausfertigung des Bescheides anzuschließen. Die Klage kann auch (siehe sonst Rz 1249) bei jenem Versicherungsträger eingebracht werden, der den Bescheid erlassen hat (§ 84 ASGG). Der Versicherungsträger hat dann binnen zwei Wochen nach deren Erhalt die Klage an das zuständige Gericht weiterzuleiten und die Klagebeantwortung ohne gerichtlichen Auftrag zu überreichen. Andernfalls hat der Senatsvorsitzende dem beklagten Versicherungsträger die Klagebeantwortung mit schriftlichem Beschluss unter Setzung einer Frist von zwei Wochen aufzutragen (§ 85 ASGG). 1253

Ein Versäumungsurteil kann jedoch nicht gefällt werden (siehe unten Rz 1256).

Die Klage hat „ein unter Bedachtnahme auf die Art des erhobenen Anspruchs **hinreichend bestimmtes Begehren**" zu enthalten (§ 82 ASGG). Dies ist zB dann der Fall, wenn eine Leistung „**im gesetzlichen Ausmaß**" begehrt wird. 1254

Für die Zurücknahme und für die Änderung der Klage gelten Besonderheiten (siehe § 72 und § 86 ASGG).

E. Erstinstanzliches Verfahren

Es gilt der **Untersuchungsgrundsatz** (siehe Rz 73): Das Gericht hat alle notwendigen Beweise von Amts wegen aufzunehmen. Gegenüber Versicherungsträgern und qualifiziert vertretenen Versicherten gelten allerdings die Bestimmungen der ZPO über zugestandene Tatsachen (§ 87 Abs 3 ASGG). Eine Kostenvorschusspflicht der Parteien besteht nicht (§ 75 Abs 1a ASGG). 1255

In Sozialrechtssachen spielt der **Sachverständigenbeweis** eine dominierende Rolle. Deshalb hat der Gesetzgeber hier einige Sonderregelungen getroffen (insb § 75 Abs 2, § 87 Abs 5 ASGG). Der Vorsitzende kann auch eine vorbereitende Beweisaufnahme bereits vor der mündlichen Streitverhandlung anordnen (§ 88 ASGG).

1256 Es gibt **kein Versäumungsurteil** und auch kein Ruhen des Verfahrens wegen Säumnis der Parteien. § 75 Abs 3 ASGG stellt ausdrücklich klar, dass gerichtliche **Vergleiche** in Sozialrechtssachen zulässig sind. **Stirbt** ein Kläger während des Verfahrens, haben die engsten Verwandten das Recht, das unterbrochene Verfahren fortzusetzen (§ 76 ASGG).

§ 74 ASGG ordnet eine obligatorische Unterbrechung des Verfahrens bis zur rechtskräftigen Entscheidung von gewissen Vorfragen im Verwaltungsverfahren an.

F. Urteile und Kosten

1257 Im Urteil können auch Leistungen auferlegt werden, die erst **nach** dessen Erlassung **fällig werden** (§ 89 Abs 1 ASGG).

Wenn sich herausstellt, dass das Klagebegehren in einer zahlenmäßig noch nicht bestimmten Höhe gerechtfertigt ist, so kann das Gericht den Rechtsstreit damit erledigen, dass es mit Urteil ausspricht, dass das Klagebegehren im gesetzlichen Ausmaß (**dem Grunde nach**) zu Recht besteht, und dem Versicherungsträger aufträgt, dem Kläger bis zur Erlassung des die Höhe der Leistung festsetzenden Bescheids eine **vorläufige Zahlung** zu erbringen (§ 89 Abs 2 ASGG). Dieser Bescheid kann dann nötigenfalls wieder im Rahmen der sukzessiven Kompetenz bei Gericht angefochten werden.

1258 Gerichts-, Justizverwaltungs- oder Stempel**gebühren** fallen in Sozialrechtssachen nicht an (§ 80 ASGG).

Die Kosten, die dem Versicherungsträger durch das Verfahren erwachsen, und auch die Gebühren für Zeugen und Sachverständige hat der Versicherungsträger zu tragen. Er hat regelmäßig keinen **Kostenersatzanspruch**, selbst wenn er im Verfahren obsiegt (ausgenommen, wenn der Versicherte durch Mutwillen, Verschleppung oder Irreführung Verfahrenskosten verursacht). Der Versicherte hat hingegen jedenfalls bei teilweisem Obsiegen einen Kostenersatzanspruch und selbst bei Unterliegen einen solchen nach Billigkeit, wobei auf die tatsächlichen und rechtlichen Schwierigkeiten des Verfahrens und auf die Einkommens- und Vermögensverhältnisse des Versicherten Bedacht zu nehmen ist (§ 77 ASGG).

G. Rechtsmittelverfahren

1259 Anders als im arbeitsgerichtlichen Verfahren besteht (auch) für die Berufung volles **Neuerungsverbot**.

Allerdings bewirkt der herrschende Untersuchungsgrundsatz (Rz 1255), dass schon das Gericht erster Instanz verpflichtet ist, von sich aus alle maßgeblichen Umstände zu berücksichtigen, für die sich aus den Akten Anhaltspunkte ergeben. Wird diese Pflicht verletzt, so liegt eine Mangelhaftigkeit des Verfahrens vor.

1260 Die Revision des Versicherungsträgers gegen ein klagsstattgebendes Berufungsurteil hemmt den Eintritt der Vollstreckbarkeit nicht: Der Kläger

426

kann es daher vollstrecken lassen (**vorläufige Vollstreckbarkeit** nach § 90 Z 2 ASGG). Ein Rückforderungsanspruch von Leistungen, die aufgrund eines Berufungsurteils vom Versicherungsträger erbracht wurden, die sich aber letztlich aufgrund der Entscheidung des OGH als (teilweise) ungerechtfertigt erwiesen haben, besteht nur in einem sehr eingeschränkten Ausmaß (siehe § 91 Abs 2 bis 5 ASGG).

Verfahrensbesonderheiten in Sozialrechtssachen

Klagebegehren: keine präzise Angabe der Höhe der geforderten Leistung notwendig; Begehren „im gesetzlichen Ausmaß" ist ausreichend

Klage
(Beilage: Bescheid des Versicherungsträgers)

Einbringung der Klage möglich beim
- zuständigen GH 1. Instanz
- BG des Wohnsitzes, Aufenthalts- oder Beschäftigungsortes
- Versicherungsträger

Setzt Bescheid des Sozialversicherungsträgers außer Kraft (**sukzessive Zuständigkeit**), aber:
- Gerichtsurteil kann nicht ungünstiger ausfallen als der Bescheid (Verbot der *reformatio in peius*)
- Vorläufige Leistungspflicht des Versicherungsträgers

Klagebeantwortung — innerhalb von zwei Wochen

sofort: **vorbereitende Tagsatzung** — oder: vorbereitende Beweisaufnahme

Beweisverfahren

Alle Beweise sind von Amts wegen aufzunehmen (**Untersuchungsgrundsatz**): besondere Bedeutung des **Sachverständigenbeweises**, daher
- rasche Zustellung der schriftlichen Gutachten an die Parteien;
- mündliche Erörterung der Gutachten bei der mündlichen Streitverhandlung

Urteil (Beilage: Rechtsmittelbelehrung)

- Zuerkennung von Leistungen auch der Höhe nach (Leistungsurteil) oder
- Zuerkennung (nur) dem Grunde nach: Versicherungsträger muss die Leistungshöhe festsetzen

endgültiges Urteil

- Der tatsächliche Leistungsanspruch ist höher: Anrechnung der vorläufigen Leistung
- Kein oder geringerer Leistungsanspruch: Rückforderung der zu viel bezogenen Leistung, wenn der Kläger sie erschlichen hat

Zwanzigster Teil:
Das Schiedsverfahren

Literatur: *Aburumieh/Koller/Pöltner*, Formvorschriften für Schiedsvereinbarungen, ÖJZ 2006, 439; *Baier/Hahnkamper*, Die Neuen Wiener Regeln, SchiedsVZ 2013, 141; *Bajons,* Über Grenzen und Freiräume der New Yorker Schiedskonvention im Lichte der EMRK, in FS Machacek und Matscher (2008) 703; *Czernich*, New Yorker Schiedsübereinkommen. Kurzkommentar (2008); *Egger*, Die Konstituierung internationaler Wirtschaftsschiedsgerichte (2009); *Eschlböck*, Neue ICC-Rules ab 1. 1. 2012 – Anpassungsbedarf für die Wiener Regeln? AnwBl 2012, 10; *Fischer*, Das neue österreichische Schiedsrecht, LJZ 2006, 99; *Frauenberger-Pfeiler*, Das neue Schiedsrecht, Zak 2006, 63, 83; *Hahnkamper*, Neue Regeln für Schiedsvereinbarungen – Liberalisierung der Schriftform- und Vollmachtserfordernisse, SchiedsVZ 2006, 65; *Ischia*, Die Kosten von Schiedsverfahren (2006); *derselbe*, Schiedsrichterhaftung in Österreich – quo vadis? in FS Günter H. Roth (2011) 309; *Ischia/Mayr*, Das neue österreichische Schiedsverfahrensrecht, RIW 2006, 881; *Jelinek,* Anwendungsbereiche der Klage auf Feststellung des Nichtbestehens eines Schiedsspruchs (§ 612 ZPO), in FS Machacek und Matscher (2008) 763; *Klausegger*, Rechtliches Gehör im Schiedsverfahren, ecolex 2011, 37; *Klausegger/Klein/Kremslehner/Petsche/Pitkowitz/Power/Welser/Zeiler* (Hrsg) Austrian Arbitration Yearbook 2007 bis 2009 bzw Austrian Yearbook on International Arbitration 2010 ff; *Kloiber*, Vorläufige oder sichernde Maßnahmen durch Schiedsgerichte, Zak 2006, 247; *Kloiber/Rechberger/Oberhammer/Haller*, Das neue Schiedsrecht (2006); *Kodek*, Schiedsverfahrensreform: Bitte so nicht! Zak 2012/88, 46; *Koller*, Schiedsvereinbarungen in Allgemeinen Geschäftsbedingungen, in *Knyrim/Leitner/Perner/Riss* (Hrsg), Aktuelles AGB-Recht (2008) 155; *derselbe*, Aufrechnung und Widerklage im Schiedsverfahren (2009); *derselbe*, Abschluss von Schiedsvereinbarungen durch rechtsgeschäftliche Vertreter – Problemfelder de lege lata, ecolex 2011, 878; *Kollik*, Die lex mercatoria als anwendbares Recht in Verfahren vor Schiedsgerichten mit Sitz in Österreich, SchiedsVZ 2009, 209; *Krejci*, Zur Schiedsrichterhaftung, ÖJZ 2007, 87; *Lachmann*, Handbuch für die Schiedsgerichtspraxis³ (2008); *Liebscher/Oberhammer/Rechberger* (Hrsg), Schiedsverfahrensrecht (2011); *Mayr*, Schiedsklauseln in Vereinssatzungen, RdW 2007, 331; *derselbe*, Vereinsstreitigkeiten zwischen Schlichtungseinrichtung, Gericht und Schiedsgericht, ÖJZ 2009, 539; *derselbe*, Das neue Schiedsverfahrensrecht in Liechtenstein, Jus & News 2010, 297 und 2011, 17; *Neuteufel*, Das neue österreichische Schiedsrecht, ÖJZ 2006, 433; *Nowotny*, Gesellschaftsrechtliche Streitigkeiten und Schiedsgericht, wbl 2008, 470; *Nueber*, Schiedsvereinbarungen mit Verbrauchern im GmbH-Recht, Zak 2010, 48; *derselbe*, Neues zum rechtlichen Gehör im Schiedsverfahren, wbl 2013, 130; *derselbe*, OGH als einzige Instanz in Verfahren zur Aufhebung von Schiedssprüchen (rechts)politisch möglich? ZfRV 2013, 73; *Nueber/Boltz*, Schiedssprüche aus erstinstanzlicher Sicht, RZ 2013, 168; *Oberhammer*, Entwurf eines neuen Schiedsverfahrensrechts (2002); *derselbe*, Der Weg zum neuen österreichischen Schiedsverfahrensrecht, SchiedsVZ 2006, 57; *derselbe*, Schiedsrechtsreform: Die letzte Meile, ecolex 2011, 876; *derselbe*, Schiedsrechts-Änderungsgesetz 2013: Der Schiedsstandort Österreich legt vor, ecolex 2013, 625; *Öhlberger*, Vollstreckung ausländischer Schiedssprüche in Österreich und deren Formvoraussetzungen nach dem New Yorker Übereinkommen, SchiedsVZ 2007, 77; *derselbe*, Sind Schiedsklauseln in GmbH-Gesellschaftsverträgen noch möglich? ecolex 2008, 51; *Pitkowitz*, Die Aufhebung von Schiedssprüchen (2008); *Rechberger*, Das neue österreichische Schiedsrecht, ZZP 2006, 261; *derselbe*, Zur Neuordnung des „Rechtsbe-

428

helfs gegen den Schiedsspruch" in der öZPO, in Jahrbuch Zivilverfahrensrecht 2010 (2010) 287; *derselbe*, Zum Instanzenzug bei der Anfechtung von Schiedssprüchen, ecolex 2011, 886; *Reiner*, SchiedsRÄG 2006: Wissenswertes zum neuen österreichischen Schiedsrecht, ecolex 2006, 468; *derselbe*, Das neue österreichische Schiedsrecht (2006); *derselbe*, Schiedsverfahren und Gesellschaftsrecht, GesRZ 2007, 151; *derselbe,* Staatliche Justiz und Schiedsgerichtsbarkeit: Konkurrenz oder Kooperation? (2008); *derselbe*, Gerichte und Schiedsgerichte, ÖJZ 2009, 302; *derselbe*, Schiedsrichterhaftung im österreichischen Recht, in FS Koziol (2010) 1273; *Riegler*, Wirtschaftsversus Verbraucherstreitigkeiten vor Schiedsgerichten, ecolex 2011, 882; *Riegler/ Petsche/Fremuth-Wolf/Platte/Liebscher*, Arbitration Law of Austria (2007); *M. Roth/ Geistlinger* (Hrsg), Yearbook on International Arbitration 2010 ff; *Schifferl*, Gedanken zur bejahenden Zuständigkeitsentscheidung des Schiedsgerichts, ÖJZ 2010, 442; *Schumacher*, Ein Schiedsspruch – und was nun? Berichtigung, Erläuterung, Ergänzung und Aufhebung des Schiedsspruchs nach dem neuen österreichischen Schiedsverfahrensrecht, SchiedsVZ 2006, 70; *derselbe,* Die Ersatzbestellung von Schiedsrichtern durch das staatliche Gericht, RZ 2008, 126; *derselbe*, Amerikanische Beweismethoden in europäischen Schiedsverfahren? – Zum freien Verfahrensermessen der Schiedsrichter, in Jahrbuch Zivilverfahrensrecht 2009 (2009) 181; *derselbe* (Hrsg), Beweiserhebung im Schiedsverfahren (2011); *derselbe*, Lis Pendens und Schiedsverfahren, in FS Jud (2012) 643; *Schütze*, Institutionelle Schiedsgerichtsbarkeit[2] (2011); *derselbe*, Schiedsgericht und Schiedsverfahren[4] (2007); *Schwab/Walter*, Schiedsgerichtsbarkeit[7] (2005); *Stippl/ Steinhofer*, Kein Verbraucherschutz für Gesellschafter im Schiedsrecht, ecolex 2011, 816; *Terlitza/Weber*, Zur Schiedsfähigkeit gesellschaftsrechtlicher Streitigkeiten nach dem SchiedsRÄG 2006, ÖJZ 2008, 1; *Torggler* (Hrsg), Schiedsgerichtsbarkeit (2007); *Trenker/Demetz*, Schiedsfähigkeit von Beschlussmängelstreitigkeiten in der GmbH, wbl 2013, 1; *Unzeitig*, Schiedsklauseln und GmbH-Gesellschaftsvertrag, ecolex 2008, 915; *Zeiler*, Erstmals einstweilige Maßnahmen im Schiedsverfahren? SchiedsVZ 2006, 79; *derselbe*, Schiedsverfahren (2006).

I. Allgemeines

Bei der Schiedsgerichtsbarkeit handelt es sich um die **Rechtspflegetätigkeit durch nichtstaatliche Organe** aufgrund einer **Vereinbarung** der Parteien. Der (staatliche) Gesetzgeber räumt den Parteien im Bereich des Zivilrechts traditionellerweise eine Möglichkeit ein, die staatliche Gerichtsbarkeit zu vermeiden bzw zu umgehen. Doch kann der moderne Gesetzgeber die Regelung dieser „privaten Gerichtsbarkeit" nicht ausschließlich den Parteien überlassen, sondern er muss gewisse **gesetzliche Rahmenbedingungen** und **Mindeststandards** vorgeben, die eingehalten werden müssen, damit die Schiedsgerichtsbarkeit staatlicherseits beachtet und anerkannt wird.

1261

Die staatlichen Regelungen über die Schiedsgerichtsbarkeit sind in einem **eigenen Abschnitt** innerhalb der ZPO zusammengefasst (Vierter Abschnitt des Sechsten Teils, §§ 577 bis 618). Dieser Abschnitt wurde vor wenigen Jahren in Anlehnung an ausländische Vorbilder durch das **SchiedsRÄG 2006** (BGBl I 2006/7) komplett neu gefasst. 2013 erfolgte eine kleine Nachbesserung durch

1262

das **SchiedsRÄG 2013** (BGBl I 2013/118), welches am 1. 1. 2014 in Kraft tritt (siehe unten Rz 1293).

Erklärtes **Ziel der Reform** von 2006 war es, ein modernes, vor allem an das UNCITRAL-Modellgesetz über die internationale Handelsschiedsgerichtsbarkeit (aus dem Jahr 1985) angepasstes Schiedsverfahrensrecht zu schaffen, das insb auch geeignet sein sollte, über das internationale Handelsschiedsverfahren hinaus ohne Unterschied nationale und internationale Schiedsverfahren zu regeln. Die neuen Bestimmungen gelten somit sowohl für die nationale als auch für die internationale Handels- und sonstige Schiedsgerichtsbarkeit. Ein weiterer Zweck der Reform war es, durch die neuen modernen Rahmenbedingungen im Wettbewerb der Rechtsordnungen dazu beizutragen, die internationale Attraktivität des Schiedsortes Österreich zu steigern.

Insgesamt ist festzustellen, dass durch das SchiedsRÄG 2006 die Schiedsgerichtsbarkeit aufgewertet und der staatlichen Gerichtsbarkeit (nahezu) gleichgestellt worden ist.

1263   Diese österreichischen Verfahrensvorschriften kommen (grundsätzlich) dann zur Anwendung, wenn der **Sitz** des Schiedsgerichts, welcher von den Parteien frei vereinbart werden kann (§ 595 ZPO), **in Österreich** liegt (§ 577 Abs 1 ZPO).

Zum anwendbaren materiellen Recht siehe § 603 ZPO und unten Rz 1286.

1264   Die **Gründe**, welche die Parteien veranlassen, die Schiedsgerichtsbarkeit als (klassische) **Alternative** zur staatlichen Gerichtsbarkeit zu wählen, sind vielfältig, objektiv aber nicht immer leicht nachvollziehbar. Häufig genannt werden Geheimhaltungsinteressen der Parteien und die Möglichkeit, besonders fachkundige und das Vertrauen der Parteien genießende Fachleute als Schiedsrichter wählen sowie Entscheidungen nach Billigkeit zulassen zu können. Der Vorteil der größeren Schnelligkeit des Schiedsverfahrens wird allerdings durch weniger detaillierte Verfahrensregeln und (meist) durch einen (weitgehenden) Verzicht auf eine Überprüfbarkeit der Entscheidung teuer erkauft. Wie überhaupt mit der Schiedsgerichtsbarkeit durchaus auch einige Nachteile und Gefahren verbunden sind.

Insb besteht die Gefahr, dass eine (wirtschaftlich starke oder sonst überlegene) Partei der anderen ein Schiedsgericht aufzwingt, bei dem die Garantie der Unabhängigkeit und Unbefangenheit der Entscheidungsorgane nicht im gleichen Ausmaß gegeben ist wie bei einem staatlichen Gericht. Außerdem ist die Schiedsgerichtsbarkeit im Regelfall auch kostspieliger als die staatliche.

Tatsächlich spielt die Schiedsgerichtsbarkeit in Österreich in nationalen Streitigkeiten nur eine geringe Rolle. Sie hat jedoch im **internationalen Wirtschaftsverkehr** große Bedeutung. Hier kommen die Vorteile der Wahlmöglichkeit eines „neutralen" Schiedsgerichtsortes (§ 595 ZPO) sowie der (Schiedsgerichts-)Sprache (§ 596 ZPO) dazu. Überdies sind die Schiedssprüche aufgrund des nahezu weltweit geltenden New Yorker Schiedsübereinkommens im (außereuropäischen) Ausland oftmals leichter zu vollstrecken als staatliche Urteile (siehe unten Rz 1294).

Auch im (nationalen und internationalen) **Wettkampfsport** spielt die Schiedsgerichtsbarkeit eine große Rolle. Siehe nur etwa *Wong*, Streitbeilegung durch Schiedsverfahren: Court of Arbitration for Sport (CAS) / Tribunal Arbitral du Sport (TAS), in *Nunner-Krautgassner/Reissner* (Hrsg), Schlichtung und Schiedsgerichtsbarkeit im Sport (2011) 93

Es sind folgende **Arten von Schiedsgerichten** zu unterscheiden: 1265

▶ **Gelegenheitsschiedsgerichte**, die durch eine Schiedsvereinbarung (selbständiger Schiedsvertrag oder Schiedsklausel, unten Rz 1269) im einzelnen Streitfall eingesetzt werden (sog „private Schiedsgerichte" oder auch „Ad-hoc-Schiedsgerichte").

Sie sind in der Praxis eher selten, da sie einen großen Aufwand und Erfahrung bei der Abfassung von Schiedsvereinbarung, Schiedsrichtervertrag und Schiedsordnung erfordern. Dies erspart man sich (weitgehend), wenn man ein bereits vorhandenes (institutionelles) Schiedsgericht wählt.

▶ **Institutionelle** (oder statutarische) **Schiedsgerichte**, die in Statuten von 1266
Körperschaften, Anstalten oder Vereinen oder durch besondere gesetzliche Regelungen (ständig) eingerichtet sind. Es handelt sich dabei um „vorfabrizierte" Schiedsgerichte, die eine Organisation für die Durchführung von Schiedsverfahren zur Verfügung stellen.

Auch bei institutionellen Schiedsgerichten können die Parteien die Schiedsrichter (aus einer Schiedsrichterliste) frei wählen; allerdings besteht ein organisatorischer Rahmen für das Schiedsverfahren (zB für die Klagseinbringung, die Schiedsrichterablehnung etc).

• Sie sind entweder für gewisse Arten von Streitigkeiten zwangsweise zuständig (institutionelle Schiedsgerichte mit **Zwangszuständigkeit**).

Dann handelt es sich eigentlich um **Sondergerichte**, die zur ordentlichen Gerichtsbarkeit im Verhältnis der Zulässigkeit des (ordentlichen) Rechtswegs stehen. Diese obligatorischen Schiedsgerichte haben keine praktische Bedeutung (siehe schon oben Rz 108).

• Oder sie beruhen auf der freiwilligen Unterwerfung der Parteien unter die Schieds(verfahrens)ordnung dieser Schiedsgerichte (institutionelle Schiedsgerichte mit **Unterwerfungszuständigkeit**). Dies kommt in der Praxis (relativ) häufig vor.

Beispiele: Die Schiedsgerichte der Rechtsanwalts- und der Notariatskammern nach § 59 RAO und § 188 NO und jene der Wirtschaftskammern nach § 139 Abs 1 WirtschaftskammerG.

Große Bedeutung hat die institutionelle Schiedsgerichtsbarkeit (mit Unter- 1267
werfungszuständigkeit) insb im internationalen Wirtschaftsverkehr. Hier wird regelmäßig in einer Vertragsklausel ein bestimmtes institutionelles Schiedsgericht mit seiner Schiedsgerichtsordnung als zuständig vereinbart.

Zu nennen sind insb das Schiedsgericht und die Schiedsgerichtsordnung der Internationalen Handelskammer in Paris (ICC), die Schiedsgerichtsordnung des Londoner

Internationalen Schiedsgerichtshofs (LCIA), die Schiedsgerichtsordnung der Deutschen Institution für Schiedsgerichtsbarkeit (DIS), die internationale Schiedsordnung der Schweizerischen Handelskammern und das Internationale Schiedsgericht der Wirtschaftskammer Österreich in Wien (mit den **„Wiener Regeln"**; siehe www.viac.eu/de// schiedsverfahren/wiener-regeln).

1268   Die (echten) Schiedsgerichte sind von den diversen Einrichtungen zur Vermittlung oder **Schlichtung** von Streitigkeiten zu unterscheiden, die – obwohl sie bisweilen auch (umgangssprachlich) als „Schiedsgerichte" bezeichnet werden – nur eine Unterstützung bei der einvernehmlichen Lösung einer Streitigkeit durch die Parteien bieten, während die Schiedsgerichtsbarkeit (in erster Linie) eine echte **streitentscheidende** Tätigkeit ist.

Beispiel: Nach § 8 Vereinsgesetz müssen Streitigkeiten aus dem Vereinsverhältnis vorerst vor eine vereinsinterne Schlichtungseinrichtung gebracht werden (siehe Rz 17). Nach dem Scheitern dieses Schlichtungsversuchs bzw nach Ablauf von sechs Monaten können die Gerichte angerufen werden. Darüber hinaus ist jedoch auch die Einrichtung eines „echten" Schiedsgerichts zulässig. Dessen Schiedsspruch kann – wie jeder Schiedsspruch – allerdings nur unter den Voraussetzungen des § 611 ZPO (siehe Rz 1290) vor den (ordentlichen) Gerichten angefochten werden.

II. Die Schiedsvereinbarung

A. Definition

1269   Voraussetzung für die Zuständigkeit eines Schiedsgerichtes ist das Vorliegen einer gültigen Schiedsvereinbarung. Nach § 581 Abs 1 ZPO ist die **Schiedsvereinbarung** eine Vereinbarung der Parteien, alle oder einzelne Streitigkeiten, die zwischen ihnen in Bezug auf ein bestimmtes Rechtsverhältnis vertraglicher oder nichtvertraglicher Art entstanden sind oder künftig entstehen, der Entscheidung durch ein Schiedsgericht zu unterwerfen. Schiedsvereinbarungen können nicht nur in **selbständiger Form** (als eigener Schiedsvertrag) oder als (Schieds-)**Klausel** in einem (anderen) Vertrag, sondern auch in gesetzlich zulässiger Weise durch letztwillige Verfügungen oder andere nicht auf Vereinbarung der Parteien beruhende Rechtsgeschäfte (wie zB Auslobungen) oder durch Statuten (zB in einem Gesellschaftsvertrag oder in Vereinsstatuten) angeordnet werden.

Beispiel: Das Internationale Schiedsgericht der Wirtschaftskammer Österreich empfiehlt folgende Schiedsklausel: „Alle Streitigkeiten, die sich aus diesem Vertrag ergeben oder auf dessen Verletzung, Auflösung oder Nichtigkeit beziehen, werden nach der Schieds- und Schlichtungsordnung des Internationalen Schiedsgerichts der Wirtschaftskammer Österreich in Wien (Wiener Regeln) von einem oder mehreren gemäß diesen Regeln ernannten Schiedsrichtern endgültig entschieden."

1270   Der **Schiedsvertrag** (bzw die Schiedsvereinbarung) ist zu unterscheiden vom **Schiedsgutachtervertrag**, bei dem einem Dritten die Feststellung ei-

432

ner Tatsache (zB Wert einer Sache, Höhe des Schadens) überlassen wird, und vom **Schiedsrichtervertrag**, der (als Werkvertrag) das Verhältnis zwischen Schiedsrichter und Parteien regelt (zB Höhe und Zahlung des Honorars).

Bei der Schiedsvereinbarung handelt es sich nach hM um einen reinen **Prozessvertrag**, der daher auch nach Prozessrecht ausgelegt wird und für dessen Abschluss die Prozessfähigkeit (subjektive oder persönliche Schiedsfähigkeit) der Parteien vorausgesetzt wird. Darüber hinaus müssen für die Wirksamkeit der Schiedsvereinbarung – neben der bereits oben erwähnten, ausreichenden **Bestimmtheit** – noch folgende **Voraussetzungen** erfüllt sein: 1271

B. Formerfordernisse

Grundsätzlich sind Schiedsvereinbarungen (aus Gründen der Warnung der Parteien und zu Beweiszwecken) **schriftlich** abzuschließen. Neben dem Regelfall eines von den Parteien unterzeichneten Schriftstücks kommen nach § 583 Abs 1 ZPO auch zwischen ihnen gewechselte Schreiben, Telefaxe, E-Mails oder andere Formen der Nachrichtenübermittlung in Frage, wobei jedoch der Nachweis der Vereinbarung sichergestellt sein muss. Ausreichend ist nach Abs 2 auch, wenn ein den Formerfordernissen nach Abs 1 genügender Vertrag auf ein anderes Schriftstück mit einer Schiedsvereinbarung Bezug nimmt und sie zu einem Vertragsbestandteil macht. Damit ist klargestellt, dass auch Schiedsvereinbarungen, die in Allgemeinen Geschäftsbedingungen (**AGB**), Vertragsformblättern oder Musterverträgen enthalten sind, gültig sein können.   1272

Ein etwaiger Formmangel der Schiedsvereinbarung **heilt** allerdings, wenn er von den Parteien nicht spätestens gleichzeitig mit der Einlassung in die Sache gerügt wird (§ 583 Abs 3 ZPO).

C. Schiedsfähigkeit

Gegenstand einer Schiedsvereinbarung kann gem § 582 Abs 1 ZPO jeder **vermögensrechtliche Anspruch** sein, über den von den ordentlichen Gerichten zu entscheiden ist. Darüber hinaus sind auch nicht vermögensrechtliche Ansprüche (objektiv) schiedsfähig, sofern die Parteien über den Gegenstand des Streits einen Vergleich abzuschließen imstande sind. In Abs 2 wird allerdings eingeschränkt, dass **familienrechtliche Ansprüche** sowie **wohnrechtliche Angelegenheiten** nicht Gegenstand einer Schiedsvereinbarung sein können. Schließlich wird in einer Generalklausel bestimmt, dass besondere gesetzliche Vorschriften, nach denen Streitigkeiten einem Schiedsverfahren   1273 nicht oder nur unter bestimmten Voraussetzungen unterworfen werden dürfen, unberührt bleiben (siehe etwa § 9 Abs 2 ASGG; dazu Rz 1225).

D. Sonderbestimmungen für Konsumenten und in Arbeitsrechtssachen

1274 Das österreichische Schiedsrecht versagt Streitigkeiten zwischen Unternehmern und Verbrauchern sowie in Arbeitsrechtssachen zwar nicht die objektive Schiedsfähigkeit (strittig), in den §§ 617 und 618 ZPO werden dafür jedoch derart hohe und komplizierte Anforderungen aufgestellt, dass die Schiedsgerichtsbarkeit in verbraucher- und arbeitsrechtlichen Streitigkeiten **keine praktische Rolle** (mehr) spielt.

So können Schiedsvereinbarungen etwa nur für bereits entstandene Streitigkeiten abgeschlossen werden, und der Verbraucher muss das Dokument, das sich nur auf das Schiedsverfahren beziehen darf, eigenhändig unterzeichnen. Der Unternehmer ist ferner verpflichtet, dem Verbraucher eine schriftliche Rechtsbelehrung über die wesentlichen Unterschiede zwischen einem Schiedsverfahren und einem Gerichtsverfahren zu erteilen. Weitere Spezialvorschriften betreffen den Sitz des Schiedsgerichts und die Erweiterung der Aufhebungstatbestände.

III. Das Verhältnis zwischen Schiedsgerichtsbarkeit und staatlicher Gerichtsbarkeit

1275 **Grundregel** (des § 578 ZPO) ist, dass das staatliche Gericht in den in diesem Abschnitt der ZPO geregelten Angelegenheiten nur tätig werden darf, soweit es ausdrücklich vorgesehen ist.

Das bedeutet, dass (nach hM) etwa eine Klage auf Feststellung des Bestehens oder Nichtbestehens einer Schiedsvereinbarung vor den staatlichen Gerichten nicht zulässig ist.

Im Gesetz (§ 602 ZPO) vorgesehen ist aber insb die Möglichkeit der **gerichtlichen Rechtshilfe** für Handlungen, zu deren Vornahme das Schiedsgericht – insb wegen des Fehlens von Zwangsgewalt – nicht befugt ist (etwa die Verhängung von Sanktionen gegen säumige Zeugen). Die Rechtshilfe ist einem in- und einem ausländischen Schiedsgericht gleichermaßen zu gewähren, und zwar (grundsätzlich) nach jenen Vorschriften, welche für die Rechtshilfe auf Ersuchen ausländischer Gerichte vorgesehen sind (§§ 38 ff JN; siehe Rz 272).

Auch bei der Bestellung und Ablehnung von Schiedsrichtern greift das Gericht unter den in §§ 587 ff ZPO näher geregelten Umständen ein. Außerdem sind zur Erlassung vorläufiger oder sichernder Maßnahmen (sowie zum Vollzug solcher Maßnahmen von Schiedsgerichten) die ordentlichen Gerichte zuständig (§§ 585, 593 ZPO). Schließlich fällt etwa die Entscheidung über eine nach § 611 ZPO eingebrachte Aufhebungsklage in die Zuständigkeit der staatlichen Gerichte.

Das Verhältnis zwischen einer Schiedsvereinbarung und einer Klage vor einem staatlichen Gericht regelt **§ 584 ZPO**. Nach dessen Abs 1 hat das Gericht die Klage in einer Angelegenheit, die Gegenstand einer Schiedsvereinbarung ist, **zurückzuweisen**, sofern der Beklagte nicht zur Sache vorbringt oder mündlich verhandelt, ohne diesen Mangel zu rügen. 1276

Es handelt sich um ein **Verhältnis** *sui generis*: Einerseits ist es zwar prorogabel – die Parteien können die Schiedsgerichtsbarkeit vereinbaren –, andererseits lehnt sich die Regelung aber an die Formulierung des § 104 Abs 3 JN über die unprorogable Zuständigkeit (siehe Rz 278) an, jedoch ist bei unvertretenen Beklagten keine besondere richterliche Belehrungspflicht vorgesehen und bildet die Nichtbeachtung einer Schiedsvereinbarung im staatlichen Verfahren keinen Nichtigkeitsgrund (nach § 477 Abs 1 Z 3 ZPO).

Eine Klagszurückweisung scheidet jedoch aus, wenn das Gericht feststellt, dass eine Schiedsvereinbarung tatsächlich nicht vorhanden oder undurchführbar ist, oder wenn ein Schiedsgericht seine Zuständigkeit für den Gegenstand des Streits bereits verneint hat, weil ansonsten überhaupt jeder (schieds- oder) gerichtliche Rechtsschutz ausgeschlossen wäre.

Im umgekehrten Fall – wenn also Klage bei einem Schiedsgericht erhoben wird, obwohl gar keine (wirksame) Schiedsvereinbarung besteht – ist die **Einrede der Unzuständigkeit des Schiedsgerichts** spätestens mit dem ersten Vorbringen zur Sache (beim Schiedsgericht) zu erheben. Eine Ausnahme besteht nur, wenn die Versäumung nach der Überzeugung des Schiedsgerichts genügend entschuldigt werden kann (§ 592 Abs 2 ZPO). 1277

Es steht dabei dem Schiedsgericht frei, über die Zuständigkeitsfrage entweder (im Normalfall) sogleich mit einem eigenen (Zwischen-)Schiedsspruch oder aber erst mit dem abschließenden Schiedsspruch zu entscheiden. Derartige Zuständigkeitsentscheidungen des Schiedsgerichts können mittels einer Aufhebungsklage nach § 611 Abs 2 Z 1 bzw Z 3 ZPO vom staatlichen Gericht überprüft werden.

Wird eine Klage vom Gericht oder vom Schiedsgericht wegen der Unzulässigkeit des gewählten (gerichtlichen oder schiedsgerichtlichen) Verfahrens zurückgewiesen, so gilt das Verfahren als „**gehörig fortgesetzt**" (und damit der Lauf der **Verjährungsfrist als unterbrochen**; siehe § 1497 ABGB), wenn „unverzüglich" die Klage im richtigen Verfahren, also vor dem (staatlichen) Gericht oder vor dem Schiedsgericht, erhoben wird (§ 584 Abs 4 ZPO). Es wurde somit zwar formell keine Überweisung zwischen Schieds- und ordentlicher Gerichtsbarkeit eingeführt, aber das neue Verfahren gilt gleichsam als Fortsetzung des alten. 1278

Ein schiedsgerichtliches und ein gerichtliches Verfahren über denselben Streitgegenstand schließen einander aus: Es besteht die negative Prozessvoraussetzung der **Schiedshängigkeit**. Eine dennoch wegen desselben An- 1279 spruchs bei Gericht eingebrachte Klage ist daher zurückzuweisen. Eine Ausnahme greift nur dann ein, wenn im Schiedsverfahren die Unzuständigkeit des Schiedsgerichts rechtzeitig (siehe oben Rz 1276) gerügt wurde und eine Entscheidung des Schiedsgerichts hierüber in angemessener Dauer (vgl Art 6 EMRK) nicht zu erlangen ist (§ 584 Abs 3 ZPO).

IV. Die Bildung des Schiedsgerichts

A. Bestellung der Schiedsrichter

1280   Die Parteien sind, was die Anzahl und Auswahl der Schiedsrichter sowie das Bestellungsverfahren betrifft, weitgehend frei. Zu beachten ist jedoch, dass aktive Richter nicht zu Schiedsrichtern bestellt werden können (§ 63 Abs 5 RStDG). Haben die Parteien (unpraktischerweise) eine gerade Zahl von Schiedsrichtern vereinbart, so müssen diese (zwingend) eine weitere Person als Vorsitzenden bestellen. Fehlt überhaupt eine Vereinbarung, so besteht das Schiedsgericht aus **drei Schiedsrichtern** (§ 586 ZPO).

Die Bestellung der Schiedsrichter ist ausführlich in § 587 ZPO geregelt. Danach haben sich die Parteien auf einen Schiedsrichter zu einigen bzw ihre(n) Schiedsrichter zu benennen. Bei mehreren Schiedsrichtern wird sodann von diesen ein weiterer als Vorsitzender bestellt. Für alle in diesem Zusammenhang zu fällenden Entscheidungen gilt, dass (zur Vermeidung von Verfahrensverschleppungen) nach Ablauf einer vierwöchigen Frist auf Antrag einer Partei das staatliche Gericht tätig wird und die ausstehende Handlung vornimmt.

Zur **Haftung** der Schiedsrichter siehe die lapidare Regelung des § 594 Abs 4 ZPO, welche die alte (umstrittene) Rechtslage übernimmt (dazu 9 Ob 126/04a EvBl 2005/190, 959).

B. Ablehnung der Schiedsrichter

1281   Die Sicherstellung der Unparteilichkeit der Entscheidungsorgane ist gerade in der Schiedsgerichtsbarkeit besonders wichtig. Es haben daher von sich aus jene Personen, die ein Schiedsrichteramt übernehmen wollen bzw übernommen haben, alle Umstände offenzulegen, die Zweifel an ihrer Unparteilichkeit oder Unabhängigkeit wecken können (oder der Parteienvereinbarung widersprechen). Durch die Parteien können Schiedsrichter abgelehnt werden, wenn Umstände vorliegen, die „berechtigte Zweifel" am Vorliegen dieser Voraussetzungen wecken und der betreffenden Partei erst nach der Schiedsrichterbestellung oder der Mitwirkung daran bekannt geworden sind (§ 588 ZPO).

1282   Das **Ablehnungsverfahren** können die Parteien (wieder) grundsätzlich frei vereinbaren. Ist dies nicht erfolgt, so entscheidet über den Ablehnungsantrag das Schiedsgericht einschließlich des von der Partei abgelehnten Schiedsrichters.

436

Da hier die Gefahr einer unrichtigen Entscheidung (klarerweise) sehr groß ist, kann die ablehnende Partei binnen vier Wochen beim staatlichen Gericht eine Überprüfung der abweisenden Entscheidung des Schiedsgerichts beantragen. Diese Gerichtsentscheidung ist dann nicht weiter anfechtbar (§ 589 ZPO).

V. Das Schiedsverfahren

Die Gestaltung des schiedsrichterlichen Verfahrens kann von den Partei- en grundsätzlich – vorbehaltlich zwingender gesetzlicher Grundregeln – **frei vereinbart** werden. Dies gilt auch für den Sitz des Schiedsgerichts und die Verfahrenssprache. 1283

Wie bereits erwähnt (Rz 1267) einigen sich die Parteien – insb bei internationalen Schiedsverfahren – jedoch häufig auf die Anwendung einer bestimmten Schiedsverfahrensordnung. Es gibt beispielsweise auch eine UNCITRAL-Schiedsgerichtsordnung.

Besteht keine Parteienvereinbarung, so hat das Schiedsgericht nach den gesetzlichen Verfahrensvorschriften und darüber hinaus nach **freiem Ermessen** vorzugehen. Die Beachtung der Grundsätze eines „fair trial" mit beiderseitigem rechtlichen Gehör (Art 6 EMRK) wird in § 594 Abs 2 ZPO ausdrücklich garantiert. Außerdem haben die Parteien das unverzichtbare Recht, sich durch Personen ihrer Wahl vertreten oder beraten zu lassen. Eine mündliche Verhandlung wird nicht zwingend vorgeschrieben, muss aber auf Antrag einer Partei „in einem geeigneten Abschnitt des Verfahrens" durchgeführt werden (§ 598 ZPO). Es gilt der Grundsatz der freien Beweiswürdigung (§ 599 Abs 1 ZPO). Eine Versäumungsentscheidung ist gesetzlich nicht vorgesehen; das Verfahren ist vielmehr ohne die säumige Partei durchzuführen (§ 600 ZPO).

Bei Verstößen gegen dispositives oder vereinbartes Verfahrensrecht besteht eine Rügepflicht der Parteien: Wird ein solcher Verstoß nicht unverzüglich nach Kenntnisnahme gerügt, kann er später nicht mehr geltend gemacht werden (§ 579 ZPO).

Sofern die Parteien nichts anderes vereinbart haben, kann das Schiedsgericht auf Antrag einer Partei nach Anhörung der anderen Partei **vorläufige oder sichernde Maßnahmen** gegen eine Verfahrenspartei anordnen, weil sonst die Durchsetzung des Anspruchs vereitelt oder erheblich erschwert werden würde oder ein unwiederbringlicher Schaden droht. Zu vollziehen sind diese einstweiligen Maßnahmen vom zuständigen Bezirksgericht, dem gewisse Überprüfungsmöglichkeiten zukommen (siehe näher § 593 ZPO). 1284

Daneben besteht auch weiterhin die Möglichkeit, bei den staatlichen Gerichten einstweiligen Rechtsschutz zu beantragen (§ 585 ZPO).

VI. Die Beendigung des Schiedsverfahrens

A. Schiedsspruch

1285   Im Normalfall wird ein Schiedsverfahren mit einem Schiedsspruch beendet. Er ist mit Stimmenmehrheit zu fassen (näher § 604 ZPO) und hat – sofern die Parteien nicht ausnahmsweise eine Anfechtungsmöglichkeit bei einem „Oberschiedsgericht" vereinbart haben – zwischen den Parteien die Wirkung eines **rechtskräftigen gerichtlichen Urteils** (§ 607 ZPO), also insb Rechtskraft und Vollstreckbarkeit.

Der Schiedsspruch ist schriftlich zu erlassen und durch den bzw die Schiedsrichter zu unterschreiben. Er muss – vorbehaltlich einer abweichenden Parteienvereinbarung – vom Schiedsgericht begründet werden (§ 606 ZPO).

§ 610 ZPO enthält Regelungen über die Berichtigung, Erläuterung und Ergänzung des Schiedsspruchs.

1286   Auch das anzuwendende **materielle Recht** können die Parteien in einer Vereinbarung festlegen. Haben sie das nicht getan, so hat das Schiedsgericht jene Rechtsvorschriften anzuwenden, die es für angemessen erachtet (§ 603 Abs 1 und 2 ZPO).

Eine Entscheidung nach **Billigkeit** steht dem Schiedsgericht nur dann offen, wenn hierüber eine ausdrückliche Parteienermächtigung vorliegt (§ 603 Abs 3 ZPO).

1287   Vorbehaltlich anders lautender Parteienvereinbarungen hat das Schiedsgericht mit dem das Verfahren abschließenden Schiedsspruch auch über die Verpflichtung zum **Kostenersatz** zu entscheiden. Dabei sind die Umstände des Einzelfalls, insb der Verfahrensausgang, zu berücksichtigen. Erfasst werden alle zur zweckentsprechenden Rechtsverfolgung oder Rechtsverteidigung „angemessenen Kosten" (§ 609 Abs 1 ZPO).

B. Vergleich

1288   Eine weitere Möglichkeit, ein Schiedsverfahren zu beenden, stellt der Vergleich dar, wobei zwischen **Schiedsvergleich** und **Schiedsspruch mit vereinbartem Wortlaut** zu unterscheiden ist. Voraussetzung ist, dass sich die Parteien während eines Schiedsverfahrens über einen vergleichsfähigen Gegenstand einigen und einen Antrag stellen, dass das Schiedsgericht den Vergleich protokolliert bzw den Vergleich in Form eines Schiedsspruchs mit vereinbartem Wortlaut festhält. In beiden Fällen darf der Inhalt des Vergleichs nicht gegen Grundwertungen der österreichischen Rechtsordnung (*ordre public*) verstoßen.

Der Vorteil eines Schiedsspruchs mit vereinbartem Wortlaut liegt darin, dass er wie ein „normaler" Schiedsspruch vollstreckbar ist, während in manchen Rechtsordnungen Schiedsvergleiche nicht anerkannt und vollstreckt werden. Außerdem kann er anders als der Schiedsvergleich mit Aufhebungsklage angefochten werden.

C. Beschluss

Eine dritte Art der Beendigung von Schiedsverfahren ist der Beschluss. Mit dieser Entscheidungsform ist das Schiedsverfahren zu beenden, wenn der Kläger bei der Klagseinbringung säumig ist, wenn er die Klage zurücknimmt, wenn die Parteien die Beendigung des Verfahrens vereinbaren und dies dem Schiedsgericht mitteilen oder schließlich wenn eine weitere Fortsetzung des Verfahrens unmöglich geworden ist (§ 608 Abs 2 ZPO).

1289

VII. Rechtsbehelfe gegen den Schiedsspruch

Ein Schiedsspruch eines (österreichischen) Schiedsgerichts ist wirksam (oben Rz 1285) und kann nicht ohne weiteres von den staatlichen Gerichten überprüft werden. Nur bei Vorliegen von besonders gravierenden Mängeln räumt **§ 611 ZPO** eine Aufhebungsmöglichkeit durch die Gerichte ein, die zumeist nur auf Antrag einer Partei (**Aufhebungsklage**), ausnahmsweise auch von Amts wegen wahrgenommen werden kann (siehe auch § 613 ZPO).

1290

Die Aufhebungsklage stellt quasi eine Rechtsmittelklage gegen den Schiedsspruch dar und hemmt weder dessen Rechtskraft noch dessen Vollstreckbarkeit.

Aufhebungsgründe sind etwa das Fehlen eines gültigen Schiedsvertrags, die Verletzung des rechtlichen Gehörs, Fehler im Zusammenhang mit der Bildung oder Zusammensetzung des Schiedsgerichts, das Fehlen der Schiedsfähigkeit, ein Verstoß gegen Grundwertungen der Rechtsordnung (*ordre public*) sowie das Vorliegen der (strafrechtlichen) Wiederaufnahmsklagegünde nach § 530 Abs 1 Z 1 bis 5 ZPO.

1291

Die **Frist** für die Einbringung der Aufhebungsklage beträgt grundsätzlich drei Monate.

Außerdem kann vor dem staatlichen Gericht auch die Feststellung des Bestehens oder Nichtbestehens eines Schiedsspruchs begehrt werden, wenn der Antragsteller (Kläger) ein rechtliches Interesse daran hat (§ 612 ZPO).

Für die Aufhebungsklage (und die anderen gerichtlichen Verfahren) sind **bis zum 31. 12 2013** (immer) die **Gerichtshöfe** (also die Landes-, Handels- oder die Arbeits- und Sozialgerichte) sachlich **zuständig** (Eigenzuständigkeit). Die örtliche Zuständigkeit wird in erster Linie durch eine Vereinbarung der Parteien, sonst hilfsweise durch den Sitz des Schiedsgerichts bestimmt (§ 615

1292

ZPO aF). Das Verfahren richtet sich grundsätzlich nach den Vorschriften der ZPO (bzw für die Angelegenheiten nach den §§ 586 ff ZPO nach jenen des AußStrG), jedoch kann die Öffentlichkeit in einem erweiterten Ausmaß ausgeschlossen werden (§ 616 ZPO aF).

1293   Die Beibehaltung des (grundsätzlich) **dreistufigen Instanzenzugs** für das Verfahren über die Aufhebungsklage gegen einen Schiedsspruch ist von der Schieds-Community heftig kritisiert worden, da dieses langwierige und aufwändige Verfahren einen erheblichen Nachteil im internationalen Wettbewerb der Schiedsstandorte darstellt. Der Novellengesetzgeber hat diesen Wunsch schließlich erhört und mit dem SchiedsRÄG 2013 (BGBl I 2013/118) die Zuständigkeit für das Aufhebungsverfahren und für die anderen mit einem Schiedsverfahren im Zusammenhang stehenden gerichtlichen Verfahren (ab dem 1. 1. 2014) **beim OGH konzentriert** (§ 615 ZPO nF). Für Schiedsverfahren, bei denen ein Verbraucher Partei ist, und in Arbeitsrechtsachen **bleibt** es hingegen bei der bisherigen Rechtslage (§ 617 Abs 8 bis 11 und § 618 ZPO nF).

Eine Verbilligung des gerichtlichen Verfahrens tritt durch den Wegfall von zwei Instanzen übrigens nicht ein: Eine gleichzeitig vorgenommene Novellierung des GGG sorgt dafür, dass das das Gebührenaufkommen für den Staat iW gleichbleibt.

VIII. Vollstreckung

1294   Inländische Schiedssprüche stellen gem § 1 Z 16 EO unmittelbar (ohne Vollstreckbarerklärungsverfahren) vollstreckbare **Exekutionstitel** dar. Dem Exekutionsantrag ist lediglich ein mit einer Vollstreckbarkeitsbestätigung versehener Schiedsspruch (§ 606 Abs 6 ZPO) anzuschließen. Nach § 614 ZPO sind für die Anerkennung und Vollstreckbarerklärung ausländischer Schiedssprüche die einschlägigen Bestimmungen der EO (also die §§ 79 ff) anzuwenden, soweit nicht nach Völkerrecht oder in Rechtsakten der Europäischen Union (solche gibt es derzeit nicht) anderes bestimmt ist.

Sehr bedeutsam ist insb das **New Yorker Übereinkommen** über die Anerkennung und Vollstreckung ausländischer Schiedssprüche (**NYÜ**) vom 10. 6. 1958, dem über 140 Vertragsstaaten angehören (in Österreich BGBl 1961/200). Auf der Grundlage dieses (völkerrechtlichen) Übereinkommens anerkennt und vollstreckt Österreich jeden wo auch immer gefällten Schiedsspruch, wenn nicht ausnahmsweise Versagungsgründe vorliegen.

Stichwortverzeichnis

Die Fundstellen verweisen auf die Randzahlen

Peter G. Mayr

Europäisches Zivilprozessrecht

facultas.wuv, 2011
382 Seiten
ISBN 978-3-7089-0500-6
EUR 39,–

Das europäische Zivilprozessrecht gewinnt immer mehr an Bedeutung: Die internationale Zuständigkeit der österreichischen Gerichte sowie die Anerkennung und Vollstreckung von ausländischen Entscheidungen werden bereits seit längerer Zeit weitgehend durch europäische Rechtsakte geregelt. Auch für die grenzüberschreitende Zustellung und Beweisaufnahme bestehen europäische Rechtsnormen. Dazu sind in letzter Zeit noch einheitliche Regelungen über ein europäisches Mahnverfahren und ein europäisches Bagatellverfahren gekommen.

Das Buch bietet einen aktuellen Überblick über diesen besonders dynamischen Rechtsbereich. Es versteht sich als systematische Einführung für Studierende, Berufsanwärter und Praktiker, die eine rasche Information benötigen. Die Darstellung erfolgt daher lern- und verständnisorientiert mit zahlreichen Beispielen und Schaubildern. Darüber hinaus bieten ausführliche Hinweise auf weiterführende Literatur und die Anführung von wichtigen Gerichtsentscheidungen eine wertvolle Hilfe bei der Lösung von Detailfragen.

www.facultas.at/verlag

facultas.wuv